西南财经大学全国中国特色社会主义政治经济学研究中心
国家经济学拔尖学生培养基地
"中国经济学"规划教材

中国开放经济学

China Open Economics

主　编◎李雪莲
副主编◎贺泽凯　吴晓东　谢洪燕　王爱伦

中国社会科学出版社

图书在版编目（CIP）数据

中国开放经济学／李雪莲主编．—北京：中国社会科学出版社，2023.5
（"中国经济学"规划教材）
ISBN 978-7-5227-1212-3

Ⅰ.①中… Ⅱ.①李… Ⅲ.①开放经济学—中国—教材
Ⅳ.①F114②F120.4

中国国家版本馆 CIP 数据核字（2023）第 021103 号

出版人	赵剑英
责任编辑	王 衡
责任校对	王 森
责任印制	王 超

出　版	中国社会科学出版社
社　址	北京鼓楼西大街甲 158 号
邮　编	100720
网　址	http://www.csspw.cn
发行部	010-84083685
门市部	010-84029450
经　销	新华书店及其他书店
印　刷	北京明恒达印务有限公司
装　订	廊坊市广阳区广增装订厂
版　次	2023 年 5 月第 1 版
印　次	2023 年 5 月第 1 次印刷
开　本	787×1092　1/16
印　张	28.5
字　数	647 千字
定　价	98.00 元

凡购买中国社会科学出版社图书，如有质量问题请与本社营销中心联系调换
电话：010-84083683
版权所有　侵权必究

序

进入21世纪，经济全球化"向前的动力"和"向后的阻力"均有了新发展。一方面，以信息革命为先导，新一轮科技革命和产业变革开启了世界互联互通的新篇章，新技术、新制度促使全球利益共享和责任共担进一步深化。另一方面，逆全球化思潮暗流涌动，部分国家在国际事务中推行单边主义，经济全球化发展遭遇了前所未有的巨大阻力。可以说当今世界正处于大发展、大变革、大调整的时期，全球化的发展方向再次成为人们关注的焦点。

长期以来，开放经济理论研究一直在沿用西方国际经济学的概念范畴，其中的国际贸易理论和国际金融理论都是比较成熟的经济理论，有其合理性。然而，西方的经济理论是在资本主义国家发展道路上总结提炼出来的，无法完全契合中国特色社会主义道路的发展需要。改革开放四十多年来，中国的对外开放走出了一条既符合本国国情又遵循发展规律的独特道路，中国的开放型经济取得了历史性成就，在国际经济贸易体系中的地位不断提升。但是，与开放型经济发展取得的辉煌成就相比，我国开放经济理论建设明显滞后。在新的时代背景下，在现有国际经济学理论基础上构建更系统化、更具中国特色的开放经济学理论对推动中国开放经济发展迈向新高度具有十分重要的价值。

本书紧扣中国开放经济的发展特征，在充分借鉴国内外同类优秀教材经验的基础上，系统总结了中国开放型经济发展的基本实践和基本规律，以马克思主义经济思想为指引，深刻把握中国共产党对开放经济内涵的阐释，在全面、系统阐述和分析当代主流国际经济学理论和研究方法的基础上，结合中国实践，厘清其解释中国现实的理论局限性，最后构建了具有中国特色的开放经济学理论框架，为世界开放经济发展提出了中国模式。

本书是一本以中国经济为视角的开放经济学教材，适用于普通高等院校的高年级本科生和研究生教学。由于本书涉及较多基于国情的政策分析和讨论，也适合党校及干部培训使用。本书由西南财经大学李雪莲教授主持编写，其他编写成员均来自西南财经大学经济学院。这些编写成员都曾从事过或正在从事国际经济学或世界经济学本科生或研究生的教学和科研工作。本书由主编和副主编统纂定稿，参加本书编写的成员及分工为：李雪莲（第一章、第十一章、第十五章、第十八章、第十九章）、吴晓东（第二章、第十二章）、高云舒（第三章、第六章、第八章、第十章）、王爱伦（第四章、第五章）、贺泽凯（第七章、第九章）、吴安兵（第十三章、第十四章）、谢洪燕（第十六章、第十七章）。可以说本书汇聚了众多专家学者的心血，是一部体现集体智慧的教材。并且本书在撰写过程中参考了大量的优秀教材、专著和文献，由于篇幅所限，不能一一列出，在此，向所有参与撰稿和为本书出版提供过帮助的人敬致谢忱。

由于我们学识水平有限，且中国开放经济学本就处于理论体系创建之初，虽几经修订，书中难免仍有疏漏，不足之处，敬请各位读者批评指正，以便共同推动中国开放经济学研究与教学的发展。

李雪莲

2022 年 9 月 30 日

目 录

第一章 绪论 ·· (1)
  第一节 中国开放经济学的形成与发展 ··· (1)
  第二节 中国开放经济学的研究对象和研究方法 ·· (2)
    一 历史与逻辑相统一的方法 ··· (3)
    二 对立统一的辩证方法 ·· (4)
    三 宏观与微观的分析方法 ·· (4)
    四 比较分析方法 ·· (4)
    五 理论联系实际的分析方法 ··· (4)
    六 定量与定性的分析方法 ·· (4)
  第三节 中国开放经济学的研究内容 ·· (5)
    一 国际贸易理论与中国实践 ··· (5)
    二 国际金融理论与中国实践 ··· (7)
    三 中国特色开放经济学理论与全面开放新格局 ······································ (8)
  第四节 中国开放经济学理论体系的基本架构与当代价值 ·························· (8)
    一 中国开放经济学理论体系的基本架构 ·· (8)
    二 中国开放经济学的当代价值 ·· (11)

第二章 比较优势与中国对外贸易 ·· (12)
  第一节 绝对优势理论 ·· (12)
    一 绝对优势理论的基本概念与内容 ··· (12)
    二 绝对优势理论的数学表述 ··· (14)
    三 绝对优势理论的图形表述 ··· (15)
    四 对绝对优势理论的评价 ·· (15)
  第二节 比较优势理论 ·· (16)
    一 比较优势理论的基本内容 ··· (16)

1

二　比较优势理论的数学表述 …………………………………… (17)
　第三节　比较优势的分解 ……………………………………………… (18)
　第四节　比较优势理论的发展 ………………………………………… (21)
　第五节　比较优势理论在中国对外贸易中的适用性 ………………… (24)
　本章小结 ………………………………………………………………… (26)
　思考题 …………………………………………………………………… (26)

第三章　特定要素模型 …………………………………………………… (28)
　第一节　特定要素模型的设定与均衡 ………………………………… (28)
　　一　模型基本假设 …………………………………………………… (29)
　　二　生产可能性曲线 ………………………………………………… (29)
　第二节　产品的价格、工资与劳动配置 ……………………………… (31)
　　一　模型的均衡 ……………………………………………………… (32)
　　二　模型的推导 ……………………………………………………… (32)
　第三节　贸易对相对价格及收入分配的影响 ………………………… (33)
　　一　贸易对相对价格的影响 ………………………………………… (34)
　　二　贸易对收入分配的影响 ………………………………………… (34)
　　三　贸易对资本报酬和土地租金的影响 …………………………… (35)
　本章小结 ………………………………………………………………… (37)
　思考题 …………………………………………………………………… (37)

第四章　要素禀赋理论与中国的资本积累 …………………………… (39)
　第一节　赫克歇尔—俄林理论 ………………………………………… (39)
　　一　赫克歇尔—俄林理论的假设 …………………………………… (40)
　　二　生产可能性曲线 ………………………………………………… (41)
　　三　封闭经济均衡 …………………………………………………… (42)
　　四　开放经济均衡 …………………………………………………… (43)
　第二节　要素禀赋理论的发展 ………………………………………… (45)
　　一　斯托尔珀—萨缪尔森定理 ……………………………………… (45)
　　二　雷布津斯基定理 ………………………………………………… (47)
　　三　要素价格均等化定理 …………………………………………… (47)
　第三节　列昂惕夫之谜与新要素理论 ………………………………… (49)
　　一　列昂惕夫之谜 …………………………………………………… (49)
　　二　新要素理论 ……………………………………………………… (51)
　第四节　标准贸易模型 ………………………………………………… (52)
　　一　标准贸易模型的基本内容 ……………………………………… (52)

二　标准贸易模型的应用 …………………………………………………………(58)
　第五节　要素禀赋理论能否预判中国的资本积累 ……………………………………(61)
　本章小结 ………………………………………………………………………………(65)
　思考题 …………………………………………………………………………………(66)

第五章　产业内贸易理论 …………………………………………………………………(67)
　第一节　需求偏好相似论 ………………………………………………………………(67)
　　一　产业内贸易理论基础 ……………………………………………………………(67)
　　二　需求偏好相似论 …………………………………………………………………(72)
　第二节　规模经济与国际贸易 …………………………………………………………(74)
　　一　规模经济的基本含义 ……………………………………………………………(74)
　　二　外部规模经济与国际贸易 ………………………………………………………(76)
　　三　内部规模经济与国际贸易 ………………………………………………………(77)
　第三节　兰卡斯特模型 …………………………………………………………………(79)
　　一　兰卡斯特模型的基本假设 ………………………………………………………(79)
　　二　封闭经济均衡 ……………………………………………………………………(81)
　　三　开放经济均衡 ……………………………………………………………………(82)
　第四节　克鲁格曼模型 …………………………………………………………………(83)
　　一　克鲁格曼模型的基本假设 ………………………………………………………(84)
　　二　封闭经济均衡 ……………………………………………………………………(84)
　　三　开放经济均衡 ……………………………………………………………………(85)
　本章小结 ………………………………………………………………………………(87)
　思考题 …………………………………………………………………………………(88)

第六章　贸易理论的新发展 ………………………………………………………………(89)
　第一节　克鲁格曼：新经济地理 ………………………………………………………(89)
　　一　二元性 ……………………………………………………………………………(90)
　　二　累积因果过程 ……………………………………………………………………(91)
　　三　新经济地理学 ……………………………………………………………………(92)
　第二节　梅里茨：异质性企业贸易理论 ………………………………………………(95)
　　一　梅里茨2003模型 …………………………………………………………………(95)
　　二　需求 ………………………………………………………………………………(96)
　　三　生产 ………………………………………………………………………………(97)
　第三节　异质性企业贸易理论的发展 …………………………………………………(98)
　第四节　异质性企业贸易理论在中国的适用性 ……………………………………(100)
　　一　贸易本身导致中国的"出口—生产率悖论" …………………………………(101)

二　制度原因造成的"出口—生产率悖论" ………………………………… (102)
　本章小结 ……………………………………………………………………………… (102)
　思考题 ………………………………………………………………………………… (103)

第七章　国际贸易政策 …………………………………………………………… (104)
　第一节　关税的基本概念和均衡分析 …………………………………………… (104)
　　一　关税概述 ………………………………………………………………… (105)
　　二　关税的局部均衡分析 …………………………………………………… (109)
　　三　关税的一般均衡分析 …………………………………………………… (112)
　第二节　非关税壁垒 ……………………………………………………………… (114)
　　一　非关税壁垒的含义与特点 ……………………………………………… (114)
　　二　非关税壁垒的分类 ……………………………………………………… (115)
　　三　进口配额与等效关税 …………………………………………………… (121)
　第三节　贸易政策理论 …………………………………………………………… (122)
　　一　梅茨勒悖论 ……………………………………………………………… (122)
　　二　勒纳对称原理 …………………………………………………………… (123)
　　三　贸易扭曲理论 …………………………………………………………… (124)
　第四节　倾销与反倾销的经济分析 ……………………………………………… (125)
　　一　倾销的含义、分类与条件 ……………………………………………… (125)
　　二　反倾销的含义、条件与程序 …………………………………………… (127)
　　三　倾销模型分析 …………………………………………………………… (130)
　　四　反倾销的模型分析 ……………………………………………………… (130)
　第五节　发展中国家的贸易保护政策 …………………………………………… (131)
　　一　幼稚产业保护论 ………………………………………………………… (131)
　　二　战略性贸易政策理论 …………………………………………………… (133)
　本章小结 ……………………………………………………………………………… (135)
　思考题 ………………………………………………………………………………… (136)

第八章　自由贸易、贸易保护与中国的应对策略 ……………………………… (138)
　第一节　自由贸易与公平贸易 …………………………………………………… (138)
　　一　自由贸易 ………………………………………………………………… (139)
　　二　公平贸易 ………………………………………………………………… (140)
　　三　自由贸易和公平贸易的价值背离 ……………………………………… (140)
　第二节　贸易的"囚徒困境" …………………………………………………… (141)
　　一　囚徒困境 ………………………………………………………………… (141)
　　二　自由贸易的代价 ………………………………………………………… (142)

第三节 古典贸易保护理论的演进 (143)
一 重商主义 (143)
二 资本主义自由竞争时期的贸易保护理论 (144)
三 垄断资本主义时期的贸易保护理论 (145)

第四节 贸易自由化理论的新进展 (147)
一 贸易自由化战略 (147)
二 出口导向战略 (148)

第五节 中国如何在"逆全球化"思潮中深化开放 (149)
一 "逆全球化"思潮抬头 (149)
二 中国该如何在"逆全球化"思潮中深化开放 (149)

本章小结 (151)
思考题 (152)

第九章 国际贸易组织与经济一体化 (153)

第一节 经济一体化组织形式和特征 (153)
一 自由贸易区 (153)
二 关税同盟 (154)
三 共同市场 (154)
四 经济联盟 (154)
五 完全的经济一体化 (155)

第二节 经济一体化理论 (156)
一 关税同盟理论 (156)
二 最优货币区理论 (159)

第三节 国际经济组织一体化实践 (163)
一 发达国家之间的区域一体化组织：欧盟 (163)
二 以发展中国家为主的区域一体化组织：东盟 (165)
三 发展中国家与发达国家之间区域一体化组织：美墨加协定 (167)
四 开放的地区主义："一带一路"倡议 (168)

第四节 国际经济组织及其作用 (170)
一 世界贸易组织及其作用 (170)
二 世界银行及其作用 (173)
三 国际货币基金组织及其作用 (173)
四 联合国贸易与发展会议及其作用 (174)

第五节 国际经济一体化与中国改革开放 (175)
一 中国改革开放与经济一体化成果 (175)
二 经济一体化与中国探索 (177)

本章小结 ··· (177)
　　思考题 ··· (178)

第十章　中国渐进式对外开放的理论及经验 ······················· (180)
　第一节　世界贸易格局的演变 ··· (180)
　　一　世界贸易旧格局 ··· (181)
　　二　世界贸易新格局 ··· (184)
　第二节　改革开放前中国对外贸易的探索 ···························· (187)
　　一　改革开放前中国对外贸易政策成因分析 ···················· (187)
　　二　改革开放前中国对外贸易体制的特征 ······················· (188)
　第三节　改革开放后中国对外贸易的演变 ···························· (188)
　　一　改革开放政策的确立与实施（1978—1990年） ············ (188)
　　二　对外贸易的政策性开放（1991—2000年） ·················· (190)
　　三　对外贸易的制度性开放（2001—2012年） ·················· (191)
　　四　对外贸易的全方位开放（2013年至今） ····················· (192)
　　五　小结 ··· (194)
　第四节　中国特色开放型贸易理论的形成与发展 ··················· (195)
　　一　西方主流国家参与国际贸易的问题 ··························· (195)
　　二　中国特色贸易理论的形成与发展 ······························ (196)
　第五节　新时代中国对外贸易的发展战略与全球治理思想 ······· (197)
　　一　中国对外开放面临的挑战 ····································· (198)
　　二　如何适应国际贸易格局新要求 ······························· (199)
　本章小结 ··· (199)
　思考题 ··· (200)

第十一章　国际收支与内外平衡理论 ································· (201)
　第一节　国际收支 ··· (202)
　　一　经常账户 ·· (203)
　　二　资本与金融账户 ··· (203)
　第二节　市场均衡与回荡效应 ··· (207)
　　一　内部均衡与外部均衡 ·· (208)
　　二　商品市场均衡 ·· (209)
　　三　中国的回荡效应 ··· (210)
　第三节　国际收支调节理论 ·· (213)
　　一　早期国际收支调节理论 ··· (213)

二　过渡时期的国际收支调节理论……………………………………………(213)
　　三　现代国际收支调节理论…………………………………………………(214)
第四节　内外平衡理论……………………………………………………………(220)
　　一　开放经济条件下的宏观经济政策目标…………………………………(220)
　　二　调节内外平衡的相关理论………………………………………………(221)
第五节　中国的贸易条件与经常账户差额………………………………………(225)
　　一　概念…………………………………………………………………………(225)
　　二　贸易条件与经常账户差额………………………………………………(226)
　　三　贸易条件与投资…………………………………………………………(227)
　　四　中国的贸易条件…………………………………………………………(227)
本章小结……………………………………………………………………………(228)
思考题………………………………………………………………………………(229)

第十二章　汇率与中国外汇市场……………………………………………(230)
第一节　汇率与国际交易…………………………………………………………(230)
　　一　国际交易中的货币………………………………………………………(230)
　　二　外汇的含义………………………………………………………………(231)
　　三　外汇汇率及其标价方法…………………………………………………(232)
　　四　汇率的决定与变动………………………………………………………(233)
第二节　外汇市场与外汇市场风险………………………………………………(238)
　　一　外汇市场及其构成………………………………………………………(238)
　　二　外汇市场的功能…………………………………………………………(238)
　　三　外汇市场风险及其防范…………………………………………………(240)
第三节　中国外汇市场……………………………………………………………(243)
　　一　中国外汇市场发展历程…………………………………………………(243)
　　二　中国外汇市场交易特点…………………………………………………(245)
　　三　中国外汇市场发展前景…………………………………………………(246)
本章小结……………………………………………………………………………(247)
思考题………………………………………………………………………………(247)

第十三章　汇率决定理论……………………………………………………(248)
第一节　长期的汇率与价格：购买力平价与商品市场均衡……………………(249)
　　一　一价定律…………………………………………………………………(249)
　　二　购买力平价………………………………………………………………(250)
　　三　一价定律和购买力平价之间的关系……………………………………(251)

四　绝对PPP、价格与汇率 ·· (251)
第二节　长期的货币、价格与汇率：一个简单模型的
　　　　货币市场均衡 ·· (252)
　　一　货币供给 ·· (252)
　　二　货币需求 ·· (252)
　　三　货币市场均衡 ·· (253)
　　四　一个简单的价格货币模型 ··· (253)
　　五　一个简单的汇率的货币模型 ·· (254)
　　六　货币增长、通货膨胀与贬值 ·· (254)
第三节　长期的货币、利率与价格：一般模型的
　　　　货币市场均衡 ·· (255)
　　一　货币需求：一般模型 ·· (255)
　　二　货币市场的长期均衡 ·· (256)
　　三　长期通货膨胀、利率平价和购买力平价 ························ (256)
　　四　费雪效应 ·· (257)
　　五　实际利率平价 ·· (257)
　　六　用一般模型预测汇率 ·· (258)
第四节　短期的汇率与利率：UIP和外汇市场均衡 ···················· (260)
　　一　风险套汇 ·· (260)
　　二　相对利率水平 ·· (261)
　　三　汇率的预期波动 ··· (262)
　　四　外汇市场均衡：案例 ·· (262)
第五节　短期利率：货币市场均衡 ··· (263)
　　一　短期的货币市场均衡 ·· (263)
　　二　货币供给与名义利率变化 ··· (264)
　　三　货币模型：短期和长期 ·· (265)
第六节　资产理论：应用与证据 ·· (265)
　　一　汇率的资产理论 ··· (266)
　　二　短期政策分析 ·· (267)
本章小结 ·· (269)
思考题 ·· (270)
附录　一个完整的理论：货币理论与资产理论的统一 ··············· (271)
　　一　货币理论与资产理论的统一 ··· (271)
　　二　长期政策分析 ·· (272)
　　三　汇率超调 ·· (274)

第十四章 汇率制度与人民币汇率形成机制改革 (277)

第一节 国际汇率制度的发展与变化 (277)
一 国际金本位制下的固定汇率制 (278)
二 布雷顿森林体系的建立与瓦解 (279)
三 牙买加体系与浮动汇率制的实施 (280)

第二节 欧洲货币体系制度下的联合浮动汇率制度 (281)
一 欧洲货币单位 (282)
二 欧洲汇率机制 (283)
三 对欧洲汇率机制的评价 (283)

第三节 中国香港的联系汇率制 (283)
一 联系汇率制度的定义 (284)
二 联系汇率制度的运作方式 (284)
三 联系汇率制度运作方式的发展和改革 (285)
四 对香港联系汇率制度的评价 (286)

第四节 人民币汇率形成机制改革 (288)
一 人民币汇率形成机制改革历程 (288)
二 人民币汇率形成机制改革的特点与规律 (290)

第五节 汇率制度的评价与主张 (290)
一 对汇率制度的评价 (291)
二 改革现行国际汇率制度的不同主张 (294)

本章小结 (296)
思考题 (297)

第十五章 资本的国际流动与中国的跨国公司 (298)

第一节 生产的国际化与国际直接投资 (299)
一 国际直接投资的概念、动因和方式 (299)
二 国际直接投资的发展变化 (300)
三 国际产业转移与国际直接投资 (302)

第二节 利用外资的中国模式 (304)
一 外商直接投资与中国经济发展模式 (304)
二 利用外资的理论 (305)
三 新时期下如何吸引外资 (307)

第三节 对外直接投资：理论与中国实践 (310)
一 对外直接投资理论 (310)
二 中国企业对外投资的理论 (312)
三 中国对外投资的发展情况 (313)

第四节　跨国公司的发展及对世界经济的影响·······················(318)
  一　跨国公司的产生和发展···(318)
  二　跨国公司对世界经济的影响·····································(319)
  三　跨国公司发展的新趋势···(320)
第五节　中国的跨国公司···(321)
  一　中国跨国公司的发展历程·······································(321)
  二　中国跨国公司的分类···(322)
  三　中国跨国公司的发展特征·······································(323)
本章小结···(326)
思考题···(327)

第十六章　国际货币体系与国际金融机构···································(329)
第一节　国际货币体系与国际金融机构概述·································(329)
  一　国际货币体系···(329)
  二　国际金融机构···(337)
第二节　最优货币区与欧洲货币体系·······································(340)
  一　最优货币区理论···(340)
  二　加入最优货币区的决策基础·····································(340)
  三　欧洲货币一体化的历程···(342)
  四　欧洲中央银行···(344)
第三节　不同国际货币体系下的宏观经济政策·······························(347)
  一　金本位制下的宏观经济政策·····································(347)
  二　布雷顿森林体系下的宏观经济政策·······························(349)
  三　牙买加体系下的宏观经济政策···································(351)
第四节　中国达到内部平衡和外部平衡的政策选择···························(353)
  一　中国经济的调控目标···(353)
  二　中国内部平衡的政策选择·······································(354)
  三　中国外部平衡的政策选择·······································(355)
本章小结···(357)
思考题···(357)

第十七章　国际金融危机与人民币国际化···································(359)
第一节　国际金融危机的形成机制···(359)
第二节　明斯基的金融不稳定假说···(366)
  一　融资的三种类别···(366)
  二　两大基本定理···(367)

三　追溯2008年国际金融危机	(368)
第三节　国际货币体系的问题与改革	(369)
一　汇率制度的安排	(369)
二　国际货币的基础	(371)
三　国际收支的调节	(374)
四　国际货币基金组织改革	(375)
第四节　人民币国际化	(381)
一　人民币国际化的进程	(381)
二　人民币国际化的意义	(383)
三　审慎对待人民币国际化	(384)
四　展望	(385)
第五节　人民币国际化对国际货币体系改革产生的影响	(386)
本章小结	(387)
思考题	(387)
第十八章　中国特色开放经济学理论的探索与发展	(389)
第一节　中国特色开放经济学理论的初步探索	(389)
一　开放型经济体系的概念和分析框架	(389)
二　"两个转变"：开放经济理论的初步探索	(390)
第二节　中国特色开放经济理论研究概述	(396)
一　中国特色开放经济理论的形成	(396)
二　中国特色开放经济理论框架	(401)
第三节　对西方主流经济学的借鉴和扬弃	(406)
一　西方主流经济学理论评介	(406)
二　中国特色开放经济理论的实践与创新	(407)
本章小结	(409)
思考题	(409)
第十九章　新时代中国全面开放新格局及对世界经济的影响	(411)
第一节　后危机时代经济全球化的趋势与新特点	(411)
一　经济全球化减速，但全球化的基本趋势没有改变	(412)
二　经济全球化趋势的新特点	(415)
第二节　新时代中国全面开放新格局的构建	(418)
一　开放的部门领域	(418)
二　开放的空间布局	(419)
三　开放的规则构建	(419)

四　开放与对外关系建设……………………………………………(420)
　　五　开放与全球经济治理……………………………………………(420)
第三节　全球经济治理的理论分析与新模式……………………………(420)
　　一　全球经济治理的概念和基本框架………………………………(420)
　　二　全球经济治理的经济学理论……………………………………(421)
　　三　全球经济治理新模式……………………………………………(423)
第四节　中国参与全球经济治理的战略和基本方略……………………(425)
　　一　中国参与全球经济治理历史经验和背景………………………(425)
　　二　中国参与全球经济治理的总战略………………………………(425)
　　三　中国参与全球经济治理的基本方略……………………………(426)
第五节　新时代中国全面对外开放的国际影响与贡献…………………(429)
　　一　中国经济成为世界经济的重要组成部分………………………(429)
　　二　中国经济为世界经济增长做出贡献……………………………(430)
　　三　中国对全球经济治理的贡献不断提升…………………………(431)
　　四　中国成为世界经济开放合作的坚定维护者……………………(432)
　　五　中国发展道路为世界经济发展提供了新选择…………………(432)
　　六　推动构建人类命运共同体………………………………………(433)
本章小结……………………………………………………………………(434)
思考题………………………………………………………………………(435)

主要参考文献……………………………………………………………(436)

第一章 绪论

第一节 中国开放经济学的形成与发展

开放经济学是从国际视角考察宏观经济问题的,有三个层次,即产品市场开放、资本市场开放、要素市场开放。自第二次世界大战后,从基于凯恩斯的 Mundell-Fleming 模型和 Dornbusch 模型,再到 Obstfeld 和 Rogoff 的两国经济模型,许多经济学家开始持续关注开放经济背景下的宏观经济学。

在中国,"开放型经济"这一概念最早出现在 1993 年 11 月党的十四届三中全会《中共中央关于建立社会主义市场经济体制若干问题的决定》中,从 1997 年党的十五大报告开始,党和国家重要文献都一直沿用"开放型经济"的概念来概括经济领域对外开放的实践活动,且不断深化、丰富其内涵。党的十七大报告正式提出"完善内外联动、互利共赢、安全高效的开放型经济体系",意味着党对开放经济发展的认识有了新的提升。进入新时代,面对世界经济的大调整、大变革,以习近平同志为核心的党中央认识到更重要的是要"完善互利共赢、多元平衡、安全高效的开放型经济体系"。党的十八届三中全会进一步提出"构建开放型经济新体制";党的十八届五中全会强调"奉行互利共赢的开放战略,发展更高层次的开放型经济";党的十九大提出"推动形成全面开放新格局";党的二十大提出"推进高水平对外开放"等系列重要论述和理论指导,并且涵盖了关于全球经济治理以及人类命运共同体等重大命题,逐渐形成了一套有中国特色的学术逻辑体系。

裴长洪将党和国家重要文献中的提法和论述梳理归纳为"六个一",即一个新体系(开放型经济新体系)、一个新体制(开放型经济新体制)、一种新优势(培育国际竞争与合作新优势)、一种新平衡观(开放型世界经济的多元平衡与国内大循环、国内国际双循环)、一个新的全球经济治理模式(新的国际公共品供给模式)、一个人类命运共同体的价值观(构建开放型世界经济的意识形态)[①]。中国对外开放基本围绕"三对关系、六条线索"展开。一是行业开放与区域开放的关系;二是对居民开放与对非居民开放的关系;三是边境开放与边境后开放的关系。中国制度变迁路径是一种渐进式开放路径。从 40 年

---

① 裴长洪:《中国开放型经济学的马克思主义政治经济学逻辑》,《经济研究》2022 年第 1 期。

前的经济特区，到2001年加入世界贸易组织，再到今天的自由贸易试验区、自由贸易港，都是在演绎这些基本关系并不断升级。揭示中国对外开放的基本实践和基本规律，不仅为中国特色开放型经济理论建立了重要的理论支撑，而且也成为中国开放型经济学的基本学术范式，即历史逻辑与经济学理论逻辑的统一。

随着中外学界对开放经济模型的不断探索，对开放经济的认知不断深入，开放经济的内涵变得更加丰富和清晰。立足中国开放型经济建设的伟大实践，基于已有的开放国际经济学理论，揭示中国走向贸易自由化的基本实践和基本规律，形成中国特色开放经济新理论、建立中国开放经济学的条件已经具备。学者们正以完善中国特色社会主义开放经济体系为研究导向，从理论和实践中的问题层面向更高层次的"体系建构"层面深入。梳理目前学者们对开放经济理论体系建构的研究成果，有三种比较有代表性的观点。其一，中国开放型经济体系包含四个层面：注重国内经济和国际经济的关联性，坚持"引进来"和"走出去"结合；注重本国经济发展协调性，实现从贸易大国向贸易强国的转变；注重国民经济与国际经济的合作性，加强双边、多边经贸合作，积极参与国际经济组织与经济行为；注重本国经济运行安全性，保证资源供应、金融安全，防范国际经济风险。其二，中国特色开放经济理论框架由开放型经济体系、开放型经济新体制、全球产业链与价值链竞争新优势、对外开放战略布局和全球经济治理五个重要有机体构成。其三，新时代中国特色社会主义开放经济理论体系的建设路径是：搭建"政府、商贸、区位"三维平台，发挥"点线带"网络化平台效应，推进"一带一路"与自由贸易港（区）联动，构建"全方位、立体化、网络状"的开放系统，实现"互利共赢、多元平衡、安全高效"[①]。

一定历史时期的理论体系是该时期实践发展的映射，反映了其内在的维度与特征。建构新时代的开放经济理论体系，是中国从对外开放走向全面开放的进程中不断发展了的实践对理论发展提出的客观要求，也是中国经济学界的时代责任。

第二节　中国开放经济学的研究对象和研究方法

学术界目前对"开放经济"的理解不尽相同，尚未达成统一共识。有的学者认为，开放经济与对外开放有一定的区别。从经济学概念以及经济体制模式来讲，对外开放讲的是一个过程和方向，几乎在任何时点上都可以讲对外开放，而开放经济却是一个在经济学意义上与"封闭型经济"相对照的概念，强调把国内经济和整个国际市场联系在一起，尽可能充分地参与国际分工，进而发挥本国经济的比较优势。开放经济意味着在相当高的程度上参与国际市场和国际分工，并主张自由贸易制度。还有学者认为，开放经济就是一国根据自身特点和优势融入世界经济，实行对内和对外双向开放，充分利用

---

① 邱联鸿：《新时代中国特色社会主义开放经济理论体系的建构与价值》，《岭南学刊》2020年第5期。

国际、国内两种市场和两种资源,在全球进行有效资源配置,不断发展和完善自身经济[①]。考察国内学者的研究成果,可归纳开放经济具有如下属性特征:第一,开放经济是与封闭经济相对立的经济范畴;第二,开放经济是一种参与国际分工、利用国外市场和国外资源实现本国经济发展的模式;第三,开放经济是市场经济,商品、资本、劳动力和技术等生产要素按照市场规律在国际市场实现配置;第四,开放经济是开放度达到一定水平的宏观经济体系。

中国开放经济学立足于中国共产党领导中国人民进行改革开放的创造性实践,它的概念和理论体系来自突破西方主流国际经济学的局限性对社会主义对外开放实践经济的客观总结。如果说一般经济学(西方经济学)研究资源的使用和管理机制,那么我们也可以说开放经济学研究的是开放格局下的同样问题。从抽象角度讲,我们通常把经济学研究的问题划分为两个层次:一是资源配置问题;二是资源的利用和积累问题。其中,前者是微观经济学的研究范畴,而后者则是宏观经济学的研究范畴。这意味着开放经济学也可分为微观和宏观两部分,即两个次一级的研究领域——国际贸易和国际金融。国际贸易理论在研究方法上主要以微观经济分析为基本工具,主要讨论世界范围内的资源配置问题,属于实物面研究;而国际金融理论则是以宏观经济分析为主要工具,讨论在国际格局下资源利用的决定因素及国际传递机制,属于货币面研究。具体而言,中国开放经济学的主要研究对象为:中国特色的国际贸易理论和政策、国际贸易组织与新的国际经济治理、中国渐进式对外开放理论及经验、国际收支理论、汇率决定理论、要素的国际流动、国际投资理论与中国的跨国公司、开放的宏观经济多元均衡、中国特色开放经济学的理论体系及全面开放新格局等。

当前中国开放经济仍处于不断发展和完善的过程中,中国开放经济学的研究对象、属性特征及其学科体系特点,决定了中国开放经济学必然采用以下研究方法。

一 历史与逻辑相统一的方法

历史与逻辑相统一的方法就是思维逻辑的进程要与历史发展的进程相一致,借助逻辑思维方法再现本质的、具有决定意义和规律性的历史发展进程。逻辑与历史统一的方法要求人们在科学研究和在建立科学理论体系时,要揭示对象发展过程与认识发展过程的历史规律性;但在安排理论体系各个概念、范畴的逻辑顺序时,不必机械符合被考察对象历史发展的顺序,而是从发挥作用先后、影响力大小、发展过程中的重要性来安排,即按照逻辑的方法来安排。中国开放经济学注重历史、现实和发展趋势,并希望透过经济现象把握本质,这就需要在收集大量翔实资料的基础上,对中国开放经济的问题进行深入分析,揭示一定的规律。

---

① 周文:《构建中国开放型经济学》,《中国社会科学报》2021年8月4日。

二　对立统一的辩证方法

在开放经济的背景下,世界各国各地区经济具备统一性和共同性,同时内部也有摩擦与斗争,有其矛盾性。在观察和分析开放经济问题时,既要重视其统一性,又要揭示其矛盾性。不同国家之间既相互合作又相互竞争,共同促进世界经济的发展。中国作为世界第二大经济体,在世界经济的发展进程中起到举足轻重的作用,要担负起推动世界经济向前发展的责任。

三　宏观与微观的分析方法

开放经济学涵盖了国际贸易理论和国际金融理论。按照英国经济学家马歇尔的划分,国际贸易理论以微观经济分析为主要工具,属于实物面研究,主要考察的是国际市场的交易行为,研究国际市场价格、资源配置、收入分配、经济效率和福利等问题。国际金融理论以宏观经济分析为主要工具,属于货币面研究,主要考察的是国际收支的均衡过程、国际收支的调整机制以及与国民的相互影响等问题。

四　比较分析方法

比较分析法是对客观事物加以比较,从而认识事物的本质和规律并做出正确的评价。在开放经济学的研究中,需要将不同经济体或不同指标进行纵向或横向的比较,展示说明研究对象的规模大小(如人口、国内生产总值、进出口总额等)、水平高低(如人均国内生产总值、可支配收入等)、速度快慢(如经济增长率、人口增长率等),以及各种关系是否协调(如城区发展是否平衡等)。

五　理论联系实际的分析方法

在开放经济学研究中,理论联系实际是不可忽视的研究方法。一定的理论总是在实践中产生,并进一步用于指导实践的发展。中国以对外开放为基本国策,通过改革开放积极主动地融入世界贸易体制机制,积累了丰富的开放经济建设经验。中国开放经济实践的发展也为中国开放经济学理论体系建设构筑了现实基础。

六　定量与定性的分析方法

在开放经济学研究中,需要坚持定量与定性的分析方法。定量分析注重对数量关系的变化进行考察,运用数学原理公式,形成一定的数量模型来说明开放经济各相关经济变量之间的依存关系。定性分析注重用逻辑推理方法叙述事物性质与发展趋势。定量分析与定性分析两种方法缺一不可，这也是不断完善和发展中国开放经济学学科体系的重要条件。

第三节　中国开放经济学的研究内容

中国开放经济研究最大的特点是实践性，它是基于中国改革开放所取得的重大实践成就展开的，中国开放经济学与国际经济学并不完全相同但紧密相关，同时又与西方国际贸易理论和国际金融理论的许多研究内容密切联系。中国开放经济学的研究与纯西方背景下的国际经济学研究的不同主要体现在以下三个方面：首先，中国开放经济新体系涉及产业开放与区域开放的关系、对居民开放与对非居民开放的关系以及边境开放与边境后开放的关系。由于开放的速度、节奏不同，这三对开放关系的开放程度并不同步，产生了分离。而西方贸易理论中没有加工贸易这一说法，只有产业内贸易和产品内贸易的概念。但加工贸易在中国实际上是海关特殊监管下的贸易形式，具有特定的政策含义。从理论层面上看，加工贸易是产业开放与区域开放分离的产物。在金融领域，就人民币与国际货币的兑换而言，居民与非居民的开放程度不同，结汇方式也不同。当然，目前中国也在通过沪港通、深港通等形式融合居民与非居民的开放程度。其次，西方贸易理论的基石是要素禀赋，忽略了新技术应用下服务劳动的社会网络。在跨境电子商务发展中，平台企业和平台经济对微观组织的改造所形成的竞争优势尚未进入西方主流贸易理论的研究视野。而在中国的实践中，服务劳动的社会网络，即在互联网技术应用下社会化生产的再组织形式，改变了微观主体和市场交换的组织形式。最后，西方经济学强调一般均衡理论。而在中国的开放型经济理论中，党的十八大报告提出"多元平衡"，党的二十大报告提出推进"高水平对外开放"，并把"制度型开放"首次写入党代会报告中。这些重要观点又赋予了开放经济学更广阔深刻的内涵。

根据前文对开放经济学的形成与发展、开放经济学的学科体系与研究方法等方面的分析，本书的中国开放经济学的研究内容包括以下三个部分。

一　国际贸易理论与中国实践

该部分分为9个章节。第二章，比较优势与中国对外贸易。重点讨论了英国古典经济学家亚当·斯密的绝对优势学说与大卫·李嘉图的比较优势学说。其中，比较优势理论的核心内容是"两利相权取其重，两弊相权取其轻"。第二章还具体探讨了比较优势理论在中国对外贸易中的适用性。

第三章，特定要素模型。特定要素模型最早由雅各布·维纳提出，用来解释工业革命后工人由农村向城市迁移的原因，后由保罗·萨缪尔森和罗纳德·琼斯进一步发展。特定要素模型主要解释了在短期内国际贸易是如何影响收入分配的。

第四章，要素禀赋理论与中国的资本积累。本章对要素禀赋理论的产生和发展进行了介绍。要素禀赋理论是从要素禀赋差异角度解释国际贸易的基本理论，它最早由瑞典经济学家赫克歇尔和俄林提出，但"列昂惕夫悖论"对其适用性提出了质疑。随后，新要素理论赋予生产要素新的含义，对"列昂惕夫悖论"进行解释。随着该理论的不断发展，最终形成了标准贸易模型，将供给与需求都纳入了分析框架。本章还详细探讨了要素禀赋理论在中国资本积累中的适用性。

第五章，产业内贸易理论。与之前采用的完全竞争市场假设不同，产业内贸易理论依托的是规模经济与不完全竞争的理论框架与分析方法。外部规模经济不会导致不完全竞争，仍是生产专业化和国际分工的重要推动力，而内部规模经济则使存活下来的垄断厂商和消费者都能够从国际贸易形成的更大规模商品市场中获利。本章还介绍了垄断竞争条件下两个重要的产业内贸易模型——兰斯卡特模型和克鲁格曼模型。

第六章，贸易理论的新发展。相较在古典贸易理论中占主导的规模报酬不变假设，规模报酬递增与垄断竞争成为贸易理论新的假设基础。保罗·克鲁格曼在其规模报酬递增模型的基础上提出了新地理经济，试图解答国际贸易的形成机制。随后，梅里茨进一步将企业生产部分假设放宽到生产率异质性，深入剖析了企业的出口选择问题以及社会福利问题。本章围绕梅里茨模型展开，厘清了异质性企业贸易理论如何对以往经典贸易理论进行完善，并具体分析了异质性企业贸易理论无法用于解释中国出口企业"出口—生产率悖论"的原因。

第七章，国际贸易政策。介绍了几种典型的国际贸易政策，包括关税措施和非关税措施、倾销与反倾销措施，并具体分析了这些国际贸易政策所产生的经济效应以及对正常自由贸易行为产生的市场扭曲效应。本章还具体探究了两种贸易保护理论——幼稚产业保护理论和战略性贸易政策理论，并分析了它们存在的合理性与局限性。

第八章，自由贸易、贸易保护与中国的应对策略。阐述了贸易自由和贸易公平的区别，并分析了各国选择贸易自由和贸易保护时的动机，以及各国在贸易过程中所面临的"囚徒困境"。随着国际贸易政策与环境的不确定性加剧，"逆全球化"和贸易保护主义抬头，本章还介绍了中国在面对贸易保护时，为缓解全球贸易紧张局势所采取的措施。

第九章，国际贸易组织与经济一体化。经济一体化的主流定义是指两个或两个以上的经济体通过某种协议建立经济合作组织。本章首先介绍了经济一体化的组织形式、特征和动因，并阐述了经济一体化的基本理论——最优货币区理论和关税同盟理论。其次分析了各地区经济一体化案例，如欧盟、东盟、"一带一路"等。最后介绍了中国在改革开放四十多年中积极参与国际经济一体化取得的成果，并阐释了目前中国面临的贸易风险与挑战。

第十章，中国渐进式对外开放的理论及经验。近年来，中国在深化开放和应对世界经济震荡中积累了丰厚的经验,从改革开放、加入世界贸易组织,世界性的金融危机再到新冠疫情的冲击,中国在渐进式的对外开放中,逐渐形成了富有中国特色的对外贸易理论。本章主要介绍了世界贸易格局的演变、改革开放前后中国对外贸易的演变、新时代中国对外贸易的发展战略以及中国的全球治理思想。

二 国际金融理论与中国实践

该部分分为 7 个章节。第十一章,国际收支与内外平衡理论。基于中国参与全球化的实践,结合国际贸易和国际金融理论对 IS-LM 分析做必要的补充,首先,介绍了相关基本概念,如内部均衡与外部均衡、贸易差额、商品市场均衡等。其次,对国际收支平衡表的经常账户、资本与金融账户进行了详细介绍,并对相关的国际收支调节理论和内外平衡理论的演进进行了深入分析。最后,介绍了贸易条件的相关概念以及中国贸易条件与经常账户差额之间的关系和现状。

第十二章,汇率与中国外汇市场。外汇汇率是各国货币的兑换价格,外汇市场是外汇的买卖市场。开放经济必然会有各国货币的收支,有货币收支就涉及货币的兑换,有兑换就有货币的兑换价格——外汇汇率。外汇汇率作为各国货币之间交换或兑换的比率,其基本依据是什么?外汇市场面临着各种各样的不确定性,面对这些风险,市场参与者如何面对?当前人民币汇率的形成机制是怎样的?以及中国外汇市场如何运行等问题,构成了本章从理论与实践结合分析的主要内容。

第十三章,汇率决定理论。首先,从长期的汇率与价格切入,介绍了购买力平价与商品市场均衡等概念。其次,探究各国的价格水平是如何与货币状况相关的,介绍了基于简单模型和一般模型的货币市场均衡。再次,讨论了无抛补利率平价模型与外汇市场均衡。着眼确定现行利率,即通过货币市场均衡探究短期利率。进一步地探究了资产市场同时出清时,汇率和产出之间的关系。最后,通过统一货币理论和资产理论,得出了一个完整的理论来解释短期汇率和长期汇率,并将现有理论应用于固定汇率制的情形。

第十四章,汇率制度与人民币汇率形成机制改革。汇率作为连接国内经济与国外经济的纽带,既是衡量货币价值的一种体现,也是影响一国经济的重要因素。本章主要讨论国际汇率制度的演变过程以及主要类型,并重点探讨了欧洲货币体系下的联合浮动汇率制和中国香港的联系汇率制的主要内容和优缺点。同时,还梳理了改革开放以来人民币汇率制度的演变过程、发展规律与典型特征。

第十五章,资本的国际流动与中国的跨国公司。重点关注资本在国际间的流动,以及中国是如何有效实现"引进来"和"走出去"的。主要介绍了生产的国际化与国际直接投资、利用外资的中国模式、对外直接投资、跨国公司的发展及影响、中国跨国公司的特征与发展历程。

第十六章，国际货币体系与国际金融机构。对国际货币体系和国际金融机构分类进行阐述，并介绍了最优货币区理论和欧洲货币体系，为判断经济体是否应该加入最优货币区提供理论工具。同时，还阐述了不同货币体系下的宏观经济调控政策，对中国实现内部平衡和外部平衡的调节政策进行了介绍，并分析了不同阶段采取不同政策的原因。

第十七章，国际金融危机与人民币国际化。以1994年墨西哥金融危机、1997年东南亚金融危机和2008年国际金融危机为例详细阐述了国际金融危机的形成机制，并介绍了著名的金融危机理论——明斯基的金融不稳定假说。同时，从汇率制度的安排、国际货币的基础、国际收支的调节，以及国际货币基金组织改革等方面回顾了当期国际货币体系改革的主要方向和观点。最后，介绍了人民币国际化的具体进程，并分析了人民币国际化道路上所面临的机遇与挑战。

三　中国特色开放经济学理论与全面开放新格局

该部分分为2个章节。第十八章，中国特色开放经济学理论的探索与发展。中国开放经济实践的不断发展为中国特色社会主义经济理论体系构筑了现实基础。本章首先对开放型经济战略的两个关键性转变进行了深入分析，梳理了中国特色开放经济学理论的形成及发展脉络；其次对中国特色开放型经济理论框架进行了详细阐述，介绍了中国特色开放经济学理论对主流西方经济的借鉴与扬弃，揭示了中国特色开放经济学的独有品格。

第十九章，新时代中国全面开放新格局及对世界经济的影响。如何在经济全球化减速、贸易保护主义抬头的大背景下继续推进中国全面开放新格局的构建？如何在新时代新征程下提高中国的全球经济治理能力？本章着眼于讨论新时代下的中国开放经济发展。首先，对2008年国际金融危机之后经济全球化的趋势与新特点进行分析；其次，从部门领域、空间布局、规则制度和对外关系建设方面阐释中国全面开放新格局的构建路径；再次，介绍了各国参与全球经济治理的经济学理论，并提出中国参与全球经济治理的基本方略；最后，总结了新时代中国全面对外开放的国际影响与贡献。

第四节　中国开放经济学理论体系的基本架构与当代价值

一　中国开放经济学理论体系的基本架构

中国开放经济学理论是中国在扩大对外开放实践中渐进发展起来的，它与西方国际经济学理论最大的不同是其具有中国特色的实践性，但这种实践性并不偏离市场经济的导向，它在很多方面仍然与国际经济学的理论解释相一致。具体而言，中国开放经济学理论体系架构遵循三个层面的逻辑，即政治层面、理论层面、实践层面①。

第一，中国共产党在顶层设计上提出的关于开放经济的系列重要论述与理念指导是中国开放经济学理论体系建构的政治逻辑。新中国成立之初，以毛泽东同志为主要代表的中国共产党人，对中国发展社会主义道路提出了很多重要的观点，其中有关开放经济的论述主要体现在对外开放和"向外国学习"思想、和平共处五项原则以及"三个世界"划分的战略思想。党的十二大上，邓小平正式提出了中国实行对外开放的基本政策，具体表述为"我们坚定不移地实行对外开放政策，在平等互利的基础上积极扩大对外交流"②。"开放型经济"这一提法最早出现在1993年党的十四届三中全会上，《中共中央关于建立社会主义市场经济体制若干问题的决定》中提出"充分利用国际国内两个市场、两种资源，优化资源配置……发展开放型经济"③。党的十五大沿用这个提法，强调要发展开放型经济，指出经济开放具有"全方位、多层次、宽领域"的格局。党的十六大报告总结了对外开放取得的成就，并指出"开放型经济迅速发展，商品和服务贸易、资本流动规模显著扩大。国家外汇储备大幅度增加。我国加入世贸组织，对外开放进入新阶段"④。随着中国开放经济活动多维度、多领域、多方式地展开，党的十七大报告首次提出"开放型经济体系"的概念。党的十八大报告对开放经济有了更完整的表述，提出"全面提高开放型经济水平。适应经济全球化新形势，必须实行更加积极主动的开放战略，完善互利共赢、多元平衡、安全高效的开放型经济体系"⑤。党的十八届三中全会则提出了"构建开放型经济新体制"。党的十九大提出"开放型经济新体制逐步健全……发展更高层次的开放型经济"⑥。党的十九届四中全会进一步指出，我国将"建设更高水平开放型经济新体制"，其中重要的一点是"推动规则、规制、管理、标准等制度型开放"。党的十九届五中全会提出"建设更高水平开放型经济新体制"。党的二十大报告指出"推进高水平对外开放……稳步扩大规则、规制、管理、标准等制度型开放"⑦。在建设新中国的过程中，我国对外经济贸易的相关制度和政策不断完善，有关"开放经济"的概念被党和国家领导人反复提及，开放经济的内容不断丰富，这是构建开放型经济理论的重要依据。

第二，政治经济学的学术思维和学科意志是开放经济理论体系建构的理论逻辑。中国特色社会主义政治经济学坚持马克思主义的立场、观点与方法，并以历史唯物主义和

---

① 裴长洪、刘斌：《中国开放型经济学：构建阐释中国开放成就的经济理论》，《中国社会科学》2020年第2期。
② 《中国共产党第十二次全国代表大会文件汇编》，人民出版社1982年版，第4页。
③ 中央财经领导小组办公室：《邓小平经济理论学习纲要》，人民出版社1997年版，第71页。
④ 《中国共产党第十六次全国代表大会文件汇编》，人民出版社2022年版，第3页。
⑤ 胡锦涛：《坚定不移沿着中国特色社会主义道路前进 为全面建成小康社会而奋斗——在中国共产党第十八次全国代表大会上的报告》，人民出版社2012年版，第24页。
⑥ 习近平：《决胜全面建成小康社会 夺取新时代中国特色社会主义伟大胜利——在中国共产党第十九次全国代表大会上的报告》，人民出版社2017年版，第3、22页。
⑦ 习近平：《高举中国特色社会主义伟大旗帜 为全面建设社会主义现代化国家而团结奋斗——在中国共产党第二十次全国代表大会上的报告》，人民出版社2022年版，第32页。

辩证唯物主义为方法论研究现实经济问题。从马克思主义基本原理出发，可以得出关于发展开放经济的两点启示。其一，开放经济是生产力发展到一定阶段的必然结果。随着生产力的发展，各民族国家或地区内部逐渐开始出现工商业劳动和农业劳动的分离、城乡的分离、商业劳动和工业劳动的分离。当内部分工跨越了地域界限向外延伸日益发展就成为国际分工。国际分工和交换活动越来越深入，推动生产要素跨越地域界别的自由流动，使原本相互隔绝、孤立发展的民族或部落的社会内部结构逐渐被打破。在当今日益密切交往的经济往来中，发展开放经济是顺应历史发展潮流、尊重生产力发展的客观规律的必然。其二，开放经济是人类社会发展的客观要求。从人类社会的发展看，既呈现出社会经济结构从低级阶段向高级阶段的纵向发展，也体现为世界经济日益形成一个紧密联系、相互作用的网络体系，并且二者是同时发挥作用的，一起推动人类社会的发展。当人类社会经济结构越向更高级阶段转变，经济主体及其经济行为之间的联系就越紧密，人与人之间的交往就越深入，世界经济也就越在各经济主体及其经济行为的深化与扩展中形成一个密不可分的网络体系，开放经济也就越发体现出来。因此，开放经济作为马克思主义基本原理和政治经济学思想的价值蕴含所指，具有科学性与必然性。建构新时代中国特色社会主义开放经济学理论体系，离不开马克思主义政治经济学的立场、观点与方法在理论层面的根本性指导，这也是遵循马克思主义政治经济学学术思维和学科意志的根本体现。

  第三，开放经济建设的经验提炼和系统概括是中国特色社会主义开放经济理论体系建构的实践逻辑。一定的理论总是在实践中产生，并运用于指导实践的发展。在社会主义经济建设过程中，中国深刻认识到开展对外经济往来，扩大贸易领域的出口，有效利用国外的资金、技术、资源推动社会主义经济建设的重要意义。这些在解决现实经济问题和实践中产生的经验提炼，成为党中央在顶层设计上提出"对外开放"基本国策的思想先导。改革开放以来，中国通过积极引进国外先进技术成果、利用低成本优势发展出口创汇和开办经济特区等措施，在较大程度上解决了中国经济建设中资金不足、外汇短缺、管理经验缺乏等问题，释放了市场与经济活力，推动了经济发展。加入世界贸易组织以后，中国通过更加积极主动融入世界贸易体制机制，不断扩大引进和利用外资的规模，推动多边贸易，同时不断深化开放层次，将开放领域从货物贸易扩大到金融、服务、技术等领域，中国与世界在互相融合中实现了经济互利式发展。进入新时代，中国从对外开放走向全面扩大开放，涉外经济体制不断完善，提出"一带一路"倡议，在实现自身发展的同时将机遇与世界各国共享，以更加全面、更加有力的开放举措推动世界开放型经济深入发展。中国从对外开放到全面扩大开放，从"对外开放是党和人民的正确选择"到"利用两个市场、两种资源发展开放经济"再到"完善开放经济体系，推动开放型世界经济发展"，对开放经济的认识水平与实践的发展是一致的，始终随着实践在不断深化，并以不断完善的开放经济理念引导我国经济走向更大更全面的开放。建构新的理论体系也就意味着经验认识不断丰富与深化、走向成熟、形成科学。中国开放经济实践的不断发展为中国开放经济学理论体系构筑了现实基础。在这一基础上，根据实践发展的需要，进行经验总结与提炼，形成系统概括，是建构具有中国特色的原创性开放经济理论体系的实践逻辑遵循。

二 中国开放经济学的当代价值

中国开放经济理论体系建构是顺应开放经济建设与实践发展的选择，蕴含推动开创马克思主义政治经济学研究的中国境界；注入"和平、合作、创新"解决全球性议题的中国智慧；凸显坚持以人民为中心的中国理念等多维价值。

推动开创马克思主义政治经济学研究的中国境界，丰富和拓展中国特色社会主义政治经济学研究是新时代中国开放经济学理论体系建构的应有之义。中国开放经济学理论体系的建构，归根结底是对全面对外开放的实践经验的提炼和理论升华。中国开放经济学坚持将马克思主义基本原理同中国实际相结合，蕴含马克思主义政治经济学的学术思维和学科意志。中国尊重人类社会发展规律，顺应世界历史发展趋势，积极参与全球经济治理，并积极推动经济、政治、文化、科技创新和生态文明等领域实行更深层的开放与合作，而实现互利共赢、共同发展。在此背景下，中国开放经济学理论体系将得到完善和发展，推动认识水平进入一个又一个的新阶段，并开创中国特色社会主义政治经济学研究的新境界。

中国开放经济学理论体系的建构凸显坚持以人民为中心的中国理念。一定的经济体在世界经济体系中的地位是和其经济实力的发展息息相关的。在国际竞争中，各经济体基于经济实力的高低获取自己在全球产业链价值链中的相应层级，占据全球再生产进程的某些环节。在这样复杂漫长的过程中，远离全球产业链中心和价值链顶端国家的经济总是遭受层层盘剥。这就是以资本的全球扩张为核心、形成资本对人的统治和异化的西式逻辑。西方发达国家凭借处于全球产业链中心和全球价值链顶端的地位，攫取世界大量的财富并建立了由少数"发达国家"集团主导的再分配格局，而处于全球产业链和全球价值链中底端的国家付出了大量的人力、知识、原材料等资源。中国开放经济坚持以生产力的普遍发展和人的全面发展为价值导向，既是对马克思主义政治经济学的逻辑回归，各个生产者国家跨越国别界限与他国进行的经济往来以及由此建立的经济关系，通过对外贸易，推动市场日益扩大为世界市场，各个生产者国家联结成一个统一的经济整体；也是对传统对立竞争与零和博弈思维的突破，人类社会不同文明在经济、政治、科技、生态、文化等各个层面展开平等交流与合作。

第二章　比较优势与中国对外贸易

导　言

比较优势理论（又称比较优势贸易理论）认为，国际贸易的基础在于生产技术的相对差别（而非绝对差别），以及生产的相对成本差异。根据比较优势原则，对于处于优势的国家，应集中力量生产优势较大的商品；处于相对劣势的国家，应集中力量生产劣势相对较小的商品。然后通过国际贸易，互相交换，彼此都节省了劳动，都会从国际贸易中受益。比较优势理论的核心内容是"两利相权取其重，两弊相权取其轻"。

学习目标

1. 理解绝对优势理论，包括绝对优势理论的基本概念与内容、绝对优势理论的数学表述、绝对优势理论的图形表述、学会对绝对优势理论的评价。
2. 阐释比较优势理论，包括比较优势理论的数学表述、比较优势理论的基本内容。
3. 能够分解比较优势。
4. 理解比较优势理论在中国对外贸易中的适用性。

第一节　绝对优势理论

绝对优势（Absolute Advantage）理论也称为"绝对成本理论"或"绝对利益说"，是研究国际贸易纯粹理论的起点。亚当·斯密（Adam Smith，1723—1790）在 1776 年发表的《国民财富的性质与原因的研究》（*An Inquiry into the Nature and Causes of the Wealth of Nations*）（以下简称《国富论》）一书中提出了国际贸易成因的绝对优势学说。亚当·斯密提出，国际贸易的原因在于国与国之间的绝对成本的差异。如果一国在某一商品的生产上的成本绝对低于他国，该国就具备生产该产品的绝对优势，从而可以出口，反之则进口。各国都应根据本国的绝对优势进行分工和贸易。该理论解释了产生国际贸易的部分原因，但不能解释在各种产品生产上都具有绝对优势的国家与不具有绝对优势的国家之间的贸易。

一　绝对优势理论的基本概念与内容

从 16 世纪到 18 世纪中叶，在英国、西班牙、法国和荷兰等国出现了许多关于国际贸易方面的著作，但未发展成为系统的理论，统称为重商主义。其主要观点是认为一国的财富表现为金银货币，金银货币的积聚就是国家财富的增加，增加财富的办法就是进行对外贸易，并保持顺差。为了保持对外贸易的顺差，国家就必须对经济活动，特别是对国际贸易活动进行干预和管制。他们认为一国的贸易所得就是另一国的贸易所失，因此认为国际贸易是一种"零和游戏"。然而这些观点在18世纪受到严重的挑战。一些批评者指出，一国不可能永远保持顺差，因为如果一国能够长时期保持贸易顺差，则会由于金银大量流入而增加国内货币流通量，导致商品价格上涨，使本国出口商品的竞争能力下降，出口减少，进口增加，从而贸易顺差减少甚至出现逆差，金银又不得不输往国外。

重商主义之后，英国、法国及西欧各国的经济思想都有了很大的发展，出现了威廉·配第（William Patty，1623—1687）、弗郎斯瓦·魁奈（Francois Quesnay，1694—1774）等著名的经济学家。但只有到了亚当·斯密，古典政治经济学才第一次成为比较完备的理论体系，也只有在亚当·斯密这里，国际贸易的理论才得到系统的阐述。亚当·斯密在他的《国富论》中对重商主义进行了深刻的批判，并提出了自由贸易学说。他指出，金银并非财富的唯一形态，一国真实的社会财富是它生产的商品和劳务，它是由一国的劳动生产率决定的。而劳动生产率的提高又是以劳动分工为前提的，通过国家干预人为地保持贸易顺差是徒劳无益的。因此，斯密反对国家干预，主张采取自由放任的经济政策，扩大对外贸易。

为了论证实行自由贸易的重要性，斯密以制针业分工作为例子，强调通过分工带来的好处。根据他的举例，在没有分工的情况下，一个粗工每天连一根针也造不出来。而在分工的情况下，10个人每天可以制造4.8万枚针。明显地，分工大大地提高了劳动生产率。他认为，分工的原则不仅适用于一国内部的同行业、不同工种，也适用于各国之间。因此，他主张如果外国的产品比自己国内生产的要便宜，那最好自己就不要生产而是买进，同时发展自己在国际市场上占优势的产品去出口。例如，苏格兰虽然可以用暖房栽培葡萄，然后酿造出上等美酒，但成本是向外国购买的30倍；如果苏格兰不是进口葡萄酒而是用30倍的代价来自己生产，那就是明显的愚蠢行为。由此，他从国内手工工厂分工大大提高劳动生产率出发，扩展到各企业和各部门的分工，进而引申到跨国界的部门分工，即国际分工，并提出了著名的绝对优势理论。该理论指出，当一国相对另一国在某种商品的生产上有更高效率，但在另一种商品生产上效率更低，那么两国就可以通过专门生产自己有绝对优势的产品并用其中一部分来交换其具有绝对劣势的商品。这样，个人在各自追求自己的经济利益时将不自觉地增进全社会的利益，结果能使整个世界资源利用效率最高，世界福利最大化。因此，贸易并不像重商主义认为的一国的国际贸易所得，就是另一国的贸易所失，通过国际专业化分工，所有的国家都可以在生产和消费方面获得收益，国际贸易是一种"非零和游戏"。斯密认为，产生国际分工的基础是一国的自然优势和后天优势。前者指自然赋予的有关气候、土壤、矿产、土地和其他相对固定状态的优势，一国在生产特定商品时所具有的自然优势有时是非常巨大的，以至于他国无法同他竞争；后者则指通过后天积累而具备的生产某种产品的特有工艺、技能等优势。这些优势使一国生产某种产品的成本绝对低，在对外贸易方面与其他国家相比,就可以处于优势地位。

因此,斯密认为,两国产生国际贸易的基础和方向是:只要两国分别存在绝对优势的产品,就存在国际贸易,一国将生产和出口具有绝对优势的产品,进口绝对劣势的产品。

二 绝对优势理论的数学表述

假设世界上只有两个国家:A 国和 B 国;生产两种商品:X 和 Y;只有一种生产要素:劳动力,且劳动力可以在国内充分流动,在两国间不能自由流动。为简便起见,假设 A 国生产 1 单位 X 产品需要 1 单位劳动,生产 1 单位 Y 产品需要 2 单位劳动;B 国生产 1 单位 X 产品需要 2 单位劳动,生产 1 单位 Y 产品需要 1 单位劳动。分工前的劳动耗费则如表 2-1 所示。

可以很清楚地看出,分工前 A、B 两国各自生产 1 单位 X 产品和 1 单位 Y 产品的劳动耗费分别为 3 单位,即两国各生产 1 单位 X 产品和 1 单位 Y 产品需要的劳动耗费总共为 6 单位,整个世界对 X 产品和 Y 产品的生产总共为 4 单位。由于 A 国在生产单位 X 产品耗费的时间小于 B 国,因此在 X 产品的生产上 A 国具有绝对优势,B 国在生产单位 Y 产品耗费的时间小于 A 国,因此在 Y 产品的生产上 B 国具有绝对优势。

表 2-1 分工前的劳动耗费

	A	B
X	1	2
Y	2	1

按绝对优势原则,A 国应专业化生产具有最高生产率的 X 产品,B 国应生产具有最高生产率的 Y 产品,然后两国进行交换。专业化分工后的情况如表 2-2 所示。

表 2-2 分工后的生产率

	A	B
X	3	0
Y	0	3

表 2-3 交换后的贸易利益

	A	B
X	2	1
Y	1	2

分工后,A 国将全部的 3 单位劳动时间用于 X 产品的生产,共生产 3 单位 X 产品,而 Y 产品因为不生产,故为 0 单位 Y 产品;B 国将全部的 3 单位劳动时间用于 Y 产品的生产,共生产 3 单位 Y 产品,而 X 产品因为不生产,故为 0 单位 X 产品。很清楚,在全部劳动耗费不变的情况下,与分工前相比,世界总产量增加了 2 单位,即增加了 1 单位的 X 产品和 1 单位的 Y 产品。

假设 A 国国内仍能保持 1 单位 Y 产品的消费,B 国国内仍能保持 1 单位 X 产品的消费,按两国均能接受的 1 单位 X 产品交换 1 单位 Y 产品的比率进行交换(交换比率 = 1∶1),则交换后,A、B 两国的国内消费情况如表 2-3 所示。

显然,与贸易前相比,A 国多享受了 1 单位 X 产品,B 国则多享受了 1 单位 Y 产品;或者,两国的消费水平保持不变,即两国总共只消费 2 单位的 X 产品和 2 单位的 Y 产品,则两国只需要投入4单位的劳动就可以了,由此可节约2单位的劳动。通过国际分工和国际贸易,同样的劳动投入两国都获得更多的产品,无论是增加产出还是减少劳动时间,都意味着两国的福利水平的提高。

三 绝对优势理论的图形表述

按照绝对优势理论参与国际分工,进行专业化生产,然后进行交换,参与国就可以从这种国际分工和国际交换中获得利益。这种利益可以通过图形直观地表示出来,如图2-1和图2-2所示。

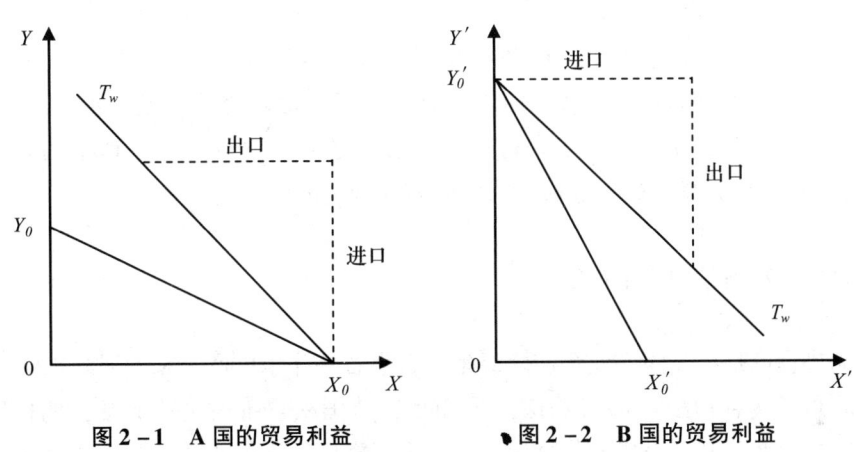

图2-1 A国的贸易利益   图2-2 B国的贸易利益

在图2-1和图2-2中,X_0、X_0'分别表示A、B两国将全部资源生产X产品的产量。Y_0、Y_0'分别表示A、B两国将全部资源用于生产Y产品的产量。X_0Y_0为A国的生产可能性曲线,$X_0'Y_0'$为B国的生产可能性曲线,T_w为世界价格线,即世界市场上X产品和Y产品的交换比例。

在贸易前,两国的生产可能性曲线就是消费可能性曲线。经过专业化分工后通过参与国际分工,A国专业化生产具有绝对优势的X产品,并按世界价格线T_w向B国交换Y产品;同样,B国专业化生产具有绝对优势的Y产品,并按照世界价格线T_w向A国交换X产品。由于存在贸易,两国消费者的消费者可能性曲线为T_w。显然,两国通过分工交换均受益,世界福利也因此得到提高。

四 对绝对优势理论的评价

亚当·斯密首次肯定了国际贸易对参与双方在经济上都是有利的,从而为开展国际贸易扫除了认识上的一大障碍,这在理论和实践上都具有重要意义。同时绝对优势理论第一次从生产领域阐述了国际贸易的基本原因和利益所在，正确地指出了分工对提高劳动生产率的巨大意义，从而为科学的国际贸易理论的建立奠定了良好的基础。然而这一理论只说明了在生产上具有绝对优势的国家参与国际分工和国际贸易能获得利益，而不能解释许多没有什么绝对优势的落后国家仍在进行国际贸易的普遍现象，因而无法利用斯密的绝对优势理论来说明国际贸易的普遍现象。此外，斯密虽然坚持了劳动价值论，但仍无法说明两种产品进行交换的内在等价要求是什么。

第二节 比较优势理论

比较优势理论是由大卫·李嘉图提出的。大卫·李嘉图（David Ricardo，1772—1823）是英国古典经济学的完成者。1817 年他发表了《政治经济学及赋税原理》（*On the Principles of Political Economy and Taxation*）一书，提出了比较优势（Comparative Advantage）理论，这与要素禀赋论一起被誉为国际贸易理论的两大支柱①。

一 比较优势理论的基本内容

比较优势理论是在英国产业资产阶级争取自由贸易斗争中产生和发展起来的。1815 年英国政府颁布了《谷物法》。《谷物法》颁布后，英国粮食价格迅速上升，地租猛增，英国的贵族地主大获其利。昂贵的谷物使工人货币工资不得不提高，商品成本增加，却由此严重损害了工业资产阶级的利益。为此，英国工业资产阶级和地主贵族阶级围绕《谷物法》的存废，展开了激烈的斗争。作为工业资产阶级代言人的李嘉图正是在这一背景下提出了比较优势理论。

根据李嘉图的比较优势理论，国际分工中若两贸易参与国生产力水平不相等，甲国在生产任何产品时成本均低于乙国，处于绝对优势，而乙国则相反，其劳动生产率在任何产品上均低于甲国，处于绝对劣势。这时，两个国家进行贸易的可能性依然存在，因为两国劳动生产率的差距，并不是在任何产品上都是一样的。这样，处于绝对优势的国家不必生产全部产品，而应集中生产国内具有最大优势的产品，处于绝对劣势的国家也不必停产所有的产品，而应停止生产在本国国内处于最大劣势的产品，即"两优相权取其重，两劣相权取其轻"。通过国际分工和自由交换，参与国可以节约社会劳动，增加产品的消费，世界也因为国际分工和自由交换而增加产量，提高劳动生产率并增进福利。因此即使某一国家并不拥有任何绝对优势，只要贸易前各国国内两种商品的价格比例不同，相关国家就存

---

① 任治君、吴晓东：《国际经济学》，西南财经大学出版社 2017 年版，第 15 页。

在贸易的可能性，并可能通过贸易获得比较利益。

二 比较优势理论的数学表述

李嘉图用一个经典的例子来说明了这一理论。假设英国和葡萄牙都生产毛呢和葡萄酒，但劳动生产率不同，劳动生产率以每单位产品所花费的劳动量来衡量。分工前的劳动生产率如表2-4所示。

从表2-4中可以看出，英国生产1单位毛呢的劳动成本为葡萄牙的1.1倍（100/90），生产1单位酒的劳动成本则为葡萄牙的1.5倍（120/80），英国在两种产品上的生产绝对成本高于葡萄牙，即都处于劣势，但在酒的生产上劣势更大。国际贸易和国际分工前，英国和葡萄牙分别投入220人/年和170人/年的劳动，各消费1单位酒和1单位毛呢。根据比较优势，葡萄牙专门生产酒，英国专门生产毛呢，用两国的一年劳动总量，葡萄牙可生产2.125单位的酒 [（80+90）/80]，英国可生产2.2单位的毛呢 [（100+120/100）]。分工后的劳动生产量如表2-5所示。

表2-4 分工前的劳动生产率

	毛呢（1单位）	酒（1单位）
英国	100人/年	120人/年
葡萄牙	90人/年	80人/年

显然，按照相对优势进行国际分工，相同的劳动总量能创造出更多的财富或使用价值。分工前，国际上酒的产量为2单位，毛呢的产量为2单位。分工后酒的产量为2.125单位，增加了0.125单位。毛呢的产量为2.2单位，增加了0.2单位。

表2-5 分工后的劳动生产量

	毛呢	酒
英国	2.2	0
葡萄牙	0	2.125

为了说明贸易对双方的利益，假定一个双方都能接受的交换比例，如1单位葡萄酒交换1单位毛呢（交换比率=1∶1）。葡萄牙用生产的1单位酒从英国换取1单位的毛呢，英国则用1单位的毛呢从葡萄牙换取1单位葡萄酒，交换后的贸易利益如表2-6所示。

显然，通过国际贸易，英国实际消费1.2单位毛呢和1单位的酒，较国际分工前多消费0.2单位的毛呢。葡萄牙实际消费1单位毛呢和1.125单位的酒，比贸易前多消费0.125单位的酒。

两国进行国际分工和贸易的条件和基础是他们之间商品相对成本的比率不同。设 P_1 和 P_2 分别是A国生产产品1和产品2的成本；P'_1 和 P'_2 分别是B国生产产品1和产品2的成本，e 为单位外汇折算为本币的汇率，则折算为本币价格分别为 $e \times P'_1$ 和 $e \times P'_2$。由于假定产品市场

表2-6 交换后的贸易利益

	毛呢	酒
英国	2.2-1=1.2	1
葡萄牙	1	2.125-1=1.125

完全竞争，所以其价格便是其生产成本。国内相对价格差异为 P_1/P_2，国外相对价格差异为 P_1'/P_2'，与汇率无关。只要无贸易时两国相对价格存在差异，即 P_1/P_2 不等于 P_1'/P_2'，那么一定存在比较优势和互利的国际贸易。若 $P_1/P_2 < P_1'/P_2'$，则 A 国生产产品 1 具有相对优势；若 $P_1/P_2 > P_1'/P_2'$，则 A 国生产产品 2 具有相对优势。

第三节 比较优势的分解

比较优势思想可以用图形的方式进行分解，这样可以更为直观地理解和把握比较优势的深刻含义。假定 A、B 两国在单位时间生产 X 产品和 Y 产品的情况如表 2–7 所示。

显然，A 国在生产 X 产品和 Y 产品上的成本都比 B 国高，即二者都处于劣势。如果按照亚当·斯密的绝对成本原理，A 国和 B 国将不存在贸易。由于在 A 国，每单位 X 产品等于 0.5 单位 Y 产品，或每单位 Y 产品等于 2 单位 X 产品，B 国每单位 X 产品约为 1.4 单位 Y 产品，或每单位 Y 产品为 0.7 单位 X 产品。根据比较优势原则，由于两国国内两种产品存在价格差异，因此两国存在分工和贸易的基础。虽然 A 国在两种产品的生产上都处于劣势，但 X 产品的劣势小（50/70），Y 产品的劣势大（25/100）。A 国应集中生产 X 产品，B 国应集中生产优势更大的 Y 产品。A 国的各种可能的生产组合点如表 2–8 所示。B 国的各种可能的生产组合点如表 2–9 所示。

表 2–7 分工前的劳动生产率

	A	B
X	50	70
Y	25	100

表 2–8 A 国的生产组合点

X	Y
50	0
30	10
10	20
0	25

表 2–9 B 国的生产组合点

X	Y
70	0
56	20
42	40
28	60
14	80
0	100

根据 A 国、B 国的生产组合点，可以分别得到两国的生产可能性曲线，如图 2–3 和图 2–4 所示。

在图 2–3 和图 2–4 中，在无国际贸易时，两国的生产可能性曲线就是其消费可能

图 2-3 A 国的贸易利益

图 2-4 B 国的贸易利益

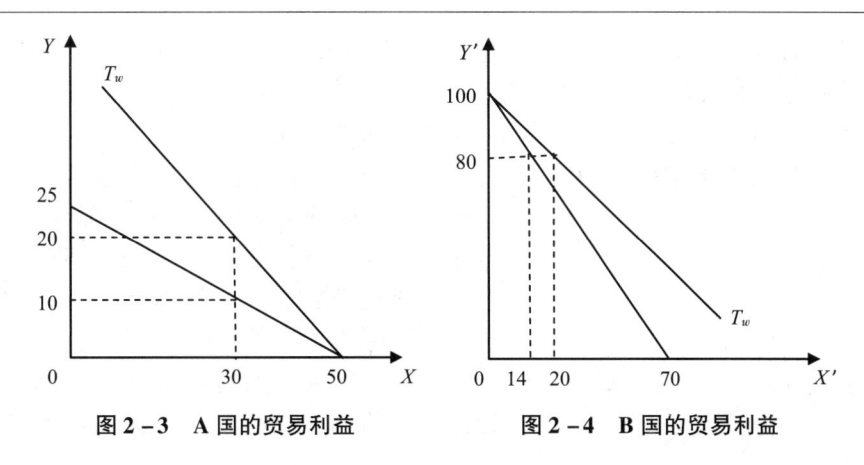

性曲线。设 A 国生产并消费 30 单位的 X 产品和 10 单位的 Y 产品，B 国生产并消费 14 单位的 X 产品和 80 单位的 Y 产品。经过专业化分工后，A 国生产具有相对优势的 X 产品，B 国生产具有相对优势的 Y 产品。假设现在以双方接受的国际交换比例：1 单位 X 产品交换 1 单位的 Y 产品（交换比率 = 1 : 1），A 国用 20 单位的 X 产品从 B 国获得 20 单位的 Y 产品，B 国用 20 单位的 Y 产品从 A 国获得 20 单位的 X 产品。显然，A 国较国内贸易能多交换 10 单位的 Y 产品（20 - 0.5 × 20）。同样，B 国用 20 单位的 Y 产品可从 A 国交换到 20 单位的 X 产品，较在本国交换多得 6 单位的 X 产品（20 - 0.7 × 20）。可见，通过国际贸易，同样的劳动投入两国都获得更多的消费，两国的福利水平都得到了提高。

我们还可以用其他图形来表述李嘉图的比较优势学说。事实上，由于机会成本的存在，国际生产专业化不会是完全的专业化，国际分工不会是完全的国际分工。因此，在图示中，任何一国的生产可能性曲线都不会是一条直线，前面仅仅是为了便于说明问题。如图 2-5 所示，A 国在 X 产品的生产上具有比较优势。

A 国选择 X 产品进行专业化的生产，但只是意味着更多地生产 X 产品，同时压缩 Y 产品的生产，将生产组合点从 A 向右下方移动至 A′，在世界市场上按照 1 : 1 的交换比例进行商品交换，用 A 国 X_1 X_2 的 X 产品交换 B 国 Y_1Y_2 的 Y 产品。相对于国际分工之前的消费组合点 A 来说，在现在的消费组合点 C 上，A 国不仅消费的 Y 产品可以比以前多，而且消费的 X 产品也可以比以前多，社会无差异曲线也从 1 移动到了 2。所有这些都表明了通过参与国际分工和国际贸易，A 国福利水平得到提高，当然 B 国也会如此。

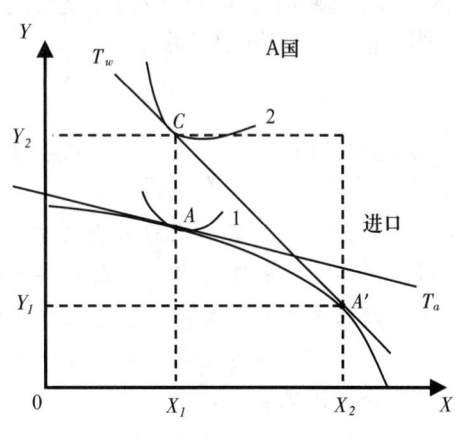

图 2-5 比较优势的图形说明

另外，我们也可以看到，A 国现在所消费的 Y 产品，甚至比自己专业化生产的 Y 产品还要多，假如 A 国进行 Y 产品的专业化生产的话。这说明，国际分工和国际贸易的确能够促进劳动生产率和社会福利水平的提高。

还需要注意的是，社会无差异曲线 1 到 2 这段距离所显示的利益，既是国际分工的结果，也是国际交换的结果。也就是说，这部分增加的利益，实际上包含着两个部分，一部分是国际分工带来的，另一部分是国际贸易带来的。这一点，可用图 2-6 表明：将价格线或交换比例线 T_w 从点 C 下移至点 A，表明此时没有参与国际分工，但参与了国际贸易。参与国际分工和国际贸易增加的利益为 AC，其中，AD 为国际贸易带来的利益，CD 为国际分工带来的利益。

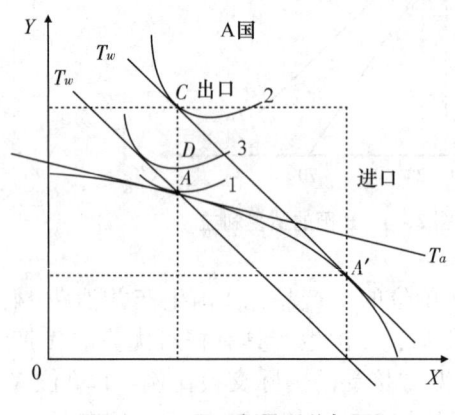

图 2-6 国际贸易利益与国际分工利益的区分

从上面的分析中我们可以知道，大卫·李嘉图的比较优势理论利用精确的逻辑和简单的例子证明了一国无论生产水平高还是低，均可根据"比较优势"原则参与国际分工和贸易，从而得到实际利益。在各自的生产要素的投入量不变的情况下，参加国际分工和国际贸易不仅使世界总产量增加，而且使各国都能得到更多的产品或物质财富，提高消费水平。比较优势理论将亚当·斯密的基于绝对优势的自由贸易理论向前推进了一大步，可以解释当今世界经济技术发展水平和层次不同的国家之间进行贸易的基础。这一学说被当时大部分经济学家接受，并为后来的经济学家所推崇，至今仍被作为影响国际贸易格局的基本因素。

专栏 2-1　　　　　　　　**现实中的比较优势：巴伯·鲁思的例子**[①]

巴伯·鲁思是棒球历史上最伟大的击球手。不过，只有这项运动的真正球迷才知道，巴伯·鲁思还是有史以来最伟大的投球手。因为巴伯·鲁思在 1918 年之后就停止了其投球手生涯，其后一直是在打外场的过程中创造了自己卓越的击球记录，所以大多数人甚至不知道他还会投球。为什么大多数人都只把巴伯·鲁思当作一个击球手呢？比较优势提供了答案。

在其职业生涯初期，作为波士顿红袜队的选手，巴伯·鲁思在投球方面的确占有绝对优势。历史学家杰弗里·C. 沃德和电影制片人肯·伯恩思说："在波士顿红袜队最伟大的岁月里，他是队中最伟大的左手投球手，在 6 个赛季赢得了 89 场比赛。1916 年，

[①] [美] 保罗·克鲁格曼：《国际经济学理论与政策》，丁凯、黄剑等译，中国人民大学出版社 2021 年版，第 28 页。

> 当他第一次有机会在世界职业棒球大赛中进行投球时,他淋漓尽致地发挥了自己的才能。在双方打平的情况下他加入了激烈的比赛,使布鲁克林道奇队在11次击球中一分未得,直到他的队友获得胜利……在1918年的世界职业棒球大赛中,他再次证明了自己的实力,将他的纪录扩展到29又3分之2局无失分,这一纪录一直保持了43年。"
>
> 1961年,鲁思的世界职业棒球大赛投球纪录被纽约扬基队的怀特·福德打破。同一年,鲁思的队友罗杰·马里斯打破了他在1927年创造的在一个赛季中有60个本垒打的纪录。
>
> 尽管鲁思在投球方面具有绝对优势,但是相对于他的队友来说,他在击球技术上的优势要更大一些:他的比较优势在于击球方面。作为投球手,鲁思在两次出场中间必须休息双手,所以不能每一场比赛都出场。为了充分发挥鲁思的比较优势,1919年红袜队将其移至中外场,使他能够更加频繁地击球。
>
> 让鲁思集中进行击球这个决定的收益是巨大的。1919年他有29次本垒打。"比任何一个选手在一个赛季中击中的都要多。"沃德和伯恩斯如是说。扬基队1920年签约鲁思后让他继续留在外场(并继续击球)。事实证明这是一个英明的决定。在那一年鲁思击中了54个本垒打,创造了惊人的纪录(击中除以击球数),这个纪录到现在还没有人能破,这使扬基队成为棒球界最负盛名的球队。

第四节 比较优势理论的发展

大卫·李嘉图是最早发现比较优势理论的经济学家,他在其代表性著作《政治经济学原理》中,论证和阐明了比较优势原理,认为比较优势是国际贸易的基础,即比较优势不仅决定贸易方向,也构成了"巨大贸易利益"的来源。李嘉图的研究奠定了其后贸易纯理论的发展方向,后来的学者就一直将国际贸易的研究重心放在比较优势原理上,不断探索决定比较优势的各种来源。

关于比较优势的决定因素,李嘉图本人强调劳动生产率差异的重要性,认为各国之间只要相对劳动生产率水平不一致,那么就存在贸易的动机。如果贸易条件严格介于这些国家国内相对成本比率之间,那么每个国家的所有家庭都会通过贸易而生活得更好。这一论断是以李嘉图所设想的劳动力在国内可以完全自由流动,而在国家之间不能流动为前提的。其后的一些学者,如穆勒(John Stuart Mill)、马歇尔(Alfred Marshall)和埃奇沃思(Frances Ysidro Edgeworth)都对贸易理论做出了一些重大贡献,但他们的研究中关于比较优势的概念并未比李嘉图的思想前进一步,他们主要集中于贸易条件的讨论和比较静态学上的研究。但在两次世界大战间隔时期,关于比较优势的研究出现了重大进展。

首先，两位瑞典经济学家赫克歇尔（Eli Heckscher）和俄林（Bertil Ohlin）分别在1919年和1933年各自撰写的文章与著作中论述了各国资源要素禀赋的构成与贸易形态之间的关系，以及贸易对各国收入分配的影响。他们之所以提出不同于李嘉图的比较优势的思想，是因为他们认为，国际上要素的不流动，造成国家之间在要素禀赋上的差别，比在同一国家不同地区之间的差别要大得多。因此，要素禀赋差异才是决定国际分工和交换的最重要因素。另外，在贸易理论的模型化方面也有了实质性的进展，由哈伯勒（Haberler）、勒纳（Lerner）、里昂惕夫（Leontief）和米德（Meade）等提出的将技术、要素禀赋和偏好集于一体的一般均衡分析的新古典模型，与赫克歇尔和俄林的要素禀赋理论融为一体，最终形成了国际贸易理论的标准模型。可以这样说，这一标准化的贸易模型实际上就是新古典学派一般均衡理论在国际贸易研究中的应用。

这一标准的贸易模型，可以用人们所熟悉的两个国家、两种产品、两个要素这一模型来加以描述：一定的要素供给和规模收益不变的技术确定了向外凸的生产可能性边界，它与特定的消费者偏好共同决定了一国封闭条件下的相对价格。基于这一标准模型，如果以下五项假设成立，即两国相同商品的生产函数相同；两国相对要素禀赋相同；两国消费偏好相同；规模收益不变；两国的商品市场和要素市场都是完全竞争的，并且不存在外部经济。那么，这意味着具有同等技术、要素禀赋和偏好的国家，将会有同样的封闭条件下的相对价格（见图2-7和图2-8），因而也就没有进行贸易的动机了。反过来说，两个国家必须在这些方面中至少一个方面有所差别，才能产生比较优势，从而引发国际贸易，并带来贸易利益。在上述五项假设中后两项假设保持不变的前提下，放松剩下的其中任何一项假设，都会导致相同的结果，即相对价格差的产生。例如，如果两国生产技术条件不同，而要素禀赋和消费者偏好相同，那么两国可分别在它们的技术水平相对较高的商品上享有比较优势[1]；如果各国生产技术和偏好相同，仅存在要素禀赋上的相对差异，那么比较优势将由要素禀赋相对差异决定，即一国将在密集使用其相对充裕要素的商品生产上具有比较优势；同样，如果技术和要素禀赋相同，各国可以在它的消费者不大喜爱的商品上享有比较优势，因为这一商品在贸易前的国内价格比较低廉。不过，由于现实中各国要素禀赋及技术间的差别比较显著，所以为了简化分析，在贸易理论模型中，通常忽略国家间的消费者偏好差异的影响，专注于从供给方面探讨国际贸易的起因和利益。

在20世纪相当长的时期内，以新古典模型为表达形式的要素禀赋论在国际贸易理论中占据着绝对的统治地位。虽然20世纪50年代里昂惕夫的实证检验结果使这一理论的追随者产生过怀疑，60年代林德（Linder）、波斯纳（Posner）、伏珀尔（Hufbauer）和弗农（Vernon）从动力学的角度提出了不同于比较优势的新贸易基础，但要素禀赋论并未受到真正的挑战。

---

[1] 李嘉图的比较成本学说可视为技术差异模型的一个特例。在李嘉图的古典生产函数里，劳动被假设为唯一的生产要素，在这种情形下，生产技术差异就具体化为劳动生产率（或单位产出劳动投入）的差异。

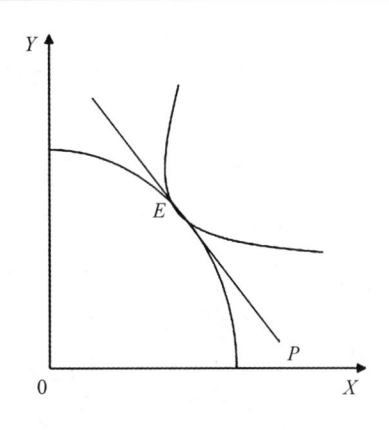

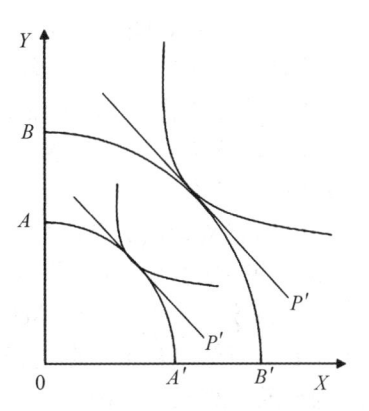

图 2-7　封闭条件下的相对价格　　图 2-8　封闭条件下的相对价格

不过，在此期间，许多学者在上述标准贸易理论模型的基础上，尝试对某些假设进行一些修正和拓宽，进一步丰富了比较优势理论。在这些后续研究中，值得一提的有两项：一是琼斯和萨缪尔森等将微观经济学的生产与成本理论中的短期分析方法引入国际贸易理论中，建立了特定要素模型（又称李嘉图—瓦伊纳模型）。如果说赫克歇尔—俄林理论（以下简称"H-O理论"）是一种长期理论，因为在长期内，所有生产要素都是可调整的，即可在部门间自由配置，那么特定要素模型可看作 H-O 理论的一个短期"版本"。该模型与 H-O 理论的一个重大区别，也是其创新之处，就是在引入特定要素之后，贸易对贸易国收入分配格局的影响不同于萨缪尔森—斯托伯定理的结论。也就是说，在长期内，贸易对一国收入分配格局产生影响是源于不同部门要素密集度的差异，不同要素所有者的实际收入受到的影响不同，不论哪个部门所使用的要素均是如此；但在短期内，贸易对一国收入分配格局的影响是因为特定要素的存在，不同部门的特定要素所受到的影响是不同的。这一结果的重要意义在于，它可以很好地解释现实中影响贸易政策制定的利益集团为什么往往具有部门色彩，而与要素所有者并无直接关系。

二是埃塞尔（Ethier）和迪尔多夫（Deardoff）等将传统的比较优势原理推广到多种（两种以上）商品和要素这一更一般的情形（又称"多维问题"，Higher Dimensional Issues），得出所谓的广义比较优势法则（Generalized Law of Comparative Advantage），即在多种商品和多种要素的情况下，商品的贸易流向（以净出口为指标）与其封闭下的相对价格差呈负相关关系。具体地说，对于那些相对价格低于国外的商品而言，从平均水平看，贸易流向表现为净出口；而那些相对价格高于国外的商品，从平均水平来说，贸易流向表现为净进口。注意，上述关系仅在平均意义上成立，当涉及某一具体商品或部门时，这一关系并不一定适用。例如，某一商品的相对价格较低，但该商品不一定就属于净出口，反之亦然。也就是说，在多维情况下，比较优势原理只在平均意义上成立。当考虑到两国之间存在要素禀赋差异这一特殊情形时，广义比较优势法则可表述为：在平均意义上,一国将成为其相对廉价要素服务的净出口国和相对昂贵要素服务的净进口国。这一结论便是 H-O 理论在多维情形下的表达形式。这里,要素服务的出口或进口是指蕴含在贸易中的要素含量(Factor Content of Trade),由于一国的出口商品是使用本国生产要素(所提供的服务)生产出来的,因此,本国向他国出口商品实际上意味着向他国提供本国要素的服务。

多维下的广义比较优势理论具有重要的理论和现实意义。在理论上,它大大丰富了比较优势理论,建立了更一般的贸易理论模型;在应用上,它为比较优势理论的实证研究提供了分析框架。由于现实中,无论是商品的种类,还是要素的类型,都不可能仅限于两种之内,所以标准的比较优势理论模型在实际运用中有很大的局限性。而广义比较优势理论的模型结构与实际情形比较接近,因而可直接应用于实证分析,由多维 H-O 理论引申出的 H-O-V 模型(Heckscher-Ohlin-Vanek Model)业已成为要素禀赋理论的主要实证检验方法[①]。

以上简要概述了比较优势理论的主要发展,从中不难看出,无论如何放宽或推广假设,上述五项基本假设中的后两项是一直维持不变的,这意味着比较优势理论是建立在完全竞争理论基础上的。如果放松后两项假设,那么在国际贸易理论中必然要引入规模经济、不完全竞争等新问题,这样一来,以完全竞争理论为基础的国际贸易理论自然要出现一次大的变革。直到 20 世纪 70 年代末,这一突破性进展才真正出现,并在国际贸易研究领域引发了新一轮的研究热潮。

第五节 比较优势理论在中国对外贸易中的适用性

比较优势理论对我国外向型经济发展有一定的作用。比较优势理论假设在完全竞争的前提下,各国间进行自由贸易,由市场机制决定价格,对关税、进口限额等保护贸易或限制贸易的政策持否定态度,它考虑的是在完全竞争条件下如何在世界范围内最优配置经济资源的问题。按照李嘉图的学说,各国都应该致力于自身有相对比较优势的产品,在国际市场上交换自身相对劣势的产品。传统贸易理论解释了宗主国与殖民地之间,发达国家与发展中国家之间的贸易现象。比较优势理论归结到国家外贸政策上就是自由贸易政策,下面结合我国实际来分析这种理论在我国的适用性问题。

第一,我国贸易的伙伴国类型多样。有资料显示,与我国贸易的伙伴国多为与我国资本劳动比率差别大的发达国家或地区,如东盟、欧盟、美国和日本是我国的重要贸易伙伴。2021 年 1 月 14 日海关总署发布的数据显示,2020 年,我国货物贸易进出口总值为 32.16 万亿元,比 2019 年增长 1.9%,创历史新高。其中,出口为 17.93 万亿元,增长 4.0%;进口为 14.23 万亿元,下降 0.7%;贸易顺差为 3.7 万亿元,增长 27.4%。在这种

---

① Lerner, E. E., 1984, *Source of International Comparative Advantage: Theory and Evidence*, Cambridge: MIT Press.

情况下，我国的对外贸易理应建立在优势互补的比较优势的基础上。

第二，中国出口商品面临竞争激烈的国际市场，在新冠疫情影响下，2021年全球贸易大幅萎缩，而我国超大规模市场优势更加明显，进口需求稳定。2020年，我国原油、金属矿砂等资源型产品进口量分别增加7.3%和7.0%。与此同时，我国传统优势产品出口继续保持增长。全年机电产品出口10.66万亿元，增长6.0%；笔记本电脑、家用电器、医疗仪器及器械出口分别增长20.4%、24.2%、41.5%。与其他国家相比，中国还是有相当强的国际竞争力的，这是我们的比较优势。

第三，世界经济全球化、一体化是一种趋势，各国的生产、贸易和投资联系日益密切，特别是中国加入世界贸易组织后，中国与世界各国之间的关税和非关税壁垒正逐步取消，顺应这股国际潮流，发挥比较优势，才会有更大的经济发展空间。

当然，我们也应该注意到死守比较优势贸易理论会导致我国贸易条件的恶化，并且许多假设与现实不符：第一，不能死板地固守传统比较优势，这样可能会导致我国外贸条件恶化，比较优势陷入低水平循环的陷阱。比较优势理论虽然在短期内有利于世界资源的优化配置，但在长期内却可能导致相关国家贸易条件的变化。这有前车之鉴，过去很多发展中国家主要出口初级产品，技术进步慢，需求弹性低，且规模收益递减，完全竞争特征明显；而发达国家主要出口技术产品，需求弹性高，且规模收益递增。这样发展中国家与发达国家的贸易就是一种"不平等贸易"，发展中国家贸易条件将日趋恶化。如果一国一味奉行比较优势理论，可能会在国际分工中处于越来越不利的地位，落入"贫困陷阱"。我国是一个发展中的国家，面对这样的情况应该积极改变外贸条件。

第二，由于比较优势理论的诸多基本假设与现实严重不符，它就更不能解释世界贸易中的如下现象：首先是"里昂惕夫之谜"展现的美国进出口商品结构的实证分析与该理论不符；其次是国际贸易伙伴结构揭示出的国际贸易主要在发达国家之间而非在比较优势不同的发展中国家与发达国家之间进行。

因此，在实际工作中，我国应该积极发展自己具有比较优势的行业，出口自身具有相对优势的产品，这是比较优势理论的核心所在，我国在任何时候都应该遵循这一原则，只有这样才能在国际市场上取得竞争优势，也只有这样才能在国际贸易中有利可图。

但是我们还要看到，我国的对外贸易目标不是片面追求量，追求向外度，随着以国内大循环为主体、国内国际双循环相互促进的新发展格局的加快构建，高水平对外开放的不断推进，新的国际合作和竞争优势的不断形成，我国外贸进出口规模有望继续保持增长，应当在扩大开放和扩大对外贸易中利用国际资源和国际市场提升国内的产业结构。同时，我们也应该注意到，任何国家的贸易比较优势和贸易比较利益地位都不是一成不变的，其原因是一国的生产结构类型和贸易结构类型在不断变化。这种贸易结构类型变化的速度，决定了一个国家在国际分工阶梯中有相对的位置。如果一个国家不能适时地完成生产结构类型和贸易结构类型的变化，或者贸易结构类型的逆转滞后于生产结构类型的变化，那么它将在贸易中处于劣势地位。就我国目前的情况来看，不可能也不应该仅靠自身的贸易比较优势来改善自身在国际分工和国际贸易中的利益分配，经济更不可能自发地完成动态比较成本优势和贸易比较优势地位与产业结构调整的结合。对此，我国应该正确把握国际经济的变化趋势，积极参与国际分工和国际贸易，运用国家干预力量扶植和促进重点产业发展，开发新的比较优势。同时，利用国际投资及采取相关政策来促进自身生产结构和贸易结构类型由劳动密集型向资本、技术密集型，人工智能型方向转化，这才是取得在国际贸易中比较优势的必要条件。

本章小结

1. 重商主义认为一国的财富表现为金银货币，金银货币的积聚就是国家财富的增加，增加财富的办法就是进行对外贸易，并保持顺差；为了保持对外贸易的顺差，国家就必须对经济活动，特别是对国际贸易活动进行干预和管制。

2. 绝对优势理论认为只要两国分别存在绝对优势的产品，就存在国际贸易，一国将生产和出口具有绝对优势的产品，进口具有绝对劣势的产品。

3. 相对优势理论认为处于绝对优势的国家不必生产全部产品，而应集中生产国内具有最大优势的产品，处于绝对劣势的国家也不必停产所有的产品，而应停止生产在本国国内处于最大劣势的产品，即"两优相权取其重，两劣相权取其轻"。通过国际分工和自由交换，参与国可以节约社会劳动，增加产品的消费，世界也因为国际分工和自由交换而提高劳动生产率，增加产量并增进福利。

4. 比较优势理论利用精确的逻辑和简单的例子证明了一国无论生产水平高还是低，均可根据"比较优势"原则参与国际分工和贸易，都可以得到实际利益。在各自的生产要素的投入量不变的情况下，参加国际分工和国际贸易不仅使世界总产量增加，而且使各国都能得到更多的产品或物质财富，提高消费水平。比较利益理论将亚当·斯密的基于绝对优势的自由贸易理论向前推进了一大步，可以解释当今世界经济技术发展水平和层次不同的国家之间进行贸易的基础。

思考题

1. 对比绝对利益学说与重商主义思想的差异性。
2. 简述绝对优势学说的基本概念与内容。
3. A 国与 B 国使用劳动力一种生产要素生产出两种商品：小麦和布，单位小麦和布的劳动生产率（小时/单位产品表示）分别有以下三种情况：

	Ⅰ		Ⅱ		Ⅲ	
	A	B	A	B	A	B
1单位小麦	4	1	4	1	4	2
1单位布	1	2	3	2	2	1

（1）分析Ⅰ、Ⅱ、Ⅲ情况下A国与B国的绝对优势与绝对劣势。

（2）依据绝对利益学说，在Ⅰ、Ⅱ、Ⅲ情况下，A国与B国是否发生贸易？

4. 依据第3题提供的资料，结合比较优势理论，分析Ⅰ、Ⅱ、Ⅲ情况下A国与B国是否发生贸易？

5. 当一国在某一商品上具有比较优势时，是否在此商品上它必定有绝对优势？为什么？反之，当一国在某一商品上具有绝对优势时，是否在此商品上它必定具有比较优势？为什么？

6. 比较优势理论在中国对外贸易中的适用性。

第三章 特定要素模型

导 言

特定要素模型最先是由雅各布·维纳（Jacob Viner）提出，用于解释工业革命后工人由农村向城市迁移的原因。模型由保罗·萨缪尔森[1]和罗纳德·琼斯[2]进一步发展。以我们在上一章学习的李嘉图模型为基础，特定要素模型解释了在短期内国际贸易如何影响收入分配。在前面的学习中我们了解到，比较优势模型假设仅存在一种可以在国际间流动的生产要素，而赫克歇尔—俄林模型假设存在两种可以在本国流动而不能在国际间流动的生产要素。特定要素模型在二者基础上进一步假设存在三种生产要素，分别为两种特定要素和一种流动要素，其中特定要素不能在行业间以及国家间流动，而流动要素可以在本国和国际间自由流动，并以此为基础对国际贸易利得展开探讨。

学习目标

1. 了解特定要素模型均衡的求解方式。
2. 解释为什么在短期内，贸易并不能使所有人受益。
3. 通过学习特定要素模型认识自由贸易会给社会福利造成怎样的影响。

第一节 特定要素模型的设定与均衡

芬兰人擅长生产远洋巡洋舰和驯鹿皮、貂皮和狐皮等皮革制品。在芬兰北部的拉普兰，人烟稀少，野生动物种类繁多，印第安人居住在这里猎捕这些野生动物并制成皮革制品进行交换。此外，芬兰北部特殊的自然环境造就了皮革产业的发展，并且这种环境难以转移到其他地方。而在城市地区，芬兰人还从事造船工业，向欧洲国家出口巡洋舰。造船业除了需要受过良好教育的工人，还需要大量的资金投入，这是该行业的特殊性，不能用于皮革制品行业。在这些生产要素中，唯有芬兰的工人可以在这两个行业之间自由流动。这样，芬兰的两个行业（皮革制品和造船业）和三种生产要素（森林、资本和劳动力）

---

[1] Samuelson, P. A., 1971, "Ohlin was Right", *The Swedish Journal of Economics*, 73 (4): 365–384.
[2] Jones, R. W., Jose A. Scheinkman, 1977, "The Relevance of the Two-sector Production Model in Trade Theory", *Journal of Political Economy*, 85 (5): 909–935.

就构成了一个简单的特定要素模型。

我们知道，经济学中长期和短期的界限在于投入的生产要素在一定时期内是否能够全部进行调整。在长期，厂商可以调整其生产规模，因此全部的生产要素有充足的时间进行调整，生产要素可以在不同生产部门之间流动。而在短期，厂商在既定的规模下进行生产，至少有一种生产要素投入保持不变，不能进行调整。由上述的例子可以看出，特定要素模型的生产决策中，有两种要素是固定不变的，并非长期中所描述的所有要素都是可变的投入，因此特定要素模型事实上也是一个短期模型。

一 模型基本假设

特定要素是指那些仅用于某一特定部门，而无法应用于其他部门的生产要素，这种要素在短期内几乎不存在流动性。相应地，那些可以在部门间自由流动的要素，我们称为流动要素。在李嘉图的比较优势模型中，假定只存在两种产品和一种可在部门间流动的生产要素——劳动，且劳动是同质的。琼斯在李嘉图模型上更进一步，把流动要素和特定要素结合起来发展了特定要素模型，用于研究国际贸易对一国收入分配的影响，该模型有如下假设：

（1）一个国家（或地区）中仅有两个生产部门，生产两种产品（产品1和产品2）；

（2）该国家（或地区）拥有三种生产要素：劳动（L）、资本（K）和土地（T）。其中，劳动（L）为流动要素，可以在两个部门（行业）间自由流动，并且所有劳动是同质的，资本（K）和土地（T）为特定要素，不可以在两个部门间流动；

（3）产品1的生产需要投入流动要素劳动（L）和特定要素资本（K），产品2的生产需要投入流动要素劳动（L）和特定要素土地（T）；

（4）生产的规模报酬不变；

（5）市场是完全竞争的，厂商和消费者都是价格的接受者；

（6）劳动总量不变，整个国家处于充分就业状态下。

在上述假设中，由于资本和土地的特殊性质，在短期内无法自由流动，因而土地和资本都属于特定要素。接下来，我们来看看模型的生产可能性曲线。

二 生产可能性曲线

一定时期内，在技术水平不变情况下，两种产品的产出取决于在两个部门中投入的两种生产要素的数量，根据上述假定，我们可以得到产品1和产品2的生产函数：

$$Q_1 = Q_1(\bar{K}, L_1) \tag{3-1}$$

$$Q_2 = Q_2(\bar{T}, L_2) \tag{3-2}$$

其中，Q_1 和 Q_2 分别代表产品1和产品2的产量，$\bar{K}$ 为生产产品1的特定要素投入——资本，

K 通常被认为是常数；T 为生产产品 2 的特定要素投入——土地，同样，T 也被记为常数；生产产品 1 所需的劳动用 L_1 表示，生产产品 2 所需的劳动用 L_2 表示。由于假设条件为充分就业，两个部门的劳动量之和必须等于市场中可以供给的劳动总量 L：

$$L = L_1 + L_2 \qquad (3-3)$$

资本和土地都是特定要素，因而我们只需重点关注劳动在两个部门之间的流动对产出的影响，根据上述生产函数，可以得到产品 1 和产品 2 生产函数的曲线和劳动的边际产量曲线，我们以产品 1 为例来说明（见图 3-1）。

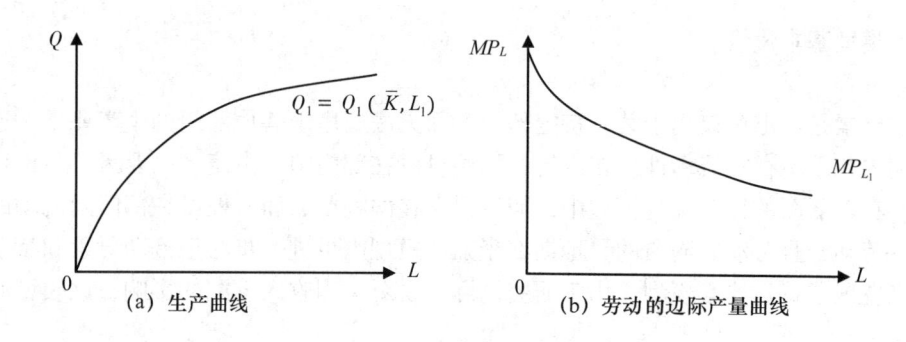

图 3-1 产品 1 的生产曲线和劳动边际产量曲线

图 3-1（a）为产品 1 的生产函数，资本投入量既定时，在一个适当范围内劳动投入越多，产出越多，图 3-1（b）为产品 1 的边际产出，$MP_{L_1} = \dfrac{dQ_1}{dL_1}$。根据微观经济学中的边际报酬递减规律，一定时期内，在其他要素（资本）投入量不变的情况下，当劳动投入量超过某一特定值时，随着劳动投入量的增加，每单位劳动增加带来的产量的增量是递减的。这里，我们要注意一点，虽然模型假设规模报酬不变，然而要素的边际报酬却仍然是递减的。图 3-1（a）中生产函数曲线的斜率逐渐减小，增长速度越发缓慢，图 3-1（b）的劳动的边际产出曲线向右下方倾斜。产品 2 的生产函数曲线和劳动的边际产量曲线同产品 1。

结合产品 1 和产品 2 的生产函数曲线，可以得到在特定要素模型中产品 1 和产品 2 的生产可能性曲线，如图 3-2 所示。

第一象限中描绘了产品 1 和产品 2 的生产可能性边界，第二象限和第四象限中分别描绘了产品 2 和产品 1 关于劳动的生产函数 $Q_2(\bar{T}, L_2)$ 和 $Q_1(\bar{K}, L_1)$，第三象限说明了劳

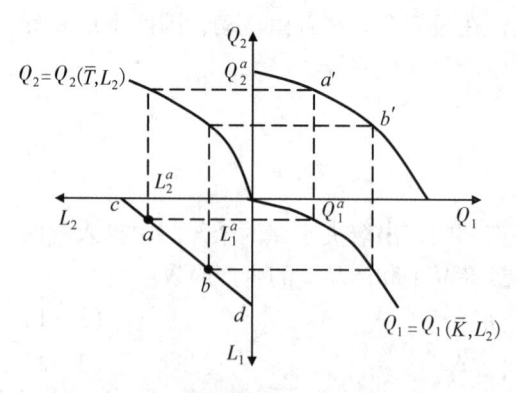

图 3-2 特定要素模型中的生产可能性边界

动在产品 1 和产品 2 两个部门中的配置情况，cd 为劳动配置曲线，劳动配置曲线上的点 a 和点 b 分别对应生产可能性边界上的点 a' 和点 b'。

第三象限中，cd 曲线为 45°线，它是劳动 L 在产品 1 和产品 2 之间分配各种可能的组合点的轨迹，劳动配置组合点沿 X 轴向左表示生产产品 2 的劳动投入增加，沿 Y 轴向下表示生产产品 1 的劳动投入增加，直线上的任何一点都说明了劳动在两部门间分配的一种情况，且直线上的点都符合充分就业这一假设。由于劳动的总量固定，一个部门劳动投入量增加，另一个部门的劳动投入量必将相应减少相同的量，所以劳动配置曲线是一条向下倾斜 45°的直线。

如果所有的劳动都投入产品 1 的生产部门，劳动配置组合点将会落在 Y 轴上，此时产品 1 的生产部门的劳动量就是充分就业量，$L_1 = L$；同理，如果所有的劳动都投入到部门 2 可以得 $L_2 = L$。

接下来，我们来说明生产可能性曲线的推导过程。假设初始时，劳动在两部门间的投入量分配是由点 a 所代表的组合，此时，劳动 L_2^a 被投入生产部门 2，劳动 L_1^a 被投入生产部门 1。在资本和土地要素充足且特定的情况下，结合产品 1 和产品 2 的生产曲线可以得到此时产品 1 和产品 2 的产量分别为 Q_1^a 和 Q_2^a，可以得到一个在第一象限中的产品 1 和产品 2 的产量组合点。我们在第三象限中沿着 cd 直线不断调整两个部门中的劳动配置，按前述推导方法便可以得到无数个在第一象限中的两种产品的产量组合点，连接所有的这些点便得到生产可能性曲线 Q_1Q_2。

关于生产可能性曲线的斜率，有如下解释。在劳动配置不断调整的过程中，我们假设劳动不断地从生产部门 2 流向生产部门 1。每有 1 人/小时的劳动从生产部门 2 流向生产部门 1，都伴随着产品 1 的产出增加，按照上述假定，产品 1 的劳动边际产量为 MP_{L_1}，产品 2 的劳动边际产量为 MP_{L_2}，当有 1 人/小时的劳动从部门 1 转向部门 2 时，产品 1 的产量将增加 MP_{L_1}，而产品 2 的产量将减少 MP_{L_2}，因而，增加一单位的产品 1 就需要减少 MP_{L_2}/MP_{L_1} 单位的产品 2，由此可得，生产可能性曲线的斜率为 $-MP_{L_2}/MP_{L_1}$。同时，当劳动配置组合点从点 a 转向点 b 时 L_1 的劳动投入量增加而 L_2 的劳动投入量减少，根据边际报酬递减规律，L_1 的投入量增加时 MP_{L_1} 减小而损失的 MP_{L_2} 增大，所以生产可能性曲线凹向原点。

第二节 产品的价格、工资与劳动配置

在微观经济学中，我们已经了解到，一个部门会如何选择本部门的劳动投入量，取决于本部门的工资率和产品价格，在工资率和价格既定的情况下，就可以分析部门中劳动的投入量和产品的产出量。

一 模型的均衡

如何在两个部门间分配劳动使劳动力不再流动而达到均衡状态，是我们要研究的问题。微观经济学中讲到，为了追求利润最大化，厂商从额外的 1 人/小时的劳动投入中得到的收益需等于对这 1 人/小时劳动支付的成本，此时劳动的投入量也就是资本部门对劳动的需求量。厂商雇佣劳动力支出的成本为 W，厂商获得的收益由边际产品价值（VMP），即 $VMP = P \times MP_L$ 来衡量，即厂商愿意支付的工资 W 等于产品的价格 P 乘以劳动的边际产量 MP_L，即：

$$W_1 = P_1 \times MP_{L_1} \quad (3-4)$$

$$W_2 = P_2 \times MP_{L_2} \quad (3-5)$$

其中，W_1 和 W_2 分别为部门 1 和部门 2 的工资，P_1 和 P_2 分别为产品 1 和产品 2 的价格，$MP_{L_1} \times P_1$ 和 $MP_{L_2} \times P_2$ 分别为产品 1 和产品 2 的劳动的边际产品价值。由于边际报酬递减规律的存在，在其他条件不变时，厂商生产投入的劳动越多，劳动的边际产量越低，因而在产品价格既定时劳动的边际产品价值曲线向右下方倾斜，我们用此来定义厂商对劳动的需求曲线。即在其他条件不变时，工资率越低，劳动的需求量越高，工资率与劳动需求负相关。在两个部门间，劳动力会自发由工资率低的部门流向工资率高的部门，两部门间的劳动配置处于不断调整变化之中。这种变化进一步引致工资率在劳动力供给增多的部门减少，而劳动力供给减少的部门增加，一直到两个部门的工资率相等时，劳动力的流动才会停止，此时劳动力配置在两个部门间达到均衡。

二 模型的推导

上述理论可以通过数学公式来推导，我们用 Π 来表示部门的利润，Π 取得最大值的条件为求得的 L 使利润公式的一阶导数为 0，以部门 1 为例来说明（K 为常数）：

$$\Pi_1 = P_1 \times Q_1(\bar{K}, L_1) - W_1 \times L_1 \quad (3-6)$$

$$\frac{\partial \Pi_1}{\partial L_1} = \frac{d Q_1(\bar{K}, L_1)}{d L_1} \times P_1 \quad W_1 = MP_{L_1} \times P_1 - W_1 = 0 \quad (3-7)$$

$$W_1 = MP_{L_1} \times P_1 \quad (3-8)$$

同理，

$$W_2 = MP_{L_2} \times P_2 \quad (3-9)$$

当 $W = P_1 \times MP_{L_1} = P_2 \times MP_{L_2}$ 时，劳动分配在两部门间达到均衡。

结合（3-8）式和（3-9）式，加上充分就业 $L_1 + L_2 = L$，可以得到图 3-3。其中，横轴表示总劳动供给量 L，劳动在两部门间分配。最左侧的纵轴表示部门 1 的工资率（边际产品价值），最右侧的纵轴表示部门 2 的工资率（边际产品价值），则在点 E，劳动配置处于均衡状态，此时两部门的工资率相等，部门 1 的劳动投入为 L_1，部门 2 的劳动投入

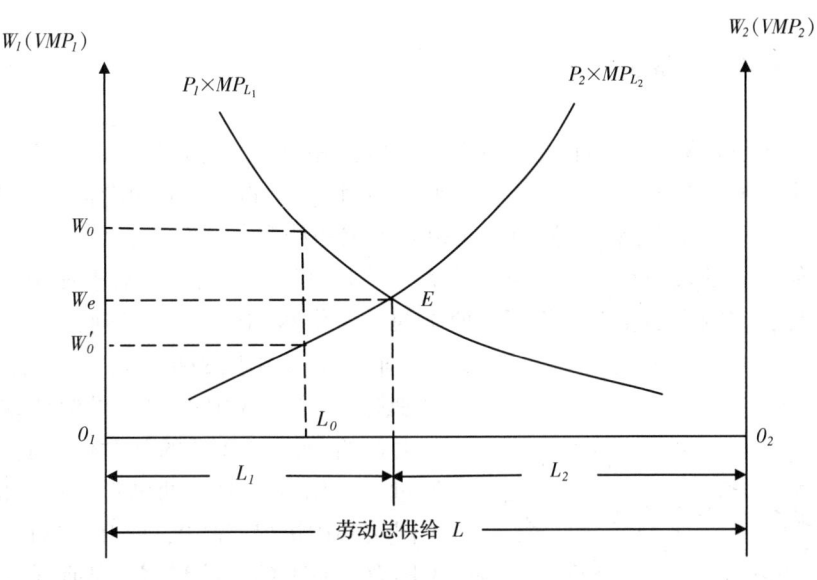

图 3-3　特定要素模型下的劳动配置

为 L_2，二者之和为 L。

现在我们假设初始时的劳动配置为部门 1 拥有 L_0 单位的劳动投入，部门 2 的劳动投入为 $L-L_0$，此时部门 1 的工资率为 W_0，部门 2 的工资率为 W_0'，显然 $W_0 > W_0'$，部门 1 的工人能获得更高的工资，在劳动力可以完全自由流动的情况下，这会使大量工人从部门 2 辞职，转而投入部门 1 中，部门 2 的工资率随着劳动力的流出而提高，部门 1 的工资率随着劳动力的流入而降低，二者的工资率逐渐趋于一致，直至相等，不再变化。

最后，我们将等式 $W = P_1 \times MP_{L_1} = P_2 \times MP_{L_2}$ 进行变形，可以得到：

$$\frac{MP_{L_2}}{MP_{L_1}} = \frac{P_1}{P_2} \qquad (3-10)$$

上文已阐述 $\frac{MP_{L_2}}{MP_{L_1}}$ 为生产可能性曲线斜率的绝对值，(3-10) 式右侧为两种产品的价格之比，因而生产可能性曲线斜率的绝对值与两种产品价格之比相等。

第三节　贸易对相对价格及收入分配的影响

在开放经济中，特定要素模型的分析可以扩展到国际贸易之中。两个国家间之所以能够发生贸易往来，是因为两个国家各自拥有的要素优势不同，在贸易发生前两个国家产品的相对价格不同，两国各自生产优势产品通过贸易交换来获得更大利润。

一 贸易对相对价格的影响

现假定 A 国资本要素充足而土地匮乏，B 国则相反，土地广阔而缺少资本，两国的劳动要素既定，A 国在生产产品 1 上有优势因而生产大量产品 1 和少量产品 2，B 国则生产大量产品 2 和少量产品 1。我们引入相对需求曲线和相对供给曲线，与需求曲线和供给曲线相似，分别表明在一定价格水平下一国对两种产品的相对需求和相对供给之间的关系。并且，在既定的相对价格下，两国的相对供给相同。在上述假定下，如图 3-4 所示，RD 为两国的相对需求曲线，RS_A、RS_B 分别为 A 国和 B 国的相对供给曲线，A 国的相对供给曲线在 B 国的相对供给曲线的下方。通过开展国际贸易，两国形成统一的经济体，A 国从 B 国进口产品 2，向 B 国出口产品 1，使 A 国内产品 1 的供给量减少从而价格提高，产品 2 的供给量增加从而价格下降，相对价格 $\frac{P_1}{P_2}$ 提高，RS_A 曲线向上移动，而在 B 国内情况则相反，相对价格 $\frac{P_1}{P_2}$ 下降，RS_B 曲线向下移动，两国的相对供给曲线逐渐靠拢，最终在 RS 曲线上重合。可见，在特定要素模型中，在可以进行国际贸易的情况下，两国的相对价格逐渐趋于一致。

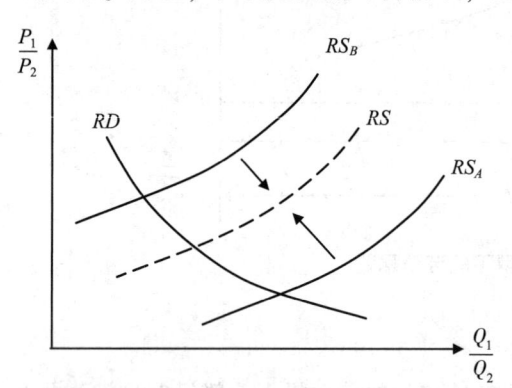

图 3-4 产品的相对供给曲线变化

二 贸易对收入分配的影响

上一部分阐述了国际贸易如何作用于相对价格，接下来，本部分将要探讨国际贸易究竟让哪些人受损，又使哪些人获利。

我们仍然沿用本节上一部分中的假设，A 国出口产品 1，进口产品 2。两部门的资本配置固定不变，国际贸易发生后使产品 1 的相对价格上升，产品 2 的相对价格下降，从而导致部门 1 的劳动需求增加，部门 2 的劳动需求减少，反映在特定要素模型图中即为产品 1 的劳动需求曲线上移，产品 2 的劳动需求曲线下移，为了简便分析，我们假定产品 2 的价格不变从而劳动需求曲线不变，仅使产品 1 的价格上涨。

如图 3-5 所示，假设初始均衡点为 E，假定产品 1 的价格由 P_1 上升到 P_1^*，产品 2 的价格不变，新的均衡点为 E^*，$|L_0 - L_0^*|$ 是从部门 2 流向部门 1 的劳动力。达到新的均衡时，劳动需求曲线上升幅度与价格上升幅度相同，两部门的工资率都提高，但工资率的上升幅度要小于产品 1 价格的上升幅度。

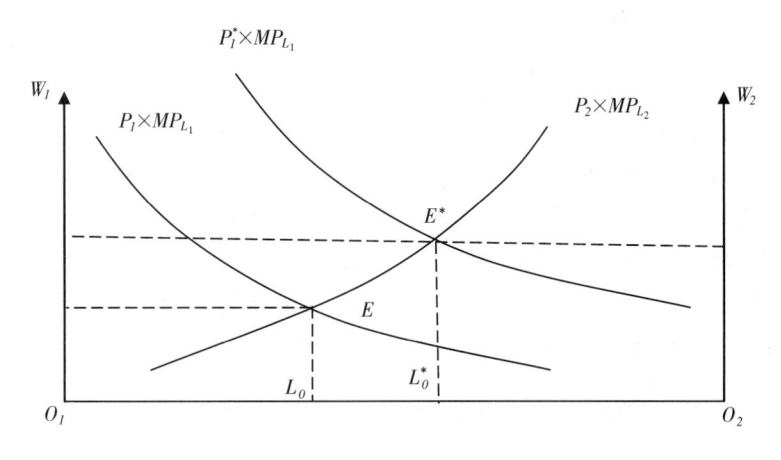

图 3-5 劳动力变化

从以上分析可以推断,虽然工人的名义工资率上升,但是以产品 1 衡量的实际工资却是下降的,以产品 2 衡量的实际工资上涨,因此无法确定工人福利变化的实际情况。若工人偏向于消费产品 1,则贸易发生后工人的生活水平下降,福利减少;若工人偏好于商品 2,则其福利增加。进一步地,资本拥有者是受益者,以产品 1 衡量的实际工资下降意味着资本拥有者获得的以产品 1 衡量的资本所有者的收益增加,因为产品 1 的相对价格上升,不论用哪种产品来衡量,资本拥有者的收益都增加;同时,土地所有者则是亏损的一方,因为工资上涨使其生产成本增加,产品 1 价格上涨使其购买力下降。而在 B 国中情况相反,资本拥有者受损,土地拥有者获益。可见,在国际贸易中,既有人亏损,也有人收益,总的来说,拥有出口部门特定生产要素的一方福利增加,需要进口产品的生产部门的特定要素拥有者福利下降,收入分配更加偏向于出口部门。

三 贸易对资本报酬和土地租金的影响

资本回报和土地租金是单位资本和土地作为生产要素投入生产后得到的报酬,在本部分,假设资本报酬和土地租金是销售收入扣除支付给工人的工资后的剩余部分,接下来我们来分析国际贸易发生后一国内固定要素报酬的情况。通过上述分析我们已经得知,贸易发生后产品 1 的相对价格 $\frac{P_1}{P_2}$ 提高,为了简便分析,我们仍然假定产品 1 的价格提高而产品 2 的价格不变,在一国内:

部门 1:给资本所有者的总报酬 $R_K = P_1 \times Q_1 - W \times L_1$ (3-11)

资本租金 $r_K = \dfrac{R_K}{K} = \dfrac{P_1 \times Q_1 - W \times L_1}{K}$ (3-12)

部门2：给土地所有者的总报酬 $R_T = P_2 \times Q_2 - W \times L_2$ (3-13)

$$\text{土地租金 } r_T = \frac{R_T}{T} = \frac{P_2 \times Q_2 - W \times L_2}{T} \quad (3-14)$$

从上文中的分析可知，产品1出口后其价格上升，并使劳动力从部门2流向部门1，带动了两个部门的工资率提高。有更多的劳动力流入部门1后，在资本充足的情况下，每单位资本分得更多的劳动，从而使单位资本的边际产量 MP_{K_1} 提高，同时部门2中每单位土地分得的劳动减少，土地的边际产品 MP_{T_2} 降低。

为了使利润最大化，资本和土地的投入量仍要满足租金等于要素的边际产品价值。由此我们可以得到与劳动要素相同的两个等式：

部门1：$r_K = P_1 \times MP_{K_1}$，因而 $MP_{K_1} = \dfrac{r_K}{P_1}$ (3-15)

部门2：$r_T = P_2 \times MP_{T_2}$，因而 $MP_{T_2} = \dfrac{r_T}{P_2}$ (3-16)

在部门1中，由于 MP_{K_1} 提高，以产品1衡量的实际资本租金 $\dfrac{r_K}{P_1}$ 增加，由于产品2的价格不变，以产品2衡量的实际资本租金也是提高的，故资本租金 r_K 增加。在部门2中，由于 MP_{T_2} 减小，以产品2衡量的实际土地租金降低，又由于产品1的价格增加，因而以产品1衡量的实际土地租金更是降低的，故土地租金 r_T 降低。

接下来，我们分析资本和土地租金的变化幅度有多大。现设产品1价格的变化量为 ΔP_1，资本租金变化量为 Δr_K，土地租金的变化量为 Δr_T，产品2价格不变，在一国内：

资本租金的变化幅度：

$$\frac{\Delta r_K}{r_K} = \frac{\Delta P_1 \times Q_1 - \Delta W \times L_1}{r_K \times K} = \frac{\dfrac{\Delta P_1}{P_1} \times P_1 \times Q_1 - \dfrac{\Delta W}{W} \times W \times L_1}{r_K \times K} \quad (3-17)$$

土地租金的变化幅度：

$$\frac{\Delta r_T}{r_T} = \frac{\Delta P_2 \times Q_2 - \Delta W \times L_2}{r_T \times T} = \frac{\dfrac{\Delta P_2}{P_2} \times P_2 \times Q_2 - \dfrac{\Delta W}{W} \times W \times L_2}{r_T \times T} = -\frac{\dfrac{\Delta W}{W} \times W \times L_2}{r_T \times T} < 0 \quad (3-18)$$

读者可自行代入假定数值计算。虽然产品1的价格 P_1 和资本租金 r_K 同时上涨，但最终的结果是资本的边际产量 MP_{K_1} 增加，因而 P_1 的上升幅度要小于 r_K 的上升幅度，而对于土地租金，当产品2的价格不变时，土地租金的变化幅度等于工资的变化幅度；当产品2的价格下降时，土地租金的变化幅度更要大。因而，可以得到：

$$\frac{\Delta r_T}{r_T} < 0 < \frac{\Delta P_1}{P_1} < \frac{\Delta r_K}{r_K} \quad (3-19)$$

在 B 国内情况类似但相反。总之，此结论推广到更一般的情况即为，贸易会引致相对价格较高的部门中特定要素的报酬增加，而相对价格较低的部门中特定要素的报酬下降。

本章小结

1. 特定要素模型和李嘉图模型与 H – O 模型的不同点在于，它假设有三种生产要素，两种特定要素不可以在部门间流动，一种流动要素可以在部门间自由流动。
2. 两个部门生产的两种产品的生产可能性曲线斜率的绝对值等于两种产品的价格之比。
3. 贸易的发生使两国相对价格趋于一致，进而影响收入分配和特定要素的租金，相对价格提高会让出口部门的特定要素报酬增加，进口部门的特定要素报酬减少。
4. 贸易的发生会让劣势要素部门的劳动力流向优势要素部门，并且使一国的整体工资率提高。

思考题

1. 特定要素模型将生产要素分为流动要素与特定要素，请同学举例说明一个多产品国家拥有的生产要素中，哪些属于特定要素。
2. 根据所学知识，当农业部门和制造业部门的商品价格同比例、同方向变化时，名义工资水平和实际工资水平会发生变化吗？
3. 假设造船部门和皮革制造部门的特定要素分别是资本和林地，两部门的共同要素为劳动，如果船只的价格下降 10%，请计算和回答以下问题：
（1）工资率下降的幅度为多少？
（2）造船部门和皮革制造部门的产量会如何变化？
（3）资本所有者和林地所有者收入会如何变化？
（4）劳动力会发生迁移吗？如果会，将如何迁移？
4. 简述特定要素模型和李嘉图比较优势模型的联系与区别。
5. 简述特定要素模型和要素禀赋模型的联系与区别。
6. 假定某地区食品部门和制造业部门的特定要素分别为土地和资本，流动要素为劳动，如果劳动供给由于某些因素突然增加：
（1）将如何影响要素的实际收入？
（2）食品部门和制造业部门分别会受到怎样的影响？
7. 简述国际贸易对贸易国出口部门特定要素的实际收入的影响路径。

8. 假定一国存在两个生产部门：农业与制造业，农业部门的生产依靠土地与劳动，制造业部门的生产依靠资本与劳动。在短期内，土地和资本为特定要素，且该国在农产品的生产上具有比较优势，那么该国参与国际贸易后：

(1) 土地要素的名义收入会如何变化？

(2) 劳动的名义收入会如何变化？劳动力会如何流动？

第四章 要素禀赋理论与中国的资本积累

导　言

开放经济条件下，在较长一段时间内，各国进出口商品的结构能够保持相对稳定的状态，这是因为要素禀赋结构内生决定了产业结构和技术结构。简单来看，要素禀赋结构是指一国在某一时间点上资本与劳动力数量的比例。

本章第一节和第二节对要素禀赋理论的产生和发展进行了介绍。要素禀赋理论能够对大部分国家商品的进出口结构进行解释，但"列昂惕夫悖论"对其适用性提出了质疑。随后，新要素理论赋予生产要素新的含义，对"列昂惕夫悖论"进行解释。关于"列昂惕夫悖论"和新要素理论的具体内容将在第三节进行说明。随着各种国际贸易理论的发展完善，最终形成一个标准贸易模型，将供给与需求纳入分析框架，分析供给与需求的均衡。有关标准贸易模型的理论在第四节进行展开。要素禀赋理论起源于西方发达国家，因此能够很好解释发达国家的商品进出口。但要素禀赋理论是否适用于我国，帮助我国实现以国内循环为主体、国内国际双循环相互促进的新发展格局。能否解释我国的资本积累，这些问题将在第五节详细探讨。

学习目标

1. 理解赫克歇尔—俄林理论基本概念与封闭和开放条件下的模型均衡。
2. 了解新要素禀赋理论的发展。
3. 了解列昂惕夫之谜和新要素理论的基本内容。
4. 理解标准贸易模型的基本内容与应用。
5. 尝试应用要素禀赋理论分析中国的国情。

第一节　赫克歇尔—俄林理论

跨国贸易可以反映各国之间的要素禀赋差异。比如，中国和巴西之间的铁矿石贸易，反映了巴西丰裕的铁矿石资源。赫克歇尔—俄林理论就是用各国间要素禀赋差异来解释国际贸易原因的学说。这一理论由瑞典经济学家伊莱·赫克歇尔和贝蒂·俄林提出。该理论认为各国间要素禀赋的相对差异和他们在生产各种商品时投入的比例差异是促进贸易产生的主要原因,因此该理论又被称为要素禀赋理论(Factor Endowment Theory)。

一 赫克歇尔—俄林理论的假设

赫克歇尔—俄林理论指出,劳动生产率的差别并不是国际贸易产生的唯一原因,各国资源禀赋的不同也会使生产率出现差异,从而导致国与国之间贸易的发生。赫克歇尔—俄林理论的基本假设包括:

(1) 2×2×2 经济,即贸易中有 2 个国家(本国和外国),2 种商品(商品 A 与商品 B),2 种生产要素(劳动与资本);

(2) 两国需求偏好相同;

(3) 没有运输成本、关税或影响国际贸易自由进行的其他壁垒;

(4) 两国的要素丰裕程度不同,一国劳动力相对较多,一国资本相对较多;

(5) 两国在生产中都使用相同的技术;

(6) 在两个国家,商品 A 都是劳动密集型产品,商品 B 都是资本密集型产品;

(7) 在两个国家,两种商品的生产都是规模报酬不变的;

(8) 在两个国家,商品市场和要素市场都是完全竞争的;

(9) 生产要素可以在一国国内自由流动,但不能在国际间自由流动。

假设(1)至假设(3)描述了贸易的基本情况。这是两个偏好相同的国家在没有贸易壁垒的情况下进行的,每个国家都用资本和劳动生产商品 A 与商品 B。

假设(4)中所提到的两国要素丰裕度的差异是指两国拥有的两种要素的相对差异。一般来说,如果本国的劳动—资本比率(L/K)大于外国,那么就认为本国属于劳动丰裕(Labor Abundant)国家,而相对的外国则属于资本丰裕(Capital Abundant)国家。

假设(5),即两国使用相同的生产技术,保证了当两国要素价格相等时,两国会使用相同数量的劳动和资本来生产同一种商品。

假设(6)引入了劳动密集型产品(Labor Intensive)与资本密集型产品(Capital Intensive)两个概念。如果说生产商品 A 的劳动资本比率(L/K)高于生产商品 B 的这一比率,那么我们就说商品 A 是劳动密集型产品,而商品 B 是资本密集型产品。

假设(7)表示两国在两种商品的生产上均是规模报酬不变的。例如,如果生产商品 A 的劳动与资本投入均增加一倍,那么商品 A 的产量也会增加一倍。

假设(8),商品与要素市场的完全竞争表明,在长期,商品价格将会等于生产成本,生产者不会获得任何超额利润。

假设(9),即要素只能在国内流动而不能跨国流动,表明劳动和资本在一国之内可以自由流动,这将导致一国国内的要素收入趋同。同时,要素跨国流动不存在,这样在没有国际贸易时,国际要素收入差异会永久存在。

二 生产可能性曲线

给定每个部门所雇用的资本与劳动的数量,商品 A 与商品 B 的产量由其生产函数来确定:

$$Q_A = Q_A(K_A, L_A) \quad (4-1)$$
$$Q_B = Q_B(K_B, L_B) \quad (4-2)$$

其中,Q_A 与 Q_B 表示商品 A 与商品 B 的产出,K_A 与 L_A 表示在生产商品 A 时所雇用的资本与劳动数量,K_B 与 L_B 表示在生产商品 B 时所雇用的资本与劳动数量。定义 aK_A、aL_A、aK_B、aL_B、L 和 K 分别为生产一单位商品 A 所需要投入的资本、生产一单位商品 A 所需要投入的劳动、生产一单位商品 B 所需要投入的资本、生产一单位商品 B 所需要投入的劳动、一国的总劳动供给和一国的总资本存量。

首先我们假设资本与劳动之间不可互相替代。此时,对于一国而言,生产 Q_A 单位的商品 A 所需要的资本数量为 aK_AQ_A,所需要的劳动数量为 aL_AQ_A。同理,生产 Q_B 单位的商品 B 所需要的资本数量为 aK_BQ_B,所需要的劳动数量为 aL_BQ_B。赫克歇尔—俄林理论中的生产可能性曲线包括:

$$aK_AQ_A + aK_BQ_B \leq K \quad (4-3)$$
$$aL_AQ_A + aL_BQ_B \leq L \quad (4-4)$$

举例来说,假设生产一单位的商品 A 需要 2 单位的劳动与 2 单位的资本,而生产商品 B 则需要 1 单位的劳动与 3 单位的资本,此时 $aK_A=2$,$aL_A=2$,$aK_B=3$,$aL_B=1$。如果本国的要素禀赋为 200 单位劳动和 300 单位资本,那么上述生产可能性曲线就可写作:

$$2Q_A + 3Q_B \leq 300 \quad (4-5)$$
$$2Q_A + Q_B \leq 200 \quad (4-6)$$

如图 4-1 所示,此时生产必然受到两种资源的约束,因此一国的生产可能性边界为图中的粗黑线。如果本国只生产商品 A,那么它能够生产 100 单位,此时存在剩余的资本储备。而如果该国只生产商品 B,那么它能够生产 100 单位,此时存在剩余的劳动储备。只有在两条曲线的交点处,该国雇用了全部的劳动和资本。

此生产可能性边界的一个重要特点是,以商品 B 衡量的生产商品 A 的机会成本是可变的。机会成本以生产可能性边界的斜率表示,因此在图 4-1 中可以看出,在商品 A 产量较大、商品 B 产量较小时(生产可能性边界的右半段),生产商品 A 的机会成本较大;而在商品 A 产量较小、商品 B 产量较大时

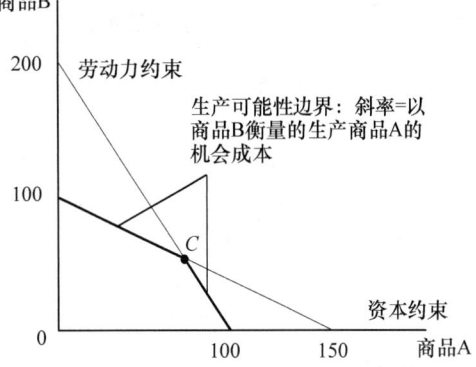

图 4-1 要素不可替代时的生产可能性曲线

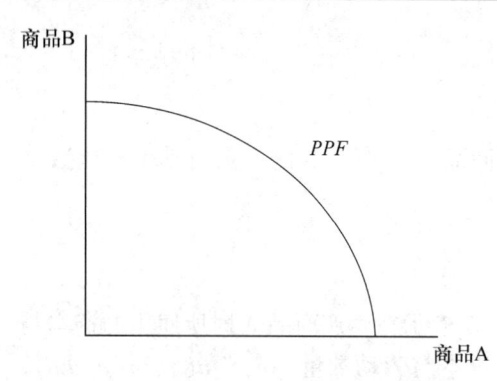

(生产可能性边界的左半段)，生产商品 A 的机会成本较小。

现在如果我们允许两个要素之间互相替代，那么生产可能性边界就会由图 4-1 中的折线变为图 4-2 中的弓形。弓形生产可能性曲线表示，随着该国生产更多的商品 A 以及更少的商品 B，以商品 B 衡量的生产商品 A 的机会成本逐渐增加。

事实上，现实世界中也存在生产的机会成本随产量递增的情况，图 4-3 中就展示了机会成本递减、不变、递增时生产可能性曲线的形状。

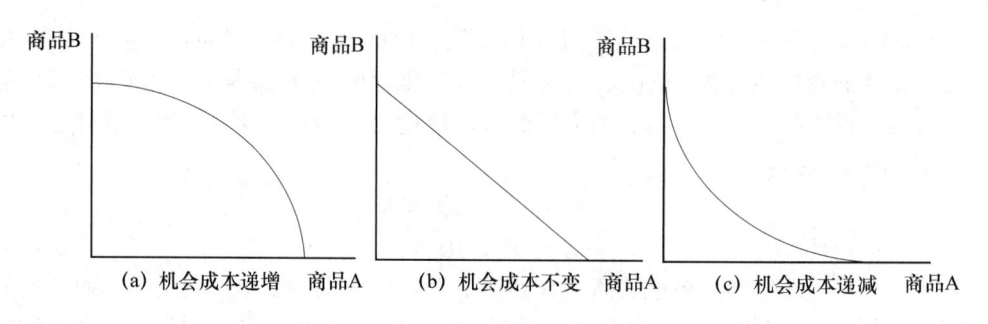

图 4-2 要素可替代时的生产可能性曲线

(a) 机会成本递增　商品A　　(b) 机会成本不变　商品A　　(c) 机会成本递减　商品A

图 4-3 不同情况下的生产可能性曲线

三　封闭经济均衡

在知道一国的生产可能性边界之后，该国会在哪一点上生产取决于两种产品的相对价格。一国的产出价值为：$V = P_A Q_A + P_B Q_B$。其中 P_A 与 P_B 分别为商品 A 与商品 B 的价格。因此该国的等价值线（线上每一点的产出价值都相等）可以表示为：$Q_B = V/P_B - (P_A/P_B) Q_A$。生产者会选择不同的要素量来生产这两种产品，他们的选择取决于这两种要素的价格。如图 4-4 所示，该国会选择生产可能性边界与等价值线相切的点 C 进行生产。此时，用商品 B 衡量的多生产一单位商品 A 的机会成本就等于商品 A 对商品 B 的相对价格。

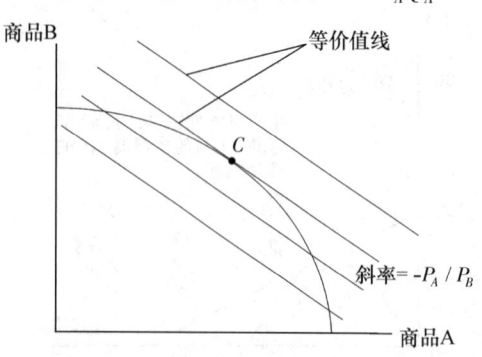

图 4-4 等价值线与生产可能性边界

我们用无差异曲线来刻画消费者的偏好。

无差异曲线是能给消费者带来相同效用水平的商品和服务的组合，其具有以下特点：第一，无差异曲线向右下方倾斜。这就意味着当减少商品 B 的消费时，为使消费者保持相同的效用水平，应当增加商品 A 的消费。第二，无差异曲线凸向原点。这代表无差异曲线的斜率随着消费商品 A 数量的增加而增大，即无差异曲线斜率的绝对值逐渐减小。也就是说，消费者为增加商品 A 的消费而愿意放弃的商品 B 的数量是逐渐减少的。第三，无差异曲线离原点的位置越远，所代表的效用水平越高。

无差异曲线的斜率等于消费者为了一单位商品 A 所愿意支付的商品 B 的数量。当无差异曲线的斜率等于 PPF 的斜率时，消费者愿意为商品 A 所支付的相对价格就等于生产一单位商品 A 的机会成本，因此，这个点就是无贸易均衡。在这一点上无差异曲线与 PPF 的斜率就等于商品 A 的相对价格。如图 4-5 所示，此时点 Q 即为本国的无贸易均衡点。

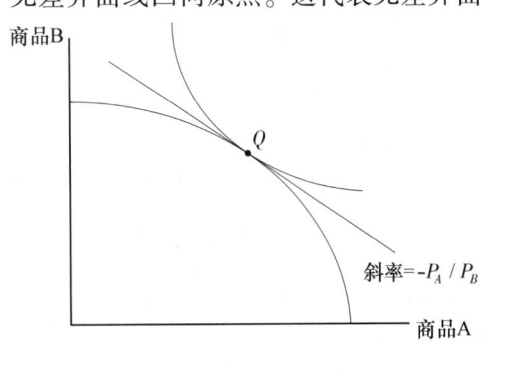

图 4-5 封闭经济均衡

四 开放经济均衡

接下来我们将考虑本国与外国两个国家的情况，我们假设本国的劳动—资本比率高于外国，因此本国劳动力相对比较充裕，而外国资本比较充裕。在没有贸易时，两国的生产情况如图 4-6 所示。生产可能性曲线与无差异曲线的交点的斜率恰为两个商品的相对价格。本国的相对价格为 $(P_A/P_B)^C$，而外国的相对价格为 $(P_A^*/P_B^*)^{C^*}$。由于本国劳动力丰裕，商品 A 是劳动密集型产品，所以在无贸易时，本国的商品 A 相对价格比较低，而商品 B 在外国相对价格较低。

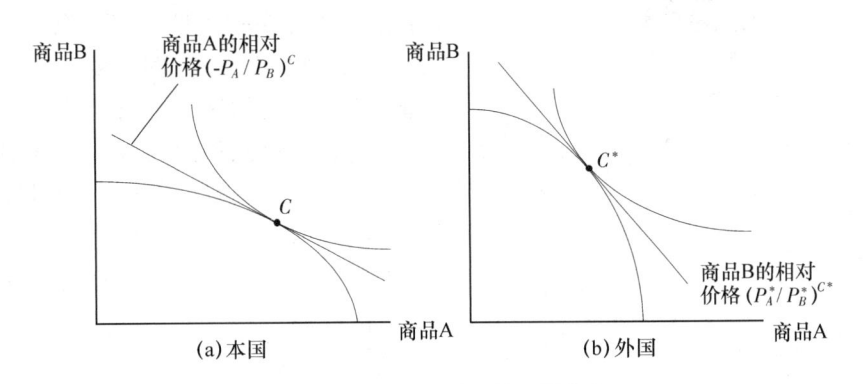

图 4-6 封闭经济下的两国生产

国际贸易会导致相对价格趋向一致，因此对于两国而言，商品A的相对价格也会趋同。由于两国的要素充裕程度不同，对于任一给定的商品A相对价格，本国的商品A相对供给都会大于外国，因此本国的相对供给曲线位于外国的相对供给曲线右侧。

如图4-7所示，RS为本国的相对供给曲线，RS^*为外国的相对供给曲线，RD为两国共同的相对需求曲线。在贸易前，本国的均衡点为C，商品A的相对价格为$(P_A/P_B)^C$，而外国的均衡点为点C^*，商品A的相对价格为$(P_A^*/P_B^*)^{C^*}$。

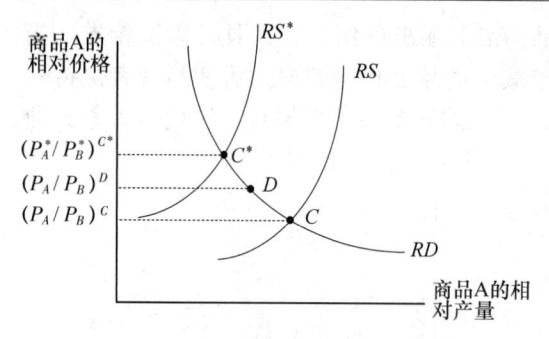

图4-7 贸易与两国相对价格

当本国与外国发生贸易后，两国的相对价格会趋向一致，本国的商品A相对价格上升而外国的商品A相对价格下降。新的世界相对价格会介于两国相对价格之间，如点D。

对于本国来讲，贸易使商品A的相对价格上升，价格线的斜率也随之变动，而其与无差异曲线和PPF的切点也会变动。由于商品A的相对价格上升，本国的消费者会消费更多的商品B与更少的商品A，本国的消费点由之前的点C变为点D，而由于相对价格的变动导致生产商品A变得更有利可图，本国的生产点变为点E，因此本国会出口商品A而进口商品B。同样的，对于外国而言，贸易使商品A的相对价格下降，外国的消费者会消费更多的商品A与更少的商品B，外国的消费点由之前的C^*变为D^*，由于相对价格的变动导致生产商品B变得更有利可图，外国的生产点变为点E^*，因此外国会进口商品A而出口商品B。

本国相对于外国是劳动充裕的国家，而商品A又是劳动密集型产品，因此本国出口商品A而进口商品B。同样的，外国相对于本国是资本充裕的国家，而商品B又是资本密集型产品，因此外国出口商品B而进口商品A。将上述现象概括起来，就得到了赫克歇尔—俄林定理：一国会出口密集使用其相对丰富资源的产品，进口密集使用其相对稀缺资源的产品。

在多个国家、多种要素、多种产品的更现实的情况下，这个定理也可以更一般化，即一国往往会出口密集使用其禀赋充裕的要素进行

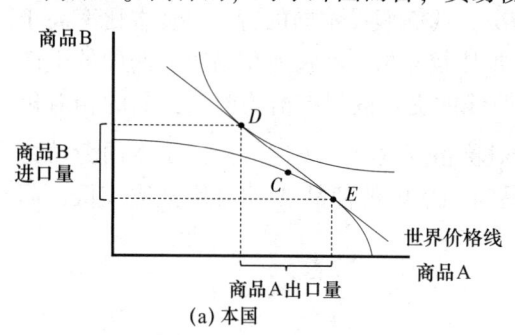

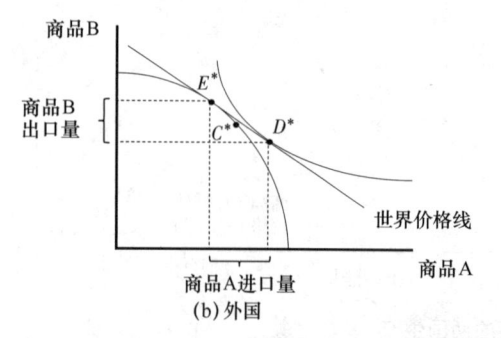

图4-8 开放经济下各国的贸易情况

44

生产。赫克歇尔—俄林定理从要素充裕度角度解释了比较优势和国际贸易产生的直接原因。

第二节 要素禀赋理论的发展

一 斯托尔珀—萨缪尔森定理

1941年，美国经济学家斯托尔珀与萨缪尔森提出了著名的斯托尔珀—萨缪尔森定理（S-S定理，Stolper-Samuelson Theorem）。在上面的讨论中，我们得出了国际贸易会使产品相对价格变动的结论，而斯托尔珀—萨缪尔森定理则在这一结论的基础上进一步讨论了当产品的相对价格变动时要素价格以及收入分配会如何随之改变。

在说明斯托尔珀—萨缪尔森定理前，我们有必要回顾一些相关知识。考虑一个 2×2 的经济体：生产投入是两种要素（劳动和资本），产出是两种商品（商品 A 和商品 B）。此时，投入商品 A 的生产中的资本与劳动的量取决于资本与劳动的相对价格。图 4-9 给出了生产商品 A 的等产值线，线上每一点生产的商品 A 价值都相等。一国会选择在等产值线与等成本线相切的点进行生产，而等成本线的斜率取决于资本与劳动的相对价格。当劳动力较贵时（点 D），一国会选择投入较多的资本与较少的劳动来生产商品 A；而当资本较贵时（点 C），则一国会调整其要素投入量，改为投入较多的劳动和较少的资本来生产商品 A。

斯托尔珀—萨缪尔森定理主要研究的是产品价格与要素价格之间的关系。当一种产品的相对价格上升时，密集生产此产品的要素价格也会上升。如图 4-10 所示，商品 A 是劳动密集型产品，由于要素可以在各产业间自由流动，因此所有产业都面临着相同的要素相对价格，即要素相对价格和商品 A 的等产值线 S_1、商品 B 的等产值线 C 相切。假设商品 A 价格上升，此时生产相同价值的商品 A 所需的资本与劳动均减少，商品 A 的等产值线由 S_1 左移至 S_2。要素市场需要重新出清，因此相对价格会调整到新的水平上，由 $(W/R)^1$ 调整至 $(W/R)^2$，劳动力的价格（工资）上升了。

其作用机制如下：工资与利率的相对比率是由劳动力和资本的相对需求和相对供给决定的，而由于一国在一个给定时点的要素供给是固定的，因此相对供给是确定的。相对需求由 (4-7) 式确定：

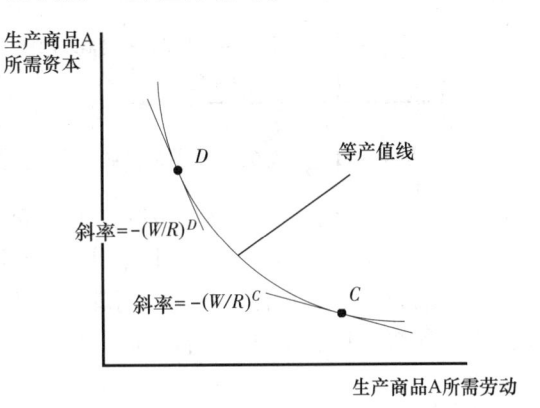

图 4-9 一国要素投入的决定

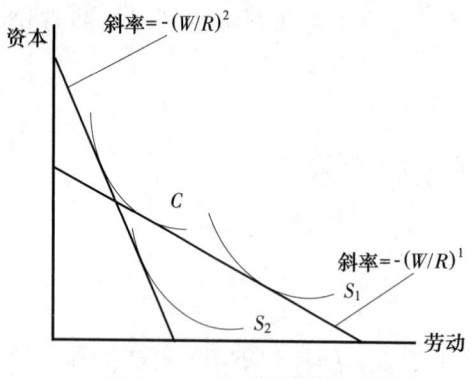

图 4-10 产品价格变动对要素价格的影响

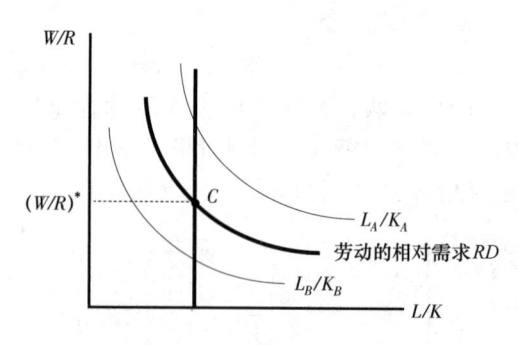

图 4-11 劳动的相对需求曲线

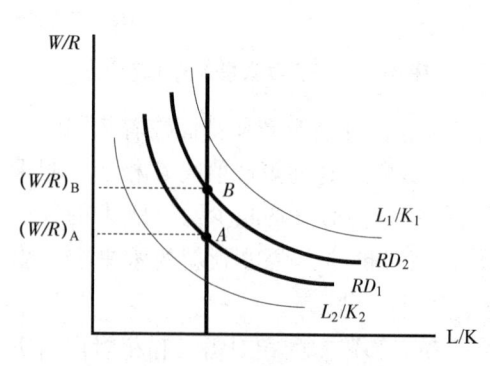

图 4-12 产品价格变动对要素相对需求的影响

$$\frac{L}{K} = \frac{L_A + L_B}{K} = \frac{L_A}{K_A}\left(\frac{K_A}{K}\right) + \frac{L_B}{K_B}\left(\frac{K_B}{K}\right) \quad (4-7)$$

其中，L_A 和 K_A 为生产商品 A 所用的劳动和资本，L_B 和 K_B 为生产商品 B 所用的劳动和资本。可以看出，经济中的相对劳动需求应当介于两行业对劳动的相对需求之间，权重取决于该行业所用资本占的比重。图 4-11 中，相对需求曲线向右下倾斜，因为两个部门的需求都受到价格影响，而相对供给在一段时间内是不会改变的。相对供给曲线与相对需求曲线的交点 C 决定了均衡工资/利率 $(W/R)^*$。

假设此时商品 A 的相对价格上升，则商品 A 产量上升而商品 B 产量下降，劳动力与资本都会流向生产商品 A 的部门。如图 4-12 所示，两部门规模的改变会改变（4-7）式中的资本比例，因此相对需求曲线由 RD_1 右移至 RD_2。均衡 W/R 上升，且两部门的出清 L/K 下降了，即两部门相对利用的资本都增多了。直观上来讲，由于生产商品 B 需要更多资本，因此商品 B 产量的下降会释放出相对更多的资本，对于两个部门而言都需要增加对资本的需求才能吸收所有的资本，因此在两个部门都会出现资本替代劳动力的现象。

由于两部门的 L/K 比都下降，因此劳动的边际产量增加，工资相对于任一产品都上升，劳动力要素的所有者获益。同理，由于两部门的 L/K 比都下降，因此资本的边际产量减少，利率相对于任一产品都下降，资本要素的所有者受损。由此便可得到斯托尔珀—萨缪尔森定理的基本内容：

当要素可以在不同部门间流动时，某种商品相对价格的上升，会使生产该商品密集使用的要素所有者获益；不被密集使用的要素所有者利益受损。

与上一节中赫克歇尔—俄林理论所得出的结论相结合，就可以自然地得出，当一国由封闭走向开放时，一国相对富裕的要素的所有者会受益，他们的收入会上升，而相对稀缺要素的所有者会受损，他们的收入将会下降。

二 雷布津斯基定理

雷布津斯基定理（Rybezynski Theorem）主要研究的是对于一国而言，当两种生产要素的增长速度不同时，这种要素禀赋增长的差异对于国际贸易会产生怎样的影响。这一定理以提出它的英国经济学家雷布津斯基的名字命名。

我们用一张图来说明雷布津斯基定理。如图 4-13 所示，本国原本的生产可能性曲线为 PPF_1，生产点为 C，两种商品的产量分别为 Q_A 与 Q_B。假设本国劳动要素增加而资本要素保持不变，此时生产可能性曲线外移，生产能力提高。但由于商品 A 是劳动密集型产品，因此商品 A 生产的扩张速度要快于商品 B 生产的扩张速度，生产可能性曲线出现偏向性扩张（Biased Expansion），由 PPF_1 扩张至 PPF_2。

在要素增长之后，如果要保持两种产品的相对价格不变，则条件只能是要素的相对价格也不变。而当生产要素的相对价格不变时，两种商品生产时投入的资本与劳动的比例也不会变。因此在仅有劳动要素增长的情况下，要使增加的劳动能够充分就业并且使生产的要素投入比例保持不变，就只能减少资本密集型产品的生产，以便有更多的资本与增加的劳动相结合。因此，从图 4-13 中可以看出，在劳动要素增加之后，本国的生产点由点 C 移至点 C'，劳动密集型产品（商品 A）的产量得到绝对增长，而资本密集型产品（商品 B）的产量出现绝对的减少。

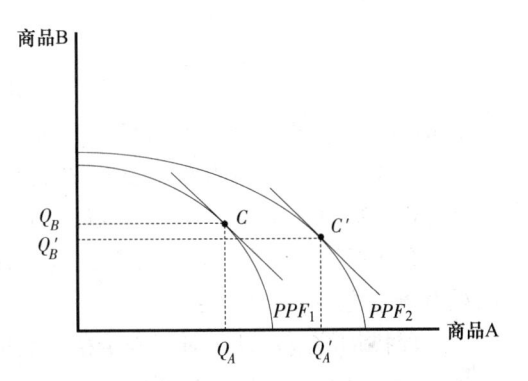

图 4-13 产品价格变动对要素相对需求的影响

由此，我们可以得到雷布津斯基定理的基本内容：当产品价格不变时，某一要素禀赋的增加会导致密集使用该要素的产品产量增加，其他产品的产量减少。

雷布津斯基定理背后的道理是非常明显的。它的基本含义是，一个国家的经济增长方式会对其生产和贸易组合产生影响。低储蓄国家对设备和厂房的投资不足，因此这些国家倾向于生产和贸易劳动密集型产品。而高储蓄国家投资率也较高，它们就倾向于生产和贸易资本密集型产品。

三 要素价格均等化定理

要素价格均等化定理（Factor Price Equalization Theorem）实际上是赫克歇尔—俄林定理的推论，该定理是由保罗·萨缪尔森于 1948 年证明的，因此通常被称为赫克歇尔—俄林—萨缪尔森定理。要素价格均等化定理的内容如下：

贸易会使贸易双方的要素价格完全相等。

我们可以用图4-14来直观地解释要素价格均等的过程。其中,横轴表示劳动的相对价格(W/R),纵轴表示商品A的相对价格(P_A/P_B)。由于各国的市场都是完全竞争,且生产技术相同,因此W/R与P_A/P_B之间存在一一对应的关系。在贸易之前,本国位于点C,相对工资为$(W/R)^1$,商品A的相对价格为$(P_A/P_B)^1$。而外国位于点C',相对工资为$(W/R)^2$,商品A的相对价格为$(P_A/P_B)^2$。在无贸易时,由于本国劳动丰裕,因此相对工资要低于外国,商品A的价格也要低于外国,本国在生产商品A上具有比较优势。

当两国开展国际贸易后,如前所述,本国将会增加商品A的产量而减少商品B的产量,对于劳动的相对需求将会上升,因此本国的W/R将会上升。相对地,外国将会增加商品B的产量而减少商品A的产量,对于资本的相对需求将会上升,因此外国的W/R将会下降。这一过程将会一直持续到两国都移动到D点为止。此时两国的相对工资与商品A的相对价格均相等。新的均衡相对工资$(W/R)^*$,介于两国贸易前的相对工资之间。而新的相对价格$(P_A/P_B)^*$,也位于贸易前两国的相对价格之间。

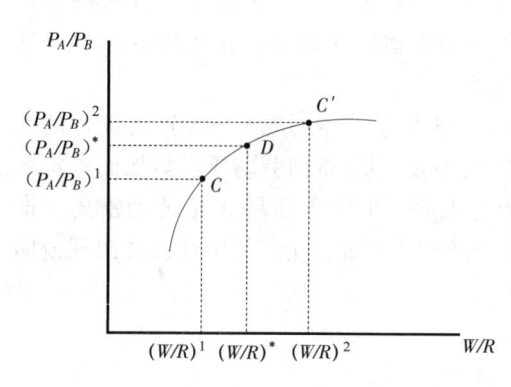

图4-14 要素价格均等化的过程

上面描述的过程是相对要素价格均等的过程。绝对要素价格均等的条件相比起相对要素均等的条件要更严格。只要两国的商品市场与要素市场均是完全竞争的,那么国际贸易就会使两国的相对要素价格(W/R)趋于均等。而如果要达到绝对要素价格均等,也就是说两国的实际工资与实际利率均相等,那么在相对要素价格均等的条件之上还要加上两国生产技术相同与所有商品的生产均是规模报酬不变的。

这一定理最惊人的地方在于,它说明当存在国际贸易时,两国的要素价格与两国的要素禀赋无关。在封闭经济下,两国的要素价格会由于要素禀赋的不同而有所区别,劳动丰裕的国家工资相对较低,而资本丰裕的国家利率相对较低。但是在开放经济中,过剩的要素禀赋可以被国外需求所吸收,从而使两国要素价格趋向一致。

尽管要素价格均等化定理预测国际贸易会使各国的要素价格完全相等,但是在现实中,世界各国的要素价格显然是不相等的。这种理论与现实的差距又该如何解释?要素价格均等化定理的成立是建立在赫克歇尔—俄林理论的假设之上的,而这些假设中有一些显然是与现实不符的。第一,在现实中,两个国家的生产技术很难相同。生产技术水平高的国家,其工资率和利率往往要高于生产技术水平低的国家。第二,要素价格的完全均等取决于产品相对价格的完全趋同。但是在现实生活中,国际贸易很难导致产品价格的完全趋同,而产品价格无法完全趋同的原因就在于贸易的自然壁垒(如运输费用)和人为壁垒

(如关税)。第三,在现实中,要素禀赋不同的国家有可能会选择从事不同产品的专业化生产。劳动充裕的国家可能会选择只生产劳动密集型产品,而资本充裕的国家可能会选择只生产资本密集型产品。因此,只有在两个国家的相对要素禀赋状况足够相似时,才可能发生要素价格均等化。

既然如此,要素价格均等化定理在现实中不成立也是可以理解的了。但是,如果现实的状况与赫克歇尔—俄林理论的假设相同的话,那么要素价格均等化定理就一定会成立。

第三节 列昂惕夫之谜与新要素理论

一 列昂惕夫之谜

(一)列昂惕夫之谜的基本内容

赫克歇尔—俄林理论提出后,该理论为大多数人所接受,并被纳入经典国际贸易理论。第二次世界大战后,美国经济学家麦克道格尔(G. Macdougall)等利用国际贸易的有关数据对赫克歇尔—俄林模型进行检验。其中,列昂惕夫虽然对赫克歇尔—俄林模型深信不疑,但他利用美国的投入—产出数据进行分析,却得到了与赫克歇尔—俄林模型完全相反的结论。由此,列昂惕夫之谜出现了。

赫克歇尔—俄林理论表明一个国家或地区应该出口密集使用其相对充裕的生产要素的产品,进口密集使用其相对稀缺的生产要素的产品。所以,美国作为一个全球公认的资本充裕而劳动相对缺乏的国家,应出口资本密集型产品,进口劳动密集型产品。

但是美国经济学家列昂惕夫运用投入产出法对美国1947年和1951年的进出口商品结构进行研究后却发现美国出口劳动密集型产品,进口资本密集型产品,这一结果与赫克歇尔—俄林理论截然相反。这个与赫克歇尔—俄林理论相反的结果被称为列昂惕夫之谜。具体来说,列昂惕夫分析了美国200种产业中每百万美元出口产品与每百万美元的进口替代产品中资本—劳动比率,相关结果如表4-1所示:1947年美国国内出口和进口商品的资本—劳动比率分别为13991和18184;1951年出口和进口商品的资本—劳动比率分别为12977和13726。两个研究年份里,进口商品的资本—劳动比率均大于出口商品。也就是说,美国进口资本密集型产品,出口劳动密集型产品。

表4-1　　　　　　美国出口商品和进口商品对国内资本和劳动力需求

	1947年		1951年	
	出口	进口替代	出口	进口替代
资本/美元	2550780	3091339	2256800	2303400

续表

	1947 年		1951 年	
	出口	进口替代	出口	进口替代
劳动/年工	182.313	170.004	173.91	167.81
人平均年资本量	13991	18184	12977	13726

资料来源：Leontief, W., 1953, "Domestic Production and Foreign Trade: The American Capital Position Re-examined", *Proceedings of the American Philosophical Society*, 97 (4): 332–349。

通过以上分析，列昂惕夫得到结论：美国参与国际分工是建立在劳动密集型产品上的，而不是资本密集型产品上的。这与传统上人们认为美国是一个资本丰富而劳动相对稀缺的国家，因此应该出口资本密集型产品、进口劳动密集型产品的理论正好相反。

(二) 列昂惕夫之谜的解释

列昂惕夫之谜提出后，许多经济学家尝试从不同角度对其进行解释：一是自然资源。列昂惕夫仅将资本、劳动作为生产投入，但是忽略了其他生产要素（如自然资源）的使用。实际上，美国对自然资源的进口（如石油）有较大依赖性，而石油这类自然资源为资本密集型产品。因此，美国进口产品为资本密集型产品就能够得到部分解释。

二是关税结构。美国当时的关税政策倾向于保护劳动者，所以对劳动密集型产品的进口存在较高的贸易壁垒。因此，资本密集型产品成为美国进口的主要产品类型。

三是劳动力不同质。列昂惕夫认为，美国出口劳动密集型产品、进口资本密集型产品，是因为美国的工人具有更高的劳动生产率。他认为，美国工人的劳动生产率是外国工人的3倍。如果把美国的劳动数量乘以3，那美国其实就是一个劳动力丰富的国家。但是，列昂惕夫自己后来也否定了这种说法。

四是人力资本。列昂惕夫所定义的资本仅包含实物资本（如机器、设备、厂房等），不包含人力资本。人力资本是劳动力经过教育和培训后所拥有的技能。美国与其他国家相比，具有更多的人力资本。如果将人力资本与实物资本加总作为总资本，就会使美国的出口产品的资本密集度高于其进口产品。

五是要素密集度逆转。举一个例子，在 A 国由于劳动力丰富且价格较为低廉，农产品为劳动密集型产品；但是在 B 国由于劳动力稀缺成为资本密集型产品，这就是所谓的"要素密集度逆转"。在出现要素密集度逆转的情况下，一种产品究竟是劳动密集型产品还是资本密集型产品无法确定，因此按要素禀赋决定国际贸易格局的理论不再适用。

六是需求逆转。一个国家在某种产品的生产上具有比较优势，同时本国居民尤其偏好这种产品，这就使本国不得不为满足国民需求从别的国家进口这种商品。即当赫克歇尔—俄林模型的"两国需求相同"的假设被违反时，就可能出现进口本国生产具有比较优势产品的现象。

二 新要素理论

传统的国际贸易理论认为只存在劳动和资本两种生产要素,但是第二次世界大战后,第三次科技革命浪潮促进了生产力的极大提高,也影响了国际贸易分工的格局。新要素理论由此产生,该理论认为应该扩展生产要素的范围使其更符合实际的国际贸易现象。

与传统的国际贸易理论相比,新要素理论重新定义了生产要素的含义,从而使参与国际贸易的各国拥有新的比较优势。但是,新要素理论只是对赫克歇尔—俄林模型的完善,扩大了模型中生产要素的范围,并没有突出理论创新。具体来说,新要素理论主要包括以下四个部分。

(一) 人力资本说

美国经济学家西奥多·舒尔茨(T. W. Schultz)在研究农业经济时发现,人的技能与知识的提高促进了美国农业产量的迅速增长。他认为完整的资本概念应该包含物力资本和人力资本,且物力资本投资效益小于人力资本的投资效益。所谓人力资本是劳动力经过教育和培训后所拥有的技能。人们通过对劳动力进行投资(如规范的学校教育、职业培训、卫生保健等),可以提高劳动生产率,从而对一国参加国际分工的比较优势产生影响。从人力资本角度进行论述的还有基辛(D. B. Keesing)、鲍德温(R. E. Baldwin)和凯南(P. B. Kenen)等。基辛考察了美国进出口部门中各种工作人员的数量及比例,发现其中知识人员以及熟练工人的占比更高;鲍德温发现美国的出口部门就业者的受教育年限相对于进口部门更长;凯南也发现美国出口部门就业人员的工资水平比进口部门更高。

这一学说否定了赫克歇尔—俄林模型中劳动力同质性的假设,认为一个国家应该重视人力技能的培养,因此应该加大人力投资,从而利用由此产生的新比较优势参与国际贸易。

(二) 研究与发展(R&D)学说

研究与发展要素是指经济发展过程中用于研究和开发各种新项目、新技术、新产品的投资。研究与发展学说的支持者有格鲁伯(W. H. Gruber)、梅塔(D. Mehta)和弗农(R. Vernon)等。该学说认为,一个国家越重视研究与发展要素,产品中所包含的知识与技术水平越高,在国际竞争中就拥有更大的话语权。研究与开发可以扩大现有生产规模,也可以通过由此获得的新产品等获得新的比较优势。一个国家研发经费占产品销售额的比重可以用来表示研究与发展水平,数值越大,说明越重视研究与开发。知识密集型和技术密集型产品都是研究与发展密集度高的产品。该学说强调了科学技术(知识)在国际贸易优势形成中的作用,符合国际贸易现状,也为大多数人所接受。

(三) 技术进展论

研究与开发通常耗费时间较长,所以过去对研究与开发进行投资而在现在获得的技术也可以作为一个独立的生产要素。技术进展论是在人力资本说和研究与开发要素理论的基础上发展起来的，可以说技术进展对国际贸易的重要性与人力资本、研究与发展要素对国际贸易的重要性具有同等地位。

在技术进展论的基础上，又出现了技术差距论（又称产品生命周期理论，Technological Gap Theory）。技术差距论最早由美国经济学家波斯纳（M. Posner）提出，该理论认为各国研发投入不同，技术发展水平不一，因而存在一定的技术差距。这样就使技术领先的国家在某些高新技术产品的出口上具有比较优势。

（四）信息贸易理论

信息是一种无形资源，它不仅能够创造价值，而且可以进行交换。信息与有形资源结合在一起构成现代生产要素。我们正处于信息时代，信息产业蓬勃发展，各种信息产品也应运而生。近年来数字产品在国民经济中所占比重越来越大，数字产品与普通物质产品性质不同，因此其发展对国际贸易的影响不能用传统的国际贸易理论进行分析。在现代国际贸易中，国家间的竞争越来越表现为信息战。参与国际贸易的双方拥有信息的不同，也就是信息不对称，会使拥有更多信息的一方具有比较优势，从而在国际贸易中处于优势地位。国际技术贸易作为信息贸易的一部分，尤其可以体现信息不对称下国际贸易利益分配：发达国家通常拥有较高的技术水平，发展中国家为了获得先进技术，通常需要支付较高的费用，但发展中国家所获得的技术通常不是相关领域最前沿的技术，也就是说，发达国家通常会有所保留。因此，发达国家在国际技术贸易中是具有比较优势的。

第四节 标准贸易模型

一 标准贸易模型的基本内容

标准贸易模型（Standard Trade Model）建立在李嘉图模型、特定要素模型和赫克歇尔—俄林模型等传统国际贸易理论模型基础上，它不仅探讨各国的供给，还将各国的需求纳入分析框架中，分析供给与需求的均衡。

标准贸易模型包含以下3个假设：

（1）每个国家都生产两种商品：商品 A 和商品 B。

（2）每种产品的生产都需要两种要素投入：劳动力（L）和资本（K）。

（3）机会成本递增。对于给定数量的资本和劳动，如果想多生产商品 A，那么就不得不减少商品 B 的生产；反之，如果想多生产商品 B，那么就不得不减少商品 A 的生产。为多生产一种商品而减少的另一种商品的产量称为该商品的机会成本（Opportunity Cost）。与机会成本密切相关的一个概念是边际转换率（Marginal Rate of Transformation，MRT），商品 A 对商品 B 的边际转换率是每多生产 1 单位商品 A 而少生产的商品 B 的数量。边际转换率是生产可能性边界上对应点的斜率（绝对值），机会成本递增意味着边际转换率递增，也意味着生产可能性边界是凹向原点的。

(一) 生产可能性边界与相对供给曲线

按照上面的假设：在标准贸易模型中，每个国家都生产两种产品，即商品 A 和商品 B，且生产可能性曲线 PP 是一条凹向原点的光滑曲线。生产可能性曲线上的点都是在当前技术下能够生产出来的商品组合，但是社会的实际产出是由商品 A 对商品 B 的相对价格（P_A/P_B）所确定的。如图 4-15 所示，PP 为生产可能性曲线，点 M 为社会的实际产出，其位置由生产可能性曲线 PP 与等价值线的切点确定。

等价值线是由等式 $P_A Q_A + P_B Q_B = V_x$，即 $Q_B = -(P_A/P_B) Q_A + (1/P_B) V_x$ 确定，斜率为 $-(P_A/P_B)$。

当商品 A 与商品 B 的相对价格 P_A/P_B 上升时，等价值线斜率会减小（斜率的绝对值增大），等价值线变得陡峭。如图 4-16（a）所示，等价值线由 V_1 变为 V_2，同时社会的实际产出由 M_1 变为 M_2。M_2 与 M_1 相比，商品 A 的相对价格升高，同时产量增加；商品 B 的相对价格下降，产量也同时减少。于是有 $P_{A_1}/P_{B_1} < P_{A_2}/P_{B_2}$，$Q_{A_1}/Q_{B_1} < Q_{A_2}/Q_{B_2}$（原点与点 M_1、M_2 连线斜率的倒数分别代表商品 A 相对价格上升之前和之后的商品 A 与商品 B 的相对产量）。反映在图 4-16（b）中就是一条向右上方倾斜的相对价格与相对产量的曲线。也就是说，商品 A 相对价格的提高会导致商品 A 的产出增加而商品 B 的产出减少，或者说商品 A 的相对供给会随着其相对价格的提高而增加。

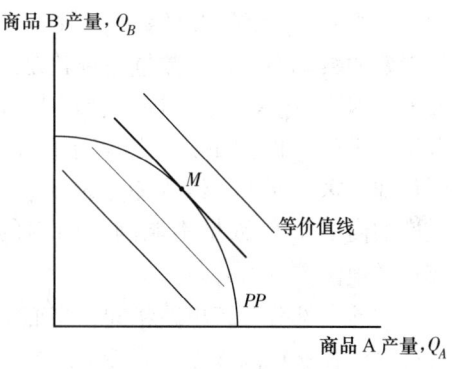

图 4-15 生产可能性曲线与等价值线

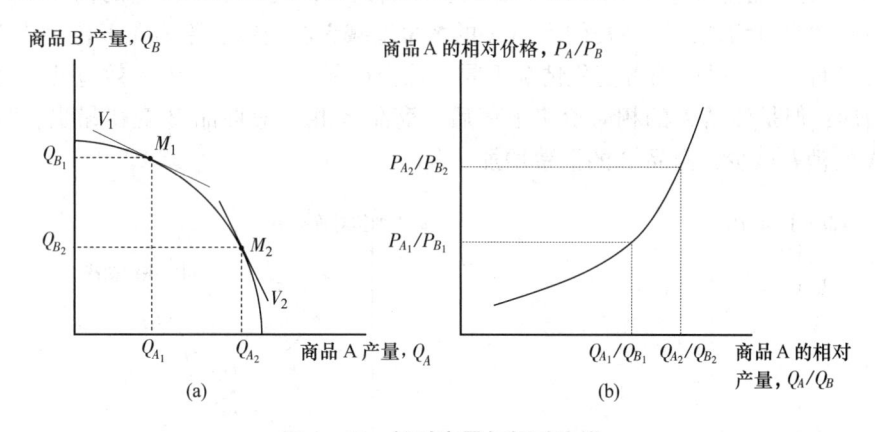

图 4-16 相对产量与相对价格

(二) 相对价格、相对供给与相对需求

根据市场出清的原则，社会生产 = 社会消费：

$$P_A Q_A + P_B Q_B = P_A D_A + P_B D_B = V \tag{4-8}$$

其中，P、Q、D、V 分别代表价格、产量、需求量（或消费量）和总价值。（4-8）式成立代表生产点和消费点在同一条等价值线上。社会消费倾向决定同一条等价值线上生产点的选择。为了简化分析，在标准贸易模型中假设社会的消费决策由一个代表性消费者的消费倾向表示。

图 4-17 中，点 N 为无差异曲线与等价值线的切点，代表消费者消费的商品 A 的数量为 Q_{AN}，商品 B 的数量为 Q_{BN}。M 为生产可能性曲线与等价值线的切点，代表社会生产的商品 A 的数量为 Q_{AM}，商品 B 的数量为 Q_{BM}。社会生产与消费的数量不一致，数量差额就是进口或出口数量。因为 $Q_{AN} < Q_{AM}$，即社会消费的商品 A 的数量小于生产的数量，所以多余的商品 A 出口到其他国家。同理，因为 $Q_{BN} > Q_{BM}$，所以社会生产的商品 B 的数量不能满足国内的需求，需要从其他国家进口。

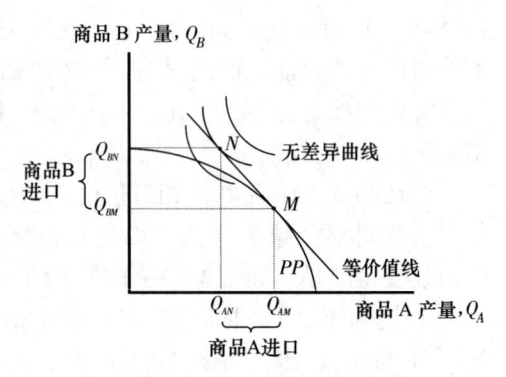

图 4-17　商品生产与消费

与前一部分分析思路相同，当商品 A 与商品 B 的相对价格发生变化时，社会生产与消费会发生什么样的变动？假设 P_A/P_B 上升 [见图 4-18（a）]：等价值线由 V_1 变为 V_2，由于等价值线与更高水平的无差异曲线相切，社会福利得到改善。原因是当本国出口商品 A 时，相对价格的增加使本国出口相同数量的商品 A 同时能够进口更多数量的商品 B。两种商品的相对价格未变化之前，社会生产点为 M_1，消费点为 N_1；相对价格变化后，社会生产点为 M_2，消费点为 N_2。本国生产更多数量的商品 A，生产较少数量的商品 B。本国消费的商品 B 的数量增加，而消费的商品 A 的数量增减无法确定。原因在于替代效应和收入效应所引起的两种商品的消费变化情况不同：社会福利得到改善，收入效应使两种商品的消费都增加；但是商品 A 的相对价格上涨后，商品 A 相对应商品 B 变得昂贵，替代效应使商品 A 的消费减少，商品 B 的消费增加。

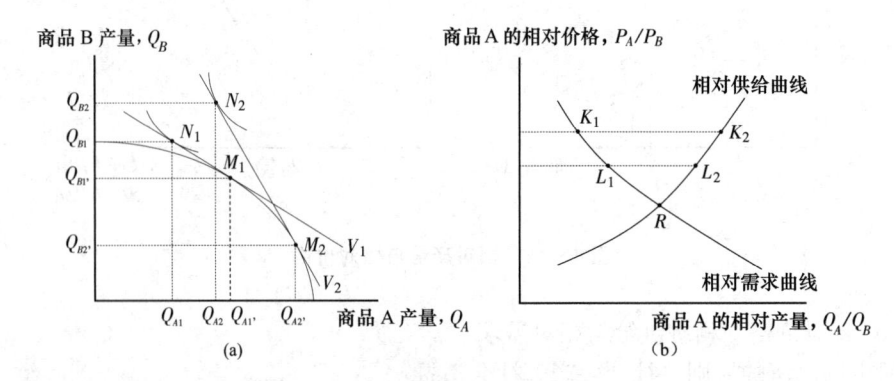

图 4-18　相对供给曲线与相对需求曲线

相对价格未变化之前,商品 A 与商品 B 的相对需求由 L_1 表示,相对供给由 L_2 表示;相对需求小于相对供给,多余商品 A 出口到国外。相对价格上涨后,商品 A 与商品 B 的相对需求由 K_1 表示,相对供给由 K_2 表示;相对供给仍大于相对需求,且二者之差更大,于是更多商品 A 出口到国外。

(三) 偏向型经济增长

一国经济各部门的发展并不总是同步进行的,当存在某一部门发展较快而其他部门发展速度相对较慢的情形时,称为出现了经济的偏向型增长。偏向型经济增长发生的原因可能是生产某产品的技术得到了较大改善,技术进步程度大于另一种产品的生产。另一个可能的原因是一国某种生产要素的数量增加,生产可能性边界向密集使用该要素的生产部门偏移。经济增长意味着生产可能性边界向外移动,经济的偏向型增长表现在图中就是生产可能性边界在经济增长偏向的部门的移动幅度大于另一个部门。图 4-19 (a) 中,原生产可能性边界为 PP,现在的生产可能性边界为 PP_1;由于 PP_1 在商品 B 的生产上向外扩张的幅度大于商品 A,所以经济出现了偏向商品 B 的增长。同样的道理也适用于图 4-19 (b),原生产可能性边界为 PP,现在的生产可能性边界为 PP_2;PP_2 在商品 A 的生产上向外扩张的幅度大于商品 B,此时经济出现了偏向商品 A 的增长。

当经济出现偏向型增长且贸易条件未发生改变(也就是等价值线斜率不变)时,图 4-19 (a) 中,原来的生产均衡点为 K_1,新的生产均衡点为 K_2,本国生产的商品 B 的数量增多;图 4-19 (b) 中,原来的生产均衡点为 L_1,新的生产均衡点为 L_2,本国生产的商品 A 的数量增多。由此发现,当经济出现偏向型增长时,本国所生产的经济偏向增长的产品数量增加。

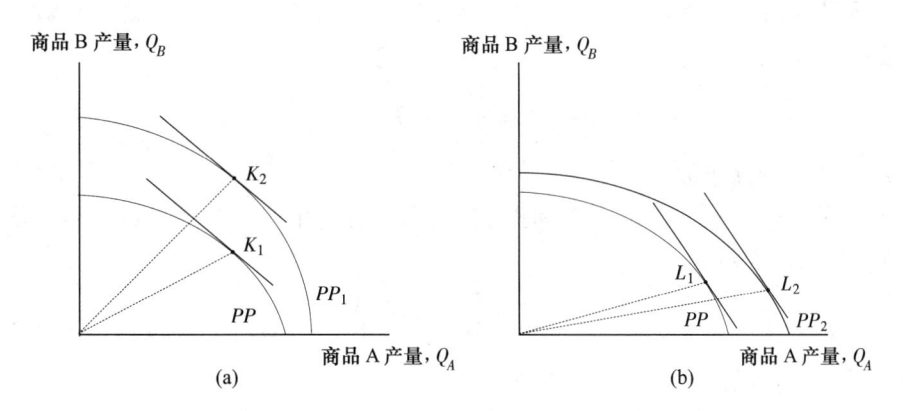

图 4-19 偏向型经济增长

从原点出发与生产均衡点连线的斜率的倒数为本国所生产的商品 A 的相对产量。所以在图 4-19 (a) 中,从原点出发与 K_1 连线的斜率小于从原点出发与 K_2 连线的斜率,那么经济出现偏向商品 B 的增长时,生产的商品 A 的相对产量是下降的;同样,在图 4-19

(b) 中，经济出现偏向商品 A 的增长时，生产的商品 A 的相对产量是增加的。用图形表示如 4-20 所示：当经济出现偏向商品 A 的增长时，相对供给曲线向右移动，在相对价格保持不变时，商品 A 的相对产量增加；当经济出现偏向商品 B 的增长时，相对供给曲线向左移动，在相对价格保持不变时，商品 A 的相对产量下降。

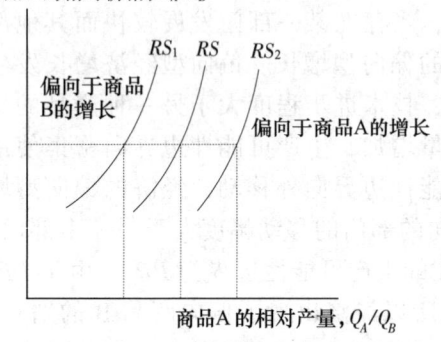

图 4-20 偏向型经济增长与相对供给曲线的移动

（四）贸易条件与相对供给

贸易条件（Terms of Trade，TOT）是进出口产品的相对价格。通常有以下 4 种类型：

1. 净贸易条件，又称商品贸易条件，是指一国在一定时期内，出口产品价格指数与进口产品价格指数之比。用公式表示为：

$$N = \frac{P_{EX}}{P_{IM}} \times 100$$

其中，P_{EX} 是出口产品价格指数，P_{IM} 是进口产品价格指数。净贸易条件反映了一国相对于基期的贸易利益和国际分工变化。净贸易条件上升意味着同样的本国商品可以换取更多的外国商品，本国的贸易条件改善；反之，净贸易条件下降意味着同样的本国商品可以换取的外国商品不如原来多，本国的贸易条件恶化。

两个国家的贸易条件互为倒数，一国的贸易条件改善意味着另一国的贸易条件恶化。此外，现实中参与国际贸易的不止两个国家，也不局限于两种商品。所以 P_{EX} 与 P_{IM} 通常代表出口产品与进口产品的加权物价指数。

2. 收入贸易条件，是指同时考虑出口商品数量变化与进出口商品价格指数的贸易条件。用公式表示为：

$$I = \frac{P_{EX}}{P_{IM}} \times Q_{EX} \qquad (4-9)$$

其中，Q_{EX} 为出口数量指数。

3. 单因素贸易条件，是指同时考虑出口商品的劳动生产率与进出口商品价格指数的贸易条件。用公式表示为：

$$S = \frac{P_{EX}}{P_{IM}} \times Z_{EX} \qquad (4-10)$$

其中，Z_{EX} 为出口商品的劳动生产率指数。

4. 双因素贸易条件，是指同时考虑进出口商品的劳动生产率与进出口商品价格指数的贸易条件。用公式表示为：

$$D = \frac{P_{EX}}{P_{IM}} \times \frac{Z_{EX}}{Z_{IM}} \times 100 \qquad (4-11)$$

其中，Z_{IM} 为进口商品的劳动生产率指数。根据上面的分析，若本国出口商品 A，外国出口商品 B，那么当经济出现偏向商品 A 的增长时，本国的相对供给曲线向右下方移动，世界的相对供给曲线也会向右下方移动。如图 4-21（a）所示，Q_A、Q_{A^*} 分别代表本国和外国生产的商品 A 的数量，Q_B、Q_{B^*} 分别代表本国和外国生产的商品 B 的数量。世界相对供给曲线从 RS 向右下方移动至 RS_1，商品 A 的相对产量增加，但是相对价格却从 P_A/P_B 下降到 P_{A1}/P_{B1}，本国的贸易条件恶化，外国的贸易条件改善。如图 4-21（b）所示，当经济出现偏向商品 B 的增长时，本国的相对供给曲线向左上方移动，世界的相对供给曲线也会向左上方移动（从 RS 移动到 RS_2）；商品 A 的相对产量下降，但是相对价格从 P_A/P_B 上升到 P_{A2}/P_{B2}，本国的贸易条件改善，外国的贸易条件恶化。

一国生产可能性边界偏向本国出口产品的经济增长称为出口偏向型增长，生产可能性边界偏向本国进口产品的经济增长称为进口偏向型增长。基于以上分析，出口偏向型增长会使本国的贸易条件恶化，改善外国的贸易条件（偏向商品 A 的经济增长使本国贸易条件恶化）；进口偏向型增长会改善本国的贸易条件，损害外国的贸易条件（偏向商品 B 的经济增长改善了本国贸易条件）。

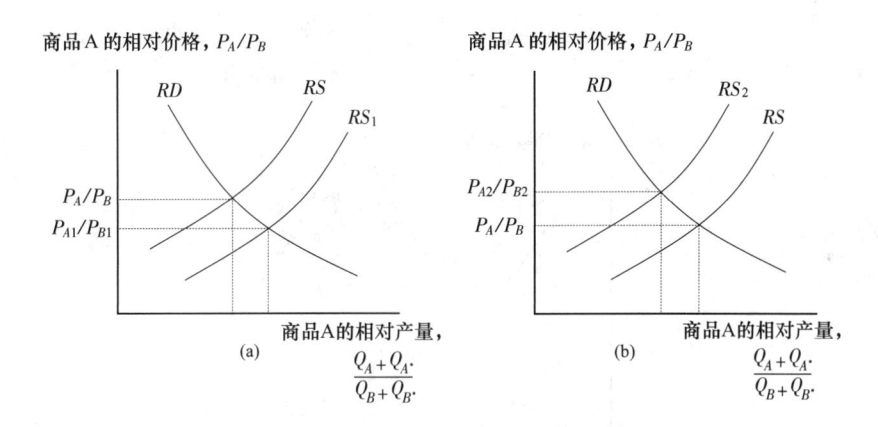

图 4-21 相对供给曲线移动与贸易条件变化

（五）世界均衡

假定世界上只有本国和外国两个国家。本国出口商品 A 进口商品 B，外国出口商品 B 进口商品 A。由于贸易条件是出口产品与进口产品价格的比率，所以本国的贸易条件为 P_A/P_B，外国的贸易条件为 P_B/P_A。同时假定本国和外国对两种产品偏好相同，即本国相对需求曲线、外国相对需求曲线和世界相对需求曲线重合 [如图 4-22（c）的 RD 曲线]。当贸易条件 P_A/P_B 为某一值时，本国生产商品 A、B 的数量分别为 Q_A、Q_B；外国生产商品 A、B 的数量分别为 Q_{A^*}、Q_{B^*}。本国出口商品 A，外国出口商品 B，由此有：$Q_A/Q_B > Q_{A^*}/Q_{B^*}$。世界相对供给为 $(Q_A + Q_{A^*})/(Q_B + Q_{B^*})$，由此可推断世界相对供给曲线必定位于本国和外国相对供给曲线之间。

如图 4-22（c）中的 RS 曲线所示：RS、RS^w、RS^* 分别是本国、世界和外国的相对供给曲线，它们与 RD 曲线的交点 P、P_w、P_* 分别代表本国、世界和外国的均衡点。如果本国和外国进行贸易，那么均衡的相对价格和相对产量位于本国和外国的均衡相对价格和相对产量之间。本国在 M 点生产，外国在 N 点生产；本国出口的商品 A 的数量等于外国进口的商品 A 的数量，本国进口的商品 B 的数量等于外国出口的商品 B 的数量。

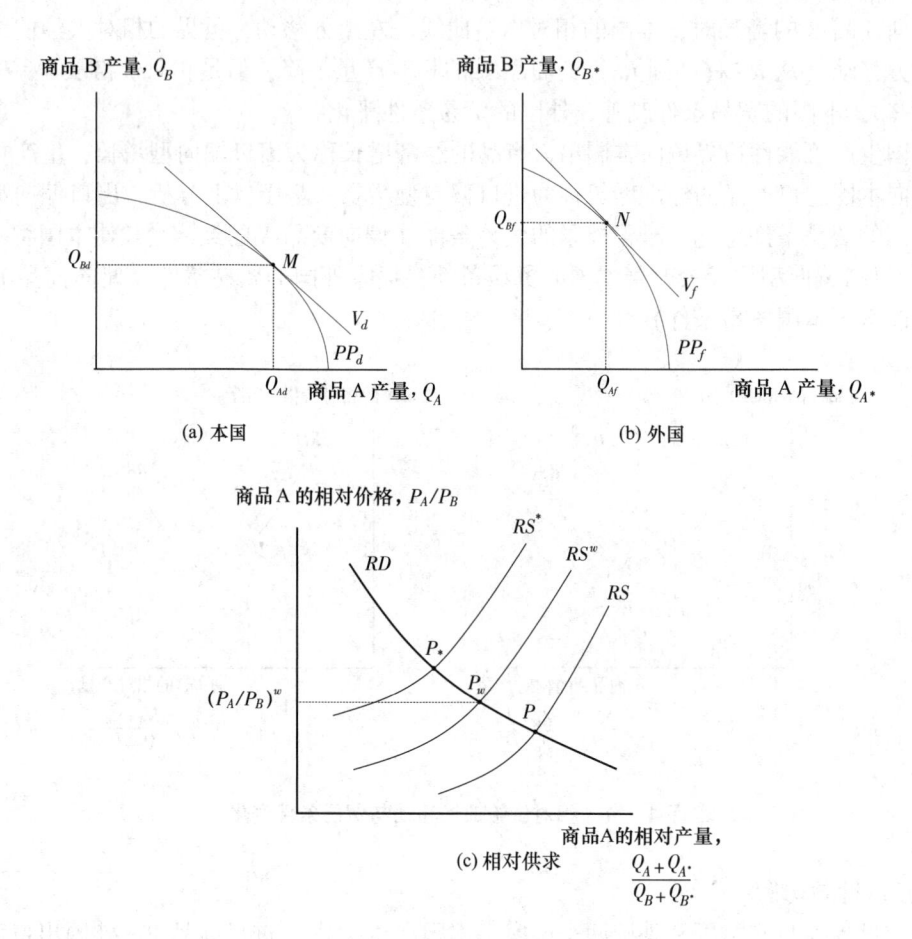

图 4-22 世界均衡

二 标准贸易模型的应用

（一）进口关税和出口补贴

通过以上分析，自由贸易情形下，同种商品在参与国际贸易的两国应该具有相同价格。但是现实中同种商品在两国价格一般不同，一个可能的原因就是关税和补贴的存在。进口关税的存在提高了商品在进口国的价格，出口补贴的存在提高了商品在出口国国内的价格。

首先分析进口关税的存在会有什么影响。仍然按照前面的假设，本国出口商品 A，进口商品 B，但是对商品 B 征收 b% 的从价关税。进口关税的存在使本国生产者和消费者面临的商品 B 对商品 A 的相对价格上升 b%；也就是说，对于本国消费者和生产者来说，商品 B 对于商品 A 来说变得昂贵。面对任意给定的世界市场上商品 A 与商品 B 的相对价格，本国生产者由于国内市场商品 A 与商品 B 的相对价格下降，倾向于生产更少的商品 A 和更多的商品 B，于是相对供给曲线向左上方移动。将世界看作一个整体，那么世界市场上的相对供给曲线也会向左上方移动，如图 4-23 所示，世界相对供给曲线由 RS_1 移至 RS_2。同时，国内消费者倾向于消费更多的商品 A 和更少的商品 B，使相对需求曲线向右上方移动；表现在图 4-23 中就是世界市场上的相对需求曲线由 RD_1 移至 RD_2。RS_1 与 RD_1 的交点为未征收进口关税之前的均衡点，RS_2 与 RD_2 的交点为征收进口关税后的均衡点。由图 4-23 的两个均衡点可以看出，征收进口关税后世界市场上商品 A 与商品 B 的相对价格上升。因此，进口关税的存在使本国的贸易条件改善，外国受损。

到目前为止，我们只探讨了进口关税的存在是如何引起 RS 与 RD 曲线的移动的以及移动的方向如何，移动的幅度与制定关税的国家的大小有关。这里的大小并非是指国土面积，而是一个国家在国际贸易中话语权的大小。如果制定进口关税的是美国，那么世界市场的相对供给曲线与相对需求曲线会发生较大程度的移动；但是如果是非洲的贫困国家制定进口关税，其对贸易条件的影响可以说是微乎其微的。

在分析完进口关税的影响后再来分析出口补贴的影响。本国向出口商品 A 提供 a% 的出口补贴，在世界市场价格一定时，补贴会使本国国内商品 A 与商品 B 的相对价格上升 a%。相对价格的上升使本国生产者生产更多的商品 A，本国的相对供给曲线会向右下方移动。世界市场的相对供给曲线如图 4-24 所示，由 RS_1 向右下方移至 RS_2；同时，本国消费者由于相对价格的上升减少对商品 A 的消费，增加对商品 B 的消费，本国的相对需求曲线会向左下方移动。世界市场的相对需求曲线如图 4-24

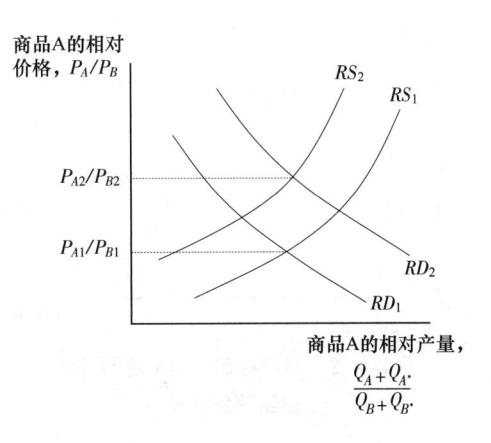

图 4-23 进口关税引起的世界相对供给曲线移动

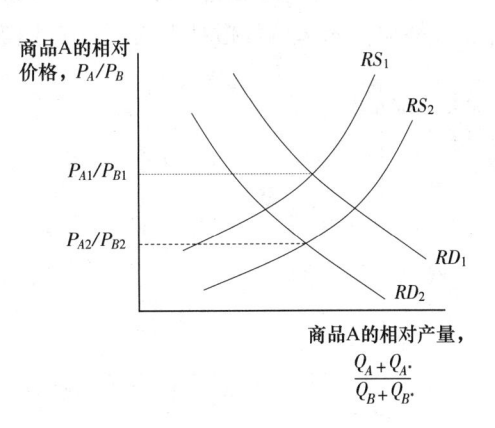

图 4-24 出口补贴引起的世界相对供给曲线移动

所示,由 RD_1 向左下方移至 RD_2。RS_1 与 RD_1 的交点为未进行出口补贴之前的均衡点,RS_2 与 RD_2 的交点为进行出口补贴后的均衡点。由图4-24的两个均衡点可以看出,进行出口补贴后世界市场上商品 A 与商品 B 的相对价格下降。因此,出口补贴的存在使本国的贸易条件恶化,外国受益。

(二)跨期生产与国际借贷

微观经济学中,消费者存在跨期消费现象:减少当前消费以获得更多未来消费。同样的现象也存在国家之中:一国通常不会将所生产的商品全部出售,总有一部分会被用来投资。投资的部分越多,当期消费的部分越少。假定一个国家只在两个时期,即当期和未来进行消费。跨期的生产可能性边界如图4-25所示。

除了国内当期生产可以用作投资以增加未来的产出,国家间的借贷也可以达到同样的目的。以本国向外国借款为例:本国当期向外国借款后,取得了购买更多消费品的权利;但与此同时,外国失去了一部分购买消费品的权利。为了补偿外国,本国应该为当期借款支付利息。假设实际利率为 r,为取得 1 单位当期消费品,未来应支付 $(1+r)$ 单位的消费品,这样未来消费的相对价格为 $1/(1+r)$。当 r 增大时,为取得 1 单位当期消费品所支付的利息增加,即当期消费变得相对昂贵,未来消费变得相对便宜。

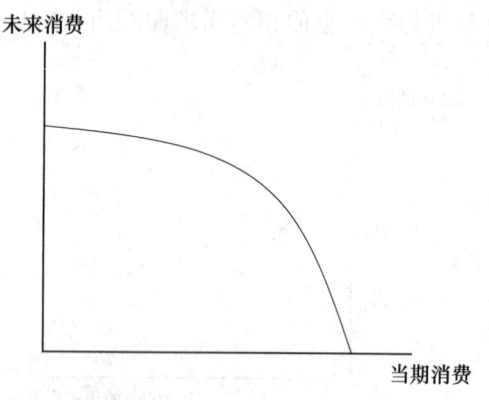

图 4-25 出口补贴引起的世界相对供给曲线移动

当实际利率 r 下降时,未来消费的相对价格上升。国家将通过扩大投资做出应对,也就是减少当期消费以增加未来消费,表现在图4-25中就是沿着跨期生产可能性边界向左上方移动,未来消费相对于当期消费增加。所以图4-26中的相对供给曲线向右上方倾斜。实际利率 r 下降,未来消费的相对价格上升时,消费者将减少未来消费、增加当期消费,所以相对需求曲线向右下方倾斜。

图4-26中,RS、RS_w、RS_* 分别代表本国、世界和外国的跨期相对供给曲线。当未来消费的相对价格相同时,(未来消费/当期消费) < (未来消费/当期消费)$_w$ < (未来消费/当期消费)$_*$。也就是在允许借贷的情况下,本国倾向于当期消费而外国倾向于未来消费。在 RS_w 与 RD 的交点所形成的实际均衡利率 r_1 下,本国未来消费

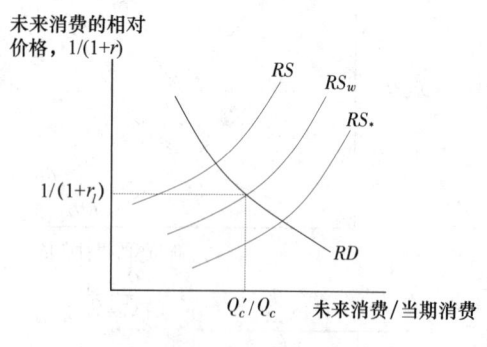

图 4-26 跨期均衡

与当期消费的相对供给小于相对需求,也就是说,本国当期消费与未来消费的相对供给大于相对需求,因此,本国将出口当期消费以换取未来消费。

第五节　要素禀赋理论能否预判中国的资本积累

要素禀赋理论起源于西方发达国家，因此能够很好地解释发达国家参与国际贸易的过程。但这个理论是否适用于我国，能否解释我国参与国际贸易的优势以及资本积累过程仍需探讨。

中国的低技能以及中等技能劳动者较为丰富，但实物资本及高技能劳动者则相对缺乏。海闻等分析了中国 2001 年中国的进出口商品构成，发现中国净进口的主要是资本密集型产品[1]。表 4–2 显示了中国 2019 年进出口商品的种类及各自的金额。可以看出，2019 年我国仍然是净出口国，其中出口最多的是第十六类商品（机器、机械器具、电气设备及其零件；录音机及放声机、电视图像、声音的录制和重放设备及其零件、附件），其次是第十一类（纺织原料及纺织制品）；出乎意料的是，进口最多的也是第十六类，然后是第五类（矿产品）、第六类（化学工业及其相关工业的产品）、第十八类（光学、照相、电影、计量、检验、医疗或外科用仪器及设备、精密仪器及设备；钟表；乐器；上述物品的零件、附件）。出现进出口最多的是同一类商品这种现象的一个可能的原因是我国进口第十六类商品的零部件，完成产品的组装过程，而这个过程需要大量的低技能劳动力；产品组装完毕后，成品具有较高的价值，因此我国第十六类产品的出口额较高。此外，出口位居第二的第十一类商品是劳动密集型产品；进口位居第二的是原材料，位居第三和第四的是资本密集型产品。由此可以发现，要素禀赋理论依旧没有过时，能够很好地解释中国的对外贸易。

表 4–2　　　　中国进出口商品构成及金额（2019 年）　　　　单位：百万美元

种类	出口	进口	净出口
总额	2499482.09	2078408.98	421073.11
第一类 活动物；动物产品进口额	16772.29	41949.93	−25177.64
第二类 植物产品进口额	27139.64	61468.75	−34329.11
第三类 动、植物油、脂及其分解产品；精制的食用油脂；动、植物蜡进口额	1188.46	9933.2	−8744.74
第四类 食品；饮料、酒及醋；烟草、烟草及烟草代用品的制品进口额	31850.66	26898.08	4952.58

---

[1]　[美] 海闻・P. 林德特、王新奎：《国际贸易》，格致出版社、上海人民出版社 2012 年版。

续表

种类	出口	进口	净出口
第五类 矿产品进口额	52173.08	520352.35	-468179.27
第六类 化学工业及其相关工业的产品进口额	130291.86	154919.73	-24627.87
第七类 塑料及其制品；橡胶及其制品进口额	106296.93	86960.14	19336.79
第八类 生皮、皮革、毛皮及其制品；鞍具及挽具；旅行用品、手提包及类似品；动物肠线（蚕胶丝除外）制品进口额	35232.99	8666.63	26566.36
第九类 木及木制品；木炭；软木及软木制品；稻草、秸秆、针茅或其他编结材料制品；篮筐及柳条编织品进口额	15070.53	22041.16	-6970.63
第十类 木浆及其他纤维状纤维素浆；纸及纸板的废碎品；纸、纸板及其制品进口额	25976.97	26690.98	-714.01
第十一类 纺织原料及纺织制品进口额	260240.58	32176.37	228064.21
第十二类 鞋、帽、伞、杖、鞭及其零件；已加工的羽毛及其制品；人造花；人发制品进口额	63627.67	6101.87	57525.8
第十三类 石料、石膏、水泥、石棉、云母及类似材料的制品；陶瓷产品；玻璃及其制品进口额	54448.89	10637.92	43810.97
第十四类 天然或养殖珍珠、宝石或半宝石、贵金属、包贵金属及其制品；仿首饰；硬币进口额	20600.65	60463.73	-39863.08
第十五类 贱金属及其制品进口额	182625.81	96411.41	86214.4
第十六类 机器、机械器具、电气设备及其零件；录音机及放声机、电视图像、声音的录制和重放设备及其零件、附件进口额	1087084.07	687820.39	399263.68

续表

种类	出口	进口	净出口
第十七类 车辆、航空器、船舶及有关运输设备进口额	111838.66	97391.37	14447.29
第十八类 光学、照相、电影、计量、检验、医疗或外科用仪器及设备、精密仪器及设备；钟表；乐器；上述物品的零件、附件进口额	79606.65	103351.76	−23745.11
第十九类 武器、弹药及其零件、附件进口额	142.34	10.25	132.09
第二十类 杂项制品进口额	179463.88	8410.68	171053.2
第二十一类 艺术品、收藏品及古物进口额	743.09	840.52	−97.43
第二十二类 特殊交易品及未分类商品进口额	17066.39	14911.75	2154.64

资料来源：国家统计局。

进一步分析中美双边贸易。近年来，植物产品成为美国向中国出口的一种重要产品。传统上认为，植物产品是劳动密集型产品，按照要素禀赋理论应由中国出口、美国进口。但是美国农业机械化水平较高，外加受到转基因技术的影响，使美国农产品附加值和科技含量较高，因此成为资本密集型产品。张同斌和周宗莉的研究发现，在中美双边贸易中，美国出口产品的国内增加值远大于中国[①]。对此，他们的解释为"中国早期主要借助'人口红利'优势承接产品价值链中下游的加工组装环节并大量出口最终产品，其价值链生产活动对上游经济体中间品的进口需求较大。美国凭借技术领先优势承接价值链上游的研发设计及关键零部件生产等高端环节，大量出口技术密集型中间品和服务。在国际生产网络中，创造增加值的往往是包含核心生产技术的中间品生产环节而非加工组装环节"。无论是从整体进出口情况还是从中美贸易来看，我国作为一个劳动力丰富的国家，出口的都是劳动密集型产品，要素禀赋理论依旧成立。

除了美国，日本与中国之间的贸易往来也十分密切。2018年，日本是中国的第二大贸易伙伴国、第二大出口国和第二大进口国。1972年中日建交时，日本是亚洲地区唯一一个发达国家，而当时的中国生产力水平较低，经济比较落后，这意味着中日两国的国际分工

---

① 张同斌、周宗莉：《国际生产网络视角下的增加值贸易结构分析与主导因素识别——以中美双边贸易为例》，《统计研究》2021年第11期。

不同，最终决定了中日贸易结构。根据孙丽的研究，1978—1991年，工业制成品是中国从日本进口的主要产品①。因为这一时期中国仍旧是一个典型的农业国，而日本已经完成了工业化。1992—2000年，中国从日本进口的产品主要为资本技术密集型产品。2000—2011年，中国依旧主要进口日本的资本技术密集型产品，但工业制成品成为中国对日本的主要出口产品。2012年后，中国仍然主要向日本出口工业制成品，但出口的劳动密集型产品占比逐年下降。中日之间的贸易结构变化也证明了要素禀赋理论在中国的适用性。

  在特定的经济发展水平下，经济体的禀赋和结构是一定的；随着经济发展水平的提高，经济体禀赋及其结构也会发生相应的变化。因此，中国作为世界第二大经济体，要素禀赋结构随经济发展也产生了一定的变化。新中国成立之初，国内经济增速、人均GDP和民众教育水平都处于较低水平。因此，出口产品主要是初级产品。但是初级产品的收入弹性和价格弹性都比较低，仅依靠初级产品是无法实现经济增长的。资本积累对经济增长的作用不言而喻，经济发展初期，资本积累主要依靠资本品的进口。改革开放后，中国资本积累率占国内生产总值的40%左右，而有些国家的资本积累率只有10%—15%，甚至有些非洲国家接近于0。现代社会，要素禀赋从资本和劳动力比率的较低水平向较高水平的提升是决定结构变迁的根本力量。随着中国国内经营环境的改善，外资流入增加，资本存量也在增加，要素禀赋结构也在慢慢改变。要素禀赋结构的提升意味着资本/劳动力提高，通常来说，此时资本相对于劳动的价格下降。企业家为了节约成本，就会用资本代替劳动。但是外资流入对要素禀赋结构的影响并没有想象中重要：外资流入的一个最可能原因就是中国的劳动力成本较低，因此同样的产业，中国生产的产品资本/劳动力比率就会低于外国。随着资本积累的进行，我国开始注重产品的研发，促进出口产品技术含量的提升。有研究显示，2000—2010年，我国低技术商品出口日益下降，高技术商品出口整体日益增加，但高技术产品距离成为中国出口的主力军还有遥远的距离。中国虽然向全球价值链中高端方向努力，但作为最终产品的提供者，部分产品技术含量仍处于较低水平。为了长远的发展，提升我国在全球价值链中的地位至关重要，这就需要中国在技术创新和产业升级等方面继续努力。

  如果只关注劳动和资本两种生产要素，一直以来，我国都是劳动力充裕而资本相对稀缺的国家。因而按照要素禀赋理论，我国应当出口劳动密集型产品，进口资本密集型产品。孙琳琳和任若恩计算了按照当年价格测算的1980—2005年的我国社会资本存量数据②，如表4-3所示，1980—2005年，我国建筑存量和设备存量的增长速度都是加快的，设备存量虽然低于建筑存量，但是其增长速度更快。资本密集型产品进口的增加，促进了我国的资本积累。

---

  ① 孙丽：《中日贸易结构的变化对中国产业结构转型升级的影响》，《东北亚论坛》2019年第6期。
  ② 孙琳琳、任若恩：《转轨时期我国行业层面资本积累的研究——资本存量和资本流量的测算》，《经济学（季刊）》2014年第3期。

表4-3　　　　　　　　　1980—2005年中国社会资本存量　　　　　　　　单位：亿元

年份	1980	1985	1990	1995	2000	2005
建筑存量	4815	9886	26387	71139	145237	249533
设备存量	1765	1454	3771	8506	27804	57835

资料来源：孙琳琳、任若恩：《转轨时期我国行业层面资本积累的研究——资本存量和资本流量的测算》，《经济学（季刊）》2014年第3期。

戈登·汉森等的研究发现，1984—2018年，中国在10种二位数或三位数的国际贸易标准分类（SITC）产品中的劳动密集型产品出口方面存在显性比较优势；但是这10种产品出口占世界同类产品出口比重在2012年开始下降[1]。随着人口出生率下降、劳动者受教育程度普遍提高，中国的人口红利减少。这使中国的进出口商品结构也发生了改变：劳动密集型产品出口所占比重逐渐减少，资本密集型产品出口比重逐渐增加。所以说，从这个角度来看，要素禀赋理论能够预判中国的资本积累。

本章小结

1. 赫克歇尔—俄林理论研究了要素禀赋的不同对一国进出口的影响。在赫克歇尔—俄林理论中，我们假设两国的技术相同，并且要素可以在各部门间自由流动。

2. 赫克歇尔—俄林理论有其局限性，比如说忽视了需求的作用、不考虑一国的发展等，但它仍然是国际贸易领域最重要的理论之一。

3. 在赫克歇尔—俄林理论的基础上还发展出了其他的定理，包括了斯托尔珀—萨缪尔森定理、雷布津斯基定理和要素价格均等化定理。其中斯托尔珀—萨缪尔森定理讨论了产品相对价格的变动会如何影响要素价格与收入分配，雷布津斯基定理讨论了要素禀赋的改变对于产品产量的影响，而要素价格均等化定理则讨论了国际贸易对一国要素价格的影响。

4. 经济学家列昂惕夫运用美国的数据对赫克歇尔—俄林模型进行实证检验，但是发现美国进口资本密集型产品，出口劳动密集型产品，这就是列昂惕夫之谜。

5. 标准贸易模型的出现将国内均衡分析扩展到国际均衡。在标准贸易模型中，由生产可能性边界与等价值线可以推导出世界相对供给曲线，由无差异曲线能推导出世界相对需求曲线。

6. 进口关税的存在使本国的贸易条件改善，外国受损。出口补贴的存在使本国的贸

---

[1] 戈登·汉森、王宇、李木子：《劳动密集型产品出口的历史变迁与未来走向：中国与世界》，《金融发展研究》2021年第4期。

易条件恶化，外国受益。

思考题

1. A、B 两国因为要素丰裕度不同导致生产要素价格不同。A 国每单位资本价格为 4 元，每单位劳动价格为 1 元。B 国每单位资本价格为 1 元，每单位劳动价格为 2 元。假设两国生产技术和方法都相同，生产 1 单位小麦需要 10 单位资本和 1 单位劳动，而生产 1 单位棉布需要 1 单位资本和 10 单位劳动。请分别计算两国生产两种商品的成本，并运用赫克歇尔—俄林理论的观点来说明两国间应当如何分工。
2. 简述雷布津斯基定理的主要内容。
3. 简述要素价格均等化过程对国际分工中比较优势变化的影响。
4. 什么是"列昂惕夫悖论"？对列昂惕夫之谜的解释有哪些？
5. 新要素理论包含哪些内容？
6. 用标准贸易模型解释进口关税和出口补贴的影响。
7. 中美贸易摩擦下，用要素禀赋理论分析关税对贸易条件的影响。

第五章 产业内贸易理论

导　言

在前几章所讨论的依托比较优势理论建立的贸易模型中，国家之间的要素禀赋差异是导致国际贸易的唯一原因，产业间贸易（Inter-industry Trade）是国际贸易的唯一模式。然而，在考察实际发生的国际贸易时，我们会发现，国际贸易还存在另外一种具有重要地位的模式——产业内贸易（Intra-industry Trade）。

在本章中，我们将介绍产业内贸易。在第一节需求偏好相似论中，从需求侧研究国际贸易的决定因素。与之前采用的完全竞争市场假设不同，产业内贸易理论依托的是规模经济与不完全竞争的理论框架与分析方法。在第二节中将学习到外部规模经济尽管不会导致不完全竞争，但仍是生产专业化和国际分工的重要推动力；内部规模经济则使存活下来的垄断厂商和消费者都能够从国际贸易形成的更大规模商品市场中获利。在第三节和第四节中，将介绍垄断竞争条件下两个重要的产业内贸易模型（兰卡斯特模型和克鲁格曼模型）。

学习目标
1. 了解产业内贸易理论的背景、基本概念和类型。
2. 理解需求偏好相似论的基本内容。
3. 理解外部规模经济和内部规模经济及其对国际贸易模式的影响。
4. 理解兰卡斯特和克鲁格曼模型的基本假设与封闭和开放条件下的模型均衡。

第一节　需求偏好相似论

一　产业内贸易理论基础

（一）产业内贸易理论的提出背景

第二次世界大战结束之后，世界范围内第三次科技革命逐步展开，经济全球化浪潮涌现，国际贸易蓬勃发展，并且展现出许多新的变化。其中有两个非常重要的现象引起了经济学家的关注：一是发达国家间的贸易占总的国际贸易的比例迅速上升，甚至在总的国际贸易中逐渐占据优势地位；二是发达国家之间同产业内部同类产品的双向贸易，即产业内贸易日渐增多，并且逐渐成为主要的国际贸易形式。而传统国际贸易理论针对的对象是具有不同发展水平的国家之间不同产业间的贸易，这种禀赋相同或相近国家相同产业内部的贸易超出了其解释范围。

此外，传统的国际贸易理论还包含对要素重新配置的分析，即在产业间贸易中，各国必须以自身的要素禀赋和技术条件为基础实现专业化分工。因此在两国进行国际贸易的同时，两国的生产要素也将发生跨国流动。由此将产生昂贵的要素重新配置成本，造成贸易福利在两国之间可能分配不均。然而，对实际的产业内贸易分析却发现，要素禀赋相似的国家间进行双向国际贸易并不会引发大规模的要素转移和收入再分配，贸易福利在两国之间的分配相对均衡，这与产业间贸易理论的结论明显不符。

第二次世界大战结束之后，一些发达国家政府施行战略性贸易政策，即积极运用补贴或出口鼓励等策略提高本国产业在国际市场上的竞争力，其本质是一种贸易保护主义政策。在此基础上，随着世界经济的迅速发展，全球产业集中格局逐渐形成，跨国垄断公司不断涌现，进而形成了不完全竞争的国际市场环境。这从客观上颠覆了传统国际贸易理论的完全竞争假设条件，促使经济学家开启以规模经济和不完全竞争为基础的现代产业内贸易理论研究的新进程。

与此同时，与不完全竞争市场结构相关的经济学理论的出现为国际贸易理论的发展提供了新的分析工具和方法。20世纪40年代，产业组织理论开始兴起，其考察对象是不完全竞争的市场结构，并且建立了不同类型的不完全竞争下的厂商行为模型。到70年代中期，利用博弈论方法，不完全竞争条件下的厂商行为分析又有了突破性进展。

由此可见，传统产业间贸易理论在前提假设和现实验证中都受到了挑战，产业内贸易理论的形成既有其现实因素的要求，又存在理论因素的支持，是在多种因素共同作用的背景下应运而生的。

（二）产业内贸易的基本概念

产业内贸易（Intra-industry Trade）指同一产业部门内部同类产品在不同国家或地区之间的双向贸易（Two-way Trade）现象。例如，美国向日本出口汽车的同时又从日本进口汽车，就是一种典型的产业内贸易现象。

要理解这一概念，首先必须弄清"同一产业"和"同类产品"的定义。在此处，同一产业指产业内厂商从事生产的投入要素相似，产品之间用途基本相同；其生产的同类产品存在一定范围内的消费替代性和生产替代性。具体的同类产品的界定则一般按照联合国国际贸易标准分类（Standard International Trade Classification，SITC）和国际组织制定的"商品名称和编码协调制度"（Harmonized Commodity Description and Coding System，其编码可简称为H.S.编码）的统计规则进行界定。同类产品要求至少在同类、同章、同组这前三个层次的分类编码相同。

早期的产业内贸易主要依托以产品差异为基本特征的国际分工，研究的对象主要是最终产品。因为一般来讲，即使是同类产品，由于不同厂商的生产工艺、技术水平、经营理念和销售策略等不尽相同，其设计、质量、性能、规格、外观和商标等方面也存在一定程度的差异，从而形成了各式各样的差异化系列产品。各国也根据自身资源、技术和市场情况，专业化生产某一种或几种产品，这就为不同国家和地区开展产业内贸易提供了可能。而随着生产全球化和跨国垄断公司的深入发展，厂商往往将一种产品的不同生产环节和步骤经由国际合作的方式散布在不同的国家进行，因此近期的产业内贸易开始更多地表现为生产过程中半制成品和零部件等中间产品的贸易，其在产业内贸易中也占据重要的地位。

（三）产业内贸易的具体类型

根据不同的具体特征，产业内贸易可以被分为多种类型。格鲁贝尔（H. G. Grubel）和劳埃德（P. J. Lloyd）根据产品的差异性将产业内贸易区分为同质产品的产业内贸易和异质产品的产业内贸易两种形式。

同质产品是指能够完全相互替代的产品，产品的需求交叉弹性特别高，消费者对此类产品拥有相同的消费偏好。通常情况下，同质产品的国际贸易往往归属于产业间贸易的类型。但由于生产区位和制造时间不同等因素，现实中也存在同质产品的产业内贸易，其主要形式包括以下几种：第一，边境的大宗产品贸易。例如，矿产品、钢材、水泥、木材和玻璃等，其运输费用较大，从而使贸易半径缩小，这样消费者可以就近选择原材料生产地，低价购买产品。而这些生产地的建立又取决于自然资源的分布，因此一个国家可能会同时进口和出口此类产品。第二，产品的季节性贸易。某些产品的生产和消费需求存在一定的季节性变化规律，如欧洲国家之间用电的"削峰填谷"。第三，转口和再出口贸易。一些国家和地区大规模地开展转口贸易和再出口贸易，其目的是以仓储、运输等服务来使商品价值增值，并不是产品最终的消费者。但该产品已计入国际收支中，从而形成统计意义上的产业内贸易。第四，相互倾销的贸易。在不同国家生产相同产品的企业，为了占领更大的市场份额，将其产品倾销到外国竞争对手的市场，导致产业内贸易的发生。第五，政策性贸易。政府在实施出口退税和进口优惠等对外贸易干预时，一些企业可能会出现既出口又进口自身生产的产品，以享受政府的福利政策。第六，合作生产和特殊技术条件造成的贸易。例如，金融部门在金融全球化和服务贸易自由化进程中往往出现同时进口和出口的情况。

异质产品是指产品之间不能完全相互替代，产品需求的交叉弹性小于同质产品，但其在生产要素投入上具有相似性。我们通常谈到的大多数产业内贸易都属于这类产品，其具体又可以被分为以下三种类型：第一，水平差异产业内贸易。水平差异是指同类产品间，产品具有相同的质量，但其特征、特性或特色不同。从水平差异方面来看，发生产业内贸易的主要原因是消费者的需求多样化。同类产品在品牌、款式和服务等方面的不同可以适应不同的需求，而消费者需求偏好的差异则会导致一国同时进口又出口水平差异化的同类产品来满足消费者的不同偏好。第二，技术差异产业内贸易。指由于技术存在差异（如技术创新等）而导致新产品出现以及产品生命周期阶段发生变化，从而引起的同类产品间的产业内贸易。不同生命周期阶段的同类产品（如不同规格的汽车、产品繁多的化妆品）通常在多个国家都有生产，然后相互出口，形成产业内贸易。产品的更新换代同时会加快国际专业化分工进程，因而又促进了产业内贸易。第三，垂直差异产业内贸易。相较于水平差异，垂直差异则意味着产品之间存在质量的差别。一方面，对于厂商而言，其需要提高产品质量以应对竞争；另一方面，对于消费者而言，由于收入状况存在差异，其对产品质量的需求也存在差异。因此，发达国家不只是出口高质量产品，其也会向其他发展中国家寻求进口一些低档次的产品，以满足不同层次的消费者需求。异质产品的产业内贸易研究是建立在规模经济、重叠需求偏好和不完全竞争背景之上的，这也是产业内贸易理论研究的着力点。

（四）产业内贸易理论的假设前提

区别于产业间贸易，产业内贸易理论体系的假设前提有如下差异：第一，理论分析从静态出发，简化的模型主要侧重于分析产业内贸易发生的原因和结果，对变化过程不做过多强调。第二，理论分析建立在不完全竞争市场理论之上，区别于产业间贸易理论的完全竞争市场假设，更接近现实世界经济的状态。第三，区别于产业间贸易理论的规模报酬不变假设，产业内贸易理论建立在规模经济效应之上，并将其作为国际贸易发生的重要利益来源。第四，理论考虑了国家之间需求相同与不同的情况，更加重视需求方面的影响。

专栏 5–1　　　　　　　　中国产业内贸易指数

现实中如何度量产业内贸易发生程度的大小？经济学家曾尝试过使用各种产业内贸易指数。1966 年，巴拉萨（Balassa）在研究欧共体成员国之间的分工和贸易时首次提出了产业内贸易的度量方法，其经济意义代表出口额在多大程度上为进口量所冲抵，公式如下：

$$C_i = \frac{|X_i - M_i|}{X_i + M_i}, 0 \leqslant C_i \leqslant 1 \qquad (5-1)$$

$$C = \frac{1}{n}\sum_{i=1}^{n} C_i \qquad (5-2)$$

其中，X_i 表示一国产品 i 的出口额，M_i 表示该国产品 i 的进口额。指数 C_i 越小，该国 i 产业的产业内贸易程度越高。而 C 则是所有产业贸易指数的算术平均数，代表该国总体产业内贸易水平的高低。

格鲁贝尔和劳埃德在 1975 年发表的著作中指出，巴拉萨指数至少存在两大不足：一是该指数只是一个简单的算术平均数，不能反映每个国家的权重；二是该指数没有考虑贸易不平衡的影响。他们认为,产业内贸易应该由产业贸易总额减掉产业中进出口贸易差额后的余额来计算,并且给出了至今仍为学者最普遍采用的G-L指数用以测度产业内贸易水平,公式如下:

$$GL_i = 1 - \frac{|X_i - M_i|}{X_i + M_i} \quad (5-3)$$

$$GL = 1 - \frac{\sum_{i=1}^{n}|X_i - M_i|}{\sum_{i=1}^{n}X_i + \sum_{i=1}^{n}M_i} \quad (5-4)$$

其中,GL_i为产业i的产业内贸易指数,X_i和M_i分别为该产业的出口额和进口额。GL_i在0到1之间变动,其越接近1,说明该产业的产业内贸易程度越高。GL则表示一个国家的总体产业内贸易指数。

产业内贸易指数与所衡量的产业部门的发展程度和产品特性密切相关。高度发达的产业部门更可能发生产业内贸易,而尚处起步阶段的工业部门发生产业内贸易的概率则通常较小。此外,某些部门生产和消费产品具有显著的地域特征,致使其无法开展大规模产业贸易。

自改革开放以来,中国的国际贸易迅猛发展,行业内贸易也逐渐壮大。表5-1列出了1995年、2000年、2005年和2010年中国各类出口商品的产业内贸易指数(基于G-L指数计算)。

表5-1　　中国各类商品的产业内贸易指数

	1995年	2000年	2005年	2010年
初级产品 (肉类、大米、茶叶、咖啡、木材、煤炭、原油等)	0.97	0.71	0.52	0.33
农业加工产品 (经加工的肉类、饮料、木制品、植物油等)	0.94	0.85	0.99	0.94
其他资源性产品 (金属精矿、石化产品、水泥、玻璃、石材等)	0.98	0.80	0.70	0.55
纺织服装产品 (纺织产品、衣物、皮革制造、箱包等)	0.38	0.34	0.24	0.17
其他低技术产品 (陶瓷、金属铸件、家具、珠宝、玩具、塑料制品等)	0.59	0.54	0.54	0.37

续表

年份	1995	2000	2005	2010
汽车工业产品 (汽车及配件、摩托车及配件等)	0.69	0.97	0.91	0.83
中技术加工产品 (合成纤维、化工制品、合成肥料、钢、管道制品等)	0.65	0.62	0.77	0.80
工程机械产品 (引擎、制造业机器设备、水泵、轮船、钟表、家电等)	0.68	0.97	0.92	0.81
电子电力产品 (办公自动设备、视频接收发送器、发电机等)	0.92	0.95	0.88	0.78
其他高技术产品 (制药业、航空设备、经济光学仪器等)	0.87	0.84	0.57	0.70

资料来源：刘艳、王诏怡、黄苹：《中国出口商品的技术结构与贸易竞争力研究——对1995—2012年10类商品 MS、RCA、TC 和 IIT 的综合评价》，《西部论坛》2015年第1期。

从表5-1可以看出，中国低技术产品的产业内贸易程度较低，其对外贸易的出口单向性特征明显。事实上，纺织、服装、鞋靴、陶瓷、玩具、塑料制品等低技术劳动密集型制成品一直是我国对外贸易的重要组成部分。这些低技术制成品主要依靠自然资源和劳动力等要素生产，可以用传统比较优势理论来解释其国际分工模式。

此外，中国初级产品、资源性产品的产业内贸易指数在逐年下降，产业内贸易特征逐渐减弱，对产品进口的依赖性逐渐增强。这很可能与20世纪末期以来，中国以高能耗式粗放型生产拉动经济快速增长有关，其造成了对能源等资源的大量消耗，使我国对能源和矿产等资源的进口贸易需求越来越大。

至于资本和技术密集型的中高技术制成品，其生产和国际分工依托于规模经济、不完全竞争和产品差异化，其产业内贸易程度较高。特别是随着跨国公司不断发展，中高技术产品本身的内部分工越发明显。同种产品的不同零部件和中间产品常常在不同国家生产，这也是产业内贸易的重要组成部分。

二 需求偏好相似论

(一) 需求偏好相似论的基本内容

瑞典经济学家林德 (S. B. Linder) 于1961年出版的《论贸易与转变》一书中提出的需求偏好相似理论 (Theory of Demand Preference Similarity)，首次从需求偏好的角度出发讨论了国际贸易特别是制成品贸易产生的原因,其主要内容如下。

第一,一国企业生产的商品范围是以国内市场需求为基础的,商品有国内市场需求是其成为潜在贸易商品的必要条件。首先,从事任何特定商品生产的决定都是在有清晰可见的消费者需求的条件下做出的,而在信息不完全透明的情况下,企业家发现的商品生产和盈利机会往往都源于国内需求。只有在为国内市场生产了相当长的一段时间之后,企业家才会意识到出口商品所带来的利润机会。其次,林德提出,一种商品的生产是以发明创新为前提基础的,而发明创新通常是努力解决某些自己身处环境中的问题的产物。那么一项旨在商业开发的发明,则很有可能是为了满足最明显的需求——国内需求而产生的。由此产生的商品将先迎合国内市场的需求,并逐步在出口市场上试用。最后,商品的开发工作必须在与市场密切联系的情况下进行。而相较于更熟悉的国内市场,在国外市场推行新商品的试错成本将更高,因为企业家无法轻易地获得与分析在生产者和消费者之间来回传递的关键信息。从这个角度来看,先满足国内需求、在国内市场开始扩张也是必要的。总之,商品出口必须要先有国内市场为依托,出口其实是市场扩张路径的终点而非起点,国内的需求结构制约着一国的出口贸易结构。

第二,两国的需求结构越相似,两国之间的贸易就可能越容易发生。一国将国内贸易延伸扩展为国际贸易之后,其商品最有可能出口到那些需求结构相似的国家。两国需求结构越相似,它们的社会和文化背景等就越相似,"市场隔离"就越小,贸易机会和贸易潜力就越大。

第三,一国消费者需求结构的首要影响因素为人均收入水平,因此一国的需求结构相似性存在一个代理指标,即人均收入水平的相似性。而人均收入水平的高低又与消费品和资本品的需求偏好密切相关,人均收入水平较高的国家其消费者需求的商品档次更高、质量越好以及技术含量越高。因此,人均收入水平较高的工业国家之间相似的高品质消费品和资本品的贸易量很大。但由于国家内部存在不同收入水准的消费者群体,一国消费者需求的商品品质等级最终呈现为一个范围。这样,在人均收入水平较高的国家中,有一部分消费者群体,其需求商品品质结构与另一人均收入稍低国家中的一部分消费者群体类似。从而我们可以得出,两国人均收入水平越相似,两国消费者的需求结构就越相似,两国的商品结构也越类似,相互之间开展产业内贸易的可能性随之增大。

我们用图 5-1 来描述上述理论。横轴表示一国消费者的人均收入水平,纵轴表示一国消费者需求的商品品质等级。对商品的要求越复杂、越精细、越豪华,这个等级就越高。OP 线

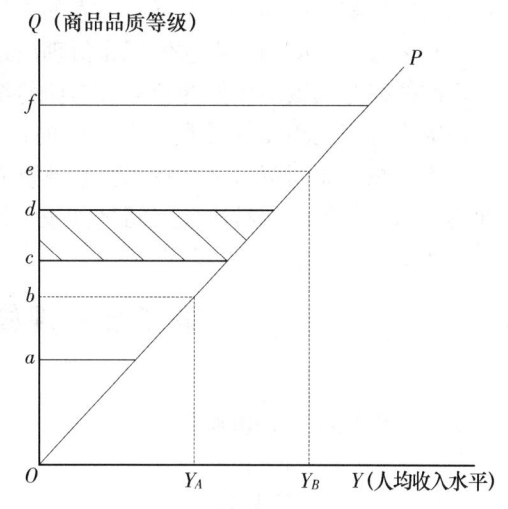

图 5-1 需求偏好相似理论

则表示了人均收入水平与需求商品品质等级之间的直观关系，即消费者需求的商品品质等级随着人均收入水平提高而上升。A 国的消费者人均收入为 Y_A，需求商品的品质等级范围为 $a-d$。B 国的消费者人均收入为 Y_B，高于 A 国，并且需求商品品质等级范围为 $c-f$，也高于 A 国。两国需求商品品质等级范围有 $c-d$ 的重叠，此范围内的商品决定了两国之间存在发生产业内贸易的可能性。

（二）需求偏好相似论的评价与思考

需求偏好相似理论突破性地将需求因素引入国际贸易理论分析，打破了传统国际贸易理论仅仅分析供给因素的局限，为未来国际贸易理论的发展提供了新的思路，是对要素禀赋理论的重要补充。举个例子，近年来中国的跨境电商蓬勃发展，年增速保持接近20%的水平，成为中国国际贸易的重要推动力量。这是由于 21 世纪以来，互联网应用广泛、联通全球，其创造了巨大规模的需求细分市场，并为更多的企业和个人参与国际贸易提供了平台，甚至于一定程度上颠覆了传统商业模式。而这非常有利于中国规模庞大的中小企业充分发挥柔性化、差异化、多品种、小规模生产的"长尾效应"，能够满足全球消费者的多样化产品偏好，将产品销往全球各地。

林德的需求偏好相似理论也存在一些问题值得思考：第一，在经济全球化的背景下，随着国内市场更加开放，国内消费者需求结构与国内生产产业结构之间的关系不再那么紧密。一国出口商品的种类范畴可能不再只由国内需求决定。尤其是跨国公司在全球范围内迅速发展，其推出的很多商品的首要目标就是满足国外需求，占领国外市场，这也与林德的理论相悖。第二，在国际贸易中，需求不能完全作为贸易的决定因素——供给方面的诸如要素禀赋和技术等因素依然起着重要作用，需求偏好相似理论并不能作为解释国际贸易的基础总体性理论。第三，需求偏好相似理论过分强调了人均收入在需求结构决定中的作用。事实上，需求结构还受到诸如气候、地理环境、风土人情、宗教法律和消费嗜好等多种因素的影响。例如，中东某些国家的人均收入水平与美国等西方国家相近，但其需求结构却相去甚远。第四，需求偏好相似理论还暗含着一个观点，即一国的进口商品和出口商品之间往往存在很多相似的特点。然而传统的国际贸易论断以及相应的各种比较优势理论学说却抱有完全相反的观点，即一国的进口商品和出口商品应当具有相反的特征。事实上，不只在产业间贸易中存在因要素禀赋差异带来的商品差异，在许多要素禀赋相似且产业内贸易占主导的贸易伙伴之间（如发达国家之间），同类产品之间的差异也依然存在。

第二节 规模经济与国际贸易

一 规模经济的基本含义

（一）规模经济与不完全竞争

传统的比较优势理论是建立在规模收益不变和完全竞争的假设之上的，但这种完美的假设在客观上并不存在。在现实经济生活中往往存在规模经济，即随生产规模扩大，平均成本随产量增加而递减的经济现象。规模经济又可分为外部规模经济和内部规模经济两种类型，前者指单位产品平均成本降低源于整个行业的规模扩大，而后者则指单位产品平均成本降低依赖于单个企业的规模扩大。

外部规模经济理论最早可以追溯到马歇尔时代，以用于解释"行业地区现象"，即无法用自然资源的分布情况来解释的行业地理集中现象。马歇尔认为企业区位聚集以及外部规模经济的产生有三个原因：第一，企业聚集在同一个地区以便于建立相关产业所需的特定劳动力市场，降低了劳动力出现短缺的可能性；第二，企业集中于一个区位可以支持专业化供应商的生存；第三，信息的溢出可能使聚集企业的生产更具效率。外部规模经济使单个企业能够在行业规模扩大的同时获得便利，提高劳动生产率，降低成本，最终形成完全竞争的市场结构。

与之相反，内部规模经济理论则和不完全竞争紧密地联系在一起。内部规模经济依赖于企业不断地扩充生产规模，其主要原因是固定成本的分摊降低了产品的平均成本。内部规模经济的其他原因还包括分工和专业化、学习效应和生产要素价格谈判优势等。许多固定成本高的行业，如飞机制造、钢铁和电力等行业都受到内部规模经济的影响。而由于内部规模经济的存在，大企业更具有成本优势，最终形成不完全竞争的市场结构。

因此，根据规模经济的性质与市场竞争关系的不同，产业内贸易可以分成两类模型：一类是完全竞争市场下外部经济模型；另一类则是存在内部经济的不完全竞争模型。

（二）产品差异与不完全竞争

除了内部规模经济的影响，不完全竞争市场结构的产生还可能有其他原因。产品差异化就是其中的一个重要因素，且其与国际贸易密切相关。完全竞争市场理论的一个重要假设是产品同质化。而实际上即使是同类产品，相互之间也可能存在一定程度的差异。

产品差异化，又称产品特色化，包括产品之间存在核心层面的技术和功能差异、形式层面的品牌形象和包装差异，以及附加层面的服务和销售差异等。造成产品差异化的原因则有质量或设计差异、消费者掌握不完全信息、厂商推销以及同类企业的地理位置差异等。厂商实现产品差异化，一方面以其产品特殊性吸引消费者，使其产生特定的、忠诚的偏好；另一方面，厂商对自己的差异产品拥有绝对的价格控制权。而为了在市场竞争中争取有利地位，厂商竞相生产差异化产品，最终必然导致市场的不完全竞争。

从消费者的角度出发，差异化的产品种类越多，越有可能满足不同消费者的特定需求。并且随着消费者收入增加，其对个性化消费的追求也越强烈。因此，消费者对产品多样性的追求也为产品差异化创造了客观的市场需求。

但规模经济与产品差异化是存在矛盾的。因为只有大规模批量标准化生产同质产品才能实现固定成本的降低与规模经济效应，这与产品差异化的要求恰恰相反——多品种差异化也意味着小规模生产与成本增加。

因此，一国如果想同时追求产品差异化和规模经济的最大化，直观可行的解决方式就是进行国际贸易。规模巨大的世界市场将为产品差异化与规模经济的同时实现提供更广阔的空间。由此可见，产品差异化也是规模经济与产业内贸易的重要基础和形成原因。

二 外部规模经济与国际贸易

（一）外部规模经济贸易模型

当外部规模经济的作用非常重要时，国际贸易将推动生产集中化与国际分工，并由此获得外部规模经济带来的好处。澳大利亚经济学家肯普（M. C. Kemp）在其《国际贸易的纯理论》一书中率先提出了考虑外部规模经济的贸易模型。为便于理解，其模型假设为两个条件完全相同的国家，存在两个部门生产两种商品 A 和 B，且两个部门当中至少有一个存在外部规模经济。

如图 5-2 所示，由于商品生产部门存在外部规模经济，一国的生产可能性边界 MN 是凹向原点的，因为生产可能性边界的切线的斜率绝对值等于机会成本，其随商品产量不断增加而递减。那么在封闭经济下，由于外部规模经济的存在，在满足消费者需求的均衡点 C，一国的消费无差异曲线将可能与生产可能性边界相切。如图 5-2 中所示，假设生产商品 A 的部门存在外部规模经济，则部门内的厂商面临的相对价格高于机会成本。

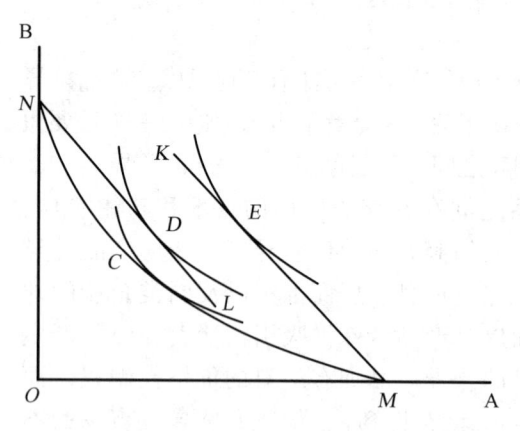

图 5-2 外部规模经济与生产专业化

此封闭均衡是不稳定的，因为在贸易开放的条件下，两国可以通过国际分工与贸易改善自身的福利。由于两国条件完全相同，假设一国专门生产商品 A，另一国专门生产商品 B，此时两国可以通过国际贸易交换各自需要的商品，从而达到更高的消费无差异曲线水平，即均衡点 D 和 E。从图 5-2 我们还可以看到，由于贸易开放之后的商品相对价格（贸易条件）不确定，即图 5-2 中 MK 和 NL 的斜率不确定，两国在贸易中得到的利益将可能有所差别，如商品 A 的相对价格较高，则专业化生产商品 A 的国家获益更大。

由此可见，区别于传统贸易理论，外部规模经济条件下国际贸易模式的决定性力量来自需求面，国内和国际的需求情况决定贸易开放后的贸易条件、国际分工和贸易格局。而由于需求的不确定性，外部规模经济条件下的国际贸易模式是不确定的，贸易中的两国获得的利益可能会有所不同，甚至相去甚远。极端情况下可能导致一国被"锁定"在某种缺乏效率的专业化生产模式中。对于存在外部规模经济的产业，如何进行国际分工并确定生产的专业化程度，取决于各国如何开拓市场需求和发掘销售途径。而这也为某些国家施行相关进口保护或出口促进政策提供了理论依据。

（二）动态收益递增与学习曲线

在现实社会生产中，外部规模经济还有可能源于知识的积累，即随着时间的推移，某些厂商能够通过经验和知识积累而提高生产技术。而与此同时，行业内的其他厂商有可能对其加以模仿，形成知识外溢效应。因此随着某一行业整体产量的增加，经验和知识逐渐积累，知识外溢效应不断作用，各个厂商的平均成本也随之下降。这种随着行业累积产量增加，平均成本下降的现象被称作动态收益递增，或者叫作动态外部规模经济。

值得注意的是，动态收益递增的行业中平均成本依赖于经验和累积产量，与前文所述，静态外部规模经济平均成本下降源于当前产量的增加存在差异。

动态收益递增通常用学习曲线（Learning Curve）来表示。学习曲线表示累积产量与成本之间的关系。如图5-3所示，随着行业累积产量增加，平均成本下降，学习曲线向右下方倾斜。动态外部规模经济能够通过该行业存在先建优势而得以保持下来。在图5-3中，L_1是先期进入该产业的国家的学习曲线，L_2是另一个具有潜在低成本，但缺乏生产经验的后发国家的学习曲线。假定前者当前的累积产量为Q_1，对应的成本为AC_1。尽管后者拥有潜在的成本优势，但其进入产业的初始成本AC_0仍高于AC_1，仍无法进入市场。

因此，动态收益递增同样潜在地支持贸易保护主义。一国政府可以通过贸易保护或补贴鼓励新建产业发展，排除外来竞争，直至它能在国际市场站稳脚跟。这种观点就是幼稚工业论（Infant Industry Argument）。

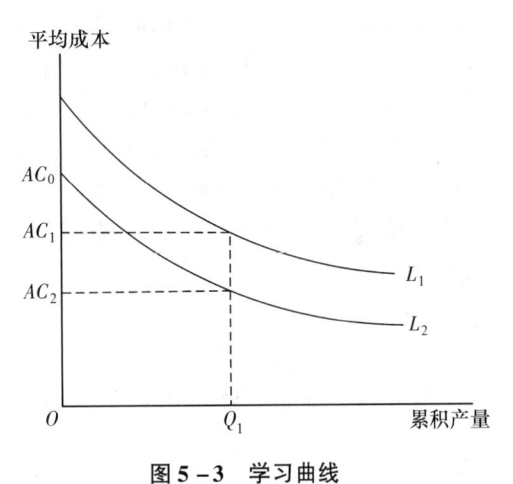

图5-3 学习曲线

三 内部规模经济与国际贸易

内部规模经济对国际贸易模式的影响是在垄断竞争的基础架构上进行分析的，垄断竞争下的厂商将按照利润最大化条件边际收益MR等于边际成本MC进行生产，其产品价格P将等于其平均成本AR，即需求曲线与平均成本曲线相切，厂商利润为0。如图5-4所示，在封闭经济条件下，垄断竞争厂商面临的国内需求曲线为D_1，均衡产量为Q_1。

参与国际贸易之后，短期内厂商面临的需求扩大到D_2，边际收益从MR_1提高到MR_2，

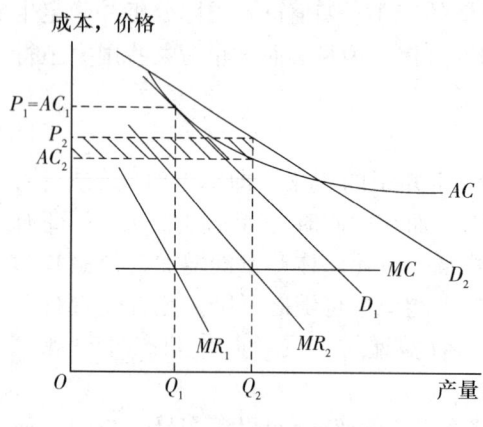

固定成本来不及调整,平均成本由 AC_1 下降到 AC_2。此时厂商短期内平均成本比价格下降更多,厂商将获得斜线部分的超额利润。

在长期分析中,由于超额利润的存在,将会吸引其他企业进入产业加入垄断竞争。一方面企业之间的竞争加剧,需求的纵轴截距变小;另一方面总的市场规模扩大,需求曲线将变得更平坦(斜率的绝对值变小)。反映在图5-5中,需求曲线将由 D_1 移动到 D_3,厂商的产量将由 Q_1 扩大到 Q_3,产品价格与长期平均成本相等且都发生了下降,厂商的利润回归到零。

图5-4 国际贸易对垄断竞争企业的短期影响

值得注意的是,在长期分析中,需求曲线发生了旋转。在这里我们放宽垄断竞争模型中对称性的假设,即假设厂商拥有不同的成本曲线(由随机的边际成本水平 C 不同导致)和同样的需求曲线。此时厂商利润各异,可能获利也可能因存在固定成本而亏损,总的厂商的平均利润为零。贸易后新的厂商进入,直到总的平均利润再次被潜在成本 C_i 驱使为零。贸易发生后,对于产量高于 Q_1 的大厂商来说,需求曲线向外旋转,他们可以通过降低加价夺取市场份额,其经营利润将增加。但对于产量低于 Q_1 的小厂商来说,需求曲线发生的是向内旋转。若其边际成本水平小于 P_1,厂商将是国际贸易的受损者;若其边际成本大于 P_1(如图5-6中的 C_3),厂商将在国际贸易后被迫退出产业。因此国际贸易导致的竞争加剧的影响是由小厂商占主导,市场规模扩大的影响是由大厂商占主导。那些边际成本越高、绩效越差的厂商将越容易受到竞争加剧的影响,甚至于退出产业;而绩效最好的公司则可以利用新的市场份额实现最大化扩张。

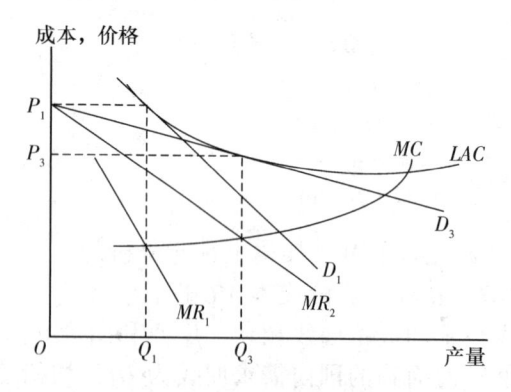

总的来讲,内部规模经济依赖于厂商自身规模的扩大,在封闭经济条件下,大厂商拥有成本优势,迫使小厂商退出市场,形成不完全竞争的市场结构。在封闭经济条件下,由于国内市场规模有限,内部规模经济将导致产品价格上涨、种类减少和生产效率下降等一系列负面影响。

图5-5 国际贸易对垄断竞争企业的长期影响

但一旦开放国际贸易,市场规模的扩大将有效缓解内部规模经济带来的经济竞争性下降,可以容纳更多的厂商存在的同时,单个厂商的规模也能实现扩张。因此内部规模经济下的产业内贸易将使国际市场厂商数增加,产品平均成本下降，产品的价格也随之下降，生产者和消费者所获利益都得到提升。

以规模经济和不完全竞争为基础的产业内贸易模型打破了传统贸易模型的规模报酬不变与完全竞争假设，其假设前提更符合当代实际，反映了不同的历史阶段人们对于国际贸易的认识程度的逐渐加深。产业内贸易理论提出了不同于传统贸易模型的全新的分析框架，不仅解释了第二次世界大战后以来新的国际贸易现象，还在理论上取得了重大的突破，是现代国际贸易理论的重要组成部分。特别是在福利的分析方面，按照传统理论，由于不利用要素禀赋差异和比较优势，产业内贸易不存在贸易福利。但规模经济的存在不仅可以降低成本，还会导致更多差异化产品的出现，扩大消费者的选择范围。这样的低价格和多选择将使生产者和消费剩余都得到提高。

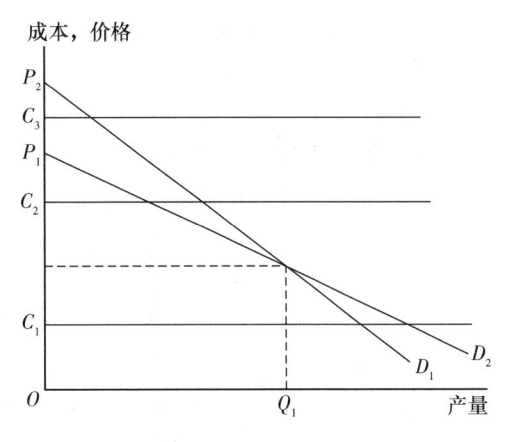

图 5-6 国际贸易对不同垄断竞争企业的影响

第三节 兰卡斯特模型

垄断性竞争模型（Monopolistic Competition Model）于 1936 年由张伯伦（Chamberlin）提出，经常被用来解释产业内贸易。因此，这类模型也被称为新张伯伦模型（Neo-Chamberlin Model）。运用新张伯伦模型的代表性学者包括兰卡斯特（Lancaster）、克鲁格曼、诺曼（Norman）和赫尔普曼（Helpman）等。在这一节，我们将研究一个简单的垄断性竞争产业内贸易模型——兰卡斯特模型（Lancaster Model）。该模型在规模经济的前提下，基于简单的水平差异产品，以产品特性和消费者偏好的唯一占优选择性为前提条件，通过对生产和交易的影响的研究来解释两国产业内贸易。

兰卡斯特认为，同组产品内部的具体每个品种都有一个不同于其他品种的特性，这种特性构成了产品的水平差异。若假设存在两个具有相同特点的经济体，他们之间不存在贸易壁垒和运输成本，那么在规模收益最大化和消费偏好差异的前提假设下，两个经济体间的产业内分工和贸易仍然存在。

一 兰卡斯特模型的基本假设

（1）同组产品是拥有同样特性的所有产品。兰卡斯特最简单的模型假设只存在两个特性，同组产品的不同品种以不同的比例拥有这两个特征，从而形成了水平差异化产品品种（specification）。比如，咖啡拥有酸度和苦度两种不同特性，不同烘焙程度会导致不同酸苦度组合的差异化咖啡。光谱分析法是一种表达可得品种范围的方法（见图5-7）。线段 XY 代表商品 A 可得品种范围，越靠近 X 端，具有特性 X 的成分越大；越靠近 Y 端，具有特性 Y 的成分越大。一个品种就是线段 XY 上的一点，商品 A 则是具有无数品种组合的产品。同组产品具有相同的质量，并不因拥有特征的比例不同而具有差别。

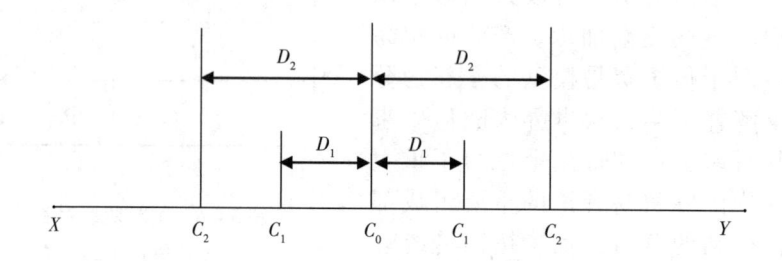

图 5-7 商品 A 的品种范围与特性

（2）假定消费者对同组产品中的不同品种的偏好是不一样的，且消费者的偏好在图 5-7 所示范围内均匀分布。同时，假定即使是"极端"消费者，即对品种特性要求非常高的消费者，其偏好距离 X、Y 端点仍有距离。

（3）假定每个消费者均有且只有一个最偏好品种，在面对不同的特性时，消费者有不同的偏好，但其不能购买多个产品品种进行"组合"，只能选择其中某种最偏好特性的产品品种来进行消费。如图 5-7 所示，面对商品 A 的两个特性 XY，这两个特性在每个品种中的比例的排列决定了消费者的偏好，比如此时消费者最偏好 C_0 处的 XY 组合。具体来说，消费者是对商品的某一个品种有偏好，而不是对商品本身有偏好，如消费者偏好的是深焙或浅焙的咖啡，而不是咖啡本身。被偏好的品种可能已经被生产，也可能是潜在的生产品种。尽管消费者面对不同的特性时有不同偏好选择，但消费者仅能选择一个品种，不能混合购买一种商品的多个品种，也就是说，消费者只能依靠已经生产出的、最接近于自己偏好的一个品种来满足自己的需求。

在选择差异化商品的消费品种和数量时，消费者首先根据自身的收入和最偏好品种的价格，选择合适数量的最偏好品种。其次在最偏好品种未被生产的时候，同等价格条件下，消费者会选择与自己最偏好品种最相近的品种。在价格收入给定的情况下，越接近最偏好品种的品种消费量越高，越远离最偏好品种的品种消费量越低。同时，由于假定消费者偏好的对称性，消费者对在他最偏好品种左边距离 D 的品种与他最偏好品种右边距离 D 的品种的偏好是无差异的。

如图 5-8 所示，消费者在他的固定偏好下，需求该品种的消费量由其收入和该品种价格决定。在一定收入下，消费者的需求曲线如 $D(C_0)$，越远离最偏好的品种在同等收入下需求越小，其需求曲线在 $D(C_0)$ 下方距离越远，需求曲线位置越低。

（4）在产品供给上，假定存在初始的规模经济，从生产起点开始的一段产品范围内生产的平均成本曲线是"U"形曲线,即平均成本刚开始时递减,到达一定数量后转而递增。这种情况下,一国厂商只能生产有限种类的品种,该国消费者在国内市场上有可能买不到自己最偏好的品种。生产者可以自由地进出市场,并可在光谱内任意选择生产具有哪一种特性的产品,同时,任一品种,不论其是已经生产出来的品种还是潜在品种,其生产的单位成本完全相同。进一步假设光谱内所有特性的产品的生产函数是完全相同的,也即任何特性的产品生产数量为 Q 时总成本相同,与产品特性无关。

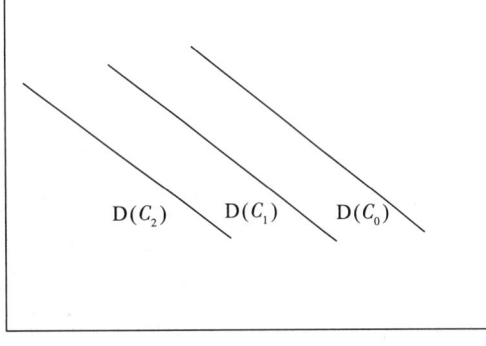

图 5-8 消费者需求偏好对称性的需求曲线

(5) 假定世界只有两个国家,即本国与外国,并且这两个国家具有相同种类和数量的资源、相同的生产技术、相同的人口分布和数量,并且消费者的偏好也相同。两国具有相同的经济结构,其中生产差异化产品 A 的行业具有规模经济的特点(如制造业),而生产非差异化产品的行业不具有规模经济(如农业)。两国只有差异产品部门不同,即仅在该商品上两国生产不同品种的商品,并且假定该部门的劳动生产要素自由流通。

(6) 假定该部门产品的需求收入弹性 $e>1$。

二 封闭经济均衡

单个厂商在选择生产哪一种产品时需考虑其价格和品种。每个厂商有左右各一个相邻的厂商。该厂商的市场由两个独立的市场组成,份额都是总市场的 1/2,位于光谱点左边的市场,记为市场 1;位于光谱点右边的市场,记为市场 2。根据假设(4),由于模型的对称性假设,要使厂商利润最大化,其价格和品种需满足:

$$MR_1 = MR_2 \tag{5-5}$$

$$MR = MC \tag{5-6}$$

各厂商如果在左右两侧有在光谱上距离相等的相邻公司,并且商品销售价格都相同,那么他们面临的市场需求也都相同。这将最终导致同一个品种只有一个厂商生产;生产的各个品种在光谱上彼此距离相等;所有品种面临的市场需求相同;所有品种以相同的价格销售相同数量。

由于利润最大化条件下,所有厂商的边际成本和边际报酬相等。那么各厂商的利润水平取决于市场中厂商的数量。只要厂商平均成本低于价格,就会有新的厂商进入市场以获取超额利润,并使单个厂商的市场份额降低,产量减小。在规模经济的假设下,产量的降低意味着平均成本升高,利润水平下降。最终在完全竞争的市场结构上,从事差异化产品生产的厂商数量 N^* 必须使各个厂商的成本等于价格,即每一厂商都只能获得正常利润,否则会发生厂商进入或退出的情况。这样的差异化产品市场被称为完全垄断性竞争市场。

三 开放经济均衡

根据假设（5），在生产要素不能跨国流动的背景下，有两个相同的国家开展自由贸易。在新的贸易中，人口和市场都将扩大一倍。

在完全垄断性竞争市场中，每种差异化产品在一国生产两国消费，相同的两国将生产相同数量的差异化产品。这时市场中只存在产业内贸易。但与贸易前相比，生产差异化产品的品种和数量进行了动态调整。贸易后，两国总的差异化产品数量将大于贸易前单一国差异化产品数量，小于贸易前两国差异化产品数量之和。

对于本国差异化产品 A 而言，开放贸易意味着市场规模成倍扩大，差异化产品 A 的需求也将成倍扩大，单个厂商必然要增加 A 的产量。而产量的增加意味着会产生规模经济效应，平均成本会下降，利润也会增加，厂商赚取超额利润。当存在超额利润时，本国新的厂商会进入市场，使新品种出现——因为一个品种仅由一个厂商生产，新厂商进入市场就要探索新品种。在更为激烈的竞争下，商品销售价格下降，一直降到与平均成本相等，超额利润消失，达到新的均衡。在该种均衡状态下，该商品的品种数目必然大于贸易前本国的品种数目，并且与前文相同，在产品的特性范围内所有品种仍然均等分布。本国发生的过程如图 5-9 所示。

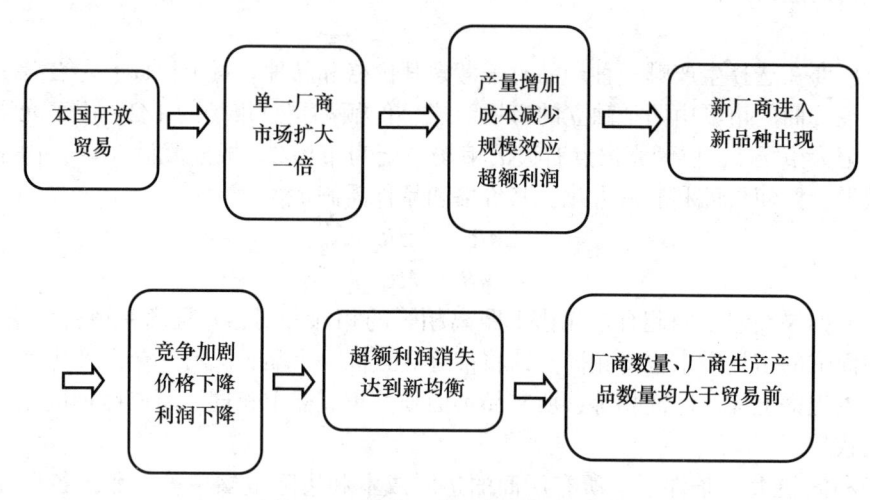

图 5-9 贸易开放后本国厂商变化

在贸易前两国都有该商品生产的实际情况中，假设两国贸易前生产的品种完全相同，那么开展贸易后，竞争将导致两国内各有一半厂商退出市场，市场上一个品种再次只有两国中某一厂商独自生产，退出的厂商重新寻找新品种的生产。在各国内部发生的动态均衡变动如前面分析的一样。由于各国内部分被淘汰的厂商探索出新品种，且本国与外国的新品种不会相同，所以本国消费者可以享受到的国内外品种的总数比贸易前的要多。

此外，由于开放贸易导致市场规模扩大了一倍，留在市场上的厂商要增加产量满足两国消费者对该品种的需求，且消费者对该产品的需求收入弹性 e 大于 1，价格也不是完全无弹性，所以在自由贸易后，单个厂商的产量会高于其贸易前产量，那么可以推知贸易后国内外总的差异化品种数量必然小于贸易前国内外总差异化产品数量。显然，贸易后各个品种的生产数量会增加，厂商都达到规模经济，平均成本会下降，价格也会相应地下降。

虽然我们无法知道哪个国家生产该产品的哪些品种，但每个国家必定是生产总品种数的一半，且根据假设（5），国内市场和国外市场对于任何一个品种而言都是等同的，商品都平均地销售到两个市场。因此，两国之间的贸易平衡。

综上，开放条件下，两个国家内生产不同特性的同组商品的所有厂商生产的商品数量比封闭条件下的数量大，平均成本和商品销售价格较之封闭条件下低。单一厂商在封闭条件和开放条件下两种均衡状态时平均成本和价格变化如图 5-10 所示。

根据假设（5），在封闭情况下，该厂商仅需满足国内需求曲线 D_0。在追求利润最大化情况下，厂商将生产 Q_0 单位商品。在短期内，厂

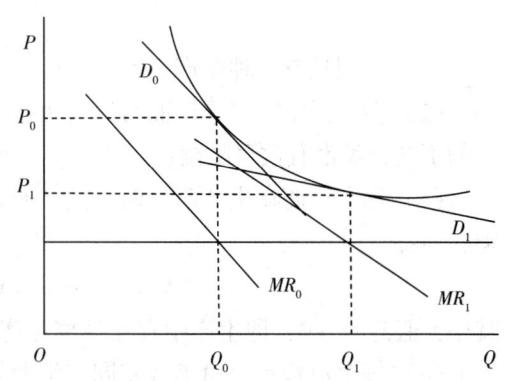

图 5-10 单一厂商贸易前后均衡条件变化

商存在超额利润，但在长期，价格将达到 P_0 均衡价格。在开放条件下，假定该厂商由于竞争失败，退出原市场，生产另一品种商品。假定生产转型没有任何成本，则平均生产成本不变。一方面，由于该厂商现需满足两国该品种的需求，故需求量增大，需求曲线上移。另一方面，由于总品种增加，需求曲线将向下移动且相邻的两个品种间的距离缩短，导致需求弹性更大。最终，该厂商面临的需求曲线将旋转变为 D_1，该厂商将以 P_1 的价格生产 Q_1 的生产量。

第四节 克鲁格曼模型

国际贸易理论是经过一段时间发展的，传统的理论聚焦资源与禀赋差异，而克鲁格曼认为仅考虑这一方面是不够的，国际贸易中还有规模经济和不完全竞争等重要特点，与传统理论相悖于规模报酬不变和完全竞争的假设。20 世纪七八十年代，一批经济学家提出了一个新的议题，即"新贸易理论"，克鲁格曼是这个时代的代表。"新贸易理论"以规

模经济和不完全竞争为起点，开始探索新的国际贸易形式。克鲁格曼认为，国际贸易不仅源于禀赋差异，还有报酬递增形式的国际分工、历史偶然性等。且在幼稚产业论、倾销等贸易保护理论上，克鲁格曼提出，对国内产业的保护都是对自由贸易的损伤，对产业的国际整体市场是不利的。

1978 年，克鲁格曼博士毕业。在其博士学位论文中，克鲁格曼基于差异产品和内部规模经济的垄断竞争模型，把传统假设推广至开放贸易条件下与兰卡斯特模型一样，该理论基于产品的水平差异。该模型即克鲁格曼模型，又因其是最典型地运用张伯伦模型对规模经济和垄断竞争市场的分析来构建的新模型，并以此解决水平差异产品间的贸易现象，故也称新张伯伦模型。

一 克鲁格曼模型的基本假设

（1）一国只有一种生产要素——劳动（L），劳动的供给是固定的；

（2）在一国中有多个厂商可以自由生产同组产品，每个厂商生产其中一个品种，该产品的不同种类没有数目限制；

（3）每个厂商在生产产品时，生产函数相同，即生产 x_i 数量的商品需要 L_i 数量的劳动，即：

$$L_i = \alpha + \beta x_i (\alpha > 0, \beta > 0) \tag{5-7}$$

其中，假定 $\alpha > 0$，即生产中存在规模经济；

（4）每个消费者效用函数相同，消费的品种越多，总效用增加越多，即：

$$Y = \sum_{i=1}^{n} v(C_i)(\partial v(C_i) / \partial C_i > 0) \tag{5-8}$$

二 封闭经济均衡

在垄断竞争条件下，市场均衡意味着两个条件：第一个是边际收益等于边际成本（$MR = MC$）；第二个则是厂商自由进出市场，长期利润为零（$P = AC$）。在如前文假定条件下，当规模收益递增时，每个商品将有且只有一个生产者，生产者的数目和向市场提供的产品种类相同。

假设每个厂商面临的每单位劳动的工资率为 w，产品 i 的劳动投入为 L_i，产出为 x_i，则厂商的成本函数为：

$$C_i = w L_i = w\alpha + w\beta x_i \tag{5-9}$$

其平均成本为：

$$AC_i = w L_i / x_i = w\alpha / x_i + w\beta \tag{5-10}$$

由于其边际成本为：

$$MC_i = \partial C_i / \partial x_i = w\beta \qquad (5-11)$$

因此，该厂商的平均成本必然是大于边际成本的。随着产量的增加，每一单位产品分摊的固定成本减小，平均成本无限接近于边际成本。

由于克鲁格曼假设所有厂商同质，所以角标 i 其实可以去掉，这里我们为了表明同组产品不同品种是各异的，故保留。

商品 x 中品种 i 的价格为 P_i，那么每个厂商的收益为：

$$TR_i = P_i x_i \qquad (5-12)$$

由于在垄断竞争中，价格是产量的减函数，其边际收益为：

$$MR_i = P_i'(x_i) \cdot x_i + P_i(x_i) = P_i(1 - 1/e_i) \qquad (5-13)$$

其中 e 是需求的价格弹性。

根据垄断竞争的第一个均衡条件，$MR = MC$ 时，我们可以得到 $P(1 - 1/e_i) = w\beta$。假设需求弹性是消费的减函数，则 P/w 与消费正相关。

每个厂商都试图通过具体的分割市场，凭借自己生产的商品品种来形成垄断，攫取垄断利润。然而，根据垄断竞争的第二个均衡条件。因为厂商可以自由竞争生产何种产品品种，所以市场长期均衡时任何厂商都没有超额利润，即：

$$P_i = AC = w(\alpha/x_i + \beta) \qquad (5-14)$$

可以看到，P/w 与消费正相关。

总结来看，当 $MR = MC$ 时，P/w 与消费正相关；当 $P = AC$ 时，P/w 与消费负相关。由此，可以通过图 5-11 确定垄断竞争条件下的真实工资。

根据图 5-11 和厂商同质性假设，每一厂商的产品 x 数量、平均生产成本和产品售价都是一样的。因此，对所有厂商有：

$$x_i = x, L_i = L, P_i = P \qquad (5-15)$$

封闭条件下，假设劳动的总供给固定为 L^0，则生产厂商的数量 n 可表示为：

$$n = \frac{L^0}{L} = \frac{L^0}{\alpha + \beta x} \qquad (5-16)$$

根据假设（4），消费者消费完全相同数量的每一种产品。而在长期均衡时，消费者的总支出等于总收入，且等于劳动者报酬。因此，总效用可表示为：

$$Y = nV(C) \qquad (5-17)$$

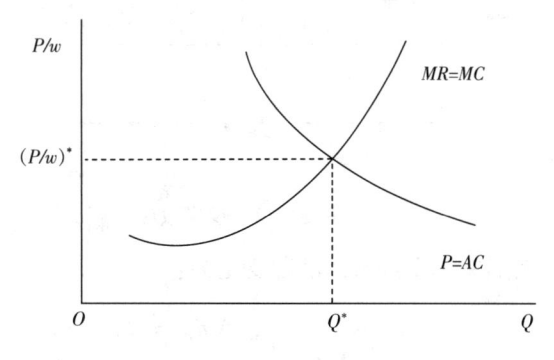

图 5-11　真实工资的确定

三　开放经济均衡

现在，我们假定除了上述国家，还存在另一个国家，其所有情况与本国一样。

在开放条件下，两国之间进行差异产品的产业内贸易，对任一国家来说，产品可销售的市场都变大了。其中，两个国家内生产完全相同品种的两个厂商其中之一会退出原品种的生产，转而探索并生产新的品种。这种转产是一种自由且自愿的行为，不会受到阻碍，因为在假定不存在调整成本的情况下，生产的调整不会对其利润有任何影响。经过一段时间的动态调整，两国达到开展国际贸易的长期均衡时，在规模经济条件下，每个产品的任一品种都有且只有一个厂商生产，也即每个厂商的任意品种只在一个国家内生产。

由于各个品种市场扩大，各个品种的生产需要更多的劳动力 L。$MC = MR$ 曲线与 L 无关，故该曲线不动。$P = AC$ 曲线与 L 相关，故该曲线下移。如图 5-12 所示。

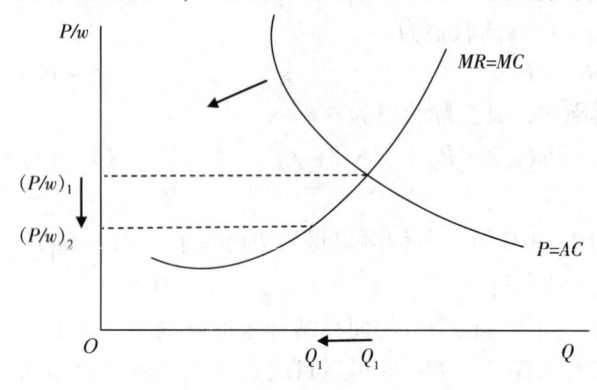

图 5-12 开放条件下曲线的移动

由图 5-12 可得，贸易使每个品种的人均消费减少，从而使均衡价格降低，消费价格弹性增加，进而导致实际工资提高，消费者可以从中受益。其中，P/w 下降可以理解为相对于工资的产品实际价格下降，即工资不变时，产品的相对价格下降了。而产品价格降低会使产量沿着 AC 曲线向右移动，产量增加。这就是克鲁格曼所说的，在产业内贸易中的"规模效应"（见图 5-13）。

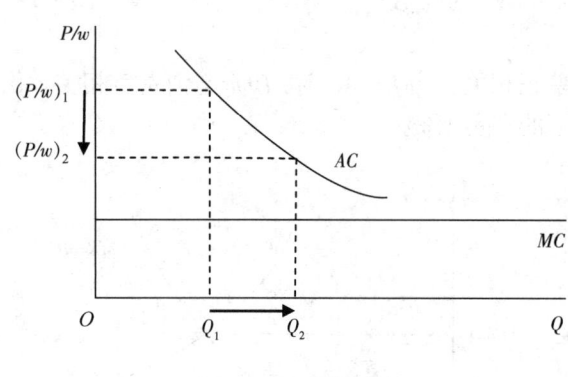

图 5-13 规模效应

由 $n = \dfrac{L^0}{L} = \dfrac{L^0}{\alpha + \beta x}$ 可得，开展贸易后本国生产产品品种变化为：

$$\Delta n_P = n_{P_1} - n_{P_0} = \dfrac{L^0}{\alpha + \beta x_1} - \dfrac{L^0}{\alpha + \beta x_0} \tag{5-18}$$

其中，角标 P 表示生产，角标 0 表示贸易前，角标 1 表示贸易后。由于国内劳动力供给不变，而生产量增大（$x_0 < x_1$），故 $n_{P_0} > n_{P_1}$，即国内生产产品品种数减小。外国与本国情况完全一样，根据对称性，外国生产产品品种数也减小。

显然，由于 $n_{P_0} + n_{P_0}^* > n_{P_1} + n_{P_1}^*$，我们可以得到，国内外生产的产品总品种数量也下降。这就是克鲁格曼所说的"选择效应"。

同样由 $n = \dfrac{L^0}{L} = \dfrac{L^0}{\alpha + \beta x}$ 可得，本国消费者在贸易前后可选择的商品品种数量变化：

86

$$\Delta n_C = n_{C_1} - n_{C_0} = \frac{L_0 + L_0^*}{\alpha + \beta x_1} - \frac{L_0}{\alpha + \beta x_0} \qquad (5-19)$$

其中下标 C 表示消费。由于 $C_1 < C_0$，$L_0 + L_0^* > L_0$，可以推导出 $n_{C_1} > n_{C_0}$，即一国消费者能够消费的商品品种数量会增加。

根据假定（4），虽然消费者对商品的总消费量没变，但因为消费的品种增多，总效用增加了。因此，对两个国家来说，产业内商品贸易的产生使两国生产者没有受到损失，消费者效用增加，故两国都得益。即在存在规模经济和产品差异的条件下，即使生产情况完全相同的两个国家也可以进行产业内贸易，且该贸易能提高双方的总福利水平。

克鲁格曼模型虽然可以推测出每个国家会生产某种产品中所有品种的一半，但是其无法判断某个国家具体生产哪个品种和具体的贸易模式。但这个模型包含的消费者会从更广范围中进行多样化消费并获取收益的想法在理论和实践中都有很重要价值。

本章小结

1. 产业内贸易指同一产业部门内部同类产品在不同国家或地区之间的双向贸易，其程度大小可以用产业内贸易指数衡量，其还可以根据不同的标准划分类别。而同质产品产业内贸易和异质产品产业内贸易是其中最基础的两种类别。

2. 需求偏好相似理论从需求角度出发，较好地解释了工业国家之间产业内贸易的发生原因。两国由收入水平范围主要决定的商品需求偏好范围的重叠是开展国际贸易的基础。

3. 规模经济指生产规模扩大，平均成本随产量增加而递减的经济现象，又可以分为外部规模经济和内部规模经济两种类型，分别对应完全竞争和不完全竞争的市场结构。

4. 外部规模经济依赖于整个行业规模的扩大，在此条件下的国际贸易将推动生产集中化与国际分工，贸易双方都将因此获利。

5. 内部规模经济依赖于厂商自身规模的扩大，在封闭经济条件下会形成不完全竞争的市场结构，导致产品价格上涨、种类减少和生产效率下降等一系列负面影响。但开放国际贸易后，内部规模经济下的产业内贸易将使国际市场厂商数增加，产品平均成本降低，产品价格也降低，生产者和消费者所获利益都得到提升。

6. 兰卡斯特模型和克鲁格曼模型都属于垄断竞争模型，其产生于传统贸易模型，在假设上比传统贸易模型更接近实际。

7. 兰卡斯特模型突出研究了不同品种产品与消费者偏好的关系。两个完全同质的国家也会产生贸易行为，且随着贸易的进行，达到均衡状态时，两国消费者都能选择更多的产品品种。

8. 克鲁格曼是"新贸易理论"的领军人物，克鲁格曼模型基于张伯伦模型，重点研究了规模经济和不完全竞争情况下的产业间贸易。开放贸易后，消费者可以选择更多的品种，但对每个品种，人均消费量降低了。

思考题

1. 什么是产业内贸易？其与产业间贸易的区别有哪些？
2. 简述需求偏好相似论的主要观点。其能否解释发展中国家之间的贸易？能否解释发达国家与发展中国家之间的贸易？为什么？
3. 简述外部规模经济和内部规模经济的定义。分析分别以两种规模经济为基础的国际贸易有何异同。
4. 试用国际贸易理论解释下列经济现象：
   （1）中国是世界最大钢铁出口国；
   （2）美国和日本相互出口计算机；
   （3）微软 Windows 系统在全球桌面操作系统市场占据统治地位；
   （4）义乌成为全球最大的小商品集散中心。
5. 兰卡斯特在其模型中描述了完全相同的两国如何在不同特质的同组产品中进行相互贸易，那么一国消费者在贸易前后所能消费的品种有何变化？它能解释一种品种的产品在哪一个国家生产吗？为什么？
6. 克鲁格曼模型是如何解释两个完全相同的国家在同一产业内也能进行贸易，两国福利又有哪些改变？
7. 试结合我国实际，讨论在下述行业是否会出现产业间贸易；如果不会，请论述原因。
   （1）黄铜；（2）汽车；（3）化妆品；（4）插画设计；（5）钢铁。

第六章 贸易理论的新发展

导　言

在第二次世界大战之后，国际贸易现实并未展现出新古典理论所预测的由比较利益所决定的贸易模式。相较在古典贸易理论中占主导的规模报酬不变假设，规模报酬递增与垄断竞争成为新的假设基础。克鲁格曼在其规模报酬递增模型的基础上提出了新地理经济，试图进一步解答国际贸易的形成机制。随后，梅里茨进一步将企业生产部分假设放宽到生产率异质性方面，并对企业的出口选择问题以及社会福利问题进一步深入剖析[①]。异质性企业贸易理论以梅里茨为起点，在最近十几年取得了巨大的进展，围绕着异质性企业贸易理论关于企业选择、产品多样性与社会福利的探讨也逐渐深入。这其中既有围绕着消费者层面，在效用函数、消费者异质性等方面的拓展，也有围绕着生产层面，在企业生产的技术特征（规模报酬递增、规模报酬不变）、企业生产的产品质量异质性、企业生产多产品等方面进行研究。本章围绕着梅里茨模型展开讨论，我们可以在本章的学习中厘清异质性企业贸易理论如何对以往经典贸易理论进行调整，以及为什么异质性企业贸易理论依然不能完全适用于中国的贸易实际。

学习目标

1. 掌握累积因果过程模型如何通过乘数—加速数原理解释产业集聚的原因。
2. 用新经济地理理论的思想解答各区域（各国）间发生贸易的原因。
3. 了解异质性企业贸易理论模型的基本假设与基本框架。
4. 分析异质性企业贸易理论为什么不能解释中国出口企业中普遍存在的"出口—生产率悖论"。

第一节　克鲁格曼：新经济地理

克鲁格曼在我们上一章所学习的规模报酬递增模型的基础上，提出了新经济地理模型，该模型解答了地区间（各国或一国内各地区）发生贸易的原因，即各国工业因离心力

[①] Melitz, M. J., 2003, "The Impact of Trade on Intra-industry Reallocations and Aggregate Industry Productivity", *Econometrica*, 71 (6): 1695–1725.

而分散,因向心力而集聚①。新地理经济学与区域科学有着千丝万缕的联系,在某种程度上来说与经济长期发展中形成的二元经济结构以及由缪尔达尔(Myrdal)刻画的累积因果过程模型也密切相关。下面我们将从以上概念入手,逐步剖析新经济地理模型的形成机制②。

一 二元性

二元经济结构最早源于伯克(Boeke)所撰写的《二元社会的经济学和经济政策》,他在研究发展中国家——印度尼西亚的经济发展时,提出该国的经济部门应划分为传统部门和由殖民者经营的现代化资本主义部门③。随后,刘易斯(Lewis)在《劳动力无限供给下的经济发展》中进一步剖析了这种二元经济结构出现的原因,他认为工业的发展是经济结构割裂的根本原因④。在此处,二元性主要用于描述经济体在发展过程中经济的分化与社会的分化,如地区或部门之间技术水平、人均收入、发展程度的分化,而且这些二元性都在经济体中相互作用而进一步互相强化。并且,在二元性形成后,稀缺的要素更容易被那些较为先进的部门捕获,导致二元性结构长期存在。因此,相较于发达国家,二元性结构更容易在发展中国家凸显出来,表现为现代经济与传统经济并存的经济结构。

可以看出,二元性是经济长期增长和发展过程中的伴生产物。经济发展造就了经济结构的二元性,那么二元性又会怎样反作用于经济发展?简言之,它会促进还是延缓经济发展?

二元经济结构的出现有其必然性,它往往因欠发达国家中逐渐引入现代经济,出现现代经济部门和传统经济部门共生而逐渐显现。二元性经济的出现对一个地区的发展是一把"双刃剑"。从有利的方面来看,首先,由于现代经济的引入,整个国民经济的技术改造和现代化建设都会逐步提升;其次,现代化部门的发展为一国的经济发展提供了资金支持,在一定程度上可以支持传统经济部门的发展;最后,它对传统经济部门具有一定的导向和示范作用。

然而,二元经济结构如果长期存在,往往会造成两个经济部门的差距越来越大,特别是城乡二元经济长期加剧。可以说,作为两部门增长模型中的一个分支,二元经济结构模型试图分析发展中国家所存在的独有特性,由此为发展中国家经济发展的路径与政策提供

---

① Krugman, P., 1991, "Increasing Returns and Economic Geography", *Journal of Political Economy*, 99 (3): 483 – 499; Krugman, P., 1998, "What's New about the New Economic Geography?", *Oxford Review of Economic Policy*, 14 (2): 7 – 17.

② Myrdal, G., Sitohang, P., 1957, "Economic Theory and Under-developed Regions"; Myrdal, G., 1963, *Economic Theory and Underdeveloped Regions*, London: Methuen & Co., Ltd.

③ Boeke, J. H., 1953, *Economics and Economic Policy of Dual Societies*, Institute of Pacific Relations, New York.

④ Lewis, W. A., 1954, "Economic Development with Unlimited Supplies of Labor", *The Manchester School*, 22: 139 – 191.

理论支撑。城乡二元结构也是我国在发展中长期遗留的问题，2003年10月11日，党的十六届三中全会通过《完善社会主义市场经济体制若干问题的决定》提出将"建立有利于逐步改变城乡二元经济结构的体制"作为完善社会主义市场经济体制的目标和任务之一。时至今日，我国仍然在不遗余力地试图破除城乡二元结构。

就二元结构来讲，缪尔达尔（Myrdal）的累积因果过程理论和新地理经济学中的中心—外围理论可以在一定程度上帮助我们理解南北之间或"中心"（工业化）国家与"外围"（初级产品生产）地区为何永久存在经济发展的差距及其原因。下面我们将具体从累积因果过程假说和中心—外围理论来对二元性结构长期存在的稳定性和持续性进行解答。

二 累积因果过程

事实上，累积因果过程假说也是一种"地理二元性"假说，解释了在外部冲击的作用下，某地区的发展快于另一地区，从而造成了各地区间发展的不均衡状态，并且这种不均衡可能会长期存在，甚至逐渐扩大。因此，累积因果过程的论述不同于传统的静态平衡论，后者强调经济的发展会缩小各地区间差异。模型假设如下：

（1）假设一国中东西两地区的经济发展指标都达到了同等水平，具有相同的人均收入水平与生产技术水平。

（2）劳动力在该国是可以自由流动的，且在 t_0 时，两地工资水平相等（$W_{a_0} = W_{b_0}$）。假设此时，该国东部地区遭受一个外部冲击，使该地区有更大的劳动需求，从而使之前达到的均衡被破坏。

按照以上假设，该国东部地区遭受冲击后，劳动需求曲线在图 6-1 中表示为由 D_0 移动到 D_1，工资由 W_{a_0} 上涨到 W_{a_1}。如果根据新古典经济学理论，劳动力将迅速对这种由冲击带来的地区间的经济机会差异做出反应，流入劳动力稀缺的东部地区，使劳动供给曲线由 S_0 移动到 S_1，劳动供给的增加使资本流出，从而使工资又下降到 W_{a_2}，利润率上升。

我们再来看先前劳动力丰裕的西部地区。劳动力的流出使供给曲线由 S_0 移动到 S_1，工资上涨（$W_{b_0} \rightarrow W_{b_1}$），利润率下降。最终，要素的流动使两个地区的收入与利润率再次趋同。

然而，缪尔达尔给出了经济发展的另一种情况，与上述情况不同，他认为东部地区依赖乘数加速数机制，其收入水平将继续增加。供给与需求相互作用并不会让两个地区的收入、利润水平趋同，而是让它们继续偏离，从而形成了一个国家的二元性经济结构。让我们再次回到图 6-1，根据累积因果假说，西部地区劳动力的流出不仅让供给曲线左移，还会作用于需求曲线，让需求曲线也向左移动到 D_1。引起需求减少的原因很容易理解，劳动供给的减少也代表着人力资本的流失或者说人口的减少，引致该地区的商品、服务和要素的需求下降。反之，劳动力流入东部地区，也会引起该地区的需求曲线进一步右移到 D_2。

根据以上描述，我们可以从图6-1中发现，西部地区的工资由于需求的降低而回到了最初的水平 W_{b_0}，而东部地区的工资由于需求的进一步增加又回到了 W_{a_1}，东西两地的工资差距得以维持，并有进一步扩大的趋势。当然，图形中仅仅描绘了一种特殊的情况，真实的工资水平、劳动供给与需求情况将更为复杂。但我们从上述分析中可以清晰地发现，经济发展的差距一旦形成，并不会在一段时间后达到新的均衡，超前发展的先进部门将会进一步积累这种优势，而欠发达地区将进退维谷，在"回波效应"（Echo Effect）的影响下继续甚至进一步落后于发达地区。具体而言，累积因果过程假说利用了乘数—加速数的思想来解答地区间的非均衡发展趋势。

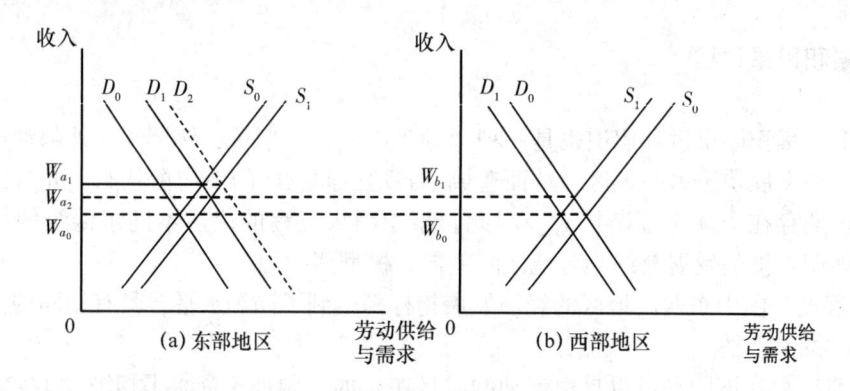

图6-1 累积因果过程

与上述模型不同，早期世界经济的中心—外围的形成，并不是以相同的发展水平为基础，换言之，"中心"地区与"外围"发展的差距一开始就存在了。并且，通过劳动力、资本的流动以及国际贸易，国际不平等将持久存在。原因不难理解，欠发达国家总是被迫生产一些价格与收入都缺乏弹性的初级产品，导致欠发达国家在国际收支平衡和外汇方面都处在极为不利的位置。然而，对于发达国家，在贸易的过程中已经获得了竞争优势。从而，贸易利得分配的不均衡导致发展的差距长期存在。可以发现，累积因果假说在解释国际不平等时同样适用。

三　新经济地理学

设想在我们刚才所学到的累积因果假设中，劳动力流动的成本很高，要素的运输成本也很高，那么就算东部地区因需求冲击而引起工资上升，其幅度若小于运输成本，各地区依然会选择保持自给自足的经济状态，经济活动依然会分散地服务于当地市场。

那么，如果运输成本开始下降，要素或劳动力的流动会因为运输成本的降低而更加经济地服务于其他地区。于是那些由于地理或其他条件而具有微小优势的地区，将抓住机会资本化其优势，并向那些一开始不具有相应优势的地区拓展业务。我国东部沿海地区的发展就是一个很好的案例。改革开放后,外资企业和大型企业率先入驻我国东部沿海城市,并且国内运输成本的下降使东部企业向发展更缓慢的西部城市供应需求成为可能,引起工业活动进一步向东部城市集中,而西部偏远地区逐渐去工业化。

我们再回忆一下上一章学习的新贸易理论模型,在垄断竞争和规模报酬递增的假设下,对于消费者而言贸易使可消费的产品种类增加,社会福利上升;对于生产者而言,先发优势给予经济活动集聚施加了一个吸引力,经济活动集中带来的规模效应使厂商进一步扩大生产,而选择效应使厂商数量下降。在此基础上,克鲁格曼认为,在解释累积因果过程假说时,运输成本的作用是不可忽视的[①],于是他进一步将空间元素(距离、运输成本)纳入标准贸易模型的分析框架之中,试图解释各国间(一国各地区)经济发展的地理模式,并发展了三个基础性的模型:中心—外围模型、历史和预期模型、区域专业化模型[②]。研究框架的基本逻辑如图6-2所示。

图6-2 新地理经济学研究框架

本部分着重讨论克鲁格曼在新地理经济学论述中最有代表性的中心—外围模型。事实上,中心—外围(或核心—外围)理论最早出现于普雷维什1949年描述国际贸易体系中西方资本主义国家与发展中国家对峙的情形,后被弗里德曼引入区域经济学中。1991年,克鲁格曼基于D-S垄断竞争模型改进了中心—外围模型,该模型是一种空间隐喻,它描述并试图解释先进或工业发达的"中心"与欠发达的"外围"之间的结构关系,无论是在特定国家内,还是(更常见地)应用于资本主义和发展中社会之间的关系中。克鲁格曼认为,经济地理学中的模型应反映两种力量的拉锯,一种力量为使经济活动具有集聚倾向的"向心力"(主要为规模效应,包括知识或技术溢出以及劳动市场的外部性等);另一种力量为阻碍经济活动集聚的"离心力"(主要包括生产要素的非流动性、租金、拥挤成

---

① Krugman, P., 1991, "Increasing Returns and Economic Geography", *Journal of Political Economy*, 99 (3): 483 –499; Krugman, P., 1998, "What's New about the New Economic Geography?", *Oxford Review of Economic Policy*, 14 (2): 7 –17.

② Krugman, P., 1998, "What's New about the New Economic Geography?", *Oxford Review of Economic Policy*, 14 (2): 7 –17.

本等)。模型假设如下:

(1) 两个地区(国家)×两个部门×两种生产要素。其中,一个部门为完全竞争条件下、具有不变规模报酬的农业部门;另一个部门为垄断竞争条件下,具有递增规模报酬的制造业部门。

(2) 两个地区(国家)在 t_0 时刻生产者具有相同的技术水平,消费者具有相同的偏好。

(3) 两种生产要素分别服务于两个部门,即农民只能从事农产品的生产,不能自由流动且拥有相同的工资;工人只能在制造业中从事产品生产且追求真实收入最大化,可以根据不同地区工资的差异,由低工资地区向高工资地区自由流动。

(4) 制造业有大量的生产者,每个厂商负责一种商品的生产且追求利润最大化,并以此为原则选择工厂的区位。

(5) 制造业产品运输存在固定成本,农产品运输没有成本。

在规模报酬递增的假设下,中心—外围模型通过内生冰山运输成本,得到地区生产结构与运输成本之间存在这样一种关系,即运输成本高于一定水平时,对于那些制造业产品需求较低、规模经济较小的地区,产业将在两个区域均衡地分布。当运输成本降低到一定水平时,在前向效应和后向效应的影响下,制造业会在核心地区集聚,形成中心—外围区域。当运输成本进一步降低,企业会进一步集聚还是分散取决于离心力和向心力的博弈。克鲁格曼的中心—外围模型阐释了完全对称的两个区域如何在经济活动中的"向心力"和"离心力"的作用下,演变为中心地区和外围地区的。

当然,中心—外围模型的设定也存在一定的缺陷,如规模报酬递增的假设并不适用于所有地区或国家。并且,同一地区企业生产技术具有同质性也不符合生产的实际情况。此外,随着信息技术和运输技术的不断革新,在广义上要素流动的"冰山成本"大幅下降。并且,随着世界经济格局的不断变迁,中心—外围理论累积因果过程假说都逐渐失去了其适用性。现行的世界经济是建立在第二次世界大战之后发达国家和欠发达国家二分的基础之上的(见第十章第一节)。按照新地理经济学的逻辑,这个格局应该是不断深化或者一成不变的,但随着全球化的发展,发展中国家的经济增速逐渐高于发达国家。也就是说,现行全球化发展逐渐使世界格局的演进偏离了原有的"中心""外围"区域的定义。

后期,鲍德温(Baldwin)将新经济地理理论与异质性企业贸易理论相结合[1],解释了具有异质性的企业在区位和产业聚集方面的选择原因,即在开放经济中,生产率最高的企业会率先转移到更大市场规模以及更具购买力的地区,随之产生本地市场效应(Homemarket Effect)。此外,自由贸易引致的成本下降会进一步促进上述进程,最终,东道国生产率提升,母国生产率反而降低。

接下来我们就来看一看,异质性企业贸易理论如何通过进一步放松企业的生产技术同

---

[1] Baldwin, R. E., Okubo, T., 2006, "Heterogeneous Firms, Agglomeration and Economic Geography: Spatial Selection and Sorting", *Journal of Economic Geography*, 6 (3): 323–346.

质性假设来解答企业出口选择问题的。

第二节 梅里茨：异质性企业贸易理论

通过前面的章节，我们可以清晰地认识到国际贸易理论是在继承与批判的过程中不断地发展与完善的。在新古典贸易理论蓬勃发展后，赫尔普曼（Elhanan Helpman）和克鲁格曼1985年在《市场结构与对外贸易》中提出了新贸易理论。新贸易理论放弃了以往的完全竞争市场和规模报酬不变假设，通过将假设进一步限制在垄断竞争市场和规模报酬递增来阐释贸易行为与贸易过程[①]。尽管新贸易理论对国际贸易学科的演进起到了巨大的作用，然而以往的贸易理论，包括新贸易理论，都受制于对称的企业水平和生产系数，这意味着以往的理论都停留在国家层面或行业层面，缺乏对国际贸易现实的适用性。并且实际上，企业在规模、组织结构、产品质量、生产力等方面存在异质性。此后，经过十年的积累发展，国际贸易理论由产业间贸易理论演进为产业内贸易理论，即以马克·梅里茨（Marc Melitz）为代表的异质性企业贸易理论。

表6-1 贸易理论比较

时间	主要的贸易理论	主要研究目标	企业生产率假设（按行业分类）	贸易现实：少数具有较高生产率的企业从事出口业务
19世纪	传统贸易理论	产业间贸易	企业生产率同质	无法解释
20世纪80年代	新贸易理论	产业内贸易		
21世纪初	异质性企业贸易理论	企业水平出口/FDI	企业生产率异质	可解释

一 梅里茨2003模型

异质企业贸易理论源自梅里茨在2003年发表的论文《贸易对产业内再分配和加总的行业生产率的影响》，并由鲍德温和罗伯特—倪康德在2004年首次提出作为"新新贸易理论"（New Trade Theory）的一个分支。异质性企业贸易理论主要阐述了微观企业选择行为在国际贸易和对外直接投资中的内在机制。该理论得出关键结论为，由于拥有不同的生产率水平，企业才具有异质性的出口选择行为。换言之，由于"自我选择效应"（Self-selec-

---

[①] Helpman, E., Krugman, P. R., 1985, *Market Structure and Foreign Trade: Increasing Return, Imperfect Competition, and the International Economy*, Cambridge, USA.

tion Effect) 和 "出口效应学习" (Learning by Doing Effect) 的存在, 生产率较高的企业将有更大的出口动力。此外, 基于生产力的异质性, 企业会选择退出市场、留在国内市场、出口到国际市场或者对外直接投资 (FDI)。

为了为读者提供清晰的异质性企业贸易理论的发展图景, 本章从需求和生产两个方面详细介绍了异质性企业贸易理论的开山之作——梅里茨[①]的理论模型, 并说明了开放和封闭经济中企业利润与生产力之间正相关的原因。

与新贸易理论强调中间品增长趋势不同, 以梅里茨和雷丁 (Redding) 为代表的异质企业贸易理论描绘了以企业生产率异质性为核心假设的国际贸易理论的新进展[②]。在梅里茨看来, 企业根据生产力、生产结构、生产成本等因素来选择是否出口。此外, 贸易自由化将通过产品多样性和企业选择效应增加社会福利。

本节将从需求部分和生产部分解释梅里茨模型。为了说明梅里茨提出的异质企业贸易理论的需求部分, 模型中最重要的两个假设为: 企业的生产率是异质的, 即企业的边际成本服从外生性的随机分布 (Common Distribution); 沉没成本 (Sunk Cost) 假设, 即企业进入市场前须预先支付沉没成本, 且只有在进入市场后才能确定它们的生产率水平。此外, 企业如果想要出口, 将另外支付出口固定成本以及"冰山成本"。

二 需求

在需求部分, 梅里茨假设消费者没有储蓄来强制执行跨期选择, 并且所有产品都是替代品。在这些假设下, HFTT 中的需求函数与迪克西特 (Dixit) 和斯提格里兹 (Stiglitz) 所描述的相同, 后者将客户消费的各种商品视为一种总商品, 并具有 $Q \equiv U$ 关系, 其中 U 是效用, 描述了代表性的偏好消费者使用效用不变替代弹性 (CES) 模式[③]。

$$U = \left(\int_{\psi \in \Omega} q(\psi)^\rho d\psi \right)^{\frac{1}{\rho}} \tag{6-1}$$

并有以下预算约束:

$$\int_{\psi \in \Omega} p(\psi) q(\psi) d\psi = I \tag{6-2}$$

其中, ρ 为替代弹性, 且有 $0 < \rho < 1$, ψ 为代表性消费者消费的商品集合, 并且需求的替代弹性 $\alpha = 1/(1-\rho)$; Ω 为市场中所有的产品种类。此外, 效用函数 (U) 严格拟凹, 受线性预算函数 (I) 约束。$q(\psi)$ 是最优消费水平, $p(\psi)$ 是 ψ 的价格。对 U 进行简单单

[①] Melitz, M. J., 2003, "The Impact of Trade on Intra-industry Reallocations and Aggregate Industry Productivity", *Econometrica*, 71 (6): 1695–1725.

[②] Melitz, M. J., Redding, S. J., 2015, "New Trade Models, New Welfare Implications", *American Economic Review*, 105 (3): 1105–1146.

[③] Dixit, A. K., Stiglitz, J. E., 1977, "Monopolistic Competition and Optimum Product Diversity", *The American Economic Review*, 67 (3): 297–308.

调变换后，消费者的最优消费 $q(\psi)$ 和最优支出 $r(\psi)$ 可表示为：

$$P = \left(\int_{\psi \in \Omega} p(\psi)^{1-\alpha} d\psi\right)^{\frac{1}{1-\alpha}} \tag{6-3}$$

$$q(\psi) = \frac{I}{P}\left(\frac{p(\psi)}{P}\right)^{-\alpha}$$

$$r(\psi) = R\left(\frac{p(\psi)}{P}\right)^{1-\alpha} \tag{6-4}$$

这里的价格指数（P）来自迪克西特－斯提格里兹（1977），它表示总价，用于简化 $q(\psi)$ 的推导。在 P 保持不变的情况下，由于消费者把所有的收入（I）都用于支出（R），因此，在均衡状态时，有 $I = R = PQ$，并且 $q(\psi) = \frac{I}{P}\left(\frac{p(\psi)}{P}\right)^{-\alpha} = Q\left(\frac{p(\psi)}{P}\right)^{-\alpha}$。因此，将（6-4）式中的 $q(\psi)$ 代入（6-1）式，即可得到方程 $U \equiv Q$。

进一步地，简化 $p(\psi) = p$ 和 $q(\psi) = q$，关于 U 的另一个方程可以由（6-1）式和（6-2）式推导得到 $U = n^{1/(1-\alpha)} \frac{I}{P}$。在其他外生变量不变的情况下，$U$ 与 P 负相关，表示在封闭经济中，当物价指数下降时，社会福利将提升。

三　生产

在生产方面，除了规模报酬递增、垄断竞争市场和企业生产率异质性，梅里茨还假设了贸易集团由同质的国家组成。此外，如果企业只在封闭市场进行交易，则企业要承担相同的固定成本（f），否则企业要进入国际市场就需要承担相同的外生出口固定成本（f_x）。

与其他模型相比，梅里茨模型的关键区别在于构建了具有异质性生产率（φ）的总成本（C）公式。换言之，企业的生产率不同引起了边际成本的不同（$1/\varphi$）。因此，总成本函数可以得到 $c(\varphi) = wl(\varphi) = wf + wq/\varphi$，其中 l 代表总产出（q）的单位劳动，w 表示工资水平。

企业利润为 $\pi(\varphi) = r(\varphi) - c(\varphi)$，企业收入 $r(\varphi) = p(\varphi) \times q(\varphi)$。于是，假设工资为 1，企业利润为：

$$\pi(\varphi) = r(\varphi)/\alpha - f \tag{6-5}$$

当利润（π）最大化时，在封闭经济中，价格 $p(\varphi_d) = 1/(\varphi_d \rho)$。因此，利润为在国内市场从事生产的企业的生产率（$\varphi_d$）的函数。

$$\pi(\varphi_d)_{max} = r(\varphi_d) - c(\varphi_d) = R(P\rho\varphi_d)^{\alpha-1}/\alpha - f \tag{6-6}$$

易证 $\partial \pi_x / \partial \varphi_x > 0$，即出口利润随着企业生产率的提升而提高。假设 φ_d^* 和 φ_x^* 分别为企业进入国内市场和企业出口的临界生产率，则企业进入国内市场的零利润条件（ZCP）为：

$$\frac{R(P\rho\varphi_d^*)^{\alpha-1}}{\alpha} = f \tag{6-7}$$

在这里，我们来简单地看一看企业进入国外市场的零利润条件：

$$R \tau^{1-\alpha} (P\rho \varphi_x^*)^{\alpha-1}/\alpha = f_x \tag{6-8}$$

由（6-8）式和（6-9）式可得：

$$\tau \varphi_d^* (f_x/f)^{1/\alpha-1} = \varphi_x^* \tag{6-9}$$

因为 $\tau (f_x/f)^{1/\alpha-1} > 1$ 恒成立①，可证 $\varphi_d^* < \varphi_x^*$。换句话说，企业在国内市场运作所需的生产率低于其进入出口市场的生产率。因此，如果某企业的生产率 φ 满足如下条件：$\varphi_d^* < \varphi < \varphi_x^*$，则该企业将留在国内市场进行交易。只有当企业生产率水平高于出口临界生产率 φ_x^* 时，企业才有可能进入国外市场，这是梅里茨模型的主要结论之一。

综上所述，由于异质性企业贸易理论跳出了国家层面和行业层面的限制，强调了企业层面在贸易研究中的重要性，为理解全球化进程中企业出口所面临挑战和机遇提供了新的视角。换言之，在梅里茨模型提出之前，所有的贸易理论都是从国家层面或行业层面来论证贸易过程的，这就意味着每个国家的企业都被假定为同质的。在这种情况下，他们无法解释，在同一行业中，有些企业选择国内市场贸易，而另一些企业选择出口到国外这一现象。但从上述模型可以看出，在梅里茨模型中，企业利润与企业异质性的生产力关系密切，从而揭示了为什么在相同的行业中，就利润最大化的基本原则而言，企业的出口选择会有所不同。

第三节 异质性企业贸易理论的发展

异质性企业贸易理论在梅里茨（2003）的基础上取得了许多突破。基于奥塔维亚诺（Ottaviano）提出的二次效用函数和梅里茨描绘的企业异质性生产率，梅里茨和奥塔维亚诺在规模报酬不变的前提下，探讨了市场竞争强度（由产品种类与平均价格推导得出）与市场规模和贸易自由化之间的相关性②。该模型证明了国家规模越大，贸易成本越小，市场竞争越激烈，社会福利也随之提升。同时，M&O 模型与梅里茨在双边贸易中得出了相同的结论，即只有生产率相对较高的企业才能在出口市场中存活③。

随后，基于 M&O 模型，马耶尔（Mayer）等在规模报酬不变的条件下，构建了多产品企业的贸易分析框架，研究了企业生产率与出口产品范围之间的关系④。他强调了企

---

① Melitz, M. J., 2003, "The Impact of Trade on Intra-industry Reallocations and Aggregate Industry Productivity", *Econometrica*, 71 (6): 1695–1725.

② Melitz, M. J., Ottaviano, G. I., 2008, "Market Size, Trade, and Productivity", *The Review of Economic Studies*, 75 (1): 295–316.

③ Melitz, M. J., 2003, "The Impact of Trade on Intra-industry Reallocations and Aggregate Industry Productivity", *Econometrica*, 71 (6): 1695–1725.

④ Mayer, T., Melitz, M. J., Ottaviano, G. I., 2014, "Market Size, Competition, and the Product Mix of Exporters", *American Economic Review*, 104 (2): 495–536.

业倾向于出口具有核心竞争力的产品,这也印证了梅里茨的结论,即生产率较高的企业倾向于出口①。安东尼亚代斯(Antoniades)在马耶尔等的研究框架中加入了产品质量异质性,同时解决了生产率异质性、产品质量异质性和竞争强度的问题。论文的核心结论为,生产率较高的企业通过提高产品质量来提高市场竞争力,反之亦然②。

此外,马诺娃(Manora)通过引入多产品企业,扩展了梅里茨和 M&O 模型。通过分别考虑常替代弹性效用函数和线性需求函数的分析框架,比较了具有产品质量异质性的多产品企业。这些研究进一步强化了梅里茨模型的主要结论,即在自我选择效应的激励下,高生产率企业会进入国外市场,而其他在位企业则会继续单独供应国内市场③。

纵观异质性企业贸易理论的研究进程,目前的研究不仅存在对异质性贸易理论的改进与发展,还存在对异质性贸易理论的批判。对异质性贸易理论批判的文献主要从以下两个方面进行:首先是对理论本身的质疑,如以阿尔戈利斯(Arkolakis)等为代表,此类文献重构了贸易利得的分析框架,对异质性企业贸易理论是否存在突破性的贡献提出质疑,该文献发现当国际贸易福利被限定在若干宏观条件之下时,贸易福利的改善主要源于贸易弹性和国内产品消费所占比例的详细统计,此时贸易福利的提升与某一特定的贸易分析框架不相关。其次是对异质性企业贸易一般均衡框架的批判,事实上,此类研究是对异质性企业贸易理论的改进④。这类文献的改进聚焦企业生产的边际成本以及企业全要素生产率的分布函数,如是否服从帕累托分布、是否属于有界帕累托分布或正态分布等。比如,芬斯特拉(Feenstra)和劳马里斯(Romalis)在相关效用函数的基础上,用更加一般性的消费者效用函数方式,基于包含生产率上界的分布函数,重新整理了梅里茨异质性企业贸易理论的主要结论,并分析了有上界的帕累托分布与无上界的帕累托分布的区别⑤;黑德(Head)等以企业生产率服从对数正态分布为基础,对异质性企业贸易理论的一般均衡模型重新估算⑥;芬斯特(Femstra)拉更是在生产率不服从分布性假定下验证了美国的贸易福利来源⑦。出于对上述理论或者微观结构的质疑的回应,梅里茨等(2015)对梅里茨(2003)的理论模型进一步改善并

---

① Melitz, M. J., 2003, "The Impact of Trade on Intra-industry Reallocations and Aggregate Industry Productivity", *Econometrica*, 71 (6): 1695 - 1725.

② Antoniades, A., 2015, "Heterogeneous Firms, Quality, and Trade", *Journal of International Economics*, 95 (2): 263 - 273.

③ Manova, K., 2013, "Credit Constraints, Heterogeneous Firms, and International Trade", *Review of Economic Studies*, 80 (2): 711 - 744.

④ Arkolakis, C., Costinot, A., Rodríguez - Clare, A., 2012, "New Trade Models, Same Old Gains?", *American Economic Review*, 102 (1): 94 - 130.

⑤ Feenstra, R. C., Romalis, J., 2014, "International Prices and Endogenous Quality", *The Quarterly Journal of Economics*, 129 (2): 477 - 527.

⑥ Head, K., Mayer, T., Thoenig, M., 2014, "Welfare and Trade without Pareto", *American Economic Review*, 104 (5): 310 - 316.

⑦ Feenstra, R. C., 2010, "Measuring the Gains from Trade under Monopolistic Competition", *Canadian Journal of Economics/Revue Canadienne D'économique*, 43 (1): 1 - 28.

进行了拓展,从产品多样性、贸易福利、贸易弹性等各个角度进行了详细的论证,其研究结论表明,异质性企业贸易理论确实能够解释生产率的动态变化将如何增进社会福利,并且异质性企业贸易分析框架的福利增进竞争机制具备更强的稳定性,即当面临贸易冲击时,异质性企业贸易理论求解的贸易福利与产品多样性会下降得更少。这种稳定性在与同质性企业贸易理论比较时,更具优势①。当前异质性企业贸易理论正方兴未艾,而对于国际贸易理论基础问题的研究也在这种争论中不断改进和完善,国际贸易理论与国际贸易实践互相印证,并推动中国贸易理论与实践的发展。

第四节 异质性企业贸易理论在中国的适用性

基于梅里兹2003年提出的模型,异质性企业贸易理论在这十几年间取得了长足的发展,这些发展一方面取决于异质性企业贸易理论本身在多个维度上的突破,另一方面也包括如ACR模型在内的对异质性企业贸易理论的批判。然而这种批判从本质上来讲也可以看作是对该理论的修正;除了理论进展,异质性企业贸易理论在实践方面也取得了一系列成果,随着学者纷纷就各国企业出口选择开展实证研究,一个有趣的现象是,在西方国家企业生产、出口数据的检验基本符合模型结论的同时,利用中国数据检验所得结果却存在与模型基本结论相悖的情况,即异质性企业贸易理论在中国的贸易实践的应用中产生了"出口—生产率悖论"。也就是说,基于中国的数据,部分文献指出中国内销企业的生产率并不一定低于出口企业的生产率,甚至高生产率企业出口的概率更低,那么异质性企业贸易理论是否也陷入了"卢卡斯批判"?

事实上,国外确实有很多文献验证了企业出口与生产率之间的正向关系,即除了中国,国外的经验研究基本都肯定了高生产率企业出口,低生产率企业内销或退出市场这一结论。

李春顶对研究这一议题的文献进行梳理后发现,若将国家划分为六种类型(分别为中国、东欧转型国家、非洲地区欠发达国家、拉丁美洲新兴市场、新兴工业化国家及发达国家),除了中国,其余类型的国家均佐证了异质性企业贸易理论关于企业生产、出口选择方面的结论。也就是说,仅当采用《中国工业企业数据库》对上述议题进行验证时,才会出现"悖论"。并且,在"悖论"提出后,大量国内文献运用企业层面数据再次分析,其结果基本都验证了高生产率企业内销,低生产率企业反而出口的现象②。然而,虽然大多数文献都得到了"出口—生产率悖论"的结论,但是对其产生的机制却

---

① Melitz, M. J., Redding, S. J., 2015, "New Trade Models, New Welfare Implications", *American Economic Review*, 105(3): 1105–1146.

② 李春顶:《中国企业"出口—生产率悖论"研究综述》,《世界经济》2015年第5期。

没有得到统一的解释。

那么，到底是什么原因让中国的贸易实践违背了异质性企业贸易理论模型的关键结论与命题？通过归纳国内外对于"悖论"出现原因的解释，本部分将引致"出口—生产率悖论"的原因总结为如下两点：首先，"悖论"可能源自贸易本身，主要为贸易结构或贸易品的差异；其次，制度层面的原因也可能导致"出口—生产率悖论"。

一 贸易本身导致中国的"出口—生产率悖论"

由这一观点出发，主要从加工贸易企业的大量存在、中国企业结构特征、要素禀赋和出口密度四个方面解释了"出口—生产率悖论"：第一，加工贸易企业的大量存在一直是中国企业结构的特点。中国的贸易政策对用于加工和再出口的进口商品给予关税豁免，这在创造出口导向型产业方面被证明是非常成功的。然而，由于加工贸易企业的产品具有"两头性"的特征，其产品本身就是要出口的，而且加工贸易的企业主要负责加工，故而生产率水平普遍不高（无须参与具有高附加值的 R&D 或设计等过程）。因此，大量加工贸易企业的存在会拉低出口行业的生产率也就不再奇怪了。

第二，将中国从事出口的企业进一步细分为外资企业与本土企业，企业结构的不同可能是引致"出口—生产率悖论"的又一动因。外资企业由于已经拥有较为成熟的运营手段与渠道，在出口时具有更有优势的市场准入门槛，并且在出口市场已经具备成熟的分销渠道，因此，外资企业的出口门槛较低。因此，从这一视角进行分析，研究发现外资企业中"悖论"普遍存在。而将外资企业从企业样本中剔除后，研究发现，剩余的本土企业出口选择行为符合梅里茨模型结论，"出口—生产率悖论"现象消失。

第三，要素禀赋的特征是可能引致"出口—生产率悖论"的原因之一。中国的出口企业大多是为劳动密集型产业，这种产业在国内可能面临比出口更加激烈的竞争，导致国内生产率更高，而出口的企业生产率相对较低。并不符合梅里茨模型的企业选择的基本结论。李建萍和张乃丽以及梁会君和史长宽验证了"出口—生产率悖论"现象的存在，并且这种情况会随着要素密集的变化而发生变化[①]。

第四，出口密度的差异也可能引起"出口—生产率悖论"。一般而言，企业出口的密度是具有异质性的，出口密度较高的企业出口经验丰富，具有更成熟的分销渠道，因此进入成本相对较低，也就是说，这一类企业只需要克服较小的出口固定成本即可出口，因此并不需要很高的生产率。换言之，出口密集度的不同将导致不对称的进入成本，从而违背了异质性企业贸易理论企业出口选择方面的基本结论。

---

① 李建萍、张乃丽：《比较优势、异质性企业与出口"生产率悖论"——基于对中国制造业上市企业的分析》，《国际贸易问题》2014 年第 6 期；梁会君、史长宽：《中国制造业出口"生产率悖论"的行业分异性研究》，《山西财经大学学报》2014 年第 7 期。

二 制度原因造成的"出口—生产率悖论"

除了上述贸易结构以及贸易品差异可能造成"出口—生产率悖论",制度原因也可能引致"悖论"的产生。事实上,中国的数据并不满足梅里茨模型中无上界的帕累托分布所确定的参数空间,因此中国的贸易现实并不满足异质性企业贸易理论实现的基本要求。究其原因,部分研究认为中国的制度非完全性和扭曲的大量存在可能造成"出口—生产率悖论"。也就是说,中国的贸易在一定时间内是存在"劣币驱逐良币"现象的,即"格雷欣法则"。事实上,如果缺乏对企业的保护机制,使企业之间存在非对称性竞争,或者企业进入或退出某一行业存在壁垒,在一定程度上企业的出口选择行为已经与企业生产率无太大关系,企业自身也并无动力去改善生产率条件。

事实上对于"出口—生产率悖论"产生的原因,究竟是中国市场的特征造成的还是异质性企业贸易理论本身的缺陷,目前还不能得到统一的结论。但可以肯定的是,异质性企业贸易理论在考虑其他变量同质性的情况下,它确实是一套精美地衡量企业出口的体系,如果我们仅从理论上来对"悖论"所产生的现象进行解释,不管这些原因究竟是不是制度的原因,它确实造成了不同质的成本,包括可变成本与出口成本。这些都有可能是形成"出口—生产率悖论"的原因,况且制度原因与贸易本身的原因所造成的"出口—生产率悖论"之间也并无精确的界限。

本章小结

1. 二元性主要用于描述经济体在发展过程中经济的分化与社会的分化,如地区或部门之间技术水平、人均收入、发展程度的分化。

2. 通过内生"冰山运输成本",克鲁格曼的中心—外围模型阐释了完全对称的两个区域如何在经济活动中的"向心力"和"离心力"的作用下,演变为中心地区和外围地区的。

3. 在梅里茨模型中,企业利润与企业异质性的生产力关系密切,从而揭示了为什么在相同的行业中,就利润最大化的基本原则而言,企业会有不同的出口选择。

4. 对异质性贸易理论批判的文献主要从以下两个方面进行:首先是对理论本身的质疑,其次是对异质性企业贸易一般均衡框架的批判。

5. 通过梳理国内外对于"悖论"出现的原因解释,本章对其的解释总结为两个方面,第一个方面为贸易本身,要么是其贸易本身的结构原因,要么是贸易品的原因;第二个方面是制度层面导致的"出口—生产率悖论"。

思考题

1. 新经济地理学的技术假设条件有哪些?
2. 异质性企业贸易理论的主要技术假设条件有哪些?
3. 试分析新贸易理论与异质性企业贸易理论之间的区别与联系。
4. 异质性企业贸易理论对国际贸易理论发展的理论意义与现实意义分别是什么?
5. 论述异质性企业贸易理论对当前贸易的适用性。你认为"出口—生产率悖论"产生的原因是什么?

第七章 国际贸易政策

导　言

2021年12月13日，国务院关税税则委员会发布2022年关税调整方案。自2022年1月1日起，对954项进口商品实行进口暂定税率，即经过调整后暂时执行的关税税率，这些商品包括新型抗癌药氯化镭注射液等部分医疗产品；婴儿服装、洗碗机、滑雪用具等消费品；车用电子节气门等部分有利于环境保护的产品，以及高纯石墨配件等关键零部件和原材料等。此次关税调整聚焦民生关切、部分资源紧缺和环境质量等问题，通过暂定税率降税的范围比往年更宽。由此可见，关税是调整国民经济的一种重要手段。本章将从关税措施出发，开始学习国际贸易政策，包括一系列政策工具以及其对福利的影响。

学习目标

1. 掌握几种典型的国际贸易政策，包括关税措施和非关税措施、倾销与反倾销措施，分析这些国际贸易政策所产生的经济效应。

2. 分析这些国际贸易政策对正常的自由贸易行为所产生的市场扭曲效应。

3. 了解发展中国家所采用的两种贸易保护政策，分析其存在的合理性与局限性。

第一节　关税的基本概念和均衡分析

"关税"的概念在中国历史上可追溯至西周时期。《周礼》中指出"关市之赋，以待王之膳服"，可见关税收入主要用于王室之用。时至近现代，在第一次工业革命之后，世界各国逐步建立起统一的国境关税，并沿用至今。在资本主义发展初期，关税作为一种主要的国际贸易保护手段，被广泛应用于增加税收、保护国内产业、调节政治经济关系等方面。第二次世界大战结束后，关贸总协定、世界贸易组织极力倡导降低全球关税、推行贸易自由化的对外政策，但关税仍然是当前一国实行贸易保护政策的重要措施。例如，美国特朗普政府时期，为了保护国内产业，对中国进口的商品大规模征收关税，关税税率高达25%。

本节介绍关税的基本概念，包括关税的含义、分类、特点、作用以及关税对国内市场的实际保护程度，并且采用局部均衡、一般均衡分析方法，分别对小国情形和大国情形征收关税后的经济效应进行分析。

一 关税概述

（一）关税的含义

关税是国家税收的组成部分，是由海关代表国家按照国家制定的关税政策和有关法律、行政法规，对准许进出关境的货物和物品向纳税义务人征收的一种流转税。关税是一种国家税收，具有其他税收的基本性质：其征收主体是国家，用于向社会提供公共服务、满足社会的共同需要。关税由海关代表国家按国家关税政策和相关税法向纳税义务人征收。海关是设于关境的国家行政机关，负责执行国家有关进出口政策、法规和规章。征收关税是海关的一项重要职责。

关境或关税区是海关征收关税的区域，由海关管辖并执行有关海关法规的区域。一般而言，关境与国境是一致的，但一些国家在国境内设有自由贸易区、自由贸易港、出口加工区等经济特区，此时关境与国境分离，关境小于国境。加入关税联盟的国家的领土为统一的关境，这时关境大于该国国境。

关税的课税对象是进出关境的货物和物品，关税纳税义务人又称关税纳税人或纳税主体，是对国家负有直接责任的法人和自然人。在中国的纳税义务人包括进口货物的收货人、发货人和进口货物的所有者。

各国根据海关税则征收关税，关税税则是指一国对进口商品征收关税的规定，以及有关进口商品和免税商品的系统分类一览表。关税税则包括征收关税的规章和说明以及关税税率表。关税税率表列明了货物分类、计算单位、税号和税率等项目，如表7-1所示。

表7-1　　　　　　　　　　　淀粉关税税率

税则号列	货品名称	最惠国税率（%）	普通税率（%）	出口税率	暂定税率	计算单位
11081	淀粉	—	—			千克
11081100	小麦淀粉	20	50	—	—	千克
11081200	玉米淀粉	20	50	—	—	千克
11081300	马铃薯淀粉	15	50	—	—	千克
11081400	木薯淀粉	10	50	—	—	千克
11081900	其他	20	50	—	—	千克

流转税又称流通税，是指纳税人在商品生产、流通过程中所产生的流转额或数量以及非商品交易的营业额作为征税对象的税种。关税主要针对进口和出口商品征税，税负由进出口商承担，进出口商在货物出售时提高货物销售价格，收回成本。

（二）关税的分类

各国征收的关税种类繁多，主要可从货物流向、计税标准、差别待遇和主次程度等方面进行区分。

1. 按征收货物的流向，关税分为进口关税、出口关税和过境税

进口关税是指对从关境外进入关境内的货物和物品所征收的一种关税。进口关税是目前世界各国所征关税中最重要的一种关税之一，在部分不征出口关税和过境关税国家，进口关税成为唯一的关税。

出口关税是指对从关境内流向关境外的货物和物品所征收的一种关税。由于征收出口关税会增加出口商品的成本，不利于提高本国商品在国际市场中的竞争力。因此，许多国家取消了出口关税，我国只对部分商品出口征收出口关税。

过境税是指一国对外国货物通过其关境和领土时所征收的关税。由于过境货物不影响通过国家的市场和生产，绝大多数国家不征收过境税，而只收取少量的行政管理费和服务费用。

2. 按关税计税标准，关税分为从价关税、从量关税和复合关税

从价关税是指在征收关税时，以货物的完税价格为计征标准。从价关税的优点是可根据货物价格自动调整关税；能够适应市场价格和通货膨胀的变化，在物价上涨时，税款相应地增加，财政收入和保护作用均不受影响。但是其难处在于完税价格需要严格审定，由于货物价格难以审定，征纳双方容易发生摩擦，延缓货物通关进程。

从量关税是指在征收关税时，以货物的计量单位，如重量、数量、体积等为计征标准。从量关税的优点是无须经过严格的完税价格审定，计税规则较从价关税而言更为简便；能在一定程度上缓解国际市场价格波动对国内经济的影响。其缺点在于对同一税目的商品，在规格、质量、价格相差较大的情况下，按统一定额税率计征，税额不够合理，不能适应市场价格与通货膨胀的变化，因此，呈现物价上涨则税负轻，物价下跌则税负反而重这一不合理现象，这极大地影响了关税的作用。

复合关税是指在征收关税时对同一种进口货物采用从价和从量规则计征。课征时，或以从价税为主，加征从量税，或以从量税为主，加征从价税，计征计算较为烦琐。

3. 按差别待遇，关税分为最惠国税、普惠税和特惠税

最惠国税适用于贸易协定国家或地区进口的货物。最惠国待遇是世界贸易组织多边贸易体制的基本原则之一，成员之间应相互给予最惠国待遇。普惠税是指发达国家对来自发展中国家或地区的商品（尤其是制成品和半成品）的普遍、非歧视和非互惠关税优惠。特惠税是指从某一国家或地区进口的全部或部分商品给予特别优惠的低关税或免税待遇。特惠税有互惠的，也有非互惠的，税率通常比最惠国税率低。

4. 按征税的主次程度，关税分为进口正税和进口附加税

进口正税是按照海关税则中的法定进口税率征收的进口税。进口附加税是对进口货物在征收正税之外，再征收的进口税。附加税一般具有临时性，如反倾销税、反补贴税、报复性关税等。

(三) 关税的特点

与其他赋税一样，关税具有强制性、无偿性和可预见性的特征。关税是依照有关法律规定强制征收的，是国家无偿取得的国库收入，其数额是按国家事先规定的税则计征缴纳的，一般不得随意变动和减免。

此外，关税还具有以下特点：一是非歧视性。与配额等其他非关税措施相比，关税具有更强的非歧视性，任何国家的出口商只要缴纳相应的关税就可以自由出口商品。而配额在分配方面则含有较多的人为因素，容易导致歧视现象的产生。配额的使用可导致"寻租"行为，企业为获得配额进而游说、贿赂相关政府部门；而关税规则透明和公平，一定程度上可防止企业"寻租"。二是市场功能性。关税可以使商品的国内外价格保持自动联系，从而反映国内外市场需求的变化情况，进而对企业的商品进出口起到指导作用。三是稳定性。一般而言，关税制度较为稳定，其调整必须经过立法等程序予以确定。

(四) 关税的作用

第一，增加财政收入。但在当代，随着国与国之间各种贸易协定的签署、关税减让条件的达成，大多数国家特别是发达国家关税占财政收入的比重已经大幅度下降。第二，调整贸易结构。关税可通过调整税率、减免关税等影响进出口规模，调节国民经济活动。第三，维护国家主权和经济利益。一国采取何种关税政策，直接关系到国家主权与经济利益。各国政府可以通过设定关税维护国家政治、经济利益。第四，保护国内市场。一国是实行自由贸易政策还是实行关税保护政策，与该国的发展水平、产业结构、国际贸易收支、经济竞争的能力相关。第五，改善贸易条件。征收关税会提高进口商品的价格，但如果进口需求量大且富有弹性，则会压低进口商品的价格，从而改善进口国的贸易条件。同样数量的出口可以换取更多的进口商品，从而使国家享受到更多的消费和经济状况。对征收关税的国家来说，这会增加贸易利益。

(五) 关税保护度

关税水平虽然能比较各国关税的高低，但是不能完全反映关税对国内经济的保护程度。经济学家提出了对关税保护程度进行更加准确衡量的方法，主要有名义保护率和有效保护率。

1. 名义保护率

名义保护率（Nominal Rate of Protection，NRP）是指由于实行保护而引起国内市场价格超过国际市场价格的部分占国际市场价格的百分比，计算公式为：

$$NRP_j = \frac{P_j^d - P_j^w}{P_j^w} \times 100\% \tag{7-1}$$

其中，NRP_j 为某一产品 j 的名义保护率，P_j^d 和 P_j^w 分别表示进口商品国内市场价格和国际市场价格。

征收关税后，商品的国内市场价格就会被抬高，从而使国际市场的商品在国内降低其市场竞争力，从而达到保护国内相关产业和市场的目的。然而，在现实中能够对某种商品价格产生影响的因素有很多，除了进口关税外，配额、进口许可证等非关税措施，以及补贴、外汇管制等措施都可能导致国内外价格存在差异。名义保护率实际上是考虑在所有对价格产生影响的因素的共同作用下，对国内相关产业的保护水平。

2. 有效保护率

有效保护率（Effective Rate of Protection，ERP）是指一个国家的整体保护措施以使该行业每单位产出增加值提高的百分率。增加值是指最终产品价格与用来生产该产品的中间产品成本之差。有效保护率能够反映关税对本国同类产品的真正有效的保护程度。计算公式为：

$$ERP_j = \frac{V_j^d - V_j}{V_j} \times 100\% \qquad (7-2)$$

其中，ERP_j 为某一最终产品 j 的有效保护率，V_j^d 是指以征税后的国内价格衡量的单位产出增加值，即有关税保护状态下单位产出增加值，V_j 是指以国际价格衡量的单位产出增加值，即自由贸易状态下单位产出增加值。

有效保护率主要是反映关税制度对加工工业产品的保护程度。按照生产过程中的加工深度，产品分为最终产品、中间投入品和原材料等。对中间产品或原材料征收关税，提高这些产品的价格，从而增加国内生产者的负担，导致生产成本上涨，使那些使用中间产品或原材料的最终产品的关税所产生的保护效果降低。因此，从中间产品或原材料使用者的角度看，对中间产品或原材料征收关税就相当于对生产征税，降低了国内生产的附加值。

假设某一制成品在国际市场上的价格为1000元，该产品在国内生产时每单位产出需要使用价值500元的中间投入品。因此在自由贸易情况下，该产品国内生产的单位产出附加值为500元。现假定对该产品征收20%的从价关税，并假设关税不影响世界市场价格。那么征税后，该产品的国内价格上涨至1200元。另外假设对其使用的中间产品不征进口关税，那么征税后，国内生产的单位产出附加值增加值700元。所以该制成品的有效保护率为40%，即对该制成品征收20%的关税可使其国内生产附加值提高40%。如果对中间产品也征收20%的关税，制成品关税仍为20%，那么征税后该制成品的单位产出附加值调整为600元，其有效保护率为20%。在此种情况下，有效保护率与名义关税率相同。

现在，如果中间产品的关税率由20%调整为30%，那么在这种情况下，制成品的国内生产单位产出附加值调整为550元，其有效保护率为10%，即国内生产附加值只增加了10%，低于其名义关税率。如果中间产品的关税更高，则制成品的国内生产附加值更低，甚至变成负值。可见，在制成品关税不变的前提下，随着中间产品关税的上升，制成品的有效保护率不断下降，甚至会出现负保护的情况。

由以上的例子可知，关税的有效保护率与其名义税率并不一致。这一结果意味着要保护某一特定行业，不一定要依靠提高该行业的名义关税率来实现，降低其使用的中间产品或原材料的进口关税，也同样可使其获得更高的保护。根据这一点，如果一国的政策目标是保护最终产品部门，则在关税结构安排上，应当对中间产品和原材料少征或免征进口关税。

二 关税的局部均衡分析

（一）小国情形

关税是一国限制进口的重要措施，一国征收关税后，会影响进口商品的价格变化，从而影响进口国和出口国的生产、消费、国际贸易等方面，即产生了关税的经济效应。根据关税均衡的分析方法，本小节首先讨论关税的局部均衡分析，并区分进口国为小国和大国情形。

经济学意义上的"小国"是指那些在世界生产和贸易中所占份额较小，对世界贸易条件影响有限，或者说小国是世界贸易条件的既定接受者，面临着一条完全有弹性的进口供给曲线和一条对该国出口有完全弹性的需求曲线。

图 7-1 显示了小国征收关税的局部均衡。如图 7-1（a）所示，假定小国某商品的国内供给曲线为 S，需求曲线为 D，无自由贸易时的均衡为点 A。假设该国在国际价格 P_w 自由贸易，那么该商品的国内需求为 Q_4，国内供给为 Q_1，那么进口数量为 $Q_4 - Q_1$。如图 7-1（b）所示，当世界价格为 P_w 时，外国出口供给曲线 X 是一条水平线，表示进口国可按世界价格进口任何数量产品都不会对该产品的价格产生影响；当世界价格为 P_w 时，自由贸易时的均衡，由外国供给曲线与进口需求曲线 M 的交点确定，即点 B，进口国的商品进口需求量为 M_1。

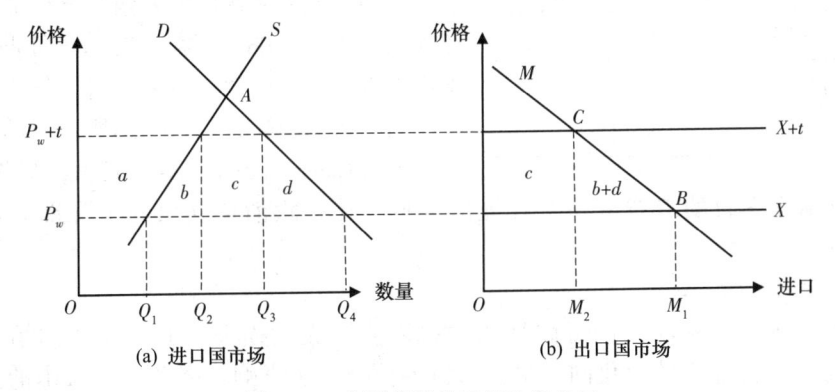

图 7-1 小国关税的局部均衡分析

假定征收关税 t 元，进口国面临的出口供给曲线上移 t 单位，表示进口国必须支付更高的价格来进口该商品。征收关税后，进口需求从 M_1 下降至 M_2，国内市场需求从 Q_4 下降至 Q_3，国内市场供给从 Q_1 上升至 Q_2，$Q_3 - Q_2$ 为新世界价格 $P_w + t$ 情况下的进口国对该产品的进口需求。征收关税后，消费者、生产者、进口国国民福利发生了变化：

（1）价格效应：关税的价格效应是指征收关税后对进口国国内市场价格的影响。进口国对进口商品征收关税会使进口商品的价格上涨。由于贸易小国的进口不能影响国际市场价格水平,在该国征收关税后,国内商品的价格从 P_w 上升至 $P_w + t$,国内市场价格的上涨部分等于所征关税,贸易小国的消费者承担了全部关税负担 t。

(2) 消费效应:关税的消费效应是指征收关税对国内市场消费进口商品的影响。征收关税后,该国国内的消费从 Q_4 下降至 Q_3,说明征税使该商品在国内市场的价格上升,消费者的消费水平降低,消费者剩余减少 $(a+b+c+d)$,征收关税使消费者福利受损。

(3) 生产效应:关税的生产效应是指征税对进口国进口替代商品生产的影响。在自由贸易情况下,对应于国际价格 P_w,国内生产为 Q_1;征收关税后,对应于国际价格 $P_w + t$,国内生产提高至 Q_2,国内生产增加了 $Q_2 - Q_1$。因此,关税保护了国内生产者,国内生产者也因关税的征收获得了生产者剩余 a。征收关税使生产者福利受益。

(4) 税收效应:关税的税收效应即财政收入效应,是指征收关税对国家财政收入的影响。征收关税收入 = 进口量 × 关税税率。如图 7-1 所示,征收关税后,进口国对该商品的进口需求为 $M_2 = Q_3 - Q_2$,那么税收收入为 c。

(5) 净福利效应:关税的净福利效应是指征收关税后对消费者、生产者、政府收入的影响总和。由上文可知,进口国的净福利效应为 $-(b+d)$,如表 7-2 所示。

表 7-2 小国征收关税的福利效应

福利效应	变化程度
消费者剩余	$-(a+b+c+d)$
生产者剩余	$+a$
政府收入	$+c$
净福利效应	$-(b+d)$

征收关税使小国的福利净损失为 $(b+d)$,称为无谓损失(Deadweight Lost),表示这部分损失没有被经济中其他方面的收益抵补。无谓损失由生产损失 b 和消费损失 d 两部分构成。其中生产损失(Production Loss)表示,征收关税后,国内成本高的生产替代原来来自国外成本低的生产,而导致资源配置效率下降所造成的损失。消费损失(Consumption Loss)表示,征收关税后,因消费量下降所导致的消费者满意程度的降低,在扣除消费支出的下降部分之后的净损失。

(二) 大国情形

在小国情形中,贸易小国会因征收关税而受到无谓损失。但是在大国情形中,征收关税在影响国内需求的变化同时也会对世界价格产生影响,因此一个大国的福利可以因关税而得到改善。图 7-2 显示了大国征收关税的局部均衡。如果进口国为大国,那么当世界价格 P_w 给定时,大国面临一条向上倾斜的外国出口供给曲线 X。如图 7-2(a) 所示,假定大国某商品的国内供给曲线为 S,需求曲线为 D,无自由贸易时的均衡为 A 点。假设该国在国际价格 P_w 自由贸易,那么该商品的国内需求为 Q_4,国内供给为 Q_1,那么进口数量为 $Q_4 - Q_1$。如图 7-2(b) 所示,当世界价格为 P_w 时,自由贸易时的均衡,由外国供给曲线和进口需求曲线的交点决定,即 B 点,进口国的商品进口需求量为 M_1。

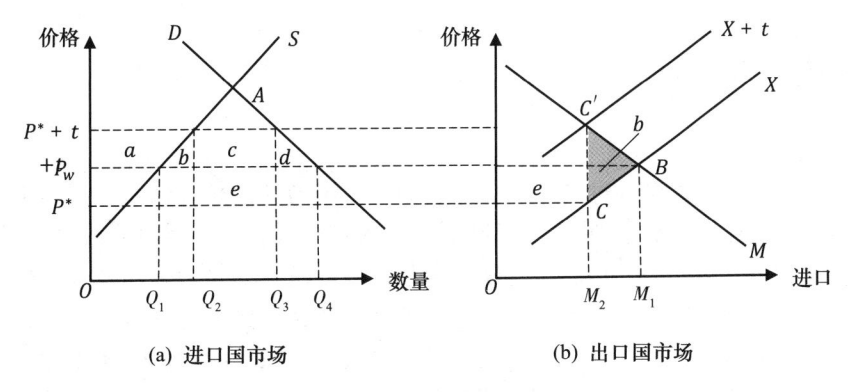

图 7-2 大国关税的局部均衡分析

假设进口国征收关税 t 元时，外国供给市场的生产者增加生产成本 t 元，那么外国供给曲线上移 t 单位，由 X 曲线移动至 $X+t$ 曲线。曲线 $X+t$ 与进口需求曲线相交于 C'，该点确定了消费者支付的征收关税后的进口国市场价格，那么生产者得到的支付价格由点 C 决定，此时新的世界价格为 P^*。征收关税后，消费者、生产者、进口国国民福利发生了变化：

（1）价格效应：大国征收关税会使国际市场价格下跌，因此关税由大国消费者和外国产品生产者共同承担。

（2）消费效应：征收关税使大国国内市场价格上涨，消费量减少，由 Q_4 减少为 Q_3，系消费者福利损失，消费者剩余减少 $(a+b+c+d)$。

（3）生产效应：大国国内市场价格因征收关税而上涨，国内生产量由 Q_1 上涨至 Q_2，生产者福利增加，生产者剩余增加 a。

（4）税收效应：大国征收关税后，税收收入增加 $(c+e)$。

（5）净福利效应：结合消费效应、生产效应和税收效应，得到大国征收关税后的净福利效应，如表 7-3 所示。$(b+d)$ 是征收关税的无谓损失，与小国情形不同的是，大国征收关税后得到的关税收入是 $(c+e)$。当 $e>(b+d)$ 时，进口国因征收关税而改善国民福利水平；如果 $e<(b+d)$，则征收关税会使大国的福利受损。

进口小国征收关税造成社会福利损失而进口大国征收关税则有可能提高国民福利水平的原因在于，大国在国际市场上有左右价格的能力。大国通过征收关税减少进口，可以迫使出口国降低价格，实际上是迫使出口国生产者承担一部分税负。小国则不然，国际市场价格不会因小国进口需求量的减少而下降，因此小国无法让外国出口商通过降低出口商品价格来承担一部分税负，整个关税的负担完全由进口小国的消费者承担。

表 7-3 大国征收关税的福利效应

福利效应	变化程度
消费者剩余	$-(a+b+c+d)$
生产者剩余	$+a$
政府收入	$+(c+e)$
净福利效应	$e-(b+d)$

三 关税的一般均衡分析

(一) 小国情形

上文讨论了征收关税对一种进口商品的影响,得出的结论是:在小国情形下,征收进口关税会导致社会福利损失;在大国情形下,征收进口关税对社会福利的影响是不确定的,可能改善社会福利水平。然而,对某种商品征收关税,不仅会影响到该种商品,而且也会影响到其他商品。因此,当涉及多产品、多部门时,需要进行一般均衡分析。在局部均衡分析中,采用的分析工具是需求曲线和供给曲线;而在一般均衡分析中,主要的分析工具是生产可能性曲线(Production Possibility Frontier)、社会无差异曲线(Community Indifference Curve)和提供曲线(Offer Curve)。

小国关税的一般均衡分析如图 7-3 所示。X 和 Y 表示进口商品和国内进口替代商品,PPF 表示生产可能性边界,曲线 I_1 和 I_2 表示社会无差异曲线。在自由贸易条件下,国际相对价格为 P_w,其斜率为 $-P_X/P_Y$。

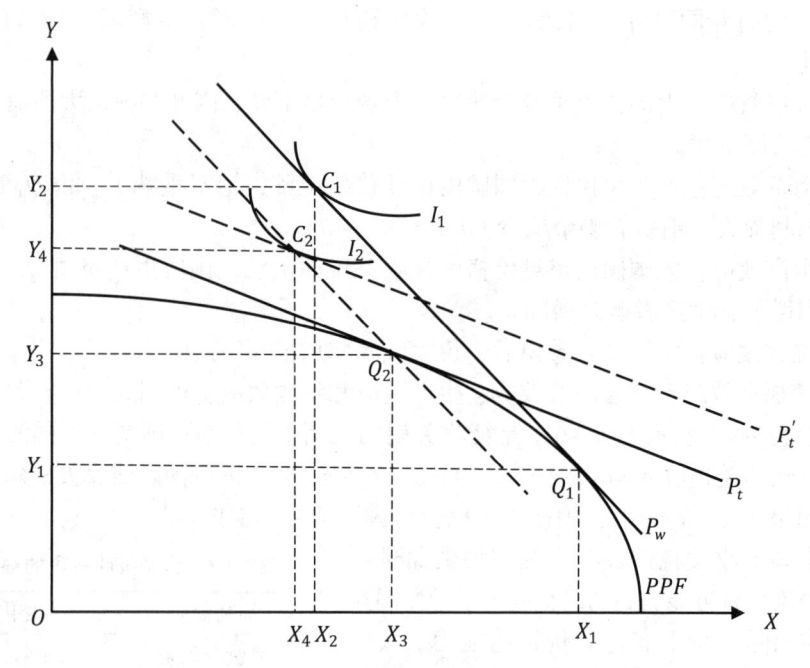

图 7-3 小国关税的一般均衡分析

在封闭条件下,该进口小国只能在生产可能性边界上进行生产和消费;但是在开放条件下,该进口小国能够在国际相对价格为 P_w 曲线进行消费。例如,该进口小国在点 Q_1 进行生产,在点 C_1 进行消费,那么可出口数量为 $X_1 - X_2$,进口数量为 $Y_2 - Y_1$。此时的消费点已经超出了封闭条件下的生产可能性边界。能够实现社会效用最大化的生产和消费均衡点应满足：在生产可能性边界与斜率等于相对价格的曲线相切的点上进行生产，在相对价格曲线与可能达到的最高的社会无差异曲线的切点上进行消费。因此，该国在自由贸易条件下，生产均衡点为 Q_1，消费均衡点为 C_1。

进口小国在征收从价关税 t 后，X 产品的出口价格和 Y 产品的进口价格保持不变，但国内市场上 Y 产品的消费价格提高至 $P_Y(1+t)$，因此国内生产者面对一条新的相对价格线 P_t，其斜率为 $-P_X/P_Y(1+t)$，斜率的绝对值变小，P_t 曲线相较于 P_w 曲线更为平坦。由图 7-3 可知，生产均衡点移动至 Q_2，进口替代商品的生产增加，但出口商品的生产减少了，因此征收关税不利于出口部门的生产，但有利于进口替代部门的生产。

由于小国征税后其贸易条件不发生变化，国际贸易仍按照原来的国际相对价格进行，所以新的消费均衡点应在通过点 Q_2 与相对价格线 P_w 平行的线上。另外，国内消费者面对的相对价格为 P_t，在效用最大化条件下，新的消费均衡点 C_2 的社会无差异曲线在该点的切线斜率绝对值应等于 P_t。征税后的消费水平从原来的点 C_1 下降到点 C_2，社会无差异曲线 I_2 位于原来的 I_1，这说明征税后该小国的社会福利水平下降。

(1) 价格效应：小国征收关税后，无法对国际市场价格产生影响，因此世界相对价格保持不变。但是国内生产者面临的相对价格发生变化，国内生产者和消费者均按照变化后的国内相对价格进行最优选择。

(2) 生产效应：小国征收关税后会使进口替代商品的生产增加，出口商品的生产减少。如图 7-3 所示，进口替代商品的生产由原来的 Y_1 增加至 Y_3，出口商品的生产由原来的 X_1 减少至 X_3。

(3) 消费效应：小国征收关税会使 X 和 Y 产品的消费均减少。X 产品的消费由原来的 X_2 减少至 X_4，Y 产品的消费由原来的 Y_2 减少至 Y_4。

(4) 贸易效应：小国征收关税后使 X 产品和 Y 产品的贸易均减少，X 产品的贸易量由 X_1-X_2 减少至 X_3-X_4，Y 产品的贸易量由 Y_1-Y_2 减少至 Y_3-Y_4。

(二) 大国情形

假定存在两个国家，本国和外国，并且只生产两种产品，X 和 Y。本国出口 X 产品，进口 Y 产品，外国则相反，进口 X 产品，出口 Y 产品。如图 7-4 所示，大国在没有征税时的贸易提供曲线 OA 和外国的贸易提供曲线 OB 的交点确定了自由贸易时的均衡点 E，对应的国际市场的相对价格 P_X/P_Y 等于 OC 曲线的斜率。

征收关税后，在每一贸易条件下，该国从事贸易的意愿都有所减弱，提供曲线向下移动，即旋转为曲线 OA'。曲线 OA' 与曲线 OB 相交于点 E'，实现新的贸易均衡，新的国际

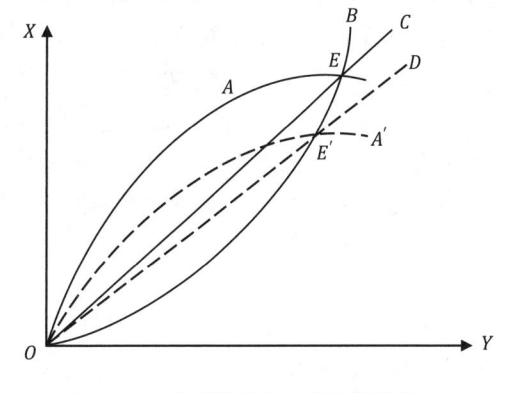

图 7-4 大国关税的一般均衡分析

相对价格为 OD 曲线的斜率。征收关税以后，新的贸易均衡点向左下方移动，意味着两国的贸易量减少；OD 的斜率小于 OC 的斜率，本国的贸易条件改善，而外国的贸易条件恶化。对本国来说，贸易条件的改善增进了其福利水平，但贸易量的减少却降低了其福利水平。因此本国福利水平的变化并不确定，取决于二者效应的大小。

第二节 非关税壁垒

在"逆全球化"思潮抬头的国际贸易舞台上，以技术法规、标准和检验检疫要求为主要内容的技术性贸易措施已筑起非关税壁垒的高墙，并且取代关税、汇率等传统贸易壁垒，成为最新的"游戏规则"。从历史上看，美国是非关税措施的积极使用者之一。根据世界贸易组织官方统计，1995 年至 2018 年上半年，美国使用卫生与植物卫生措施、技术性贸易壁垒、反倾销、反补贴和特保条款的次数高居世界第一，其主要目的在于维护不平等的国际贸易格局。此外，随着关税措施对国内产业保护力度的减弱，发展中国家也越来越广泛使用非关税壁垒。

本节主要介绍了非关税壁垒的含义与特点，并根据非关税措施对进口的影响途径，将非关税壁垒区分为直接的非关税壁垒和间接的非关税壁垒，介绍了几种比较常见、典型的非关税壁垒。此外，本节对进口配额的经济效应进行分析，并比较等效关税的经济效应。

一 非关税壁垒的含义与特点

（一）非关税壁垒的含义

非关税壁垒（Non-Tariff Barriers），又称非关税措施，是指一国实施的除关税以外直接或间接限制该国进口的一切国际贸易政策和措施。与关税措施相对应，非关税措施也是一国政府干预进出口贸易、保护本国产业部门的政策工具。在关税与贸易总协定和世界贸易组织的努力下，世界关税总体水平得到了大幅度下降，例如，中国加入世界贸易组织后切实履行"入世"承诺，至 2021 年，中国的关税总水平从加入世界贸易组织前的 15.3% 大幅降至 7.5% 以下，远低于加入世界贸易组织承诺的 10%。世界总体关税水平的下降以及世界贸易组织的积极协调努力，使关税措施对一国的贸易保护作用大为削弱，各国政府纷纷转向通过非关税措施来限制该国的国际贸易活动。

（二）非关税壁垒的特点

1. 多样性

从非关税壁垒的含义出发，只要是限制一国国际贸易活动的政策和措施均可认为是非关税壁垒。从涉及领域看，非关税措施扩展至经济、环境、技术、商业、法律和行政等领域；从工业产品分类角度看，非关税措施可以针对初级产品、中间产品、工业制成品；从工业产品生产过程来看，非关税措施渗入研究开发、生产、加工、包装、运输、销售和消费整个产品的生命周期。因此，据不完全统计，目前世界各国使用的非关税措施多达上千种，而且新的非关税措施还在不断出现。例如，不断发展的技术（如检验技术的不断改进）和技术壁垒的多样性，为灵活运用技术壁垒提供了条件。

2. 灵活性

关税措施具有稳定性的特征，因此关税措施往往具有一定的延续性，不会在短时间内频繁改动。如果要调整关税水平，往往需要通过比较烦琐的行政和法律手续和程序。《中华人民共和国进出口关税条例》规定，税目、税则号列和税率的调整和解释由国务院关税税则委员会负责，报国务院批准后执行。非关税措施往往采用行政程序，可采取或更换限制进口的措施，从而较快地达到限制从某国进口某商品的目的。

3. 隐蔽性

关税措施具有透明性的特征，一旦关税确定后，往往以关税税则等法律形式公布于众，并依法执行。而非关税措施往往并不如此，使进出口商在进行国际贸易活动时往往难以知情，使其在国际贸易中处于不利地位。不公开的特征是非关税措施具有较强隐蔽性的主要原因。另一方面原因在于，即便非关税措施公布，但通常以保护生态环境、保护动植物生命健康为目的，或规定极其烦琐复杂的标准和手续，转移进出口商的视线，或令其难以应付程序性过程。

4. 有效性

通过关税措施实现干预国际贸易活动、保护国内产业部门的政策效果往往受到关税水平和产品成本差异的限制。一方面，世界贸易组织的降低关税水平的要求使一国政府难以通过高筑关税壁垒来实现其政策目的；另一方面，如果进口商凭借规模经济或出口补贴等途径获取较低的生产成本时，关税措施的政策效果便不再明显。与此相反，非关税措施可以通过直接限制进口数量，或直接禁止某些种类的产品进口，这样就能直接达到关税措施难以达到的目的，彻底将货物挡在关外。

5. 歧视性

关税措施往往要受到双边关系和国际多边贸易协定的制约，因此歧视性较低。而非关税措施则拥有极强的歧视性，可以针对某一个国家或数个国家，某一个产品或某一类产品单独采用某种限制进口的措施，实施差别待遇。

二 非关税壁垒的分类

非关税壁垒名目繁多，主要可以分为两大类：直接的非关税壁垒和间接的非关税壁垒。直接的非关税壁垒主要是通过直接的数量、金额限制或采取国内措施以达到限制进口目的的措施。间接的非关税措施是指一国政府通过对进口商品设置各种严格的条件或其他国内政策法规来间接地限制进口的措施。

(一) 直接的非关税壁垒

1. 进口配额制

进口配额制（Import Quotas System），又称进口限额制，是指一国政府在一定时期内（一季度、半年或一年内），对某些商品的进口数量或金额规定一个数额加以直接限制的制度。在规定的期限内，额度内的货物可以直接进口，超过配额则不准进口，或者征收很高的关税、附加税或罚款之后才准许进口。一般而言，政府会将进口配额设定在比自由贸易时的进口数量或金额更低的水平上，它是直接限制进口的一种重要措施，是发达国家实行进口数量或金额限制的重要手段之一。根据进口配额对贸易的干预强度和调节手段，可以将进口配额分为绝对配额和关税配额。

(1) 绝对配额

绝对配额（Absolute Quotas）是指在一定时期内，一国政府对某些商品的进口数量或金额规定一个最高数额，达到这个数额后便不准进口的制度。绝对配额按照其实施方式，可分为全球配额、国别配额和进口商配额三类。

全球配额（Global Quotas）是指不对设置配额的对象加以限制，对全球范围内所有国家和地区的商品规定一个绝对配额的制度。进口配额的管理部门通常按照进口商的申请先后顺序批准给进口商一定的进口额度，直至进口额度全部分配完毕。

国别配额（Country Quotas）是指在总配额中按照国家或地区分配一定额度的制度。国别配额要求进口一国或地区的数量或金额超过该国或地区的额度时便不准进口，并且不同国家或地区之间的配额不能相互适用。为了区分来自不同国家或地区的商品，进口商向有配额限制的国家或地区进口商品时需提交进口商品的原产地证明书。

进口商配额（Importer Quotas）是指一国把某些商品的进口配额直接分配给本国进口商的制度。发达国家往往把这种配额分配给大型垄断企业，中小进口商难以获得或获得的配额数量很少。

(2) 关税配额

关税配额（Tariff Quotas）是指不对进口商品的数量或金额加以限制，而是对一定额度内的商品数量给予减税、免税待遇，对超过额度的进口商品征收高关税、附加税或罚款的制度。关税配额与绝对配额的区别在于，关税配额在超过配额额度后仍然能够进口配额商品，但是需要承担较高的进口成本。

2. 自动出口配额制

自动出口配额制（Voluntary Export Quotas），又称自愿出口限制（Voluntary Export Restrains，VERs），是指通常在进口国的要求或压力下，出口国家或地区在一定时期内，对出口到进口国的某些商品的数量进行限制的一种措施。与其他非关税壁垒不同的是，自动出口配额制是出口国"主动"对出口到进口国商品的数量或金额加以限制的措施，实际上是由于出口国受到进口国强大的经济或政治压力，不得已而为之，从而对进口国家而言，实际上起到了限制进口的作用。其目的在于避免因这些商品出口过多而严重损害进口国生产者的利益，从而招致该进口国采取报复性关税干预从出口国进口商品或者实施经济制裁等。自动出口配额制一般采取两种不同的形式,即非协定的自动出口配额制和协定的自动出口配额制。

(1) 非协定的自动出口配额制

非协定的自动出口配额制是指并非受到国际协定的约束,而是迫于来自进口国方面的经济或政治压力,出口国自行单方面规定其出口配额,限制商品出口,从而实现进口国限制商品进口目的的制度。非协定的自动出口配额由政府规定并公布出口商必须向有关机构申请配额并领取出口授权书或出口许可证才能出口;或由本国规模较大的出口厂商或协会根据政府的意图规定额度以控制其出口活动。

(2) 协定的自动出口配额制

协定的自动出口配额制是指进出口双方通过谈判签订"自限协定"(Self-restriction Agreement)或有秩序的销售协定(Orderly Marketing Agreement)的制度。出口国应根据协定规定的出口配额限制商品的出口,出口国可采用出口许可证或出口配额签证制等方式进行限制。协定的自动出口配额制可通过政府间的双边或多边谈判等方式达成。

3. 进口许可证制

进口许可证(Import License System)是指进口商进口商品须事先向国家有关机构提出申请,经过审查批准发放许可证后,方可进口商品的制度。进口许可证制是运用行政管理措施直接干预国际贸易的措施,不仅可以对进口商品的数量或金额加以限制,而且可以规定特定国别和地区或商品种类,具有简便易行、收效快等特点,因而成为各国监督和管理进口贸易的有效手段。进口许可证制还可以与配额制结合起来使用,即受配额限制的进口商品,进口商必须向有关部门申请进口许可证,政府发放进口配额许可证,进口商凭证进口。因此,按照进口许可证制与进口配额制的关系,进口许可证制分为有定额的进口许可证制和无定额的进口许可证制。此外,按照进口许可程度,进口许可证制分为公开一般许可证和特种进口许可证。

(1) 公开一般许可证

公开一般许可证(Open General License),又称公开进口许可证、一般进口许可证或自动进口许可证,是指进口商在进口属于公开一般许可证范围内的商品时,需填写公开一般许可证,此后便可准许进口的制度。此类许可证制对进口贸易没有限制,属于公开一般许可的商品实际上是自由进口的商品。填写许可证的目的不在于限制商品进口,而在于海关凭进口许可证可直接对商品进行分类统计,有时也可调节外国商品的流入速度。

(2) 特种进口许可证

特种进口许可证(Special License),又称非自动进口许可证,是指凡列属特种进口许可证的商品,进口商在进口该商品时必须向有关政府部门提出申请,经过审查批准后才能进口的制度。这种进口许可证适用于特殊商品以及特定目的申请,如烟、酒、麻醉物品、军火武器或某些禁止进口商品。特种进口许可证受到政府有关部门的严格控制和管理,通常规定进口国别或地区,用以贯彻国别政策。

（二）间接的非关税壁垒

有许多类型的间接非关税贸易壁垒，包括外汇管制、国家垄断、歧视性政府采购、进口押金制、海关估价、最低限价、国内税等比较传统的间接非关税贸易壁垒，这些壁垒往往具有明显的特征和限制进口贸易的意图，经常受到经济组织的抵制。近年来，以保护生态环境、保护动植物生命、保护消费者和劳动者权益为理由，出现了新型间接非关税贸易壁垒，对进口贸易进行限制。以下内容主要介绍技术性贸易壁垒、绿色贸易壁垒和蓝色贸易壁垒。

1. 技术性贸易壁垒

技术性贸易壁垒（Technical Barriers to Trade）是指进口国往往以维护国家安全、保障人类生命和健康、保护动植物生命、保护生态环境、保障产品质量为由，规定复杂苛刻的技术标准、卫生检疫规定以及商品包装和标签规定以实现限制进口目的的措施。技术性贸易壁垒主要通过颁布法律、法令、法规和规定，建立技术标准、认证体系、卫生检验检疫体系等，对进口货物实行严格的技术、卫生检疫、包装和标签标准，使外国出口商难以适应，从而使进口更加困难，最终达到限制进口的目的。

技术性贸易壁垒的主要措施包括：第一，技术法规和技术标准。技术法规是指必须执行的有关产品特性或其相关工艺和生产方法，包括国家法律、法规、规章等规范性文件，以及由非政府组织拟定，经政府授权制定的技术规范、指南、准则等。技术标准是指经公认机构批准的，供通用或重复使用的，包含产品特性或相关工艺和生产方法的规则、指南或特殊的文件。

使用技术法规和技术标准作为贸易壁垒是非对等的。在国际贸易中，发达国家是国际标准的制定者，而发展中国家往往是国际标准的执行者。发达国家凭借技术优势，制定了很高的技术标准，而且这些标准不断变化，使发展中国家的出口厂商要么不知道该做什么，要么为了达到其标准而付出更高的成本，从而失去了产品在国际市场上的竞争力。

第二，合格认证程序。合格认证程序是指按照技术规则和标准，对生产、产品、质量、安全、环境等环节进行全面监督、检查和检验，合格后颁发合格证书或合格标志，以证明某产品或服务符合规定的标准和技术规范的程序性过程。目前，世界范围内广泛采用的质量认定标准是 ISO 9000 系列标准，美国、日本、欧盟等经济体都有自己的技术标准体系。

第三，卫生检疫标准。卫生检疫标准是指政府基于道德、健康、安全等原因对进口商品制定严格的卫生和安全标准，如果进口商品在某些细节上不符合相关要求会被拒绝进口。乌拉圭回合通过的《实施卫生与植物卫生措施协议》规定，成员方有权采取措施，保护人类与动植物的健康，但由于各成员方有很大的自由度，出于某种目的，往往随意提高标准或增加程序，从而造成贸易障碍。从发展趋势来看，发达国家不断提高食品安全卫生指标，特别是对农药残留、放射性物质残留和重金属含量的要求越来越严格，导致许多出口产品不符合其卫生标准，无法进入国际市场。

第四，商品包装和标签要求。商品包装和标签要求是指各国对商品的包装和包装标志的严格规定，对不符合规定的商品不得进口。为了防止包装及其废弃物对生态环境、人类和动植物安全构成威胁，保护消费者权益和生态环境，许多国家都制定了一系列包装和标签方面的法律法规。从保护环境和节约资源的角度来看，严格规定包装及其标签有积极的效果，但同时也增加了出口商的成本，而且各国对包装及其标签的要求各不相同，国与国之间规定上的微小差异可能成为限制进口的障碍。

技术性贸易壁垒长期存在于国际贸易中，其原因在于技术性贸易壁垒具有合理性和不合理性的双重性质。合理性在于一方面建立技术性贸易壁垒可以促进各国不断提高本国出口产品的质量、卫生及安全性能，有利于保障人类生命安全和身体健康；另一方面技术性贸易壁垒可以调节国内市场失灵。首先，技术性贸易壁垒可以缓解市场交易中的信息不对称问题。微观经济学中信息不对称问题会导致市场失灵，如消费者由于无法确定其购买产品的质量，依靠市场中产品的平均质量进行支付意愿价格，导致单个企业不存在提高产品质量的激励，最终会导致低质量产品将高质量产品驱逐出市场，整个市场会被低质量产品占据。因此，建立严格而明确的技术法规和标准，产品质量、卫生安全标准，以及评估产品是否达到这些要求，有利于消费者在交易过程中有效识别产品的质量，从而缓解交易过程中的信息不对称问题。其次，技术性贸易壁垒可以缓解市场交易过程中的负外部性。微观经济学中的负外部性是指经济活动所产生的负面影响而并没有反映在价格中的现象，如进口货物中携带的虫害或疾病可能会在进口国繁殖与传播，进而会增加进口国生产成本、减少进口国产量。因此，建立严格、明确的卫生检疫标准来控制相关产品的进口，可以起到克服进口可能产生的生产或消费外部效应，提高社会福利的作用。

不合理之处在于，技术性贸易壁垒的设置往往是为了限制进口，保护国家经济利益，然而这并不利于世界资源的自由流通和优化配置。技术性贸易壁垒政策的制定可能受到某些利益集团的影响或控制，这些利益集团通过制定某些技术法规或标准来规范甚至阻碍外国产品进入国内市场。其目的是保护国内产品，使国内产业与竞争激烈的国际市场相隔离。此外，发展中国家比发达国家受到更多的贸易技术壁垒的限制。在现行的国际标准体系中，发达国家是标准的主要制定者，而发展中国家是标准的被动接受者。发达国家根据自身技术发展水平制定的标准体系，往往是发展中国家难以实现的，从而为发达国家限制进口和保护本国产业提供了有效的措施。

2. 绿色贸易壁垒

绿色贸易壁垒（Green Barriers to Trade，GBT）是为了减少国家的环境污染和保护人民健康而实施的一些限制国际贸易活动的措施。这些手段和措施，如果合理、科学、符合国际标准和准则，则可改善人类和动植物的健康，促进国际贸易的正常发展；否则，可能成为任意或无理歧视的手段，影响国际贸易的正常发展。

绿色贸易壁垒表现形式多样，一般可归纳为以下几种类型：第一，绿色关税制度。这种形式是绿色壁垒的最初表现形式，是对一些污染环境、影响生态的进口产品征收进口附加税，或者限制、禁止进口，甚至实施贸易制裁。在执行标准时，往往存在内外差异，规定有明显歧视性，可以说是打着环保的旗号，实现贸易保护的目的。

第二，绿色环境标志制度。绿色环境标志，也叫"绿色标签"，它是一种对环境友好的商品所进行的标识和认证。印刷或贴附在合格的货物和包装物上，证明产品不但达到了品质和性能的标准，同时也达到了环保的目的。环保标志认证程序复杂，手续烦琐，标准严格，使外国企业的生产和贸易费用大大提高，其在一国的市场上往往成为一种非关税壁垒即环境壁垒。

第三，绿色技术标准制度。产品的标准是指在实际应用中能够顺利地达到使用者需要水平的要求而制定的强制规范。发达国家的技术水平普遍较高，在环境保护方面的技术规范则依据自己的技术水平来制定，发展中国家仅凭技术实力很难满足苛刻的环境要求，从而商品无法进入发达国家市场。

第四，绿色包装和标签制度。绿色包装是一种可节约能源、减少废弃物、有利于循环利用、易自然分解、无污染包装。

第五，绿色卫生检疫制度。绿色卫生检疫制度是指国家相关机构在保证人体和动物不受污染物、毒素、微生物和添加剂的危害时，对其进行严密的检测，以避免其流入国内。国家有关部门会发布相关法规，制定出一系列的限制条件，并委托检测部门进行法律检查。

第六，绿色补贴制度。为了保护环境和资源，各国政府采取了干预政策，对环境和资源成本内在化。发达国家为了降低环境成本，将重污染产业转移到发展中国家，导致发展中国家的环境成本上升。发展中国家的大多数企业负担不起环境治理的费用，政府有时不得不给予一定的环境补贴。

绿色贸易壁垒的基本特征包括以下几点：一是合理性。绿色贸易壁垒是为了改善全球生态环境，规范对外贸易健康发展而采取的一种限制和制裁贸易的措施。在现代社会，人们日益增长的生活环境和生活质量要求很自然地集中在环境问题上，而对于那些可能给环境带来危害、影响人类健康状况的商品和服务，人们表现出高度的敏感性，而绿色贸易壁垒就是抓住了人们这种常见的心理。二是广泛性。绿色贸易壁垒的发展对我国经济的发展起着至关重要的作用，它不仅保护环境、人类生命健康与可再生资源以及相关产品的生产和出售，而且发展中国家为减少自身环境污染、提高国内经济而采取的一些措施是极具挑战性的。三是隐蔽性。绿色贸易壁垒不同于配额许可证措施管理，绿色贸易壁垒不太可能导致贸易摩擦，这是因为标准是基于高新技术，不仅非常严格苛刻，而且十分复杂，出口国往往难以适应。四是技术性。生产、使用、消费和处理的过程包括更多的技术成分。五是相对性。在发达国家中，环境技术水平相对接近，而且由于环境问题造成的贸易摩擦较少。不同国家的绿色贸易壁垒，在限制的内容上也有本质的区别。对于发展中国家来说，发达国家更高的环境治理标准和相关的环境管理政策，往往是不可逾越的绿色壁垒。

3. 蓝色贸易壁垒

蓝色贸易壁垒是以劳工的劳动条件和生存权为由而实施的一种贸易保护性壁垒。蓝色贸易壁垒的主要特征是：首先，具有合法性。它遵循国际公约，站在道德高地上，使发展中国家无法通过贸易协定进行反击。其次，蓝色贸易壁垒在形式上是一种更加隐蔽的贸易壁垒。发达国家经常利用一系列国际公约对进口商施加压力，并利用民间社会和公众舆论的力量，阻碍发展中国家的出口。最后，蓝色贸易壁垒具有歧视性。发达国家一直主张各国应该采用相同标准的劳工条款，保障各国劳动者的权利，在国际贸易中实现"公平竞争"。表面上看起来一视同仁，但由于发达国家与发展中国家之间的产业结构明显不同，二者的社会经济发展水平也相差悬殊。事实上，受劳工条款影响的主要集中在发展中国家的劳动密集型产业上，这是发展中国家利用其劳动力成本的比较优势加入国际经济循环的主要方式。因此，这对发展中国家的经济发展、就业、国际收支都会产生一定的影响。

三 进口配额与等效关税

（一）进口配额的福利效应

与一国设置关税一样，采取进口配额措施对贸易双方的经济也有深刻的影响。为便于分析，假定采取进口配额措施不会影响国际价格。

如图 7-5 所示，曲线 S 与曲线 D 分别是该进口国的国内供给曲线和需求曲线，由于世界价格低于国内价格 $P_w < P_e$，因此该国存在进口，Q_1Q_2 为世界价格下的自由贸易进口量。为限制进口，该国设置了数量为 Q_3Q_4 的进口配额，进口配额数量小于自由贸易情况下的进口数量。价格 P_Q 是该国设置数量为 Q_3Q_4 进口配额而形成的新价格，在某种意义上这种做法可看成设置 P_Q 的进口税，国内需求为 OQ_4。

假设国内需求偏好发生变化，即消费者希望更多地消费该种商品，那么国内需求曲线从曲线 D 移动至曲线 D'。但原先设置的进口配额数量并未发生变化，从 AB 上升到 $A'B'$ 的位置。

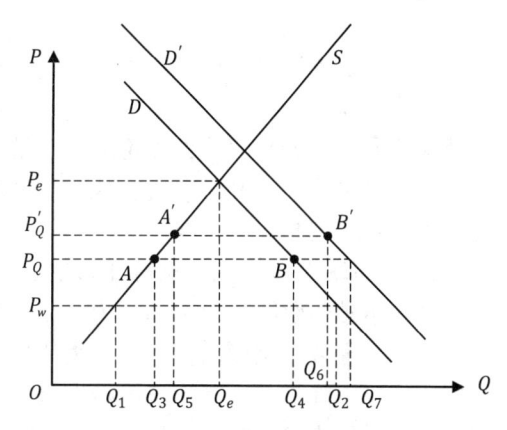

图 7-5 进口配额与等效关税的图形分析

那么该国商品的价格上升，进口配额对于市场的保护作用加强，国内生产增加为 OQ_5，消费也提高为 OQ_6，但由于进口配额未发生变化，国内消费仍然大于国内生产，因此该商品的进口量仍为 $AB = A'B'$。

（二）进口配额与等效关税的区别

假设在国内需求发生变化，消费者对该商品的需求量增加时，若该进口国采取等效关税而非进口配额的措施，则进口关税税率不变，需求曲线上升为 D'，但国内价格仍为 P_Q，国内生产并未因需求上升而改变其生产计划。因此只有国内消费发生变动，国内消费量增为 OQ_7，增长了 Q_4Q_7。由此表明，等效关税并未随着国内需求的变化而同步增加对国内生产者的保护作用。

上述分析表明,在需求增长时期,进口配额相比于进口关税对国内生产的保护作用更大。政府实施进口配额时,商品的进口量被严格限制,因此增长的需求只能通过增加国内供应来实现,生产者得到的支付增加,扩大生产以满足国内消费的增加。政府在实施进口关税时,产品的国内价格高于世界价格的部分即为关税,增长的需求不会带来国内价格的上涨,消费者可以通过进口更多的商品来满足消费需求的增加。

第三节 贸易政策理论

国际贸易政策的概念范围比较广,是指一国对进出口贸易进行管理的原则、方针和措施手段的总称。一国实施国际贸易政策具有政策理论基础,并主要经历了重商主义(欧洲资本原始积累时期)、自由贸易政策(资本主义自由竞争时期)、新重商主义(垄断资本主义时期)、贸易自由化和新贸易保护主义等主要阶段,形成了古典贸易理论、新古典贸易理论、新贸易理论和新新贸易理论等诸多经典的国际贸易政策理论。

本节主要介绍了与关税措施紧密联系的两个国际贸易政策理论,分别是梅茨勒悖论和勒纳对称原理,并且对国际贸易扭曲理论、形式、影响以及如何消除贸易扭曲做了介绍。

一 梅茨勒悖论

关税的均衡分析表明,无论进口国是小国还是大国,在征收关税后,本国进口商品的国内市场价格均会上升。然而,这一结论对大国而言并不总是成立的。如果存在梅茨勒悖论,那么会出现相反的情况。

(一)梅茨勒悖论(Metzler Paradox)的含义

斯托尔珀—萨缪尔森定理认为,一国采取的保护性贸易政策,如对某商品征收从价进口关税,会导致在该商品生产中密集使用的生产要素的实际报酬提高,而另一种生产要素的实际报酬下降。然而,梅茨勒指出这一结论隐含地假设了征收关税会导致该商品的国内市场的相对价格发生变化。他认为关税是否会提高密集使用的生产要素的价格取决于进口关税的两种效应:一是进口关税提高了进口商品的价格,二是进口商品减少压低了进口商品的价格,从而改变了进口商品与国内出口商品的相对价格。梅茨勒认为,如果一国的外国需求弹性 a 小于均衡时的 $(1-k)$, k 为边际进口倾向,那么关税可能不会提高进口产品的国内相对价格。在这种情况下,关税的经济效应与前文的分析结论完全相反,这就是所谓的梅茨勒悖论。

(二)梅茨勒悖论的图解

假定存在两个国家,分别为 A 国和 B 国;两种商品,分别为 X 和 Y。A 国出口 X 产品,进口 Y 产品;B 国出口 Y 产品,进口 X 产品。

如图 7-6 所示，A 国的提供曲线为 OA_1，B 国的提供曲线为 OB，OC_1 是相对价格曲线，用 X_1/Y_1 表示，也称国际贸易条件线。曲线 OA_1 与曲线 OB 相交于 E_1，此时 A 国出口 X_1 单位的 X 产品，进口 Y_1 单位的 Y 产品。在均衡点 E_1 处，B 国的提供曲线缺乏弹性或者外国对本国出口品 X 的需求价格弹性的绝对值很小。

当 A 国征收进口关税后，A 国的提供曲线向左移动至曲线 OA_2，与 B 国提供曲线 OB 相交于新的均衡点 E_2。A 国出口 X_2 单位的 X 产品，进口 Y_2 单位的 Y 产品，从而以较少的 X 产品换取了更多的 Y 产品，表明 A 国的贸易条件改善。但出口产品减少，而进口产品增加，说明征收关税并没有对国内产业起到保护作用。在新的均衡情况下，贸易条件曲线为 C_2，国际相对价格为 X_2/Y_2，而国内相对价格为 X_3/Y_2，国际相对价格小于国内相对价格。此时，A 国进口商品的国内相对价格低于自由贸易时的相对价格，表示征收关税后，进口商品的国内价格不升反降。

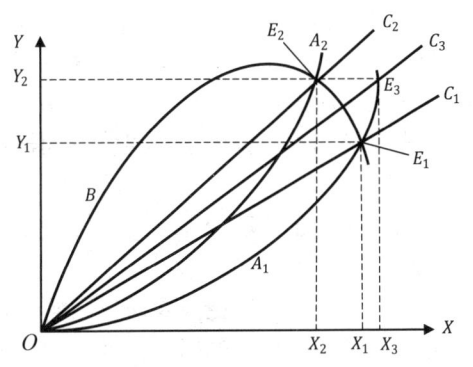

图 7-6 梅茨勒悖论的图解

二 勒纳对称原理

（一）勒纳对称原理的含义

勒纳对称原理（Lerner Symmetry Theorem）是指以从价税计征的同样税率的进口关税和出口关税对国内市场的进口商品具有相同的效应，因为进口关税和出口关税对进口商品的相对价格和贸易条件会产生相同的影响。同样，对于国内商品的生产或消费征税或补贴，也会间接地影响生产和消费数量。

（二）勒纳对称原理的推导

假设 P_X^M 和 P_Y^M 分别为商品 X 和商品 Y 的进口国价格，P_X^w 和 P_Y^w 分别为商品 X 和商品 Y 的国际价格，进口国进口 Y 商品，出口 X 商品。

假设进口国仅对 X 出口商品征收 t 元的从价出口税。此时，进口商品 Y 的国内价格 P_Y^M 和国际价格 P_Y^w 相同，出口商品 X 的国内价格低于国际价格，二者的关系为：

$$P_X^M = P_X^w/(1+t) \tag{7-3}$$

那么，进口国国内两种商品的相对价格比例为：

$$\frac{P_X^M}{P_Y^M} = \frac{P_X^w}{(1+t)P_Y^w} \tag{7-4}$$

并令 P^M 和 P^w 分别为进口国国内和国际市场上两种商品的相对价格，那么 $P^M < P^w$。

假设进口国仅对 Y 进口商品征收 t 元的从价进口税。此时，出口商品 X 的国内价格 P_X^M 和国际价格 P_X^w 相同，进口商品 Y 的国内价格高于国际价格，二者的关系为：

$$P_Y^M = P_Y^w(1+t) \tag{7-5}$$

那么，进口国国内两种商品的相对价格比例为：

$$\frac{P_X^M}{P_Y^M} = \frac{P_X^w}{(1+t)P_Y^w} \quad (7-6)$$

并令 P^M 和 P^w 分别为进口国国内和国际市场上两种商品的相对价格，那么 $P^M < P^w$。

这表明对进口商品还是出口商品征收相同的从价税，都会提高进口商品的国内市场价格。进口税和出口税的这种对称性同样也存在于进口补贴和出口补贴之中。

三　贸易扭曲理论

国际贸易扭曲理论主要研究阻碍市场机制发挥作用，致使无法达到帕累托最优状态的扭曲形式、贸易扭曲的影响，并对如何消除扭曲，使自由贸易得到恢复提出政策建议。

（一）扭曲的含义

扭曲（Distortion）是指经济活动对帕累托最优状态的偏离。在完全竞争市场中，帕累托最优状态是指任何改变都无法使任何人的福利增加而同时另一个人福利不降低的社会状态。

在封闭经济中，实现帕累托最优状态要求生产和交换同时达到最优，并且二者的最优条件相同。对于用来生产两种产品的两种生产资源来说，生产实现最优要求它们的每一组合的边际技术替代率相等。边际技术替代率是指保持产量水平不变时，两种生产要素的边际产量之比。只要两个生产者的两种生产要素投入量的边际替代率不相等，就可以进行两种生产要素的替代，这样就能增加一种产品的产量而不减少另一种产品的产量，甚至两种产品的产量同时增加。只有当两个生产者的每一组生产资源投入边际技术替代率相等时，这种替代才会停止，这时便达到最有效率的生产。对于两种产品的社会分配来说，交换实现最优要求每一消费者面临的边际替代率相等。边际替代率是指保持效用水平不变时，两种产品的边际效用之比。只要有两个消费者对商品的相对边际评价不同，那么两个消费者之间就可以通过交换实现更优。只有当两个消费者对两种商品的相对边际评价相同时，这种替代才会停止，这时便达到最有效率的交换。而当生产和交换同时实现最优，并且实现最优的条件相同时，社会实现帕累托最优状态。

在开放经济中，实现帕累托最优状态要求国内生产最优和交换最优的条件相等并且等于国际市场的实现生产和交换最优的条件，社会福利才会实现最优。而如果上述条件没有实现，就会出现贸易扭曲。

（二）扭曲的形式

贸易扭曲：扭曲反映在国外市场上，即国外边际技术替代率不等于国内边际技术替代率，但国内边际技术替代率等于消费的边际替代率，这时国外市场发生了扭曲。

生产扭曲：扭曲反映在国内市场中，国内边际技术替代率不等于国内消费的边际替代率，但国内消费的边际替代率等于国外的边际技术替代率，这时国内生产发生了扭曲。

消费扭曲：扭曲反映在国内消费上，国内消费的边际替代率不等于国内边际技术替代率，但国内边际技术替代率与国外边际技术替代率相等，这时国内的消费发生了扭曲。

要素市场扭曲：扭曲反映在要素市场上，某一国家的边际技术替代率与另一国家的边际技术替代率不相等，生产点不在有效的生产可能性曲线上，这时要素市场发生了扭曲。

(三) 产生扭曲的原因及影响

在开放经济中，四种贸易扭曲形成的原因主要分为两大类：一是内生性扭曲，二是政策性扭曲。内生性扭曲是指由于市场失灵造成的国内市场对帕累托最优状态的偏离。微观经济学告诉我们垄断势力、外部性、信息不对称和公共物品会导致市场失灵。如果国内市场中存在消费的外部性，那么会产生消费扭曲；如果国内市场中存在生产的垄断势力或生产外部性或消费外部性和生产的垄断势力同时存在，那么会产生生产扭曲；如果存在贸易垄断势力，就会产生贸易扭曲；如果相同要素存在行业间的价格差异，那么会产生要素市场扭曲。

政策性扭曲是指政府对国际贸易活动进行干预而导致扭曲。政策性扭曲又可分为工具性扭曲和自发性扭曲。工具性扭曲，也称非自主性扭曲，是指政府为了限制国际贸易而采取的国际贸易政策，如为了限制进口而征收的进口关税，最终导致贸易扭曲的状态。自发性扭曲，也称自主性扭曲，是指并非为了实现某种特定目标时而出现的扭曲。以上造成扭曲的这些原因之间又会产生交叉和搭配，如某些工具性政策与经济内部因素共同起作用造成的扭曲。贸易扭曲所产生的最大影响是造成边际成本与价格相背离，从而导致市场调节机制的失效，使社会福利不能实现最大化。

(四) 消除贸易扭曲的措施

如果国内国际市场结构均为完全竞争市场，那么自由贸易政策是实现帕累托最优状态的政策。自由贸易是指政府对贸易本身不进行税收、补贴、法规方面的限制，但是允许对非贸易部门，如国内要素市场、生产、消费采取税收等方面的干预。自由贸易与自由放任有本质的区别，前者允许间接的干预，而后者不允许任何的干预。因此，使用间接方法对贸易进行调节，并不破坏自由贸易。

采用适宜的政策对扭曲进行纠正，需要具有一定的针对性，即针对不同形式的贸易扭曲需要采取不同的政策措施：若在外国市场出现扭曲，可采取关税手段，使本国物价与边际贸易条件保持一致；也可对生产、消费和要素等进行补助和税收的调节。若在国内市场上出现了扭曲，应先考虑采取生产税或补贴等财政政策，再考虑关税等措施。若国内消费出现了扭曲，应先考虑消费税或补助等措施，再考虑关税等措施。若在要素市场中出现了扭曲，最优的办法是对要素征税和补助，其次是产品税和补助，最后是关税。

第四节 倾销与反倾销的经济分析

一 倾销的含义、分类与条件

(一) 倾销的含义与影响

倾销 (Dumping) 是一种在不同国家或地区之间采取的价格歧视行为，是指一个国家或地区的出口商在正常的贸易过程中，以低于国内市场正常水平或平均价格甚至低于国内生产成本的价格，向另一国市场抛售其产品的行为。倾销行为会对出口国、进口国以及第三国的经济活动产生影响。

1. 出口国市场

采取倾销可能对出口国的类似产品的生产者造成实质性损害，从而能够挤出其他生产者在国际市场上的产品份额。倾销会损害出口国消费者的利益，如果出口商在国际市场中采取倾销行为，以低价在国际市场上大量出售其商品以维护垄断地位，那么国内消费者不得不支付比国际市场高的价格，从而损害了消费者的利益。倾销会扰乱出口国市场秩序，倾销会引起出口国国内生产者的低价竞争行为，造成生产要素的浪费。

2. 进口国市场

倾销会严重阻碍进口国的进口替代部门的发展，出口国倾销企业通过低价抛售的行为能够挤占进口国市场上国内生产者的市场份额，从而逼迫进口国市场上的进口替代品的有关企业退出市场。倾销会扭曲进口国市场秩序，价格是市场传递的信号，由于出口国倾销企业刻意地降低价格出售商品会给进口国市场上的生产者造成错误的信号传递，从而导致进口国市场上资源配置效率的降低。

3. 第三国市场

如果在进口国市场上存在第三国出口产品竞争的情况下，倾销也会对第三国的生产者造成损害，即导致进口国对第三国市场的进口需求减少，使第三国市场的生产者的市场份额和利润减少。

(二) 倾销的分类

按照倾销的具体目的、持续时间及危害程度来划分，一般可分为以下几类：一是偶然性倾销（Sporadic Dumping），又称短期倾销或突发性倾销，是指因为销售旺季已过，或因公司改营其他业务，或生产商为了避免存货的堆积，在短期内以较低的价格在国外市场上抛售其产品。这种倾销手段属于意外现象，通常不会占领国外市场、排挤竞争者，但对进口国家消费者来说，则能享受廉价消费带来的利益。由于并没有影响到进口国的正常生产，对于此类偶然的倾销，国际上一般不会实施反倾销措施。

二是间歇性倾销，就是产品的出口者为了在一国市场上获得垄断地位，以低于国内正常平均售价或低于成本的价格进行销售，打败竞争者后再提高销售价格，从而获得超额垄断利润。此类倾销具有侵略性，违反公平竞争原则，对进口国家的产业伤害远超进口国家的消费者的利益，扰乱世界贸易秩序，因而遭到世界各国反倾销法案制裁。

三是持续性倾销，又称长期性倾销，是出口商或制造商为实现其规模经济效应，而对一部分产品进行长时间的持续低价向国外市场销售。由于该类倾销时间持续较长，不公正地影响进口国生产商的利益，因此会受到反倾销法的制裁。

(三) 实施倾销的条件

第一，必须是不完全竞争的行业，具有垄断力量的厂商是市场价格的制定者而非市场价格的接受者，这样出口商在很大程度上可以决定价格的形成，企业出口的变化会对市场价格造成影响。第二，出口国与进口国的市场隔离，不存在倒买倒卖的可能性。否则，低于国内价格的商品又会流到国内。如果两国的贸易壁垒的高度相当于国内与国外市场的差价，那么这种差价就能够维持。第三，两国的需求价格弹性不同，出口国需求价格弹性低于进口国需求价格弹性。当这些条件成立时，企业就有可能通过在国内市场索要高价，而向外国购买者收取较低的价格，使利益最大化。

专栏 7-1　　　　　　　　　　倾销与反倾销

2017 年 1 月 30 日，美国国际贸易委员会裁定，从中国进口的大型洗衣机对美国相关产业造成了实质损害。据此，美国对中国出口商征收 32.12%—52.51% 的反倾销税。

2018 年 1 月 31 日，欧盟委员会对中国铸铁产品作出反倾销调查终裁，决定自当日起对上述产品实施为期 5 年的反倾销措施，反倾销税率为 15.5%—38.1%。

2019 年 5 月 30 日，中国商务部宣布对原产于日本、美国、韩国和马来西亚的进口聚苯硫醚进行反倾销调查。聚苯硫醚具有耐高温、耐腐蚀等优良性能，广泛应用于纺织、汽车、电子电器、机械、石油、化工、航天航空等领域。

2021 年 4 月 12 日，澳大利亚反倾销委员会作出复审终裁，决定自 2021 年 4 月 23 日起继续对中国盘条实施反倾销措施，并以固定税率和可变税率结合的方式计征反倾销税。

由此可见，倾销与反倾销的国际贸易摩擦广泛存在于国际贸易之中。本节主要对倾销与反倾销措施进行了介绍，并对实施倾销和反倾销的经济效应进行了图形分析。

二　反倾销的含义、条件与程序

（一）反倾销的含义

反倾销是指受到出口国倾销商品损害的进口国为此采取的措施。倾销被视为一种不正当的竞争手段，为世界贸易组织所禁止，因此反倾销也成为各国保护本国市场，扶持本国企业强有力的借口和理由。

（二）反倾销的条件

1. 倾销的存在

确定倾销的存在是实施反倾销措施的首要条件。在确定一个产品是否倾销时，必须比较产品的出口价格与出口商的国内价格。如果前者低于后者，即被认为是倾销。但是，如果出口方国内市场销售行为不正常或者国内市场销售量较小时，倾销存在的确定不能通过比较出口和国内价格，而应该把出口价格同以下二者之一进行比较：第一，同类产品出口到第三国的可比价格；第二，在进口产品生产成本加上一般费用、销售与管理费用和利润的基础上计算出来的推定价格。

2. 实质损害的存在

实质损害的存在是构成法律倾销与采取反倾销措施的必要条件。实质损害有三种表现：第一，对进口国国内产业的实质损害；第二，对进口国产业产生实质威胁；第三，对进口国新兴产业产生实质阻碍。如果相对于进口国的生产或消费而言，倾销进口大量绝对增加或相对增加，或者进口产品的价格降低了国内同类产品的价格，或阻碍其价格的提高，那么就构成对国内产业的损害或受到损害的威胁。

3. 倾销与损害之间存在因果关系

进口方如果要采取反倾销措施，除了要确定进口产品存在倾销行为和对国内产业存在损害，还必须证明倾销和损害之间存在因果关系，即证明进口国国内相同或相似产业的损害是由于进口产品的倾销造成的。

（三）反倾销的程序

反倾销程序是指进口国主管当局根据受到损害的国内工业的申诉，按照一定的法律程序，对进行倾销的外国产品，进行立案、调查和处理的过程和措施。反倾销是用以抵制不公平国际贸易行为的一种措施。具体程序如下所示。

1. 反倾销调查的提起与受理

反倾销调查可以用以下方式提起：第一，由一个受倾销影响的国内产业或其代表向有关当局以书面形式提起反倾销调查；第二，由有关当局决定进行反倾销调查。

2. 初步裁决

在适当调查的基础上，有关当局对于倾销或损害可作出肯定或否定的初步裁决。初裁结果一般有三种：第一，由于缺少证明倾销或损害存在的事实和证据，反倾销机构终止案件而不采取任何保护措施。第二，在调查程序中，由于申诉方主动撤回申诉，反倾销机构终止对案件的调查。第三，当初审结果表明有倾销存在并对进口国工业造成损害时，反倾销机构可以作出初裁，并对被控产品征收临时反倾销税或实施其他临时的措施。

3. 价格保证

反倾销调查开始后，如果收到出口商令人满意的修改其产品价格或停止向该地区以倾销价格出口产品的自动保证后，主管当局认为倾销的损害结果得以消除，则可中止或终止调查。但是，如果主管当局认为接受出口商的价格保证是不现实的，则可拒绝其价格保证，但应该说明理由。

4. 临时措施

在初步裁决存在倾销和损害的事实后，进口方当局为防止该国产业进一步受到损害，可采取反倾销的临时措施。临时措施既可以采取临时关税的形式，也可以征收与反倾销税等量的保证金或保税金。临时措施只能从开始调查之日起的 60 天后采取，实施期限通常不超过 4 个月。只有在出口商主动请求或者有关当局认为确有必要时，才可以适当延长。

5. 征收反倾销税

在有关当局最终确认进口商品构成了倾销，并因此对进口方某一相同或类似产品的产业造成了实质性损害,就可对该倾销产品征收反倾销税。征收反倾销税的数量应该等于或小于倾销幅度,征税期限以足以抵消倾销所造成的损害所需的时间为准,但一般不得超过5年。

6. 行政复审和司法审查

在征收反倾销税的一段合理的时间之后,有关当局根据当事人的请求或自身的判断,可进行行政复审,以确定是否需要继续征收反倾销税。有关当局的最终裁决和行政复审可特别要求司法、仲裁或行政法庭进行复审。同时,世界贸易组织规定,在反倾销协议实施过程中,如果缔约方之间发生分歧,首先应该相互协商。如果协商不成,应提请世界贸易组织反倾销实施委员会进行调解。如果在3个月内无法解决分歧,反倾销实施委员会应在争议一方请求下成立专门小组,来审查整个案件。

(四) 反倾销的措施

1. 临时措施(Provisional Measure)

临时措施是指在初步调查结果表明存在倾销和损害的情况下,为阻止在调查期间损害的继续产生,反倾销当局可以在初步裁决中根据临时估计的倾销幅度计算临时反倾销税,并采取临时加征进口关税的措施。临时措施可分为征收临时反倾销税和收取保证金或保函两种方式。收取保证金或保函等担保形式的金额要求与临时估计的反倾销税的金额相等,同时与其他临时措施(反倾销税)的实施受相同前提条件的约束,因此,收取保证金或保函等担保形式实际上都是对临时估计的反倾销税的预收。

按照WTO反倾销协议的规定,临时措施必须在反倾销案件正式立案调查起60日之后,才能加以实施。这一规定的目的在于防止进口国对临时措施的滥用,如可以有效地防止有关进口国调查当局未经认真调查取证,便在反倾销调查发起之后直接作出实施临时措施的决定,从而达到保护本国相同产业的贸易保护目的。不仅如此,为了防止成员方对临时措施的滥用,WTO反倾销协议还对临时措施的实施期限作了明确的统一规定,成员方实施临时措施的期限应限制在尽可能短的时间内,一般不应超过4个月;或经有关主管机关的决定,并应在所涉及的贸易中占很大百分比的出口商的请求,可以延至6个月;个别情况下不得超过9个月。

2. 价格承诺(Price Undertaking)

价格承诺是指进口国政府对倾销产品的进口不征收反倾销税,而是通过与出口商达成提价协议的办法,通过出口商的自愿提价来消除倾销所造成的损害性影响。实践中一些进口国政府从本国经济利益出发,往往不调查取证便迫使出口商作出价格承诺,用价格承诺的方法达到限制进口的贸易保护目的。因此,为了防止进口国对价格承诺的滥用,WTO反倾销协议规定了实施价格承诺的条件和限制,要求进口国主管当局必须在作出倾销和损害的肯定裁决之后,才能与出口商谈判和缔结价格承诺协议。在双方达成价格承诺协议的情况下,如果调查结果表明不存在倾销或损害,则价格承诺自动失效,除非这种否定的裁决是在已经存在的价格承诺的基础之上作出的。

3. 终裁征收反倾销税（Definitive Anti-dumping Duties）

反倾销税是指当产品被证明存在倾销并导致进口国国内相同工业遭受损害时，由进口国政府对倾销产品征收的除正常关税和费用以外的一种附加税。终裁反倾销税是指反倾销调查当局在终裁时最终确定的反倾销税。终裁反倾销税的税额应以倾销幅度为限，但可以低于倾销幅度。关于终裁反倾销税的征收问题，WTO 反倾销协议一个突出的修改条款就是引进"日落条款"。所谓"日落条款"，是指反倾销税征收一般自征税之日起或最后一次复审之日起不得超过 5 年时间，除非能证明终止征税还可能对进口国国内工业造成损害。引进"日落条款"的目的在于限制进口国长时间地滥用反倾销措施。

三 倾销模型分析

如图 7-7 所示，国内市场的生产者面临向下的国内商品需求曲线 D_d 和边际收益曲线 MR_d，表明该生产者拥有一定的垄断势力。该生产者同样面临向下的国际商品需求曲线 D_f 和边际收益曲线 MR_f，但与国内的商品需求曲线、边际收益曲线的倾斜幅度不同，表明国内的需求弹性小于国际市场的需求弹性。如果该生产者已知国内和国际市场的商品需求曲线和边际收益曲线，那么该生产者所面临的总的边际收益如图 7-7（c）所示。假设该生产者面临递增的边际成本曲线，那么该垄断生产者的最优产量由边际成本曲线和边际收益曲线的交点决定，即点 E 决定，那么最优产量为 Q^*，边际成本为 MC_d。由此决定该垄断生产者的商品在国内市场的价格和国际市场的价格以及国内市场的销售量和国际市场的销售量。由图 7-7 可知，$P_d > P_f$，即该垄断生产商的产品在国内市场的价格高于在国际市场的价格，因此存在倾销的可能，倾销的幅度即为二者价格的差距。

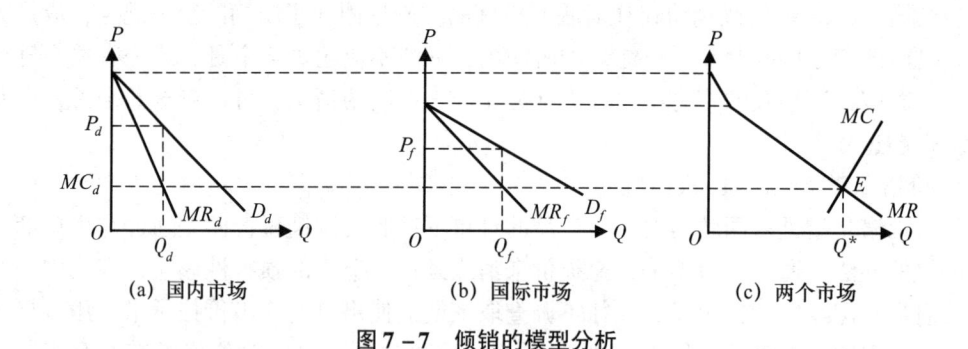

图 7-7 倾销的模型分析

四 反倾销的模型分析

反倾销的图形分析如图 7-8 所示，假设国外具有一定垄断势力的生产者在征收反倾销税前所面临的国外市场需求曲线为 D_1，那么其边际收益曲线为 MR_1。同时假设该生产者在进口国市场所占份额很小，因此面临水平的边际成本曲线。由此确定生产者实施倾销后在进口国市场的销售量为 Q_1，销售价格为 P_1。假设进口国政府对倾销商品征收额度为 P_3P_2 的反倾销税，这意味着实施倾销后的国内价格比进口价格高出 P_3P_2，那么该生产者面临的外国需求减少，外国需求曲线下移至 D_2，同样该生产者面临的边际收益曲线变为 MR_2。那么该垄断生产者在进口国市场的销售量减少为 Q_2。进口国政府获得的税收收入为 $(a+c)$ 的矩形面积，而国内消费者损失为 $(a+b)$ 的面积，那么该国征收反倾销税的净收益为 $(c-b)$。如果 $c>b$ 时，政府征收反倾销税能够增加国内的福利水平。

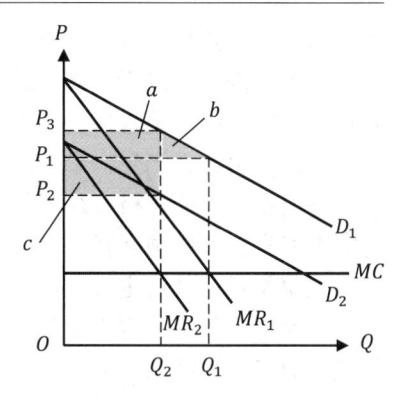

图 7-8 反倾销的图形分析

第五节 发展中国家的贸易保护政策

新中国成立以来，中国主要经历了进口替代政策和出口导向政策为主的两个阶段。进口替代政策阶段可分为改革开放前后两个时期，改革开放前，国家号召自力更生，对外贸易只是作为国内生产的辅助手段；改革开放后，我国通过要素禀赋优势出口商品，增加外汇收入以满足进口先进设备的用汇需求。在加入世界贸易组织以前，我国实施的出口导向政策表现为实施高关税和非关税壁垒以保护国内市场和幼稚工业；加入世界贸易组织以后，中国积极全面履行"入世"承诺，倡导全球化和自由贸易，大幅削减关税水平、取消大量非关税壁垒，并于 2013 年成为全球第一货物贸易大国。

本节主要介绍了对发展中国家制定贸易保护政策具有重要影响的幼稚产业保护论和战略性贸易政策理论，并对这两种理论存在的缺陷进行了评析。

一 幼稚产业保护论

幼稚产业保护论是资本主义竞争时期美国、德国所实行的贸易保护政策的主要理论依据，后被发展中国家所广泛采用。幼稚产业保护论由德国学者李斯特提出，他在 1841 年出版的《政治经济学的国民体系》一书中系统地提出了幼稚产业保护理论。

（一）幼稚产业的界定

对产业进行国际贸易保护是国家为了实现国内弱势产业增强其国际竞争力而采取的对国际贸易活动的限制。李斯特指出，各国国民经济的发展主要分为五个阶段，分别为原始未开化时期、畜牧时期、农业时期、农工业时期和农商业时期。在不同时期，各国应该实行不同的国际贸易政策,在农工业时期,由于国内工业产业才起步,因此需要对国内的工业产业进行保护,以抵御外国企业和产品的竞争;当处于农商业时期,国内的工业产业已经比较成熟,则应该采取自由的贸易政策,以扩大国民经济福利。

那么,由此就产生一个问题,即对什么产业进行保护?产业保护中的幼稚产业是指当前不够成熟、不能积极参与国际竞争,并且采取适当的保护政策后能够掌握科学技术、促进资本积累,形成国际竞争力,为国民经济发展做出重要贡献的产业。

关税及贸易总协定(GATT)的例外条款认为幼稚产业可以作为合法的保护对象。发展中国家可为某一特定工业的建设提供需要的关税保护。而对于特定工业应当是:第一,新建立的工业;第二,现有的工业部门中所产生的新分支生产部门;第三,对现有工业进行重大改造的工业部门;第四,因战争或自然灾害而遭到破坏或重大损坏的工业。

(二)幼稚产业保护的目的

幼稚产业之所以需要政府的暂时保护有以下原因:第一,新建产业面临较高的生产成本,需要一段时间的发展才能与他国竞争。由于学习效应、规模效应以及配套产业等问题的存在,新建产业的生产成本往往较高。正是由于新建幼稚产业发展初期面临一定的障碍,并且障碍能够随新建幼稚产业的发展而逐渐消失,幼稚产业才需要政府的保护。

第二,保护所产生的损失会被保护后社会福利的增加所弥补。对幼稚产业进行国际贸易的保护,往往通过限制进口的措施,从而会导致国内市场进口商品的价格较高,造成社会福利的无谓损失。此外,对幼稚产业进行保护也会存在机会成本。如果采取保护措施后,幼稚产业发展壮大,能够参与国际竞争,并且其所带来的社会福利的增加能够弥补上述的福利损失以及机会成本,那么政府采取保护措施是理性的。

第三,幼稚产业的发展面临市场失灵。幼稚产业存在正的外部性,幼稚产业的先进入者比后进入者存在更高的生产成本。如果不对幼稚产业的先进入者进行补贴和激励,则没有私人企业愿意首先进入新兴市场。微观经济学认为在存在外部性的情况下,仅靠市场的力量无法达到资源的最有效配置,这也就是所谓的市场失灵。当存在这种市场失灵时,幼稚产业在私有市场的资源配置下不能以最优的状态发展。因此就需要政府的介入,对幼稚产业进行一定补贴的激励措施,以促使该幼稚产业发展壮大。

(三)幼稚产业保护对象的选择标准

穆勒标准。当某一产业处于发展初期,其产业规模较小、生产成本较高,并且其生产成本高于国际市场价格时,如果让该产业中的企业自由参与国际竞争,那么必然会导致亏损。如果政府对该产业给予一段时间的保护,使该产业能够发展壮大,实现学习效应和规模经济,降低生产成本,在经历政府的保护之后,该产业完全能够参与国际竞争,并且获得超额利润,那么该产业应该作为幼稚产业给予一定的保护。

巴斯塔布尔标准。判断一个产业是否应该作为幼稚产业给予保护,不光要看它未来能够具有生产成本上的优势,而且还要将保护成本和该产业未来所能获得的预期利润的贴现值加以比较之后才能确定。如果未来预期利润的贴现值小于对该产业保护的成本,那么对该产业进行保护就不是一个理性的选择,该产业不能作为幼稚产业加以保护;如果未来预期利润的贴现值大于保护成本,那么对该产业加以保护是理性的选择。巴斯塔布尔标准比穆勒标准的要求更高,即它要求被保护的幼稚产业在经过一段时期的保护之后,不仅能够自立,而且还必须能够补偿保护期间的效率和福利损失。

坎普标准。与强调内部规模经济的前两个标准不同的是,坎普标准认为内部规模经济的存在不是政府对该产业进行保护的必要条件,如果未来利润的贴现超过目前不给予保护的生产成本,该产业中的企业也会继续发展下去,而无须政府的保护措施。坎普认为产业存在正外部性是给予该产业保护的必要条件。如果产业存在正外部性,那么会导致私人边际收益与社会边际收益的偏离,从而私人投资不足以使该产业实现最优发展。在这样的情况下,即使该产业不符合巴斯塔布尔标准,即保护成本大于该产业预期利润的贴现值,仍然有对该产业进行保护的必要。

(四)幼稚产业保护存在的问题

1. 幼稚产业的选择

尽管已经存在许多对幼稚产业选择的标准,穆勒标准、巴斯塔布尔标准和坎普标准为幼稚产业的判定提供了严格的标准和规范,然而在具体实践过程中也会面临难以选择的困境。政府对幼稚产业的选择往往通过行政程序加以确定,由此往往导致部分企业的"寻租"行为。部分企业为了获得政府提供的保护措施,如生产补贴、出口补贴等,刻意降低自己的生产效率,或者向主管当局进行"寻租"活动,那么政府就会难以判断该产业是否是幼稚产业并值得加以保护。

2. 保护的效果并不理想

对幼稚产业进行贸易保护使本国生产效率低下的企业能够生存下来,但是并不能保证其能够提高生产效率。生产效率低的企业在长期接受政府的补贴和其他激励措施之后,并不会有足够的外在动力去提高其生产效率,使生产效率低的企业长期存在于国内市场之中,导致社会资源配置效率的大量损失。对于生产效率较高的企业,也会存在这样的问题。通过限制国际贸易活动保护幼稚产业并不能有针对性地提高幼稚产业的生产效率。此外,由于受到本国市场规模的限制,即便对幼稚产业进行保护,也难以达到实现规模经济的生产规模。

3. 保护带来效率损失

政府通过限制国际贸易活动对幼稚产业保护是有代价的,高额的关税有时不仅作用于本国幼稚产业竞争的制造品,其他产品也可能遭受牵连导致本国生产成本的增加,生产效率低下,最终形成一个恶性循环。另外,进口的高关税往往还容易导致本国遭受其他国家的贸易报复,致使本国的出口品在他国遭遇高关税进而遭受损失。

二 战略性贸易政策理论

战略性贸易政策(Strategic Trade Policy)是针对不完全竞争市场结构,特别是寡头垄断市场结构而提出的贸易政策理论。战略性贸易政策是指一国政府在不完全竞争条件下，为了改变不同国家之间竞争均衡以期提高本国产业或本国企业在国际市场竞争力，使本国企业获得更多的垄断利润或租金而采取的一系列政策措施。战略性贸易政策主要强调的政策主张有两种：一是出口补贴，二是进口保护以促进出口。前者是由布兰德（Brander）和斯潘瑟（Spencer）两位经济学家提出的，后者是由克鲁格曼提出的。

（一）出口补贴政策

支持出口补贴政策的经济学家认为，如果市场结构是寡头垄断市场，那么一国采用出口补贴可提高本国企业在国际市场上的市场份额，从而获得更多的超额利润。若新增的利润能够抵消出口补贴的成本，那么实行出口补贴就可提高本国福利。以双寡头市场结构为例，出口补贴的政策效果如图7-9所示。

图7-9中，横轴Q_A表示A厂商在世界市场的产量和销售量，纵轴Q_B表示B厂商在世界市场的产量和销售量，世界市场由分别来自不同国家的A和B厂商组成，假设两个厂商在国际市场上开展古诺竞争，那么古诺均衡决定了两个垄断厂商利润最大化时的产量水平。AA'表示A厂商对B厂商的产量反应曲线，BB'表示B厂商对A厂商的产量反应曲线，二者反应曲线的交点E决定了古诺竞争的均衡。在此情况下，A厂商选择生产Q_A^1的产量，B厂商选择生产Q_B^1的产量。对于古诺均衡而言，A和B厂商都无法通过提高其产量来获取更多的利润。如果任一厂商自行扩大产量，那么产品价格就会下降，从而抵消产量增加带来的利润。

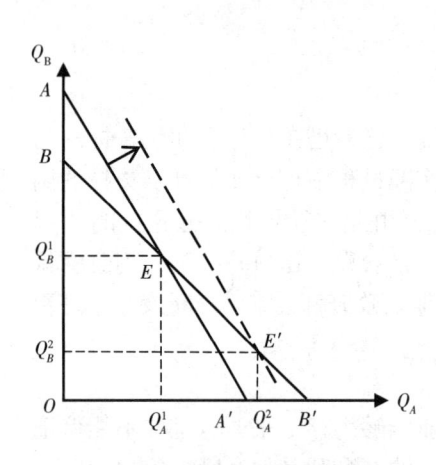

图7-9 出口补贴的政策效果

假设A厂商的母国政府为A厂商提供出口补贴，那么A厂商的出口实际边际成本低于其生产边际成本，二者之间的差额为单位产品的补贴金额。由此，A厂商的反应曲线向右移动，表明在给定B厂商的产量选择情况下，A厂商能够生产更多的商品，因为出口补贴能帮助A厂商承担较高的边际成本。A厂商的新反应曲线与B厂商的反应曲线相交于点E'，即新的古诺均衡。在此情况下，A厂商的生产和销售扩大到Q_A^2，而抵消因价格下降而导致的利润下降。B国厂商不得不减少产出与销售量至Q_B^2，以促使价格回升，减少其利润损失。实际上，A厂商的母国政府实施出口补贴政策后，A厂商利润的增加是以B厂商利润的损失为代价的，所以这属于一种"利润转移"或"抽取租金"的行为。出口补贴对A厂商的母国福利会产生两方面影响：一是增加了本国厂商的利润，二是增加了政府支出。由于不考虑国内市场，所以出口补贴对国内消费者福利没有直接的影响。如果A厂商利润的增加超出政府补贴支出，那么A厂商的母国福利会改善，也就是说，在这种情况下，A厂商的母国实行贸易保护要优于自由贸易。

（二）进口保护以促进出口

进口保护以促进出口，是指通过保护厂商所在的国内市场，来提高其在国外市场的竞争力，达到增加出口的目的。本章同样以双寡头市场结构为例来分析进口保护以促进出口的政策效果。

假设 A 厂商的生产边际成本是递减的，A 和 B 厂商在世界市场上进行双寡头垄断竞争，同样也在 A 厂商的母国市场上进行双寡头垄断竞争，那么两个厂商在 A 厂商母国市场和世界市场的产量由二者的反应曲线决定。

假设 A 厂商的母国政府为了限制 B 厂商的进口产品在本国市场上进行销售，对来自 B 厂商的进口商品征收关税。那么由进口关税的经济效应可知，A 厂商的产量增加，同时由于 A 厂商的生产边际成本递减，产量的扩大导致其边际成本下降，因而其反应曲线会如图 7-9 一样向右移动，最终导致 A 厂商对 B 厂商母国市场的出口量增加，并且获得了更多的利润。而 B 厂商对 A 厂商母国市场的出口量减少，并且利润减少。如果 A 厂商母国政府征收关税引致的 A 厂商利润增加与税收收入之和大于征收关税后带来的效率损失和福利减少，那么征收关税会增加 A 厂商母国的社会福利。

（三）战略性贸易政策的缺陷

第一，战略性贸易政策与全球化趋势背道而驰。在经济全球化快速发展的今天，关税、出口补贴等限制国际贸易活动的措施日益遭到批评，世界贸易组织和世界各国政府纷纷倡导取消关税和非关税壁垒。而如果一国政府采取战略性贸易政策，为本国的垄断厂商夺取国际市场份额与超额利润，会遭受竞争对手国家的报复，导致采取战略性贸易政策并不能为本国垄断厂商获取更多的超额利润，反而损害两国的社会福利。

第二，战略性贸易政策的理论假设条件严格。上文的分析结果是基于古诺博弈模型，即每一厂商的最佳产出是由假定另一家厂商的产量给定而决定的。如果把古诺博弈模型替换为伯特兰博弈模型，即以价格而不是产量进行博弈时，则出口税成为最佳政策而不是出口补贴。

第三，战略性贸易政策的成功需要以其他国家不变的贸易政策为前提。如果一国政府采取战略性贸易政策，试图为本国垄断厂商夺取更大的市场份额和转移其他国家垄断厂商的超额利润，那么其他国家政府同样采取措施的话，会引起出口补贴战或进口关税战，从而导致两国更大的损失。因此，就动态博弈而言，双方均不采取战略性贸易政策是最优结果。

本章小结

1. 一国为实现对外贸易政策目标时通常采取的一些贸易保护政策包括关税措施、非关税措施、贸易政策理论、倾销与反倾销等。

2. 关税措施和非关税措施作为国际贸易政策的两大工具，其主要目的在于通过增加进口成本以实现限制进口。

3. 勒纳对称原理指出，在一定条件下实施进口关税和出口关税能够实现同样的政策效果。梅茨勒悖论指出，只有当关税措施改变产品的国际国内相对价格时才能实现限制进口的政策效果。

4. 国际贸易扭曲理论是有关阻碍市场机制发挥作用，致使无法达到帕累托最优状态的扭曲形式、贸易扭曲，以及如何消除扭曲，恢复自由贸易的理论。

5. 倾销与反倾销措施作为国际贸易摩擦的常见形式，已经逐渐演变为一种新的国际贸易壁垒。

6. 幼稚产业保护论被发展中国家广泛采用，但该理论在具体实施过程中面临诸多难以有效解决的问题。

7. 战略性贸易政策理论为不完全竞争条件下的政府对国际贸易的干预提供了新的理论依据。

思考题

1. 用局部均衡分析进口关税对大国生产者、消费者以及政府关税收入的经济效应。
2. 绿色贸易壁垒有哪些表现形式？
3. 梅茨勒悖论在什么情况下才会发生？如何解释这一现象？
4. 分析倾销的经济效应。
5. 试述幼稚产业保护理论的基本观点对现代发展中国家的借鉴意义。
6. 假设某产品的国内生产价格为 100 万元，其中进口原料的价值为 50 万元，在生产中新增的价值是 50 万元，如果对最终产品征收 20% 的名义从价税，对于进口原料不征税，求名义关税的有效保护率是多少？
7. 进口配额与关税在保护本国产业方面有什么异同？如果让国内生产者来选择的话，他们会选择哪种措施？
8. 战略性贸易政策是怎样改变市场结构的？
9. 假设 A 国是进口汽车的小国，其国内市场对汽车的需求和供给函数分别为 $D = 2000 - 0.02P$，$S = 1200 + 0.03P$。假设国际市场上汽车的价格是 10000 美元，请用计算和画图说明下列问题：

（1）自由贸易条件下，A 国汽车的产量及进出口量，自由贸易对国内消费者及厂商的福利影响。

（2）A 国对汽车征收每辆 3000 美元的进口税，这时国内汽车的产量及贸易量；与自由贸易时相比，消费者和厂商的福利变化。

10. 考虑 A 国与 B 国的两国贸易模型：

A 国对汽车的需求和供给分别为 $D_A = 2000 - 0.02 P_A$，$S_A = 1200 + 0.03 P_A$。

B 国对汽车的需求和供给分别为 $D_B = 1800 - 0.02 P_B$，$S_B = 1400 + 0.03 P_B$。

请计算：

(1) 贸易前，双方汽车的均衡价格和产量。

(2) 自由贸易条件下，国际市场汽车的均衡价格，各国的产量及贸易量（不考虑运输成本）自由贸易给两国的福利带来的影响。

(3) 若 A 国对汽车征收 3000 美元的单位进口税：

①这时各国汽车市场的价格、产量以及贸易量；

②关税对 A 国汽车制造商、国内消费者和 A 国福利带来的影响；

③与自由贸易时相比，关税的福利净损失。

(4) B 国为每辆汽车的出口提供 3000 美元的补贴。这时各国汽车的价格、产量和贸易量，对每个国家的消费者、厂商及政府的福利的影响。

(5) 若 A 国为 B 国的汽车进口设定的配额为 100。这时各国汽车市场的价格、产量；与自由贸易相比，各国消费者、厂商的福利变动情况。

第八章 自由贸易、贸易保护与中国的应对策略

导　言

　　2017年8月美国贸易代表办公室宣布，根据《1974年贸易法》第301条款启动对中国的调查。基于调查中提出的"中国在贸易过程中对美国的企业造成了歧视，破坏了贸易公平"，美国企图对从中国进口到美国的产品都追加40%的关税。事实上，早在中国加入世界贸易组织前，美国就经常以不给中国保留最惠国待遇为手段，要求中国接受美国提出的贸易协议，并提升了中国企业对贸易政策不确定性的预期。美国这样的举动无疑增加了双方贸易成本，破坏了贸易自由协定，由此观之，各国政府的政策目标并不能仅仅用成本—收益理论来衡量。

　　在本章中，我们将学习贸易自由和贸易公平到底有何区别，了解贸易过程中各国所面临的"囚徒困境"，并对国际贸易政策与环境的不确定性加剧进行了分析，当前，"逆全球化"和贸易保护主义趋势加剧，市场竞争日趋激烈，市场规模也不断扩大，中国的重要任务是保持先进的生产方式以求在全球化进程中的稳步发展，并尽力缓解当前全球贸易困局。

学习目标

1. 了解自由贸易和公平贸易的概念及其区别。
2. 认识各国在选择贸易自由和贸易保护时的动机。
3. 了解中国在面对贸易保护时，为缓解全球贸易紧张局势都采取了什么措施。

第一节　自由贸易与公平贸易

　　全球化一直是学界关注的热点话题，自由贸易作为全球化的重要议题之一，绝大多数学者均认为其利大于弊。从古典贸易理论我们已经了解到，在自由贸易过程中，各国通过分工生产当地具有竞争优势的产品再进行交换，这样所有参与贸易的地区或国家都会获得好处。然而，在现实世界中，"卢卡斯批评"总是适用的，由于在贸易的进程中，总有"受益者"和"受害者"产生，因此，总会有人对贸易的公平性产生疑问。在经济危机的影响尚未在全球范围内完全消解时，部分学者主张进一步推动贸易自由化，另一部分学者

主张促进贸易公平化。这便产生了一个问题，维护贸易公平性和促进贸易自由化谁更为重要？我们将通过本节学习，简要回答上述问题。

一 自由贸易

（一）自由贸易的理论基础

自由贸易政策是指国家取消对商品进出口的限制和阻碍，对出口商品不给予优惠，对进口商品不设障碍，使商品在国内外市场上自由地流动。15世纪至18世纪中叶，重商主义盛行，这一时期，各国为增加本国财富纷纷采取了关税、禁运、配额等贸易保护政策对国际贸易进行严格的控制和管理。在《国民财富的性质和原因的研究》中，亚当·斯密认为国家的财富无法单纯用贵金属的多少来衡量。斯密认为，一国拥有的财富的多少不在于其所拥有的贵金属的水平，而在于生产能力上。因此，只有扩大生产才能提高一国的财富水平，而扩大生产需要劳动生产率的提高，劳动生产率的提高又取决于社会分工。简言之，一国财富的增加取决于劳动分工。斯密在国际贸易的研究中运用劳动分工的思想，他认为各国均可通过国际贸易实践提升财富水平。因为在国际贸易中，国内社会分工将延伸为国际分工，分工范围的扩大将促使专业化程度的提高，劳动生产率也不断提高，最终促进一国财富的增长。斯密的这一思想为自由贸易理论奠定了坚实的基础。

大卫·李嘉图继承和发展了斯密的分工和自由贸易的思想。在1817年出版的《政治经济学及其赋税原理》中，他的比较优势理论以斯密的绝对优势理论为基础而提出。李嘉图认为，决定两国间贸易的因素不是生产商品的绝对劳动成本，而是相对劳动成本，在自由贸易条件下，各国都生产本国具有比较优势的产品，此时双方能得到的福利优于自给自足的情况。但是比较优势理论局限于静态分析，忽略了动态分析。李嘉图主张按照原有的比较成本格局分工，没有看到各国的比较优势并不是一成不变的。此外，李嘉图还忽视了生产关系在国际分工中的作用。

在前期的学习中，我们发现李嘉图等古典学者没有着眼于解释各国的比较优势是如何形成的。而赫克歇尔和俄林的要素禀赋理论则从一个国家的要素禀赋，即一个国家生产要素的丰富程度和稀缺程度，解释了一国比较优势的来源。

综上理论都认为，自由贸易可以促进国际分工，在此条件下，各国可按照自身条件、比较利益和要素的丰裕情况，选择生产和交换的产品，也就是说，自由贸易促进了资本在不同国家优势行业的集聚，产生规模效益，下面我们将具体分析自由贸易可以带来怎样的收益。

（二）自由贸易的效率与收益

我们再来看看小国被征收出口关税的简单情况，由图8-1可以发现，若一国出口产品被征收关税（T），该国的经济将遭受图中阴影面积所代表的净损失，即生产者的生产扭曲和消费者的消费扭曲。如果采取绝对的自由贸易取消关税的征收，产品价格将在W_p

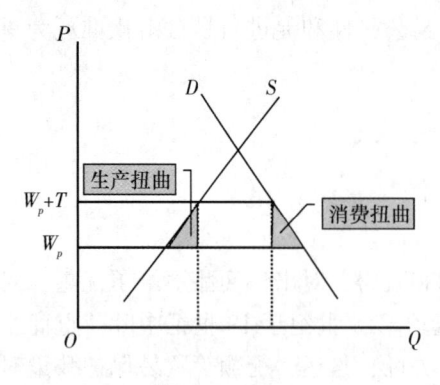

图 8-1 非自由贸易带来的损失

维持不变,上述扭曲都将消失。此外,自由贸易的开展也有助于实现规模经济,从而优化资源配置①。在此基础上,由于自由贸易在一定程度上仰赖于市场竞争机制,因此,企业在贸易自由的过程中,为了生存或者盈利,也会加大创新投入的力度。并且还有观点认为,企业家可以通过自由贸易获得学习和革新的机会。因此,支持自由贸易论的学者都认为开放与竞争可以激发企业的活力。

但是,贸易自由就意味着贸易公平吗?

二 公平贸易

公平贸易这一概念源于欧洲,公平贸易的本质属性是双边主义乃至多边主义。15—18世纪,欧洲各国奉行重商主义思想,严格限制他国进口。亚当·斯密在《国富论》中写道:"这种相互的限制,几乎断绝了国家间一切的公平贸易。"② 欧洲国家自19世纪80年代开始,由重商主义走向贸易自由化,由于不同国家在政策调整的时间和态度上存在着差异,在部分国家转向自由贸易时,仍有部分国家奉行着贸易保护规则。这种情况下,部分国家出现了贸易逆差,于是公平贸易作为自由贸易发展的必然要求和折中措施,首次成为国家层面的诉求。

随着时间的推移,公平贸易的内涵发生了转变,成为贸易保护主义的工具。19世纪70年代后,德国和美国崛起,采取的贸易政策是保护主义政策。面对后起之秀的竞争,英国国内爆发了公平贸易运动,要求英国也实施关税保护。公平贸易运动的支持者认为英国面临着不公平的贸易,本国产品在外国市场面临着高关税从而竞争力下降,而外国产品却能够自由进入英国市场,他们希望政府能够对进口商品征收报复性的关税。到今天,很多国家已经把公平贸易纳入贸易法规中。

三 自由贸易和公平贸易的价值背离

在国际贸易的过程当中,所有参与者都期望从中获益,于是总会有人抱怨贸易不公平。所以,一部分人提倡继续推进贸易自由化,另一部分人倡导维护贸易公平化,那么到底自由贸易和公平贸易孰优孰劣?有一部分经济学家认为贸易剥夺了穷人正当生活的权

---

① Krugman, P. R., 1979, "Increasing Returns, Monopolistic Competition, and International Trade", *Journal of International Economics*, 9 (4): 469 – 479.

② [英] 亚当·斯密:《国民财富的性质和原因的研究》(上卷),王亚南译,商务印书馆1972年版,第227页。

利,并使他们持续贫困;自由贸易只是发达国家撬开其他国家市场的幌子,实际上自由贸易的收益分配是极为不公平的,97%的收益流向了发达国家和中等收入国家,剩下的3%流向了贫穷国家。要改变上述局面只有实施更公平的贸易而不是更自由的贸易。还有一部分经济学家认为贸易自由化的观念使我们更好,贸易公平的想法可能不会有好结果。他们认为,一般来说本国市场与他国市场同步开放,本国即使没有得到贸易互惠,单方面的开放也能使本国获得相应贸易福利。他们认为,各国的劳动成本不一样,反对要求各国的生产商承担相同的劳动成本,工资水平标准应该依据当地的情况而定。

如果我们从公平和自由的出发点细细剖析,会发现公平的对象是市场主体,即市场参与者。主体公平作为WTO贸易规则之一,囊括了国家这一大的主体和企业(个人)这一小的主体。对于国家,每一个国家都应当享有相同且平等的发言权,以及在国家主权平等的基础上享有国际贸易规则中的权利。然而,在过去的GATT以及现在的WTO中,都存在如下情况:由于国家实力有强弱,因而在国际经贸规则设计之中,大国往往掌握话语权,小国的声音经常被忽略,形成强国主导的经济秩序。这表明,追求贸易自由的WTO在主体公平上,并没有实现现实意义上的"公平"。于企业而言,在参与国际贸易时,必须考虑所在国家在国际贸易中所处的整体位阶。例如,在改革开放初期,中国制定了诸多优惠政策意图吸引美国投资,甚至给予美国企业"超国民待遇",这间接地证明在追求进一步贸易自由化的过程中,牺牲公平在所难免。

自由的价值体现在上下、强弱间的自然流动,而不被过多的政策干预,参与者均能够依靠自己的优势在这样的市场经济体中自由流动。这种比较优势理论正是世界贸易组织建立的基础理论。而公平更倾向于为贸易参与者制定框架和规则。公平和自由聚焦不同的方面,但又存在着相互重合的部分。但限制贸易自由是在国际贸易中强调公平的必然代价,同样,追求贸易自由过程中对贸易公平的冲动也在所难免。原因就在于自由贸易和公平贸易背后存在的价值背离。

第二节 贸易的"囚徒困境"

一 囚徒困境

囚徒困境是博弈论中的经典模型。囚徒困境模型的设定是:两名嫌疑犯被指控为一宗犯罪案件的同犯,他们被分别关在不同的房间接受审讯,无法互通消息。当两人都坦白时,将会被各判入狱5年;若其中一人坦白,另一人不坦白,那么,坦白的人将只会被判处1年监禁,而不坦白的人将会被判处10年监禁;倘若两人都不坦白,则两人都只会被判处2年监禁。囚徒困境的得益矩阵如表8-1所示。

很明显,在囚徒困境博弈中,无论对方的选择是什么,个人的最优选择都是坦白。对A而言,当B选择坦白时,选择坦白被判5年,选择不坦白被判10年,显然选择坦白要

表8-1 囚徒困境博弈的收益组合

		囚徒B	
		坦白	不坦白
囚徒A	坦白	-5, -5	-1, -10
	不坦白	-10, -1	-2, -2

优于不坦白；当B选择不坦白时，A选择坦白只会被判1年，而选择不坦白会被判2年，所以选择坦白要优于不坦白，因此，坦白就是A的占优策略。同理，坦白也是B的占优策略。最终的博弈结果就是A和B都选择坦白，各判5年（坦白，坦白），就构成了本模型唯一的纳什均衡解。

囚徒困境反映了集体理性和个体理性之间的矛盾。最理想的结果还是两个人都不坦白，这样最后各判2年，但在每个博弈参与人都是理性人且追求自身利益最大化的前提下，这个结果并不会出现。每个参与人的选择都是对自己而言的最优策略，满足个体理性，最终却导致了集体的非理性。

囚徒困境模型有着广泛的应用，如在寡头竞争市场结构中，寡头企业之间的卡特尔协议、公共产品的供给等。除了上述案例，在国际贸易领域，囚徒困境模型也可以用来分析各国在参与国际贸易时是选择自由贸易还是贸易保护的策略。

二 自由贸易的代价

在大多数文献中，自由贸易被认为是为了提高资源分配的效率，从而使一个国家的人民有更大的可能改善福利。此外，人们还认为，自由贸易将提高全球资源分配的效率和人类的福利。那么，所有国家都会选择自由贸易而抛弃贸易保护主义吗？

我们可以用囚徒困境模型进行分析。假设有两个国家参与国际贸易，如果两个国家都实行自由贸易政策，清除各种进口壁垒，则两国的得益均为10；如果两国都采取贸易保护政策，设置各种贸易壁垒，那么各自得益为5；如果一国采用贸易保护政策，对进口商品和服务设置关税和非关税等壁垒，另一国采用自由贸易政策，那么结果就是采取贸易保护政策的国家既开拓了国外市场又保护了国内市场，得益为12，而采用自由贸易政策的国家则会丧失一部分国外市场，国内市场也会受到冲击，得益为0。两国的选择策略可由以下博弈矩阵表示（见表8-2）。

两国为了追求自身利益最大化，并不会采取（自由贸易，自由贸易）这一策略组合，因为自由贸易并不是各自的占优策略，双方的策略都会随着对方策略的改变而改变。该博弈唯一的纳什均衡解为（贸易保护，贸易保护），即两个国家都选择贸易保护政策。这一策略组合是各国追求个体理性的结果，必将导致贸易摩擦的增加和贸易壁垒的高筑。这一结果也说明了为什么在WTO的协议框架下，自由贸易屡屡受到破坏，贸易保护主义依然高涨。

表8-2 两国不同贸易策略选择的收益组合

		B国	
		自由贸易	贸易保护
A国	自由贸易	10, 10	0, 12
	贸易保护	12, 0	5, 5

如何解决贸易的"囚徒困境"问题？从博弈论的角度，可以考虑以下几个方面：第一，通过

WTO 的争端解决机制改变博弈参与者的得益,形成新的纳什均衡。如果外部存在一个强制性的制约机制,对采取贸易保护策略,违反自由贸易准则的行为做出强有力的惩罚,则选择贸易保护的得益将会变少,就有可能改变博弈的结果,形成(自由贸易,自由贸易)的纳什均衡解。然而,WTO 现行的争端解决机制并不能满足这一要求。WTO 并不是一个主权国家,这一特征让其争端解决机制不具备强制性,即当违反者拒不执行时,WTO 的争端解决机制是缺乏有效制约的。

第二,通过无限次重复博弈来解决囚徒困境问题。囚徒困境是完全信息静态博弈,当博弈的次数变为无限次时,参与人的激励也会发生改变。在无限次重复博弈中,博弈参与者可以采取"针锋相对"的策略。当博弈的一方采用不合作的策略时,另一方也在下一轮采取不合作策略,并在一段时间甚至是永远不采取合作策略,从而对对手的背叛施加惩罚。相反,如果一方采取合作策略,则另一方也会采取合作策略。因此,在无限次重复博弈的条件下,一国采取自由贸易策略,则另一国也就有可能会采取相同策略,从而打破囚徒困境。

第三节 古典贸易保护理论的演进

经典的贸易模型几乎都得出了这一结论,自由贸易是提升各国社会福利的途径,但几乎所有国家和地区都在实行不同程度的贸易保护政策。例如,"301 条款"正是美国对他国贸易行为进行调查的惯用手段。所谓"301 条款",是指美国《1974 贸易法》第 301 条,根据该条款,美国贸易代表可以针对他国"违反国际贸易协定、不公平、不合理或歧视性"的损害美国利益的贸易行为进行调查,并采取单边的报复性制裁行动。20 世纪 80 年代,与日本经济持续蓬勃发展相反,随着美元紧缩政策的执行,美国的贸易逆差持续增加,美国政府欠下巨额赤字。随后美国又企图用货币宽松政策缓解赤字和逆差,于是美元的稳定性降低,美元危机爆发。1989 年,为了阻止美元崩溃并且遏制日本的崛起,美国对日本实施了《超级 301 法案》,向日本的高科技产品单方面设下贸易壁垒。

为什么贸易自由化在实践中受到限制?历史上一直存在着贸易保护的拥护者,然而相关言论的绝大多数经不起严格的推敲,不能成为贸易保护的充分条件。但仍有少数贸易保护的论据对贸易实践产生了极大影响。本节将介绍六种主要的贸易保护理论,意图解释各国实施贸易保护的理论渊源。

一 重商主义

就像守财奴一样,双手抱住他心爱的钱袋,用嫉妒和猜疑的目光打量着自己的邻居。

——恩格斯[1]

---

[1] 《马克思恩格斯全集》(第 1 卷),人民出版社 1956 年版,第 596 页。

重商主义产生并盛行于 15—17 世纪的西欧，这一时期的西欧正由封建社会逐渐向资本主义社会过渡。为适应商品经济的迅速发展，重商主义这种新的经济思想出现了。重商主义认为，金银是财富的唯一形态，财富就是金银，金银就是财富，国家从事经济活动的目的就是为了获取金银。根据获取金银的手段和对金银的态度不同，重商主义可以分为两个阶段，即早期重商主义和晚期重商主义。

重商主义也称重金主义，主要代表人物有英国的约翰·海尔斯、威廉·斯塔福德和法国的孟克列钦。他们在对外贸易上强调"多卖少买"，以保证交易的顺利进行以及贸易顺差，增加国内金银量，并储藏起来尽量不再用于对外贸易。同时，绝对禁止本国金银输出以防止金银货币流出本国。此外，重商主义还奉行出口垄断、进口高关税和外汇管制等贸易保护措施。因此，早期重商主义又可称为货币差额论。

晚期重商主义或称为贸易差额论，主要代表是英国的托马斯·孟和法国的柯尔贝尔。晚期重商主义者反对早期重商主义者关于禁止货币流出的政策，主张允许货币外流，认为推进贸易与赚取货币并不是此消彼长的关系，国家财富的增加得益于贸易顺差。一国增加贸易顺差不需要对每一笔交易和每一个国家都保持顺差，只需要保持本国对外贸易总的顺差。因此晚期重商主义者提倡鼓励原材料进口、商品出口，限制商品进口的政策。

二　资本主义自由竞争时期的贸易保护理论

18 世纪后期至 19 世纪中叶是资本主义自由竞争时期。此时，英国的经济实力达到巅峰，国际竞争力达到最高点，急需寻找新的原材料产地，扩大销售市场。因此，英国极力主张自由贸易政策。但是经济实力不敌英国的美国和德国则主张实施贸易保护主义政策，分别采用了汉密尔顿和李斯特的贸易保护理论和政策。

（一）汉密尔顿的贸易保护理论

18 世纪后半叶，美国独立之初，经济衰败，工业发展落后，对英国的贸易仍然停留在出口棉花和小麦等初级产品以及进口工业制成品的阶段。此种状况下，南方种植园奴隶主的利益得到保障，北方工业资产阶级经营的制造业却得不到发展。汉密尔顿是美国保护主义的鼻祖，美国独立后的首任财长，其在 1791 年向国会提交的《保护制造业的报告》中，明确提出以高额的关税保护美国制造业。汉密尔顿提出贸易保护的措施包括实行贸易保护关税、禁止原材料出口、禁止进口或限制进口、对出口实施补贴、鼓励新技术发明等。依据汉密尔顿的理论，美国开始实施贸易保护政策。19 世纪初，美国开始工业革命后，为抵御英国廉价工业品的冲击，进口关税不断提高，到 1825 年，平均关税税率提高到了 45%。19 世纪后期，美国工业总产值跃居世界首位，到 20 世纪初，美国取代英国，成为世界头号经济强国。

（二）李斯特幼稚产业保护论

作为发展中国家制定贸易保护政策时的理论依据之一，在第七章中，我们已经对幼稚产业的界定、幼稚产业保护的目的和对象以及存在的问题进行了具体的介绍，本部分进一步梳理作为自由竞争主义的贸易保护理论，幼稚产业保护论的提出背景以及理论意义。

幼稚产业保护论由德国著名经济学家李斯特提出，他发展了汉密尔顿的贸易保护理论，其于1841年出版的《政治经济学的国民体系》一书中，详细阐述了该理论。李斯特认为财富本身的生产力比财富本身更重要，主张培养创造财富的生产能力。李斯特指出从外国进口廉价工业品，表面上看是很合适的，但从长远来看，德国的工业生产能力会一直低于他国，无法持续发展。如果实施关税保护措施对进口进行限制，国内工业品初期价格会上涨，消费者的利益在短期内受到损害，但本国的工业经过一段时间的发展后逐渐成熟，国内产品的价格将会逐渐下降，甚至低于进口产品的价格。

李斯特认为，一国的贸易政策适应于本国工业发展阶段。他认为国家经济的发展是循序渐进的。在农业时期及以前，实行自由贸易政策，能够促进农业发展，同时建立工业基础；在农业工业时期，需要保护幼稚产业，采取贸易保护措施；在工业发展成熟的农工商时期，适宜追求商业扩张和自由贸易政策并行。

李斯特认为，不同产品的关税税率不应该相同。对人们普遍消费又在国内便于生产的产品，征收的关税可以适当提高；而比较昂贵又在国内不易生产的产品，征收的关税可以适当降低。在李斯特看来，实行贸易保护政策是为了最终无须保护。而那些目前处于幼稚阶段、面对国外强有力的竞争者、保护和扶持一段时间后能成长起来并能自立的工业，应当受到保护。因此，如果幼稚产业没有面对激烈的竞争，或者一段时间（不高于30年）的保护和扶持后仍然无法发展，就不应当继续受到保护。

李斯特继承和发展了汉密尔顿的贸易保护理论，基于生产力理论，对落后国家施行贸易保护的缘由与步骤进行了全面论证，最终系统阐述了贸易保护的理论框架。幼稚产业保护理论对德国工业的发展起到过积极作用，在保护政策的扶持下，德国工业及国民经济在短时间内迅速发展，赶上并超过了英国。李斯特的幼稚产业保护理论至今对发展中国家仍有借鉴意义，WTO列有幼稚产业保护条款，广大发展中国家据此可以合理保护本国的幼稚工业。李斯特的幼稚产业保护论也存在一定的缺陷，最主要的是无法准确界定幼稚产业、选择保护的对象缺乏客观具体的标准。发展中国家大都注意对幼稚产业的保护，但效果并不都令人满意，有些甚至付出惨重代价。此外，李斯特的理论未能说明生产力发展和经济发展的根本动力和真实过程。

三 垄断资本主义时期的贸易保护理论

19世纪末20世纪初，资本主义由自由竞争阶段向垄断资本主义阶段过渡。在对外贸易方面，垄断资本主义要求实施扩张性贸易政策。20世纪30年代资本主义经济危机，使学界对自由放任的经济政策进行反思，国家干预经济开始盛行，贸易保护主义甚至被一部分学者奉为万能药，其中在经贸保护政策的细节上，不仅施加了传统的关税等贸易保护措施，还设置了进口配额等非关税壁垒。在这一时期，新经贸保护主义的理论基础为凯恩斯的新重商主义。

20世纪80年代，随着经济全球化进程和高新技术的发展，世界经济联系更加密切，国家间的贸易冲突随时间积累越来越多，随之产生了战略性贸易政策理论。战略性贸易政策理论侧重于扶持本国战略性产业，强调国家多方式干预经济、提高本国国际竞争力的重要性。

（一）凯恩斯的新重商主义

凯恩斯是英国经济学家，宏观经济学的创始人。20世纪初，西方资本主义世界奉行自由放任的经济政策，然而1929—1933年资本主义经济大危机爆发后，各国相继从自由贸易政策转为贸易保护政策，强化国家对经济的干预。在这一背景下，凯恩斯也从支持自由贸易转而支持贸易保护。《就业、利息和货币通论》在1936年出版，它是凯恩斯最有影响力的著作之一。书中对自由贸易理论进行了批判，基于社会有效需求不足，以资本边际效率递减、边际消费倾向递减和流动性偏好这三个基本假设为基础，基于政府干预创立新重商主义，并对重商主义的一些政策重新进行了评价。

凯恩斯批判古典学派的自由贸易理论，他认为自由贸易理论"充分就业"的前提条件在现代社会是不存在的；古典学派自由贸易论者虽基于"国际收支自动调节说"阐明贸易差额实现均衡的过程，但忽略了在这一过程中对国民收入和就业的影响。他认为，贸易逆差对一国对外贸易有害，而贸易顺差则有利。因为贸易逆差会引起黄金的外流，使货币供给量下降，物价下降，利率提高，国内经济趋于萧条，失业率提高，国民收入下滑。而贸易顺差使国家的黄金进一步增加，货币供给量增加，导致利率降低和物价上涨，从而使投资大量增加，并使就业率有所提高。所以凯恩斯支持贸易顺差，对贸易逆差坚决反对，建议政府采取积极政策扩大贸易顺差，如增加出口，减少进口。

凯恩斯认为，现代社会的失业可以分为自愿失业和非自愿失业。其中需要政府解决的是非自愿失业问题。造成失业的主要原因是有效需求不足，其产生于消费需求和投资需求不足，消费需求不足是由于边际消费倾向递减，而资本边际效率递减和流动偏好决定投资需求不足。国内投资需求和国外投资需求共同构成投资需求，前者取决于利率，后者取决于贸易收支状况。贸易顺差时，本国吸收外国的投资增加，使货币供给增加，利率降低，国内投资增多，国民收入提高。因此，凯恩斯建议政府采取积极措施以对经济进行全面干预，实行经贸保护政策，对国际收支情况进行改善，进而增加国民收入。

凯恩斯的新重商主义不同于传统贸易保护理论，不仅保护幼稚工业，也保护国内其他的工业；不再培养自由竞争力量，而是以加强国际市场垄断为目标；不是防御性地限制进口，而是在垄断国内市场的基础上对外进攻性的扩张，最大限度地占领国际市场；不是一般工业资产阶级等代表先进势力的保护者，而是保护大垄断资产阶级，为发达国家实行新贸易保护政策提供理论依据。

（二）战略性贸易政策理论

20世纪80年代，不列颠哥伦比亚大学的经济学家斯潘塞和布兰德提出了一种贸易领域的全新观点——战略性贸易政策理论。经过克鲁格曼和巴格瓦蒂等的深入研究，战略性贸易政策理论的理论体系得到较为完善的补充并成型。

战略性贸易政策理论认为，在某些产业，只有少数几个厂商进行竞争，因此，完全竞争的假设就不再适用。在这种情况下，一国政府为了扶持本国战略性产业的发展，可以通过对本国厂商的补贴或保护来增强其在国际市场上的竞争力，占领更多的市场份额。以下是战略性贸易政策理论观点的两部分内容：一是假如政府可以保证本国企业拥有先发优势，那么对本国企业的扶持就有可能使本国收入进一步提高。所以政府应该对那些拥有发展前途的新兴行业进行大力的扶持补贴。二是假如拥有先发优势的国外企业设立的市场准入门槛可以被一国政府对某一行业的干预所克服，那么政府就应该坚决进行干预。

战略性贸易政策理论长期被发展中国家采用，作为其实施贸易保护的理论依据，我们在第七章第五节已经对出口补贴政策以及进口保护战略进行了具体探讨。事实上，国际贸易新理论在国家贸易政策领域的落地是战略性贸易政策理论的反映和体现，它论证了在不完全竞争条件下，一国可以通过贸易干预政策使本国战略性产业的实力得到进一步提升，国际竞争力增强。战略性贸易政策理论摆脱了自由贸易的桎梏，强调政府干预的重要性，为一国发展自己的经济和贸易提供了理论支撑，对国家发展具有积极意义。博弈论的分析方法在该理论中得到广泛运用，对国际贸易理论的研究方法来说是一个重要突破。

第四节 贸易自由化理论的新进展

一 贸易自由化战略

第二次世界大战后，美国成为全球经济霸主，西欧、日本等国也需要在战后恢复经济。于是发达资本主义国家在美国的推动下逐渐推行贸易自由化政策。贸易自由化的目标是削减国家间的贸易壁垒，最终实现贸易政策的中性化。发达资本主义国家纷纷签订双边贸易协定，参加关贸总协定（GATT），参加世界贸易组织支持的多边谈判，相互削减关税，降低非关税壁垒，使国家间贸易更加便利。经过各发达国家的推动，贸易障碍日益减少，贸易自由化浪潮一日千里。主要表现为：关税大幅度降低、贸易壁垒逐步削减、取消和规范；各国的贸易歧视的范围被限定，对国家贸易的管理趋于规范；贸易自由化的影响和范围不断扩大；最不发达的国家也得到了一定的贸易便利；随着信息化浪潮，电子政务、电子商务逐步普及。国家贸易管理趋于透明；尽管各国在不同时期的对外贸易政策中都含有一定的贸易保护主义色彩，但第二次世界大战后国际贸易政策的主流已经转变为贸易自由化。

发达国家的贸易自由化战略并不局限于在发达国家之间提供贸易便利，对广大发展中国家也给予了一定的优惠待遇，如发达国家提供给发展中国家的普惠制（GSP）待遇。发展中国家出口到发达国家的产品享受着发达国家所提供的普遍的、非对等的优惠待遇，享有相较而言更低的进口关税,这是此种待遇的意义。因此,这种待遇对发展中国家的产品出口起到积极的鼓励作用。然而,之所以发达国家对发展中国家采取更宽松的贸易政策,主要在于发展中国家的主要工业品难以在国际市场上与发达国家竞争。

二 出口导向战略

出口导向战略是发展中国家采取措施鼓励本国产品出口,使外汇收入增加,积累发展资金,发展经济的战略,该战略是基于比较优势理论建立起来的。比较优势理论是指,不论这一个国家现在是什么发展水平,也一定有着某一种比较优势,基于这一点的比较优势参与国际分工,就一定能获得经贸收益。发展中国家具备的优势往往是廉价劳动力,利用廉价劳动力优势,发展中国家可以发展出口原材料或者劳动密集型产品,从而获得发展经济的资金。出口导向战略也更侧重于出口劳动密集型产品。

出口导向战略的主要特征是以劳动密集型产品出口为主,对发展中国家的经济发展有重要的积极作用。首先,根据比较优势理论,出口导向战略有资源再配置的经济效果,使本国的资源优势得到充分发挥,最大限度地利用资源以推动经济快速发展;其次,出口导向会产生一系列的产业间关联效应,促进经济的整体性发展;再次,出口导向协助一国逐步实现工业化,因为发展劳动密集型产业可在经济发展初期节约资金,避免在重工业上投入大量资金造成资源配置失衡;最后,劳动密集型产业的发展能够为社会提供更多的就业岗位,快速增加国民收入,提高消费水平,消费水平提高又刺激消费品和其他产品生产,帮助本国部分工业部门达到适当的经济规模。

选择出口导向战略的国家或地区一般有三个特点:一是国内市场相对较小;二是廉价劳动力充足;三是自然资源相对匮乏,生产制成品需要进口自然资源或原材料。总体来说,这类国家和地区的国内市场小,本国工业仅仅在国内很难达到规模经济水平的需要。因此,这些国家如果封闭就代表着放弃了工业化,放弃了经济发展。

采取出口导向战略的发展中国家通常需要采用配合出口导向战略实施的政策措施,主要包括:重视商品出口;放宽进口限制,降低保护关税;对出口企业实行税收减免或退税政策;在金融政策上给予特殊待遇;促使货币进一步贬值。

总体来看,从促进本国和地区经济发展上说,实行出口导向战略的国家和地区是取得了一定成绩的。一些发展中国家和地区在20世纪60年代中期以后,逐渐实行出口导向战略,都实现了快速发展。其中的代表有新加坡、韩国、中国台湾和中国香港。他们的经济在过去的几十年里始终保持高速发展,被称为"亚洲四小龙"。

尽管如此,采取出口导向战略也并不是没有弊端。不仅初级产品的贸易环境恶化,出口导向战略的成功与否还依赖于出口品市场的发展情况。而多种因素都对出口市场状况起着决定性影响:第一,发展中国家制成品和原材料的出口可能会受到经济发达国家对进口产品的需求波动的冲击;第二,如果发达国家实行贸易保护政策,那么将会切断发展中国家依靠国外市场或者需求推动本国经济发展的通道。

第五节　中国如何在"逆全球化"思潮中深化开放

一　"逆全球化"思潮抬头

自 2008 年国际金融危机之后，全球化发展受阻，贸易保护被重新载入历史舞台。2016 年，英国公投"脱欧"，进一步拉开了"逆全球化"的序幕。2017 年特朗普当选美国总统后推行贸易保护主义，实行"美国优先"战略。随后，"巴西高于一切""意大利优先"等宣言相继出现，经济"逆全球化"趋势进一步明朗。

从发展态势来看，"逆全球化"在世界各国蔓延有其特定的原因。一是贸易保护主义抬头，一些国家参与自由贸易以及对外投资都遭到了当地部分民众的抗议；二是西方一些国家保守情绪加重，参与国际贸易的意愿降低；三是民族主义的蔓延。

2017 年，在美国总统特朗普的指示下，美国贸易代表办公室宣布对中国展开"301 调查"，2018 年 3 月 22 日，美国总统特朗普签署对华贸易备忘录，公布对华"301 调查"结果，宣布可能将会对从中国进口的 600 亿美元商品加征关税，限制中国企业对美投资并购，中美贸易摩擦开始。虽然，在拜登上任后，美国对华政策有所缓和，但中美贸易摩擦使中国贸易环境相较于贸易摩擦之前有了一定程度的恶化。在外交上，我国的高新技术产业也被美国、澳大利亚等国围剿。因此，如何突破当前的对外贸易环境困境，是我们亟须解决的问题。

二　中国该如何在"逆全球化"思潮中深化开放

扩大开放一直是我国坚定不移的道路，也是未来要坚持的方向。国际产业链全球化是大势所趋，我国从如下方面为构建"创新、开放、联动、包容"的世界经济提供了中国策略。

（一）推进区域经济一体化以谋求共赢

经济一体化是指消除阻碍经济最有效运行的人为因素，通过相互协调与统一，创建最适宜的国际经济结构。第二次世界大战后，区域经济一体化逐步兴起，到 20 世纪 90 年代，随着经济全球化进程发展，区域经济一体化也进入大发展时期。

中国从 1991 年开始成为亚太经济合作组织（APEC）中的一员。2007 年中国与亚太经合组织成员的贸易额占中国对外贸易总额的 67.5%，达到了 14671.9 亿美元。中国的前十大贸易伙伴中，除欧盟外都是 APEC 成员。在吸引外资方面，2005 年，中国合同外资总额的 71.0% 来自 APEC 成员。中国应该继续加强与 APEC 成员的合作，共同推动经济技术合作和区域经济贸易自由化、便利化。

2020 年，东盟 10 国和中国、韩国、日本、澳大利亚等 15 个亚太国家正式签署了《区域全面经济伙伴关系协定》（RCEP），这标志着当今世界上人口最多、最具发展潜力、经贸规模最大的自贸机制诞生，这将会进一步促进区域内产业和价值链的融合，为区域经济一体化注入澎湃动力，有利于构建开放型世界经济。这是中国对外开放的里程碑，RCEP的签署有助于扩大出口空间，加强区域产业链供应链，全面提高对外开放水平，有力支撑以国内大循环为主体、国内国际双循环相互促进的新发展格局。

2021年9月16日，中国正式向新西兰提交书面信函申请加入《全面与进步跨太平洋伙伴关系协定》（CPTPP）。CPTPP有中国的加入，将会进一步提高影响力，覆盖近20亿人口，占据全球GDP的30%，成为全球最大的区域贸易体系，对于推动亚太区域经济一体化进程，新冠疫情后全球经济复苏都有着积极的意义。此举体现了中国进一步深化改革、扩大开放的决心。在大国博弈的背景下，中国申请加入CPTPP也有着反"逆全球化"与践行"双循环"战略的双重含义。

（二）建立自由贸易区以深化平台开放

自由贸易区（FTA）是指一种经济一体化组织，各个经济体之间通过对话协商达成协议，相互取消商品贸易关税和具有同等效力的其他措施。签订自由贸易协定的成员间的商品可以自由流动，但各自保留来自非自贸区成员进口商品的限制政策。著名的自由贸易区包括北美自由贸易区（NAFTA）、中美洲自由贸易区（AFTA）和东盟自由贸易区（ASEAN）等。

中国积极参与自由贸易区建设，2000年，中国提出建立中国—东盟自由贸易区（CAFTA）的建议；2004年，中国和东盟签署了《中国与东盟全面经济合作框架协议货物贸易协议》，该协议于2005年正式生效，标志着中国与东盟全面启动自由贸易区建设。迄今为止，中国已经签订了中国—韩国、中国—新加坡、中国—巴基斯坦和中国—新西兰等20余个自由贸易区协议；正在进行中日韩、中国—以色列、中国—巴拿马、中国—海合会等多项自由贸易区谈判；中国—加拿大、中国—哥伦比亚、中国—瑞士自贸协定升级等自由贸易区也在研究当中。

习近平总书记指出，要"加快实施自由贸易区战略，加快构建开放型经济新体制，以对外开放的主动赢得经济发展的主动、赢得国际竞争的主动"[1]。党的十七大把建设自由贸易区上升为国家战略，党的十八大提出要加快实施自由贸易区战略，党的第十九届四中全会提出要构建面向全球的高标准自由贸易区网络。当下经济全球化遭遇逆流，保护主义、单边主义抬头，加快建设自由贸易区充分彰显我国坚定不移扩大开放的决心，体现支持自由贸易和多边贸易的鲜明态度，对推动新一轮高水平开放、开创合作共赢新局面、构建世界经济新秩序产生深远的影响。

（三）放松外资准入以扩大开放

经党中央、国务院同意，国家发展改革委、商务部于2020年6月23日发布第32号令和第33号令，分别发布了《外商投资准入特别管理措施（负面清单）（2020年版）》和

---

[1] 《习近平关于社会主义经济建设论述摘编》，中央文献出版社2017年版，第291页。

《自由贸易试验区外商投资准入特别管理措施（负面清单）（2020年版）》，自2020年7月23日起施行。2020年全国版的负面清单缩减至33条，自贸试验区版的负面清单缩减至30条。重点开放了金融等服务业领域，并放宽了制造业、农业的准入条件。负面清单的缩减，也就意味着我国对外开放的大门开得越来越大，外资准入的门槛降得越来越低，本土企业和外资企业之间的竞争通道更加公平，为进一步实现本土企业、外资企业协同发展营造条件。

（四）建立健全法制以优化环境

打造市场化、法治化、国际化的营商环境。跨国企业是否能在贸易自由化过程中省心、放心、安心地发展才是我国的贸易伙伴国的关注重点，也是中国融入多边贸易体系、进行多边贸易谈判的关键。

我国坚持不断优化外商投资环境，建立完善的外商投资准入前国民待遇和负面清单管理制度，使外资企业依法平等享受各类政策支持，平等参与市场竞争，营造内外资公平竞争的法治环境。2019年颁布了《中华人民共和国外商投资法》及其配套规定，确保外商投资促进、保护和管理的各项制度有效实施，提升外商投资自由化、便利化水平。修订《外商投资企业投诉工作办法》，及时掌握和回应外商的各类诉求，及时兑现对外商和外商投资企业依法做出的政策承诺。

我国进一步推进"放管服"改革，持续完善贸易环境，采取更高水平跨境贸易便利化措施，包括：减少进出口环节审批监管事项，持续精简进出口环节监管证件，优化监管证件办理程序；完善管理制度，促进贸易环境公开透明；加强科技应用、强化科技赋能，提升贸易管理信息化、智能化水平。

2020年，《优化营商环境条例》正式实施，这是首次在国家层面出台优化营商环境的行政条例，加强了营商环境工作的顶层设计，有利于打造更具国际竞争力的法治化营商环境，使外资企业进入中国以后，共享中国发展红利。

本章小结

1. 从亚当·斯密的绝对优势理论，到大卫·李嘉图的比较优势理论，再到赫克歇尔和俄林的要素禀赋理论，自由贸易可以促进国际分工，参与贸易的国家都可以从中获益。由于在贸易过程中存在国家实力的现实差距，贸易的公平问题产生了。自由贸易和公平贸易是一对矛盾体，追求贸易自由，则会对公平有所限制；强调贸易公平，又会在一定程度上阻碍贸易自由。

2. 人们广泛地认为自由贸易可以提高资源分配效率，改善一国的福利。但各个国家从本国利益最大化的角度出发，并非都会选择自由贸易政策，而更可能采用贸易保护政策，这便产生了自由贸易的囚徒困境问题。

3. 重商主义时期，重商主义者认为金银是财富的唯一形态，为获取金银，贸易必须保持顺差，主张国家干预贸易；资本主义自由竞争时期，新兴的资本主义国家崛起，为使本国产业免于他国的冲击，纷纷采取保护本国产业的政策，其中最具代表性的是汉密尔顿的贸易保护理论和李斯特的幼稚产业保护理论；随着资本主义发展到了垄断资本主义时期，贸易保护理论也有了新的发展，凯恩斯的新重商主义、普雷维什的中心—外围理论以及战略性贸易政策理论都从不同的视角阐述了贸易保护主义理论。

4. 第二次世界大战后，贸易自由化进入新的阶段。其中发达国家主要采取贸易自由化战略，实现贸易政策的中性化，这一政策并不局限于发达国家之间，发展中国家也能享受这一政策的福利。广大发展中国家主要采取出口导向战略，通过鼓励本国产品出口，增加外汇收入，积累发展资金，发展经济。

5. 近年来，"逆全球化"思潮抬头，贸易保护主义盛行，中美贸易谈判前景模糊。当今世界正处于百年未有之大变局，在这一背景下，中国应该积极应对，主动扩大开放，积极推进区域经济一体化、加大自由贸易区建设，放松外资准入门槛，积极打造市场化、法治化、国际化的营商环境，稳外资、稳外贸。

思考题

1. 试分析自由贸易与公平贸易之间的联系与区别。
2. 简要说明一国可以从自由贸易中获得的好处，并分析为何各国又要纷纷设置贸易壁垒。
3. 试分析自由贸易与贸易保护主义为何总是交替出现。
4. 早年间，随着国内自由贸易的兴起，沿海地区的企业纷纷主动加入国际贸易行列中。其中，浙江温州的小商品市场在对外贸易的过程中，无数企业逐渐形成品牌与规模，请简要说明其中的逻辑。
5. 近年来，贸易保护主义抬头，请简要说明贸易保护主义论者的观点，并论述当前阶段贸易保护主义的新特征。
6. 试分析贸易自由化与中国经济高质量发展之间的逻辑关系。
7. 简述"逆全球化"思潮产生的根源，试分析中国如何在"逆全球化"的趋势中谋求发展。

第九章 国际贸易组织与经济一体化

导　言

经济全球化和区域经济一体化是自第二次世界大战以来国际经济的主流发展趋势。各国之间的经济相互依存程度空前加深。一个国家的经济成为世界经济的有机组成部分和全球经济的微观基础，经济关系以利益为出发点和归宿。竞争中的合作、合作中的竞争成为国际经济中的一个重要现象。与此同时，近年来"逆全球化"趋势也在演化，各国都希望制定符合自己经济发展特征的新游戏规则，新的国际经济秩序正慢慢形成。维护现有国际经济秩序的主要有三大国际机构，即国际货币基金组织、世界银行和国际贸易组织。本章将讨论经济一体化的基本形式、基本理论以及经济一体化实践案例和国际经济组织。

学习目标

1. 掌握各类区域经济一体化类型和特点。
2. 学习各类经济一体化案例。
3. 理解贸易创造、贸易转移以及经济一体化的动态收益的含义。
4. 掌握最优货币区理论，并理解最优货币区的经验教训。
5. 掌握最优货币区的实施条件及对成员国财政政策的限制。
6. 学习我国国际贸易与投资在改革开放后四十年的总体概况。
7. 了解我国目前面临的贸易风险和挑战。

第一节 经济一体化组织形式和特征

经济一体化最早的定义来源于第一位诺贝尔经济学奖获得者丁伯根（J. Tinbergen）。经济一体化是两个或两个以上的经济体通过某种协议建立的经济合作组织。一体化的主要形式有自由贸易区、关税同盟、共同市场、经济联盟和完全经济一体化。丁伯根认为经济一体化是消除阻碍经济运行的人为因素，通过国家间的分工合作，创造出适合的国际经济交流关系。

一　自由贸易区

自由贸易区是经济组织一体化的低级形式。在自由贸易区内，成员国之间没有关税壁垒和贸易障碍，但各成员国对自由贸易区外的其他国家仍保持自己的关税政策。成员国企业可以自由进出口货物,促进货物自由贸易,但严格限制成员国之间的贸易待遇。成员之间的自由贸易并不妨碍成员经济体对自由贸易区以外的成员采取不同的贸易政策。因此,自贸区成员之间不存在共同的对外关税。

然而,在实施自由贸易政策时,人们很难区分产品是来自成员国还是来自成员国以外。非成员国的产品可以通过自贸区从关税水平较低的成员国进入关税水平较高的成员国市场,具有使高关税水平成员国的贸易政策失效的作用。

二 关税同盟

关税同盟是最常见的经济一体化形式。为了解决不同成员国对外关税政策差异引起的利益纠纷,各成员国在建立自由贸易区的基础上,对非成员国采取统一的关税或贸易政策。同时,成员经济体之间的产品流动无须附上原产地证书。虽然并非所有经济一体化组织都必然以关税同盟为出发点,但大多数经济一体化组织都有正式的关税同盟安排或将关税同盟作为经济一体化组织的目标之一。关税同盟制定了成员国之间共同的对外关税,有效地将每个成员国的关税设定权转移给了一个区域经济一体化组织,更能约束成员国的贸易政策。关税同盟的局限性在于,一旦成员国取消关税,它们的市场将充分暴露于来自其他成员国生产商的竞争。为了保护某些产业,成员国会增加非关税贸易壁垒。关税同盟也无法消除成员之间自由贸易的内部障碍。解决这些问题需要深化经济一体化,在同盟内形成统一市场。

三 共同市场

共同市场以关税同盟为基础。在经济一体化组织成员国之间取消关税壁垒和制定共同对外关税政策之后,还需要成员国允许市场资本和劳动力自由流动。同时,它还要求各国逐步建立统一的货币制度,特别是统一的汇率制度。

共同市场的特点不仅是商品的自由流动,还需要成员国之间生产要素的自由流动。生产要素的自由流动意味着成员国的资本可以在共同体内自由流动,降低企业资本成本,劳动力的自由流动使来自不同成员国的工人能够在市场内的任何国家工作。

共同市场需要成员国转让包括设定进口关税、制定非关税壁垒和调整国内税率的权利。成员国逐步放弃政府干预市场的权利,区域一体化组织干预经济权力逐步增加。但超越国家主权的干预能力也有限,干预政策往往难以奏效。

四 经济联盟

经济联盟是共同市场的高级形式。在这种形式下,不仅商品、资本和劳动力可以自由流动,而且成员国的金融、经济和社会政策也可以进一步协调和统一,成员国之间反对各种歧视。对于非成员国来说，经济一体化组织基本被视为一个经济实体，一体化组织内国家之间的事务被视为内政。

经济联盟的特点是，在成员国之间形成共同市场的基础上，为解决成员国之间财政和货币政策差异导致共同市场效应弱化的问题，成员国进一步协调各自的经济政策。当汇率政策与成员国统一的货币相协调时，这种联盟又称为经济和货币联盟。

经济联盟是指成员国在让渡建立共同市场所需的权力后，进一步让渡政府对自身经济运行的宏观政策的使用权，从而使成员国在面临危机时出现反应滞后的情况。

五 完全的经济一体化

这是经济一体化的最终形式。除了商品、资本和劳动力在成员国之间自由流动，经济一体化组织要建立统一的货币、统一的货币政策、财政政策和社会政策，并逐步建立统一控制的中央政府，经济和社会事务一体化的组织规则。在政治领域，一体化的进程也将出现，该组织将代表所有成员国的国际政治利益。

完全经济一体化的特点是经济体制和其他体制在其进程上逐步一体化，类似于国家的一体化组织。一体化形式主要有两种：一种是邦联制，其特点是每个成员国的权利大于一体化组织的权利；另一种是非联邦制，它与邦联制相反，特点是一体化组织的权利大于每个成员国的权利。

这五种经济一体化组织形式是经济一体化程度由浅到深的体现，一体化程度也根据国家权利让渡的不同程度由低到高排列。一体化组织形式和程度的选择取决于各成员国自身利益的考虑。

专栏9-1 中国—东盟自由贸易区

中国与东盟自由贸易区（CAFTA）是世界三大区域经济合作区之一。1991年，中国与东盟建立对话伙伴关系。此后，双方贸易合作关系逐渐密切，开始进入一个新的发展阶段。1993年，中国应东盟邀请参加在印度尼西亚雅加达举行的第29届东盟部长级会议。1997年，中国大力支持遭受金融危机冲击的东盟国家。由于双方政治关系良好，推动了双方在经济发展方面的合作。虽然经历了金融危机，但东盟国家的经济在1999年开始缓慢复苏。与此同时，中国经济一直保持快速增长，2001年11月中国加入世界贸易组织后，经济形势更加复杂。双方都认识到建立自由贸易区以加快经济发展的必要性，于2002年11月正式启动中国—东盟自由贸易区。

中国与东盟国家的合作大致可以分为以下两个阶段：第一阶段，2002—2010年，中国东盟自由贸易区开始采取措施大幅降低关税，直到关税降至最低。2002年11月至2010年1月1日，中国对约93%的东盟国家的产品贸易关税已降至零；第二阶段，2011—2015年，实现中国—东盟自由贸易区的全面性，双方实现了更广更深的投资市场和开放的服务贸易市场。

中国—东盟自由贸易区按人口计算，它是当时世界上最大的自由贸易区。就经济规模而言，它是继欧盟和北美自由贸易区之后的世界第三大自由贸易区。中国—东盟自由贸易区的建立迅速扩大了东盟的对外贸易。中国和东盟两个市场的融合，大大拓宽了东盟的销售市场，中国市场已经成为东盟经济发展的最佳空间。从长远来看，中国是东盟经济的良好避风港之一，中国—东盟自由贸易区建立后，东盟国家利用自由贸易协定搭上中国经济快速发展的顺风车。与此同时，东盟国家无疑成为中国企业"走出去"的主要领域之一。自贸区建立以来，中国对东盟直接投资增速大幅增长，中国对东盟投资增长迅速。一批有实力的摩托车、家电、轻工产品生产企业落户东盟，加大投资力度。贸易区仅建立1年，中国企业在东盟国家的投资项目就近800个，总投资11.5亿美元。

2021年，中国举办中国—东盟建立对话关系30周年纪念峰会，以此总结中国—东盟自由贸易区成立三十周年的成果与经验。中国是第一个加入《东南亚友好合作条约》的主要国家，是第一个与东盟建立战略伙伴关系，是第一个与东盟建立自由贸易区的主要经济体。三十年来自由贸易区成果丰硕，到2020年，双方互为最大贸易伙伴，双边贸易在过去30年中增长了85倍，让11个国家20亿人获益。

第二节 经济一体化理论

一 关税同盟理论

关税同盟长期以来被视为经济一体化的基础和逻辑起点。在世界经济史上，关税同盟的相关记载源远流长，被许多经济一体化组织所追求和实施。关税同盟的静态和局部均衡可以用贸易创造和贸易转移效应来衡量。

（一）贸易创造效应

贸易创造效应是指国际经济一体化组织成员之间取消关税或其他贸易壁垒而促进贸易规模扩大和福利水平提高，产品生产从生产成本较高的国内生产转移到生产成本较低的贸易伙伴国，生产要素重新配置，提高资源利用效率。

鉴于关税同盟建立前后所有经济资源得到充分利用，贸易创造增加了成员国的福利，因为它促进了基于比较优势的更大程度的产品专业分工化。各成员国的关税同盟也增加了非成员国的福利，因为成员国实际收入的增加，将提高从世界其他地区的进口。

图9-1说明了贸易创造效应。D_X 和 SS_X 分别表示国家 B 对商品 X 的国内需求曲线和

供给曲线。假定国家A的商品X的自由贸易价格$P=2$，世界上其他国家的商品X的自由贸易价格$P=3$，并假定国家B是小国，它的进出口不能影响这些商品的价格。如果国家B首先对进口的所有商品X施加非歧视性的100%的从价税，那么国家B将以$P=4$的价格从国家A进口商品X，在这一价格下，国家B消费100单位的商品X，其中40单位的商品由国内生产，另外60单位的商品从国家A进口，国家B还获得120（GHLK）的关税收入。图9-1中，SS是自由贸易下国家A对国家B的商品X具有完全弹性的供给曲线。$SS+t$代表包含关税的供给曲线。国家B不会从国家C进口X，因为从该国进口的X的含税价格是$P=6$。

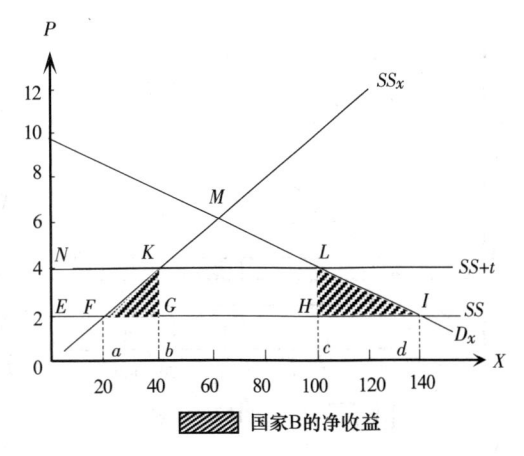

图9-1 贸易创造效应

如果国家B现在与国家A建立关税同盟，并且和世界其他国家的关税政策不变，国家B的商品X的市场价格为$P=2$。在该价格下，国家B消费140单位的商品X，其中国内生产20单位的商品，从国家A进口120单位的商品，此时国家B没有关税收入。国家B的消费者由于关税同盟的建立获得的福利等于NEIL。然而从整体来看，这其中仅有一部分是国家B作为一个整体的净所得。也就是说，EFKN代表生产者剩余的减少，KGHL代表了关税税收损失，阴影三角形FGK和HIL的面积代表贸易创造效益效应给国家B带来的净收益。

三角形FGK代表了贸易创造的福利所得中的生产者剩余部分，它来自将20单位的商品X从生产效率较低的国家B进口（成本为FabK）转变为从生产效率较高的国家A进口（成本为FabG）。三角形HIL是贸易创造的福利所得中的消费者剩余部分，它来自国家B增加40单位商品X的消费。它的成本是cdIH，小于其收益cdIL。

（二）贸易转移效应

当关税同盟形成之后，关税同盟国的进口从非关税同盟的低成本国家转移到关税同盟的高成本国家时，就会发生贸易转移。这是因为成员国签署了优惠贸易协定。将生产从效率更高的非关税同盟国转移到效率更低的关税同盟国表明贸易转移本身降低了福利，加剧了国际资源的错配，使生产偏离了比较优势原则。

图9-2说明了贸易转移效应。图9-2中的D_x和SS_x分别表示国家B对商品X的国内需求曲线和供给曲线。假定国家A的商品X的自由贸易价格$P=2$，世界上其他国家的商品X的自由贸易价格$P=3$，并假定国家B是小国，它的进出口不能影响这些商品的价格。对商品X征收非歧视性的100%的关税后，国家B从国家A按$P_x=4$美元的价格沿$SS+t$进口商品X。如前所述，$P_x=4$美元时，国家B消费100单位商品，其中40单位商品国内生产，另外60单位从国家A进口，国家B获得120美元（GHLK）的关税收入。

如果国家 B 现在仅与国家 C 建立关税同盟，单独取消对国家 C 的关税，国家 B 将发现可从国家 C 以 $P=3$ 的价格便宜地进口商品 X。在 $P=3$ 美元的价格下，国家 B 消费 120 单位商品 X，其中国内生产 30 单位，另外 90 单位商品从国家 C 进口。在这种情况下，国家 B 未获得关税收入。国家 B 的商品 X 的进口现在从生产效率较高的国家 A 转移到生产效率较低的国家 C，这是因为国家 B 只对国家 A 收取关税。

国家 B 由于与国家 C 建立关税同盟所得到的静态福利效应可以通过图 9-2 的阴影部分计算。阴影三角形 $F'OK$ 和 VIL 的福利所得源于贸易创造，而阴影矩形 $OGHV$ 的福利损失是由于将 60 单位的进口从成本较低的国家 A 转移到了成本较高的国家 C 所造成的。特别需要指出的是，$NC'IL$ 的消费者剩余是由关税同盟产生的，$C'F'KN$ 代表国家 B 由生产者转移到消费者的剩余。矩形 $KGHL$ 是国家 B 与国家 C 建立关税同盟前的关税收入，矩形 $KOVL$ 是国家 B 由于关税同盟的建立导致商品 X 的价格下降从而转移到消费者的所得部分。这样仅仅留下阴影三角形 $F'OK$ 和 VIL 作为国家 B 的净所得，阴影矩形 $OGHV$ 为关税收入损失。

从图 9-2 中可以看出，国内供给和需求曲线越平缓，则阴影三角形的面积越大，阴影矩形的面积就越小。这样一来，即使对于一个参加纯粹的贸易转移关税同盟的国家来说，它不一定会受到福利净损失，只要阴影三角形面积大于阴影矩形面积，它加入关税同盟就是有利可图的。

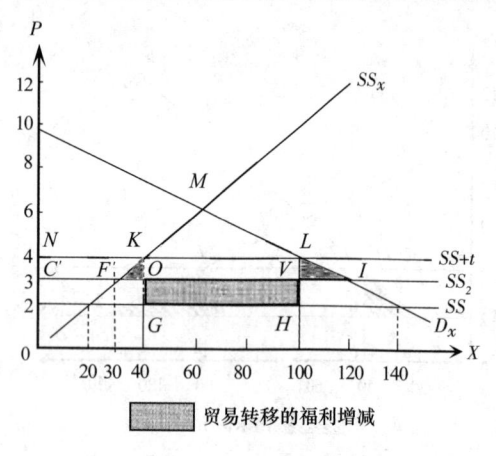

图 9-2 贸易转移效应

（三）关税同盟的动态效应

除了上述讨论的静态福利效应，关税同盟的形成还可能获得重要的动态利益。这是由于竞争的加强，规模经济作用凸显，投资的增加和经济资源的有效利用。

最大的动态利益加强竞争，如果没有关税同盟，生产者特别是垄断厂商很可能在保护贸易壁垒方面变得懒惰和自满。在关税同盟的建立和盟国之间的贸易壁垒消除之后，各国的生产者必须提高效率来抵制同盟中其他生产者的竞争和合并，从而避免被淘汰。竞争水平的提高也可能刺激新技术的开发和利用。所有这些努力将降低生产成本，从而有助于增加消费者的福利。当然，关税同盟必须确保在关税同盟建立后，在关税同盟范围内，不会出现在初期限制国内竞争的共谋和市场分享协议等垄断行为。

建立关税同盟的另一个可能的好处是市场扩张带来的规模经济。但必须指出的是，即使是不属于关税同盟的小国，也可以通过向世界其他国家出口商品，克服狭窄的国内市场，实现生产规模经济。例如，相对较小的国家，如意大利、德国在加入欧盟之前，他们的许多主要工业行业的工厂规模可以与美国相比，可以享受规模经济的好处，为国内市场生产和提供产品。然而，欧盟成立后，对于成员国内的每个工厂来说，都取得了巨大的经济效益,因为它可以减少每个工厂内生产的产品的差异,增加产量。另一个可能的好处是利用市场扩张的优势来刺激投资和应对日益激烈的竞争。此外,建立关税同盟可能会促使非成员国在关税同盟成员国建立生产设施,以避免一体化组织对非成员国增加贸易壁垒。

最后,在关税同盟内,劳动力和资本在其范围内可以自由流动。关税同盟带来的动态收益被认为超过了静态收益。近年来的实证研究表明,这些动态收益是静态收益的4—6倍。然而一体化区域同盟能否促进或阻碍多边自由竞争,关于这个问题有很多不同的观点。一些经济学家认为,区域同盟可以导致更快的贸易自由化。然而,另一些学者认为区域同盟也可能阻碍多边贸易自由化,并可能导致内部冲突。如果工会能够努力减少外部和内部的贸易壁垒,容易接纳新成员便可以使同盟内外的利益最大化。

二 最优货币区理论

最优货币区理论为货币一体化进程提供了理论基础。该理论指出,成员国为参与最优货币区而应满足的条件:灵活的价格和工资,一体化要素市场、金融市场和商品市场,以及协调的宏观经济和政治政策。该理论还探讨了成员国加入最优货币区的成本和收益。该理论认为,在市场摩擦条件下,采用浮动汇率制或固定汇率制是次优选择。如果在全球范围内,产出市场、生产要素和金融资产能够充分整合,相对价格和实际工资能够充分弹性地随供求变化而变化,市场上的贸易、资本流动和外汇交易没有人为的限制,那么,最优货币区应该是整个世界。

(一)最优货币区基本概念

美国经济学家罗伯特·蒙代尔首先提出了"最优货币区"的概念。强调成员国加入最优货币区的收益与成本问题。最优货币区是指在符合经济金融条件的国家或地区之间建立区域内部统一的货币制度,如固定汇率或使用单一货币,对其他货币统一浮动的经济区域。"最优"是宏观经济目标在经济体实现内部均衡与外部平衡。内部均衡指经济增长、就业与价格水平之间的均衡关系;而外部平衡是指国际收支平衡。货币一体化就是利用最优货币区,在区域内流通单一货币,建立超国家的中央银行,履行货币政策职能。

(二)经济体加入固定汇率货币区的利益:货币效率收益

一个国家如何决定是否加入固定汇率区?我们构建了一个模型来说明A国的选择。图9-3为货币效率收益线,可以看出,A国加入固定汇率区的收益取决于A国与该地区贸易关系的一体化程度。假设A国正考虑将其货币与固定货币区的货币挂钩。

固定汇率的主要优点是简化了贸易结算,为国际贸易决策提供了比浮动汇率更可预测的依据。同样,如果允许一国货币对固定汇率区的货币浮动,A国在与固定汇率区进行交易时也会面临同样的困难。实行固定汇率制度带来的货币效率收益就是参与国所避免的汇率波动带来的复杂性、不确定性、结算和交易成本以及其他损失。事实上,A国的货币与固定汇率区的货币挂钩后,很难准确估计其货币效率收益。然而,有一件事是肯定的,如果A国与固定汇率区成员之间的贸易量很大,这种利益就会很高。在其他情况下,固定国

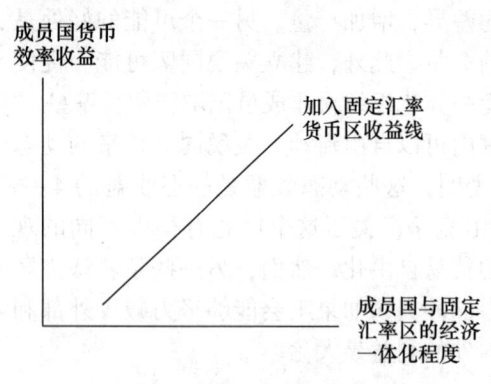

图9-3 货币效率收益线

家 A 的货币与固定汇率区的货币之间的汇率高于固定国家 A 的货币与其他国家之间的汇率。同样，如果 A 国与固定汇率区之间的贸易扩大，固定国家 A 货币与固定汇率区货币之间的汇率将比贸易减少时受益更多。

如果 A 国与固定汇率区之间的生产要素能够自由流动，那么 A 国货币与固定汇率区货币汇率所获得的货币效率收益也会增加。当一国投资者投资于固定汇率区成员国时，投资回收率的可预测性增加，对一国投资者更有利。同样，对于在固定汇率区成员国工作的 A 国劳动者来说，如果他们的工资相对于 A 国的生活费用更稳定，这也是好的。

因此，我们可以得出结论：如果一个国家与固定汇率区的经济一体化程度非常高，那么当该国与该地区货币的汇率固定时，它将获得很大的货币效率收益。而且货币区内跨境贸易和要素流动的范围越广，使用固定汇率的好处就越大。

如图 9-3 所示，货币效率收入曲线的斜率表示一国和固定汇率地区的经济一体化程度与该国加入该区域后的货币效率收入之间的关系。图中横轴表示 A 国经济与固定汇率区产品和要素市场的融合程度。纵轴代表 A 国加入固定汇率区后的货币效率收益。斜率为正表明，A 国与该地区的经济一体化程度越高，货币效率收益越大。

在我们的例子中，我们假设固定汇率区域中较大汇率区域的价格水平是稳定和可预测的。否则，A 国的价格水平会有很大的波动，这可能会抵消加入固定汇率区所带来的好处。如果经济参与者怀疑 A 国是否真的实行固定汇率制，那么就会出现另一个问题——在这种情况下，汇率的不确定性仍然存在，A 国的货币效率收益将会减少。如果价格水平在固定汇率区是相对稳定的，国家实施固定汇率体系的态度相对清晰，我们的结论继续持有，也就是说，如果国家的货币挂钩固定汇率区，A 国货币对固定汇率区货币的汇率稳定会给 A 国带来利益，而且 A 国市场与固定汇率区市场联系越紧密，收益越大。

（三）经济体加入固定汇率货币区的成本：经济稳定性损失

一个固定汇率货币区的成员国会有所得也会有所失，因为一国加入固定汇率货币区代表它放弃了使用汇率和货币政策来保持就业和产出稳定的权利。加入货币区带来的经济稳定性损失与一个国家与该货币区的经济一体化程度有关。经济稳定成本线表明了二者的关系。

固定汇率制和浮动汇率制各有优势。当经济受到产出市场变化的干扰时，浮动汇率比固定汇率好，因为浮动汇率允许国内外商品的相对价格立即发生变化，从而自动缓冲经济的这种变化。然而，当汇率固定时，实现理想的经济稳定将变得更加困难，因为货币政策无法影响国内产出。基于以上两个结论，我们可以看到，在固定汇率制度下，产出需求的变化将对经济产生更为严重的影响。这种固定汇率造成的额外不稳定被称为经济稳定性的丧失。

为了推导加入固定汇率货币区的成本曲线，我们必须分析 A 国经济与固定汇率货币区的一体化程度是如何影响经济稳定性的成本的。假设 A 国将其货币与固定汇率货币区的货币挂钩，那么当 A 国产出的世界总需求减少时，固定汇率货币区货币将相对区外货币贬值。只有当 A 国单独面临世界总需求下降时，A 国才会面临严重困难。

A 国将如何适应这一冲击？由于固定汇率货币区的货币不受影响，并且 A 国与固定汇率货币区的货币挂钩，因此它将对所有外币保持稳定。因此，就业的全面复苏只有在经历了一段严重衰退后才会出现，在这段时期内，该国的商品价格和工资都会有所下降。

经济一体化程度越高，衰退越小。首先，如果一个固定汇率和一个地区的国家进行大量贸易，国家 A 的价格稍低，就会使一个固定汇率地区对 A 国产品的需求增加，因此，就业率将很快恢复。其次，如果 A 国的劳动力和资本在固定汇率货币区与邻国高度融合，那么失业工人可以很容易地转移到邻国寻找工作，国内资本可以很快转移到国外，投资利润更高的部门。因此，要素的自由流动将降低 A 国的失业率和投资者的损失。

如果 A 国与固定汇率货币区内其他国家的经济紧密相连，那么 A 国价格水平的小幅上升以及外国资本和劳动力的涌入将很快使对 A 国产品的过度需求消失。A 国与货币区以外国家之间更密切的贸易联系也有助于 A 国摆脱困境。然而，与固定汇率货币区以外国家的进一步贸易一体化是一把"双刃剑"，对宏观经济稳定既有积极影响，也有消极影响。原因是当 A 国的货币与固定汇率货币区的货币挂钩时，固定汇率货币区的经济动荡将对 A 国的经济产生更大的影响，因为 A 国与非固定汇率货币区内的国家有着更广泛的贸易联系。这将增加 A 国经济稳定性的损失，但是这种损失相对来说较小。也就是说，当 A 国与固定汇率货币区之间的经济一体化程度增加时，A 国固定货币与固定汇率货币区货币之间的汇率所造成的经济稳定损失将减少。

此外，当 A 国与固定汇率货币区进行大量贸易时，A 国货币与固定汇率货币区货币挂钩后对其经济稳定性的损失将较小。因为在这种情况下，由于从固定汇率货币区进口的货物占 A 国工人消费的大部分，A 国货币与固定汇率货币区货币之间的汇率变化将很快影响 A 国工人的名义工资，并减少其对工人就业的影响。例如，A 国的货币相对于固定汇率货币区的货币贬值后，如果 A 国从固定汇率货币区的进口量相当大，A 国人民的生活水平就会迅速下降，工人将要求增加名义工资以维持原来的生活水平。在这种情况下，A 国从浮动汇率中获得的宏观经济稳定性非常小。因此，A 国加入固定汇率货币区的损失很小。

由此，我们可以得出一个结论：一个国家的经济一体化程度越高，加入的固定汇率货币区越高，当产出市场波动时，经济稳定性损失越小。

图 9-4 中的成本线说明了这个结论。图中横轴表示加入国经济与固定汇率货币区经济的一

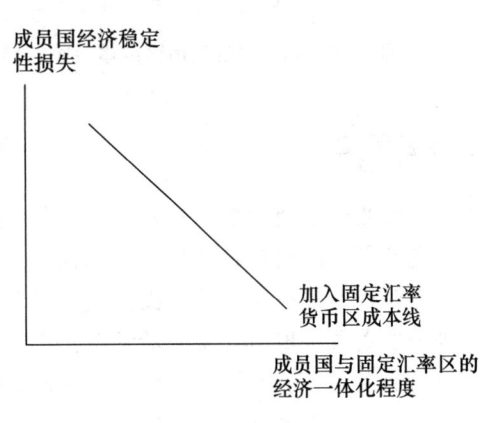

图 9-4 加入固定汇率货币区成本

体化程度，纵轴表示该国经济稳定性的损失程度。我们可以看到，成本线的斜率是负的，这说明随着经济相互依存度的增加，加入固定汇率货币区可以减少国家所遭受的经济稳定性。

（四）加入最优货币区条件

图 9-5 结合了加入最优货币区的收益线和成本线，并显示了 A 国应如何决定确定 A 国货币是否钉住固定货币区汇率。可以看出，如果 A 国与固定汇率货币区之间的经济一体化程度大于或等于 δ，则应加入固定汇率货币区。δ 由收益线和成本线在 1 处的交点确定。

如果经济一体化程度的值为 δ 或更高，则由收益率曲线测量的货币效率收益大于由成本曲线表示的经济稳定性损失。A 国加入固定汇率货币区是有利的，因此收益线和成本线的交点决定了经济一体化程度的最低值。如果经济一体化程度值大于或等于该值，则国家 A 可以用固定汇率货币区的货币固定国家 A 货币的汇率。

从收益—成本图中，很容易看出一国经济环境的变化如何影响其加入固定汇率货币区的选择。如图 9-6 所示，如果一国出口需求变化的范围和频率增加，成本线将上升，固定汇率将在任何经济一体化水平上增加该国产出和就业的不稳定性。因此，加入固定汇率货币区的经济一体化程度上升到 δ_2，其他情况相同，产品市场的波动性增加将使一个国家不太愿意加入固定汇率货币区。

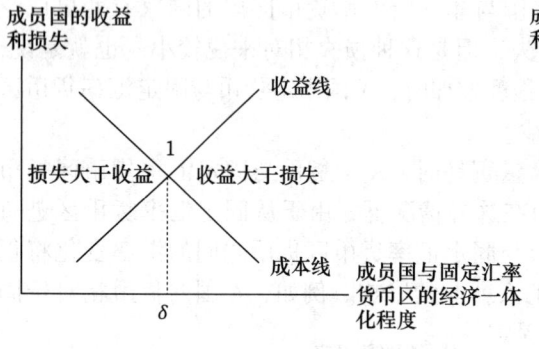

图 9-5 加入最优货币区成本—收益线

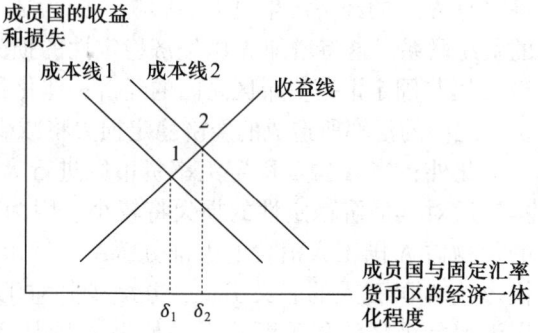

图 9-6 受到外部冲击后加入最优货币区的选择

专栏 9-2　　　　　　　　英国为什么不加入欧元区

按照欧盟的计划，欧元于 1999 年 1 月 1 日启用，但英国宣布不加入欧元区。英国一直寻求在欧洲和世界的领导地位，为什么不积极参与建设一个加强欧洲整体的经济和货币联盟？统一货币的前提条件是经济趋同。欧盟实行统一货币却无法实现经济趋同，势必造成成员国间要素流动混乱，严重干扰有些国家的经济运行，最终危及统一货币本身的稳定。《马斯特里赫特条约》虽然为此专门设立了经济趋同标准，要求申请加入欧元区的国家在通货膨胀率、汇率、利率和财务状况等方面满足某些特定要求，但事实上，欧元区的经济趋同并不理想，由于欧元推出时限，有关国家为了成为欧元区首批成员采取了一些非常规手段，包括篡改统计数据。加入欧元区的标准松散、衡量方式灵活，无疑为后续危机埋下祸根。欧元区的建设必然导致经济主权的逐渐丧失。对于英国这样的国家，利率政策、汇率政策等货币政策具有特殊意义，英国经济开放程度非常高，伦敦是世界领先的国际金融中心，英国的货币流通和英镑汇率受国际国内因素的影响远比欧盟许多国家敏感，这使英国的经济运行更容易受到外部干扰和损害。如果英国加入欧元区，英国将面对外汇市场的动荡，将不得不付出巨大的代价来维持与欧元的固定汇率。不加入欧元区，则可通过暂时置身于欧元区之外并维持英镑与欧元之间的汇率，从而在汇率政策上保持相当大的灵活性。此外，英国利率长期以来一直是货币政策的主要工具，尽管英国政府从20世纪80年代开始转向货币主义，但利率在其货币政策中仍然发挥着重要作用。因此，英国选择不加入欧元区，维持货币主权。

第三节 国际经济组织一体化实践

目前，国际经济组织一体化的形式主要分为发达国家之间的一体化组织，如欧盟，以发展中国家为主的一体化组织，如东盟十国，还有发达国家与发展中国家合作的一体化组织，如美墨加自由贸易区，以及地区开放主义，如"一带一路"倡议。

一 发达国家之间的区域一体化组织：欧盟

欧盟是由27个成员国组成的政治和经济联盟。成员国拥有单一市场和共同的历史文化。它是由欧洲共同体发展而来的区域一体化组织，在世界上具有重要的影响。到目前为止，欧盟已经扩张了六次，成员国总人口达到4.8亿，经济总量超过10万亿欧元，是全球一体化程度最高的国家联合体。

（一）欧盟发展历史

1946年英国首相丘吉尔提议成立一个欧洲一体化组织来解决欧洲的和平问题。1950年5月9日，法国政府提议成立"欧洲煤炭钢铁合资企业"。1951年4月18日，法国、德意志联邦共和国、意大利、荷兰、比利时和卢森堡在巴黎签署了《建立欧洲煤钢共同体条约》。1957年3月25日，六国在罗马签署了《建立欧洲经济共同体条约》和《欧洲原子能共同体条约》，后称《罗马条约》。1965年4月8日，六国签署《布鲁塞尔条约》，决定合并三个共同体的机构，统称为欧洲共同体。1973年后，英国和西欧各国陆续加入欧共体，成员国数量增加到12个。

欧共体12个国家之间建立了关税联盟，统一了对外贸易和农业政策，建立了欧洲货币体系，建立了统一的预算和政治合作体系，为了加深欧共体的合作关系，1993年欧洲各国签订《马斯特里赫特条约》，这使欧盟的称号得以确定。这标志着欧盟从经济实体向经济政治实体过渡。该条约对实现单一货币的措施和步骤做出了具体规定，并提出了时间表。同年，欧盟宣布完成单一市场。欧洲单一市场完成了"四大自由"，即货物、服务、人员和金钱的自由流动。1995年12月，欧盟首脑会议通过了马德里决议，正式将单一货币命名为欧元。2002—2007年，欧盟向东扩张，10个新国家加入，随后是保加利亚和罗马尼亚。截至2022年6月，欧盟已有27个成员国，而欧盟于2020年1月30日正式批准英国脱欧。

（二）欧盟的成果

1. 实行协调经济政策，减少区域差异

早在欧洲共同体成立之初，欧洲各国就认识到，区域差异将威胁一体化进程。1958年《罗马条约》序言强调，"有必要通过减少各地区存在的差距和贫困地区的落后程度，加强各国的经济协调，确保它们的协调发展"。

协调成员国的政策工具是欧盟区域政策的重要措施之一。政策工具包括欧洲区域发展基金（ERDF）、欧洲社会基金（ESF）、欧洲农业指导和担保基金（EAGGF）、结构和聚合基金和其他投资机构。来自欧盟预算的资金，主要通过欧盟内部经济区、成员国和欧盟委员会三个层面之间的相互协商，以长期区域发展项目或具体计划的形式，通过财政转移支付的形式，对贫困地区经济结构调整进行援助。

2. 统一法律基础，保障一体化组织运作

《欧洲经济共同体条约》是欧盟的法律基础。它规定了欧盟的政策目标、政策工具和政策行动者的组织结构。根据这项法律，欧洲共同体的行动者已经形成了一个主要由欧洲委员会、部长理事会、欧洲议会和区域委员会组成的组织结构。欧盟在区域合作方面取得的重要进展，离不开其合作法治文化和完善的法律规则。区域合作法制化的理念在最初的欧共体条约和后来的欧盟条约中都是一致的。欧盟及成员国各级政府高度重视法律法规的制定，案文非常详细，可操作性强。欧盟官员认为，在广泛协商的基础上形成的规划和法律法规能够在每个成员国执行，减少因法律带来的摩擦，使企业、居民和政府有规则可循，保持政策的稳定性和连续性。欧盟政策执行的每一个环节和步骤都遵循严格的定义、规范和量化标准，确保政策执行的科学性、有效性、公平性和公正性。由定义、规范和标准组成的机制指导援助决策，可以避免官员的主观意愿，避免地方与决策机构之间的纠纷，避免由此产生的决策延迟。

3. 科技研发一体化

自欧共体实施第一个《科学技术发展和研究框架计划（1984—1987）》以来，欧盟已经实施了六个科学研究总体规划。为促进欧共体内部科研合作，克服成员国间科研重复、经费浪费、实力薄弱的弊端，充分发挥欧洲整体科技优势做出了贡献。科技框架计划从社会出发，指明未来四五年共同科技研究的总体发展方向，并通过包括科技目标在内的整体规划，确定社会的一切研发行动、优先领域、项目安排、资金预算等。科技框架计划的具体实施方法主要包括三种类型：由社区研究中心主导的直接行动、由社区和在成员国的研究中心主导的间接行动和联合行动，可以超越社会的范围（如成员国或相关成员国和相关国家之间）。显然，由于欧共体的大力参与，欧洲科技框架计划不仅有利于进一步加强成员国之间科研活动的协调，而且可以在很大程度上避免重复，从而提高科研项目的效率，最终为提高欧洲科技水平产生积极的推动作用。因此，制定共同的科技政策具有里程碑式的意义。

（三）欧盟的经验教训

虽然欧盟的一体化程度很高，但从根本上来说它不是一个国家，各成员国之间依然存在摩擦。它的政治制度在过去50年中根据一系列条约不断演变。在实现经济和政治一体化过程中存在一些弊端：第一，欧盟的决策机制效率低下。欧盟的决策机制是首脑会议和欧洲理事会。峰会采取审议制。如果不能就某个问题达成一致，将推迟到下一次峰会，政策缺乏时效性。尽管这一决策机制降低了大国操纵的可能性，但它带来了公平与效率难以平衡的两难境地。欧盟委员会（欧盟的执行机构）席位的规模和分配以及欧洲议会席位的规模和分配也存在争议。随着欧盟的扩大和一体化进程的深入，欧盟在政策协调上的难度越来越大，甚至出现了僵局。

第二，利益分配不均。成员国内部的巨大经济差距使协调更加困难。为了应对不断增长的成本，欧盟委员会在2009年欧债危机时提出了将援助希腊等濒临破产的国家，预计将援助额提高到2013年的1430亿欧元，占欧盟国内生产总值的1.15%。这一提议遭到了净捐助国的反对。由于成员国的经济基础不同，受益国与净捐助国之间不可避免地存在利益分配问题。

第三，欧盟内部矛盾重重。在欧盟面临债务、能源、环境等危机之际，西欧和南欧国家之间的矛盾日益凸显。东欧国家与西欧大国在欧盟改革方面，如废除一票否决权问题、难民问题、法治和价值观等方面存在严重分歧。

二 以发展中国家为主的区域一体化组织：东盟

（一）东盟成立历史

东南亚国家联盟（ASEAN）简称东盟，于1967年8月8日在泰国曼谷成立，秘书处设在印度尼西亚首都雅加达，现有文莱、柬埔寨、印度尼西亚、老挝、马来西亚、菲律宾、新加坡、泰国、缅甸和越南10个成员国。2003年10月第9届东盟峰会在印度尼西亚巴厘岛召开，与会各国元首通过了《东盟共同体宣言》，明确了更加具体的目标，在构建更加紧密的共同体方面取得了进展。这标志着东盟在政治、经济、安全、社会和文化等领域的全面合作进入了一个新时代。

（二）东盟取得的成就

1. 充分发挥综合商业优势，克服资金困难

20世纪70年代中期以来，东盟开始着力推动内部市场开放，优化内部发展环境。1977

年，东盟开始实施优惠贸易安排（PTA），并在这一过程中不断改变其内容，以提高东盟内部市场的开放程度。1992年，东盟提出建立东盟自由贸易区（AFTA），计划在15年内完成，届时区域内关税将降至5%以下。1994年后，东盟决定将自由贸易区的建立期限缩短为十年。1997年东南亚金融危机爆发后，东盟经济发展面临较大困难。在此情况下，东盟成员国没有退回保护主义，而是加快了开放步伐。1999年，东盟还决定到2015年6个老成员实现零关税，到2018年所有新成员实现零关税。这是因为东盟内部存在较大差异，部分成员国经济欠发达，需要根据形势和需要，分阶段制定加速规划，继续深化对外开放。东盟的经济合作方式不是动员内部资源进行集体项目建设，而是促进市场开放，改善区域市场环境，增加本地区对外部资源投资的吸引力。事实上，东盟作为发展中国家联合体，内部可以调配的资源有限，而最大的资源是市场潜力。因此，市场开放本身可以创造资源。特别是国际金融危机以来，东盟通过加快对外开放，增强了吸引力和活力。

2. 提高成员国凝聚力，打造发展中国家合作典范

东盟共同体建设确立了符合地区实际的定位，而不是照搬现行模式。2003年10月，东盟正式宣布到2020年建立东盟共同体。东盟共同体不像欧洲那样是一个单一的组织，而是由三个框架组成：经济共同体、安全共同体和社会文化共同体。在东亚愿景集团关于建立东亚共同体的报告中，东亚共同体的结构由治理、经济和金融几大支柱支撑，而不是单一的区域组织。事实上，虽然东盟希望在2015年完成共同体建设，但2015年只是实现一些基本目标和完成框架的时间。就社会文化建设本身而言，这是一个长期的过程，各个方面都在不断深化，结构和组织形式也在不断调整。东盟强调各方的接受程度，即共同体的接受程度。

东盟共同体的建立是基于40年经验的自然进程。2007年东盟制定了《东盟宪章》，这是东盟合作进程的重要转折点。《东盟宪章》以法律的形式规定了本组织的地位、目标和原则。《东盟宪章》规定东盟是具有法律框架的区域性组织。当其成员国家法律法规与《东盟宪章》发生冲突时，必须严格遵守《东盟宪章》的规定，并以《东盟宪章》为依据，确保一切成员国在相同或相似的法律框架下推动一体化进程东盟可以作为一个整体参与与其他国家和组织签署重要协议，东盟拥有有效的运作机构和集体决策权。东盟宪章表明，东盟已经从一个松散的合作平台发展成为具有法律地位和决策权的有效区域合作组织，这是东盟从功能性合作向共同体建设转变的基础。

（三）东盟的经验与教训

除了新加坡，东盟本质上是一个发展中国家组织。发展中国家要加快本国经济发展，就应吸引外资，利用外资加快本国经济发展。东盟国家具有相似的因素，鼓励出口，吸引国际投资，促进本国经济发展。因此，成员国之间为吸引国际投资展开了激烈的竞争。东盟放松了对资本流动的管制，更多东盟国家放宽了吸引外国直接投资的政策，特别是在出口行业。他们采取了各种措施：简化投资审批规则和程序，放宽对外国投资者的限制，放宽对外国资本和利润汇出的限制，提供金融支持，建立出口加工区、工业园区等投资友好设施。但国际资本市场剧烈波动，短期资本流出东盟国家，容易引

发东盟内部的货币、金融和经济危机。

三　发展中国家与发达国家之间区域一体化组织：美墨加协定

2020年1月29日，美国总统唐纳德·特朗普签署了国会通过的《美国—加拿大—墨西哥自由贸易协定》（USMCA），标志着已经生效二十多年的《北美自由贸易协定》（NAFTA）即将"更名"并升级为新版本。NAFTA建立了世界经济中最大的自由贸易区，是发达国家和发展中国家建立自由贸易区的典范。该协定极大地促进了美国、加拿大和墨西哥的经济一体化和三国的经济发展，并使参与国受益匪浅。

（一）美墨加协定历史

1965年，美国和加拿大签署了汽车生产协议，大大地降低了汽车、零部件、轮胎等产品的关税，极大地促进了两国汽车工业的一体化发展。该协议成功推动了两国经贸合作的不断扩大。1987年，双方签署了《美加自由贸易协定》，涉及贸易、金融服务、投资、能源等领域。

在美国和加拿大之间的贸易协定的基础上，墨西哥也希望加入协定来获得经济发展。美国、加拿大和墨西哥地理位置相近，经济结构互补性强。自由贸易区的形成将带来巨大的商机。对于美国和加拿大来说，企业的出口市场规模会进一步扩大，而利用墨西哥的廉价劳动力增强竞争力也有利于企业成长；对墨西哥来说，可以通过北美自由贸易区协定扩大出口市场，稳定投资者信心，促进外资流入，通过自由贸易协定锁定墨西哥的市场化改革道路。因此，三国建立自由贸易区的动机很强。

20世纪80年代，墨西哥开始实行市场化改革。1986年，墨西哥加入关税与贸易总协定，对外开放程度大幅提高，为NAFTA谈判创造了条件。1990年夏天，美国和墨西哥开始谈判，1991年，加拿大加入了谈判。各国合作意愿强，谈判效率高。因此，1992年12月17日，三国领导人签署了NAFTA。在经历多方磋商后，NAFTA于1994年实行。

美国总统唐纳德·特朗普在2017年指责墨西哥通过该协议窃取美国制造业就业机会。在美国的领导下，三国于2017—2018年就北美自由贸易协定的修订进行了谈判，并于2019年年底达成了新协议，当时《北美自由贸易协定》更名为《美国—墨西哥—加拿大协定》。

与前一版本相比，新协议包括对汽车原产地原则、劳动标准、环境保护、知识产权保护和争端解决机制的变更。最值得注意的是，75%的汽车必须原产于北美，才能在成员国之间免除关税（高于62.5%）；在北美三个国家，至少40%的汽车和零部件工人必须每小时至少赚16美元。这些条款明显带有保护主义色彩，旨在保护北美汽车市场免受其他国家的冲击，并缓冲墨西哥低工资对美国制造业的影响。

（二）美墨加协定成果

1. 三国利用各自比较优势获益

美国、加拿大和墨西哥三国建立自由贸易区有各自的利益。美国面临中国、日本、欧盟等的竞争，加拿大也不愿意失去美国市场这块大蛋糕。再加上美国和加拿大的贸易往来本来就繁荣，所以这两国率先签订了贸易协定。与此同时，墨西哥在经历了几年缓慢的经济增长后意识到国家需要把贸易作为新的经济增长点，而墨西哥的廉价劳动力也是美国和加拿大所需要的。

北美自由贸易区最重要的特点就是南北合作，大国主导，它是由美国主导的，发展中国家和发达国家都有参与的自由贸易区，这样的合作会带来另外一个特点就是贸易区内经济互补性强。作为发达国家的美国、加拿大拥有资本和技术的优势，而作为发展中国家的墨西哥拥有劳动力、能源的优势，另外墨西哥的中低端产业能和美国、加拿大的高端产业相结合，国家间可以实现经济互补，不仅有利于解决美加两国资产相对过剩和市场狭窄的问题，也有助于促进墨西哥就业和经济的增长。最后，自由贸易区不仅包括了商品和服务贸易也包括政策合作，以及如何解决贸易区内的纠纷等内容，这些合作促进了贸易区的发展。北美自由贸易区给南北国家建立合作提供了优秀的范例。

2. 经济效益明显

从贸易效应来看，自由贸易区的建立产生了贸易创造效应，美加墨三国相互的贸易额和贸易品种都有大幅的增加。首先，对于墨西哥来说，贸易区建立五年之后，墨西哥对美国和加拿大的出口大大增加。其次，对于加拿大来说，加拿大进一步增加了对美国的出口，更重要的是加拿大对墨西哥出口有零的突破。最后，对于美国来说，贸易区的逐步发展，美国对加拿大和墨西哥的出口增长分别为35%和93%。最重要的一点是，随着关税的降低，居民消费的支出也随之下降。另外一个效应是市场扩张效应，贸易区的三国市场逐渐变成一个整体，市场扩大意味着需求增多，加上生产要素能够在贸易区内相对自由地流动，许多企业会扩大自己的生产，产生规模经济效应，贸易区的总产出在五年内增加了30%。此外，市场的扩张也促进了企业的竞争，有效地打破了垄断，使产品价格下降和技术进步。

（三）美墨加协定经验教训

自由贸易区带来的不仅是好处，在产生创造效应的同时由于有关税的差异，不可避免地对贸易区外的国家产生了贸易歧视，最明显的两个例子，一个是墨西哥的低端制造业取代一部分中国和其他发展中国家在北美的市场，但这些国家产品价格在没有关税的差异下是小于墨西哥的。另一个是美国的高端制造业因为关税的优势占领了加拿大和墨西哥的市场，导致墨西哥的工业受到极大的冲击，其国民生产总值在经历快速增长后出现了停滞，而且扩大对美国、加拿大进口也导致其内部通货膨胀高涨。

贸易带来各国行业收入差距增大，美国以出口为导向的行业收入比平均工资高20%，而墨西哥则高40%。而在加拿大，以渔业为主的农业人均收入为制造业收入的60%—80%。贸易区建立以来，墨西哥和加拿大对美国依赖程度加深，经济的独立性降低。

四 开放的地区主义："一带一路"倡议

"一带一路"倡议是指丝绸之路经济带和21世纪海上丝绸之路，是中国为进一步推动经济全球化而提出的一种新的国际和区域经济合作模式。其核心目标是促进经济要素有序自由流动、资源高效配置和市场深度整合，推动区域合作在更大范围、更高层次和更深层次上展开，共同构建开放、包容、平衡、惠及各方的区域经济合作架构。"一带一路"倡议的框架包含了与以往经济全球化截然不同的概念，即"和平合作、开放包容、相互学习、互利共赢"，这是丝绸之路文化内涵的体现。

（一）"一带一路"倡议历史

2013年，习近平主席在哈萨克斯坦发表题为《弘扬人民友谊，共创美好未来》的重要演讲，首次提出建设"丝绸之路经济带"，同年中国在与东盟的磋商会议上，习近平主席倡议建设亚洲基础投资银行，共同创建"21世纪海上丝绸之路"。由此，"一带一路"的概念正式确定了下来。

2015年12月，由中国为倡议国，57国共同参与的亚洲基础投资银行正式成立，这是全球另一大多边金融组织。2017年首届"一带一路"国际合作论坛在北京举行。包括29位国家元首和政府首脑、140多个国家、80多个国际组织、1600多位来自世界各地的代表来到北京参加峰会。高峰论坛发布的圆桌峰会联合公报达到270份，达成了共同建设"一带一路"的国际共识。

（二）"一带一路"倡议成果

2013—2018年，中国"一带一路"倡议的贸易总额超过6万亿美元。中国企业对"一带一路"的直接投资超过9亿美元。中国的"一带一路"已经签署了一项新的对外承包工程合同。它已经超过6000亿美元。世界银行等国际组织的最新研究表明，"一带一路"合作将使全球贸易成本降低1.1%。这将使中国中亚西亚经济走廊的贸易成本下降10.2%。

与此同时，"一带一路"倡议给沿线各国带来了大量的资金，中东和东南亚地区的基础设施得以快速发展，工业水平大幅提高。

| 专栏9-3 | 《区域全面经济伙伴关系协定》 |

中国等10国于2020年11月正式签署了《区域全面经济伙伴关系协定》（RCEP），该协定将于2022年正式实施。这标志着世界上最大、人口最多、经济规模最大、发展潜力最大的自由贸易区的诞生。

RCEP诞生于2011年2月26日在缅甸内比都举行的第18届东盟经济部长会议。会议通过了RCEP草案。提出该草案有两个原因：第一，它符合东亚促进区域经济一体化的需要。根据草案，RCEP的目标是在东盟现有的五个"10+1"的基础上，建立一个涵盖16个国家的全面、高质量和互利的区域自由贸易协定，以加强相互经济合作，扩大和深化经济一体化，促进区域经济增长。第二，是应对美国主导的《太平洋伙伴关系协定》的影响。2011年11月17—19日，在印度尼西亚巴厘岛举行的第19届东盟领导人会议正式批准了RCEP草案。2012年11月20日，在柬埔寨金边举行的第21届东盟峰会上，东盟国家领导人发表了关于启动 RCEP 谈判的联合声明，正式启动了建设世界最大自由贸易区的进程。经历 8 年谈判，10 国于 2020 年达成一致，签署 RCEP 协定。

RCEP 的签署不仅标志着世界上最大的自由贸易区的诞生，建立了覆盖 15 个亚太地区成员国、总人口 22.7 亿、GDP 26 万亿美元、贸易额 10.4 万亿美元的大型区域市场。通过降低成员国之间的关税和非关税壁垒，扩大市场准入、服务和投资，不仅有利于形成更广阔、更开放的市场，而且有利于促进区域贸易和投资增长，带动国民经济增长，创造更繁荣、更具活力的区域大市场。

RCEP 框架下的贸易和投资自由化和便利化不仅将加强中国与东盟之间的互联互通，深化经济和产业一体化，还将为中国—东盟合作提供一个新的平台，构建一个更紧密、更包容、拥有共同未来的共同体。

RCEP 协议签署后，区域贸易和投资的增长将进一步促进中国与东盟的人员交流。同时，协议项下促进自然人跨境流动和开放服务及投资市场的措施，促进中小企业快速发展。

第四节　国际经济组织及其作用

在经济全球化进程中，国际经济组织在协调国际经济活动中发挥着越来越重要的作用。它们已成为经济全球化中各国经济的重要合作对象。它们既是经济全球化的产物，又是经济全球化的积极推动者。

一　世界贸易组织及其作用

世界贸易组织（WTO）是处理国家间贸易的唯一全球性国际组织。它的核心是由世界上大多数国家协商签署的协议，并在其议会中批准。其目标是确保交易流程顺畅、可预测。

（一）世界贸易组织历史

1. 关税与贸易总协定的发展历程

1948—1994 年，世界贸易组织的前身——关税与贸易总协定为世界贸易提供了规则，并创造了国际贸易中一段高增长的时期。虽然关税与贸易总协定在这 47 年为各国贸易提供了保障，但它仍然只是临时性质的协定，对成员方并没有强大的约束力。在这 47 年中，关税与贸易总协定进行了 8 轮谈判，主要议题是关税减让和解决多边贸易问题，前六轮谈判主要集中于关税减让问题上。六轮谈判让当时的关税水平降低了至少 50%。

1973 年 9 月至 1979 年 4 月的第七轮谈判重点是消除非关税壁垒，共有 123 个国家参加了谈判。此次谈判是在日本东京举行的部长级会议上开始的,因此被称为"东京回合"。在 1979 年谈判结束时,达成了一系列大规模的关税减让、一系列限制非关税壁垒的措施、新的协定以及对关税和贸易总协定法律框架的修订。在关税方面,关贸总协定规定,全球 9 个主要工业国制成品加权平均进口关税将在 8 年内从 7% 降至 4.7%。在非关税壁垒方面,明确要求公共采购的合同中有关技术标准、认证和检验制度的实施纪律;要求建立公平、统一、公正的海关价值体系;实施新的补贴和反补贴措施协议。

关贸总协定第八轮谈判,即乌拉圭回合,于 1986 年 9 月在乌拉圭埃斯特角启动,有 128 个国家和地区派代表参加。参与谈判的部长商定了两项广泛的共识:一是关于货物贸易的谈判。其目标是促进国际贸易进一步自由化,加强关贸总协定的作用,完善多边贸易体制,增强关贸总协定对不断变化的国际经济环境的适应能力,鼓励合作,以促进世界经济增长,加强成员方之间的经济政策联系。二是服务贸易规则新框架的目标。其目的是解决知识产权归属和服务贸易倾销规则。

2. 世界贸易组织诞生

1995 年 1 月 1 日世界贸易组织的诞生,标志着第二次世界大战后国际反垄断最大力量的出现。虽然关贸总协定主要约束货物贸易,但新诞生的世界贸易组织制定了新的规则来解决服务贸易和知识产权的补贴问题。在过去的 20 年中,世界贸易组织成员方已同意对世界贸易规则进行更新,以改善全球贸易的流动。世界贸易组织成员已扩大到 164 个成员,占国际贸易的 98% 以上。

(二) 世界贸易组织原则和职能

1. 世界贸易组织原则

世界贸易组织重要的协定有:关税与贸易总协定、服务贸易公约、与贸易有关的投资措施协定和知识产权协定等。这些协定主要体现以下基本内容原则:一是非歧视原则。它是世界贸易组织的基石,由无条件最惠国待遇和国民待遇原则组成。"优惠待遇"是指一成员给予另一成员在商品贸易关税、收费等方面的优惠和利益,必须立即无条件地给予所有成员同样的待遇。

二是市场开发原则。世界贸易组织主张各成员根据自身经济状况和竞争力,通过谈判不断减少关税和非关税壁垒,逐步开放市场,实施贸易自由化。

三是公平交易原则。世界贸易组织禁止成员通过倾销、补贴等不公平行为干扰正常贸易,并允许采取反倾销和反补贴措施,确保国际贸易在公平的基础上进行。

四是权利义务平衡原则。权利与义务的平衡是世界贸易组织最大的特点。成员方必须履行世界贸易组织的义务,包括维护世界贸易组织的核心原则,履行承诺的减排义务,并确保贸易政策和法规的一致性和透明度。成员方还享有世界贸易组织赋予的多项权利,如参与多边贸易规则的制定等。当贸易伙伴不履行义务,给本(或地区)产业造成损失时,可以启动谈判或诉诸贸易争端解决机制,或从其他贸易部门获得补偿。此外,在特殊情况下,世界贸易组织成员如确无能力履行世界贸易组织义务,可向世界贸易组织通报原因,并提出暂停或延期履行相关义务的建议。

2. 世界贸易组织作用

第一，降低贸易壁垒以鼓励贸易。这些壁垒包括关税（或非关税）和有选择地限制数量的进口关税或配额等措施。第二，提高贸易政策透明度和可预见性，公司、投资者和政府应确信贸易壁垒不会被滥用。凭借稳定性和可预测性，投资受到鼓励，就业机会增加，消费者可以充分享受竞争带来的好处，如增加选择和降低价格。第三，提供公平竞争机会，阻止"不公平"贸易行为。如出口补贴和倾销低于正常价值的产品以获得市场份额；这些问题重新组合，并试图确定什么是公平或不公平，以及政府如何应对，特别是通过收取额外的进口费用来补偿不公平贸易造成的损失。第四，帮助发展中国家。3/4 的世贸成员是发展中国家，世界贸易组织协定为执行世界贸易组织的规定提供了过渡期，就实现发展中国家贸易便利化而言，为执行世贸规定提供了实际支持。第五，保护地球生态环境。世界贸易组织成员不仅要采取措施保护公众、动物和植物健康，还要采取措施保护环境。但是，这些措施必须以同样的方式适用于国内外企业：世贸成员不得使用环境保护措施作为引入歧视性贸易壁垒的手段。

专栏 9-4　　　　　　　　　　　艰难的多哈谈判

2001 年 11 月，世界贸易组织第四届部长级会议在卡塔尔多哈举行，启动了新一轮多边贸易谈判。新启动的多边贸易谈判也被称为"多哈发展议程"或"多哈回合"。本轮谈判的焦点是如何降低贸易壁垒。但由于涉及的利益复杂，于 2006 年 7 月中止，此后的 2007—2010 年谈判仍然没有取得实质性进展。

多哈回合谈判原定于 2005 年 1 月 1 日前结束。然而，2005 年 9 月在墨西哥坎昆举行的世界贸易组织部长级会议上，由于各成员未能就农业等问题达成一致，会议无果而终，"多哈回合"谈判陷入僵局。2005 年 3 月，世界贸易组织成员代表在日内瓦举行了农业紧急磋商。虽然各方同意努力推进谈判，力争在年中达成框架协议，但谈判并未取得实质性进展。谈判于 2006 年 7 月中止。

农业是多哈回合谈判的核心内容之一，也是解决其他问题的关键。在这个问题上，发达国家成员与发展中国家成员、老成员与新成员因各自利益的不同而存在分歧，主要表现在降低农产品关税和出口补贴方面。美国是一个农产品竞争力很强的国家。大力推进农产品贸易自由化，主张大幅度减少国内支持，甚至取消出口补贴，降低关税，缩小成员之间的关税差异。由于缺乏农业比较优势，欧盟、瑞士、挪威、日本和韩国试图尽可能保持对农业的高度保护和支持，主张采用乌拉圭模式进行关税减让和减少国内支持，给予成员更大的灵活性，严格规范和减少出口信贷。大多数发展中国家成员强调出口竞争严重失衡和发展中国家成员的发展需要，主张关税减让与减少出口补贴挂钩，给予发展中国家成员有效的特殊和差别待遇政策。东欧和新成员强调它们在加入谈判中所面临的特殊困难和所作的广泛承诺，并要求对转型期经济成员和新成员采取特殊待遇政策。

究其艰难的原因，是前几轮贸易谈判的成功，已经减少了成员方的贸易壁垒，剩余的贸易壁垒已经很低，进一步自由贸易的大部分潜在收益可能来自降低农业关税和出口补贴。因此，农产品是最后一个需要自由化的部门，但它是政治上最敏感的部门，没有国家愿意让本国农业与其他国家进行竞争，从而受到打击。

二　世界银行及其作用

世界银行由189个成员方、170多个国家的员工和130多个地点的办事处组成，致力于可持续解决方案，减少发展中国家的投资困境并建立共享的发展机会。

世界银行成立于1944年。世界银行已经扩大到由发展机构组成的紧密联系的团体。最初，它的贷款帮助了被第二次世界大战摧毁的重建国家。在这段时间里，重点从重建转向发展建设大坝、电网、灌溉系统和道路等基础设施上。1956年国际金融公司成立后，该机构可以向发展中国家的私营公司和金融机构提供贷款。国际发展协会在1960年对最贫穷的国家给予越来越大的重视，在此基础上，银行的主要目标是稳步向传统转变。国际投资争端解决中心的启动和多边投资担保的实施进一步削弱了银行将全球金融资源与发展中国家需求联系起来的能力。

世界银行涉及气候变化、健康、贫困、基础设施建设和发展中国家人民生活质量等方面，致力于应对日益全球化的发展挑战。在气候变化、流行病和强迫移民等关键问题上，世行发挥着主导作用，因为它能够召集其国家成员和广泛的合作伙伴进行讨论。它可以帮助解决危机，同时为长期可持续发展奠定基础。世行的发展也反映在其多学科工作人员的多样性上，其中包括总部设在华盛顿特区和外地的经济学家、公共政策专家、部门专家和社会科学家。如今，超过1/3的工作人员驻扎在国家办事处。随着时间的推移，对其服务的需求不断增加，世界银行已开始满足这些需求。从长远来看，世界银行在1947年发放了4笔贷款，总额为4.97亿美元，而2015年的302笔承诺总额为600亿美元。

三　国际货币基金组织及其作用

国际货币基金组织是一个由190个国家和地区组成的组织，致力于促进全球货币合作，确保金融稳定，促进国际贸易，促进高就业和可持续经济增长，减少全球贫困。

1944年7月，美国和其他44个国家的代表在美国的新罕布什尔州的布雷顿森林举行联合国货币金融会议，签订《布雷顿森林协定》，建立国际货币基金组织，避免重复导致20世纪30年代大萧条的竞争性货币贬值。国际货币基金组织的主要任务是确保国际货币体系中汇率和汇率体系的稳定。

国际货币基金组织的作用：第一，向面临实际或潜在国际收支问题的成员方提供贷款，帮助成员方渡过财政困境。为应对国际金融危机，2009年4月，国际货币基金组织完善其贷款审批制度，并批准处于财政困境的成员方对其金融机制进行重大改革，这些变化增强了国际货币基金组织的危机预防能力，增强了其在系统性危机期间缓解传染的能力，并使其能够更好地调整金融工具以满足个别成员方的需求。

第二，国际货币基金组织为成员方提供技术援助和培训，帮助各国建立更好的经济机构，加强相关的管理能力。例如，包括设计和执行更有效的国家和行政支出管理、货币和汇率政策、银行和金融系统监管、立法框架和经济统计政策。

第三，国际货币基金组织的财政储备是以特别提款权（SDR）著称的国际储备，可以补充已经参与SDR计划成员方的外汇储备。SDR的总体分配符合满足全球对储备资产的长期需求以及理事会批准的85%总分配权目标。国际货币基金组织分配总额已达到204.2亿美元，成员方之间可以自由把SDR兑换成货币。

四 联合国贸易与发展会议及其作用

联合国贸易和发展会议是联合国大会的常设机构之一，联合国大会于1964年召开第一届联合国贸易与发展会议。这是一个审议与国家之间贸易和经济发展有关问题的国际经济组织。联合国贸易和发展会议每四年召开一次大会，中国于1972年加入联合国贸易和发展会议，是联合国贸易和发展会议、理事会及其主要委员会的成员。

作为联合国处理贸易和发展问题的主要机构，联合国贸易和发展会议在联合国内外都具有独特的地位，它关注发展中国家的需要。作为联合国秘书处的一部分，联合国贸易和发展会议向联合国大会和经济及社会理事会报告，它也是联合国可持续发展集团的一部分，支持发展中国家落实发展筹资进程，同时联合国贸易和发展会议也注重与成员方、国际组织、学术界、非政府组织、媒体、民间社会和青年之间的合作。

联合国贸易和发展会议的宗旨是促进国际贸易发展，特别是加快发展中国家的经济和贸易发展，并制定关于国际贸易和有关经济发展问题的原则和政策；促进发展中国家与发达国家就重要国际经济和贸易问题的谈判取得一致；协调联合国系统其他机构在国际贸易和经济发展领域的活动；采取通过多边贸易协定的行动；协调各国政府和区域经济集团的贸易和发展战略。联合国贸易和发展会议的主要目标是帮助发展中国家加强国家能力，最大限度地利用贸易和投资机会，加快发展进程，协助它们迎接全球化带来的挑战，并帮助它们在公平合作的基础上融入世界经济。联合国贸易和发展会议通过研究和政策分析、政府间审议、技术合作以及与非政府机构和商业部门的合作来实现其目标。

联合国贸易和发展会议目前的工作领域包括贸易、金融、科技进步、可持续发展以及南南合作。联合国贸易和发展会议自成立以来，在促进发展中国家经济和贸易发展、促进南北对话和南南合作方面发挥了重要作用，主持谈判了一些重要的国际公约和协定，近十年来，随着国际政治经济形势的急剧变化，特别是在发达国家对发展中国家采取更消极的态度情况下，联合国贸易和发展会议的谈判职能逐渐削弱。但在帮助发展中国家制定经济发展战略和贸易、投资、金融政策方面，它们继续在加强其参与多边经济和贸易事务的能力方面发挥独特和重要的作用。目前，联合国贸易和发展会议仍然是发展中国家高度信任和重视的国际多边经济贸易组织，是遏制发达国家谋求自身经济利益，维护发展中国家合法利益的重要国际贸易经济组织。

第五节　国际经济一体化与中国改革开放

1978年中国将改革开放作为基本国策，中国开始转变为主动融入全球化。在之后四十多年中，中国抓住经济一体化带来的机遇，积极参与国际贸易，取得举世瞩目的成就，同时也为世界经济的发展注入新动力，实现与世界经济的良性互动。

一　中国改革开放与经济一体化成果

（一）发展进出口贸易，为经济增长提供新动力

改革开放后，中国增加贸易口岸，建立经济特区，采取鼓励出口的政策，逐步融入全球贸易体系。中国于2001年加入世界贸易组织，对外开放程度进一步提升，更加深入地参与经济一体化。国际经济的互相联通以及各国之间经济合作的不断加快，推动了我国对外贸易的发展，为中国经济打开了走向世界的大门。我国进出口贸易总额由1978年的355亿元增长至2020年的321556.93亿元，于2013年超过美国，成为世界第一大贸易国，出品产品中占比最大的是制造业产品，因此我国也被称为"世界工厂"。同时出口作为"三驾马车"之一，对我国经济增长有显著的拉动作用，国内生产总值由3678.7亿元提高到1015985.2亿元，人均GDP由385元增长至7.2万元，我国由世界上最贫穷的国家之一变为中等收入偏上国家。姚武华和高德步指出，我国在1998—2007年的年平均出口依存度为25.7%，比1992—1997年高出7.4个百分点，大规模的出口解决了当时生产过剩、需求不足的问题[①]。大量研究表明，中国加入世界贸易组织后，加大了推进经济市场化和自由化的贸易政策调整力度，贸易开放对经济增长的促进作用开始显现。出口需求的大幅增长以及结构的提升，吸收大量农村剩余劳动力参与第二、第三产业的生产，也是经济快速发展的因素之一。

（二）吸引外资投入，推动技术进步

自改革开放以来，我国经济环境和市场环境逐渐改善，对外开放和市场化改革吸引大量外资在中国流动和聚集，此时外资的来源地主要为中国港澳台地区。2001年加入世界贸易组织后，国内市场进一步开放，开放领域由制造业扩大到服务业，吸收外资规模进一步扩大，2014年我国吸收外资规模达到1197.05亿美元，超过美国成为最大的外商直接投资

[①] 姚武华、高德步：《中国新时代经济增长的动力定位——基于改革开放以来经济发展经验的分析》，《经济问题探索》2019年第1期。

接受国，大量资本要素的流入，带来先进的管理知识及生产技术，不仅解决了国内企业的资金需求，使我国自身的要素禀赋优势得以发挥，同时也提高了制造业的国际竞争力，打通了国际市场，给企业带来了新的发展机遇。国内已有大量研究证明外资企业的技术外溢会提高国内企业的技术创新能力，推动国内技术进步，发现从世界范围来看外商直接投资具有正向溢出效应，能够提高我国全要素生产增长率，且溢出效应非常显著。而有些研究认为FDI的技术溢出是否推动国内企业技术进步受制度约束的影响。

（三）调整产业结构，完善工业体系

我国在改革开放及积极参与经济一体化后，产业结构得到了调整和优化整合，扩大开放使国内企业得到更多的出口机会，获得的利润为产业升级提供了充足的资金支持。加入WTO后，市场规模的扩大以及削减关税产生竞争效应促进了资源的优化配置，推动了产业结构的升级。随着经济的不断发展，我国第一产业经济比重下降、第二产业经济比重先上升后缓慢下降、第三产业经济比重上升，如图9-7所示，1978—2020年，第一产业就业比重从70.5%下降到23.6%，第二产业就业比重先从17.3%上升到33.3%，然后下降到28.7%，第三产业就业比重从12.2%上升到47.7%，我国由农业国发展成为制造业大国。周茂等通过研究发现，中国加入WTO所带来的贸易自由化通过进口竞争促进了产业结构优化，从而推动了中国产业升级，并通过机制分解发现，中国整体上产业升级主要源于资源在城市内产业间的优化再配置，不同所有制和不同地域企业在产业升级中表现出较大异质性，体现在面临进口竞争时，非国有企业、内陆地区企业在产业升级中的表现更加显著[1]。同时，对外开放及经济一体化推动了工业经济规模的扩大以及工业体系的完善，当前我国已经建成门类齐全、独立完善的现代工业体系，成为全世界唯一拥有联合国产业分类中全部工业门类的国家。

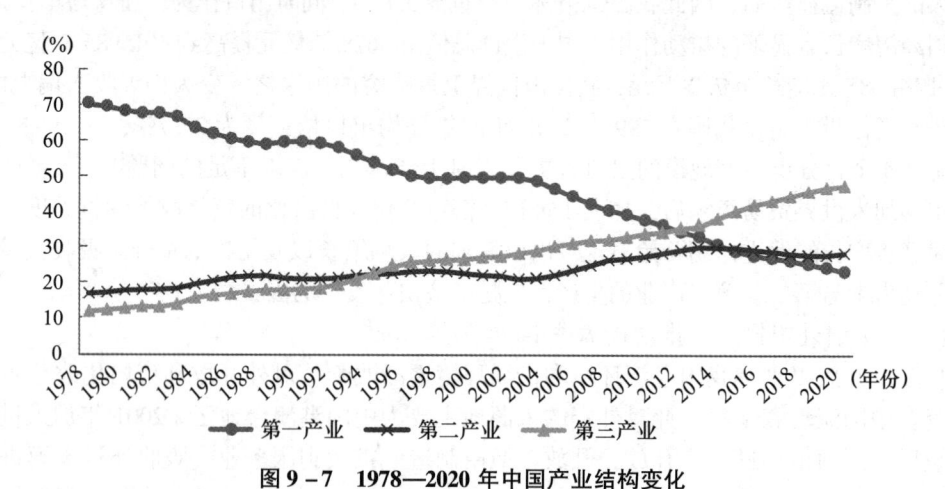

图9-7 1978—2020年中国产业结构变化

资料来源：国家统计局。

---

[1] 周茂、陆毅、李雨浓：《地区产业升级与劳动收入份额：基于合成工具变量的估计》，《经济研究》2018年第11期。

(四) 深度参与国际治理，传递中国智慧

中国参与全球治理的意愿和能力不断增强。自中国2001年加入WTO以来，提出中国方案，为全球治理注入新活力。作为最大的发展中国家，中国根据发展条件和利益提出了很多规则和方案。2013年，中国提出"一带一路"倡议，得到100多个国家和地区的积极支持，与沿线国家和地区通过产能合作、基础设施建设、投资贸易等方式开展合作。中国还发起成立亚洲基础设施投资银行和丝路基金，向亚洲发展中国家提供低息贷款资金，保障这些国家基础设施建设正常发展所需资金。

二 经济一体化与中国探索

（一）推进实施"一带一路"倡议，构建人类命运共同体

面对当前各种形式保护主义的挑战，我国应走和平发展道路，推动构建人类命运共同体，继续实施"一带一路"建设促进发展全球自由贸易和投资，为经贸合作提供新机遇。与"一带一路"沿线国家和地区深化经贸合作，拓展国际市场，促进产业发展结构优化调整，带动沿线国家和地区相关产业发展，形成以中国为主导、开放稳定的"一带一路"区域治理体系。

（二）积极参与国际规则的制定，成为全球治理的领导者

目前新兴市场国家及发展中国家对全球经济增长的贡献已超过发达国家，但全球治理体系仍然由少数发达国家主导，发展中国家的话语权较小，诉求难以得到重视。中国作为最大的发展中国家，应承担起大国责任，代表发展中国家的切实利益，积极参与各种国际组织，参与国际规则的制定以及国际经济秩序的建设，争取掌握更多的话语权，改良现有全球治理体系，帮助广大发展中国家保护自身发展权益。针对当前全球经济治理不合理的部分，积极思考解决的方式方法，为推动全球经济治理体系进一步完善，贡献出中国智慧、中国理念和中国方案，并强化与重要国际经济组织的合作，借其力量将中国方案更有效地转化为全球议程。同时，推进区域合作和伙伴关系，完善地区贸易体系，以地区化建设推动全球经济治理。将全球治理与国家治理相统一，进一步深化国内各项改革，将以往国内改革的成功经验理论化，把中国经验转变为中国方案，提高其在全球经济治理、各国际议题中的影响力。

（三）完善经济双循环发展

中国进入了新的发展阶段，外部环境和国内市场都发生了重大改变。当前中国需建立国际国内双循环相互促进，依靠创新驱动，突破关键核心技术，充分利用国内国外两个市场，提高风险防控能力和全球竞争力。

本章小结

1. 经济一体化是指两个或两个以上的国家或成员方通过达成某种协议而建立的经济

合作组织。经济一体化程度从低到高可分为自由贸易区、关税同盟、共同市场、经济联盟和完全经济一体化五种形式。

2. 关税同盟的静态效应可以通过贸易创造和贸易转移来衡量。当一个成员国的产品被另一个成员国更低成本的进口产品取代时，就会产生贸易创造效应。这可以增加关税同盟国家的专业化生产和福利。另外，贸易创造关税同盟也可以增加非成员国的福利，因为成员国增加的部分收入将用于从世界其他国家的进口。当从关税同盟外国家进口的低成本商品被从同盟内国家进口的高成本商品所取代时，就会发生贸易转移。贸易转移降低了福利，因为它将生产从具有比较优势的国家转移出去了。

3. 最优货币区理论认为，如果一国通过贸易和要素流动与固定汇率货币区的经济紧密相连，它就会愿意加入该联盟。一国是否愿意加入汇率区取决于加入后货币效率的提高和经济稳定的损失。货币收益—成本图反映了上述两个因素与潜在成员国和固定汇率货币区经济一体化程度之间的关系。只有当经济一体化程度超过一定值时，才会选择加入固定汇率货币区。

4. 1947—1994 年，世界贸易组织总共主持了八轮多边贸易谈判。前五轮多边贸易谈判的主要内容是降低关税。从第六轮多边贸易谈判开始，非关税壁垒和发展中国家待遇等问题逐渐得到解决。世界贸易组织主要包括四项基本原则，即非歧视原则、自由贸易原则、公平贸易原则和透明度原则。

5. 中国的对外贸易发展非常迅速。到 2010 年，中国货物进出口总额达到 32.16 万亿元人民币；其中，货物出口 17.93 万亿元，货物进口 14.23 万亿元，贸易顺差 3.7 万亿元。中国已成为世界贸易大国。

6. 目前我国开放市场面临金融风险的提高、"逆全球化"浪潮等风险，面对种种挑战，我国目前采取了构建"人类命运共同体"和建设经济国内国际双循环等措施。

思考题

1. 试论述五种经济一体化形式的特征、优缺点。

2. 假设各国自给自足情况下，商品 A 在国家 1、国家 2、国家 3 的价格分别为 20、16、12，而国家 1 经济规模较小，无法通过贸易影响国家 2 和国家 3 的价格。如果国家 1 最初对从国家 2 和国家 3 进口的商品 A 征收非歧视性 100% 从价税，那么，国家 1 会在国内生产这一商品，还是选择从国家 2 或国家 3 进口？

3. 基本条件见第 2 题，回答下列问题：

（1）如果国家 1 后来与国家 2 结成关税同盟，国家 1 是将在国内生产商品 A 还是从国家 2 或国家 3 进口？

（2）国家 1 与国家 2 建立关税同盟后产生哪种贸易效应？

4. 假定国家 1、国家 2 和国家 3 三个国家商品 A 的条件与第 2 题一样，如果改变国家

1 最初对从国家 2 和国家 3 进口的商品 A 征收的关税，如 50%（而不是第一题中的 100%）的从价税，回答下列问题：

（1）国家 1 是在国内生产商品 A 还是从国家 2 或国家 3 进口？

（2）如果国家 1 与国家 2 结成关税同盟，国家 1 是将在国内生产商品 A 还是从国家 2 或国家 3 进口？

（3）国家 1 与国家 2 建立关税同盟后产生哪种贸易效应？

（4）画图说明假如国家 1 仅和国家 2 成为关税同盟，但国家 3 的含税商品价格低于国家 2 的自由贸易价格时会发生什么情况？

5. 假设 A 国和 B 国组成关税同盟前，A 国汽车出口价格为 20000 元，B 国价格为 30000 元，该关税同盟对非成员国的汽车征收 T% 的关税，并假设 C 国（非成员国）汽车出口价格为 C。在下面的不同条件下，B 国增加从 A 国进口的汽车会导致贸易创造还是贸易转移？

（1）T = 50%，C = 18000 元；

（2）T = 100%，C = 18000 元；

（3）T = 100%，C = 12000 元。

6. 国家 A 让其货币钉住某货币联盟货币，但不久该货币联盟经济形势由于世界对国家 A 以外的成员国的产品需求增加而获利。那么国家 A 货币与非货币区货币的汇率会发生什么变化？A 国的产出会受到怎样的影响？影响程度与该国和货币区经济的一体化程度有何关系？

7. 使用货币收益—成本图说明一国货币需求发生不可预期变动的幅度和频率增大时，会对该国愿意加入货币区时所处经济一体化程度的要求高低产生什么样的影响？

8. 地区贸易协定的主要类型有哪些？有何特征、优缺点？

9. 中国—东盟自贸区成立 30 周年，请论述该自贸区对相关国家的积极影响有哪些？未来的发展方向如何？

10. 简述世界贸易组织、世界银行、国际货币基金组织的职能与区别。

11. 从农业、工业、服务业三个部门的变化来分析我国改革开放 40 多年来的发展。

12. 简述我国利用外资水平的发展历程。

第十章　中国渐进式对外开放的理论及经验

导　言

通过前几章的理论学习，我们发现西方主流的国际贸易理论并不能完全适用于中国的贸易发展现实。事实上，西方基于"霸权稳定论"而形成的全球治理模式，也是造成全球产品供求矛盾不断升级的主要原因。2012年，党的十八大召开以来，国内外形势都发生了深刻的变化，以习近平同志为核心的党中央开启了中国特色社会主义新时代。2022年，党的二十大召开，习近平总书记提出，"推进高水平对外开放……稳步扩大规则、规制、管理、标准等制度型开放"①。在"新时代"背景下，我国经济发展向形态更高级、分工更复杂、结构更合理的目标迈进。在这一阶段，我国的对外贸易特征进一步升级为更大范围、更宽领域、更深层次的全面对外开放，同时我国也积极地倡导世界各国一同建设开放型世界经济。这意味着，我国彻底从加入世界贸易组织之初努力适应并融入全球经济体系，转变为积极参与全球经济治理，甚至引领制定对外贸易规则，推动全球化的发展。近年来，我国在深化开放和应对世界经济震荡中积累了丰厚的经验，从改革开放、加入世界贸易组织，世界性的金融危机再到新冠疫情的冲击，我国在渐进式的对外开放中，逐渐形成了富有中国特色的对外贸易理论及经验。

学习目标

1. 认识新、旧世界格局的特点。
2. 了解中国改革开放前后对外贸易模式的演进过程。
3. 明晰"新时代"中国对外贸易的发展状况。
4. 了解"新时代"中国的全球治理思想。

第一节　世界贸易格局的演变

过去的两个世纪，国际贸易不论是数量还是金额，都呈现显著的增长趋势，彻底改变了全球经济模式。全球生产的产品约有1/4都是出口产品。贸易不仅产生超额收益，也在世界范围内产生不可忽视的再分配效应。这种再分配效应让当今的国际贸易不仅仅成为实

---

① 习近平：《高举中国特色社会主义伟大旗帜　为全面建设社会主义现代化国家而团结奋斗——在中国共产党第二十次全国代表大会上的报告》，人民出版社2022年版，第32页。

现规模化和优势化生产的工具,它更体现各国在"政策"与"制度"上的博弈。

"当今世界正经历着百年未有之大变局",开放市场、寻求密切经贸合作关系,已经成为世界各国在应对经济形势中的不利因素时求生存与发展的重要举措。然而,21 世纪以来,新兴市场以及发展中国家异军突起,贸易保护主义抬头让世界格局波诡云谲,但世界贸易多极化发展的新格局不可逆转。通过对本节的学习,我们将了解世界贸易的新、旧格局,洞悉国际贸易的历史演进。

一 世界贸易旧格局

世界贸易格局是指由贸易国的发展水平、产业结构、企业管理和组织模式等因素所形成的各国参与国际分工的情况。1800 年之前,有一段很长的时期,国际贸易一直处于低谷,世界贸易开放指数①从未超过 10%。这种情况在 19 世纪发生了改变,技术进步引发了世界贸易的显著增长,也就是所谓的第一次"全球化浪潮"。

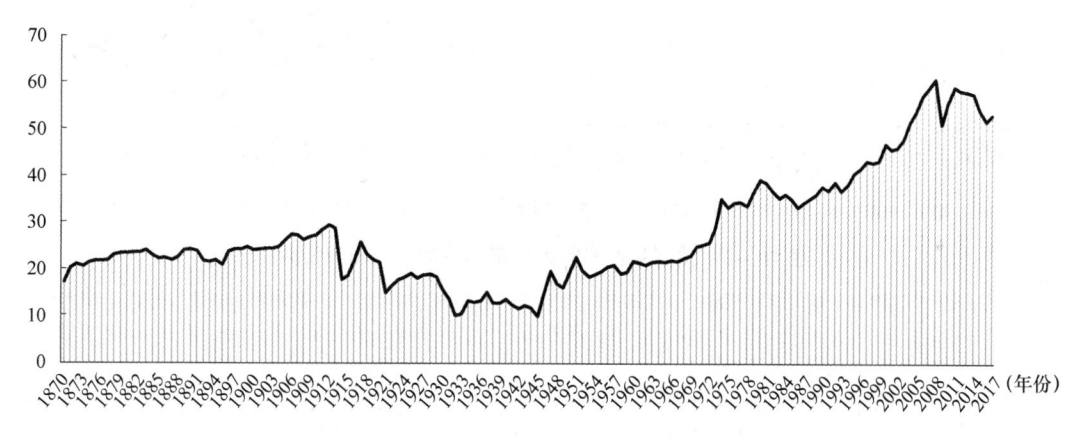

图 10-1 1870—2017 年世界贸易开放指数

注:贸易开放指数 = 进出口总额/GDP。

资料来源:1870—1950 年数据来源为 Klasing, M. J., Milionis, P., 2014, "Quantifying the Evolution of World Trade, 1870 -1949", *Journal of International Economics*, 92 (1): 185 -197;1950—2017 年数据来源为佩恩表 (Penn World Tables, 10.1)。

具体来看,第一次"全球化浪潮"始于 19 世纪,并结束于第一次世界大战前夕 (19 世纪末),自由主义的衰落和民族主义的兴起导致了国际贸易的萧条。从图 10 -1 中我们可以看到,两次世界大战期间 (19 世纪末至 20 世纪 50 年代) 的世界贸易水平大幅下降,世界开放指数在 10% 的水平波动。

---

① 贸易开放指数为世界各国进出口总额/世界 GDP。

第二次"全球化浪潮"始于第二次世界大战以后（20世纪50年代末），此时，国际贸易比以往任何时候都增长得更快。然而，20世纪50—80年代，国际贸易主要发生在高收入国家之间，而发展中国家参与贸易受制于较高的贸易壁垒。早期的贸易格局主要由东西两个平行市场以及意识形态为基础的经济活动来分割，包括北美、西欧和日本为贸易主体的"北—北贸易"，由发展中国家为贸易主体发生的贸易，即"南—南贸易"，以及发达国家和发展中国家之间发生的"南—北贸易"。如图10-2所示，在第二次世界大战之前，世界贸易多集中于发达国家之间，或者由发达国家出口商品到非发达国家。在第二次世界大战之后，世界贸易格局呈现朝平衡的方向收敛的局势，非发达国家之间的贸易逐渐繁荣，最终，2007年起，世界贸易格局呈现发达国家之间以及发展中国家之间的贸易强度逐渐持平的局面。

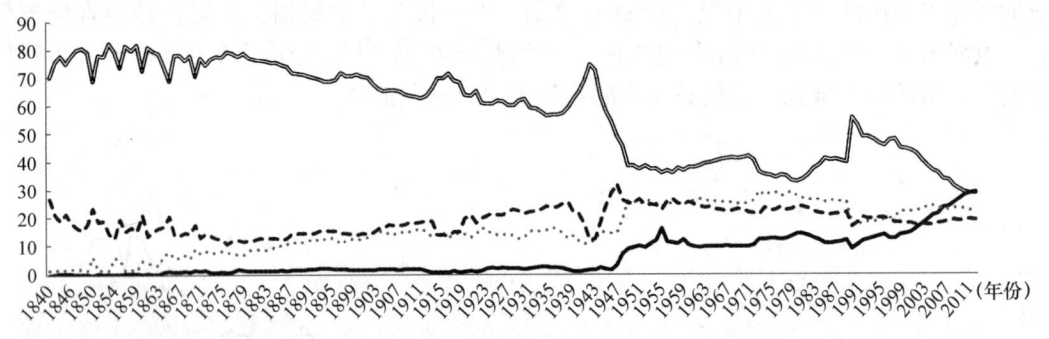

图10-2　按贸易伙伴收入水平划分的全球出口份额

注：图中发达国家由以下国家组成：澳大利亚、奥地利、比利时、加拿大、塞浦路斯、丹麦、芬兰、法国、德国、希腊、冰岛、爱尔兰、以色列、意大利、日本、卢森堡、荷兰、挪威、葡萄牙、西班牙、瑞典、瑞士、英国、美国；非发达国家由其余数据可得国家组成。

资料来源：国际经济研究中心（CEPII）。

那么世界贸易旧格局到底呈现怎样的特征？我们从以下三个方面予以具体说明。

（一）国际分工结构

国际分工是指世界各国之间的劳动分工以及产品分工。当社会分工发展到一定阶段，国际经济内部分工超越国家的界限，国际分工便产生了。斯密曾在《国富论》中提到，分工和交换是经济发展的基础。那么，国际分工既是国际贸易发展的基础，也是世界经济发展的基础。

在世界贸易旧格局中，分工是怎样形成的？第一次工业革命后，以英国为代表的资本主义国家成为工业品的生产国和供给国，而亚洲、非洲和拉丁美洲的非发达国家则成为工业原料的生产国和供给国。不同经济发展水平的国家都纷纷加入到国际分工和世界市场中，形成农业国、矿业国和工业国的国际分工。这一时期的国际分工是以最先获得工业革命成功的英国为中心的，英国在国际贸易中处于垄断地位，进口农产品、矿物品，出口工业品。几乎整个世界都是英国的原料来源地和工业品销售市场。

19世纪后期以电气化为特征,以美国、德国为中心的第二次工业革命开始。这一时期,资本主义发展到垄断资本主义阶段,帝国主义把生产扩大到了殖民地、半殖民地,形成了发达的工业国同初级产品生产国、宗主国同殖民地的国际分工格局。分工的中心也从英国变为了一众资本主义国家,它们之间也形成了以各国比较优势为基础的,以经济部门划分的国际分工体系。例如,芬兰专门生产木材和木材加工产品,比利时专门生产铁和钢。这种分工格局主要是由这些国家之间的工业发展水平、技术状况、产业部门发展、资源禀赋以及传统习俗等方面的差异造成的。

第二次世界大战后,第三次科技革命的出现对国际分工产生了深刻的影响。在通信和运输成本的下降、跨国公司的发展、经济全球化的作用下,一批发展中国家不愿再依附于发达国家,做发达国家的生产加工地,希望改变在国际分工中的不利地位,国际分工进入深化阶段。在这一阶段,科学技术和经济的迅速发展,使以现代化技术、工艺为基础的分工逐步替代了以自然资源为基础的国际分工,形成以工业国之间的分工占据主导地位的国际分工格局。各国间同一工业部门内部分工逐步加强,产品生产的社会化、专业化要求在工艺、零件、部件和产品的生产上进行分工协作。形成国际间工业部门内部分工。发达国家与发展中国家之间的分工在逐步发展。一些工业产品的生产从发达国家转移到发展中国家,发展中国家也注意利用自身的比较优势承接发达国家的产业转移,导致发达国家与发展中国家之间的国际分工形式发生改变,形成发达国家生产资本技术密集型产品、发展中国家生产劳动密集型产品的分工。

(二)产品结构

国际产品结构受到国际分工结构的影响。在第二次世界大战前,国际分工以垂直型分工为主,殖民地国家和地区生产初级产品,宗主国生产工业制成品。因此,初级产品在国际贸易中的比重大于工业品。但在第二次世界大战后,随着国际分工的变化,工业制成品在国际贸易中的比重不断上升,到20世纪90年代,工业制成品在国际贸易中所占比重达到了71%,初级产品的比重下降到了29%。随着发展中国家和发达国家间的国际分工形式发生变化,发展中国家工业制成品的出口不断增加,1970—1990年,其在世界贸易中所占比重从5.5%上升到了14.5%。此外,中间性机械产品在国际贸易中的比重提高,随着第三次科技革命的发展,电子计算机、精密仪器等高科技产品大量涌现,贸易额不断上升。

(三)企业组织和管理方式

跨国公司作为世界经济的主要载体和动力,是经济全球化的产物,在新旧世界格局中都扮演了重要的角色。跨国公司最早形成于1870—1900年,它们最初大多是由发达国家的企业到欠发达地区投资设厂,其组织管理方式主要包括三种:一是公司的管理决策高度集中于母公司,采用集权式管理体制,海外子公司没有决策权。这种管理体制可以充分发挥母公司的核心作用,强调公司整体目标的一致,优化利用资源。二是公司采取分权式管理体制,子公司可以根据自己所在国家和地区的具体情况独立地做出决策,确定经营目标和发展战略。三是跨国公司的母公司和分公司都不作为中心,而是将集权式和分权式相结合，事关全局的重大决策和管理权集中于母公司，在母公司制定的总体经营战略范围内，子公司可自行制订具体的计划，具有较大的经营自主权。

由于跨国公司创立最初的目的是免去原材料运输的成本，便于在原材料国直接生产再向母国或其他国家销售。所以，早期的跨国企业多以加工贸易的形式存在。在旧世界格局时期，跨国企业在初始技术水平、管理经验、人力资源等方面都普遍优于欠发达地区的本土企业。如若贸易伙伴国是外部因素的需求侧，那么跨国企业则是外部因素的供给侧。首先，外商直接投资为东道国制造业提供了资金支持，同时，跨国公司在东道国投资设厂与合营将通过行业间的垂直溢出以及行业内的水平溢出促进东道国国内生产率水平的提升[1]。因此，早期发达国家的跨国企业的技术与知识溢出给非发达国家带来了不可忽视的"后发优势"。

二 世界贸易新格局

自 20 世纪 80 年代中期开始，以地缘和文化背景为基础的区域经济一体化活动逐步替代以东西方两个平行世界和意识形态为基础的经济活动，世界各国和地区基于经济联系、地缘政治的因素，出于保障本国经济平衡、争取国际经济竞争与合作主动权的考虑，通过签订区域经济一体化协议来扩大本地区贸易。在此基础上，国际经济与贸易从 90 年代开始逐步朝着经济全球化和区域经济一体化方向发展，开启了国际贸易新格局的篇章。

（一）世界贸易格局的新变化

随着世界贸易组织的成立，经济全球化的不断深入，世界贸易格局出现新变化，主要表现在：在经济全球化的浪潮下，国际贸易自由化的趋势明显；在区域经济一体化迅速发展的背景下，国际贸易格局基本形成以欧盟、美国以及中国为中心的贸易集团三足鼎立、其他小的贸易集团并存的态势；在开放的地区主义影响下，国际贸易格局从封闭走向开放；为维护集团内部的利益，国际贸易格局日益成为多元与单一、灵活和松散并存的矛盾统一体；亚洲成为发达国家增加贸易机会的重点，国际贸易的中心向亚洲倾斜。随着世界贸易格局的变化，各国分工结构、产品结构、企业组织和管理方式都呈现一定的新特征。

1. 分工结构的变化

随着经济全球化的飞速发展，科技进步使贸易成本下降，生产中的国际分工和合作日益频繁，国家间的分工也不仅仅局限于最终产品层面，而是细化到某种产品的生产过程的各个中间环节，以便最充分地利用全球资源。相当多的企业选择将原材料采集、产品设计、零件生产、组装、销售、支付等各个环节分散到全球各个国家进行，附加值沿着产业链不断累加，形成全球价值链。

---

[1] 陈琳、林珏：《外商直接投资对中国制造业企业的溢出效应：基于企业所有制结构的视角》，《管理世界》2009 年第 9 期；Gorodnichenko, Y., Svejnar, J., Terrell, K., 2010, "Globalization and Innovation in Emerging Markets", *American Economic Journal: Macroeconomics*, 2 (2): 194–226。

当前，对全球价值链的构建已经不仅仅是提升生产率、实现规模效应，构建协调、包容、绿色的全球价值链才是世界贸易格局发展的关键。

2. 产品结构的变化

由于分工结构的细化，各国进出口的产品结构也不仅仅局限在初级产品和工业制成品，中间品贸易也开始大幅提升。此外，服务贸易也随之迅速发展，并在近十年间都呈现15%—20%的增长。当前，服务贸易已经占据全球贸易总量的30%，并逐步深入地影响着新的世界贸易规则。

3. 企业组织和管理方式的变化

随着国际分工的发展、信息技术的突破、国际通信成本的下降，企业也开始改善运营管理方式以适应新的要求。现在一个产品的生产涉及成千上万的零部件，由上千家企业在几十个国家、几百个城市进行。因此，那些具有组织中小企业，并控制产业链集群能力的企业将成为制造业的领军者。

在整个供应链体系中，成千上万的企业跟着指挥棒生产，高效地、有组织地在世界各地形成组合，组成产业链集群，而供应链将整合该产业链集群的所有商品与服务贸易。从这一角度来看，供应链的纽带作用十分重要，这个纽带就是能控制供应链的企业。

大大小小的部件的生产分布在几十个国家和地区，每单零部件工厂、零部件工厂与组装厂之间的结账、结算都是通过互联网通信系统在某个地点形成一个结算点。跨国公司的结算涉及全球几百个企业以及城市，而现代的通信系统可以在某一特定时点进行结算，这样就形成了价值链的枢纽。谁拥有了这个价值链的结算枢纽，谁就拥有了产业链的财富中心。

为适应新的贸易格局，跨国企业的生产与对产业的控制也形成了新的特点，即产业链集群、供应链纽带以及价值链枢纽。

4. 国际贸易谈判和自由贸易协定

当前国际贸易的主流到底是什么？21世纪初，一些发达国家提出"三零"概念，即零关税、零壁垒、零补贴，并提出具体计划。G7国家也提出到2010年，关税降至5%以内，到2015年降至零。然而由于成员众多，且WTO秉持只要一个成员持反对意见则不能达成协议这一原则，"三零"实施的困难程度就不难想象了。综观WTO的成员方，就可以发现"三零"生效十分困难，这些成员方中，既有美欧等发达工业经济体，也有非洲、南美等农业国，零关税有益于工业生产和产业链的深化，但农产品的敏感性让农业国无法获益于零关税条件。所以，在当前贸易格局中提出新的、适用于更多国家发展的贸易协定就至关重要了。

基于上述原因，在最近十年内，由于地理位置和传统上的优势，几个地区或者几个国家之间通过谈判达成区域间的自由贸易协定（Free Trade Agreement，FTA）有不断繁荣的趋势。利默尔和斯多波的研究表明，贸易份额和距离之间存在负相关关系，贸易随着距离的增加而减少，也就是说，距离对贸易构成了重大障碍[1]。事实上，在有限区域或者国家

---

[1] Leamer, E. E., Storper, M., 2001, "The Economic Geography of the Internet Age", *Journal of International Business Studies*, 32: 641–655.

内达成"三零"原则是比较容易产生认同和共识的。据WTO的数据,2008年,区域内贸易在亚洲的贸易总额中占51.2%的比重,在北美占据55.8%的比重,在欧洲更是高达73.2%。越来越多的经济体从努力推动多边框架转为越来越多地进行双边和区域自由贸易协定谈判。1995—2009年,WTO通报生效的区域贸易协定数量从不到100个上升到超过225个。结果就是国际贸易中超过50%的商品贸易以及相当的服务贸易是在区域贸易协定框架下完成的。最近几年,以"三零"原则为基础和背景的FTA谈判进展更是迅速。2018年,欧盟与日本的FTA谈判已经签订协议,并于2019年下半年生效。美国、加拿大和墨西哥也达成了新的北美自由贸易协定,而美国与欧盟的贸易协定也在计划之中。

当前,中国在积极推进WTO改革的同时,也在顺应FTA的贸易潮流。2020年5月14日,中共中央政治局常委会首次提出"构建国内国际双循环相互促进的新发展格局",相继签订了《中欧地理标志协定》《区域全面经济伙伴关系协定》《中欧投资协定》。此外,2021年9月16日,中国正式向新西兰提交书面信函申请加入《全面与进步跨太平洋伙伴关系协定》(CPTPP)。这一系列协定的签署都表明了中国建设开放型世界经济、深化区域经济一体化的决心。

(二)后疫情时代全球贸易新格局

2020年3月11日,世界卫生组织(WHO)宣布新型冠状病毒成为世界性的流行疾病(pandemic),随后新冠疫情迅速席卷全球,很大程度地阻碍了人员、货物以及资本的跨境流动,全球贸易格局随之发生了新的变化。第一,以中国为代表的亚太地区贸易在带动全球供需缺口中占比显著提升。2020年,亚太经济合作组织(APEC)货物出口占全球的54.8%,创下新高。2021年上半年,中国出口占全球出口份额的14.6%,继续保持高增长。第二,贸易区域化趋势更加显著,产业链、供应链深度调整。欧洲、北美、东亚三大区域性生产网络体系内、区域内部贸易依赖度进一步提升,三大全球生产网络之间的生产和供应链出现断裂和暂停。同时,美国、日本等发达国家贸易保护主义逐渐占据主导,纷纷提供资金支持本国产业链回流。第三,全球贸易数字化进程快速发展。疫情暴发后,各国采取的封锁措施中断了传统贸易形态,加快了全球贸易数字化转型,互联网、大数据和传统贸易行业的融合加速,跨境电商等贸易新业态、新模式快速发展;全球服务贸易数字化进程提速,2020年全球数字服务贸易占全球服务贸易总额的比重达到了52%。第四,全球碳达峰碳中和进程加快。2020年,中国、美国、日本、欧盟等相继提出碳中和目标,加大对清洁能源、绿色能源等的支持力度。2021年,欧盟设立"碳边界调整机制";美国计划从2024年开始征收碳关税;中国提出2030年前实现二氧化碳排放达到峰值,2060年前实现碳中和。第五,中美贸易关系出现缓和迹象,中美贸易恢复性增长。2020年,中国对美出口同比增长7.9%,中国商品在美国进口商品总量中占据19%的比例;2021年1—10月,中国对美国出口累计同比增长31.7%。2021年6月以来,中美两国高层领导在经贸领域多次沟通,中美经贸争端出现缓和迹象。

综上,后疫情时代,全球经济进一步复苏,全球贸易将逐渐维持稳定,贸易增速将有所放缓,国际贸易格局将迎来新的变化趋势:第一,全球供应链本地化趋势加强,区域贸易协定增加,国际贸易区域化趋势明显;第二,全球贸易数字化转型提速,且发展中国家的数字服务贸易比重将继续攀升,全球数字鸿沟逐步缩小;第三,碳中和对全球贸易格局的影响更加深远,重塑各国出口贸易比较优势;第四,与此同时,中美经贸关系依然关乎全球经济的走向,当前中美经贸发展仍然面临严峻挑战,双方经贸谈判陷入僵局,迟迟无法达成一致,导致世界经济依然兼具多种不确定性。

(三)未来国际贸易格局的变化趋势

2020年新冠疫情在全球范围内大规模肆虐,对世界秩序的冲击不容轻视,各国财政支出增加、公共债务大幅度攀升导致世界性的经济衰退。从目前世界上主要经济体应对疫情的表现来看,未来世界秩序的重构或不可避免,并且这种重构在一定程度上也许会体现出历史性变迁的特质。

第二节 改革开放前中国对外贸易的探索

历史是一国发展进程中的重要组成部分,对史实的了解可以让我们在政策、方针的制定中有迹可循,也有经验可以借鉴。对改革开放前我国对外贸易政策的回顾,了解政策形成的历史原因,是我们科学判断国际形势,制定和实施对外贸易政策的重要依据。

一 改革开放前中国对外贸易政策成因分析

自1949年新中国成立以来,我国对外贸易政策在跌宕的世界经济形势中走过了不平凡的70余载,经历了不断成熟与丰富的发展过程。

1949—1960年:新中国成立初期,我国逐步开展对外经贸交流,由于受制于国内计划经济体制和有限的外交回旋余地,我国制定了"一边倒"的外交政策并阐述了其必然性。1950年,立足社会主义外交阵营,中国和苏联签订《中苏贸易协定》,中国对外贸易额不断扩大。中印边境自卫反击战停战后,外部环境逐渐改善,我国开始力争打开外交局面,对一切愿与我国建立外交关系的国家抛出橄榄枝。直至1956年,我国同其他25个国家建立了外交关系,逐步在世界外交舞台上站稳脚跟。同年,我国首次实现了贸易顺差,扭转了自1877年以来的贸易逆差困境。

1960—1970年:1960年中国和苏联两国在国际形势、社会主义国家关系等问题上出现了难以调和的分歧。两国关系全面倒退导致中国对苏东国家的贸易水平急剧缩减,贸易重心开始转向"两个中间地带",即广大亚、非、拉发展中国家和西欧发达国家。这一时期的贸易政策,不仅有利于遏制当时美国、苏联两个超级大国的围堵,也为后期中国和西欧各国正常化的外交关系打下了基础。

1970—1978年:这一时期,世界走向多极化的趋势日益明显,中国重返联合国,外交活动逐步回归到正常轨道。中国不再和美苏两国同时保持对立，而是集中精力对抗苏联对中国的围堵。1969年后，美国逐渐承认"一个中国"。1972年，《中美联合公报》出版，标志中美外交关系正常化，这一举措也引发亲美国家与中国建交的热情，使中国的对外贸易范围扩展到了整个国际市场。此外，1978年，我国出口产品结构也从几乎为初级产品出口，改善为初级产品和工业制成品各占一半的局面。

二 改革开放前中国对外贸易体制的特征

1949年9月《中国人民政治协商会议共同纲领》规定："实行对外贸易管制，并采用保护贸易政策。"在该方针政策下，我国对外实行有领导、有计划、有组织的贸易方式。具体来说，在对外贸易过程中，实施强化行政管理、保护性关税和加强计划管理的政策。1956年以后，我国计划经济体制全面确立。在这一时期，对外贸易并不是国民经济发展的重心，其作用仅限于调剂余缺和互通有无，具有高度集中的特征。

虽然从新中国成立到改革开放前期，我国对外贸易的对象随着国际局势发生着转换，但我国始终将"进口替代战略"作为主要的对外贸易政策，对外资的利用被严格限制。在特定的历史背景下这是保护本国落后工业的有效手段，然而生产要素的价格扭曲降低了中国工业的生产率，技术缺乏创新且进步缓慢，导致我国在世界市场中缺乏竞争力，全球贸易比重下降，错失了第二次产业转移的机遇[①]。

第三节 改革开放后中国对外贸易的演变

对外贸易的发展是中国经济发展的有机组成部分，从1978年改革开放至今，我国对外贸易从地理特征、进出口产品结构到对外资的利用状况都发生了深刻的变化，本节将我国改革开放至今对外贸易的转变分为四个阶段，对每个阶段的特征进行分析，了解我国每一阶段对外贸易政策的科学性与实施的必然性。

一 改革开放政策的确立与实施（1978—1990年）

20世纪80年代，我国的工作重点转移到了经济建设上来，与此同时，国际分工也进一步深化。1978年12月，党的第十一届三中全会明确提出了改革开放的重要指示。对外贸易从经济发展的辅助手段变成了我国经济工作的重心，在已有工业的基础上，实施了出口导向与进口替代相结合的措施。基于我国国情，在改革初期，外贸体制的主要转变为破除单一的计划管理体制，将对外贸易的管理权与经营权下放。

[①] 余振、王净宇：《中国对外贸易发展70年的回顾与展望》，《南开学报》（哲学社会科学版）2019年第4期。

(一) 对外贸易的地理特征

改革开放初期,我国还不适合进行全面的开放,于是沿海地区经济发展战略成为对外开放发展战略的重点,沿海地区作为对外开放的先驱开展对外贸易。到 20 世纪 80 年代末期,我国的贸易伙伴国增加到 170 多个国家,到 1991 年,我国与日本、美国和欧盟等发达国家的贸易额占我国总贸易额的 75% 左右。

(二) 进出口产业结构发展特征

在这一时期,出于保护幼稚产业。我国主要在具有比较优势的劳动密集型产业中积极引进外资,鼓励出口。而那些还在发展初期的资本密集型产业,我国继续采取进口替代战略,尽快提升我国产业的国际竞争力,融入全球产业链。此外,我国的货物贸易结构也发生了极大的变化,由最初的以初级产品为主的出口模式逐渐演变为以工业制成品为主的出口模式,其中初级产品占总出口比重由 1980 年的 50.3% 下降至 1991 年的 22.5%。而工业制成品由 1980 年占出口的 65.2% 上升到 1991 年的 83%,并且从 1983 年起一直保持在占总出口比重的 80% 以上(见图 10-3)。虽然,产品结构呈现一定程度的优化,但是,在这一阶段出口商品的不平衡问题依然存在。

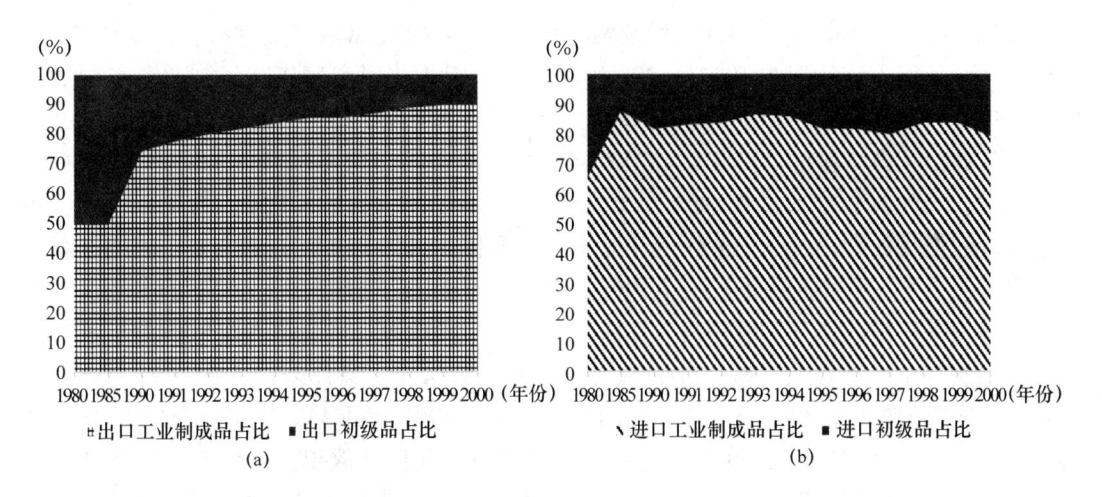

图 10-3 进出口初级品和工业制成品分别占总进出口比重

资料来源:历年《中国统计年鉴》。

(三) 对外资的利用情况

大型跨国公司可以携先进技术在世界各国投资设厂,如德国大众汽车 1984 年在中国设厂。企业现有的员工、管理者都了解如何高效地制造性能良好的汽车,并且他们还可以为中国的工人传授制造汽车的技能和其他的一些技能(如管理才能),这是我国打通外资进入绿色通道的初衷。

1978 年召开党的十一届三中全会前夕,邓小平为打通中日贸易桥梁携《中日和平友好条约》批准书参观了日本的制造业工厂,同年松下电器成为第一家进入中国的外资企业。1979年1月,邓小平指出,现在搞建设应积极吸引华侨等回来办厂,也可以先设立合营企业;同年7月,在第五届全国人大第二次会议中,《中华人民共和国中外合资经营企业法》的颁布为外资企业进入中国市场提供了法律依据;1983年9月,国务院颁布了《中外合资经营企业法实施条例》,并分别于1986年1月、1987年12月和1990年4月进行了修订;1986年10月,国务院颁布了《鼓励外商投资政策》;1990年10月继续制定了《外商独资企业法实施细则》。随着鼓励外资进入的法案的颁布与松下电器在中国的成功入驻,其他外资企业也接踵而至,可口可乐、波音、IBM、大众、英特尔等知名外资企业都相继在中国市场投资设厂,为我国改革之初的发展提供了资金和技术支持。

外资企业进入中国,在初始技术水平、管理经验、人力资源等方面都普遍优于我国本土企业,在改革开放初期外资的引进为我国后期"走出去"打下了坚实的基础。

二 对外贸易的政策性开放(1991—2000年)

1986年7月,我国宣布加入关税及贸易总协定(GATT,WTO的前身),恢复GATT缔约国地位。然而,该计划在1987—1992年被暂停,因为当时我国正就经济改革方向展开辩论。1992年10月,我国明确提出将建立社会主义市场经济体制作为改革的目标,并对外贸政策做出了全方位的改变,实施具有多层次、全方位、宽领域特征的对外贸易决策。为顺利融入国际贸易体系,从1994年1月开始,我国企业的进出口转变为自负盈亏,不再享有政府提供的财政补贴。同年《中华人民共和国对外贸易法》正式立法,表明了我国维护自由、公平的外贸秩序的决心。1995年7月,中国正式提交加入WTO的申请,中国加入世界贸易组织的谈判继续进行。在谈判期间,中国按照加入世界贸易组织的承诺,出台并大幅修改了大量有关贸易和外商直接投资的法律法规。具体来说,在1992—2001年进行了4次大规模的关税削减,使我国的平均关税从1992年的43.2%下降到2001年年初的15.3%左右。此外,中国通过取消市场准入限制,逐步开放银行、保险等服务业。然而,由于美国在中国入世之前一直没有给予中国"永久正常贸易伙伴关系",我国企业在出口过程中依然面临着较大的贸易政策不确定性。

(一)对外开放的地理特征

在这一时期,在地域上,对外开放的区域由沿海城市扩展到沿江、沿边、沿路城市。对外贸易伙伴也进一步增加到20世纪90年代末期的228个,除了欧美发达国家,中国也进一步加强了与发展中国家的贸易往来,但发达国家仍是我国对外贸易的主要区域。

(二)进出口产业结构发展特征

从主要发展第二产业向第一、第三产业转移,在层次上从劳动密集型加工业逐渐转移到基础设施建设、高新技术产业等技术复杂度较高的产业。这一时期,属于国际贸易标准分类(SITC)的资本密集品(第五类化学品和第七类机械及运输设备)逐渐成为我国进出口的主要产品,从 1991 年占工业制成品出口比重 19.7% 上涨到 2000 年占比 42.3%。资本密集品的进口在这一时期也大幅提高,从 1991 年占工业制成品进口比重 54.5% 上涨到 2000 年占比 68.5%,对我国产业结构升级与企业技术升级起到了促进作用。

放松外资管制也促进了加工贸易的发展,使加工贸易企业的大量存在成为中国企业结构的特点。中国的贸易政策对用于加工和再出口的进口商品给予关税豁免,这在创造出口导向型产业方面被证明是非常成功的[1]。此外,Amiti 和 Freud 的研究发现,虽然自 1992 年以来,中国出口产品种类逐渐从低技术农产品和纺织服装产品,转变为高技术电子和机械产品,但是,如果不考虑加工贸易,中国出口产品的技术含量几乎没有提高[2]。

(三)对外资的利用情况

在对外投资方面,中国承诺在加入世界贸易组织后全面遵守《与贸易有关的投资措施协定》,制定并修订了有关外商直接投资的法律和实施措施。1995 年 8 月,我国颁布了《中外合作经营企业法实施细则》。此后,于 2000 年 10 月修订了《中华人民共和国外资企业法》,2011 年 3 月修订了《中华人民共和国中外合作经营企业法》。此外,2001 年 4 月又修订了《外商独资企业法实施细则》,2001 年 7 月又修订了《中外合资经营企业法实施条例》。最重要的是,1995 年 6 月,中央政府颁布了《外商投资产业指导目录》,并于 1997 年进行第一次修订,《外商投资产业指导目录》(以下简称《目录》)成为规范 FDI 流入的主要指导方针。在《目录》出台后,被放松管制的行业也更加有序地开放,外资进入的数量逐步增加,积极稳步地推进了我国对外资的利用。

三 对外贸易的制度性开放(2001—2012 年)

2001 年 12 月,中国历经 16 年磋商,正式加入世界贸易组织(WTO),成为 WTO 的第 143 个成员方,是我国深度参与全球分工的里程碑,代表改革开放取得了阶段性的成功,中国的对外开放从此进入新的历史进程。在这一阶段,我国主要围绕入世承诺展开对外贸易的政策改革,我国对外开放的特征由试点性的政策性开放逐渐向法律框架下的制度性开放演进。这一时期,是我国从制度性开放到全面开放的过渡时期。

(一)对外开放的地理特征

在这一时期,我国实行有管理的贸易自由化制度,由单方面的试点开放渐渐实现与世界贸易组织成员方之间的双边开放,虽然我国的主要进出口市场仍然是欧盟、美国、日本等发达国家,但我国的进出口市场进一步多元化。2001 年中国与 G7 国家进出口额为中国进出口总额的 44.2%,到 2012 年,这一比例下降到 30.6%,而出口份额从 2001 年的 47.7% 下降至 2012 年的 34.1%;与此同时,我国与东盟成员国、金砖五国成员国、拉丁

---

[1] Lemoine, F., Unal-Kesenci D., 2002, "China in the International Segmentation of Production Processes", CEPII Working Paper, No. 2002 - 02.

[2] Amiti, M., Freund C., 2008, *The Anatomy of China's Export Growth*, The World Bank.

美洲和非洲的进出口份额都有不同程度的提高。

（二）进出口产业结构发展特征

加入世界贸易组织后，我国长期实行的"进口替代"和"出口导向"的对外贸易战略逐渐失去了其适用性，为深度融入全球产业链，我国需在不断深入的开放过程中增强产业的核心竞争力。在这一时期，高新技术产品的进出口大幅提高。此外，服务贸易领域的开放也在大力推进。

然而，不可忽视的是，在我国商品的出口增长中，依然是加工贸易起主推作用，2001—2012年我国商品出口几乎有一半以上都是通过加工贸易实现的，其中，机电产品几乎有2/3都是通过加工贸易出口的。高新技术产品出口占比虽逐年提高，但其中的核心技术或核心零部件依然为国外研发，因此这一时期，我国产业结构还存在很大的不合理性，"中高端"产品研发能力的不足，导致我国长期处于世界产业链的"下游"。尽管入世以后这一状况有所好转，但仍然无法扭转这一劣势，这也为后来发达国家用核心技术围剿我国高新技术产业埋下隐患。

（三）对外资的利用情况

尽管从20世纪70年代末到90年代初，中国实行了开放政策，消除了外商直接投资的障碍，外商投资企业在中国的经营仍然面临着巨大的障碍。例如，外商投资企业在生产和出口产品时必须满足当地的要求，并必须向当地合作伙伴转让先进技术和管理知识。2002年，《外商投资产业指导目录》进行了较大的修订，112个行业被进一步放松，鼓励外资企业进入[①]。2002年2月，新的《中华人民共和国外资金融机构管理条例》正式施行，让外资金融机构的设立机制更为完善。2008年1月，《中华人民共和国企业所得税法》正式施行，取消外资企业超国民待遇，营造更加公平的营商环境。

四 对外贸易的全方位开放（2013年至今）

2012年11月党的十八大召开以来，国内外形势都发生了深刻的变化，以习近平同志为核心的党中央开启了中国特色社会主义新时代。在"新时代"背景下，我国经济发展向形态更高级、分工更复杂、结构更合理的目标迈进。在这一阶段，我国的对外贸易特征进一步升级为更大范围、更宽领域、更深层次的全面对外开放。2013年，习近平主席提出"一带一路"倡议，标志着我国彻底从加入世界贸易组织之初努力适应并融入全球经济体系，转变为积极参与全球经济治理，甚至引领对外贸易规则，推动全球化的发展倡导建设开放型世界经济。

（一）对外开放的地理特征

我国的对外贸易从以沿海、沿边地区开放为主转变为全方位开放新格局。随着产业转移的推进和"一带一路"的建设，我国中西部地区逐渐走向开放前沿，全国各省对外贸易

---

① Lu, Y., Tao, Z., Zhu, L., 2017, "Identifying FDI Spillovers", *Journal of International Economics*, 107: 75–90.

占比日益均衡。在区域发展上，我国形成了以京津冀协同发展、长江经济带发展、粤港澳大湾区建设、长三角一体化发展、黄河流域生态保护和高质量发展五大重大国家战略为引领的区域协调发展新格局，与东西南北四大区域板块交错互融。截至2021年，我国共建设了147个综合保税区、21个自贸试验区。并预计在2035年高质量完成"平安、效能、智慧、法治、绿色"的"五型口岸"的建设。

在全方位协调发展的国别地区政策的引领下，我国同世界各地区广泛进行贸易。从贸易伙伴的地缘位置来看，我国的进口主要来自亚洲国家，而出口还是以发达国家为主（见图10-4）。

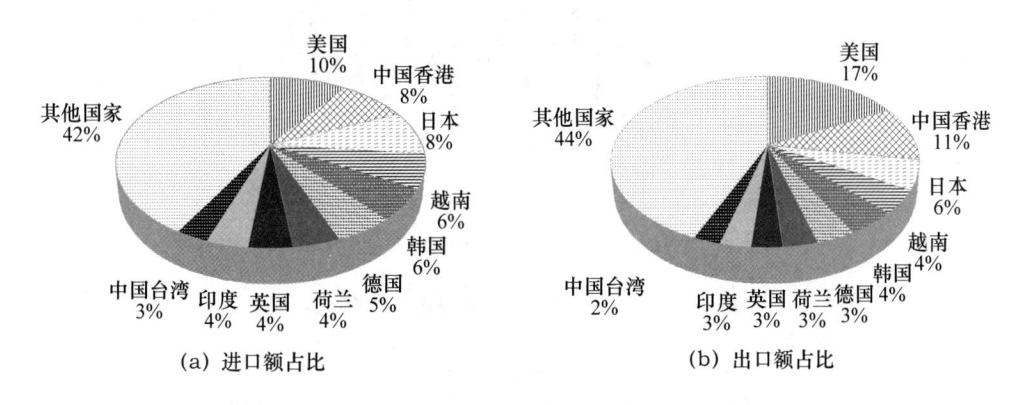

（a）进口额占比：其他国家42%、美国10%、中国香港8%、日本8%、越南6%、韩国6%、德国5%、荷兰4%、英国4%、印度4%、中国台湾3%

（b）出口额占比：其他国家44%、美国17%、中国香港11%、日本6%、越南4%、韩国4%、德国4%、荷兰3%、英国3%、印度3%、中国台湾2%

图10-4 2020年向世界各国出口占中国出口总额的百分比

资料来源：历年《中国统计年鉴》。

（二）进出口产业结构发展特征

随着我国产业链逐渐完备，我国的对外贸易产业结构也进一步完善。加工贸易整体有所萎缩，一般贸易和其他贸易整体呈现上升趋势。在高新技术行业方面，我国产业开放质量逐年上升，高新技术产品的进出口都保持着良好的增长势头，高新技术产品的贸易净值由负转正，双向投资质量也在不断攀升。

我国在农业等敏感产业的开放上，也走在了世界前列并成为当前农产品市场开放程度最高的国家之一。相比之下，欧盟、美国等发达国家对农产品进口征收的平均关税高达408%和440%，发展中国家的农产品平均关税也达到了39%，都远高于我国当前征收的15.2%的平均关税水平。

除了农产品，我国服务贸易也迅速发展。2007年，我国履行加入世界贸易组织承诺开放服务业9大类100多个部门后，截至目前，我国服务业已开放近120个部门。2021年7月，我国在海南自贸港发布了首个国家层面的跨境服务贸易负面清单，这是我国在进一步开放服务贸易过程中的重要举措。

（三）对外资的利用情况

图10-5刻画了我国自1979年以来对外资利用的情况，可以发现，自邓小平南方谈

话之后，不论是实际利用外资总金额还是实际利用外商直接投资金额都呈现稳步上涨趋势。

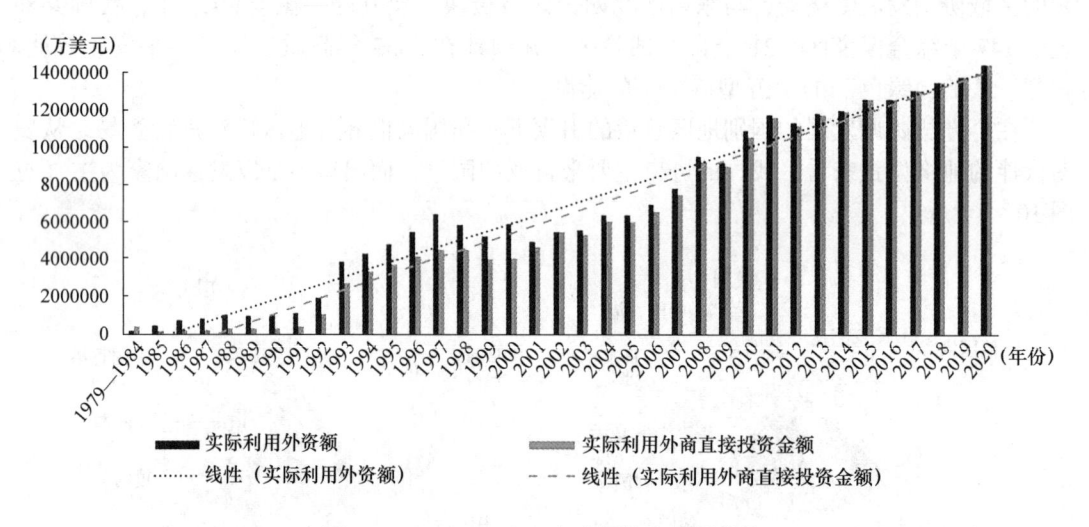

图 10-5 1979—2020 年中国外资增长趋势

资料来源：历年《中国统计年鉴》。

2020 年，我国发展改革委、商务部出台的《外商投资准入特别管理措施（负面清单）》将外资准入负面清单下调到 33 条。这是我国实施更大范围、更宽领域、更深层次全面开放的重要举措之一。当前，我国对外资的利用情况正由"兼容并蓄、来者不拒"的"稳步增长"状态向"高质量增长"迈进。从行业领域看，我国高技术产业、先进制造业、现代服务业的外资利用情况一直呈增长态势。特别是 2020 年新冠疫情后，众多跨国企业纷纷深耕中国市场，投资质量明显提升。

五　小结

改革开放四十多年，我国当前已深度融入全球分工，从 2016 年起，中国对世界经济增长的贡献登顶，成为世界经济增长的重要引擎。中国在对外贸易的发展过程中，为全球提供了巨大的需求，从 1980 年进口总额 20017 百万美元，截至 2020 年进口总额达 2065961 百万美元，进口增长较改革之初达 1000%。为积极推进全球化进程，构建人类命运共同体，我国从 2009 年起，免征最不发达国家 97% 的税目，承担了最不发达国家 25% 的出口。与此同时，中国服务业进口迅速发展，在 2013 年以后中国成为全球第二大服务业进口国。除了提供需求，我国也为世界提供了强大的供给能力，截至 2020 年，我国货物出口占全球的 14.7%，并在 2009 年稳居世界第一。除了货物贸易，我国的资本货物出口也稳步上升，为世界其他欠发达国家的工业化进程提供支持。

可以说，中国对外贸易在改革开放后的发展历程，不仅支持了本国的经济发展，更是给世界经济带来了新的机遇。当前，作为后疫情时代唯一实现经济正向增长的国家，中国也为国内外企业发展提供了越来越完善的营商环境。

第四节　中国特色开放型贸易理论的形成与发展

通过前几章的学习，我们发现西方主流的国际贸易理论并不能完全适用于我国的贸易发展现实。事实上，西方基于"霸权稳定论"而形成的全球治理模式，也是造成世界多极化，产品供求矛盾不断升级的原因。这一部分，我们将分析当前西方国家在参与国际贸易时造成的国际公共产品供求、分工霸权、贸易保护问题，并认识我国当前贸易模式形成的科学性与必要性。

一　西方主流国家参与国际贸易的问题

（一）国际公共产品供求问题

国际公共产品指那些收益可扩展到所有国家、人民和世代的产品。由此定义，我们可以了解到，国际公共产品突破了国家地区之间的限制，受益者广泛，国际公共产品对所有的受益者都是非排他的、竞争的，不仅要考虑当代人受益，还要考虑世代人受益。由国际公共产品马上可以联想到"公地悲剧"，如果每个人都能控制自己的行为，不盲目地去追求个人利益最大化，那么每个人都能得到好处。"公地悲剧"可以部分地解释国际公共产品供求不平衡和国际市场失灵的问题。

首先，稳定的国际体系对霸权国家提供稀缺公共产品有依赖性，但这也伴随着许多问题。霸权国家倾向于将国际公共产品视为本国产品，企图从国际公共产品的供给中获得私利，美国在提供公共产品时会附加"最终解释权归本国所有"的字样，将提供国际公共产品变为本国获利的途径。其次，在国际公共产品提供的过程中，"搭便车"现象严重，当其他国家采取不合作的态度而此时提供公共产品国家的实力减弱，国际公共产品的提供减少，供求不平衡的问题加重，而许多问题必须在各国合作之下才能解决。

（二）全球生产链分工霸权

全球生产链由三个部分构成：生产国、消费国和资源国。俄罗斯、沙特阿拉伯等石油国是典型的资源国，中国、韩国、日本是典型的生产国，美国、欧洲国家是典型的消费国。其中，美国在全球产业链中居于霸权地位，不仅向各国输出需求，还输出制度和技术。美国的霸权地位从政治、军事和文化三个方面塑造，军事霸权是基础，经济霸权是关键，文化霸权是软实力的代表，联合国、全球货币体系和世界贸易组织都是其"作品"。军事霸权的根本原因在其最新先进的武器装备体系，同时让其他国家不得不接受美国的文化输出和经济规则，使美国一直引领军事技术和战争模式的变革，奠定了美国处于生产链顶端的国际地位。美国的军事霸权奠定了经济霸权的基础，军事霸权地位之下，美国制定金融规则和货币工具以攫取全球财富，大力发展工业和科学技术，将科技和工业深度结合得到具有先进性的工业产业。经济和军事处于霸权地位之下，美国必然会发展本国文化产业并向别国输出，而别国也会乐于接受。比如，美国新电影在全球上映，展现本国的电影技术和电影中的文化，而大多数国家会认为是接受先进的文化。

(三) 贸易保护与单边主义问题

贸易保护主义是一国为了保护本国工业的发展而采取高额关税、进口配额和其他限制进口，同时给本国出口产品提供各种补贴和优惠以增强本国出口商品国际竞争力的政策。在贸易自由化的倡导中，贸易保护措施逐渐由关税向非关税转移，在一系列的关税谈判中，关税逐渐降低，于是各国纷纷采取更加灵活和隐蔽的非关税措施，同时针对不同商品的非关税措施逐渐显现出差异化，对工业品的限制逐渐减少，对农产品的限制却从未松动。贸易保护措施主要分为两类，出口补贴、货币贬值等属于出口鼓励型政策，提高关税、配额、技术和绿色壁垒等属于进口限制型政策。

单边主义则是指在国际上拥有一定地位、能产生一定影响的大国，无视别国和集体利益，为了本国利益独自退出已经制定好的有利于维护集体利益或地区和平稳定的协议，一意孤行，对全球和地区发展产生不良影响的倾向。

单边主义和贸易保护主义是在政治和经济领域的霸权表现，往往同时发生，影响着国际贸易和经济全球化，不利于各国的协同发展。单边主义国家只看重自身利益，破坏世界和平稳定，牵制全球化进程，使各国经济无法在良好的国际环境中前进，不仅影响别国的发展，也终究会限制自身发展。而贸易保护主义虽然在一定时间内可以保护本国民族工业的发展，但长期来看，由于缺少竞争，工业发展缓慢，创新性低，产品的质量长时间内得不到提升，同时进口限制措施提高了产品价格，使国内价格信号的作用减弱，不利于市场机制运行。贸易保护主义不但会给本国工业带来不利影响，也不利于贸易全球化进程。

二 中国特色贸易理论的形成与发展

(一) 如何融入国际贸易市场

在经济全球化的大趋势下，任何一个国家都不可能关起门来独自发展，在不可抗拒的世界市场洪流中，中国应该以积极的态度主动融入国际贸易市场。

首先，深入推进对外开放策略。习近平主席指出："下一步，中国将秉持开放、合作、团结、共赢的信念，坚定不移全面扩大开放，将更有效率地实现内外市场联通、要素资源共享，让中国市场成为世界的市场、共享的市场、大家的市场，为国际社会注入更多正能量。"[①] 中国的开放要继续向着多层次、宽领域的方向发展，搭乘"一带一路"和人类命

[①] 习近平：《在第三届中国国际进出口博览会开幕式上的主旨演讲》，人民出版社2020年版，第7页。

运共同体的顺风车，积极主动扩大开放。在复杂多变的国际贸易市场中，中国想要在国际贸易市场中拥有一席之地，就要提高本国的创新力和科技发展水平，增强本国产品的竞争能力，给本国经济发展注入不竭动力。

其次，认清中国与其他各国既是利益共同体，又是利益竞争者这一事实。在复杂的关系中，自身实力才是关键，我国要提升自身实力，还要树立在国际事务中的大国形象，积极参与国际事务，发挥大国该有的作用，提升自身影响力。

最后，要维护我国的经济主权。虽然贸易全球化将各国的命运联系在一起，但在资本主义国家主导的世界贸易市场中，我国要坚定地维护本国的贸易主权，独立地在政治、经济和国家安全方面处理事务，保护我国未成熟行业，坚决抵制成为资本主义国家的附庸。

(二) 如何解决融入国际市场中遇到的主要矛盾

充分认识融入国际市场的积极作用，坚持对外开放不动摇。有部分观点认为，目前我国经济的对外依存度过高，不仅过度消耗我国的资源，形成的贸易顺差也会阻碍经济发展。但事实上，融入国际市场利大于弊，为中国提供了更多的就业机会，开阔了国人的视野，让我们更加了解各国的发展状况，也在竞争的压力下促进中国各方面的进步。

在融入世界市场的过程中，我国传统的比较优势正在减弱。我国是人口大国，劳动力资源充足，而随着经济发展，我国老龄化问题逐渐突出，同时随着产业结构的调整，现有劳动供给和劳动需求越发不匹配。为此我国要改变人口政策，改善人口年龄结构，同时加大教育投入，为产业结构升级提供充足适合的劳动力，提高我国产品在国际市场中的竞争力，也为企业参与国际竞争提供实力。

在激烈的国际市场竞争中，没有核心技术，没有高科技，就要沦为强国的加工厂，强化技术创新是国家发展的必经之路，为此要提高自主创新能力，提高企业的核心竞争力。当前，我国科研工作主要集中在高校，而高校的技术研发主要依靠财政拨款，财政拨款金额有限，一定程度上限制了技术创新。为此，我国要加强企业和高校的合作，使科技创新方面能有更多的资金支持，同时也能加快科技转化为经济效益的进程。

积极参与国际治理，为各国经济发展营造良好的环境。经济发展至今，单边主义和贸易保护主义遭到越来越多国家的抵制，世界经济旧体制受到挑战，新的能被各个经济体接受的经济体制还在建立之中。我国要积极参与全球治理，积极融入国际市场，对不合理的经济制度提出我国的建议，推动国际经济秩序改革，拓展我国参与国际贸易的空间，提高我国在国际经济事务中的影响力，维护我国的国家利益。

第五节　新时代中国对外贸易的发展战略与全球治理思想

随着中国经济发展和综合实力的增强，中国在国际经济发展、对外贸易和全球治理中发挥的作用越来越大，复杂的国际形势和国际关系也让中国发展不断面临新的挑战。

一 中国对外开放面临的挑战

(一)"逆全球化"浪潮势头升温

一些西方发达国家"逆全球化"势头升温,各种经济民族主义、民粹主义、单边主义和贸易保护主义潮流渐趋盛行,贸易摩擦不断。尽管新兴经济体在国际社会中的地位不断提高,但主要话语权仍然掌握在以美国为首的老牌资本主义国家手中。国际社会对欧美国家的行为一再妥协,给经济全球化造成极大影响,也给中国的发展和参与全球化治理带来极大负面影响,使中国提出的"人类命运共同体"战略发展艰难。

一些发达国家或地区以"国家安全"为借口,无理制裁打压中国高新技术企业和新兴产业,给中国的全球治理带来了严峻挑战。美国为了巩固霸权地位,联合欧洲国家保护自身利益,倡导单边主义和贸易保护主义。尤其是针对以中国为代表的快速发展的社会主义国家,美国等资本主义国家设置贸易壁垒、采取贸易限制政策、打压中国、损坏中国的国际声誉,企图限制中国发展,严重阻碍了全球化的治理秩序。自2016年英国脱欧和美国总统特朗普上台以来,"逆全球化"浪潮在全球越演越烈,美国相继退出《巴黎气候协定》和联合国教科文组织,并开始实施贸易保护政策,2018年年初宣布对包括欧盟、加拿大、日本等多个经济体征收钢铝关税,以及对中国输美商品大规模加征关税。这种反经济全球化以及推卸全球治理责任的行为使全球经济陷入低迷,国际形势的不确定性上升。

(二)全球性金融风险加大

参与经济一体化在给我国带来发展机会、提供新的发展动力的同时也提高了金融风险,给我国金融安全带来严峻考验。随着国际经济一体化的快速发展,各国经济相互连通,国内市场与国际市场对接,相互依赖性越来越高。在金融全球化下的背景下,金融风险传染性极强,金融衍生工具的不断创新和互联网的发展使国际资本流动更加灵活,一旦一国爆发经济问题,那么与其相连的其他国家一定会受到冲击。例如,1997年的东南亚金融危机,索罗斯做空泰铢造成泰铢的大幅贬值,在经济全球化的浪潮下,造成东南亚大多数国家货币大幅贬值、股市大跌、资本流出、经济萧条。2007年美国次贷危机更是席卷全球,不仅波及欧洲、日本等发达国家,印度、中国等发展中国家也受到了不同程度的冲击,虽然这些受到冲击的国家都积极采取了一系列财政、金融措施来稳定市场、维持经济发展,但却难以遏制全球经济动荡与经济下滑的趋势,甚至一些国家面临全国破产的风险,世界经济的增长速度也因此放缓。而我国作为发展中国家,金融系统还不够完善,金融监管体制还不够健全,金融一体化会给我国带来金融风险,提高爆发金融危机的可能性。

(三)全球治理障碍重重

在全球治理体系中,各个国家都是治理主体,各个国家之间的利益关系越来越复杂,世界缺乏一个强有力的领导和治理机构,这使国际社会在各项国际事务上很难达成统一,各项协议的制定存在种种阻碍,协定履行效果和预期大相径庭。例如,我国积极承担全球减排的责任，澳大利亚等发达国家却在减排问题上退缩，在需要各国合作的国际事务中，任何一个国家都难以凭一己之力扭转局面，全球治理进程中困难重重。

二 如何适应国际贸易格局新要求

第一，积极调整对外政策，提高出口产品的国际竞争力。国际贸易新形势下，各国反对贸易保护主义和单边主义的呼声越来越高，非关税壁垒迅速增加，为此，我国要提高产品技术水平，打破非关税壁垒的限制。技术壁垒和绿色壁垒对我国既是机遇又是挑战，在对我国施压的同时，又促进了我国技术进步和环保产业的发展；在致力于打破贸易壁垒的同时，又促进自身经济发展，这是我国经济不断发展的动力。

第二，加强国际经济合作，致力于打造新的国际贸易格局。诸多发展中国家同中国一样，经济发展上受到各种各样的限制，同样作为贸易保护主义的受害国，诸多国家同我国有一样的诉求和期望。我国要努力提高在国际中的声望和地位，增强在国际事务中的话语权，连同像我国一样的广大国家，在国际谈判和国际事务决策中争取更多的权力和利益，加强区域范围和国际范围的经济合作，共同应对国际贸易格局变化中的各种挑战，争取成为掌握主动权的一方。

第三，提升我国企业的国际竞争力，提升企业的自主创新能力。我国拥有丰富的劳动力资源和土地资源，在与发达国家的合作中，逐渐沦为发达国家的加工厂，高新技术产品仍需进口，关键核心技术依赖别国。为此，我国要鼓励企业创新，加强企业和高校的合作，加大教育投入，培养高素质人才，为企业创新提供保障和源泉，把核心技术掌握在自己手里，实现从中国制造到中国创造的转变，向世界输出中国的高科技产品，改变中国在世界制造业中的形象，让中国产品成为"高质量"的代表。

第四，完善中国的市场准入制度，提高对准入商品的要求。提高产品的生产标准，将打破贸易壁垒常态化，提升中国产品的生产技术和生产要求，严格控制劣等品的生产，降低产品被拦截的概率，提升我国出口产品的口碑，提高产品的国际竞争力。

本章小结

1. 国际分工是指世界各国之间的劳动分工以及产品分工。当社会分工发展到一定阶段，国际经济内部分工超越国家的界限，国际分工便产生了。国际分工既是国际贸易发展的基础，也是世界经济发展的基础。

2. 如若贸易伙伴国是外部因素的需求侧，那么跨国企业则是外部因素的供给侧。首先，外商直接投资（FDI）为东道国制造业提供了资金支持，同时，跨国公司在东道国投资设厂与合营将通过行业间的垂直溢出以及行业内的水平溢出促进东道国国内生产率水平的提升。

3. 后疫情时代，全球经济进一步复苏，全球贸易将逐渐维持稳定，贸易增速将有所放缓，国际贸易格局将迎来新的变化趋势：全球供应链本地化趋势加强，区域贸易协定增加，国际贸易区域化趋势明显；全球贸易数字化转型提速，且发展中国家的数字服务贸易比重将继续攀升，全球数字鸿沟逐步缩小；碳中和对全球贸易格局的影响更加深远，重塑各国出口贸易比较优势；与此同时，中美经贸关系依然关乎全球经济的走向，当前中美经贸发展仍然面临严峻挑战，双方经贸谈判陷入僵局，迟迟无法达成一致，导致世界经济依然兼具多种不确定性。

4. 破解全球治理体系的困难，"共"是关键，习近平主席强调，"世界命运应该由各国共同掌握，国际规则应该由各国共同书写，全球事务应该由各国共同治理，发展成果应该由各国共同分享"[①]。新格局下的治理，需要让各国都在国际治理中发挥作用，使各国都有一定的话语权，从而推动全球治理体系的变革。

思考题

1. 简述新、旧世界贸易格局在发展水平、产业结构、企业管理和组织模式等方面历史变迁的特征。
2. 简述后疫情时代，世界贸易格局呈现的新特征。
3. 论述中国在改革开放前后对外贸易特征的演变。
4. 简述我国在全面开放时期，对外开放的地理特征、产品结构特征和对外资的利用情况呈现的特点。
5. 论述中国特色贸易理论特征，并分析其与西方经典贸易理论的联系与区别。
6. 论述在"新时代"背景下，中国的全球治理观。

---

① 《习近平谈治国理政》（第2卷），外文出版社2017年版，第540页。

第十一章 国际收支与内外平衡理论

导　言

全球化是 20 世纪 80 年代以来在世界范围日益凸显的新现象，是当今时代的基本特征。全球化主要包括贸易全球化、生产全球化、资本全球化和生产要素全球化。中国在加入世界贸易组织后，与各国经济往来日益密切，在经济贸易和金融等方面存在较大的相互影响。从本章起，我们将结合中国参与全球化的实践来介绍国际金融学的相关概念、重要理论和基本分析方法。

经济体主要通过贸易和金融两种渠道与世界其他国家进行联系。贸易联系指一国的部分产品出口到外国，国内消费或投资的一些商品源于国外。在 2022 年上半年，中国商品出口额占 GDP 的 19.8%，而进口额占 GDP 的 15.4%。与其他国家相比，中国从事的国际贸易量相对较小。新加坡则是一个极端——非常开放的经济——它的进口额和出口额均超过 GDP 总额。各国在金融领域上也有密切的国际联系。典型的案例是 2007 年美国次贷危机所引发的国际金融危机，对世界各国金融市场和实体经济造成了严重的影响。本章同时将国际贸易和国际金融考虑在内，来说明如何将 $IS-LM$ 分析作必要的拓展。在开放经济学中，宏观经济的最终目标是实现内部均衡和外部均衡。本章将主要介绍国际收支及其调整问题、内部均衡和外部均衡的相关理论和政府的宏观经济政策目标，并探讨在面临内部失衡和外部失衡时，一国应采取何种政策来改善国际收支、实现充分就业和稳定物价，最后，本章分析了中国的贸易条件和贸易顺差间的关系及现状。

学习目标

1. 理解内部均衡与外部均衡的关系，可以解释一国内外失衡的原因。

2. 理解国际收支调节理论的发展及现代国际收支调节理论，讨论应该使用何种方法解决一国国际收支失衡问题。

3. 理解贸易条件与经常账户差额的关系、贸易条件与对外投资的关系。

4. 讨论中国国际收支是否失衡，解释经常账户为什么在未来会出现顺逆差交替的现象。

5. 能够阐述国际收支调节理论的核心内容，分析不同时期国际收支调节理论的不同运用以及产生的不同影响，了解现代国际收支调节理论的优缺点。

6. 掌握内外平衡理论，学会分析政府在面临不同经济目标时所采用的政策组合。

第一节 国际收支

国际收支（Balance of Payments）是指一国居民与世界其他经济体进行交易的记录。通常用国际收支平衡表（以下简称 BOP）来衡量一国（或地区）在一定时期内同其他国家（或地区）全部经济往来的收支流量。国际收支平衡表采用复式记账的规则，包含贷方（Credit）、借方（Debit）和差额（Balance）三类数据。差额是贷方减借方所得之差，每笔国际交易一定会在平衡表中记录两次。导致资源从本国流出的业务被计入贷方；导致资源流入本国的业务被计入借方。因此，贷方业务使本国的资产减少（或负债增加）；借方业务则使本国资产增加（或负债减少）。当我们说国际收支某一项差额为正时，就说明这一项存在国际收支盈余，因而代表着国内资源的流出。相反地，当我们说国际收支某一项差额为负时，就说明这一项存在国际收支赤字，因而代表着国外资源的流入。

国际收支平衡表包括经常账户（Current Account）、资本与金融账户（Capital and Financial Accounts）、净误差与遗漏（Net Error and Omission）。其中，经常账户与资本金融账户是国际收支平衡表的两个主要账户，下文会详细介绍这两个账户。净误差与遗漏项是指由于不同账户的统计资料来源和时间不一致以及人为因素等造成的借方或贷方出现余额，使得国际收支不平衡。其本质是一个抵消账户，用于平衡国际收支，理论上不代表任何实际含义。净误差与遗漏项被定义为两大账户之和的负值，这样可以保证两大账户再加上净误差与遗漏项之和等于 0。

表 11-1　　　　　　　2021 年中国国际收支平衡表（BOP）　　　　　单位：亿美元

	贷方	借方	差额
经常账户	38780	-35607	3173
货物贸易	32159	-26531	5627
服务贸易	3384	-4384	-999
初次收入（雇员报酬、投资收益）	2745	-4365	-1620
二次收入（转移支付）	492	-327	165
资本和金融账户	—	—	-1499
资本账户	3	-2	1
金融账户	-8116	6616	-1500
非储备性质的金融账户	-6234	6616	382
直接投资	-1280	3340	2059
证券投资	-1259	1769	510
金融衍生品工具	179	-68	111

续表

	贷方	借方	差额
其他投资（货币、存贷款、应收款）	-3873	1576	-2298
储备资产	—	—	-1882
货币黄金	—	—	0
特别提款权	—	—	-416
在国际货币基金组织的储备头寸	—	—	1
外汇储备	—	—	-1467
净误差与遗漏	—	—	-1674

资料来源：国家外汇管理局。

一　经常账户

经常账户记录商品与服务贸易以及转移支付。它包括货物（Goods）、服务（Services）、收入（Income）和单边转移（Unilateral Transfers）四个项目，反映了因贸易、收入和转移所导致的资源国际流动，是国际收支平衡表中最重要的一项。

（一）经常账户差额

经常账户差额（Current Account Balance）是指一国出口总额减去一国进口总额的差额，通常用 CA 表示。如果经常账户差额为正（$CA>0$），即为经常账户顺差，表明本国在经常账户上存在盈余，意味着本国有产品和服务的对外净输出。如果经常账户差额为负（$CA<0$），即为经常账户逆差，表明本国在经常账户上存在亏损，有产品和服务净输入。要注意，经常账户顺差与贸易顺差是两个概念，贸易顺差只是经常账户顺差的一部分，这部分加上服务贸易顺差、收入和单边转移顺差才构成经常账户的顺差。我国海关发布的贸易数据仅包括货物贸易。

（二）影响经常账户差额的因素

影响经常账户差额的因素可以从进口额和出口额两方面来分析。若进口额增加出口额减少，经常账户差额为负；若进口额减少出口额增加，经常账户为正。影响一国（或地区）进口额的因素包括：一国（或地区）经济总量和产出水平、一国（或地区）自然资源禀赋、汇率水平、国际市场商品的供给、国际市场商品价格水平。影响一国（或地区）出口额的因素包括：自然资源禀赋、生产能力和技术水平的高低、汇率水平、国际市场需求和需求结构变动。

二　资本与金融账户

国际收支平衡表中的资本和金融账户反映了一国（或地区）在一定时期内对外资本流

动与金融交易收支的状况。资本与金融账户存在顺差，表明实物或金融资本流入本国；资本与金融账户存在逆差，表明实物或金融资本流入其他国家。

（一）资本账户

资本账户（Capital Account）是指记录一国（或地区）一定时期内因对外经济交往而获得或处理非金融资产的账户，对应着非金融的资本流动业务。比如，固定资产所有权的跨国转让，移民带来或带走的货物或资产，还包括固定资产的交易、继承、赠与、保险支付等。资本账户主要包括资本转移和非金融资产的收买和放弃。其中资本转移指固定资产所有权转移；同固定资产收买和放弃相联系的或以其为条件的资产转移；债权人不索取任何回报而取消的债务。非生产、非金融资产的收买或放弃是指各种无形资产如专利、版权、商标、经销权以及租赁和其他可转让合同的交易。

（二）金融账户

金融账户（Financial Account）是指记录一国（或地区）一定时期内所发生的各种金融交易的账户，反映了金融交易带来的资本流动，既包括金融工具之间的交易，又包括金融工具与非金融工具的交易。金融账户按性质可以分为非储备性质和储备性质的金融账户。储备资产（Reserve Asset）又叫官方储备或国际储备，是指一国货币当局为了平衡国际收支、干预外汇市场以影响汇率水平或其他目的而拥有的并被各国所普遍接受的各种外国资产，它是平衡国际收支的项目。当一国国际收支的经常项目与资本金融项目发生顺差或逆差时，可以用这一项目来加以平衡。储备资产主要包括货币黄金、特别提款权（SDR）、在国际货币基金组织的储备头寸和外汇（包括美元、英镑、欧元、日元等国际普遍接受的货币）。其中储备资产和国际收支平衡表中的储备资产一样，是一国政府为国际支付准备的国际硬通货，主要包括货币黄金、在国际货币基金组织中的储备头寸（普通提款权）、特别提款权、外汇储备（包括美元、欧元、日元、英镑等国际普遍接受的货币）。

专栏 11-1　经常账户：顺差出现趋势性下降，未来将会顺逆差交替[1]

经常账户分为货物贸易、服务贸易、初次收入与二次收入四个子项。货物贸易一直是中国经常账户顺差的最重要来源，在近年来甚至成为经常账户顺差的唯一来源。在 1994 年年初的人民币汇率并轨之后，中国在 1994—2017 年实现了连续 24 年的货物贸易顺差。在中国加入世界贸易组织之后，中国货物贸易顺差迅速增长，由 2001 年的 282 亿美元一度上升至 2015 年的 5762 亿美元。在 1997 年东南亚金融危机与 2007 年美国次贷危机爆发之后，中国货物贸易顺差均出现了显著下降趋势。虽然 2016—2017 年没有国际金融危机爆发，但中国货物贸易顺差也出现了持续下降。随着 2018 年中美贸易摩擦开始激化，未来几年中国货物贸易顺差规模可能还会出现进一步下降。

---

[1] 张明：《中国国际收支双顺差：演进前景及政策涵义》，《上海金融》2012 年第 6 期。

1998—2017年，中国出现了持续20年的服务贸易逆差，这说明中国服务业的发展相对于发达国家而言整体是较为落后的。服务贸易逆差的规模则由1998年的18亿美元上升至2017年的2654亿美元。值得注意的是，中国服务贸易逆差快速增长的背后可能与中国人均收入到达一定门槛之后，对服务品的消费需求显著增强有关。2014—2017年，中国服务贸易逆差已经达到货物贸易顺差的一半左右。

初次收入项又可以分为雇员报酬与投资收益两个细项。在2003—2017年的15年间，中国的雇员报酬一直为正，这意味着中国公民的海外劳务收入持续高于外国公民的中国劳务收入。然而，除了2007年与2008年这两年，中国的投资收益细项在1993—2017年的25年间持续为负，这说明中国的海外投资收益持续低于外国的中国投资收益。考虑到这一期间中国一直是全球债权人（也即海外资产规模显著高于海外负债规模），这一点令人费解。

二次收入项主要反映了中国与全球之间的转移支付。中国的二次收入项在2013年之前一直为正。而在2013—2017年的5年间，二次收入项有三年为负。背后的原因是，随着中国综合国力的增强，中国接受外部援助的规模下降，而中国对外援助的规模上升。

导致中国经常账户失衡的原因，可以从以下三个角度来解释。其一，从经常账户的结构来看，导致中国经常账户顺差规模下降的原因，一方面是服务贸易逆差的不断扩大，另一方面则是货物贸易顺差从2016年起开始回落。此外，持续的初次收入逆差与二次收入逆差也扮演了一定角色。其二，中国经常账户顺差的下降也与人民币升值有关。2004年年底至2015年年底，人民币实际有效指数由81.87上升至130.35，升值幅度高达59%。人民币实际有效汇率升值降低了中国出口商品的竞争力，并提高了中国企业与居民对外国商品的购买力，因此是导致经常账户顺差下降的重要原因。其三，根据国民收入恒等式，一国的净出口也等于国内储蓄减去国内投资。从这一视角来看，中国近年来经常账户顺差的下降，也与国内储蓄投资缺口收窄有关。在21世纪的第一个十年，中国的储蓄率与投资率均处于上升通道，但由于储蓄率上升得比投资率更快，导致储蓄率与投资率的差距在2007年达到占GDP的8.6%，处于较高位置。2010年至今，尽管储蓄率与投资率均处于下行通道，但由于储蓄率下降得比投资率更快，导致二者的差距在2017年仅为GDP的2.0%。

我们也可以从上述视角来判断未来中国经常账户余额的变化：第一，从经常账户的内部结构来看，2018年以来中美贸易摩擦的爆发与加剧意味着未来中国的货物贸易顺差可能以更快的速度下降（2017年中国对美国的货物贸易顺差占到中国货物贸易整体顺差的一半以上），而中国居民的收入上升与消费升级带来中国的服务贸易逆差可能会持续上升，这意味着中国的经常账户顺差将会进一步缩小，甚至转为经常账户逆差。第二，从经常账户余额与人民币汇率的关系来看，当前无论是人民币兑美元汇率，还是人民币兑一篮子货币的汇率，均呈现双向波动趋势，这一趋势可能延续较长的时间，这意味着汇率因素可能不会再对经常账户余额产生持续性的单边冲击。第三，从国内储蓄投资缺口来看，中国人口年龄结构的老化，以及近年来中国居民部门负债率的快速上升，都意味着未来中国储蓄率可能以较快的速度下降，其速度很可能超过投资率的下降速度，这也意味着中国的经常账户顺差可能进一步缩小，甚至出现经常账户逆差。综上所述，从中长期来看，未来中国经常账户由持续顺差转为持续逆差的概率较大。2018年第一季度，中国经常账户在近二十年来首次出现季度逆差。这可能会使未来一段时间内中国经常账户出现交替性顺差逆差格局。

专栏 11-2　　　　　　　　　　中国国际收支平衡表变化

表 11-2 显示了中国自 1992 年以来的国际收支变化情况。可以发现，中国的经常账户一直处于顺差地位，其中货物贸易和二次收入一直是顺差，但货物贸易自 1992 年以来增长速度较快，二次收入增长较慢；服务贸易和初次分配长期处于逆差地位，且二者增长速度也较快。资本和金融账户也长期处于逆差地位，其中金融账户中的直接投资和证券投资长期处于顺差地位，这表明外资进入中国大多是用于绿地投资或者投入资本市场以获取利润。中国资本"走出去"的部分用途是对金融衍生品的投资，中国对外直接投资总额远远小于外国对中国的直接投资，但近年这种差距在逐渐缩小。外汇储备占中国储备资产比重较大，且长期处于逆差地位，净误差与遗漏项主要是用于抵消统计误差，可以发现一直都是借方，这表明中国资本金融账户的逆差无法完全抵消经常账户的顺差，需要通过净误差与遗漏项来调整国际收支，使中国长期处于国际收支平衡状态。

表 11-2　　　　　　　　　　中国国际收支平衡表　　　　　　　　　　单位：亿美元

	1992 年	2002 年	2012 年	2018 年	2019 年	2020 年
经常账户	64	354	2154	241	1029	2740
贷方	736	3551	23933	29473	29304	30117
借方	-672	-3197	-21779	-29231	-28275	-27377
货物	19	377	3116	3801	3930	5150
贷方	543	2868	19735	24174	23866	24972
借方	-524	-2491	-16619	-20374	-19936	-19822
服务	31	-3	-797	-2922	-2611	-1453
贷方	126	462	2016	2336	2444	2352
借方	-94	-465	-2813	-5257	-5055	-3805
初次收入	2	-149	-199	-614	-392	-1052
贷方	56	83	1670	2685	2735	2417
借方	-53	-233	-1869	-3299	-3127	-3469
二次收入	12	130	34	-24	103	95
贷方	12	138	512	278	259	376
借方	-1	-8	-477	-302	-157	-281
资本和金融账户	19	-432	-1283	1532	263	-1058

续表

	1992 年	2002 年	2012 年	2018 年	2019 年	2020 年
资本账户	0	0	43	-6	-3	-1
贷方	0	0	45	3	2	2
借方	0	0	-3	-9	-5	-2
金融账户	19	-432	-1326	1538	266	-1058
资产	-59	-932	-3996	-3620	-2605	-6263
负债	77	500	2670	5158	2871	5206
非储备性质的金融账户	-3	323	-360	1727	73	-778
资产	-80	-177	-3030	-3432	-2798	-5983
负债	77	500	2670	5158	2871	5206
直接投资	72	468	1763	923	503	1026
资产	-40	-25	-650	-1430	-1369	-1099
负债	112	493	2412	2354	1872	2125
证券投资	-1	-103	478	1069	579	873
资产	-5	-121	-64	-535	-894	-1673
负债	4	18	542	1604	1474	2547
金融衍生工具	0	0	0	-62	-24	-114
资产	0	0	0	-48	14	-69
负债	0	0	0	-13	-37	-45
其他投资	-74	-41	-2601	-204	-985	-2562
资产	-35	-31	-2317	-1418	-549	-3142
负债	-38	-10	-284	1214	-437	579
储备资产	21	-755	-966	-189	193	-280
货币黄金	0	0	0	0	0	0
特别提款权	2	-1	5	0	-5	1
在国际货币基金组织的储备头寸	-3	-11	16	-7	0	-19
外汇储备	23	-742	-987	-182	198	-262
其他储备资产	0	0	0	0	0	0
净误差与遗漏	-83	78	-871	-1774	-1292	-1681

资料来源：国家外汇管理局。

第二节 市场均衡与回荡效应

在本节中，我们使用贸易余额作为经常账户的简化形式，不考虑资本账户。因此，当前的经常账户等同于国际收支。本节将对外贸易放进 $IS-LM$ 框架里，不考虑资本账户。假定价格水平一定，需要的产出均能供应。由于理解引进贸易后将如何改进总需求的分析十分重要，我们从基本的且已经熟悉的 $IS-LM$ 模型开始。

一　内部均衡与外部均衡

内部均衡（Internal Balance）是指一国国内商品市场、货币市场和劳动力市场同时处于均衡状态，通常用 $IS-LM$ 曲线表示。图 11-1 表明当产品市场（由 IS 曲线表示）与货币市场（由 LM 曲线表示）同时达到均衡时，即相交于点 E（表示为均衡点），此时产出达到一国市场能够生产的最大产出，用 Y_0 表示，劳动力市场处于充分就业状态。因此，当一个国家（或地区）劳动力市场处于均衡状态时，则表明该国（或该地区）已有产出就是潜在产出，产品市场和货币市场同时处于均衡状态。

外部均衡（External Balance）是指一国国际收支差额为零，即国际收支接近平衡，否则中央银行不是损失外汇储备（它无法持续不断地损失储备）就是增加外汇储备。

一国国际收支差额 = 净出口 - 净资本流出，即 $BP=NX(Y,Y_f,E)-F(i,i_w)$，国际收支差额通常用 BP 曲线表示。其中：

净出口额 = 出口总额 - 进口总额，即 $NX=X(Y_f,E)-M(Y,E)$，其中，X 代表出口总额，M 代表进口总额，Y 代表本国收入，Y_f 代表国外收入，E 代表实际汇率。

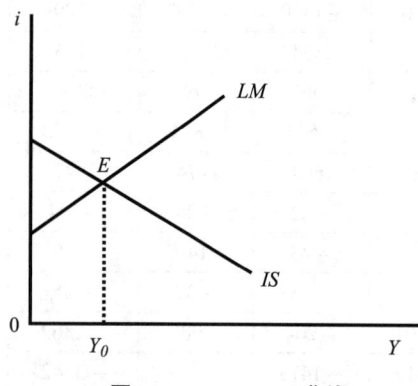

图 11-1　$IS-LM$ 曲线

净出口额（贸易余额 NX）是出口额超过进口额的数量，通常取决于本国收入（Y）、外国收入（Y_f）和实际汇率（E）。若其他条件不变，外国收入增加会加大对本国产品的需求，出口额会增加，贸易余额会变大，即存在贸易顺差；若本国收入增加则会加大对国外产品的需求，进口额会增加，贸易余额会变小甚至成为负数，即存在贸易逆差；若其他条件不变，在满足马歇尔—勒纳条件时，本国货币的贬值，将有利于出口不利于进口，贸易余额会增加。因此，本国收入（Y）的增加对贸易余额有负面影响，外国收入（Y_f）的增加和实际汇率（E）的上升（本币贬值）对贸易余额有正面影响。

净资本流出 = 流向外国的本国资本量 - 流向本国的外国资本量，即 $F=-\delta(i-i_w)$，$\delta>0$ 且为常数，i 表示本国利率，i_w 表示世界利率。

由净资本流出函数可知，在世界利率既定的条件下，本国利率越高，流出的资本就越少，流入的资本就越多，即净资本流出减少；若本国利率越低，外国利率相对本国利率而言就会越高，流出的资本更多，流入本国的资本更少，即净资本流出增加。因此 F 是 i 的减函数。图 11-2 表明净资本流出与国内利率成反比，当国内利率为 i_1 时，净资本流出额

为 F_1，当国内利率为 i_2 时，净资本流出为 F_2。

由上述可知，外部均衡可以写成以下形式：

$$BP = NX(Y, Y_f, E) - F(i, i_w) = 0 \quad (11-1)$$

由（11-1）式可得：如果净出口额为正，一国（或地区）为了保持本国（或本地区）国际收支平衡（$BP=0$），会通过调整本国（或本地区）利率抑制净资本流入，促使净资本流出。如果净出口额为负，一国（或地区）为了保持本国（或本地区）国际收支平衡，会通过调整本国（或本地区）利率促使净资本流入，抑制净资本流出。

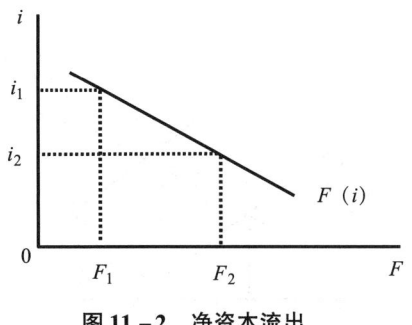

图 11-2 净资本流出

二 商品市场均衡

在开放经济中，部分国内产出被销售到国外（出口），本国居民的部分支出会用于购买外国商品（进口）。因此，我们必须修改 IS 曲线。

值得注意的是，本国产出不再仅由本国支出决定。因为本国居民会将一些支出用于进口，如购买进口饮料、电器等。因此，对本国商品的需求除了本国居民的部分支出，还包括出口即国外需求。

我们将 DS 界定为本国居民的支出，则：

本国居民的支出：$DS = C + I + G$

对本国商品的支出：$DS + NX = (C + I + G) + (X - M)$
$$= (C + I + G) + NX \quad (11-2)$$

其中，X 是出口，M 是进口，NX 是净出口额（商品和服务）。对本国商品的支出是本国居民总支出减去其对于进口的支出，加上国外需求即出口。由于出口减去进口是净出口（贸易盈余），对本国商品的支出就是本国居民的支出加上净出口额。

根据上述分析，假定本国支出取决于利率与收入，则收入决定模型为：

$$DS = DS(Y, i) \quad (11-3)$$

边际进口倾向（Marginal Propensity to Import）是指收入每增加一单位所引起的进口需求的增加，用于衡量收入每额外增加一单位中用于进口的部分。部分收入用于购买进口商品（而不用于购买本国商品）的情况下，意味着 IS 曲线比在封闭经济下更陡峭。此时，对于既定利率的下降，仅需增加较少的产出和收入就可恢复商品市场的均衡。

开放经济下的 IS 曲线包含了作为总需求部分的贸易差额。因此实际汇率 E 的变动会影响 IS 曲线的变动，实际汇率的上升（直接标价法）意味着本国货币贬值，这会增加外国对本国国内商品的需求，使 IS 曲线向右移动。同样地，外国收入 Y_f 的增加，使外国对国内商品的需求增加。这都会增加净出口，提高对国内商品的需求。这样我们将有：

$$IS \text{ 曲线}: Y = DS(Y, i) + NX(Y, Y_f, E) \quad (11-4)$$

由于均衡产出水平受国外收入 Y_f 和实际汇率 E 的影响，我们必须了解国外收入 Y_f 的扰动和实际汇率 E 的变动会如何影响均衡收入水平。

图 11-3 表明了国外收入提高的影响。国外对本国商品的较高支出提高了国内产品的需求，因此在利率不变的条件下需要扩大产出。这表现为 IS_0 曲线向右上方移动。可以看出，当 Y_f 增加时，IS_0 右移到 IS_1，国内总产出和就业增加，利率有所上升。因此，国外需求增加会提高国内利率与增加本国产出和就业。相反地，如果国外收入下降，意味着疲软的国外经济会减少进口，从而降低对本国的产品需求。这会导致本国的产出减少，而本国产出减少会导致对本国劳动力需求的减少，劳动力需求减少又会降低居民的收入。因此，国外收入减少会降低本国的均衡收入和利率水平。

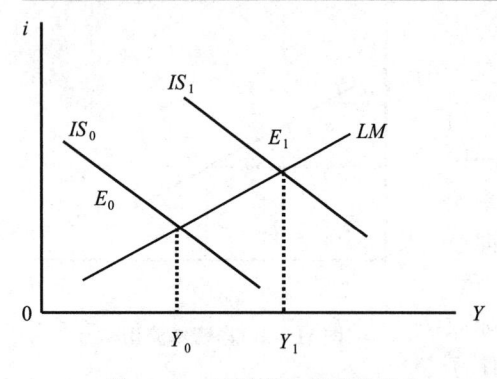

图 11-3 国外收入提高的效应

表 11-3 国内外需求和实际汇率对收入及净出口的影响

	国内支出增加	国外收入增加	实际汇率贬值
收入	+	+	+
净出口	−	+	+

同样地，图 11-3 也有助于解释实际汇率贬值的效应。当实际汇率上升时，意味着本币贬值，这将提高本国的出口额，净出口增加使国内总需求增加，使 IS_0 曲线向右上方移动，总产出同样会增加。因此，实际汇率贬值会引起本国均衡收入的提高。表 11-3 概括了不同扰动对均衡收入和净出口的效应。

三 中国的回荡效应

在相互依存的世界里，一国的政策变化既影响其他国家，也会影响本国经济。例如，政府增加支出，本国收入提高了，部分增加的收入用于购买进口商品，这意味着国外收入也将增加。国外收入增加后，又会提高对本国商品的需求，这又会增加因政府提高支出而引起国内收入扩大的势头，这就是所谓的回荡效应（Repercussion Effects）。

回荡效应在实践中比较重要。当中国经济扩张时，它会把其他国家牵引到经济扩张之中来。同样，如果其他的世界经济体经济扩张了，中国同样也会分享其经济的扩张成果。

回荡效应会随汇率的变化而出现。在表 11-4 中，显示了实际汇率变动对于中国实际 GDP 影响的经验估计。表中记录了人民币贬值 10% 对国

表 11-4 人民币贬值 10% 的效应

单位：%

影响	第 1 年	第 2 年
实际 GDP	1.93	4.85
CPI	−0.36	0.76
经常账户	−5.21	14.04

资料来源：外汇管理局和国家统计局，笔者整理所得。

内实际 GDP、CPI 和经常账户的影响。

专栏 11-3　　　　　　　　　　　　**政策的两难困境**

流动性的潜在性对于经常账户的赤字融资来说特别重要。一些国家会经常面临政策上的两难困境，即所制定的政策在解决问题的同时也会产生新的问题。具体而言，就是有时会存在内部均衡和外部均衡之间的冲突。

图 11-4 显示了从（11-1）式中推导出来的曲线 $BP=0$。沿着这条曲线，国际收支处于均衡状态。关键假设条件是资本完全流动，使 $BP=0$ 这条曲线成为一条水平线。只有在国内利率水平等于国外利率水平时，才能实现外部均衡。如果国内利率较高，则会出现大量资本账户盈余与总盈余；如果国内利率较低，则会出现大量赤字。

因此，处于世界利率水平的 $BP=0$ 线必然是平坦的。高于曲线 $BP=0$ 的点对应着盈余，低于曲线 $BP=0$ 的点对应着赤字。图 11-4 中，充分就业产出水平为点 Y^*。点 E 则是达到内部均衡与外部均衡的唯一点。例如，当处于 E_1 点时就代表一国同时处于失业与国际收支赤字的状态；相反地，当处于 E_3 点时就代表一国同时处于过度就业与国际收支盈余的状态。

我们可以研究图 11-4 中以四象限内的点为代表的政策两难困境。例如，在点 E_2 时，国际收支赤字并伴有失业。扩张性货币政策能解决失业问题，但利率的下降一方面会通过刺激私人消费和投资支出增加而引起国民收入水平提高，国民收入增加会促进进口增加，使贸易收支恶化；另一方面利率下降也会导致国际收支表中的金融和资本账户恶化，上述影响均会恶化国际收支，因此，这一政策显然给决策者带来了一个两难困境。上述意味着一国必然要使用货币政策和财政政策，以便同时实现内部均衡与外部均衡。图 11-4 中的每一点都可以看成是 IS 曲线与 LM 曲线的交点，每条曲线都需要移动，但该如何移动，如何进行调整，严格取决于汇率制度。有了对利率敏感的资本流动，就暗示难题可以得到解决：如果该国能够找到提高利率的方法，就会得到弥补贸易赤字的资金。

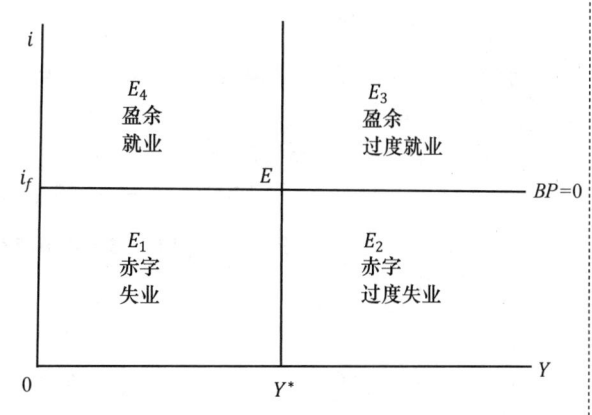

图 11-4　固定汇率制度下的内部均衡与外部均衡

| 专栏 11-4 | 中国的内部失衡与外部失衡 |

改革开放以来，随着市场经济的引入与发展，中国经济经历了高速增长时期，尤其是近十多年的发展，使中国经济成为世界经济的推动者和发展者。从中国资本流量表数据来看，过去十年，中国国内总储蓄占GDP的比重一直接近50%，2008年国际金融危机时甚至超过50%。由于国内储蓄规模如此巨大，所以尽管中国国内投资占GDP比重已经超过绝大多数国家，但国内仍然有较多的富余储蓄（$S-I$）（见图11-5）。从国民收入恒等式来看，国内的富余储蓄在流向别国的过程中，一定会导致我国出现大规模的经常账户顺差。从宏观数据来看也的确如此，我国国内富余储蓄与经常账户顺差之间高度同步。外部失衡表现为"双顺差"持续增加，外汇储备大幅增长，人民币存在持续升值压力。国内储蓄过多，居民消费不足，不利于国民收入的增加，这会导致进口下降，使经常账户顺差进一步加大，这也会导致资本流入，使国际收支进一步恶化。

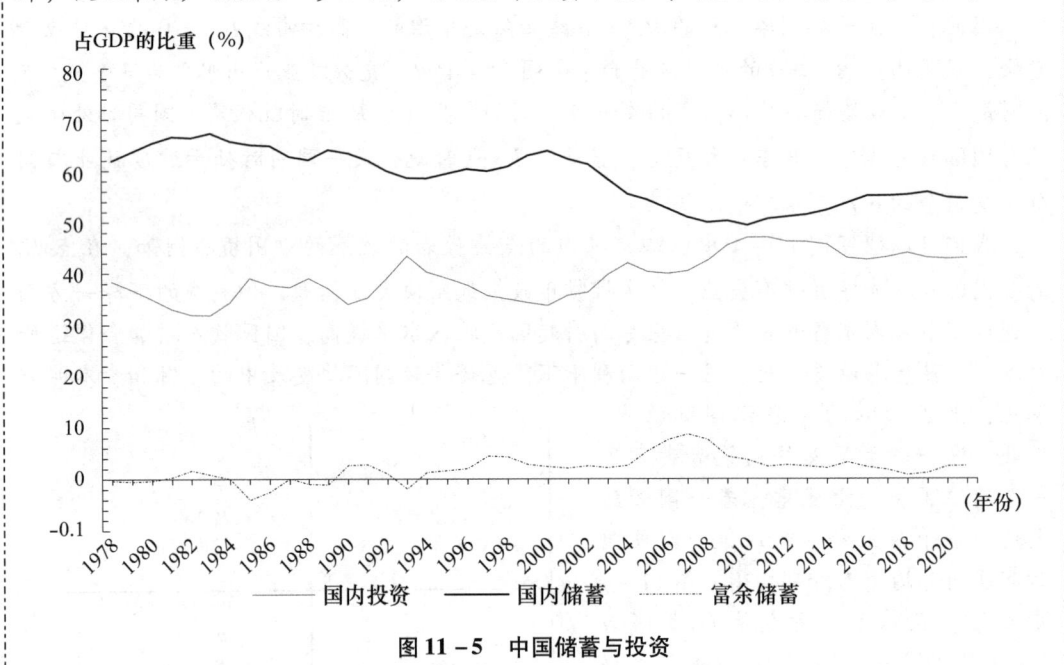

图 11-5 中国储蓄与投资

资料来源：国家统计局。

因此，内部失衡是主要的，内部失衡决定着外部失衡，同时，外部失衡反过来又加剧内部失衡。由于货币政策出现利率和汇率目标的政策冲突，宏观经济调控顾此失彼，陷入政策困境。内外经济失衡不仅损害了国内居民的经济福利，而且经济失衡的压力逐渐积累，必然使经济"硬着陆"，最终造成国民经济大起大落。由此可见，中国经济内外失衡问题持续时间很长，亟待解决。

第三节　国际收支调节理论

国际收支调节理论是国际金融理论的主要组成部分之一，它是各国政府用以分析国际收支不平衡的原因、适时调节政策以保持国际收支平衡的理论依据。国际收支理论主要产生于金本位制时期和第二次世界大战后的固定汇率制度时期。在汇率不变、汇率有限变动及汇率完全自由浮动的情况下，国际收支失衡的原因、调节机制有相当大的差异，各种国际收支理论从不同的经济环境和前提出发，提出了国际收支失衡的原因及调整方法，至今在多样化的国际社会中都有较大的指导作用。国际收支调节理论研究的发展可以分为五个阶段：重商主义和古典学派的早期研究；自由资本主义向垄断资本主义过渡时期的研究（以下简称"过渡时期"）；20 世纪 30 年代中期至 60 年代末的弹性理论、吸收理论，以及 70 年代以来的货币理论。

一　早期国际收支调节理论

对国际收支进行论述的最初依据体现在重商主义和古典政治经济学的著作中。尽管重商主义并没有一个完整的理论体系，各学派的观点也很不一致，但他们的理论研究却都涉及国际收支。米塞尔顿对贸易收支进行论述时，首次采用了"贸易平衡"一词；晚期重商主义的杰出代表托马斯·孟在其著作中指出，影响一国对外贸易的不仅仅是贸易收支，还有非贸易收支和转移支付，并对资本项目和国际收支平衡表的编制进行了论述。晚期重商主义者甚至开始尝试编制对外贸易平衡表，该平衡表的结构和记账方式与现代国际收支平衡表大体一致。

大卫·休谟是英国古典政治经济学产生时期的主要代表之一。他在 1752 年《政治论丛》中提出的"价格—铸币流动机制"被公认为是最早形成的系统的国际收支调节理论。"价格—铸币流动机制"论述了在金本位制下国际收支失衡的影响和国际收支如何自动达到平衡的机理。但休谟的国际收支分析只是一种国际收支静态均衡分析。此后，大卫·李嘉图以更为严谨的经济学术语，阐述了与休谟观点相似的国际收支自动调节思想。而约翰·穆勒和阿尔弗雷德·马歇尔则重申了国际收支自动均衡的观点。

19 世纪，法国古典政治经济学的完成者让·西斯蒙第通过对社会收入和社会产品进行分析，得出了额外价值不能实现，资本主义必然发生危机，因而必须有国外市场以转嫁危机的结论。由此对国际收支问题进行了阐释。故其关于国际收支问题的论述同他关于资本主义危机的论述是联系在一起的。

二　过渡时期的国际收支调节理论

1929—1933 年的资本主义大危机作为市场自动调节机制失灵的一种必然结果，造成了空前的萧条,在这样的背景下,国际收支平衡的调节问题自然成为国际金融研究的一个重点。这一时期的代表学者主要有阿尔弗雷德·马歇尔、威克塞尔纳特·威克塞尔、贝蒂·俄林、约翰·梅纳德·凯恩斯、查尔斯·P. 金德尔伯格等。

国际收支调节弹性理论最早是由马歇尔提出的。他对贸易差额产生的原因与因素、资本和劳务流动的国际收支效应、信用波动和利率变动对国际收支的影响和国际收支与微观商业活动等都进行了分析,并在国际收支平衡隐含假设下对贸易差额进行分析,推导出国际收支平衡等式。

威克塞尔认为,贸易平衡只是国际收支平衡表中的一部分,一个完整的收支平衡表还应包括资本项目。并指出了实现国际收支平衡的途径,即如果国际收支出现了逆差,使之恢复平衡的一个途径是将外国的超额债权作短期或长期的延期,这等于同外国定了一个借款契约;另一个途径是立即运送相应数额的贵金属来改善这种逆差局面。

俄林认为,国际收支包括在一定时期中必须结清的全部国际交易,它必须同一定时期的国际债务平衡区别开来。平衡国际收支的因素包括:持久的平衡因素(商品交易、无形项目);几乎不起平衡作用的因素(长期资本流动);暂时的平衡因素(短期资本流动、黄金流动)。凯恩斯从第二次世界大战后现实出发,认为国家必须利用货币政策和财政政策来调节经济,才能达到国际收支平衡的目标。

金德尔伯格认为,在解释国际收支调节问题时,必须考虑国际短期资本流动的影响。黄金和国际短期资本在国际收支调节中的地位是相当的。在固定汇率制度下,国际短期资本流动能够完成对国际长期资本借贷所引起的国际收支不平衡的调节任务,而根本不需要黄金的输出入和汇率的变动;在浮动汇率制下,黄金流动和国际短期资本流动不一定能发挥作用,而汇率的变动成为国际收支调节的主要手段;除了共同的心理因素,繁荣与萧条的波动经常通过国际收支的变动而由一国传递到另一国。

可以发现,在19世纪后半期至20世纪30年代的早期西方国际金融研究向现代国际金融研究过渡的时期,经济学家尽管对国际收支调节的某些方面作了比较细致的分析,但他们的国际收支调节理论依然是不系统、不完整的。

三　现代国际收支调节理论

(一) 国际收支调节的弹性理论

国际收支调节的弹性理论是由阿尔弗雷德·马歇尔提出,后经琼·罗宾逊和阿巴·勒纳等发展而形成的,主要从微观视角进行分析,着眼价格变动引起的国际收支调整,其基本思路是在收入不变的情况下,运用汇率与价格的变动来调节经常项目失衡。该理论把汇率水平的调整作为调节国际收支不平衡的基本手段,紧紧围绕进出口商品的供求弹性来探讨货币贬值改善国际收支的条件。该理论认为必须在满足马歇尔—勒纳条件下(Marshall-Lerner Condition),一国货币的贬值才有助于减少国际收支逆差,即一国货币贬值后,只有在出口需求弹性与进口需求弹性之和大于 1 的条件下，该国货币贬值才会增加出口，减少进口，改善国际收支。由于这一方法侧重于对外贸市场的分析，围绕进出口商品的供求弹性展开，故称为国际收支调节的弹性理论。

弹性理论主要从进出口商品需求价格弹性的角度，来考察货币贬值对国际收支的影响。以本币表示的经常项目差额可以写成如下形式：

$$CA = P_X X - e P_M M \tag{11-5}$$

其中，CA 表示贸易收支差额，P_X 表示出口商品的本币价格，X 表示本国出口数量，e 表示汇率，P_M 表示进口商品的外币价格，M 表示本国进口数量。

(11-5) 式对汇率 e 求导可得：

$$\frac{dCA}{de} = P_X \frac{dX}{de} + \frac{dP_X}{de} X - (P_M M + e \frac{dP_M}{de} M + e P_M \frac{dM}{de}) \tag{11-6}$$

根据弹性理论可得，只要 $\frac{dCA}{de} > 0$，本币贬值就可使贸易收支得到改善。由于假定以本币表示的出口商品价格和以外币表示的进口商品价格保持不变，即 P_X 和 P_M 均为常数，所以 (11-6) 式可简化为：

$$\frac{dCA}{de} = P_X \frac{dX}{de} - (P_M M + e P_M \frac{dM}{de}) > 0 \tag{11-7}$$

(11-7) 式两边同乘以 $\frac{e}{P_X X}$ 并进行整理，可得：

$$\frac{dX}{de} \frac{e}{X} - \frac{e P_M M}{P_X X}(1 + \frac{c}{M} \frac{dM}{de}) > 0 \tag{11-8}$$

定义出口产品需求价格弹性和进口产品需求价格弹性分别为：

$$d_X = \frac{dX/X}{dP_X'/P_X'}, \quad d_M = \frac{dM/M}{dP_M'/P_M'} \tag{11-9}$$

其中，$P_X' = P_X/e$，$P_M' = P_M/e$。

将 (11-9) 式代入 (11-8) 式，可得：

$$-d_X - \frac{e P_M M}{P_X X}(1 + d_M) > 0 \tag{11-10}$$

假设货币贬值之前是处于贸易平衡状态，即 $P_X X = e P_M M$，则 (11-10) 式可简化为：

$$-d_X - (1 + d_M) > 0 \tag{11-11}$$

(11-11) 式整理可得：

$$|d_X + d_M| > 1 \tag{11-12}$$

(11-12) 式就是所谓的马歇尔—勒纳条件。该条件表明，在进出口商品的供给弹性趋于无穷大时，如果进出口商品需求弹性之和的绝对值大于 1，则货币贬值就能发挥扭转贸易逆差，改善国际收支的作用。

跟其他大部分经济政策具有时滞性一样，汇率政策所带来的货币贬值也具有时滞性。基本内容为：当一国货币当局采取使本币贬值的调整政策后，相关实际部门贸易量的调整不会同步进行，而是需要一个过程。从而在本国汇率变动的瞬间到实际部门进出口数量的调整与随之而来的国际收支均衡的恢复之间产生一个时间上的延滞。贬值后贸易量的调整存在的这种时滞效应可用"J曲线效应"（J-Curve Effects）来描述。即一国的货币贬值在最初会使国际收支状况进一步恶化，只有经过一段时间之后，才会使出口贸易量增加，改善国际收支。如果用横坐标表示时间 t，纵坐标表示贸易收支的变动 CA，那么贸易收支变动对货币贬值的反应轨迹如图 11-6 所示。

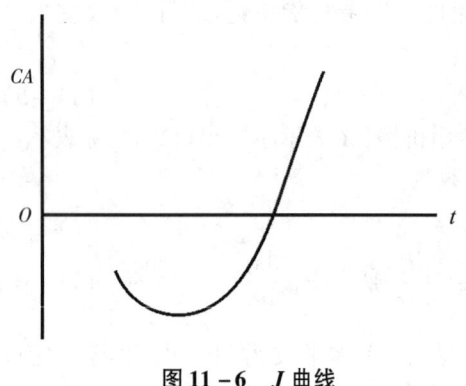

图 11-6　J 曲线

J 曲线形状的形成原因可以解释为：由于货币贬值，汇率上升可以相对地降低本国商品在外国市场上的价格，因而本币贬值通常可以增强本国出口商品的竞争优势、扩大出口、改善国际收支。然而，一般而言，货币贬值并不会立即引起贸易收入的增加，这是因为，从货币贬值到贸易收支状况改善之间存在以下时滞：一是货币贬值后，本国出口商品的新价格信息还不能立即为需求方所了解，即存在信息传递时滞；二是供求双方都需要一定时间判断价格变化的重要性，即存在决策时滞；三是供求双方国内对商品和劳务的供应不会立即增加，即存在生产时滞；四是供给方和需求方都需要一定时间处理以前的存货，即存在取代时滞；五是把商品、劳务运往国际市场需要一段时间，即存在交货时滞。

因此，货币贬值初期，由于出口价格降低但出口数量不会同时增加，进口价格上升但进口数量不会同时减少，因而会使国际收支进一步恶化。只有经过一段时间之后，货币贬值引起的出口价格降低使出口数量大幅度上升，进口价格上涨而进口数量显著下降，国际收支状况明显改善，货币贬值的效果才能发挥出来。

该理论的重要贡献在于，它纠正了货币贬值一定有改善贸易收支作用与效果的片面看法，并正确地指出，只有在一定的进出口供求弹性条件下，货币贬值才有改善贸易收支的作用与效果。但其局限性也非常明显。国际收支弹性理论隐含的假设前提是货币贬值前后以本币表示的出口价格和以外币表示的进口价格保持不变，即货币贬值只改变贸易双方的进出口相对价格，而不改变其国内价格，这显然不合理。在实际情况中，本币贬值会导致国内价格上涨，从而促使国内生产成本提高，商品出口竞争力下降。其假定货币贬值是出口增长的唯一原因，并用贸易收支代替国际收支是比较片面的。另外，国际收支弹性理论只考虑了汇率变动对进出口贸易的影响而忽略了其对资本和金融账户的影响，也较为片面。

（二）国际收支调节的吸收理论

国际收支调节的吸收理论是西德尼·亚历山大于 1952 年任职于国际货币基金组织时提出的，以凯恩斯宏观经济理论为基础，从宏观经济的整体角度来考察货币贬值对国际收支的影响。该理论提出只有当一国商品和劳务产出的增加超过其吸收能力的增加时，该国的国际收支才能得以改善。吸收是指国内居民在商品和劳务上的支出。国际收支顺差意味着总收入大于总吸收。调节国际收支逆差就是要增加收入，即通常说的支出转换政策；或减少支出，即通常说的支出减少政策，简称吸收政策。转换政策和吸收政策的相互配合运用，是一国经济实现内外部平衡的主要条件。吸收理论所主张的国际收支调节政策，主要是改变总收入与总吸收（支出）的政策，即支出转换政策与支出增减政策。当发生国际收支逆差时，表明一国的总需求超过总供给，即总吸收超过总收入。这就需要运用紧缩性的财政和货币政策来减少对贸易商品（进口）的过度需求，以纠正国际收支逆差。同时，还必须运用支出转换政策来消除紧缩性财政货币政策的不利影响，使进口需求减少的同时收入还能增加。这样就能使需求减少的同时收入增加，就整个经济而言，总吸收等于总收入，从而达到内部平衡和外部平衡。

根据凯恩斯宏观经济模型，我们可以得出贸易差额、一国国民收入和国内吸收之间的关系，即：

$$CA = X - M = Y - A \tag{11-13}$$

其中，Y 表示一国国民的收入，A 表示国内居民在商品和劳务上的支出。

（11-13）式涵盖了吸收理论的基本思想：贸易收支顺差意味着国民收入大于国内吸收，逆差则相反。因此，当一国贸易收支处于失衡状态时，可通过改变国民收入或国内吸收的方法来调节。

国际收支调节的吸收理论是建立在宏观的、一般均衡的基础上的，比微观的弹性分析法有所进步，并强调了政策配合的意义，较为全面地考察了货币贬值对国民收入和贸易收支的综合影响。吸收理论是在以充分就业作为主要经济政策目标以后出现的。它把弥补国际收支逆差的希望寄托于货币贬值和减少国内吸收的紧缩性财政政策和货币政策上。而紧缩性经济政策的实施会与充分就业目标产生冲突。吸收分析理论强调了政策配合的意义，但其过分注重贬值的相对价格效应，而忽视贬值的收入效应，因而往往会造成经济政策制定方面的偏颇。

（三）国际收支调节的货币理论

国际收支调节的货币理论由货币学派创立，从宏观角度进行分析，是第二次世界大战后货币主义经济学在国际金融领域的延伸。货币理论源于休谟的价格—铸币流动机制的自动调节论。价格—铸币流动机制是指在金本位制下，通过货币或者贵金属的流出流入自动调节贸易收支的机制。国际收支调节的货币理论认为货币供求决定一国的国际收支状况，强调国际收支本质上是一种货币现象，决定国际收支的关键是货币需求和供给之间的关系，即国际收支差额 = 货币供给 − 国内信贷 = 货币需求 − 国内信贷。这表明国际收支逆差和储备的流失意味着国内货币供给过度，国际收支顺差和储备的增加意味着国内货币需求过度。当国际收支出现逆差时，必定会出现与之相应的变动，要么是国内信贷的增加，要么是货币供给量的减少。从短期来看，货币供给与需求之间的差额反映在国际收支的储备项目变化上。在固定汇率制下，国际收支均衡就是储备项目不发生变化；在自由浮动汇率制下，货币供给和需求的相应变化可使国际收支自动平衡。货币理论强调了国际收支的货币特征，它可被看作是传统封闭经济的货币理论在开放经济下的推广应用。

为了更好地理解货币理论，我们首先建立一个简化的货币理论模型。假设一国名义货币需求余额与其名义国民收入正相关，这种关系在长期是稳定的。其货币需求函数为：

$$M_d = kPY \tag{11-14}$$

其中，M_d表示一国名义货币需求余额；k为一个常数，是名义货币需求余额与国民收入的相关系数；P表示国内物价水平；Y表示实际产出，PY则为名义国民收入或总产值。

假设一国的货币供给量取决于基础货币和货币乘数，货币供应方程为：

$$M_s = m(D + R) \tag{11-15}$$

其中，M_s表示一国总的货币供应量；m为一个常数，表示货币乘数；D表示一国基础货币的国内部分；R表示一国基础货币的国外部分。

一国基础货币的国内部分（D）是由这个国家货币当局所创造的国内信用。一国基础货币的外国部分（R），被认为是该国的外汇储备，它的增加或减少代表了这个国家的国际收支盈余或赤字。(11-15)式表明，任意一单位的D和R都会通过乘数m导致一国货币供给量的数倍扩张。当货币市场处于均衡时，则意味着$M_d = M_s$，即：

$$kPY = m(D + R) \tag{11-16}$$

假设对象国为一个小国，该国经济处于充分就业状态，并且实行固定汇率制度，商品、劳务和金融资产具有完全的国际流动性。在此假设条件下，货币需求是长期稳定的，因此货币市场的不均衡主要通过货币供给的变化来调整，即通过调整基础货币来实现货币市场均衡。当一国出现国际收支逆差时，意味着该国国内货币供给超过需求，这就要求货币当局减少国内信贷（降低D），在货币需求不变的情况下，为了恢复货币市场均衡，R将会上升，即国际储备增加，进而扭转国际收支逆差的局面。当一国出现国际收支顺差时，意味着一国国内货币供给低于货币需求，这就要求货币当局增加国内信贷（增加D），为了恢复货币市场均衡，R将会下降，即国内信贷扩张会导致国际储备的减少，从而缓解国际收支顺差的局面。

上述假设的是固定汇率制度下小国的国际收支的决定和调整。如果一个小国实行浮动汇率制度，那么货币需求通过汇率的变化来适应货币供给，此时，国际收支失衡是通过汇率的变化来消除的。具体来说，若一国出现国际收支逆差，这就意味着一国货币供给超过需求，外汇市场上外汇供给小于需求，于是贸易逆差国货币贬值。货币贬值会引起国内价格上涨，从而导致国内对货币需求的增加，使市场上货币需求与货币供给差距缩小，缓解国际收支逆差。在货币市场趋于均衡的过程中，国际收支逆差逐渐缩小，直至消失。同样地，当一国出现国际收支顺差时，顺差国的货币将升值，国内价格降低，国内货币需求也随之下降，直至货币市场恢复平衡，汇率的变动才会停止，国际收支顺差也随之消失。

国际收支调整的货币理论是关于国际收支调整的长期理论，它把一个国家国际收支的失衡和货币余额的增减密切联系起来，即把国际收支状况和国内货币市场均衡与否联系起来。将货币市场与国际收支直接联系在一起，而不是单独考虑商品或金融市场变化带来的作用，这是货币理论与其他国际收支调节理论的一个明显区别。其强调了货币政策的运用，其研究范围从经常项目扩展到整个国际收支，而且还论证了一国国内货币供求状况与国际收支之间的内在联系。与国际收支调节吸收理论相比，货币分析法不仅把研究的范围从经常项目扩展到整个国际收支，而且还论证了一国国内货币供求状况与国际收支之间的内在联系。但其也存在一定的局限性。货币理论假定世界市场的运行是高效率的，这并不符合实际情况。货币供给能否完全由货币当局从外部决定，或者是决定于一个国家经济活动水平的高低；如果国家收支的调整是自动进行的，何以现实中许多国家的政府常常为国家收支问题感到不安。尤其是部分国际收支调整方式是以牺牲内部稳定来换取外部均衡，所以一些国家的政府担心需要为此付出较大的代价（社会动乱和持续性的失业）而不愿采纳货币理论的建议。

专栏 11-5　　　　　　　　中国国际收支调节政策

国际收支"双顺差"是中国国际收支面临的主要问题。经常账户与资本和金融账户是国际收支环节之中最为重要的两大账户，而中国经常面临经常账户、资本和金融账户的"双顺差"现象，该现象成为中国国际收支失衡问题中不可避免的难题。"双顺差"现象在中国国际收支状况中的出现并非一蹴而就，而是在中国自改革开放以来经济发展态势中逐步显现出来的。因此，中国国际收支失衡问题的出现和解决都是一个长期的过程。虽然中国这种"双顺差"国际收支现象的形成有着深刻的国际与国内两个层次的原因，但在某些时期、某些条件下有着一定的合理性。然而国际收支顺差问题也给中国经济的进一步增长带来了一定隐患，首先，中国国际收支"双顺差"带来了很多的贸易摩擦，贸易逆差伙伴国甚至会通过制定报复性措施来缓解贸易逆差所带来的影响，这就造成了国内贸易与汇率政策所面对的压力飙升。其次，长期处于"双顺差"态势使中国的外汇储备远超于其他国家。这一现象使人民币持续处于升值状态，中国汇率调控的难度进一步加大。为实现对人民币升值幅度的有效控制，避免中国宏观经济发展遭到较大冲击，央行需要对货币政策进行调整，但在调整的过程中，可能会对中国货币政策的独立性产生消极影响。

中国国际收支具有"双顺差"现象的持续时间较长。在中国内部，经济存在内需不足、生产供过于求的现象。为了缓解当前经济当中存在的"内""外"失衡问题，宏观调控可从以下几个方面入手。首先，推行扩张性财政政策，增加政府的财政支出，尤其是在民生等问题上应当增加政府投资，如教育方面的支出、医疗方面的支出等。其次，采取适当的货币政策。在特定时期内货币政策的调节会根据实际情况有所改变，通过稳健灵活的货币政策以保证人民币币值的基本稳定。再次，可以通过科技政策和产业政策优化我国的供给结构，增强我国经济发展的稳定性。在制定宏观政策和国际金融政策时，不仅要关注国际收支经常账户和资本金融账户的平衡，更要关注国际投资头寸表的平衡和国际投资净头寸的收益。中国的国际收支管理应该同时注重调节流量和国际投资的资产负债结构。最后，坚持人民币汇率调整主动、可控以及循序渐进的调控原则，在坚守这一原则的同时，加强对外汇市场发展规律的认识。

第四节 内外平衡理论

前面讨论了国际收支及其调节理论，这一节我们将国际收支平衡与国内经济平衡结合在一起，分析开放经济条件下宏观经济的内外平衡问题及宏观经济政策的作用效果。

一 开放经济条件下的宏观经济政策目标

在开放经济中，一国政府的宏观经济政策目标有四个：稳定物价、充分就业、经济增长和国际收支平衡。充分就业是指社会消除了非自愿失业，只剩下摩擦性失业和结构性失业的状态。如果失业严重，既会浪费社会资源，又会造成社会的不稳定，因此通常认为增加就业、消除失业是各国政府普遍追求的首要目标。政府的另一个目标是保持物价稳定、消除通货膨胀。如果通货膨胀严重，会使市场价格机制失灵，难以发挥优化资源配置的作用。通货膨胀还容易引起收入的再分配，尤其是使低收入者的实际收入下降，造成社会不稳定。一国经济增长有利于改善人民生活，也会增强国际经济实力，这是增加就业、实现充分就业和物价稳定的内在要求，因此政府需要制定和实施相关的政策措施以保持经济持续稳定增长。在开放经济中，一国的对外贸易和资本流动状况会直接影响国内总需求、货币供给量和经济增长状况，所以保持国际收支平衡也是实现一国宏观经济可持续健康发展的必要条件和政府追求的目标。上述四个宏观经济政策目标中，只有经济增长属于一国经济政策的长期目标，其更多地取决于一国的要素投入和技术进步，其余均为宏观经济政策的短期目标。

因此，在开放经济条件下，一国政府在短期内宏观经济政策的运用是为了实现内部平衡和外部平衡。通常而言，内部平衡是指一国生产资源得到充分利用且国内物价水平保持稳定；外部平衡是指一国实现国际收支平衡，即一国经常账户既没有陷入赤字而使其未来无法清偿债务，也没有由于过度盈余而使其他国家陷入这种境地。

二 调节内外平衡的相关理论

（一）丁伯根法则

丁伯根法则（Tinbergen's Rule）是由荷兰经济学家简·丁伯根提出的，基本思想是政府要实现 n 个独立的经济目标，至少需要 n 种有效的政策工具，这些政策工具必须是相互独立（线性无关）的。丁伯根法则可通过下面简单的框架进行说明。

假设政府有两个政策目标：T_1 和 T_2，可用的政策工具也有两个：I_1 和 I_2。政府的目标是通过政策工具的调控使目标 T_1 和 T_2 达到最优水平 T_1^* 和 T_2^*。令政府的目标是政策工具的线性函数：

$$T_1 = a_1 I_1 + a_2 I_2 \qquad (11-17)$$
$$T_2 = b_1 I_1 + b_2 I_2 \qquad (11-18)$$

在这种情况下，只要两种政策工具对目标的影响是独立的，政府可以有效控制两种工具，就能够通过政策工具的配合实现最优的政策目标。一般来说，只要 $a_1/b_1 \neq a_2/b_2$，即两种政策工具 I_1、I_2 线性无关，就可以解出实现最优政策目标 T_1^* 和 T_2^* 所需要的政策工具。即：

$$I_1 = (b_2 T_1^* - a_2 T_2^*)/(a_1 b_2 - a_2 b_1) \qquad (11-19)$$
$$I_2 = (a_1 T_2^* - b_1 T_1^*)/(a_1 b_2 - a_2 b_1) \qquad (11-20)$$

上述结论可进一步推广到更一般的情况：如果一个经济系统具有线性结构，政府有 n 个目标，只要至少有 n 个线性无关的独立政策工具，就可以同时实现 n 个目标。这一结论对开放经济国家具有明显的政策指导含义：如果政府要在短期内实现内部平衡与外部平衡两个目标，需要至少两个政策工具进行配合才能实现。

（二）米德的内外平衡理论

英国经济学家詹姆斯·米德认为，假设在达到充分就业之前物价水平保持不变，贸易收支代表整个国际收支，不考虑资本流动的影响，政府要同时实现内部平衡和外部平衡需要运用支出转换政策（Expenditure-changing Policy）和支出调整政策（Expenditure-switching Policy）。支出转换政策是指不改变社会总需求和总支出而改变需求和支出方向的政策，主要包括汇率政策、补贴和关税政策以及直接管制。狭义的支出转换政策专指汇率政策。支出调整政策也称为支出增减型政策，指改变社会总需求或社会总支出的政策。这类政策主要包括财政政策和货币政策。

当一国经济发生通货膨胀时，政府可以采取紧缩性的财政政策和货币政策减少社会总需求，以抑制经济过热，降低通货膨胀；当经济中存在失业时，可以通过扩张性财政政策和货币政策扩大总支出，增加就业，减少失业，从而维持社会稳定。当存在国际收支顺差时，可通过升值本币以减少出口，增加进口，消除贸易顺差；反之，当存在国际收支逆差时，可通过本币贬值以增加出口，减少进口，消除贸易逆差。因此，当经济中存在内部和外部不平衡时，可通过支出调整政策和支出转换政策实现内部平衡和外部平衡。具体搭配情况如表11－5所示。

表11－5　　　　　　　　　　　　米德的政策搭配

经济状况	支出性调整政策	支出性转换政策
失业和顺差	扩张性	本币升值
失业和逆差	扩张性	本币贬值
通货膨胀和顺差	紧缩性	本币升值
通货膨胀和逆差	紧缩性	本币贬值

米德在1951年最早提出了固定汇率制定下的内外平衡冲突问题。在固定汇率制度下，汇率的调整受到制约，如果只采用支出调整政策来实现内部平衡和外部平衡，则可能出现"米德冲突"（Mead's Conflict）。米德冲突是指在某些情况下，单独使用支出调整政策——财政政策和货币政策——追求内外平衡，将会导致一国内部平衡与外部平衡发生冲突。例如，当通货膨胀和顺差并存时，采取紧缩性的财政政策和货币政策有利于降低通货膨胀，实现内部平衡；但紧缩性的财政政策与货币政策产生的总需求和总支出水平的减少也会降低进口，从而进一步加剧国际收支顺差。同样地，当失业和逆差并存时，单纯的支出调整政策也会在一个目标实现的同时恶化另外一个目标。

（三）蒙代尔的"政策配合论"

罗伯特·蒙代尔在1962年向国际货币基金组织提交的《恰当运用财政货币政策以实现内外稳定》的报告中，正式提出了"政策配合论"，即以财政政策促进内部平衡，以货币政策促进外部平衡的政策主张。蒙代尔认为，如果考虑资本流动的影响，一国财政政策和货币政策对内部平衡和外部平衡的作用程度和方向是不同的，他认为财政政策和货币政策实际上是两个政策工具。

若政府采取扩张性的财政政策，如增加政府购买或者减税，会导致社会总需求增加，在政府支出乘数的作用下引起产出和国民收入的增加，就业增加。相反，紧缩性的财政政策会降低社会总需求，不利于国民收入的增加，从而减少就业。由此可见，财政政策对一国内部平衡的影响效果较强，作用方向明确。而对外部平衡的影响来说，政府采取的扩张性财政政策一方面会导致需求增加从而促进国民收入提升，进而引起进口增长，导致经常账户恶化；另一方面扩张性的财政政策会提高国内利率，吸引外资流入，会改善国际收支资本和金融项目。综合考虑这两方面影响，扩张性财政政策对国际收支和外部平衡的影响方向不明确。同样地，紧缩性的财政政策会降低国民收入，减少进口，进而改善国际收支；但会使利率下降，导致资本流出，进而恶化国际收支。因此，紧缩性的财政政策对国际收支和外部平衡的影响方向也不明确。

若政府采取扩张性的货币政策,增加货币供给量,则利率会下降,这会刺激国内私人消费和投资,引起国民收入提高,增加就业,物价水平随之上升。若政府采取紧缩性的货币政策,减少货币供给量,则利率会上升,这会抑制国内私人消费和投资,引起国民收入下降,减少就业,物价水平随之降低。而对外部平衡的影响来说,政府采取的扩张性货币政策一方面会导致利率下降,从而通过刺激私人投资和消费支出增加促进国民收入提升,进而引起进口增长,导致经常账户恶化;另一方面也会降低国内利率,导致外资流出,恶化了资本和金融项目,进一步增加了国际收支的逆差。因此,扩张性的货币政策会恶化国际收支。同样地,紧缩性的货币政策具有相反的影响。

通过上述分析发现财政政策对内部平衡的影响较大且方向明确,货币政策对外部平衡的影响较大且明确,因此,蒙代尔提出一国可将财政政策用于对付内部平衡的目标,货币政策用于对付外部平衡的目标,这就是"蒙代尔分配法则"(Mundell's Assignment Principle),也称为"有效市场分类法则"(The Principle of Effective Market Classification)。

为实现内部和外部平衡,财政政策和货币政策的具体搭配情况,如表 11-6 所示。

表 11-6   蒙代尔的政策组合

经济状况	财政政策	货币政策
失业和顺差	扩张性	扩张性
失业和逆差	扩张性	紧缩性
通货膨胀和顺差	紧缩性	扩张性
通货膨胀和逆差	紧缩性	紧缩性

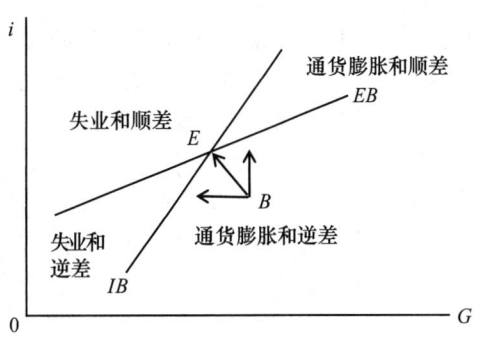

蒙代尔的政策配合理论可通过图 11-7 予以说明。在图 11-7 中,横轴表示政府支出水平 G,代表财政政策的作用方向,沿横轴右移表示财政政策扩张性增强;纵轴表示利率水平 i,代表货币政策的作用方向,沿纵轴上移表示货币政策紧缩性提高。EB 线代表财政和货币政策的各种组合下的外部平衡曲线。该曲线的斜率为正,是因为财政政策使国内支出增加,增加进口,为维持外部平衡,需要利率上升,吸引资本流入。IB 线代表财政和货币政策的各种组合下的内部平衡曲线。该曲线的斜率为正,是因为利率上升会导致资本减少,失业增加,为维持内部平衡,必须增加政府支出。IB 线比 EB 线斜率大,是因为相对而言,财政支出对于国民收

入和就业等国内经济变量和内部平衡的影响较大,而利率对国际平衡的影响较大。IB 和 EB 的交点 E 代表内外同时达到平衡。EB 线的左侧代表外部顺差,右侧代表外部逆差。IB 线的左侧代表内部存在失业,右侧表示内部存在通货膨胀。因此 EB 曲线和 IB 曲线将坐标平面分为四个区域,每个区域代表内部和外部不平衡的不同组合。政府可以通过不同财政政策和货币政策的不同组合来实现内外平衡。例如,当经济处于 B 点即存在通货膨胀和逆差时,可以采取紧缩性财政政策和紧缩性货币政策,使经济趋向 E 点,从而实现内外部同时平衡。

内外部平衡总是存在矛盾与冲突的。解决这一问题可供选择的政策工具除了需求管理政策,许多经济学家从国际竞争力的角度,强调了汇率政策在调节国际收支平衡中的重要性。近年来,经常项目收支失衡加剧是全球经济失衡的重要体现。其中,以美国为一方的发达国家经常项目逆差急剧膨胀,而以部分新兴市场和能源出口国为另一方的发展中国家经常项目顺差不断扩张。我国处于这一失衡的后一极。我国国际收支持续的双顺差现象,引起了国内外的广泛关注,并遭到了一些国家的批评与指责。然而,这并不是我国一国的问题,全球经济失衡问题的解决需要各国政策的协调。因为在开放经济条件下,一国所采取的经济政策不仅会影响到本国经济运行,也会通过多种途径传递到其他国家。

专栏 11-6　　　　　　　中国财政政策和货币政策的配合运用

我国在不同时期根据经济发展的不同情况,会灵活地采取不同的财政政策和货币政策对经济活动进行调节。我国在 20 世纪 80 年代初出现国民经济下滑的状况,政府实施宽松的财政政策和货币政策,主要通过放松银根,对企业进行税改,从而增加有效供给,缩小总供给与总需求间的差距。90 年代,我国经济中出现了严重的通货膨胀。为抑制通货膨胀,1993—1997 年,我国实行适度从紧的财政政策和货币政策,使通货膨胀得到了有效的控制,促进经济实现了"软着陆"。而 1997 年东南亚金融危机对国内经济也造成了一定的影响,出现了通货紧缩的趋势,为稳定经济,缓解这种局面,我国在 1998—2004 年连续实施了 7 年积极的财政政策和货币政策,通过刺激有效需求来拉动经济增长。这一政策组合有效抵御了东南亚金融危机对国内经济的冲击,保持了社会经济平稳发展。随后为了防止经济过热,我国又实施稳健性的财政政策和货币政策,以促进国民经济持续平稳发展。而 2008 年爆发的国际金融危机对我国经济也产生了一定的冲击,为应对国际、国内经济出现的新形势,防止国内经济出现大幅度下滑趋势,通过扩大内需来拉动经济增长,我国在 2008 年 11 月又将"稳健的财政政策"调整为"积极的财政政策",将"稳健的货币政策"调整为"积极的货币政策"。积极的财政政策和积极的货币政策的实施取得了显著的成就,对我国经济回升、保持稳定较快发展发挥了重要作用。2011 年,面对全球流动性泛滥,国内通货膨胀居高不下的局面,我国又及时将货币政策由"适度宽松"调整为"稳健",以便促进经济的可持续发展。2013 年,受欧美国家量化宽松政策的影响,我国输入性通货膨胀压力增大,为稳定国内物价水平,政府实施积极的财政政策和稳健的货币政策,以提升经济增长质量。2020年,新冠疫情给中国经济社会发展带来了严重冲击,为此,国家实施宽松的货币政策和扩张性的财政政策,积极扩大内需,在对冲疫情影响的基础上,着力解决供求总量失衡的矛盾,缓解外部冲击对中国经济增长下行压力的影响。2021年,在经济有条不紊的恢复过程中,国家实施积极的财政政策和稳健的货币政策,在稳经济基本面的同时,促进经济可持续发展。

第五节 中国的贸易条件与经常账户差额

一 概念

贸易条件(Terms of Trade,TOT)又称交换比价,是指一个国家(或地区)在一定时期内出口一单位商品可以交换多少单位外国进口商品的比例,它通常反映一个国家(或地区)对外贸易的经济效益。贸易条件一般以贸易条件指数表示,常用的贸易条件包括价格贸易条件、收入贸易条件和要素贸易条件三种形式,它们从不同角度衡量一国的贸易所得。根据克鲁格曼的标准贸易模型:一国贸易条件的改善会增加一国的福利水平;反之,则会降低一国的福利水平。

假设生产一种以美元价格 P 向世界各地出售的商品,世界其他各国生产以美元价格 P_f 向各地出售的另一种商品。本国出口商品时,从每单位商品中获得 P 美元;本国进口商品时,对每单位进口商品支付 P_f 美元。由此贸易条件可以表示为:

贸易条件 = 本国每单位商品的美元/外国每单位商品的美元

$$TOT = P/P_f$$

如果贸易条件 TOT 上升(贸易条件改善),意味着本国每单位商品可以换取更多的外国商品,对本国更有利;贸易条件 TOT 下降(贸易条件恶化),意味着本国每单位商品可以换取更少的外国商品,对本国不利。

对于单个开放经济体而言,贸易条件的变化类似于技术水平 A 的变化,贸易条件的改善就像 A 的提高,而贸易条件的恶化就像 A 的下降。为了看到贸易条件是怎样产生作用的,必须将贸易条件纳入经常账户差额的方程中。

价格贸易条件(Net Barter Terms of Trade,NBTT)是指商品的出口价格指数与进口价格指数之比,它衡量的是出口对进口的单位购买力。$NBTT = P_x/P_m$,其中 P_x 表示出口价格指数,P_m 表示进口价格指数。可以发现随着出口商品相对于进口商品价格的变化,出口每单位商品所能换回的进口商品数量比基期增加(或减少),则认为贸易条件改善(或恶化),该贸易条件较为常用和有意义,容易根据现有数据进行计算。

收入贸易条件(Income Terms of Trade,ITT)是贸易条件指数乘以出口贸易量指数,是一定时期内出口量指数与商品贸易条件指数的乘积。$ITT = (P_x/P_m)Q_x$,其中 P_x 表示出口价格指数，P_m表示进口价格指数，Q_x表示出口量指数。总体上看，收入贸易条件指数所衡量的是一国进口支付能力的变化，测度的是一国从国际交换中获得贸易利益总量的变动趋势。贸易条件指数的判断标准为 1，大于 1 说明贸易条件指数改善，小于 1 说明贸易条件指数恶化。

要素贸易条件（Factor Terms of Trade，FTT）是以出口商品生产所需生产要素投入量作为衡量依据，它衡量的是出口产业生产效率变化对商品贸易条件的影响。要素贸易条件分为单要素贸易条件和双要素贸易条件，前者只限于贸易国一方出口产业的要素生产力变动，后者则同时包括双方出口产业的要素生产力变动。当出口价格下降是由出口产业要素生产力增长所引起时，如果生产力增长超过价格下降，则尽管商品贸易条件恶化会使其他国家分享因生产力增长导致出口价格下降的部分收益，但本国的实际贸易收益仍会随着要素贸易条件的改善而增加。故要素贸易条件和纯易货贸易条件相比，要素贸易条件更能反映一国实际贸易利益的变化。

影响贸易条件的因素：第一，进出口商品需求，进出口商品的需求变化通过影响进出口商品的价格从而影响贸易条件。第二，汇率，汇率对贸易条件的影响主要有两个途径，一是通过影响进出口商品成本来影响进出口商品价格进而影响贸易条件；二是通过影响进出口商品名义价格来影响贸易条件。第三，进出口商品构成，贸易条件恶化论观点的一个重要依据就是发展中国家主要出口初级产品而发达国家出口工业品，与前几个因素不同，这个因素改变的不是某个或某些进出口商品价格，而是进出口商品种类构成和比例构成。由于决定贸易条件的是出口商品加权平均价格和进口商品的加权平均价格，因此当进口商品或出口商品的构成情况发生变化时，即使各种商品本身的价格不发生变化也会改变进口商品或出口商品的加权平均价格从而改变一国的贸易条件。

二 贸易条件与经常账户差额

为了分析贸易条件变化对经常账户差额的影响，本节借鉴罗伯特·巴罗《宏观经济学：现代观点》中的模型：

$$(B_t^f - B_{t-1}^f)/P = Y_t - (C_t + I_t + G_t) + i_{t-1}(B_{t-1}^f/P) \quad (11-21)$$

名义经常项目差额 = 贸易差额 + 国外资产实际净收入

其中，B_t^f为 t 年本国国际投资净头寸，$i_{t-1}(B_{t-1}^f/P)$为 $t-1$ 年国外取得的实际资产净收入，$C_t + I_t + G_t$ 为国内实际支出。

在（11-21）式两端同时乘以 P，得到名义的经常项目差额为：

$$(B_t^f - B_{t-1}^f) = PY_t - P(C_t + I_t + G_t) + i_{t-1}B_{t-1}^f \quad (11-22)$$

名义经常项目差额 = 名义 GNP – 国内名义支出

为了纳入本国与外国不同商品的价格，需要对以上方程进行修正。假设本国生产的全部商品都用于出口，而国内实际 GDP 全部用于购买外国商品以供本国的消费、国内投资和政府采购。给定这些假设，来自实际 GDP（Y_t）的名义收入仍然是 PY_t，其中 P 指本国商品的美元价格。消费、国内投资和政府采购的名义支出是 P_f，这里的 P_f 指外国商品的美元价格。因此，名义经常账户差额为：

$$(B_t^f - B_{t-1}^f) = PY_t - P_f(C_t + I_t + G_t) + i_{t-1}B_{t-1}^f \tag{11-23}$$

名义经常账户差额 = 名义 GNP – 国内名义支出

将（11-23）式两边同时除以 P_f，得到实际经常账户差额：

$$(B_t^f - B_{t-1}^f)/P_f = (P/P_f)Y_t - (C_t + I_t + G_t) + i_{t-1}(B_{t-1}^f/P_f) \tag{11-24}$$

实际经常账户差额 = 实际 GNP – 国内实际支出

由（11-24）式可知，当 Y_t 不变而 P/P_f 上升时，以外国商品单位衡量，本国有更多的实际收入。这意味着当贸易条件改善时，以能买到的外国商品单位衡量的实际 GDP 购买力上升了；相反，当贸易条件恶化时，以能买到的外国商品单位衡量的实际 GDP 购买力下降了。若用实际国民储蓄和国内净投资表示实际经常账户差额，对（11-24）式移项可得：

$$(B_t^f - B_{t-1}^f)/P_f = (P/P_f)Y_t + i_{t-1}(B_{t-1}^f/P_f) - \delta K_{t-1} - (C_t + G_t) - (I_t - \delta K_{t-1}) \tag{11-25}$$

实际经常账户差额 = 实际国民储蓄 – 国内净投资

若假设本国资本存量、劳动力和生产技术水平是固定的，在给定实际 GDP（Y_t）的情况下，贸易条件的改善提高了以外国商品衡量的实际 GNP。家庭对实际 GNP 提高的反应是增加消费 C_t，这种变化不是永久性的，由于消费者为了平滑一生的消费，使 C_t 的升幅小于实际 GNP 的升幅。（11-25）式中的实际国民储蓄增加，因此出现经常账户顺差。

三 贸易条件与投资

为了考察贸易条件对国内净投资（$I_t - \delta K_{t-1}$）的影响，本节重新计算本国资本的实际收益率［本国资本存量 K 每增加一单位，实际 GDP（K）提高 MPK 单位］。现在假设本国的国内投资全部源于进口的外国商品，K 的价格为 P_f。Y 的价格仍为国内物价水平 P，因此以美元价格 P_f 购买一单位资本产生的美元总收益为 $P \times MPK$，资本的实际收益率是 $P \times MPK$ 与 P_f 的比例。即资本的实际净收益率为：

$$(P/P_f)MPK - \delta \tag{11-26}$$

由（11-26）式所示，当 MPK 一定时，贸易条件 P/P_f 的改善提高了本国的资本实际净收益率，同时也提高了国内净投资 $I_t - \delta K_{t-1}$；而贸易条件的恶化会降低本国的资本实际净收益率，也会减少国内净投资 $I_t - \delta K_{t-1}$。

四 中国的贸易条件

图 11-8 展示了 1983—2021 年中国经常账户差额和贸易条件，其中，贸易条件使

用的是价格贸易条件，即出口价格指数与进口价格指数的比率。我们可以发现，贸易条件在 1 上下波动，我国经常账户差额在 1983—1996 年出现正负波动，这说明当时还存在贸易逆差。但从中国加入世界贸易组织后，贸易差额大幅度上涨，且在贸易条件达到最大值的年份，经常账户差额也达到最大值。这表明中国的贸易条件改善对经常账户差额产生正向影响。

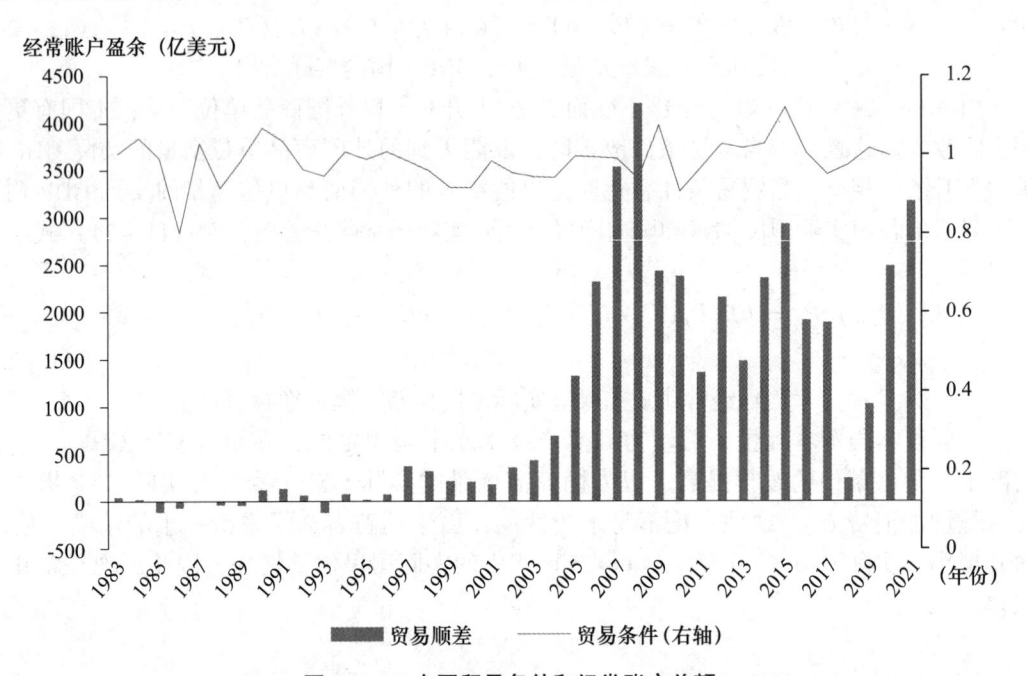

图 11-8　中国贸易条件和经常账户差额

资料来源：国际收支平衡表、Wind。

本章小结

1. 国际收支是指一国居民与世界其他经济体进行交易的记录。使用国际收支平衡表来衡量一国（或地区）在一定时期内同其他国家（或地区）全部经济往来的收支流量。国际收支平衡表包括经常账户、资本与金融账户、净误差与遗漏，其中经常账户与资本金融账户是目标收支平衡表的两个主要账户。

2. 内部均衡是指一国国内商品市场、货币市场和劳动力市场同时处于均衡状态。通常用 $IS-LM$ 曲线表示。

3. 外部均衡是指一国国际收支净额为零，存在于国际收支接近平衡时，即 $BP=0$。如果 $BP>0$，则是国际收支顺差或国际收支盈余；如果 $BP<0$，则是国际收支出现逆差或国际收支赤字。

4. 国际收支系统地反映了一国在一定时期内与世界上其他地区的全部经济交易与相关联系。目前，相关的国际收支调节理论包括弹性理论、吸收理论和货币理论，内外均衡理论包括丁伯根法测、米德的内外平衡理论以及蒙代尔的"政策配合论"。均从不同角度强调了货币政策和财政政策的重要性，这对于一国解决内外部平衡问题具有重要的现实意义，也为一国制定外部平衡调节政策提供了理论依据和基础。

5. 贸易条件是指一个国家（或地区）在一定时期内出口一单位商品可以交换多少单位外国进口商品的比例，通常反映一个国家（或地区）对外贸易的经济效益。贸易条件主要包括价格贸易条件、收入贸易条件和要素贸易条件，不同贸易条件的侧重点有所不同，其衡量的方法也略有差异。

思考题

1. 假设一国家庭的进口偏好是相同的，一个家庭当其收入为 6000 元时，购买进口商品的支出为 500 元，而当其收入为 60000 元时，购买进口商品的支出为 8000 元。在图形中，进口消费和收入间呈一条直线，求该家庭的边际进口倾向。

2. 假设一个只有家庭和企业两个部门的经济中，消费 $C = 100 + 0.8Y$，投资 $I = 150 - 600r$，货币供给 $m = 150$，货币需求 $L = 0.2Y - 400r$。

(1) 求 IS 曲线和 LM 曲线。

(2) 求商品市场和货币市场同时均衡时的利率和收入。

3. 假设经济由 4 部门组成：$Y = C + I + G + NX$，其中消费函数为 $C = 300 + 0.8Y_d$，投资函数为 $I = 200 - 1500r$，政府支出为 $G = 200$，税率为 $t = 0.2$，进出口函数为 $NX = 1$。试问：

(1) IS 函数；

(2) 价格水平 $p = 1$ 时的利率和国民收入，并证明私人部门和政府部门和国外部门的储蓄总和等于企业投资。

4. 如果中国家庭消费函数中的自发消费支出和边际消费倾向变动时，这对中国产品市场会产生什么影响？IS 曲线会有什么变动？

5. 2020 年 12 月 16—18 日，中央经济工作会议在北京举行，会议确定了 2021 年的工作重点，其中之一是继续实施积极的财政政策和稳健的货币政策。积极的财政政策有利于扩大内需，而稳健的货币政策有利于调整供给，使整个宏观政策会继续保持连续性和稳定性，需求不足的矛盾会进一步得到解决，中国经济会进一步在回升向上的轨道中发展运行。试图分析以下问题：

(1) 中国政府支出对产品和货币市场会产生怎样的影响？

(2) 中国人民银行增加货币供给会造成什么样的影响？

第十二章　汇率与中国外汇市场

导　言

外汇汇率是两种货币之间兑换的比率或比价，汇率即用一种货币表示的另一国货币的价格，可以视为一国或一个地区的货币对另外一种货币的价值。外汇市场是外汇的买卖市场，汇率会因各国利率、通货膨胀、国家政治、经济活动等原因而变动，由各国（地区）外汇市场决定。一国（地区）的外汇市场波动将对进出口贸易、经济生产活动、经济结构等产生重要影响。开放经济必然会有各国货币的收支，有货币收支就涉及货币的兑换，有兑换就有货币的兑换价格——外汇汇率。外汇汇率作为各国货币之间交换或兑换的比率，其基本依据是什么？外汇市场面临着各种各样的不确定性，面对这些不确定性，市场参与者如何面对？中国外汇市场如何运行等问题，构成了本章从理论与实践结合分析的主要内容。

学习目标

1. 了解国际交易与汇率，特别是汇率的决定基础与变动的影响因素。
2. 理解外汇市场及外汇市场风险，学会识别、防范外汇市场风险。
3. 正确评价和分析中国外汇市场。

第一节　汇率与国际交易

一　国际交易中的货币

货币作为经济活动的一个极为重要的要素和变量，起着媒介交换（Medium of Exchange）、衡量交换对象比价（Unit of Account），以及价值储藏手段（Store of Value）等基本功能。经济活动从一国内部扩展到国与国之间，并没有使货币的这些基本功能得以改变。然而，正如国际经济活动有别于国内经济活动一样，作为国际经济活动使用的货币，与一国国内经济使用的货币又有一定的区别，国际经济活动使用的货币，必须具备以下几个特征或条件：第一，普遍接受性。即它能够在外汇市场上或企业间、国际经济交易结算时，以及政府间清算国际收支差额时，被有关当事方所普遍乐于接受。第二，可得性及可兑换性。即它能较方便地、随时地被国际经济交易的当事方所得到，具有可自由兑换和变现的能力。

国际交易与国内交易的一个重要区别，在于它往往要使用不同种类的货币。国际间大规模的商品交易，是以交易双方能够进行货币的交易为前提的。例如，一家中国出口商向英国出口商品，他要求得到的是人民币而不是英镑，因为他生产这批出口商品所花费的固定资本和流动资金，都是以人民币支付的。因此，要完成中英这两家进出口商品之间的交换，或者是英国进口商用人民币来支付中国出口商的商品货款；或者是中国出口商得到英国进口商支付的英镑之后，将其转换成人民币。这就涉及交易双方两国货币要具备可兑换性的一面。此外，人民币与英镑的交易（或兑换），是按照什么比率进行，这是进出口双方都必须考虑的问题的另一方面。用货币表现出来的国际经济活动中的价值流入与流出（所谓资金的国际流动），使实际发生的国际交易中的商品、劳务的具体形态得以消失，国际交易在呈现为同质化或简单化的同时，亦派生出其他更为复杂的问题，即货币价值的变化和不同货币兑换的可能性及兑换比率的确定，这些正是国际经济学对国际经济活动从货币方面进行分析时所不可回避的问题。

事实上，正如国际经济活动不完全等同于国内经济活动一样，在国际经济活动中，货币的作用也不完全等同于它在国内经济中的作用，这体现在：首先，国际经济货币交换中介功能的发挥要以货币本身的交换为前提；其次，国际经济中的货币，是以外汇，即国际上通认的国际经济交易活动的支付手段形式表现出来的货币；最后，国际经济活动中对货币的交易需求，是从对国外商品和劳务的需求，或对外国资产的需求所派生出来的。

二　外汇的含义

无论是一个国家，还是企业或个人，参与国际经济活动首先必然要遇到是以何种货币、以什么样的比率进行支付和兑换等问题。所谓外汇是国际汇兑（Foreign Exchange）的简称。它可以从动态和静态、狭义和广义两个不同方面加以考察。

动态的外汇与静态的外汇之区别在于，前者是指进行国际汇兑的行为，即国际间结算债权、债务关系的外汇业务活动；而后者作为物质存在的本身，是指可用以结算国际间债权、债务关系的支付手段。

静态的外汇又有狭义和广义之分。狭义的外汇是指以外币表示的用于国际债权、债务结算的支付手段。广义的外汇，则指能够通过银行汇兑结算国际债权债务的各种国际通用支付手段，它不仅包括外汇，还包括以外币表示的国际间公认的支付凭证，如汇票、本票、支票、银行付款委托书、银行存款凭证、外国政府债券及股票等。狭义的静态外汇应具备以下两个特性，其一，外汇必须具备可兑换性和普遍接受性；其二，外汇的实体在国外，即作为外汇实体的外币资金是多种形式的国外银行存款和现金，而外汇则是这部分国外银行存款求偿权的具体表现，这也是现代国际非现金结算的要求。

狭义外汇是广义外汇的主体。静态的、广义的外汇，即国际货币基金组织（IMF）及各国外汇管理法令所指的外汇，它在现实国际经济活动中具有普遍的意义。

三 外汇汇率及其标价方法

外汇汇率是用一个国家的货币折算成另一个国家的货币的比率、比价或价格。它是因国际支付结算需要所产生的用本币买卖外汇的折算标准。

（一）汇率的标价方法

直接标价法（Direct Quotation）。以 1 个单位或一定单位（如百、万、十万等）的外国货币作为标准，折算为一定数额的本国货币，叫直接标价法。目前，世界上绝大多数国家都使用直接标价法。中国人民币对外汇率也采用直接标价法。在直接标价法下，外国货币数额固定不变，本国货币数额随两国货币币值和供求关系的变化而变动，如果数额越大，表示外汇汇率上涨，则外币升值而本币贬值；反之，外汇汇率下跌，外币贬值而本币升值。例如，某日中国银行挂牌 USD 100 = RMB 827.40。之后变为 USD 100 = RMB 827.60，表示美元汇率上升；或 USD 100 = RMB 826.80，表示美元汇率下跌。

间接标价法（Indirect Quotation）。用 1 个单位或一定单位（如百、万等）的本国货币作为标准，折算为一定数额的外国货币，叫间接标价法。目前英国和美国采用间接标价法，美国原先采用直接标价法，1978 年 9 月改用间接标价法，但对英镑、爱尔兰镑、欧洲货币单位仍用直接标价法。在间接标价法下，本国货币数额固定不变，外国货币数额随两国货币币值和供求关系的变化而变动，如果数额越大，表示汇率上升，本币升值而外币贬值；反之，外汇汇率下跌，本币贬值而外币升值。例如，某日伦敦外汇市场 GBP1 = USD1.5000，之后变为 GBP1 = USD1.4900，表示汇率下跌；或 GBP1 = S1.5100，表示汇率上升。

（二）汇率的分类

1. 按制定汇率的不同方法划分

基本汇率（Basic Rate）。是指本国货币与某特定外国货币之间的汇率，是一国确定其他外汇汇率的基础，该特定外国货币称为关键货币（Key Currency）或钉住货币（Pegged Currency），是该国国际收支中使用最多、外汇储备比重最大的自由兑换货币，通常为美元，也可以是英镑、欧元、特别提款权等。

套算汇率（Cross Rate）。基本汇率确定后，对其他国家货币的汇率可以通过此基本汇率套算出来，故称为套算汇率。例如，我国人民币对美元基本汇率为 USD1 = RMB8.30，而伦敦外汇市场 GBP1 = USD1.50，则人民币对英镑的套算汇率为：GBP1 = RMB1.50 × 8.30 = RMB12.45。

2. 按银行买卖外汇的角度划分

买入汇率或买入价（Buying Rate）。银行向同业或客户买入外汇时所使用的汇率。直接标价法下，买入价数字较小；间接标价法下，买入价数字较大。

卖出汇率或卖出价（Selling Rate）。银行向同业或客户卖出外汇时所使用的汇率。直接标价法下，卖出价数字较大；间接标价法下，卖出价数字较小。

中间汇率或中间价（Middle Rate）。是买入价与卖出价的平均值，即（买入价 + 卖出价）÷2＝中间价，适合于银行同业之间买卖外汇用，以及媒体报道汇率消息使用。

3. 按外汇交易支付工具的付款时间快慢划分

电汇汇率（Telegraphic Transfer Rate，T/T Rate）。用电讯通知付款的外汇价格，叫电汇汇率。由于交收时间最快，银行不能占用顾客资金，故汇率最贵。银行挂牌一般为电汇汇率。

信汇汇率（Mail Transfer Rate，M/T Rate）。是指用信函方式通知付款的外汇价格。由于邮程需要的时间比电讯长，银行可以利用信汇资金，故汇率低于电汇汇率。其间差额一般相当于邮程时间内的利息。

票汇汇率（Demand Draft Rate，D/D Rate）。银行买外币汇票、支票或其他票据的汇率。又可分即期票汇汇率和远期票汇汇率。前者是银行买卖即期汇票时所使用的汇率，由于收付款时间较电汇迟，故汇价比电汇汇率低。后者是银行买卖远期汇票时所使用的汇率，通常在即期票汇汇率基础上，扣除远期付款贴现利息后得出，期限越长，汇率越低。

4. 按外汇买卖的交割日期的不同划分

即期汇率（Spot Rate）。即期汇率又称现汇汇率，是指买卖双方成交后，规定在两个营业日内办理外汇交割时所采用的汇率。

远期汇率（Forward Rate）。远期汇率又称期汇汇率，是指买卖双方成交时规定在两个营业日以后的未来某个确定日期或某段时间内办理外汇交割时所采用的汇率。

5. 按外汇管制的松紧程度划分

官方汇率，又称法定汇率。是指一国货币当局为某种目的而人为规定并维持的汇率。

市场汇率。是指外汇市场上主要由供求决定的自由买卖外汇的实际汇率。

此外，按国际货币制度的演化进程，还可以划分为固定汇率和流动汇率等。

四　汇率的决定与变动

汇率的决定因素和影响汇率变动的因素是不一样的，弄清这个问题对于我们正确把握外汇汇率，正确建立汇率预测模型是有帮助的。

（一）汇率的决定

货币制度不同，汇率的决定基础就不一样。金本位制度和纸币信用本位条件下的汇率决定基础完全不同。

1. 金本位制度[①]下的汇率决定

汇率决定的基础是铸币平价，是外汇市场上由于外汇供求变化而引起的实际汇率波动

[①] 金本位制是以黄金为本位货币的货币制度，该制度下各国都规定金币的法定含金量，不同货币之间的比价是由它们各自含金量的对比来决定的，例如，1925—1931 年，1 英镑所含纯金量为 7.3224 克，1 美元则为 1.504656 克，二者之比为 4.8665，即 1 英镑等于 4.8665 美元，这种以两种金属铸币含金量之比得到的汇率又称为铸币平价（Mint Parity），它是金本价（Gold Parity）的一种表现形式。

的中心，其上下波动的幅度要受制于黄金输送点（Gold Points）。这是因为金本位条件下黄金可以自由跨国输出或输入，当市场汇率与法定铸币平价之间的偏差达到一定程度时就会导致有关国家不用外汇而改用输出黄金的办法来办理国际结算。决定黄金输送点的量的界限，是用于替代外汇直接用于国际支付的黄金的铸币平价加上（或减去）该笔黄金的运送费用（如包装费、运费、保险费和运送期的利息等）。假定英、美之间运送 1 英镑黄金的费用为 0.02 美元，那么当 1 英镑兑美元的汇价高于 4.8865 美元的黄金输入点时，美国的进口商或债权人就愿意以黄金来支付；反之当 1 英镑兑美元汇价低于 4.8465 时，美国的出口商或债权人则愿意从英方输入黄金。黄金输送点的存在起到了金本位制条件下国际收支的重要的自动调节机制，它起到了保持汇率波动稳定的作用。

2. 纸币信用本位条件下的汇率决定

纸币信用本位条件下的汇率决定与调整，要受制于众多的因素。究其性质和特点，可以从长期和短期角度考察。不同国家货币实际代表的价值量对比，是决定汇率的一个基本的长期因素。

在实行纸币流通制度的初期阶段，各个国家一般都规定过纸币的金平价。即纸币名义上或法律上所代表的含金量。在纸币实际代表的含金量与国家规定的含金量一致的情况下，金平价无疑是决定不同货币汇率的价值基础。

然而随着纸币流通制度的演进，纸币的发行开始与黄金的准备及兑换相分离，黄金非货币化的纸币信用本位制条件下，货币作为价值的符号，它们实际代表的价值量对比，成为其汇率决定的基础。当然，不同国家货币的价值量对比，主要是由其购买力相对地表现出来的。通过比较不同国家纸币的购买力或物价水平，可以较为合理地决定两国货币的汇率。

（二）影响汇率变动的因素

汇率变动受到许多因素的影响，既有经济因素，又有政治因素，还有心理因素等，而各个因素之间又是相互联系和相互制约的。随着世界政治经济形势的发展，各个因素在不同的国家、不同的历史时期所起的作用是不一样的。

1. 实际经济因素的影响（Real Economic Factors）

影响汇率的实际经济因素主要有经济增长（Economic Growth）、国际收支（BOP）、资本流动（Capital Mobility）和外汇储备（Foreign Exchange Reserve）。

经济增长。实际经济增长率对一国汇率的影响是复杂的，一方面，实际经济的增长反映了一国经济实力的增强，于是该国货币在外汇市场上的信心大增，货币汇率有可能下降（直接标价法），即该国货币币值有可能上升；另一方面，经济增长加速，国内需求水平提高，将增加一国的进口。如果出口保持不变，则该国贸易收支项目的盈余减少甚至出现逆差，这样该国货币币值有下降的压力。经济增长对一国汇率影响的净结果取决于上述两方面影响的大小。

国际收支。国际收支状况对一国汇率有长期的影响，尤其是经常收支项目。一国国际收支发生顺差，则外国对该国货币的需求以及外国本身的货币供应量会相对地增加，于是该国货币汇率会下降即其币值会上升。反之，该国货币汇率就会上升即其币值会下降。在固定汇率时期，国际收支是决定汇率的特别重要的因素。在当时条件下，国际收支逆差往往是货币贬值的先导。20世纪70年代后，随着浮动汇率制取代固定汇率制，一些名义经济因素如利率和通货膨胀率变得更加重要了。

资本流动。资本流动对汇率的影响通过两个渠道：一是改变外汇的相对供求状况，二是改变人们对汇率的预期。就前者来看，如果一国有大量资本外流，意味着在本国外汇市场上外币的供应量相对减少，这样外币币值相对于本币而言会上升，即本币汇率上浮；反之，则本币汇率下降。就后者来看，当一国出现资本外流时，市场就预期该国货币会贬值，于是就抛售该国货币购入外币，结果汇率上浮，开始时的预期变为现实。这种预期就是"自我实现"的预期（Self-realized Expectation）。

外汇储备。中央银行持有的外汇储备可以表明一国干预外汇市场和维持汇价的能力，所以它对稳定汇率有一定的作用。当然，外汇干预只能在短期内对汇率产生有限的影响，它无法从根本上改变决定汇率的基本因素。

2. 名义经济因素（Nominal Economic Factors）

通货膨胀率。通货膨胀率之所以能影响汇率的变动，是因为购买力平价的存在。当今，汇率的基础是各国纸币以购买力形式出现的价值，一国货币的实际购买力，是影响汇率变动的一个重要因素，它也影响一国商品、劳务在世界市场的竞争力。由于存在通货膨胀，出口商品以外币表示的价格必然上涨，该商品在国际市场上的竞争能力就会削弱。与其他国家相比，如果其物价上涨率超过其他国家，这时该国政府不调整汇率就难以维持正常的出口，因而通货膨胀最终必然导致货币对外贬值，引起汇率的波动。

值得注意的是，通货膨胀影响汇率往往不是直接表现出来的，除了影响出口和进口，还会影响国内外实际利率（Real Interest Rate）的差异，进而影响国际收支的资本项目。通货膨胀率过高，必然引起资本外流，还会影响到今后对物价和汇率的预期，这些表现又都会对汇率变动产生影响。自20世纪70年代初期开始，由于各国财政与货币政策的不同，通货膨胀率发生很大差异，因而汇率波动剧烈。但一国货币内部贬值（通货膨胀）转移到货币外部贬值要有一个过程，这种转移过程需要半年，也可以需要几年。从长期看，汇率终将根据货币实际购买力而自行调整到合理的水平。

利率。利率的高低直接影响到各种金融资产的价格、成本和利润的高低。一国利率相对于另一国为高，或上升的幅度大，就会使该国的金融资产增值，从而阻止本国资本外流，刺激国外资本内流，进而引起对本币需求量的增加，促使本币汇率上升；反之，则相反。当然，引起资本内流外流的利率是指实质利率而不是名义利率（Nominal Interest Rate），西方国家计算实质利率通常是通过长期政府债券利率减去通货膨胀率差额。从短期看，利率在汇率变动中的作用是明显的。例如，1981年年初，美国联邦储备银行将贴现率提高到13%，商业银行的优惠利率从1981年4月起逐渐上升，7月8日达到了20.5%的最高点。由于美元利率高，西欧大量游资流入美国，促使美元上涨。所以，1981年美元汇率特别坚挺。

货币供应量。货币供应量对汇率的影响主要是通过利率、通货膨胀率和实际经济的增长而进行的。货币供应量的增加意味着银根放松，利率下降，物价可能上升，经济会扩张。利率下降和物价上升会促使一国货币币值的下降，即汇率上升。但经济的扩张又会促使一国实力增强，从而有助于该国货币信心的增强，货币供应量对一国货币汇率的影响取决于该国的经济结构、商品市场和外汇市场的调整速度等。然而，根据许多经济学家的实证研究，在短期内，货币供应量的突然增加会使一国货币币值迅速下降，在长期内，汇率会恢复到均衡水平。

在谈到货币供应量对汇率的影响时，有两点需要说明：一是对于世界上一些可自由兑换的货币，影响它们汇率的货币供应量不仅仅是指各货币发行国国内居民持有的货币数量，而且也包括其他国家居民持有的该种货币数量。例如，影响美元的货币供应量就不只是美国居民持有的美元数量，而且还包括其他国家居民持有的美元数额，因此，对美元汇率的影响就不仅是由于美国国内的美元供求数量的变化，而且更重要的是世界主要外汇市场上美元供求数量的变化。二是一国国内的货币供给量不仅是指本国发行的货币数量，而且也包括本国居民持有的外汇数量，因为本国收入的外汇总是转化为本币在国内流通，从而持有的外汇数量的增减也会影响国内货币供应量的增减。

3. 心理因素（Psychological Factors）

心理因素主要是指预期心理。预期在20世纪70年代初期被引入汇率的研究领域。预期对汇率的影响很大，其程度有时远远超过其他经济因素对汇率的影响。为了尽可能地减少或避免汇率波动带来的损失，或为了从汇率波动中得到好处，人们都在根据各种经济的和非经济的因素或信息对汇率的波动方向、趋势与幅度进行预测，作出外汇汇率将要上升或下跌的判断，进而根据这种预期作出抛出还是购进外汇和以外币表示的金融资产的决策。比如，当人们预期英国的通货膨胀将比别的国家高，实际利率将比别国低，对外收支的经常项目将有逆差，以及其他因素对该国经济将发生不利的影响，那么该国的货币就会在市场上被抛售，它的汇率就会下跌；反之，汇率就会上升。

预期有稳定（Stabilizing）和非稳定（Destabilizing）之分。稳定型的预期是指人们预期一种货币币值会下降，就购进这种货币，从而缓和货币币值下降的程度；反之则抛出货币，从而降低该货币的升值幅度。显然，按这种预期心理进行的外汇买卖行为有助于汇率的稳定。非稳定型的预期行为同稳定型预期行为正好相反。按这种预期心理行事的交易会在币值低时进一步抛出，在币值高时进一步购进，进而加剧了汇率的不稳定。

影响人们预期心理的主要因素有信息（Information）、新闻（News）和传闻（Tumors）。信息是指同外汇买卖和汇率变动有关的资料、数据和消息。新闻既有经济新闻也有政治新闻。传闻是未经证实的消息。有时，信息、新闻和传闻难以区分。特别是后两者之间更难以分清孰是孰非。在外汇市场上，交易员在对待传闻时有一句行话，这就是"于传闻时买进，于事实时卖出"（Buy on Rumors, Sell on Fact），或者"于传闻时卖出，于事实时买进"（Sell on Rumors, Buy on Fact）。

4. 其他因素

其他因素主要是指中央银行的干预，其他金融工具如股票、债券、外币期权等的价格变动，石油价格的变动，黄金价格的变动和政治因素等。第一，中央银行影响和干预外汇市场的手段主要有：本国的货币政策，以期通过利率变动来影响汇率；直接干预外汇市场，即直接在外汇市场上买进或卖出外汇；对资本流动实行外汇管制。中央银行对外汇市场的干预早已有之。过去，欧洲货币体系就规定汇率波动的上下限，各中央银行有责任干预外汇市场，维持成员国之间货币汇率的稳定。自实行浮动汇率制以来，各中央银行曾多次单独或联合干预外汇市场。1985年9月22日，西方五国财长和中央银行行长曾达成联合干预的协定。会后，中央银行一起向外汇市场抛售美元，致使美元汇率狂泄。这是最典型的中央银行干预行动。第二，一国股票价格的上升通常会带动该国货币币值上升，因为股价上涨表示该国经济前景看好，值得投资；反之，货币币值会下降。债券价格的上升通常发生在利率看跌的情况下。就短期看，利率下跌会使一国货币币值下降，但从长期来看低利率和价格高的债券会刺激经济的发展，在某种程度上，货币币值又会有所回升。外币期货价格的变化也是影响汇率的要素之一。当期货价格下跌时，现汇价也会下跌；反之现汇价上升。第三，石油价格的变化对产油国和对依赖石油进口国家的影响是不一样的，油价上升使产油国货币坚挺，石油进口国疲软；反之，则相反。第四，黄金价格对美元汇率影响很大，通常，金价上升美元下跌，美元上升金价下跌。二者大致呈相反方向，但变化并非一定同步。第五，政治因素（政局的变化、战争等突发的重大事件）也会突然地、短时间地作用于汇率，使其发生变化。

专栏 12-1　　　　　　　　　预测汇率的冒险行动

如果汇率作为一种资产价格能够对预期和利率的变动立即作出反应的话，汇率就该与其他资产价格（如股票价格）具有相同的性质。与股票价格一样，汇率应该对"新闻"，即对意料之外的经济政治事件反应强烈，并且也像股票价格一样，汇率应该是非常难以预测的。

尽管对股票价格进行预期存在明显的难度，众多的新闻、电视节目仍然致力于股市预测。同样，许多公司把汇率预期卖给单个投资者、跨国公司和其他在外汇市场中有金融利益的单位。纽约大学的理查德·M.利维奇在一项著名的研究中，对12家汇率预测公司对远期汇率的短期预测记录进行了分析。

研究结果表明，所谓的汇率预测并不是那么灵验，但是，运用资产方法去研究汇率却是可行的。利维奇发现，在样本所在期间里，几乎没有证据证明职业预测家进行的预测在整体上比个人进行的预测（如用3个月的远期汇率作为3个月后可实现的即期汇率）更为准确。这一发现并不意味远期汇率是精确的预测器；相反，证据表明远期汇率通常只包含很少的对预测未来即期汇率有用的信息。利维奇的结果表明，本身就无法预测的"新闻"在决定汇率和汇率变动时起着主导作用，而1年期以内的汇率的变动，与股票价格一样，几乎是完全不可能预测的。

> 我们在本章中推导出的理论表明，汇率不应是完全不可预测的。根据利率平价条件，利率差可以反映出预期的货币贬值程度。然而实际上，没有预期到或意外的货币流动要比利率差大得多，淹没了可以预期的汇率变动。基于经济模型基础之上的汇率预测似乎在长期预测（预测几年以后的汇率）中最为成功。例如，一个价格水平持续增长的国家最终很可能会出现货币贬值，虽然贬值的精确时间可能是无法预测的。在后面的几章里，我们将推导出一个开放经济模型，把汇率变动与各国的价格水平等宏观经济因素的变化联系起来。

第二节 外汇市场与外汇市场风险

一 外汇市场及其构成

外汇市场（Foreign Exchange Market）是交易主体买卖外汇的场所和进行外汇交易关系系统的总和。作为国际金融市场的一个组成部分，它是国际间清算或转移债权债务的重要渠道。之所以说外汇市场是一个系统，是指在当今世界上，外汇交易并非一定在固定的场所里进行。事实上，更多的是通过电报、电话和电子网络等现代通信工具来进行的。当今世界各大外汇市场都连为一体进行交易，具有同质性和价格均等化的特点；此外，由于电子计算机的发展，外汇市场已消除了营业时差的限制，因而在全球范围内它还具有在时间和空间上的连续不间断性特点。

外汇市场主要由四个方面的当事方所构成：第一，外汇银行。通常包括专营和兼营外汇业务的本国商业银行，在本国的外国银行分行，以及获得兼办外汇业务的金融机构。外汇银行是进行外汇买卖的中心。第二，外汇交易者。包括众多的进出口商人、跨国投资者、国际旅游人员，以及其他进行外汇买卖的企事业单位和个人，共同构成了外汇交易的主体。第三，外汇经纪人。是银行与众多的外汇交易者外汇买卖接洽的中介。他们起着在外汇买方和卖方之间加强联系及促成交易的作用，并从中获取手续费。第四，中央银行。作为一个国家货币政策的制定者和实施者，同时也是该国外汇管理的最高机构。中央银行参与外汇市场交易主要起着外汇市场供求宏观监控的作用，以保持外汇汇率的相对稳定及本国国际收支的大体均衡①。

二 外汇市场的功能

外汇市场在实现国与国之间的债权、债务的结算和清偿，促进国际资本的融通，避免

---

① 任治君、吴晓东：《国际经济学》，西南财经大学出版社2017年版，第120页。

和减少外汇风险,调节各国国际收支,以及推动国际经济贸易的发展等方面,都有着重要的作用。

(一) 国际清算

国际经济交易的结算需要债务人向债权人进行支付,这种国际清算是通过外汇市场实现的。例如,美国波音公司将价值 1000 万美元的飞机出售给一家德国公司,这笔交易的结果需要德国公司向美国波音公司进行支付,这有两种情况:一是德国公司用欧元支票支付,美国波音公司将收到欧元,出售换取美元;二是波音公司只接受美元,那么德国公司就需找机会出售欧元以取得美元。不论哪种方式,这笔国际交易最终会产生对欧元的供给和对美元的需求。

通常情况下,进入外汇市场兑换货币的公司和个人并不是互相直接交易,而是委托银行进行兑换。然后,在这些银行之间通过专业的外汇经纪人买卖各种货币。因此,波音公司可取得德国公司的欧元汇票,并向一家美国银行贴现,这家银行把这张欧元汇票再卖给另一家想要用美元购买欧元的银行。这样,这家美国公司收到的美元支票账款就抵偿了贴现给波音公司的美元。

(二) 套期保值

进出口商从签订进出口合约到支付或收到货款,通常都要经过一段时间,也就是说,他们要在将来某一日期才能获得外汇收入或支付外汇货款。由于外汇市场汇率的不稳定性,因此,持有外币或有外币负债都会存在一定的风险或可能获得的收益。如果不愿对未来汇率变动进行投机,只想用本国货币来保持他们的资产,那么就需要对这些货币资产进行套期保值,以确保对该项资产既无净资产也无净负债头寸,套期保值就是通过卖出或买进等值远期外汇,轧平外汇头寸来保值的一种外汇业务。这里的头寸是指银行、企业和个人持有的某种外币资产负债差额。例如,德国公司进口价值 1000 万美元的美国波音公司的飞机,3 个月后付款,波音公司要求用美元支付。德国公司为避免美元价值带来的损失,在作成交易合同时,买进了 3 个月的美元期汇,到期办理交割,德国公司收进美元支付进口货款。这样德国公司就不至于因为美元升值而遭受损失。

套期保值也可以通过即期外汇市场和货币市场进行。在上例中,德国公司可在货币市场借 3 个月等值欧元,同时在外汇市场上买进 1000 万美元存入银行,到期支付货款,但买卖即期外汇会占用较多资金。

(三) 投机

外汇投机包括从事远期交易投机、套汇和套利。远期交易投机是取得某类某货币资产的净资产头寸或净负债头寸,利用将来的汇率变化赚取汇率差额的行为。例如,美国某投机商预测欧元汇价要下跌,他出售 1000 万欧元期货,约定远期汇率为 1 欧元 = 0.532 美元,90 天后交割。该投机商是做欧元空头,他希望以后用低价买进欧元。这与套期保值不同,它是一种纯粹投机性的交易。假定 10 天后,欧元远期汇率果然下降,降到 1 欧元等于 0.500 美元,投机商按这一汇价买入相同数额的远期欧元,交割日期与卖出的远期相同,等到了相同的日期,两笔交易抵补,该投机商从中获取 32 万美元的投机利润。但是,如果欧元远期汇价不跌反涨,那么该投机商就要蒙受损失。

套汇是利用不同外汇市场某种货币的汇价差异同时在不同外汇市场买进和卖出这种货币以赚取汇率差额收益的一种外汇交易。套汇包括两种:一是双边套汇,也称直接套汇,是利用两个外汇市场汇率的差异,在汇率低的市场买进,同时在汇率高的市场卖出,利用贱买贵卖,套取投机利润;二是多边套汇,也称间接套汇,是利用3个或3个以上不同外汇市场汇价的差异,同时进行3种或3种以上的货币买卖,从而获取差额收益。在一般情况下,由于电讯联系的发达,信息传递迅速,资金调拨畅通,各外汇市场的汇率是非常接近的。但是,不同外汇市场的汇率,也可以在短暂的时间内发生较大的差异,从而引起套汇活动,而套汇的结果,又会使贱的货币上涨,贵的货币下跌导致汇价差异消失,从而使某一市场的汇价与另一市场的汇价联系起来,形成全球性外汇市场。

套利是利用两个国家金融市场利息率的差异,将资金从利率较低的市场调往利率较高的市场以赚取利率差收益的一种外汇投机活动。在套利过程中,投机者为了避免汇率变动带来的风险,一般还要进行套期保值。假设伦敦市场英镑的实际利率为8%,纽约市场的利率为6%。为追求较高的利息收入,投机者将资金从纽约调往伦敦,在即期市场上卖出美元,买进英镑投放伦敦市场3个月;与此同时,投机者在远期市场进行套期保值交易,即卖出远期英镑,买进远期美元,以免3个月后发生汇率损失。

三 外汇市场风险及其防范

(一) 外汇市场风险的含义及其主要形式

外汇市场风险,是指因外汇市场上汇率或相关因素的变动,给外汇或以外币计价的资产与负债的持有者所带来的或可能带来的不确定性。

从宏观经济和微观经济的不同角度考察,外汇市场风险的主要表现形态有:第一,外汇储备风险。即企事业单位和个人,特别是政府以不同外币币种所持有的外汇资产,因外汇市场汇率及不同币种利率变动所导致的储备资产币值的不确定性。第二,交易结算风险。以外币计算成交进行的贸易或其他经济交易,因交易合同外币与本国货币汇价的变化而引起的不确定性。这一方面较多地表现在进出口交易,因合同签署成交日与支付日之间的时间差当中,合同外币汇价的变化,可能导致的进出口商以本国货币衡量的收入减少;另一方面也可表现在以外币计价的国际投资和借贷活动中,因汇价波动而导致的收益减少。第三,经济风险。是指开放型经济条件因汇率变动对产品成本、价格、产量的影响所带来实际收入的不确定性。它直接影响到企业的生产、销售和资金融通,又称为会计风险。

(二) 防范或减少外汇风险的原则方法

防范或减少外汇储备风险的主要方法,是实行外汇储备的多元化。使因汇率变化所产生的波动加以抵消或减少,外汇资产的实际购买力相对稳定。对企事业单位、外汇银行和个人而言,防范或减少外汇风险的一般方法,大致可划分为以下三类。

第一类，签订交易合同时的防范，主要包括：

(1) 选择好合同货币。合同货币选择的前提是区分交易所选用货币是硬币还是软币。所谓硬币是指汇率稳定且呈上升趋势的货币；所谓软币情况则相反。一般情况下，可遵循如下原则：①出口和贷出资本争取使用硬币，进口和借入资本争取使用软币。②在难与交易对方达成所选择的合同货币时，也可折中争取同时使用软硬搭配的两种货币，以使软币可能的贬值损失，与硬币可能的升值相抵消。③交易对方同意的情况下，使用本国货币。

(2) 加列合同条款。即在合同上加列有关货币的保护性条款，主要包括：①货币保值条款。选择某种币值较稳定的货币作为合同货币的参照物，将合同货币与所选货币币值挂钩，在交易结算或清偿时，参照当时所选货币币值支付。现实当中，常采用美元或由美元、欧元（以前为欧洲货币单位）、日元等若干主要国际货币组成的一篮子货币，作为参照货币。②均摊损益条款。由交易双方共同承担风险。其计算公式为：

$$V_f = \frac{2V_d}{r_0 + r_1} \qquad (12-1)$$

其中，V_f代表调整后的外币价格，V_d代表签订合同时等值的本币价格，r_0代表签合同时的汇率（按直接标价法），r_1代表结算时的汇率。

专栏12-2　　　　　　　　　均摊损益的运用

某瑞士商人从英国进口一批商品，协议规定3个月后交货并以英镑计价结算，货价为200万英镑。签订合同时的汇率为£1 = SF3.8400，货款200万英镑等于768万瑞士法郎。为防范和共同分担汇率风险，交易双方在合同上采用均摊损益条款。3个月双方结算交割时，英镑兑瑞士法郎汇率上涨，达到£1 = SF3.8800，则依据均摊损益条款计算公式，有 $V_f = \frac{2V_d}{r_0 + r_1} = \frac{2 \times 768}{3.8400 + 3.8800} = 198.96$（万英镑），此数额为瑞士商人应实际支付的货款。为购买198.96万英镑，该瑞士商人需实际花费198.96 × 3.8800 = 771.9648（万瑞士法郎）。瑞士商的损失为 $\frac{771.9648 - 768}{768} \times 100\% = 0.52\%$。

与此同时，交易的另一方，英国商人实收货款为198.96万英镑，其损失为 $\frac{200 - 198.96}{200} \times 100\% = 0.52\%$。

可见，由计价结算外币汇率上涨而带来的损失（或风险），被进口商和出口商均摊了。

(3) 调整价格或利率。其原则是，适当提高以软币计价结算的出口价格或以软币计值清偿的贷款利率，适当压低以硬币计价结算的进口价格或计值清偿的借款利率。该措施与加列货币保护性条款中的调整价格的区别在于，它是以谈判中的待定价格或利率为对象，调整的行为发生在合同正式签订之前；而后者则是以合同中的既定价格为对象，调整行为发生在交易结算（或清偿）时。

第二类，借助外汇市场和货币交易操作的防范，主要包括：

(1) 即期外汇交易。又称现汇交易或现期交易（Spot Exchange Transaction），是指在合同成交后两个交易日内办理外汇收付的交易，表现为电汇、信汇、票汇几种形式。它可起到平衡外汇资金头寸，进而将外汇市场风险限制在尽可能短时间范围内的作用。

(2) 远期外汇交易（Forward Exchange Transaction）。又称期汇交易，是指合同成交后，按交易合同规定，在约定的日期或期限内，按约定的金额、数额和汇率办理外汇收付的交易。它是一种预约性的外汇交易，也是防范外汇市场风险最常见的一种方法。它可避免汇率发生不利变动的影响；但同时也放弃了从汇率可能发生的有利变动中得到额外收益的机会。

远期外汇交易使用的汇率为远期汇率。该汇率与即期汇率之间的差额，称为远期差价。在外汇市场上，远期差价用升水、贴水或平价表示。当远期汇率高于即期汇率时称升水（Premium），反之称贴水（Discount）；如果远期汇率与即期汇率相等，则称平价（Par）。

远期差价的计算公式为：

$$f_S = S \times (i - i^*) \times \frac{N}{12} \quad (12-2)$$

其中，f_S 为远期差价，S 为即期外汇汇率，i 和 i^* 分别为交易双方所交换的货币利率，N 为期汇月数。

知道了远期差价，就可以算出远期外汇汇率（F）：$F = S \pm f_S$。但在不同的标价法条件下，远期汇率升水和贴水的表示方法有所不同。直接标价法下，$S + f_S$ 表示远期外汇汇率升水；$S - f_S$ 表示远期外汇汇率贴水。间接标价法下，则正好相反。

(3) 外汇期货交易（Foreign Currency Futures Transaction）。这是一种在交易所达成的按标准合同金额和固定交割日期在未来买入或卖出某种货币的交易。

(4) 外汇期权交易（Foreign Exchange Option Transaction）。是指一种权利的买卖，期权的买方在向卖方支付一定手续费后，即获得了未来某个时期内按照协议价格向期权卖方购进或出卖一定数量的某种外汇的权利。它又分为买进期权、卖出期权，以及双向期权等多种形式。外汇期权交易也可起到防范未来这段时期内汇率发生不利变动的风险；与此同时，又保留了汇率可能发生有利变动时放弃已购的这一权利，获取额外收益的机会。

(5) 外汇调期交易。又称转期交易（Swap Transaction），这是在买进一种货币的同时，卖出期限不同的同一种货币的外汇交易，它实际上是即期交易和远期交易的综合，具体有时间套汇和套期保值两种形式。

所谓时间套汇（Time Arbitrage），是在买进或卖出即期外汇的同时，卖出或买进远期外汇，以避免外汇汇率变动所带来的损失。这一过程中，套汇者所特别关心的是期率

(Swap Rate),即买进和卖出两种不同期限外汇所使用汇率之间的差价。

所谓套期保值,又称海琴(Hedging),是指卖出或买进价值相等的一笔外国资产或负债的外汇,使这笔外国资产或负债的价值不受汇率变动的影响,从而达到保值的目的。

第三类,提前或延期外汇结算、交割及汇率保险等其他防范措施。

专栏 12-3　　　　　　　　　如何利用远期外汇交易

在签订了进出口交易合同之后,对外贸易交易双方关心的对象将发生变化,注意力将从如何谈判合同成交转移到如何结算。出口方首先关心的是,通过出口,企业能安全、及时地获得预期的本国货币表示的收益;进口方关心的是,支付预算好的外汇,便能安全、准时地收到货物。然而,由于从签订进出口合同到实际收付,需要短则3—6个月,长则几年之久的时间。而现行的浮动汇率,常常会出现从签约到收付汇时软币变硬,硬币变软的情况。特别是在国际贸易中使用频率较高的美元大幅度波动,会使贸易交易双方对未来结算时收入和支付的情况不清,蒙受出口实际收入减少或进口实际支出增加的风险。进行远期外汇交易,无论是进口方,还是出口方,都能回避外汇交易中的不确定因素,准确地掌握企业未来成本和利润的情况,便于企业财务核算、结算和生产计划的安排。

例如,某公司有10万美元外汇,准备3个月后支付向日本购买的机器设备货款。为了避免汇率变动风险,该公司按1美元=100日元的汇率向外汇银行购买了3个月远期的日元,并卖出3个月的远期美元。到交割日,该企业用10万美元买进1000万日元支付了货款,避免了短汇情况。因为在3个月后,实际上日元兑美元的汇率已经上浮到1美元兑90日元。通过远期外汇交易,该公司避免了日元上浮可能造成的100万日元的汇率变动损失。但是,如果在交割日日元下浮,则该公司会因为进行远期外汇买卖而失去相应的可能获得的收益。

第三节　中国外汇市场

一　中国外汇市场发展历程

根据我国汇率制度改革的不断推进,以及外汇市场从无到有、从分散到统一、从计划到市场的不断变化,我国外汇市场的发展历程可以分为四个阶段。

(一)第一阶段(1979—1994年):外汇调剂市场阶段

改革开放后,我国从1979年起实施外汇留成制度。外汇留成制度是指,创汇企业在出口创汇后被强制结汇，除了外资企业和部分国内企业，企业和居民的经常账户所得的外汇收入必须售给指定银行，企业按一定的比例留存外汇，其余外汇归属国家。外汇留成制度是计划经济的手段，是在为扩大我国出口创汇、支持国家集中使用现汇资金、缓解外汇资金短缺困难的历史背景下的产物。

从银行层面看，当时银行结售汇头寸受监管部门管制，当日盈余或不足部分必须及时抛补，不能超限。为了实现头寸调剂，自1980年起开办银行间的外汇额度调剂，允许银行之间以一定价格抛补头寸，并对调剂价格设定波幅限制。为实现外汇调剂，1985年深圳设立首个外汇交易所，1988年上海创办首家外汇调剂公开市场，这些外汇调剂市场并称为外汇调剂中心，至1993年年底，全国外汇调剂中心多达108家。但由于各家外汇调剂中心并不联网，当时的外汇市场面临着市场分割、价格差异化等问题，市面上存在多重汇率，阻碍了市场的正常发展。

由此可知，在外汇调剂市场阶段，外汇交易市场化程度相当有限，企业、银行的行为对外汇供求关系均影响不大，当时并不存在真正的外汇市场。

（二）第二阶段（1994—2005年）：银行间市场初级阶段

1994年外汇管理体制改革，我国开始实行以市场供求为基础、单一的、有管理的浮动汇率制度，外汇留成制度取消，转而实行结售汇制度。对企业而言，其经常项目下的收入及用汇需求的审批被放松，但对资本项目下的外汇收支仍然严格管制。企业有了一定的保留现汇的自主权。

银行层面，统一的银行间外汇市场正式建立，通过交易所集中竞价的交易方式，为各外汇指定银行相互调剂余缺和清算服务。中国人民银行通过国家外汇管理局对市场进行监督管理，所有头寸调剂都必须通过银行间外汇市场进行，不允许场外交易。定价方面，银行以中国人民银行每日公布的人民币对美元及其他主要货币的汇率为依据，在中国人民银行规定的浮动幅度之内自行挂牌公布汇率。此举形成了以市场供求为基础的汇率形成机制，规范了银行之间结售汇头寸的调剂，外汇市场因此成为单一的集中竞价交易市场，其深度和广度均得以拓展。

由此可见，在第二阶段，外汇市场初步建立，并在沿袭第一阶段的分层方式的同时得到规范化。但此时市场化程度不强，依然受到较多管制。

（三）第三阶段（2005—2015年）：银行间市场发展阶段

2005年7月，人民币汇率制度改革，根据《关于完善人民币汇率形成机制改革的公告》，我国开始实行以市场供求为基础、参考一篮子货币进行调节、有管理的浮动汇率制度。对企业而言，其买卖外汇的自由度进一步提升，随着监管当局不断放宽条件，企业和个人拥有更多保留和使用外汇资金的自由，结售汇行为在一定程度上体现市场预期和需求。2008年4月，强制结售汇制度取消，企业账户限额和个人购汇额度扩大。

银行层面，央行对各银行的结售汇周转头寸管理改为综合头寸管理，结售汇综合头寸限额的管理区间变成下限为零、上限为外汇局核定的限额，银行体系的结售汇综合头寸总限额有了较大幅度的提高。而在银行间市场上，询价交易模式诞生，并代替竞价交易，成为市场主导。2006年,根据国家外汇管理局颁布的有关规定,正式引入做市商制度。我国外汇市场同时具备了指令驱动和报价驱动两大模式。此后银行间外汇市场参与主体范围不断扩大,尤其是我国加入世界贸易组织后,外资银行逐步进入,外汇市场的竞争新格局开始形成。此外,外汇市场技术层面也获得进展,电子网络和信息科技加强了市场配套设施建设,外汇市场电子交易系统成功上线,为日常交易、信息传递、监管监控等提供了便利。

但外汇市场运行情况依然不够理想。首先,外汇市场的活跃程度不强,外汇交易中心的日均外汇交易额较低,低于国际一般水平。其次,外汇市场对汇率的形成作用不大,汇率的市场化程度不高。

因此,第三阶段的外汇市场仍在发展进程中,在制度性建设方面取得了一定成果,但在市场活跃程度和定价方面仍有不足。

(四)第四阶段(2015年至今):人民币国际化背景下的发展新阶段

第四阶段的外汇市场发展在人民币国际化的时代背景下展开。推动人民币国际化的努力自2007年6月首只人民币债券登陆香港后便持续进行,近年来呈加速态势。人民币国际化的目标是使人民币成为能够跨越国界、为国际普遍认可的计价、结算及储备的世界货币。进一步完善、健全我国外汇市场,对人民币国际化的推进有重要意义。

2015年8月,中国人民银行启动新一轮汇率改革。8月11日,中国人民银行宣布,即日起将进一步完善人民币汇率中间价报价,中间价将参考上日银行间外汇市场收盘汇率。这意味着人民币汇率将相当程度上与美元脱钩,汇率决定的市场化程度提高。此番调整超出市场预期,当天人民币中间价大幅下调逾1000点,创历史最大降幅。但从更为宏观的角度来看,本轮人民币战略性贬值促进了中国汇率决定机制的进一步市场化,人民币也将更为符合国际货币基金组织对货币"可自由使用"标准的考察,增加人民币加入国际货币基金组织SDR的概率。

从目前的政策指向概括并推测,未来我国外汇市场的发展方向包括:进一步完善汇率决定机制,人民币在未来将实现自由浮动;简政放权,继续放松对经常项目和资本项目的管理限制,如加快资本账户的开放等;为跨境资金流动提供制度安排及保障;等等。人民币国际化事关国家战略,作为相关产业,外汇市场的市场化水平也将有质的飞跃,市场参与主体进一步扩容,市场活跃程度有望继续提高。我国外汇市场的发展将迎来新阶段。

二 中国外汇市场交易特点

首先,拓展了外汇交易的渠道。据了解,在国际市场上,外汇买卖是点对点交易,首先要寻找交易对手,然后洽谈,国外银行对国内的机构进行信用判断,以决定是否交易以及授信额度的大小。因此,国内的中小银行在国际市场买卖外汇就会受到相应的限制。外汇交易中心推出上述品种,就能方便国际资信有限的中小银行参与外汇交易,从而拓展了会员机构外汇交易的渠道。

另外，并不是所有的中小会员机构都能参与外汇交易，所以必须要进行相应的认证。我国的外汇买卖机构虽然众多，但大多是负责结、售汇的机构，"拥有外汇自营和外汇代理业务资格的银行并不多"，包括四大国有商业银行、全国性的股份制商业银行和部分城市商业银行在内，估计也就只有三四十家银行拥有这一资格。参与机构认证的前提条件是目前拥有外汇自营和外汇代理业务资格，还要签订协议、开设清算账户、技术设施要求等方面。

其次，竞争性报价机制。被选为做市商的 9 家银行对这 8 种外汇买卖都有自己的报价，外汇交易中心将进行比较，在每个品种上都选出最优惠的买入价格和卖出价作为市场报价；做市商的报价完全与国际市场同步；交易时间从早 7 点到晚 7 点；交割方式也完全国际化，除了美元兑加元采用 T+1，其他品种均是 T+2。

最后，匿名交易，集中清算。做市银行与参与机构的交易通过外汇交易中心的系统完成，而不是像国际市场上那样由做市银行对参与机构进行一一授信，这样可以节省时间和成本，最终清算也由外汇交易中心负责，因此，外汇交易中心承担了全部信用风险和清算风险。当然，外汇交易中心会通过对参与机构在各个品种上的头寸进行额度分配来控制风险。

三 中国外汇市场发展前景

中国外汇市场已经成为全世界和中国老百姓投资选择的重要市场，参与中国外汇市场的投资者呈逐年上升趋势，一个国际型的理财产品，一个全世界投资者共同参与的中国外汇市场在中国整体发展形势将是前途可期：第一，我们必须正视经济全球化、金融交易虚拟化和自由化的国际潮流，了解网络交易的渗透能力和竞争力。从促进中国外汇市场金融体制和汇率形成机制改革以及加快中国现代金融市场建设的大局出发，破除旧观念，展现新思维。网络交易是挡不住的世界潮流。无论是商品还是货币，无论是期货还是现货，无论是实盘的还是保证金杠杆式交易的，网络上什么都可以买卖，买卖也越做越好。

第二，汇市是较为"干净"的投机市场：不像股票市场，投资者不用劳神于每只股票的业绩，也不像期货市场，投资者不用担心期货多空双方的内幕交易，每日巨额的成交量，使任何机构也没有坐庄的勇气，索罗斯、巴菲特所能了解到的信息，普通投资者一样可以了解到，全球的投资者和投机人都在相同的时间看着相同的报价和图形，数十家网络交易平台和几千家做市商将全球几千万投资者和投机人连接在一起。最重要的是：能否赚钱是由自己的本事决定的，从这个角度说外汇交易在中国有极大的市场机会和发展潜力。这首先是因为中国经济经过四十多年的高速发展积累了巨大的财富，劳动者创造的超额剩余价值必然大量地转移为储备；其次是因为转移为储备的财富很少有实现保值增值的投资机会。大家都经历了负利率、股票跳水、期货血本无归等的现实，现在就是房地产，若作为投资保值工具也要打上问号，很多情况下房租可能抵不上按揭贷款利息。

第三，中国外汇市场作为一个国际性的资本投机市场历史要比股票、黄金、期货、利息市场短得多，然而，它却以惊人的速度迅速发展。2021 年 1 月 31 日，《经济日报》报道，2020 年 1—12 月，中国外汇市场累计成交 206.38 万亿元人民币（等值 29.99 万亿美元），其规模已远远超过期货、期权等其他金融商品市场，已成为当今全球较大的市场。纽约证券交易所每天股票的交易额只有近百亿美元，东京证券交易所每天股票的交易额也才几百亿美元。从全球贸易的角度来看，1990 年全世界的进出口贸易总额为 6.7 万亿美元，与当年 100 万亿美元的外汇成交量相比，可谓小巫见大巫了。可见，中国外汇市场不仅是全球最大的金融市场，也是全球最大的商品市场。

本章小结

1. 国际交易离不开货币，特别是各国货币之间的兑换，这又涉及外汇汇率，外汇汇率是相关货币的买卖价格，以 1 个单位或一定单位（如百、万、十万等）的外国货币作为标准，折算为一定数额的本国货币，叫直接标价法。目前，世界上绝大多数国家都使用直接标价法。我国人民币对外汇率也采用直接标价法。用 1 个单位或一定单位（如百、万等）的本国货币作为标准，折算为一定数额的外国货币，叫间接标价法。目前英国和美国采用间接标价法，美国原先采用直接标价法，1978 年 9 月改用间接标价法，但对英镑、爱尔兰镑、欧洲货币单位仍用直接标价法。

2. 外汇市场是交易主体买卖外汇的场所和进行外汇交易关系系统的总和。作为国际金融市场的一个组成部分，它是国际间清算或转移债权债务的重要渠道。外汇市场在实现国与国之间的债权、债务的结算和清偿，促进国际资本的融通，避免和减少外汇风险，调节各国国际收支，以及推动国际经济贸易的发展等方面，都有着重要的作用。

3. 外汇市场风险，是指因外汇市场上汇率或相关因素的变动，给外汇或以外币计价的资产与负债的持有者所带来的或可能带来的损失。

思考题

1. 汇率有哪些类型？
2. 汇率的决定因素是什么？汇率是如何形成的？
3. 外汇市场的结构、功能有哪些？如何防范外汇市场风险？
4. 请简要介绍我国人民币对外汇率形成历程，现阶段汇率特征，汇率形成的国内外影响因素。
5. 在巴黎，一根多味腊肠卖 2 欧元；在加利福尼亚州，一只热狗卖 1 美元。当汇率为每欧元 1.5 美元时，以热狗表示的多味腊肠的价格是多少？当其他条件相同，而美元升值为每欧元 1.25 美元时，相对价格会如何变化？与最初的情况相比，热狗相对于多味腊肠是变贵了还是变便宜了？

第十三章　汇率决定理论

导　言

随着社会的不断向前发展，人们的生活水平不断提高，而生活成本通常也是不断上涨的，但不同地区生活成本上涨的速度存在较大的差异。例如，2000年，在中国购买一篮子商品需花费100元人民币，在美国需花费12.5美元；2020年，在中国购买一篮子商品则需要花费240元人民币，在美国需花费37.5美元，即中国和美国价格分别上涨了140%和200%。两个国家都发生了通货膨胀，但美国的价格上涨得更多。

那么，美国更高的通货膨胀率使美国人开始购买更多的中国商品了吗？这使中国人更少地购买美国商品了吗？

上述两个问题的答案都是否定的，在2000年1美元约等于8元人民币，两国商品的花费在2000年是一样的，约12.5美元＝100元人民币。然而到2020年，美元相对人民币贬值了，购买1美元只需要支付6.4元人民币，这样，若以人民币表示，在2020年37.5美元的商品篮子相当于37.5×6.4＝240元人民币，即与中国一篮子商品等价。

在这个例子中，尽管美国价格比中国多涨了60%，但中国居民也发现每1元人民币可以多购买25%的美元，从中国的视角来看，这两个商品篮子在各个国家以人民币表示的价格上涨的幅度大体相当。从美国的视角来看，以美元表示的所有价格也是如此。经济学家称为各国货币的相对购买力保持不变。

价格变化与汇率变化恰好以这样的方式出现，难道这是一种巧合吗？一个重要的经济学说认为这种结果绝不是巧合——从长期来看，这种价格与汇率间的关系始终存在。这种观点又为汇率决定理论添砖加瓦了，那它是如何添砖加瓦的？我们知道汇率的高低取决于利率与预期未来汇率，本章着重关注预期未来汇率的决定因素。

本章通过讨论购买力理论将汇率与长期价格水平联系在一起，解释价格水平是从何而言，继而将购买力理论与货币理论相结合，构成长期汇率货币理论（Monetary Approach to Exchange Rates），探究价格水平是如何与货币状况相关的。

然而，有时候汇率的波动幅度很大，变化频率很快，要了解短期汇率走势，关键要认识到外汇市场活动是由资产投资者控制的，这些资产包括国库券、企业债券、银行账户、股票等。目前，所有外汇交易中只有约2%与进出口商品的融资有关，这意味着大部分外汇交易来源于在全球市场上进行的资产交易。由于资产市场是迅速交易完成的，并且几乎能够同时调整对货币价值的预期，如短期内持有国内资产还是国外资产的决定对汇率的影响要比对进出口商品需求的影响大得多。

根据资产市场定价法，投资者在进行国内资产和国外资产投资选择时，要考虑两个关键要素，相对利率水平以及投资期间汇率自身的预期变化，反过来，这些因素能够解释汇率的短期波动。

短期内发生了偏离购买力平价PPP的情形，同一个商品篮子在各地的价格不一样，货币理论的短期失效促使经济学家们创建其他理论以解释短期的汇率，这就是汇率的资产理论，资产理论是建立在这样的思想基础上的，即货币是资产，这里的资产价格就是即期汇率，即一单位外汇的价格，这种理论使我们推导出了无抛补利率条件，由于它刻画了外汇市场均衡的特点，因此，我们在本章会进一步探讨无抛补利率平价（Uncovered Interest rate Parity，UIP）并加以广泛应用。

学习目标

1. 解释货币因素在长期内是如何影响汇率的。
2. 理解实际汇率、费雪效应以及实际利率平价的概念。
3. 理解货币增长、通货膨胀与汇率贬值之间的长期关系。
4. 分析在长期内影响实际汇率与相对货币价值的因素。
5. 辨析长期汇率的决定因素与短期汇率的决定因素的差别。
6. 理解货币供给的暂时性变动和永久性变动对利率、产出、物价与汇率的影响。

第一节 长期的汇率与价格：购买力平价与商品市场均衡

就像在国际金融资产市场中会发生套购一样，在国际商品市场中也会发生套购，商品市场套购的结果是以同一种货币表示的不同国家的商品价格必然相等。如果运用到单个商品，该思想被称为一价定律；如果运用到整个商品市场，则被称为购买力平价理论。

为何这些"定律"必然成立？如果一个商品的价格在两个地方不一样，买主就会涌到便宜的地方去买，远离昂贵的地方，导致便宜地方的商品价格上涨，而昂贵地方的商品价格下降。然而，类似于商品从一个地方运到另一个地方的运输成本等因素可能会阻止套购，我们的目的是基于一个无摩擦贸易和运输成本的理想世界，建立一个简单而有用的理论。我们从涉及单一商品和一价定律的微观层面开始，进一步探讨涉及商品篮子和购买力平价的宏观层面。

一 一价定律

为了理解购买力评价理论预测结果的市场动因，我们首先讨论一价定律（Law of One Price，LOOP），一价定律认为，在没有运输成本和官方贸易壁垒（如关税）等无贸易摩擦的自由竞争市场情况下，同样的货物在不同国家出售，按同一货币计量的价格应该是一样的，例如，如果人民币/美元汇率是 1 美元兑 6.8 元人民币，那么一双皮鞋在北京卖 680 人民币，在纽约就应该卖 100 美元，即纽约皮鞋的人民币价格应该是 680 元人民币（6.8 元人民币/美元×100 美元），与北京价格一样。

让我们继续讨论这个例子，看看在无运输成本和关税时一价定律为什么会成立，如果人民币/美元汇率为每美元 6.5 元人民币，通过外汇市场把 650 元人民币（6.5 元人民币/美元×100 美元）兑换成 100 美元，你可以在纽约买到一双皮鞋，因此，纽约皮鞋的人民币价格就应该是 650 元人民币，如果同样的皮鞋在北京卖 680 元人民币，那么中国的进口商和美国的出口商就会在纽约购买皮鞋并运到北京去卖，这将导致纽约皮鞋价格的上升和北京皮鞋价格的下降，直到两地价格相等为止，类似的，如果汇率是 6.9 人民币/美元，那么纽约皮鞋的人民币价格应该是 690 元人民币（6.9 元人民币/美元×100 美元），比北京高 10 元人民币，此时皮鞋就会从北京运到纽约，直到两个市场上的价格完全一致为止。

一价定律实际上是对本书贸易理论中一个重要原则的重新表述，即当贸易是开放的且交易费用为零时，同样的货物无论在何地销售，其价格都必然相同。我们之所以重提这个原则是因为它揭示了国内商品价格和汇率之间的一个基本联系。我们用（13-1）式表达一价定律：如果要在中国（CH）和美国（US）两个地方销售商品 i，P_{US}^i 表示的是商品 i 的美元价格，P_{CH}^i 为相应的人民币价格，那么一价定律预言商品 i 无论在何地出售都应该有同样的人民币价格，即：

$$P_{CH}^i = E_{¥/\$} \times P_{US}^i \tag{13-1}$$

这意味着人民币/美元汇率就是人民币价格和美元价格指标。

二 购买力平价

购买力平价（Purchasing Power Parity，PPP）认为，汇率取决于两国物价水平相对变化，即本国与外国之间的货币购买力，当一国货币购买力下降（对应着其物价水平上涨）会引起该国货币相对贬值，而购买力上升会引起该国货币相对升值。

为了简洁地表述购买力平价理论，假定我们运用两个地方相同的商品和权重，通过对一个商品篮子中的所有商品 g 的价格进行加权平均来计算每个地方的价格水平，令 P_{US} 表示在美国销售该篮子商品的价格，P_{CH} 表示中国该篮子商品的价格，那么购买力平价所预测的人民币/美元汇率为：

$$E_{¥/\$} = \frac{P_{CH}}{P_{US}} \tag{13-2}$$

如果购买该篮子商品在中国要花 200 元人民币，在美国要花 30 美元，则购买力平价预测人民币/美元汇率将会在 6.67 元人民币/美元（每篮子 200 元人民币/每篮子 30 美元）；如果中国的物价提高到原来的两倍（每篮子 400 美元），那么美元的人民币价格也会同比例变化，PPP 意味着每美元现在等于 13.34 美元，重新整理（13-2）式，我们得到：

$$q_{CH/US} = (E_{\$/¥} P_{CH})/P_{US} \qquad (13-3)$$

其中，$q_{CH/US}$ 为美国对中国的相对一篮子价格，$E_{\$/¥} P_{CH}$ 为以美元表示的中国一篮子价格，P_{US} 为以美元表示的美国一篮子价格。

正如一价定律有三种情形一样，PPP 也有三种情形：该篮子在中国更便宜，该篮子在美国更便宜，该篮子在中国和美国两个地方的价格一样（$q_{CH/US}=1$）。前两种情形下可能会发生有利可图的套购，但在第三种情形下没有套购。因此，在现行的汇率下，只有当每种货币的国内购买力与它在国外的购买力相等时，PPP 就成立，价格水平相等这种说法又称为绝对 PPP。

三 一价定律和购买力平价之间的关系

从表面上，(13-3) 式所表达的购买力平价类似于一价定律，因为对于任何商品 i，都有 $E_{¥/\$}^i = P_{CH}^i/P_{US}^i$。然而，购买力平价和一价定律之间是存在差别的，即一价定律适用于单个商品的情况，而购买力平价理论适用于普遍的价格水平，即商品篮子中所有基准商品价格的组合。

如果一价定律对所有商品都成立，那么只要用于计算不同国家价格水平的基准商品一篮子是一样的，那么购买力平价就成立。然而，购买力平价理论的拥护者认为，这个理论的正确性并不要求一价定律一定成立。他们认为，即使对单个商品而言，一价定律并不成立，价格和汇率也不会与购买力平价所预测的关系偏离太远。因为当一国的商品或劳务的价格暂时比其他国家高时，对其货币和产品的需求就会下降，这将促使汇率和国内价格重新回到购买力平价所预测的水平上来。类似地，当出现相反的情况，即一国的产品相对便宜时，就会引起货币升值和价格上升，因此，购买力平价理论认为，即使一价定律不成立，其背后所隐藏的经济力量最终也会使各国货币的购买力趋于一致[1]。

四 绝对 PPP、价格与汇率

我们可以用实际汇率重新表述绝对 PPP：购买力平价理论认为实际汇率等于 1。在绝对 PPP 条件下，若以同一种货币表示，则所有篮子具有同样的价格，因此，其相对价格为 1。通行的做法是，把隐含的绝对购买力水平 1 作为实际汇率的基准或参照水平，这自然就产生了一些新的术语。

---

[1] Taylor, A. M., Mark P. Taylor, 2004, "The Purchasing Power Parity Debate", *Journal of Economic Perspectives*, 18 (10): 135-158.

如果中国实际汇率 $q_{US/CH}<1$，则美国商品相对便宜，人民币强势，美元弱势。如果中国实际汇率 $q_{US/CH}>1$，则美国商品相对昂贵，人民币弱势，美元强势。例如，假定美国一篮子的人民币价格为 $E_{¥/\$}P_{US}=¥300$，中国一篮子的美元价格只有 $P_{CH}=¥250$，则 $q_{US/CH}=(E_{¥/\$}P_{US})/P_{CH}=¥300/¥250=1.2$，美元兑人民币高估了 20%。

我们对价格水平方程 $E_{¥/\$}P_{US}=P_{CH}$ 进行再整理以求解绝对 PPP 所指的汇率：$E_{¥/\$}=P_{CH}/P_{US}$，即汇率等价格水平比率，它表明了 PPP 是如何清楚地预测汇率的：购买力平价意味着两种货币的交换汇率等于两国相对价格水平。例如，如果一篮子商品在中国的价格为 ¥300，在美国的价格为 $50，PPP 理论预测汇率为 ¥300/$45 = ¥6.67/$。

这样，如果我们知道不同地方的价格水平，我们就可以基于 PPP 理论来预测未来汇率，这是本章的主要目的。

第二节 长期的货币、价格与汇率：一个简单模型的货币市场均衡

到现在为止，我们重点关注了 PPP 理论，该理论认为，从长期来看汇率是由两国价格水平的比率决定的，那么价格水平又是如何被决定的呢？货币理论提供了一个答案：根据该理论可知，在长期内价格水平是由货币供给和货币需求共同决定的。本节基于该理论详细地探讨价格水平是如何被货币供给和货币需求决定的，并深入分析与货币理论相关的要素是如何融入我们的长期汇率理论中的。

一 货币供给

货币供给是如何决定的呢？一国的货币供给都由其中央银行控制，中央银行直接控制现存的现金量，并运用货币政策间接地控制私人银行发下的支票存款，中央银行控制货币供给的过程是比较复杂的。本节假定中央银行在它所希望的水平上确定货币供给规模。

二 货币需求

在凯恩斯奠基的货币需求理论中，特别强调人们需求货币的动机，因为这种动机决定了人们为什么需要货币。货币需求就是人们在不同条件下出于各种考虑而愿意持有一定数量货币的需要。

一个简单的家庭货币需求理论是建立在这样的假设条件基础上的，即进行交易的货币需求与一个人的收入成正比。例如，一个人的收入从 10 万元增加到 20 万元，翻了一番，我们预期他对货币的需求也会翻一番。当把一个人或一个家庭的需求上升到总量或宏观经

济层面时，我们就可以推导出总的货币需求也会翻一番。假定其他因素不变，国民名义收入的上升会使交易等比例增长，进而使总货币需求也等比例增长。该理论提出了一个简单的模型，在该模型中货币需求是与人民币收入成比例的。该理论就是大家熟知的货币数量论（Quantity Theory of Money）：

$$M^d = \bar{L} \times PY \tag{13-4}$$

其中，M^d 表示货币需求，PY 表示名义收入，它等于价格水平 P 乘以实际收入 Y，$\bar{L}$ 是一个常数，它反映了名义收入对货币需求的影响系数。

另一种考察货币数量论的方法是通过将（13-4）式左右两端同时除以物价 P 进而将所有数量转换成实际数量，这样，我们就可以推导出实际货币余额的需求方程：

$$\frac{M^d}{P} = \bar{L} \times Y \tag{13-5}$$

（13-5）式意味着实际货币需求与实际收入呈等比例关系，实际收入越高，从事的交易需求就越多，需要的实际货币也就越多。

三　货币市场均衡

当实际货币需求和实际货币供给相等时，货币市场就达到均衡：

$$\frac{M^s}{P} = \bar{L}Y \tag{13-6}$$

其中，M^s 表示由中央银行控制的名义货币供给量。

四　一个简单的价格货币模型

现在我们把价格与货币均衡条件联系起来的模型——货币数量论和把汇率与价格联系起来的模型——PPP 结合在一起形成一个简单的汇率模型。跟以前一样，为简便起见，我们考察一个将中国作为母国，美国作为外国的两个国家的情形。根据（13-6）式，我们可以获得中国价格水平的表达式：

$$P_{CH} = \frac{M_{CH}}{\bar{L}_{CH} Y_{CH}} \tag{13-7}$$

（13-7）式意味着价格水平由名义货币供给量与实际货币需求量之比决定，我们可以采用同样的方法得到类似的美国价格水平表达式：

$$P_{US} = \frac{M_{US}}{\bar{L}_{US} Y_{US}} \tag{13-8}$$

（13-7）式和（13-8）式为价格水平的货币模型基本方程，他们为价格与汇率理论奠定了重要基础。由于在长期内，假设价格是弹性的，并能够灵活调整以达到货币市场均衡，例如名义货币供给增加了 10 倍，实际收入不变，就会使更多的货币追求同样数量的商品，导致价格上升 10 倍。

五 一个简单的汇率的货币模型

将（13 - 7）式和（13 - 8）式代入绝对 PPP 理论（13 - 2）式中，可以获得：

$$E_{¥/\$} = \frac{P_{CH}}{P_{US}} = \frac{\frac{M_{CH}}{\bar{L}_{CH}Y_{CH}}}{\frac{M_{US}}{\bar{L}_{US}Y_{US}}} = \frac{M_{CH}/M_{US}}{(\bar{L}_{CH}Y_{CH})/(\bar{L}_{US}Y_{US})} \quad (13-9)$$

这就是汇率的货币理论基本方程。假设中国的货币供给增加而其他条件不变，(13 - 9) 式最右边分子增加，即中国的名义货币供给相对于美国增加了，导致汇率提高（人民币兑美元贬值）。如果中国的货币供给增加 1 倍，那么中国的价格水平也会增加 1 倍，也就是说，中国货币供给越大，人民币就越弱势，即流通的人民币越多，预期每 1 元人民币就越不值钱。

六 货币增长、通货膨胀与贬值

接下来将（13 - 9）式转换成增长率形式，（13 - 9）式的第一项是汇率 $E_{¥/\$}$，其变化率是贬值率 $\Delta E_{¥/\$}/E_{¥/\$}$，如果该值为正值，意味着人民币贬值，如果该值为负值，意味着人民币升值。第二项是中美价格水平之比 $\frac{P_{CH}}{P_{US}}$，其变化率（分子与分母变化率之差）为中国的通货膨胀率减去美国通货膨胀率，即通货膨胀之差 $\pi_{CH,t} - \pi_{US,t}$。第三项分子 $\frac{M_{CH}}{\bar{L}_{CH}Y_{CH}}$ 的增长率为中国货币供给 M_{CH} 的增长率 μ_{CH} 减去分母 $\bar{L}_{CH}Y_{CH}$ 的增长率，由于 $\bar{L}_{CH}$ 为一固定常数，所以 $\bar{L}_{CH}Y_{CH}$ 的增长率等于中国实际收入的增长率 g_{CH}。

中国和美国价格水平的增长率等于货币供给增长率减去实际收入增长率，可以得到：

$$\Delta E_{¥/\$,t}/E_{¥/\$,t} = \pi_{CH,t} - \pi_{US,t} = (\mu_{CH,t} - g_{CH,t}) - (\mu_{US,t} - g_{US,t})$$
$$= (\mu_{CH,t} - \mu_{US,t}) - (g_{CH,t} - g_{US,t}) \quad (13-10)$$

(13 - 10) 式表示汇率的变化率等于名义货币供给增长率差额减去实际产出增长率差额，即为汇率的货币理论基本方程。

如果中国采用扩大货币供给的宽松货币政策，假设其他条件不变，那么人民币就会面临贬值，如美国的年货币增长率为 4%，实际收入增长率为 1%，那么美国的通货膨胀率为 3%，现在假设中国的年货币增长率为 5%，实际收入增长率为 1%，那么中国的通货膨胀率为 4%，人民币的贬值率为中国通货膨胀率减去美国通货膨胀率，即每年 1%（4% - 3%）。

如果中国经济长期增长较快，在其他条件不变的情况下人民币就会较快地升值，如果中国长期的实际收入增长率由1%增加到4%，中国的通货膨胀率为原来年货币增长率5%减去现在的实际收入增长率4%，那么人民币贬值率为中国通货膨胀率减去美国通货膨胀率，即人民币每年贬值率 –2%（1% –3%），人民币升值2%。

第三节　长期的货币、利率与价格：一般模型的货币市场均衡

根据 PPP 理论我们知道各国的汇率与价格水平相联系，货币数量论反映了各国价格水平与货币供求状况之间的联系，通过 PPP 理论和货币数量论可知汇率、价格和货币之间存在相互联系。然而，上述我们学的货币数量论对货币需求做了一个不切实际的假定，即假设货币需求只与实际收入有关，与利率无关。在本节，我们放松这个假定，即货币需求会随名义利率变化而发生变化，那么长期的名义利率又是如何被决定的呢？

一　货币需求：一般模型

根据货币数量论可知，货币的需求仅体现在交易需求上，即是与实际收入成比例的，这仅仅反映了持有货币的收益。然而，持有货币是要付出成本的，而利息就是为获得一定货币所必须支付的代价，因此，对货币持有者而言，利息则表示他持有货币的机会成本，那么人们放弃手中的货币而换成持有含息资产的收益与利息有关，当名义利率越高，人们就越会倾向将货币换成含息资产，以获得较高的收益，使人们对货币的需求下降，因此，在其他条件不变情形下，名义利率提高会导致货币需求下降。再结合货币数量论，人民币名义收入的提高会导致货币需求增加，那么可以得出货币需求的一般模型，该模型中货币需求与名义收入成正比：

$$M^d = L(i) \times PY \tag{13-11}$$

其中，参数 $L(i)$ 不再是之前的固定常数，而是名义利率 i 的一个减函数，那么我们就可以推导出实际货币需求函数：

$$\frac{M^d}{P} = L(i) \times Y \tag{13-12}$$

图 13–1（a）为实际货币需求函数，横轴为实际货币余额，纵轴为名义利率，货币需求曲线向右下方倾斜反映了实际收入水平恒定下实际货币需求与名义利率之间呈现反向关系，图 13–1（b）展现了所有名义利率水平下中国实际收入从 Y_1 增加到 Y_2 导致实际货币需求的变化 $L(i) \times Y_1$ 增加到 $L(i) \times Y_2$。当实际收入由 Y_1 到 Y_2 增加了 $x\%$，那么实际货币需求在各个名义利率水平上都增加了同比例 $x\%$。

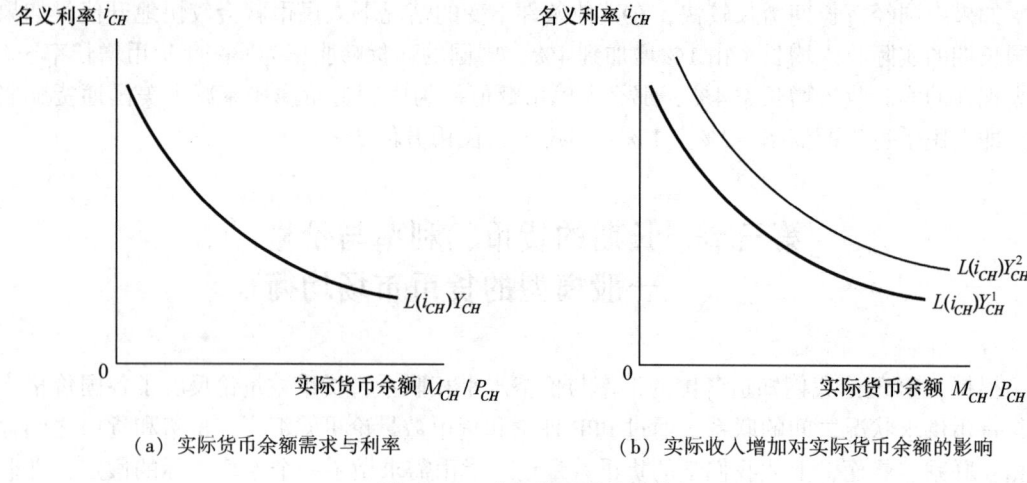

(a) 实际货币余额需求与利率　　　　(b) 实际收入增加对实际货币余额的影响

图 13-1　实际货币需求函数

二　货币市场的长期均衡

当实际货币供给与实际货币需求相等时，货币市场就达到均衡状态：

$$\frac{M^s}{P} = L(i) \times Y \tag{13-13}$$

在长期内，假定价格是富有弹性的，且能够对其进行灵活调整以确保均衡得以维持。在货币数量论里并没有考虑利率，而在此处利率是影响货币需求的关键变量，因此，需要告诉我们长期名义利率会有多高，一旦我们解决了这个问题，我们就能用（13-13）式的货币市场均衡模型来分析长期的汇率决定问题。

三　长期通货膨胀、利率平价和购买力平价

根据上一节可知，一国货币供给量的永久性增加最终会导致该国价格水平的同比例上升，从长期看，利率水平与货币供给增长率肯定不是无关的。虽然长期利率水平不取决于货币供给的绝对水平，但货币供给的不断增加最终会影响利率，要研究长期通货膨胀对长期利率的影响，最简单的方法就是将反映价格水平与汇率之间关系的购买力平价理论（PPP）和反映汇率与利率之间关系的无抛补利率平价理论（UIP）结合起来，而我们对汇率决定的有关分析就是建立在利率平价基础上的。相对 PPP 认为贬值率等于通货膨胀率差额，当市场参与者用此预测未来的汇率时，我们把这种预测称为预期汇率，意思是把一个统计性预期当作预测结果，这样，我们用上角标 e 表示（13-2）式中的预期，得到：

$$\Delta E^e_{\yen/\$}/E_{\yen/\$,t} = \pi^e_{CH,t} - \pi^e_{US,t} \tag{13-14}$$

UIP 理论可以用（13-15）式来表示：
$$\Delta E^e_{¥/\$}/E_{¥/\$} = i_¥ - i_\$ \tag{13-15}$$

现在我们论述以下这个无论在长期还是短期都成立的利率平价条件是如何与长期模型中的另一个平价条件——购买力平价条件协调一致的。根据相对购买力平价理论，人民币/美元汇率在一年中变化的百分比应该等于当年两国通货膨胀率之差。由于知道以上关系，人们就会预期人民币/美元汇率的变化率将等于中国和美国的通货膨胀之差。

四 费雪效应

以上所描述的利率平价条件告诉我们：如果人们相信相对购买力平价理论成立，那么人民币存款和美元存款的利率差异将等于同期中国与美国的预期通货膨胀之差。结合（13-14）式和（13-15）式就可以得到：
$$i_¥ - i_\$ = \pi^e_{CH,t} - \pi^e_{US,t} \tag{13-16}$$

（13-16）式把各国之间的利率差异表达为各国预期的通货膨胀率之差。这意味着，如果像购买力平价理论预示的那样，一国的货币贬值率能够抵消该国与其他国家通货膨胀率差异的话（中国的预期贬值率等于 $\pi^e_{CH,t} - \pi^e_{US,t}$），那么它们之间的利率差异一定等于预期通货膨胀率之间的差异，（13-16）式揭示了持续的通货膨胀与利率之间的长期关系，同时也告诉我们，在其他条件不变的情况下，若一国的预期通货膨胀率上升，最终会导致该国货币存款利率的同比例上升。同样，预期通货膨胀率降低最终会导致利率水平下降。

通货膨胀与利率之间的这种长期关系被称为费雪效应（Fisher Effect）。根据费雪效应，如果中国的年通货膨胀率从 5% 的水平永久性地上升至 10%，那么人民币利率最终也会紧跟通货膨胀率，从原来的水平上涨 5 个百分点，这种变化将使中国商品和劳务计量的人民币资产的实际收益率保持不变。因此，费雪效应再次证明了这样一种观点：在长期中纯粹的货币增长不会对经济生活中的相对价格产生影响。

费雪效应同时也清楚地阐明了弹性价格条件下名义利率与预期通货膨胀率一对一的变动。首先，它使我们刚刚看到的恶性通货膨胀时期货币持有量的证据具有意义。由于通货膨胀率提高，费雪效应告诉我们名义利率 i 必然提高相同的幅度，然后，这个货币需求的一般模型告诉我们，由于 $L(i)$ 使 i 的一个减函数，$L(i)$ 必然下降，因此，在给定实际收入水平的情况下，实际货币余额必然下降。

五 实际利率平价

在经济学中，人们一般认为名义利率和实际利率之间存在着重大区别，前者是以货币衡量的收益率，后者则是以实际指数即一国实际产出衡量的收益率。因为实际收益率经常是不确定的，所以我们通常用的是预期的实际利率。在讨论利率平价条件和货币需求的决定因素时，我们研究的利率是名义利率，如人民币存款的人民币收益率。但为了其他一些目的，经济学家常常有必要研究实际收益率。比如，没有一个投资者会因为仅仅知道名义利率是15%就作出一项投资决策，如果通货膨胀率为零，进行投资是很有吸引力的；如果年通货膨胀率超过100%，投资就毫无吸引力可言。

如前所述，费雪效应虽然告诉我们的是有关名义利率的某些理论，但我们可以很快推导出实际利率的含义，对（13-16）式进行调整后我们得到：

$$i_¥ - \pi^e_{CH} = i_\$ - \pi^e_{US} \qquad (13-17)$$

进一步简化，（13-17）式左边是中国的预期实际利率 $r^e_{CH} = i_¥ - \pi^e_{CH}$ 和美国的预期实际利率 $r^e_{US} = i_\$ - \pi^e_{US}$，结合 PPP 和 UIP 两个假设条件，我们就可以得到：

$$r^e_{CH} = r^e_{US} \qquad (13-18)$$

即如果 PPP 和 UIP 成立，则各国的预期实际利率相等，由于它是建立在 PPP 假设条件基础上的，因此，这种强有力的条件称为实际利率平价，因而，这个结论也只有在长期才可能成立，即在长期内，单单商品市场和金融市场套购就足以使各国的实际利率均等化。虽然我们考察的是两个国家的情形，但这个理论适用于所有融入全球资本市场的国家。在长期内，它们都会具有共同的预期实际利率。把这个长期的预期世界实际利率记作为 r^*，就有：

$$r^e_{CH} = r^e_{US} = r^* \qquad (13-19)$$

其中，r^* 为一个特定的外生变量，那么费雪效应就可进一步描述为：

$$i_¥ = r^e_{CH} + \pi^e_{CH} = r^* + \pi^e_{CH}, \ i_\$ = r^e_{US} + \pi^e_{US} = r^* + \pi^e_{US} \qquad (13-20)$$

在每个国家中，长期的预期名义利率都是长期的世界实际利率加上该国的预期通货膨胀率，例如，如果世界实际利率 $r^* = 2\%$，该国的长期通货膨胀率提高了2%，从3%上升至5%，则其长期名义利率也在原有基础上提高2个百分点，从原来的5%（2%+3%）提高到新的7%（2%+5%）。

六 用一般模型预测汇率

在本章的前面，我们考察了在假设价格有弹性的条件下的两个预测问题，第一个问题是中国的货币供给发生了一次性变化后就保持不变。在两个国家的实际收入保持平稳和美国的货币供给保持平稳这些假设条件下，这个变化导致了美国价格水平的一次性上涨，但没有导致中国通货膨胀率的变化。费雪效应告诉我们，如果通货膨胀率不变，则名义利率在长期也不变。这样，简单模型的预测就是有效的。而更为复杂的预测问题就涉及中国货币增长率的变化并由此导致通货膨胀率的变化。而恰恰是在这种情形中一般模型作出了不同的预测。我们曾假设中国和美国的实际收入增长率是一样的，从而实际收入水平保持不变。我们还假设了美国货币供给不变，进而美国的价格水平也不变。这就是我们集中关注在其他条件不变的情况下该模型在中国方面的变化。

现在我们考察在中国货币增长率提高情况下的预测问题，假定时间 T 提高中国货币供

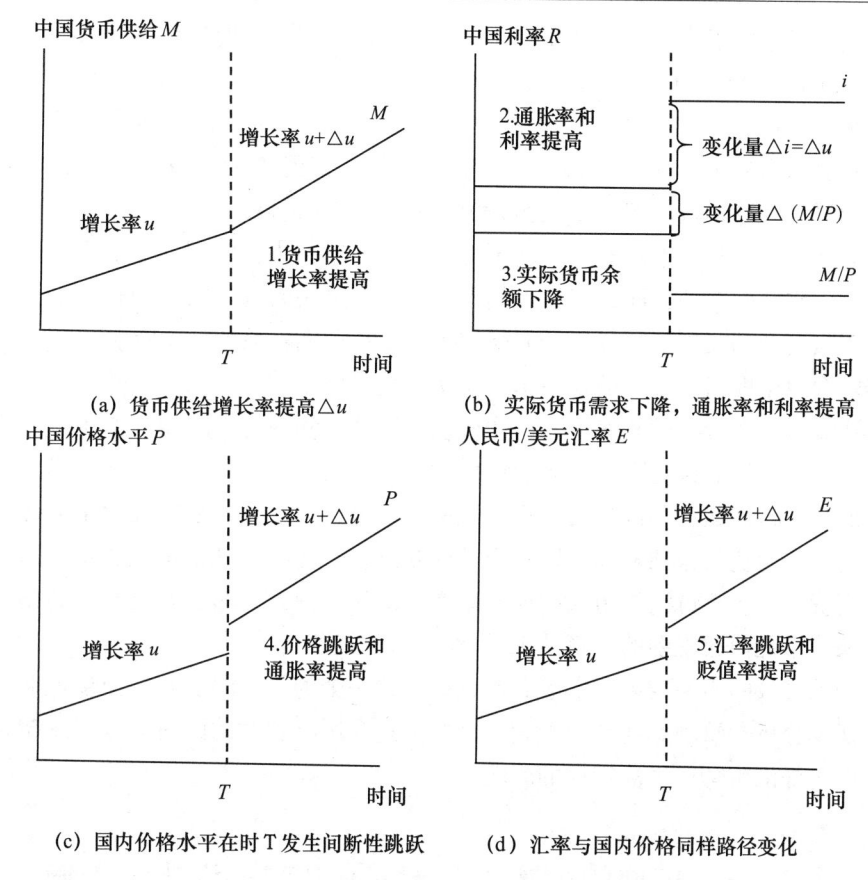

图13-2 标准模型中的货币供给增长率提高

(a) 货币供给增长率提高△u
(b) 实际货币需求下降，通胀率和利率提高
(c) 国内价格水平在时T发生间断性跳跃
(d) 汇率与国内价格同样路径变化

给增长率从固定 u 提高到 $u+\triangle u$，汇率在长期会有什么变化？为此，假设中国的通货膨胀率和利率在时间 T 前后保持不变，以便集中关注两个时期之间由货币供给增长率变化引起的差异，图13-2就很好地阐释了这点。

假设在时点 T，中央银行突然把中国货币供给的增长率从固定 u 稍稍提高到 $u+\triangle u$，图13-2说明了在货币分析法的假设之下，这一变化是会影响人民币/美元汇率 $E_{¥/\$}$ 以及中国其他经济变量的。为了简便起见，我们假定美国的通货膨胀率恒为零。

图13-2（a）表明，在时点 T 处，中国货币供给会突然加速，这一政策变动会使人们预期未来货币贬值的速度将更快，因为根据购买力平价理论，人民币将按 $u+\triangle u$ 而不是按 u 的速度贬值。在这种情况下，利率平价条件要求美元利率上升，如图13-2（b）所示，中国利率会从初始水平 i 上升 $i+\triangle u$，这一新的利率水平反映了对人民币贬值的预期。由于美国的货币供给和产出并未发生变动，美国利率仍会维持在美国货币市场原来的均衡水平下，即中国的货币调整并不会影响美国利率。

从图13-2（a）可以看到，在 T 处货币供给水平实际上并没有向上跳跃，只是未来

259

的增长率改变了，由于货币供给量没有立即增加，但利率上升使货币需求减少了，所以在 T 以前的价格水平上会出现中国实际货币供给过度，面对这种可能出现的货币供给过度，中国价格水平会在 T 处向上跳跃，如图 13-2（c）所示，从而使实际货币供给量减少并再次与实际货币需求量相等。图 13-2（d）则表明，随着中国价格 P 在时点 T 处向上跳跃，购买力平价理论预测汇率 $E_{¥/\$}$ 会以相同的比例向上跳跃。

我们如何能了解外汇市场时间 T 的反应呢？在该案例中，中国利率上升并不是因为货币供给或需求水平的变动，而是因为人们预期会出现更快的货币供给增长和人民币贬值的缘故。由于投资者的反应是把资金转向能够提供更高预期收益的外币存款，所以人民币在外汇市场上会急剧贬值，此时的贬值率高于 T 以前的水平。

我们注意到，对价格调整速度的不同假设会导致在利率与汇率相互作用方面明显不同的结论。在黏性价格假设之下，如果货币供给下降，而价格水平无法立即下降以对货币供给减少作出反应，那么，要保持货币市场均衡，利率必然上升。在黏性价格情况下，利率上升是与更低的通货膨胀预期和长期货币升值联系在一起的，其结果是货币立即升值。但我们在运用货币分析法讨论货币供应增长率提高的例子中，利率上升是与更高的通货膨胀预期和未来货币贬值相联系的，其结果是货币立即贬值。

利率变动导致的不同结果证实了我们先提出的一个警告：即从利率角度说明汇率问题时，必须认真分析导致利率变动的因素。这些因素在影响利率的同时，也会影响未来预期汇率，从而对外汇市场产生决定性的影响。

第四节　短期的汇率与利率：UIP 和外汇市场均衡

一　风险套汇

正如前面所述，我们假定母国为中国，外国为美国，在谈及风险套汇思想时，我们曾经说过，只有在两种投资的收益率没有预期的差异时外汇市场才处于均衡，显示了近似的无抛补利率平价，该结果要求中国投资的人民币收益率（人民币存款）必须等于美国投资（美元存款）的预期人民币收益率：

$$i_¥ = i_\$ + \Delta E^e_{¥/\$}/E_{¥/\$} \tag{13-21}$$

其中，$i_¥$ 为人民币存款利率，即人民币存款的人民币收益率，$i_\$$ 为美元存款利率，$\Delta E^e_{¥/\$}/E_{¥/\$}$ 为人民币的预期贬值率，$E_{¥/\$}$ 为今天的汇率，$E^e_{¥/\$}$ 为预期未来汇率。

这个无抛补利率平价 UIP 方程就是汇率的资产理论基本方程，资产理论运用了 UIP 方程来决定今天的即期汇率，因而，只有在我们假设得知利率和未来的预期汇率的情况下，该理论才是有用的（见图 13-3）。

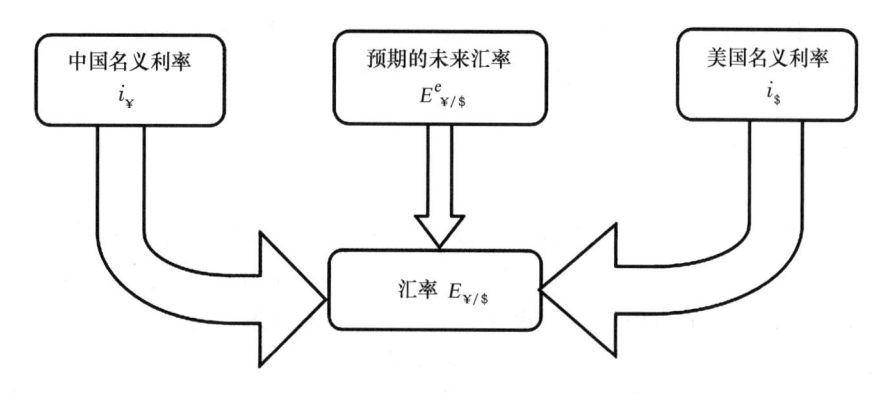

```
┌─────────────┐      ┌─────────────┐      ┌─────────────┐
│  中国名义利率  │      │  预期的未来汇率 │      │  美国名义利率  │
│     $i_¥$     │      │  $E^e_{¥/\$}$ │      │     $i_\$$    │
└─────────────┘      └─────────────┘      └─────────────┘
         ↘                   ↓                   ↙
                    ┌─────────────┐
                    │ 汇率 $E_{¥/\$}$ │
                    └─────────────┘
```

图 13 - 3 无抛补利率平价——资产理论的基本方程

二 相对利率水平

名义利率水平是特定国家的资产回报率的第一个测算值。因此，随着投资者对最高回报率的追求，两国名义利率水平之间的差异会影响国际投资流动。

当中国的利率水平明显高于国外利率水平时，外国对中国有价证券和银行账户的需求将会增加，进而增加购买这些资产所需的人民币，因此使人民币相对于外国货币升值，与之相反，如果中国的平均利率水平低于国外利率水平，对外国有价证券和银行账户的需求将会增加，而对中国有价证券和银行账户的需求将会减少，这将导致对购买外国资产所需要的外国货币的需求增加，而对人民币的需求减少，最终导致人民币相对于外国货币贬值。

为了解释相对利率水平对汇率决定的影响，假设中央银行实施了扩张性货币政策，导致利率下降到3%，而美国的利率水平为6%，中国投资者将会被相对的高利率吸引到美国，由此需要更多的美元来购买美国有价证券，美国投资者需要更少的美元来购买中国有价证券，随着中国居民减少在美国的投资和美国居民增加在中国的投资，人民币将会相对于美元升值。

尽管如此，考虑到利率、投资流动以及汇率之间的关系，也许情况不总是如此简单，重要的是要区分名义利率和实际利率。

$$实际利率 = 名义利率 - 通货膨胀率 \qquad (13-22)$$

对于国际投资者来说，起关键作用的是相对实际利率水平的变动。如果在中国名义利率提高的同时，中国的通货膨胀也提高了同等幅度，那么实际利率水平将保持不变，在这种情况下，较高的名义利率不能够使以人民币计价的有价证券对美国投资者更有吸引力。这是因为中国通货膨胀率的提高将会使中国居民转向价格较低的美国投资产品，从而增加了对美元的需求，促使人民币贬值。美国投资者会预期，用美元表示的人民币汇率会随着人民币购买力的下降而贬值，因此，中国有价证券较高的名义回报率将会被远期汇率降低的预期所抵消，从而不会对美国在中国投资的动机产生影响，只有当中国名义利率的提高

使实际利率水平提高时,才能够使人民币升值。如果名义利率水平的提高导致了通货膨胀率预期的提高,并降低了实际利率水平,人民币将会贬值。

三 汇率的预期波动

在作出投资决策时,投资者并不一定都需要知道利率之间的差异,另外一个必须考虑的问题是,在一个较长的时期内,一项投资可以实现的实际回报率,这意味着在投资期限内,远期支付可以实现的价值可能会随着汇率自身的波动而发生变化,简言之,除了资产利率,投资者必须考虑外汇交易可能产生的收益和损失。

对汇率本身远期波动路径的预期,对投资者计算以外国货币计价的投资的实际收入起到重要作用,当投资者预期计价货币贬值的幅度等于或大于利率的提高幅度时,即使是较高的利率水平也不再具有吸引力,因为贬值预期消除了经济收益。与之相反,如果预期计价货币升值,投资收益将会大于只有利率上升所带来的收益,因此资产具有较强的吸引力。只要出现以下几种预期,就会出现人民币升值的预期:中国的价格水平相对于美国的价格水平有所下降,中国的生产力水平相对于美国的生产力水平有所提升,中国的关税提高,中国对进口商品的需求减弱,或美国对中国进口商品的需求增加,为了从升值的人民币中获取利益,美国资本纷纷涌入中国,这导致现行人民币对美元升值,如图13-4的流程图所示。

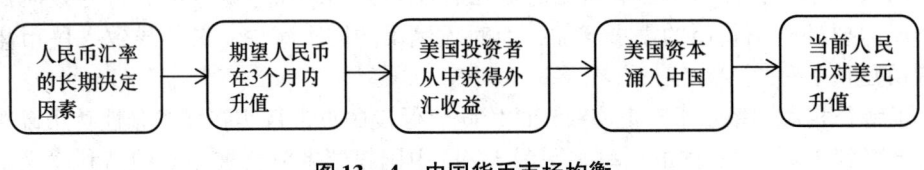

人民币汇率的长期决定因素 → 期望人民币在3个月内升值 → 美国投资者从中获得外汇收益 → 美国资本涌入中国 → 当前人民币对美元升值

图13-4 中国货币市场均衡

简言之,任何导致人民币远期升值的决定因素都会导致人民币即期升值。

四 外汇市场均衡:案例

为了进一步探讨我们之前所学的概念,让我们通过一个数字例子来展现外汇市场均衡是如何确定的。

假设我们做了这样一个预测,预期的未来汇率 $E^e_{¥/\$}$(1年后)为1美元等于6.8元人民币,再假设现在美国的利率 $i_\$$ 为3%,现在中国的利率为 $i_¥$ 为5%。

针对各种即期汇率 $E_{¥/\$}$ 值,表13-1给出了一个中国投资者在国内的收益率和以人民币表示的预期外国收益率,在该表中,外国收益由两部分组成,一部分是来自美国的利率 $i_\$$,另一部分是来自人民币的预期贬值率(13-21)式所示。

表13-1 利率、汇率、预期收益和外汇市场均衡

(1)	(2)	(3)	(4)	(5)	(6)
人民币存款利率（年）	美元存款利率（年）	即期汇率（今天）	预期未来汇率（一年后）	预期美元兑人民币升值率（一年后）	美元存款的预期人民币收益率（年）
国内收益（人民币）					外国预期收益（人民币）
$i_¥$	$i_\$$	$E_{¥/\$}$	$E^e_{¥/\$}$	$(E^e_{¥/\$} - E_{¥/\$})/E_{¥/\$}$	$i_\$ + (E^e_{¥/\$} - E_{¥/\$})/E_{¥/\$}$
0.05	0.03	6.65	6.95	0.045	0.075
0.05	0.03	6.70	6.95	0.037	0.067
0.05	0.03	6.75	6.95	0.030	0.060
0.05	0.03	6.80	6.95	0.022	0.052
0.05	0.03	6.85	6.95	0.014	0.044
0.05	0.03	6.90	6.95	0.007	0.037

第五节 短期利率：货币市场均衡

上一节我们讨论了无抛补利率平价模型，即期汇率是该模型的输出变量，预期汇率和两个利率是输入变量，但预期汇率和这两个利率从何而来呢？我们也介绍了长期汇率理论，即货币理论，该理论可用于预测未来汇率，这就只剩下一个尚未回答的问题：现行的利率是如何确定的？

一 短期的货币市场均衡

本节在了解货币供给和货币需求机制基础上，我们考虑位于两个地方的两个货币市场及其相应的均衡，即货币需求等于货币供给，与前面一样，本节的两个市场仍然是中国和美国，其货币供给分别由中央银行和美联储控制，且是外生既定的，货币需求是利率和实际收入的函数。本部分假定在短期内价格水平是刚性的，它是一个已知的预定变量。同时，假定名义利率是充分弹性的，它会进行调整以使货币市场达成均衡。

那么在考察短期货币市场均衡为什么要假定价格是刚性的呢？经济学家对于价格刚性有诸多解释，由于长期劳动合约或隐含合同，名义工资可能是刚性的，由于局内人和局外人工资保持一致或效率工资，也可能导致名义工资是刚性的，由于菜单成本，即企业发行经常更换产品价格是需要耗费成本的，名义产品价格可能是刚性的，因此，虽然我们认为假设所有的价格在长期是富有弹性的是合理的，但在短期并非必然如此。

为什么在短期内要假设利率是弹性的呢？正如长期货币理论描述的，名义利率在长期是受费雪效应约束的，但这显然不适合短期，因为它是从购买力中推导出来的，而我们已经知道，购买力平价在短期是失效的，事实上，也有证据表明实际利率波动在短期是偏离实际利率平价的。

在上述两个短期假设的基础上，同样采用一般货币模型表达两个国家的货币市场表达式：

$$M_{CH}/P_{CH} = L(i_¥) \times Y_{CH} \qquad (13-23)$$
$$M_{US}/P_{US} = L(i_\$) \times Y_{US} \qquad (13-24)$$

在长期内可以通过调整价格使货币市场达到均衡，即货币供给等于货币需求，但在短期内价格是刚性的，就不可能进行灵活的调整，但名义利率是可以自由地调整的，因此，在短期内各国通过灵活调整名义利率以使货币供给和货币需求达到均衡。

图13-5显示了中国货币市场均衡曲线，横轴代表了中国货币实际余额，纵轴代表了名义利率，图中实际货币供给曲线 MS 为一条垂直线，代表了货币供给由中央银行控制固定水平，且与利率水平无关，实际货币需求曲线 MD 向下方倾斜，代表了货币需求随着中国名义利率提高而下降，因为持有货币的机会成本上升，人们不愿意持有更多的货币在手上，如在 A 点实际货币供求相等，货币市场达到均衡。

正如前面假定名义利率在短期内是富有弹性的，那么就无法阻止货币市场达到均衡，但市场力量又是如何通过调整名义利率以达到货币市场均衡的呢？当名义利率位于 i_2 的 B 点时，实际货币供给超过了实际货币需求，即中央银行投放的货币量超过了公众手上愿意持有的货币，利率水平较高，公众就会将货币换成产生高利息的债券或储蓄账户，这样货币需求减弱，资金的价格被压低，利率往下调，当货币市场处于点 C 时，实际货币需求就超过实际货币供给，利率处于低位水平，公众就会减少含有低利息资产，并换成现金，公众对货币的需求较高，资金的价格上升，利率不断往上调，直至既不存在超额的货币供给，也不存在超额的货币需求时，即达到均衡状态点 A，上述调整才会停止。根据同样的方法，可确定外国货币市场达到均衡状态下的名义利率。

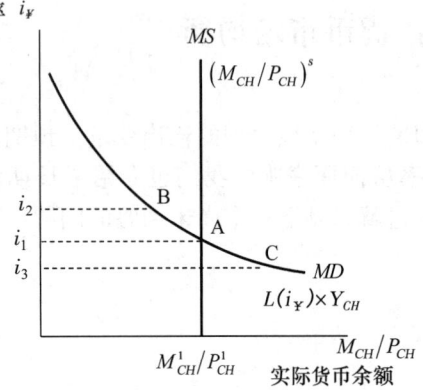

图13-5 中国货币市场均衡

二 货币供给与名义利率变化

根据上述可知，当货币供给等于货币需求时，货币市场达到均衡状态，此时可确定均衡的名义利率和货币供需，凡是能够使货币需求或货币供给变化的因素均有可能带来均衡点的移动，根据假设，在短期内价格水平保持不变，当中央银行实施降低存款准备金率、在债券市场中买入债券或降低再贴现率，会增加名义货币供给，那么原来的均衡点A的名义利率下，存在实际货币超额供给，使人们把货币换成含息资产以放贷，名义利率下降，均衡的货币需求增加，垂直的货币供给曲线向右移动；而当中央银行提高存款准备金率、卖出债券或提高再贴现率时会减少名义货币供给，提高名义利率。总之，在短期且其他条件不变的情况下，一国货币供给增加会降低该国的名义利率，一国货币供给减少会提高该国的名义利率。

然而，在多数情形下，央行在短期内不会变动总的货币供给，货币需求往往不太稳定，根据货币理论可知，实际收入增加会导致实际货币需求增加，导致货币需求曲线向右上方移动，这样就会迫使货币资金的价格上升，名义利率提高。相反，实际收入减少会降低该国的名义利率。

三 货币模型：短期和长期

前面讨论的短期货币模型以及长期货币理论得出的结论具有显著的差异，假定以前保持货币供给不变的母国中央银行突然实施扩张性的货币供给政策，即在第二年让货币供给增长5%，其给母国带来的通货膨胀和利率带来的影响与人们对这项政策的长短预期有关：当人们预期这种扩张性的货币政策是长期永久性的政策，那在其他条件不变的情况下，5%的母国货币增长会导致该国的通货膨胀率以及名义利率均提高5%，该国利率在长期会提高。当人们预期这种扩张性的货币政策是短期暂时性的政策，那么结论会完全不一样，即在其他条件不变的情况下，母国货币供给增加，会在短期内导致实际货币的超额供给，使母国名义利率下降。

上述两种完全不同的结论显示了价格弹性假设的重要性，在上述两种情形下，扩张性的货币供给导致了弱势货币，在长期内，高利率、高通胀和弱势货币共生，在短期内，低利率和弱势货币共生。因此，如果是长期永久性的政策，价格是弹性的，货币增长、通货膨胀和预期贬值是协同变化的，而并非如短期情形下"所有其他条件"不变那样。

第六节 资产理论：应用与证据

通过利率平价条件可知，只有当本币存款和外币存款的预期收益率相等时，外汇市场才能实现均衡，而符合UIP理论的利率是由国内货币市场上实际货币供给和实际货币需求相等这一条件来决定的。现在我们将这些资产市场均衡条件都放到一起，看看当所有的资产市场同时出清时，汇率和产出之间的关系。因为目前焦点是母国经济，因而假定国外利率保持不变。

一 汇率的资产理论

对于一个给定的未来预期汇率 $E^e_{¥/\$}$，根据描述外汇市场均衡的利率平价条件方程：

$$i_¥ = i_\$ + (E^e_{¥/\$} - E_{¥/\$})/E_{¥/\$} \quad (13-25)$$

根据前述可知，满足利率平价条件的本币利率，必须同时使实际货币供给等于实际货币需求，当利率下降时，实际货币需求将上升，因为利率的下降使持有非货币资产的吸引力下降，而实际产出的增加则会通过扩大人们必须进行的货币交易数量增加实际货币需求。

图 13-6（a）展示了母国（中国）的货币市场，图 13-6（b）展示了中国外汇市场，以此来描述短期的资产理论。图 13-6（a）描述了中国货币市场均衡，横轴表示中国实际货币的需求量或供给量，纵轴表示中国名义利率，两种关系表示如下：第一，由于母国（中国）名义货币供给是中央银行控制的，且短期内价格是完全刚性的，因此，实际货币供给曲线 MS 是垂直线。第二，MD 曲线表示中国的实际货币需求 $L(i_¥) \times Y_{CH}$。它向下倾斜式是因为当中国的名义利率 $i_¥$ 上升时，持有货币的机会成本上升，需求下降。现在，我们还是假设中国实际收入 Y_{CH} 在短期是外生固定不变的。

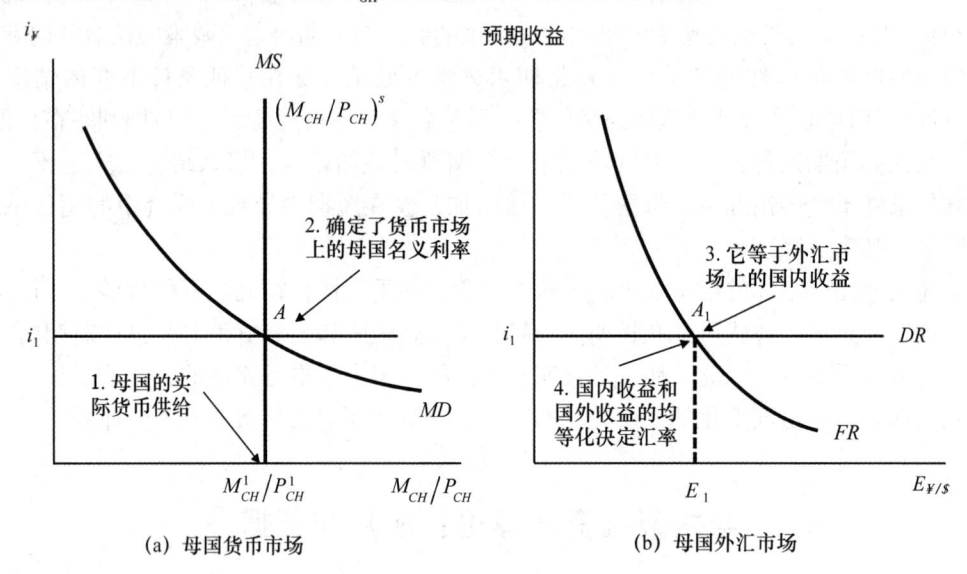

图 13-6 货币市场和外汇市场均衡

当货币需求等于货币供给，货币市场达到均衡，此时母国的名义利率为 i_1，母国的实际货币供给为 M_{CH}/P_{CH}。图 13-6（b）描述了外汇市场均衡，横轴表示人民币兑美元即期汇率，纵轴表示母国存款和外汇存款的人民币收益，两种关系表示如下：第一，向下倾斜的 FR 曲线表示汇率与外国存款预期人民币收益率之间具有反向关系，美元利率被视为外生的,预期的未来收益率 $E^e_{¥/\$}$ 也是外生的,它由长期货币模型的预测决定。第二,水平的国内收益曲线 DR 表示母国的人民币收益率,即中国的名义利率,它是一根平行于横轴的水平线,因为它是在图 13-6 (a) 中货币市场均衡确定的,它不随即期汇率的变化而变化。

这样我们通过图 13-6 (a) 求解出货币市场达到均衡时的名义利率,从母国货币市场向右一直到图 13-6 (b) 的外汇市场,因为母国利率等于外汇市场的国内收益 DR,结合外国收益曲线就可得到外汇市场达到均衡状态下的均衡汇率。然而,同样的分析也适用于外国市场,可以尝试构建一个在假设美国为母国和中国为外国条件下类似于图 13-6 的图形。

二 短期政策分析

图 13-6 展示了如何运用资产理论来确定汇率,该理论也可用于分析宏观经济政策对经济的影响。有鉴于此,我们可以分析导致货币市场和外汇市场现状发生变化的暂时性冲击带来的影响。对母国货币供给的暂时性冲击,假定除了母国货币供给,其他所有外生变量保持不变,即外国货币供给、外国和母国的实际收入和价格水平、预期未来汇率均不变。

所有市场的初始状态如图 13-7 所示。母国货币市场初始均衡点在点 A,外汇市场均衡点处于 A_1,国内收益和国外收益相等下的均衡即期汇率为点 E_1。在价格刚性的假设条件下,中央银行扩大货币供给使货币供给曲线由 MS_1 向右移到 MS_2,实际货币需求不变,从而货币市场均衡点由点 A 移动到点 B,名义利率由 i_1 下降到 i_2,暂时性的货币供给冲击没有导致长期的预期汇率 $E^e_{¥/\$}$ 变化,假定美国货币供给和名义利率不变,那么图 13-7 (b) 中的美国收益曲线不变,新的外汇市场均衡点处于点 B_2,较低的国内收益和较低的外国收益相吻合。而外国收益之所以降低,是因为人民币从 E_1 贬值到 E_2。

现在我们将上述情况综合在一起进行分析,当母国货币供给扩张会降低母国名义利率,这使外国存款更具有吸引力,投资者会卖出母国存款而买入外国存款,导致母国汇率贬值,进而使外国存款的吸引力降低,当母国收益和外国收益相等时,外汇市场达到了新的短期均衡。

当面临外国货币供给的暂时性冲击时,重复以上步骤进行分析,假设所有其他外生变量都保持不变且固定在原来的水平,即母国的货币供给、母国和外国的实际收入和价格水平、预期未来汇率都是固定不变的,所有市场的初始状态如图 13-8 处所示。

外国货币供给变化对图 13-8 (a) 母国货币市场均衡没有影响,均衡点仍在点 A,母国名义利率仍为 i_1,同样由于冲击是暂时的,因此长期预期未来的汇率是固定不变的,即图 13-8 (b) 中的预期汇率 $E^e_{¥/\$}$ 不变,当外国(美国)货币供给暂时性的扩张,美国利率 $i_\$$ 下降,在其他条件不变的情况下,外国收益减少了相当于美元利率下降的幅度,因而

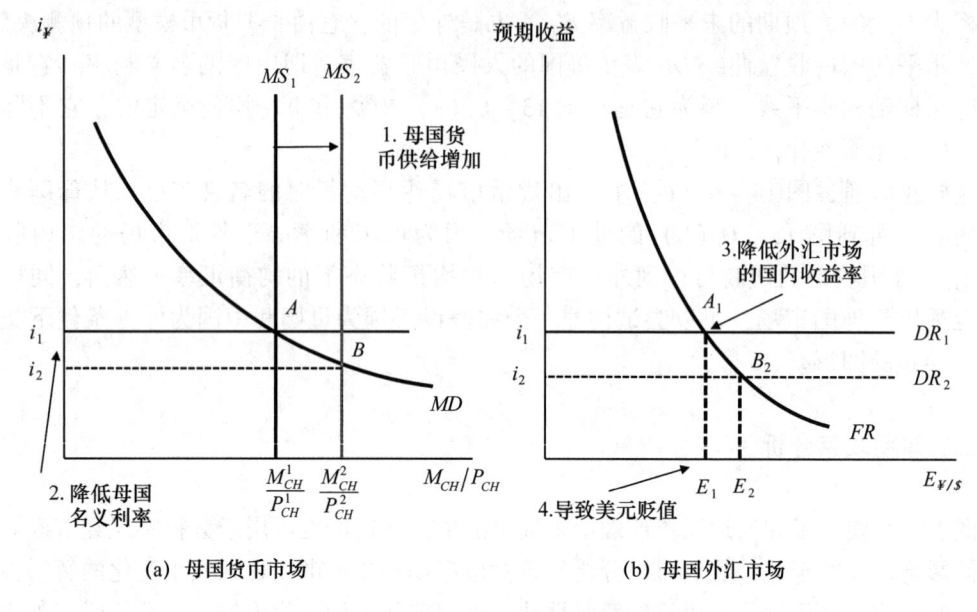

图 13-7 货币市场和外汇市场均衡

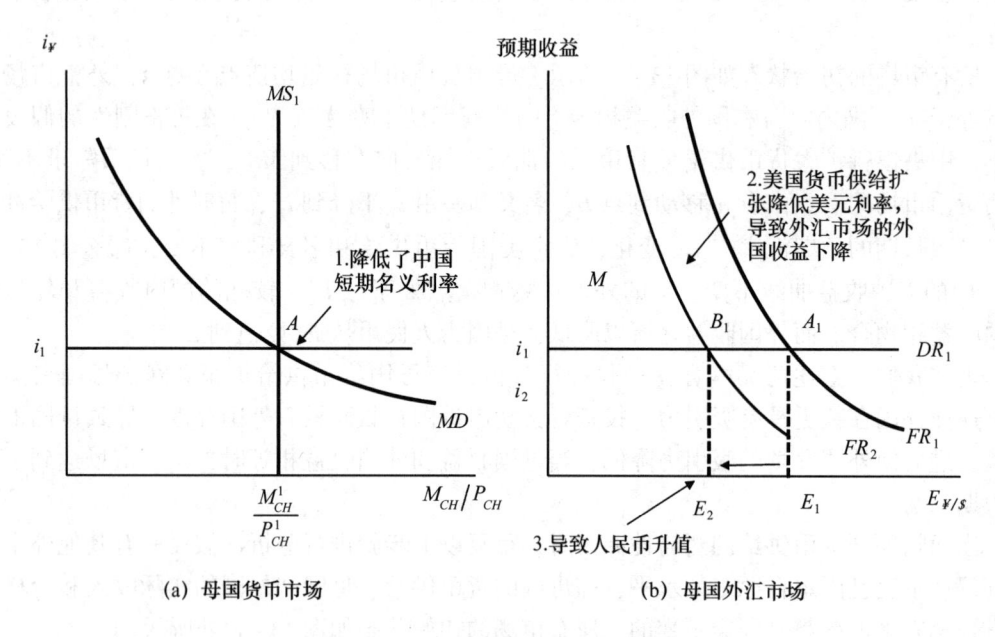

图 13-8 货币市场和外汇市场均衡

外国收益率曲线从 FR_1 向左下方移动到 FR_2，即在图 13-8（b）中可以看到新的均衡点 B_1 点，最终导致母国（中国）的即期汇率由 E_1 下降到 E_2（人民币升值了）。

同样我们分析上述结论的原因，外国货币扩张降低了外国名义利率，进而降低了外汇

268

市场上的外国收益,使外国存款的吸引力降低,投资者更愿意买入母国存款卖出外国存款,母国汇率下降(升值),导致外国存款的吸引力增加,最终使外国收益和国内收益再次相等,即外汇市场达到新的均衡。

本章小结

1. 一价定律认为,在没有运输成本和官方贸易壁垒等无贸易摩擦的自由竞争市场情况下,同样的货物在不同国家出售,按同一货币计量的价格应该是一样的。

2. 无论是从绝对PPP还是相对PPP而言,购买力平价理论均表明不同国家的物价和汇率之间是密切相关的,要么体现在其绝对水平上,要么体现在其变化率上。

3. 将长期实际利率理论与国内货币因素如何决定长期价格水平的理论相结合,可以分析长期名义汇率的决定。一国货币供给的逐步增加最终将引起其价格水平的同比例增加以及其货币汇率的同比例下降,这正符合相对购买力平价理论的预测。货币增长率的变动也有长期效应,符合购买力平价理论。但是,产品市场上的供求变化则会使汇率运动偏离购买力平价。

4. 根据利率平价条件,不同国家名义利率的差异等于预期名义汇率变化的百分比。如果利率平价在此意义上成立,那么实际利率平价条件也使预期的实际利率差异与预期的实际汇率变化相等。实际利率平价还指出,预期通货膨胀率差异加上预期实际汇率变化的百分比,等于不同国家之间的名义利率差异。

5. 长期汇率的决定因素不同于短期汇率的决定因素。在长期内汇率取决于四个重要因素:相对价格水平、相对生产力水平、国内外商品的消费者偏好以及贸易壁垒,这些因素影响国内外商品的交易,继而影响对进出口商品的需求。在长期内,如果一国的通货膨胀率水平相对较低、生产力水平相对较高、对其出口商品的需求相对较高以及贸易壁垒相对较高,那么其货币倾向于升值。

6. 货币供给的暂时性增加不会改变长期预期名义汇率,但会导致货币贬值和产出增加,中央银行使用货币政策来抵消对产出和就业的扰动,然而,当经济陷入零利率的流动性陷阱时,暂时性货币扩张对于提高产出或调节汇率的力量会削弱。

7. 永久性货币供给的移动不会改变长期预期的名义汇率,但会引起汇率急剧变动,因此对产出的短期效应要强于暂时的移动。如果经济达到充分就业状态时,货币供给的永久性增加会导致价格水平升高,其最终会使名义汇率的初始贬值对实际汇率的影响出现反转。在长期内,产出会回到初始水平,货币价格将随着货币供给的增加等比例上升。

8. 在短期汇率决定中,持有国内资产还是国外资产的决策比对进出口商品需求变动所起的作用大,根据决定汇率的资产市场法,投资者在决定进行国内投资还是国外投资时考虑两个主要因素:相对利率水平和汇率的预期波动。反之,这些因素的变化将决定外汇的短期波动。

9. 在短期内，市场预期也会影响汇率波动。如果预期将来国内经济增长迅速，国内利率水平下降以及国内通货膨胀率提升，那么将会导致国内货币的贬值。

思考题

1. 请解释为什么人们常说当本国货币相对于外币出现实际升值时，出口状况恶化；而当本国货币实际贬值时，出口部门则兴旺发达？

2. 一国实际货币需求的永久性变化在长期中是如何影响名义汇率与实际汇率的？

3. 请简要分析货币供给增长、通货膨胀与实际汇率之间的关系。

4. 一国对进口商品征收关税，这一举措将如何影响该国与外国之间的长期实际汇率和长期名义汇率？

5. 在其他条件不变，下列变动时是如何影响一国货币对外币的实际汇率的：

（1）总支出水平不变，但该国国内消费者决定将更多的收入花在非贸易品上，并相应地减少贸易品的消费；

（2）国外居民将需求从其本国产品转向该国的出口商品。

6. 如果一种货币在外汇市场上被高估，会对该国贸易平衡产生什么样的影响？如果被低估，情况又如何？

7. 考虑两个国家：日本和中国。1996年日本经历了较慢的经济增长（1%），而中国则有较强劲的经济增长（6%），假设日本银行允许货币供给每年增长2%，而中国人民银行选择保持较高的每年12%的货币增长。运用简单的货币模型（L为常数）回答下列问题。你会发现最简单的做法是把中国视为母国，把日本视为外国。

（1）中国和日本的通货膨胀率各为多少？

（2）人民币相对于日元的预期贬值率是多少？

（3）假定中国人民银行把货币增长率从12%提高到15%，如果日本的一切条件都不变，韩国现在的通货膨胀率是多少？

（4）用时间序列表示出中国提高货币增长率是如何在长期影响其货币供给、利率、价格、实际货币供给和名义汇率的（在纵轴上画出各个变量，在横轴上画出时间）。

8. 请解释在市场决定汇率机制下，下列因素如何影响人民币汇率。

（1）中国物价水平上升，外国物价水平不变；

（2）中国进口施加关税和配额；

（3）中国的出口需求增加，进口需求减少；

（4）相对于其他国家，美国的生产力提高；

（5）相对于中国的利率，国外真实利率上升；

（6）中国货币供应增加；

(7) 中国货币需求增加。

9. 假定美元和中国人民币之间的汇率为 0.16 美元/人民币,根据购买力平价理论,在以下各种情况下人民币汇率将如何变化?

(1) 美国价格水平上升 10%,中国价格水平不变;
(2) 美国价格水平上升 10%,中国价格水平上升 20%;
(3) 美国价格水平下降 10%,中国价格水平上升 5%;
(4) 美国价格水平下降 10%,中国价格水平下降 15%。

附录 一个完整的理论:货币理论与资产理论的统一

一 货币理论与资产理论的统一

本节将在一个既包括长短期冲击的资产理论又包括长期冲击的货币理论的完整汇率理论的框架下探讨汇率的决定。首先,我们描述反映短期货币市场均衡与无抛补利率平价的资产理论。

$$\left.\begin{array}{l} P_{CH} = M_{CH}/[L_{CH}(i_¥)Y_{CH}] \\ P_{US} = M_{US}/[L_{US}(i_\$)Y_{US}] \\ i_¥ = i_\$ + (E^e_{¥/\$} - E_{¥/\$})/E_{¥/\$} \end{array}\right\} \text{短期资产理论} \qquad (13-26)$$

其中,中国和美国的名义利率和即期汇率是未知的,而价格水平和实际收入是已知的,未来的预期汇率通过长期货币理论获得:

$$\left.\begin{array}{l} P^e_{CH} = M^e_{CH}/[L_{CH}(i^e_¥)Y^e_{CH}] \\ P^e_{US} = M^e_{US}/[L_{US}(i^e_\$)Y^e_{US}] \\ E^e_{¥/\$} = P^e_{CH}/P^e_{US} \end{array}\right\} \text{长期货币理论} \qquad (13-27)$$

其中,未来的货币供给、实际收入和名义利率这些预测值都是已知的,该模型可用于预测价格,进而预测未来汇率。

结合 (13-26) 式和 (13-27) 式,母国的未来货币供给和母国的未来实际收入共同决定了母国的未来价格水平,外国的未来货币供给和外国的未来实际收入共同决定了外国的未来价格水平,母国和外国的未来价格水平就共同决定了未来的预期汇率。母国当前的货币供给和当前的实际收入共同决定了当前母国的名义利率,外国当前的货币供给和当前的实际收入共同决定了当前外国的名义利率,结合上述得出的未来预期汇率,即可决定即时汇率。基于上述所有的基石,我们就可以理解预期和套汇这两个机制是如何以各种方式决定短期汇率与长期汇率的。

二 长期政策分析

接下来，我们运用上述完整的模型解释长期货币政策对经济的冲击，当货币当局决定进行一次永久性货币冲击时，那预期不变这个假设就不能成立。当面临永久性的货币冲击时，会导致所有名义变量发生永久性变化，对汇率水平的长期预期就必须调整。

当面临母国货币供给的永久性冲击时，当我们分析母国（中国）经济和外国（美国）经济时，假设它们现在都处于长期均衡中，所有变量都是不变的，处于这个均衡状态时，我们假设各国都具有固定的实际收入、货币供给以及零通货膨胀率，这样，贬值率为零，因为均衡意味着购买力平价成立，各国的利率也相同，因为均衡意味着无抛补利率平价成立。

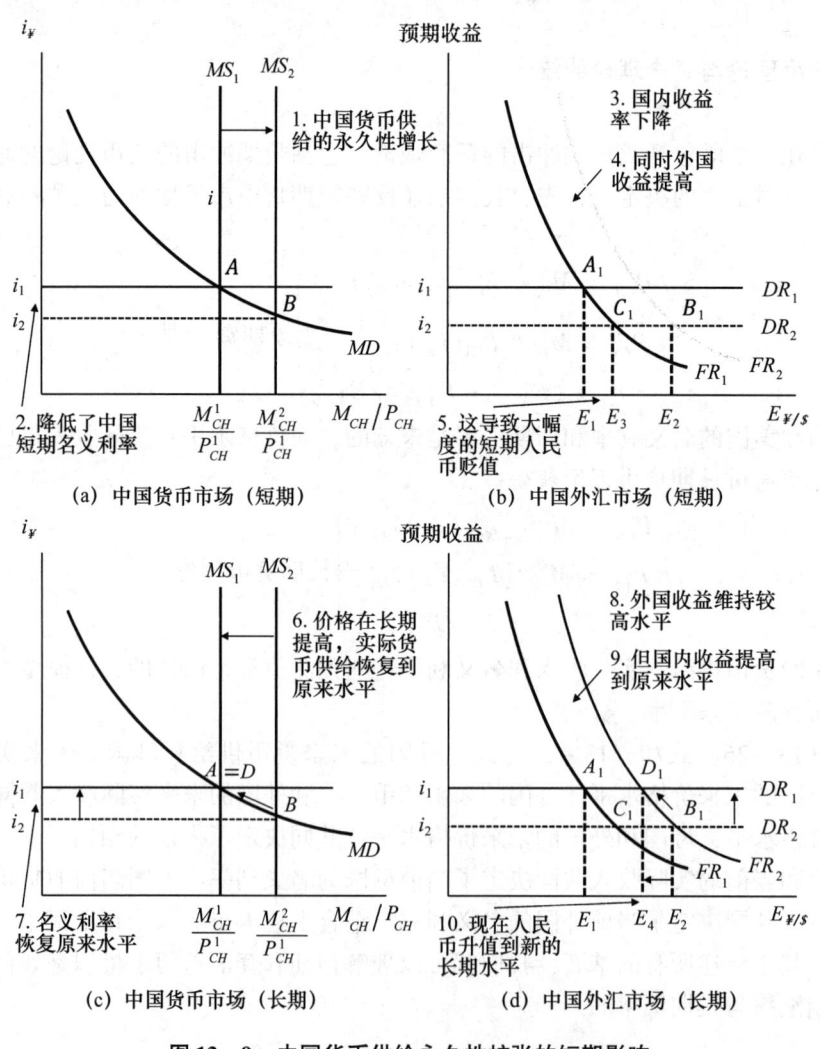

图13-9 中国货币供给永久性扩张的短期影响

图 13-9（a）和（b）分别展示了中国货币供给的永久性增长对中国货币市场和外汇市场的短期影响，图 13-9（c）和（d）分别展示了中国货币供给的永久性增长对中国货币市场和外汇市场的长期影响，同时也展示了永久性货币增长从短期到长期的调整过程。

假定中国经济最初位于中国货币市场和外汇市场的均衡点，分别为点 A 和点 A_1，在图 13-9（a）和（c）货币市场上，中国货币市场在点 A 处于初始均衡状态，此时实际货币余额为 M_{CH}^1/P_{CH}^1，在给定实际货币需求 MD 的情况下，中国均衡的名义利率为 i_1，在图 13-9（b）和（d）的外汇市场上，中国外汇市场在点 A_1 处于初始均衡状态，中国收益 DR_1 为名义利率为 i_1，在给定外国收益曲线为 FR_1，则均衡汇率为 E_1。

假定面临母国货币供给的永久性增长冲击时，在长期内，最终会导致价格水平和汇率的等比例上涨，如果当前货币供给从 MS_1 增加到 MS_2，则价格水平最终会提高相同的比率，即从 P_1 提高到 P_2，为了保持购买力平价假设成立，汇率最终也会提高相同的比率（人民币会贬值），从图 13-9（d）中的 E_1 提高到长期水平 E_4，$E_4/E_1 = P_{CH}^2/P_{CH}^1 = M_{CH}^2/M_{CH}^1$。值得注意的是，此处，我们以 D 表示长期汇率。因此，在图 13-9（c）的长期情形中，如果货币和价格水平都以相同比率上升，则实际货币供给不会改变，即 $M_{CH}^1/P_{CH}^1 = M_{CH}^2/P_{CH}^2$，实际货币供给曲线仍在原来的位置 MS_1 上，名义利率还是 i_1。因此，在长期内，货币市场回到初始点 A，即长期均衡点 D 和初始点 A 重合。

与货币市场不一样，永久性货币供给冲击会导致外汇市场中的某些变量在长期发生永久性变化，唯一不变的变量就是国内收益 DR_1，因为在长期它恢复到了 i_1。但汇率会由原来的长期水平 E_1 提高到长期水平 E_4，由于 E_4 也是长期的稳定水平，因此，它也是未来新的预期汇率水平 E_4^e，也就是说，在特定的假设条件下，未来看起来会像现在，除了汇率会处于 E_4 而非 E_1，那这种变化对外国收益 FR 会产生怎样的影响呢？正如我们所知，当预期汇率提高时，外国收益就会提高，即外国收益 FR 曲线就会由 FR_1 向右上方移动至 FR_2，由于在长期 E_4 是新的稳定状态下的均衡汇率，均衡利率为 i_1，因此，新的外汇市场均衡在 FR_2 和 DR_1 相交的点 D_1。

上述描述了中国永久性货币供给冲击的长期影响，接下来，我们结合图 13-9（a）、（b）和（c）分析中国永久性货币供给冲击的短期影响。首先，观察图 13-9（b）的外汇市场，由于对未来汇率的预期已经根据今天发布的政策发生变化了，外汇市场迅速受到影响，未来的汇率将是 E_4，当预期汇率变化时，外国收益会由 FR_1 向右上方移动至 FR_2，这与长期情形图 13-9（d）看到的移动是一样的。人民币预期会由 E_1 贬值到 E_4，因此，当前美元存款就显得更有吸引力。

在此基础上，我们考察货币政策变化的短期影响。观察图 13-9（a）中的货币市场，在短期内，如果货币供给由 MS_1 增加到 MS_2，而价格仍为 P_{CH}^1，则实际货币余额从 M_{CH}^1/P_{CH}^1 提高到 M_{CH}^2/P_{CH}^1，中国的名义利率从 i_1 下降到 i_2，进而在点 B 达到新的货币市场均衡。观察图 13-9（b）的外汇市场，当面临一个暂时性的货币政策冲击，预期不会发生变化，FR_1 曲线仍将表示外国收益，但由于利率降低，中国收益会从 DR_1 下降到 DR_2，

人民币汇率贬值到 E_3，外汇市场在点 C_1 达到均衡。

但现在的情况不是这样了，这一次我们是分析对中国货币供给的永久性冲击，它对当前的外汇市场有两个影响，中国货币供给永久性冲击的第一个影响是降低中国利率，进而降低在当前外汇市场上的中国收益，即 DR_1 下降到 DR_2。中国货币供给永久性冲击的另外一个影响是提高未来的预期汇率，进而提高在外汇市场上的美国收益，即 FR_1 提高到 FR_2。因此，短期的外汇市场均衡是 DR_2 和 FR_2 的交点，即在点 B_1 达到外汇市场的均衡，汇率贬值到 E_2。值得注意的是，汇率的短期均衡水平 E_2 高于受到暂时性冲击时所能观察到的水平 E_3，也高于在长期所能观察到的水平 E_4，总之，在短期内，货币供给的永久性冲击会导致汇率贬值，其幅度大于受到暂时性冲击的幅度，也大于长期的最终贬值幅度。

在探讨货币供给的永久性冲击的短期影响和长期影响之后，我们进一步探讨从短期调整到长期的过程，图13-9（c）和（d）中的箭头描绘了从短期调整到长期的过程，原来在短期时刚性的价格变得非刚性，价格水平从 P_{CH}^1 提高到 P_{CH}^2，使实际货币供给退回到原来的水平，即从 MS_2 回到 MS_1。货币需求 MD 不变。因此，在图13-9（c）的中国货币市场上，经济从点 B 的短期均衡按箭头方向移动到长期均衡点 A，中国名义利率也由 i_2 上升到 i_1，这样就提高了图13-9（d）的外汇市场上的中国收益，即 DR_2 回到 DR_1。因此，外汇市场从点 B_1 的短期均衡移动到 D_1 的长期均衡。

我们用一个数字例子把这个非常艰难的实验变得更加形象具体一点，假设在其他条件不变的情况下：①当前中国货币供给突然面临永久性的增加5%；②价格在短期是刚性的，从而导致实际货币供给增加，并使中国利率下降了4个百分点，即从6%下降到2%；③价格会在一年内对当前的货币扩张作出充分调整，PPP 会再次成立。鉴于此，你能预测价格和汇率会在一年中发生什么变化吗？

答案是肯定的，与前面从短期调整到长期一样，我们可以从长期逆推到短期，在长期，M 增加5%意味着价格 P 一年会上涨5%。根据 PPP，这个价格 P 上涨5%意味着同一时期 E 上涨5%（人民币贬值5%），即在第二年中 E 会每年上涨5%，这就是贬值率。根据无抛补利率平价理论可知，为了补偿投资者国内利率下降4个百分点的损失，外汇市场上的套汇要求中国货币的价格预期每年升值4%，也就是说，E 必须在一年内下降4%。然而，如果 E 必须在第二年下降4%并最终仍然比当前水平高出5%，则它当前必须上升9%，超过了其长期水平。

三　汇率超调

对未来市场基本因素预期的变化加剧了短期汇率的不稳定性，例如，中国人民银行宣布调整货币增长目标，或者财政部宣布改变税收或政府支出计划，那么人们对未来汇率的预期会发生变化，均衡汇率也会立即发生变化，从这点来看，在市场决定汇率的制度下，政策的频繁变动会加剧汇率的波动。

在暂时性冲击下，国内收益下降，交易商想卖出美元只有一个原因——人民币利率的暂时降低使人民币存款的吸引力减少。在永久性冲击下，国内收益下降，外国收益上升，交易商想卖出人民币有两个理由——人民币利率的暂时降低和预期人民币贬值使人民币存款的吸引力大大减少。在短期内，利率效应和汇率效应共同作用，使人民币遭受突然的"双重灾难"，这就产生了经济学家所指的汇率超调（Overshooting）现象①。

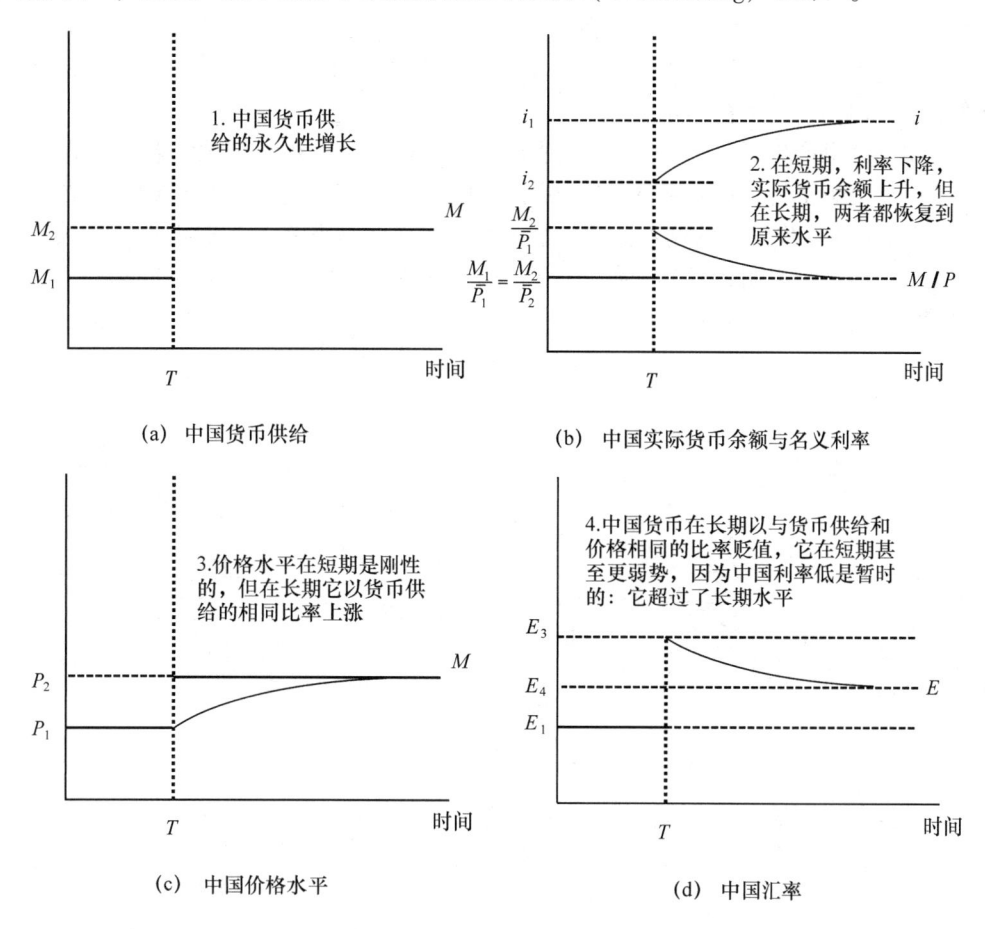

图 13-10 对中国货币供给永久性扩张的反应

汇率超调现象进一步加剧汇率的波动。如果汇率对市场基本因素变化的短期反应（升值或贬值）比其长期反应更剧烈，就被称为汇率超调。这样，市场基本因素的变动会对汇率造成巨大的短期影响。汇率超调是很重要的现象，因为它有助于解释为什么汇率每天的波动会如此剧烈。

为了更好地说明汇率超调现象，我们在图 13-10 展示了货币供给的永久性冲击发生

---

① Dornbusch, R., 1976, "The Theory of Flexible Exchange Rate Regimes and Macroeconomic Policy", *The Scandinavian Journal of Economics*, 78 (2): 255-275.

后其核心经济变量发生变化的时间路径。在图13-10（a）中，中国名义货币供给在时间 T 有了一次性永久增加；在图13-10（b）中，价格在短期是刚性的，因而实际货币供给有了短期增加但在长期恢复到初始水平，中国利率有了短期下降但在长期恢复到其初始水平；在图13-10（c）中，价格在短期是刚性的，但在长期内会按名义货币供给相同的比率上涨；在图13-10（d）中，汇率在长期上升（贬值）到一个新高水平，以与名义货币供给相同的比率上升。在短期内，汇率甚至上升得更多，超过其长期水平，然后逐渐回落到长期水平，但仍然高于初始水平。

这种超调结果产生了又一个关于合理的长期名义锚的重要性理论，若没有这个名义锚，汇率可能会更不稳定，导致外汇市场的不稳定，甚至可能导致更广泛的经济领域的不稳定。20世纪70年代汇率的剧烈波动更清晰地显示了这些联系，当时汇率锚被偏离。新的研究提供了证据，表明转换到一种新形式的锚——通货膨胀目标——可能有助于降低近些年的汇率波动[1]。

---

[1] Hinkle, L. E., Peter J. Montiel, 1999, *Exchange Rate Misalignment: Concepts and Measurement for Developing Countries*, Oxford: Oxford University Press.

第十四章 汇率制度与人民币汇率形成机制改革

导　言

汇率作为连接国内经济与国外经济的纽带，它既是衡量货币价值的一种体现，也是影响一国经济的重要因素。在当代世界经济的发展进程中，货币汇率变动对一国国民经济的各方面都会产生不同程度的影响，汇率变动对一国国内经济活动的影响主要表现在对市场物价的影响，而物价的涨落又会对国内其他部门产生作用，进而对就业、股票市场及经济增长等都会产生不同程度的影响，它对一国对外经济的影响直接表现为对国际收支的调节作用。因此，汇率对于解决内部均衡矛盾或冲突有着关键性作用。

汇率制度是指国家间货币采用固定兑换比率进行交换的制度。一国政府把本国货币的价值固定对应单一其他国家货币，或一些其他货币，或者另一种衡量价值，它主要包括外汇汇率确定的依据、汇率波动的幅度、汇率弹性、采用何种汇率制度、为稳定汇率波动所采取的政策措施等。汇率制度可分为固定汇率制度、中间汇率制度以及浮动汇率制度。其中，固定汇率制度是指有关货币之间的比价基本固定，汇率的波动仅限于一个较小的范围。浮动汇率制度是指一国货币对另一国货币在外汇市场上根据供求关系自由波动的汇率。浮动汇率制度与固定汇率制度是相对而言的，当供过于求时，汇率就下浮；供不应求时，汇率就上浮。中间汇率制是指介于固定汇率制度和浮动汇率制度之间的汇率制度，包括水平区间钉住汇率制、爬行钉住汇率制、爬行区间钉住汇率制等。

学习目标

1. 厘清金本位制、布雷顿森林体系以及牙买加体系等国际汇率制度的发展历程。
2. 理解欧洲货币体系制度下的联合浮动汇率制度的形成机制与优缺点。
3. 厘清改革开放以来人民币汇率制度的演变历程、发展规律与典型特征。
4. 理解香港联系汇率制度的主要内容、运作方式、发展历程及优缺点。
5. 理解固定汇率制度、浮动汇率制度以及中间汇率制度的优缺点。
6. 了解改革现行国际汇率制度的不同主张。

第一节　国际汇率制度的发展与变化

国际金融活动通常是在一定的国际汇率制度下运行并受其影响和制约。所谓国际汇率制度，是指一组由大多数国家认可的用以确定国际储备资产、汇率制度以及国际收支调节机制的习俗或有法律约束力的规章和制度框架。这种制度作为国际金融秩序的表现形式，在第二次世界大战结束后的半个世纪经历了巨大的变化。因此，从国际汇率制度一百多年的发展历史来看，可按时间先后划分为 4 个阶段：国际金本位制下的固定汇率制、两次世界大战之间混乱的汇率制、布雷顿森林货币体系下的固定汇率制、后布雷顿森林货币体系下以浮动汇率制为主的多种汇率制度并存的汇率制度。

一 国际金本位制下的固定汇率制

（一）金本位制与固定汇率

国际金本位制实行于 1880—1914 年，是指以黄金为本位制的货币制度，主要包括金币本位制、金块本位制、金汇兑本位制三种形式，其中以金币本位制最为典型。

汇率在黄金输入输出点之间的具体数值由外汇供求所决定，由于黄金可以自由运输，所以汇率不可能变动到黄金输入输出点之外，金本位制度下的汇率具有相对稳定性。这就是说，当一国货币超过黄金输出点时，意味着货币倾向于贬值，黄金外流将会阻止这一趋势。黄金流出表示该国产生了国际收支逆差。相反，当一国货币超过黄金输入点时，意味着货币倾向于升值，黄金流入将阻止其继续升值，黄金输入代表着该国的国际收支顺差。由于国际收支逆差经常用黄金解决，而一国的黄金储备是有限的，因此，政府必须尽快纠正逆差，使其不再扩大。

（二）金本位制下的汇率调节机制

1. 汇率调节机制

金本位制下货币供给随着黄金流入而增加，随着黄金流出而减少，各国货币供给同时包括黄金以及以黄金作为发行后备的纸币，国际收支处于逆差的国家，其货币供给将会减少，而顺差国家的货币供给将增加，引起逆差国家的商品价格下降而顺差国家的商品价格上升，增加逆差国家的出口而抑制进口，直至其国际收支逆差消失。相反的情况则发生于国际收支顺差的国家。

2. 调节机制的条件

要使金本位制的自动调节机制发挥作用，必须具备以下四个前提条件：第一，没有大量的国际资本流动，也就是说，经常项目的逆差不能靠资本项目来融资，而只能靠货币黄金的支付和流出来平衡国际收支。第二，银行体系一般不持有超额储备，因此，黄金的流出就意味着银行信用紧缩和物价下跌。第三，价格机制充分作用，生产和贸易都对价格反应灵敏，所以国内价格变化会通过影响贸易品在国际市场上的竞争力而影响国际收支状况。第四，各国政府都遵守金本位制的游戏规则，即各国以黄金表示各自货币的价值，并由此确定各货币的汇率，允许黄金在国际间自由流动，并按照各国规定的官价，无限制地买卖黄金或外汇，维持本国货币固定的黄金准备率，从而使国内货币量与黄金量联系在一起。实行金本位制的国家都有一套相近的规范和惯例，但没有国际机构的监督和协调，也没有强制性的规章和协议，国际收支的调节、汇率的稳定、国际储备的分配基本上是自发形成的，不是政府作用的结果。

(三) 金本位制下固定汇率的作用

金本位制下的固定汇率保障了对外贸易与对外信贷的安全，有利于国际贸易与国际信贷，金本位制下国际贸易平衡是宏观经济政策的首要目标，假定为出于国际收支的考虑而被动地改变一国的货币供给，那么该国就不能运用货币政策达到无通货膨胀的完全就业状态。但古典经济学家认为经济系统本身存在一种向无通货膨胀的完全就业方向调整的机制，这样在金本位制下的固定汇率制同时实现了内外平衡。

金本位制下的调节机制与当时的经济金融环境息息相关，金本位制时期多数国家经济处于扩张阶段，英镑作为当时最重要的国际货币，具有较强的兑换性和价格调整的灵活性，各国的内部平衡服从于外部平衡，因此，在这种情形下，或许任何国际货币体系都可以相当不错的运作。

二 布雷顿森林体系的建立与瓦解

(一) 布雷顿森林体系的建立及其主要内容、积极作用

1944年7月，在美国新罕布什尔州（New Hampshire）的布雷顿森林市（Bretton Woods），召开了有44个同盟国的300多名代表参加的"联合和联盟国家国际货币金融会议"（简称"布雷顿森林会议"），通过了以美国提出的"怀特计划"为基础的"国际货币基金组织协定"和以美国提出的"联合国复兴开发银行计划"为基础的"国际复兴开发银行协定"（总称"布雷顿森林协定"）。由于该汇率制度是在布雷顿森林协定的基础上产生的，所以被称为布雷顿森林体系。

布雷顿森林体系是一种美元与黄金保持固定比价、各国货币与美元之间保持可调整固定汇率的国际汇率制度，美元是世界各国通用的国际货币，也由于作为储备货币和国际清偿力的主要来源而成为一种关键货币。因此，布雷顿森林体系下的国际汇率制度，实质上是以美元—黄金为基础的国际金汇兑本位制（见图14-1）。

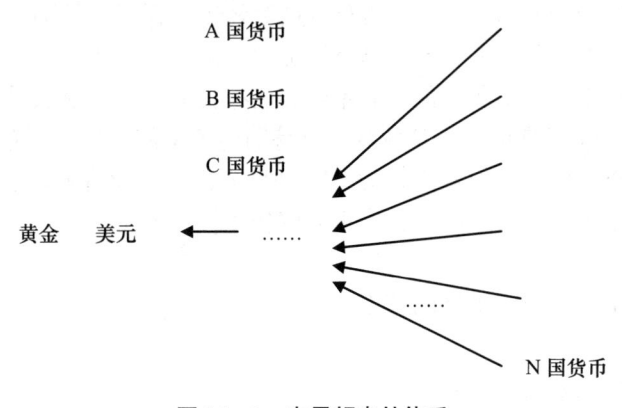

图14-1 布雷顿森林体系

布雷顿森林体系由于美元成为主要国际支付手段和国家储备货币，在一定程度上消除了影响跨国贸易流动的障碍，并以一个相对稳定的固定汇率确保各国贸易和国际资本流动的安全，同时，它消除了不同货币集团之间的相互独立，削弱了各国之间的外汇倾销。布雷顿森林体系下全球经济增长迅速，全球贸易和国际资本流动得到显著的发展，堪称继国际金本位后世界经济的第二个"黄金时代"，把该时期建立的国际货币基金组织（IMF）、国际复兴开发银行（IBRD）以及关税与贸易总协定（GATT）三个国际组织并称为第二次世界大战后世界经济的"三大支柱"。

（二）布雷顿森林体系的根本缺陷及其瓦解

布雷顿森林体系的根本缺陷是美元的双重身份和双挂钩，即为促进各国经济增长和全球贸易发展，美元供给必须不断增加，美元面临贬值压力，引起美国国际收支逆差不断扩大，进而使美元与黄金、美元兑其他货币的固定比价难以长期维持，导致这种国际汇率制度的基础发生动摇，这就是美国经济学家罗伯特·特里芬提出的布雷顿森林体系面临的"特里芬两难"并且是无法解决的，世界上任何一国如果使用单独货币作为储备货币，都会面临这样的难题。

自20世纪50年代后期开始，美国国际收支状况的恶化和对外短期债务超过黄金储备，导致美元与黄金的可兑换性以及美元信用受到质疑。1960年10月，美国与其他发达国家通过建立"黄金总库"、签订"互惠借款协定"等措施来稳定美元的地位，但仍不能解决布雷顿森林体系面临的难题。

20世纪60年代中期，美国侵越战争升级使其黄金储备不断减少，对外短期债务急剧膨胀，受英镑危机的影响，1968年爆发了抢购黄金抛售美元的危机，为此，美国被迫实行在官方和私人黄金市场上两种不同的金价，这意味着布雷顿森林体系难以维持，IMF于1969年创设了被称为"纸黄金"的"特别提款权"，并期望用它来充当国际储备资产或取代美元用于国际收支的结算。

面对巨额的国际收支逆差和各国中央银行要求兑换黄金的压力，美国尼克松政府实施对外停止履行美元兑换黄金的义务和对内冻结工资与物价，宣告了美元与黄金的官价兑换的终止和历时25年（1947—1971年）的布雷顿森林体系瓦解，然而，主要发达国家试图通过提高美元兑黄金的比价或者扩大各国货币兑美元的汇率评价及其波动幅度来维持固定汇率制，由于国际外汇市场对美元的信心不断丧失，美元兑黄金和其他主要货币贬值，到1973年3月中旬，几乎所有的国家都放弃了维持固定汇率制的努力，布雷顿森林体系最终彻底瓦解，而作为布雷顿森林协定产物的IMF和世界银行并没有随之消亡，反而在国家贸易、国际金融乃至全球经济中发挥着更为重要的作用。

三　牙买加体系与浮动汇率制的实施

（一）牙买加体系的建立及其主要内容

布雷顿森林体系瓦解以后，关于建立新的国际汇率制度的努力一直没有停止过。1976

年1月,国际货币基金组织"国际汇率制度临时委员会"在牙买加首都金斯敦召开会议("牙买加会议"),就若干重大的国际金融问题达成协议,即"牙买加协议"(Jamaica Agreement)。该协议从1978年4月1日起生效,在此基础上形成的国际汇率制度被称为"牙买加体系"。

布雷顿森林体系瓦解后,1978年4月1日,牙买加体系相继产生,在这种汇率制度体系下,IMF成员方在取得IMF允许和监督下可以自由选择汇率制度,确保汇率安排的有序性,避免操作汇率以谋取不公平的竞争利益;牙买加体系下黄金不再是各国货币的平价基础,也不能用于各成员方之间的清算,但各国央行可按市价进行黄金交易。IMF逐步将特别提款权替代黄金和美元来作为国际储备资产,并鼓励成员方持有马克、日元、英镑等多样化的储备货币。此外,牙买加体系下各成员方向IMF缴纳的份额扩大,增加对发展中国家的资金融通,以帮助其解决国际收支困难。

牙买加体系是在保留和加强IMF作用的前提下,对布雷顿森林体系的进一步改革,当然,这种改革在很大程度上是对有关事实的一种法律追认,是对现实情况的一种适应,许多问题并没有在牙买加协议中得到反映和解决。另外,在该协议生效后的二十多年里,国际汇率制度也没有完全按照该协议勾勒的方向发展,由此产生了对牙买加体系的不同评价。但可以肯定的是,牙买加体系下的储备货币多元化,在一定程度上避免了"特里芬两难"问题,即任何国家的货币如果单独充当国际储备货币,都回避不了"顺差—无清偿力释放,逆差—货币信心动摇"这一难题。然而,在牙买加体系下,当某一种货币出现问题时,其储备货币地位下降,而别的货币的地位便上升;当某一国因持续顺差而无法提供充足的清偿力时,其他货币便会补位。在这种储备制度下,当世界经济高涨时,多种货币可以弥补清偿力不足;而当经济衰退来临时,也不会因为某种货币出现问题而造成整个世界经济的混乱。

(二)浮动汇率制的实施

自1973年布雷顿森林体系瓦解后,主要西方国家自发实行浮动汇率制度,据IMF统计,东南亚金融危机爆发前的1996年,全球实行各种形式的浮动汇率制度已达到68个,金融危机爆发后,韩国、菲律宾、俄罗斯等国家也由固定汇率制度改为浮动汇率制度。值得强调的是,1973年以来实现的浮动汇率制度并不是完全的自由浮动汇率制,而是需要政府通过不同的方式管理汇率的波动,这种有管理的浮动汇率制度在一定程度上能够缓冲外部实体经济对本国经济的负向冲击,尽管竞争性汇率贬值依然存在,但较少出现,因此对全球贸易的发展并没有产生明显的阻碍作用,然而,浮动汇率制度的实行对汇率波动的风险管理提出更高的要求。

第二节 欧洲货币体系制度下的联合浮动汇率制度

1971年12月西方"十国集团"达成《史密森协议》,决定将各国货币对美国汇率的波动可容许幅度由原来的1%扩大到2.25%。而欧共体（EEC）成员国，由于其经济和货币联盟目标，进而决定将它们的货币维持在一个更窄的范围里。后一种安排被称为"蛇形体系"。作为欧洲新的"货币稳定区域"，"蛇形体系"为1979年3月13日开始实行的欧洲货币体系打下了基础。欧洲货币体系的汇率制度的内容主要包括欧洲货币单位（ECU）、欧洲汇率机制（ERM）、欧洲货币基金和信贷机制。

一 欧洲货币单位

欧洲货币单位是欧洲货币体系的核心。它是一个"篮子"货币，最初由欧共体12个成员国中的9国货币所组成。各国货币在欧洲货币单位中所占的比重，是依据各国在共同体内部贸易额和国民生产总值中所占份额加权计算得出的，原则上每5年调整一次，但"篮子"中任何一种货币的比重变化超过25%时，"篮子"的构成可随时调整。1979年第一次设定的欧洲货币单位的组成是：

$$ECU_1 = 0.828DM + 1.15FF + 0.0885YY + 0.286DG + 109IL + 3.66BF + 0.14LF + 0.217DK + 0.0076IP \qquad (14-1)$$

其中，DM表示德国马克，FF表示法国法郎，YY表示英国英镑，DG表示荷兰盾，IL表示意大利里拉，BF表示比利时法郎，LF表示卢森堡法郎，DK表示丹麦克朗，IP表示爱尔兰镑。

1984年9月，上述一篮子的货币组成因希腊德拉克马GD的加入而修改为：

$$ECU_1 = 0.719DM + 1.31FF + 0.088YY + 0.56DG + 140IL + 3.71BF + 0.14LF + 0.219DK + 0.0087IP + 1.15GD \qquad (14-2)$$

1989年9月，因西班牙比赛塔SP和葡萄牙埃斯库多PE的加入进一步修改为：

$$ECU_1 = 0.6242DM + 1.332FF + 0.0878YY + 0.2198DG + 151.8IL + 3.301BF + 0.13LF + 0.1976DK + 0.0086IP + GD1.14 + 6.885SP + 1.393PE \qquad (14-3)$$

欧洲货币单位在欧洲货币体系中具有以下职能：其一，决定各成员国货币中心汇率的标准。欧洲货币单位建立起的连接各成员国货币的中心汇率，是由所有参加货币篮子的各国货币当局共同协商确定，并将汇率风险分摊到各成员国。其二，差异指示器。欧洲货币单位也是一个能够及时发现某成员国汇率与法定中心汇率发生偏移的差异指示器，当成员国货币兑欧洲货币单位的汇率浮动达到差异界限时，该成员国货币当局需采取相应措施纠正差异。其三，衡量尺度与清算工具。欧洲货币单位具有充当欧共体官方信贷衡量尺度、会计财务的价值尺度以及成员国货币当局之间的清算工具。其四，结算工具。欧洲货币单位也可充当各成员国中央银行之间进行结算的工具，根据规定，各成员国之间的债务与利息都用欧洲货币单位结算。

二 欧洲汇率机制

欧洲汇率机制是在1979年创立的,其实质是一种固定可调整的汇率制度,旨在限制欧盟成员国货币汇率波动的制度。ERM为成员国货币的汇率设定固定的中心汇率,允许汇率在中心汇率上下一定的幅度内波动。根据规定,欧盟新成员国在加入欧元区之前,应将其货币纳入允许汇率在中心汇率上下15%的区间内波动的ERM-Ⅱ体系,为时两年。

欧洲汇率机制具有以下四个方面的特征:其一,ERM-Ⅱ是一个实行欧元兑其他非欧元区成员国货币相对固定可调整汇率的多边安排,成员国中央银行和ECB用筹集的短期资金进行干预,如果干预与价格稳定的目标相冲突,则可以中止干预。其二,利率的灵活运用,在汇率波动未达到边界之前进行"边界内协调干预"是ERM-Ⅱ的重要特征。其三,欧盟非ERM-Ⅱ成员国、欧元区成员国、ECB和加入这一机制的成员国之间所达成的多边协议共同决定非欧元区成员国货币对欧元的中心汇率和是否进一步缩小波动幅度,如果均衡汇率发生变化,参与ERM-Ⅱ的各方都有权提出重新设定中心汇率。其四,ERM-Ⅱ与中间型汇率制度不同,它的独特之处在于它有一个明确、可信的退出机制(Exit Mechanism),这就是加入欧洲货币联盟。

三 对欧洲汇率机制的评价

ERM-Ⅱ的稳定性主要取决于新成员国货币的稳定性,巴拉萨—萨缪尔森效应、信心过度(或不足)引起的投机冲击是新成员国维持货币稳定的两个主要挑战。ERM-Ⅱ可以使新成员国更为灵活地维持汇率稳定,促进趋同标准的实现,但缺乏在ECB与新成员国之间的合作机制,也没有明确ECB在协助新成员国稳定汇率以及成员国相互协调合作方面的义务。这些不足可能导致新成员国在面对巴拉萨—萨缪尔森效应时付出更大的代价,在应对投机冲击时力不从心。因此,在现有制度安排下,降低ERM-Ⅱ不稳定性风险的可行办法就是提高加入ERM-Ⅱ成员国的质量。

第三节 中国香港的联系汇率制

1983年中国、英国关于香港主权问题的谈判陷入僵局,政治危机引发港人纷纷抛售港元,港元连连贬值。当时的香港政府为了控制局面稳定港元,推出了联系汇率制度。因此,可以说联系汇率制的产生具有一定的偶然性,它并不是一种深思熟虑后的产物,其直接原因仅仅是为控制1983年港元暴跌的需要,政府并没有赋予其具体的有效实施日期,也未给予其法律上的确认。

一　联系汇率制度的定义

联系汇率制度是于1983年10月17日开始实行的。这基本上是一种货币发行局制度，根据这种制度，纸币的发行及赎回均按固定汇率以外币进行。香港的纸币是由商业银行发行的，根据法律规定，在联系汇率制度下，发钞银行需要向香港金融管理局交付美元（以前是外汇基金），以换取负债说明书，作为对所发纸币的支持。这些美元会拨入外汇基金的账户，而财政局把汇率定为1美元兑7.8港元，因此，港元钞票是由外汇基金持有的美元提供支持的。

二　联系汇率制度的运作方式

联系汇率制度是一个相当特别的制度，它不同于管理浮动制。在联系汇率制度下，1美元兑7.8港元固定汇率只适用于发钞银行和外汇基金以及发钞银行和非发钞银行之间。汇率是由外汇市场上对港元的供给和需求来决定的，并没有一个固定的标准。当然，由于存在"套戥"的机制，可以维持港元兑美元的市场汇率与官方汇率的一致稳定性。

联系汇率制度的核心主要是针对负债证明书的发出和赎回。此外，负债说明书的发行和赎回均可以港元付款进行，即发钞银行可将港元存款直接拨入外汇基金的账户，换取等值的负债说明书，然后凭说明书支持发出相等数量的钞票，或是发钞银行在注销钞票后，将负债证明书售回给外汇基金，换取等值的港元存款。但在新措施下，所有有关负债说明书的付款必须使用美元进行；汇率指定为1美元兑7.8元港币，外汇基金保证以7.8元港币的汇率向发钞银行赎回负债证明书，而发钞银行也同意以同样基准价向其他银行提供或接受港元的兑换。这样便形成一个固定汇率的银行同业港元买卖市场。

发钞银行若要增加港币发行量，必须向外汇基金支付相应数量的美元以购买负债证明书；相反，若发钞银行收回钞票来缩减发行量，则可从外汇基金换回相应数量的美元。因此，发钞受外汇基金的美元储备的十足支持。

而外汇市场的港元是可以自由浮动的，不过，银行在两个市场的竞争及套利活动，使汇市的汇价与官方汇价趋同，例如，当外汇市场上港元兑美元的汇价升至7.8元以上，如将交易成本忽略不计，发钞银行就会将手上所持有的港元现钞以7.8元的汇价向外汇基金兑换美元，然后以市场价卖出，从而赚取二者的差价。结果市场上美元受沽售压力而下挫。同时，负债证明书与港元流通量减少，业内流动资金被扯紧，港元拆借利率将上升吸引外地资金流入，最后港元的需求增加，美元的供应上升，促使港元汇价恢复至接近7.8元的水平；反之，若汇市美元汇价低于7.8元的时候，银行就会在汇市中购入美元，再将之转售给外汇基金获利，最终结果也会导致港元汇价回落至7.8元水平附近。

在实行联系汇率制度的实践中，金融管理局认为港元基本稳定，在部分时间处于强势，银行业经营稳健，盈利稳步增长，而且香港的货币政策工具已趋于完善，遂于1994

年1月宣布1∶7.8的固定汇率只适用于发钞银行和金融管理局之间，不再适用于发钞银行与非发钞银行之间，后者之间的汇价水平由市场对港元的供求关系决定。

值得注意的是，大多数时候市场汇率只是接近7.8元水平，未必完全定于7.8元，主要有以下三个原因：第一，官方汇率并非适用于各类团体及人士，只有持牌银行才有机会套利获利，其他如接受存款公司、工商企业等，则无此资格。第二，银行一般需保留一定比例的现金数量以应付客户的提款需要，无法将所持现钞全部以7.8元向外汇基金换取美元套利，故会造成一定的偏差。第三，美元与港元官价7.8元的可换性，只适用于港钞买卖，港元存款则不在其中，而公开市场的买卖则主要以港元存款来结算，这也造成两个市场价格出现偏差。

三 联系汇率制度运作方式的发展和改革

因为香港货币市场操作目标是维持港元币值的稳定性，为顺利达此目标，自1988年又实施了新会计安排，让金融管理能够控制银行同业流动资金的供应量，以便能有效影响同业拆借率。根据会计安排，香港上海汇丰银行（作为香港银行公会结算所管理银行）需要在外汇基金开设账户，以及把其他银行的净结算余额水平控制在其外汇基金的账户结余的水平之内，而其外汇基金的账户结余水平则由金融管理局决定。

1990年3月，香港开始引进外汇基金票据计划，使进入公开市场操作的能力进一步加强，外汇基金开始以公开竞投方式发行外汇基金票据，有3个月、6个月、1年、3年、5年期等多个品种。外汇基金票据及债券在市场上公开运作，可有效影响银行同业流动资金水平。这个计划也有助于促进香港债券市场的发展，增加高素质港元债券的供应量，以及为市场确定可靠的港元债券基准收益率曲线。

1992年6月，实施流动资金调节计划，这是香港式的贴现，银行可按指定的拆出息率，以合格的债券订立回购协议的方式向金融管理局获取流动资金。同时，也可以通过流动资金调节机制，按借入息率把剩余流动资金存入金融管理局。这种机制，使金融管理局能够影响到银行同业的短期利率。

1994年3月，对货币市场操作模式又作了修订，金融管理局不再以银行同业流动资金水平而是以银行同业拆借率作为货币市场操作的目标，使操作的效果更为直接。

1995年11月，金融管理局与亚洲其他中央银行及金融管理当局，以美国国库券作为抵押品，签订了多个双边回购协议，在双边的基础上互相提供流动资金支持，此举有助于提高各国中央银行或货币监管当局的外汇储备的流动性，以应付其货币受投机炒卖而引致对流动资金的增量需求。

1996年2月9日，中国人民银行与中国香港金融管理局签订了"美元国债双边回购协议"，其后又与日本、新加坡、韩国、新西兰等国家签署了双边回购协议。同年12月，在1988年新会计安排的基础上，再一次改进香港的金融结算系统，开始实行同业即时结算系统，所有持牌银行均须在金融管理局开始港元结算账户，并记在外汇基金的账目上，这些账户内的总结余代表银行同业市场的流动资金总额。

1998年6月,香港金融管理局公布总结余变动预测,以提高香港联系汇率制度的透明度和货币市场的利率调节效率,同年9月,香港金融管理局提出七项巩固货币发行制度的技术性措施,其中第一项就是所有银行在金融管理局的结算账户内的港元可按1美金兑7.75港元的固定汇率兑换成美元,金融管理局将兑换保证使用的汇率转为7.8,即联系汇率制下适用于发行和赎回支持银行纸币的负债证明书的固定汇率。

可见,随着香港金融体系的发展,香港为维持联系汇率制度,进一步发展和完善货币的政策工具,从外汇基金到金融管理局,香港金融管理的职能一步步得以强化,政府干预货币市场的主动性越来越强烈,这和香港一直以来所奉行的"积极不干预"政策似有偏离,虽然确实起到了稳定港元的作用,但其中缺陷也是有目共睹的,1997年东南亚金融危机,使联系汇率制经历了有史以来最严峻的考验。

四 对香港联系汇率制度的评价

香港的联系汇率制度是传统的货币发行局制度的现代化演变。货币发行局制度是源于殖民时代,在许多殖民地所采用的一种货币体系。这种货币发行局仅是一种货币安排。通过这种安排,本地的管理机构发行实物形式的货币,这种货币是以一个特定的汇率与宗主国的货币换算,其仅仅是作为宗主国货币的附属产品而已,实际是为降低货币在运输过程中的成本费用以减少交易成本而产生的,因此,宗主国授予殖民地当局印钞权,其实际作用是将钞票的实体本地化,以本地货币代替宗主国货币在本地流通,其货币作用受到限制。在英镑时代的中国香港就实行的是这种货币发行局制度。

而香港从1983年实行的联系汇率制度,虽源于这种传统的货币发行局制度,却是与之有明显区别的新的货币安排体系。传统的货币发行局制度无一例外均是从原来在殖民地使用宗主国货币为支持在殖民地发行另一种形式上不同的货币,不存在汇率稳定的问题,殖民地国家在经济政治上完全依附于宗主国。而香港的联系汇率制度虽然也是港元与美元挂钩,但只是基于美国是香港重要的贸易伙伴,基于美元广泛地应用于贸易活动的结算交收,香港在政治和经济上并不完全依附于美国,联系汇率制度的货币政策目标就是保证汇率的稳定。另外,在香港并没有中央银行,政府授权商业银行发行钞票,如汇丰银行、标准渣打银行和中国银行。

(一)联系汇率制度的优越性

第一,与其他汇率制度比较,联系汇率制度具有更强的可操作性。也就是说,它比其他汇率制度更易于操作,从而易于实现稳定汇率的货币政策目标,具体来说,它不仅确定了港钞与美元的固定汇率后,也意味着当局不需要再通过调整汇率来反映本币的真实价值,而且联系汇率没有规定市场汇率波动的上下限,对市场投机活动有相当大的抑制作用,并给予金融当局稳定汇率的充分余地。

第二,联系汇率制度使货币政策目标单一化,并成为货币政策的支柱。自采用联系汇率制度以来，香港的货币政策目标就只有一个，就是维持汇率稳定。而其他货币政策目标如货币供应量、利率、经济增长等都不能自动调整，必须在维持联系汇率的基础上进行调整。但正如诺贝尔经济学奖得主丁伯根所说，对货币管理局而言，与试图同时达到多个目标相比，一个目标、一种工具更有可能成功。由于联系汇率制度本身包含了货币稳定的实质，而成为香港货币制度的核心。弗里德曼曾在香港举办的联系汇率制度十周年研讨会上，针对联系汇率制度指出，货币制度的关键在于它有一个锚帮助其找到自己的定位。一个开放的小规模经济体系将自己的货币与一主要国家的货币联系会产生较佳的效果，特别是后者如为与其紧密的经济关系的国家，则更如此。香港的联系汇率制度就是香港金融体系的锚了。

第三，联系汇率制计划简单，贸易结算方便。联系汇率制规定港元以固定的7.8元兑换1美元，计算非常简单，不需要一篮子货币挂钩的复杂的汇率计算，从而为市场提供了高透明度，并能为各方面和各阶层的人士所掌握和运用的计算方法。对贸易和投资而言，它提供了清楚稳定的成本核算方式；对普通市民而言，它提供了衡量财富的尺度，因而被社会和市场所普遍接纳和认可。

（二）联系汇率制度的劣势

第一，联系汇率制度弱化了利率工具的作用。联系汇率制度改变了利率作为货币政策工具的意义，利率升降由国际收支状况决定，国际收支出现顺差，利率自会下降；国际收支出现逆差，则会导致利率上升，形成货币供应对利率的影响大于利率对货币供应的影响，利率变化波动频繁，政府不能利用利率工具来达到管理供求的目的，这使香港必须使利率紧贴美国的水平。在香港经济增长快于美国的时候，香港的利率水平就会偏低，造成一些通货膨胀压力；反之，当香港经济增长慢于美国时，由于利率水平的偏高，则会造成通货紧缩的压力。

第二，港币与美元挂钩，加深了对美国的依赖度。联系汇率制虽然使港元汇价稳定，但香港经济却失去了以往靠汇率变动调节经济的庇护，更加容易受外来因素影响，特别是在经济上更加依赖于美国。港元的强弱及经济活动分别随着美国经济的表现而决定。当美元的走势处于强势时，港元就强，美元转弱时港元也变弱，美国政府的政策及政治经济循环周期性表现，通过美元的走势直接影响到香港本地的金融和经济活动。在实行联系汇率之前，香港与美国之间贸易往来比较密切，但美国经济对香港经济的影响力，在实行了联系汇率以后显得更为直接和重要。过去的时间里，因为美国经济一直处在一个稳定发展的健康态势中，通货膨胀率也一直保持在一个偏低的水平，与香港经济发展基本同步，并且香港主要与中国和亚太国家进行贸易，在其货币结算中，美元交易占绝大多数，因此与美元挂钩，实际上与一篮子货币非常相近。由于有了美元这个强大的后盾和避风港，得以顺利度过种种危机，保持稳定。应该说，这段时期美国经济对香港的正面影响大大超过其负面因素，但是美国毕竟会给香港带来一些不良的后果，当这种不良后果发展到其巅峰时期时，不免会对联系汇率制造成很大冲击，这在1998年表现得尤为突出。

从以上分析可见，联系汇率制度对香港经济和金融有着深远的影响，它是香港金融体系的支柱，并在过去的几十年里得到了成功的运作，尽管其本身仍然存在固有的缺陷和需要改进之处，但这种源于古老的殖民地货币发行局制度确实在香港被赋予了新的概念。

第四节 人民币汇率形成机制改革

改革开放以来，中国经历了复汇率制、钉住美元的固定汇率制和参考一篮子货币的有管理的浮动汇率制度等重要阶段，人民币汇率制度经历由政府控制到市场参与，由固定不变到灵活调整，人民币汇率制度的演变历程不仅是中国不同经济发展阶段的客观要求，也是中国经济对外开放、融入世界的重要体现，四十多年来人民币汇率制度的演变回顾和总结如下。

一 人民币汇率形成机制改革历程

（一）1978—1993年：复汇率制

1978—1993年，中国对内改革，对外开放，并实施外贸体制改革，这一时期人民币被高估，需发挥人民币汇率对进出口贸易的调节作用，但由于多数西方国家处于高通胀环境，如果要改变非对外贸易外汇兑换不合理情况，需增加第三产业收入和其他非对外贸易外汇收入，反而会使人民币汇率升值。一种汇率无法同时解决两个方面的问题，因此，必须实现复汇率制，1979年8月开始实行一种有利于出口贸易结算和外贸单位经济效益核算的汇率，即贸易外汇内部结算价格，但同时带来如公开牌价难以划分清楚、国家社会对复汇率制的舆论和政策反应等问题，在1980—1984年由于对调剂价格实行限制，规定以内部结算价加10%为最高限价，导致调剂外汇的供给难以满足需求，外汇调剂基本上处于有价无市的状态。1985年后，中国外汇调剂业务发展迅速，因此形成了外汇调剂市场及相应的外汇调剂价格，继而又出现了官方汇率与外汇调剂价并存的复汇率制，到1990年，外汇调剂价成为与官方汇率并列的重要的人民币汇率并且对中国的对外经济贸易发挥着积极的推动作用。

1985年，随着内部结算价的取消，外汇调剂价比官方汇率高1元，加上外汇留成比例的提高和先后在全国设立外汇调剂中心，外汇调剂数量迅猛增长。到1990年，随着进出口业务的增长，外汇调剂价放开，一个初具规模的外汇积聚和使用的平行市场——外汇调剂市场已经形成，外汇调剂价成为与官方汇率并列的重要的人民币汇率，对中国的对外经济贸易发挥着积极的推动作用。1985年后，中国外汇调剂业务发展迅速，因此形成了外汇调剂市场及相应的外汇调剂价格，继而又出现了官方汇率与外汇调剂价并存的复汇率制。1990年之后的几年，人民币官方汇率仍小幅贬值，到1993年12月31日，人民币兑美元的汇率约为5.80。就外汇调剂价而言，人民币汇率随着外贸外汇管理体制的改革、外汇调剂市场运作机制的变更、国内通货膨胀和外贸收支状况的变化而相应地调整。外汇调剂价在人民币总的贬值趋势中时高时低，最高时为 5.5 元，最低时突破 10 元，到 1993 年 12 月，外汇调剂价为 1 美元兑 8.7 元人民币。

综合来看，改革开放初期，中国实行的复汇率制是适应经济发展需要的。首先，复汇率制可以避免由于国际收支账户下资本账户冲击所造成的汇率波动，从而让国际投机者无机可乘，同时在复汇率制下配置资源的效率更为优越。因为复汇率制形成的税收是对所有资本交易均匀分布的，有助于改善社会福利水平。其次，官方可以通过不同汇率的差额来观测市场的变化，及时利用外汇储备来调整二者之间的差额使其保持在一个合理的区间，避免出现大规模的非法交易和套利行为。最后，复汇率制为中国从固定汇率制转变为浮动汇率制提供了良好的过渡。随着改革开放的不断深化和中国经济实力的提高，实行市场化主导的浮动汇率制是必经之路；但因为中国经济总量大、涉及范围广等具体国情，通过复汇率制逐步向浮动汇率制转型是比较合理的选择。

（二）1994—2005 年：钉住汇率制

自 1994 年开始，官方汇率与市场调剂汇率并轨，人民币汇率开始实行以市场供求为基础的、单一的有管理的浮动汇率制，人民币汇率由外汇指定银行根据外汇市场供给和需求情况自行确定和调整，实行外汇收入汇制，取消外汇留成和上缴，一般外贸企业不得持有外汇账户，所有贸易往来项目下的外汇供给均进入外汇市场，同时实行银行售汇制，取消支付用汇的经常性计划审批和外汇收支指令性计划。在结售汇制度下，外汇的供给和需求均以外汇指定银行为中介，企业之间禁止直接相互买卖外汇。外汇调剂市场就此完成历史使命，外汇调剂价格也相应地趋近于市场汇率，这就是"汇率并轨"，标志着中国外汇管理体制发生了深刻的变化，意味着中国放松了汇率的管制并活跃了外汇市场，人民币汇率机制更多地融入了市场因素，1996 年，中国宣布实现人民币经常项目下自由兑换，进一步放松外汇管制。

（三）2005—2015 年：有管理的浮动汇率制

随着中国加入世界贸易组织，中国的对外贸易发展势头强劲，出现了巨大的经常账户顺差、资本账户顺差和外汇储备，国际社会多次提出人民币升值的要求，2005 年 7 月 21 日央行发布《关于完善人民币汇率形成机制改革的公告》，正式开启了汇率改革的新篇章，人民币汇率不再单一钉住美元，而是实行以市场供求为基础、参考一篮子货币进行调节、有管理的浮动汇率制度。2005 年汇率制度改革后的 3 年时间内，美元兑人民币汇率由 8.11 大幅升值到 2008 年的 6.82，与此同时，随着市场经济的不断深入，中国国内生产总值、进出口贸易和外汇储备均取得了相当可观的增长，直至 2008 年国际金融危机，中国进出口贸易严重下滑，经常账户受到严重冲击，央行收窄了汇率浮动区间，2008—2010 年，美元兑人民币的汇率一直稳定在 6.82 左右。2010 年后人民币继续小幅升值，2012 年后人民币进入了双向波动的轨道。

（四）2015 年至今：汇率弹性不断加大

随着中国的经济实力不断增强，在国际社会的地位逐渐提高，2009 年开始，人民币国际化之路铺开，为进一步扩大人民币的影响力和使用范围，2015 年 8 月 11 日，央行正式宣布做市商在银行间外汇市场每个工作日开盘前参考前一工作日银行间外汇市场收盘汇率，综合考虑外汇市场供求情况以及主要贸易对象汇率变化报出外汇中间价，同时，人民币汇率参考以市场供求为基础、一篮子货币计算出的汇率，这意味着央行将对外汇中间价干预的权力正式移交给市场，中国在汇率市场化的道路上又推进了坚实的一步，同时这也是人民币汇率机制改革重要的一步。2015年12月1日，IMF宣布将在10个月后将人民币纳入特别提款权（SDR），这是人民币国际化的重要一步，也是中国经济融入世界体系中的一个里程碑事件，更是对中国这些年来经济建设和经济体制改革成果的充分肯定，人民币国际化的脚步进一步加快。为了实行独立的货币政策，同时降低外汇储备的损耗，央行暂时加强了外汇管制。然而，外汇管制会降低中国对外贸易和资本流动的活跃性，对于人民币国际化进程也可能造成不利的影响。从某种程度上说，参考"汇率收盘价和一篮子货币"是两种汇率制度的结合。汇率收盘价是国内经济形势的体现，而一篮子货币，则是参考世界各国经济形势确定。这种制度使中国的汇率生成机制更加国际化，有利于人民币国际化的推进。

二 人民币汇率形成机制改革的特点与规律

人民币汇率制度的演变伴随中国经济的不断发展，改革开放以来伴随人民币汇率制度的变迁，人民币汇率呈现以下几个特点：其一，人民币汇率弹性不断增强，如1994年实行的汇率并轨，2005年的"7·21"汇改、2015年的"8·11"汇改则使汇率弹性不断加大，2007年、2012年、2014年人民币日波动的幅度区间不断上调。其二，汇率的生成机制越来越市场化，人民币汇率逐步由政府控制演变到市场参与，即央行逐渐放权给市场，自己更多地担当宏观调控的角色，进一步发展了外汇市场，完善了人民币汇率生成机制，提高了外汇市场交易的流动性。其三，汇率可以有效调节贸易与非贸易部门的资源配置，防止国际"热钱"流入，汇率在某种程度上可以推动中国产业结构调整，人民币汇率变动对于第二产业具有明显的抑制作用，对第三产业则具有明显的促进作用。其四，人民币汇率的国际化程度越来越高，人民币国际化不仅可以降低中国对美元的依赖程度，也可推动人民币在国际上自由兑换和在国际贸易中充当计价和结算货币，人民币被纳入SDR，国家外汇中心公布了CFETS人民币汇率指数意味着人民币将不再跟随美元的变化趋势，人民币国际化之路将加快步伐。

第五节 汇率制度的评价与主张

关于浮动汇率制度和固定汇率制度的争论由来已久，但并未得出一种制度比另一种制度更好的结论。对国际汇率制度演变的考察有助于我们加深对这一争论的理解。有关固定与浮动汇率制度的争论变成了什么是最佳货币区的问题，或者说应在多大的范围内实行固定汇率制度才可能使它的优点不被缺点抵消,究竟哪种汇率制度更好一些在很大程度上取决于所涉及的国家及其运作的条件。

一 对汇率制度的评价

（一）对固定汇率制度的评价

固定汇率制的优点在于：第一，固定汇率制消除了国际货币金融秩序混乱和汇率急剧波动的现象。第二，固定汇率制使汇率相对稳定，便于国际债权、债务的清偿和进出口成本的核算，减少了进出口贸易及资本输入面临的汇率波动带来的风险，促进了国际贸易的迅速发展。第三，在固定汇率制下，由于各国货币币值及汇率基本稳定，因此各国拥有的国际储备资产和黄金价格的稳定，促进了国际投资和信贷的发展。第四，在固定汇率制下，各国中央银行对汇率的干预使汇率不超过允许的波动幅度，从而在一定程度上抑制了外汇市场的过度投机活动。

然而固定汇率的最主要缺陷在于容易遭受国际游资的冲击。当一国国际收支恶化，该国货币汇率下降，大量资本外流，该国货币当局为了维持汇率的基本稳定，必须抛售大量的黄金、外汇储备，购回本币，造成黄金的流失和外汇储备的缩减。而当大量抛售黄金、外汇储备仍不能阻止本国货币币值下降时，就只能公开宣布货币贬值。一国的货币贬值必然引起其他国家的报复措施，从而造成整个货币金融秩序的混乱与动荡，不利于经济的发展。

实行固定汇率制度的条件：第一，该经济体是一个小型开放经济体，因此，根据传统的最优货币区理论，它满足被吸收入一个较大的货币区的条件。第二，如果双边汇率的稳定是保证有效汇率的稳定的恰当手段，那么大部分贸易发生在它打算将货币钉住的贸易伙伴之间。第三，该国寻求一种宏观经济政策，使其通货膨胀率与打算将货币钉住的国家的通货膨胀率保持一致。如果中心货币提供了一个稳定的"锚"，国内经济也对稳定的价格能泰然处之，这个政策就很好；相反，如果中心货币国家正遭受通货膨胀快速上升之苦，或者国内价格水平很不稳定，如因财政无度导致政府依赖通货膨胀税，或者因为成本型通货膨胀压力根深蒂固，那这将是一个愚蠢的政策。

中国很明显不满足第一个条件和第二个条件。中国无论如何不是一个小经济体，它与美国的贸易也不占绝对多数，即使从出口来看，它也只直接向美国市场出口了约21%的商品，只有约8%的进口商品来自美国（数据来自中国商务部），只有将除日本外的所有亚洲国家包括在内，与美元区的贸易才占中国贸易的大部分：即58%的产品出口到美元区，56%的产品进口来自美元区，然而这些数据并未表明钉住美元的合理性，而是表明中国避免随意改变与其亚洲邻国的汇率的重要性。除了钉住美元，还有其他方法可以达到这个目的。似乎也没有充分的理由认为第三个条件也排除了中国将汇率与美元固定住，中国最近通货膨胀加速上升是尽管汇率已明显低估，但中国仍试图维持固定的名义美元汇率的一个直接和可预见的结果，因此不应该被解释为中国不能与美国的通货膨胀率和平共处。鉴于上述原因，中国不宜实行钉住美元的汇率制度。它与美国的贸易并不占绝对多数，也不清楚它是否愿意为了固定汇率制度而放弃主权。

(二) 对中间汇率制度的评价

中国自2005年已经采纳了中间汇率制度,即可调整的钉住汇率,在该制度下,汇率在短期内钉住,但是政府仍有权在它认为必要时给予改变,鲁笛·多恩布什(Rudi Dornbusch)曾把管理汇率的规则分成篮子(Basket)平价、较宽的区间(Band)以及爬行(Crawl)汇率,称为"BBC规则",这就是中间汇率制度。一般具有BBC规则的国家可以避免危机:主要货币汇率之间有变动,因此货币篮子可以防止货币高估;区间使汇率有空间进行一定程度的迅速调整,并为调整平价提供了相当大的空间;爬行可以防止平价因通货膨胀差异而变得过时,而BBC规则没有想到货币会被金融危机风暴击垮,就像印度尼西亚所发生的那样。

(三) 对浮动汇率制度的评价

固定汇率与浮动汇率制度的优劣争论,一直是国际金融界争论的重要问题之一,弗里德曼(Frideman)[1]和约翰逊(Johnson)[2]对浮动汇率的研究论述了在真正的浮动汇率制下,国际收支的赤字或盈余可分别被该国货币的贬值或升值自动修正,不用政府干预或动用国际储备;另外,将汇率钉住或固定在某一水平,就像用法律固定商品价格那样,常会带来外汇的过多需求或过多供给(国际收支的赤字或盈余),而这种失衡只通过改变国内其他经济变量而不是通过汇率来修正,这是低效的并可能产生政策误导,这样,政策的利用就不能完全有效地达到国内的经济目标。与此相反的观点,如纳克斯认为浮动汇率等同于波动的、不稳定的汇率,是干扰和不稳定的根源,而不是有效的调节机制。人们对固定汇率与浮动汇率的争论从未停止过,当前的讨论主要围绕以下几个方面。

浮动汇率的支持者认为,由于当今世界国内商品价格都是黏性的,远非灵活可变,因此,通过国内所有价格的改变来调节国际收支时间缓慢、成本高昂。而在浮动汇率体系下,只需改变汇率就能调节所有国内商品的外币价格,从而修正一国国际收支的失衡,同时保持国内商品相对价格的稳定,所以国际收支调节成本小。较新的研究方法承认工资的刚性,但由于存在不完全竞争市场,企业是价格的制定者,它们的定价决策必然对汇率变化做出反应,一次汇率变动对均衡价格的影响要取决于下列一些因素:是否商品完全替代、市场需求线的函数形式。由于各种商品市场和行业在上述几方面的差异,企业面对汇率变化带来的竞争压力,会做出不同的价格决策,因而汇率变化必然带来国内商品相对价格的变化,因而浮动汇率对国际收支调整的成本并没有它的支持者声称的那么小。

浮动汇率体系的拥护者认为,这种体系可在国际收支失衡时平滑地、连续地进行修正。米尔顿·弗里德曼认为,投机平均看来是稳定的,因为不稳定投机会导致投机者连续的损失,最后他们将退出这一领域,也就是说,在不稳定投机情况下,投机者因为看好一

---

[1] Friedmann, M., 1953, "The Case for Flexible Exchange Rates", *Essays in Positive Economics*, Chicago: University of Chicago Press, 157–203.

[2] Johnson, H. G., 1969, "The Case for Flexible Exchange Rates", The Institute of Economic Affairs, London.

种货币将会升值因而买入它，而若这种预期是错误的，他们将不得不以一个较低的价格抛出这种货币，这就是有了损失，如果这一过程持续下去，许多投机者将因此而破产，而对于能够赚得利润站稳脚跟的投机者来说，他们必须低价买进一种货币并能够高价卖出它。这就是说，平均来看投机是稳定的，因而市场汇率反映经济基本面，等于或接近于均衡汇率，他们认为在固定汇率体系下，一国在国际收支失衡时不能或不愿意调整汇率会增加不稳定的投机，最后迫使该国对汇率进行大幅度的、不连续的下调。这在很大程度上影响了经济，增加国家调节成本，并会影响国际贸易与资本的正常流动。

当均衡汇率转换为国内商品价格时，浮动汇率可清楚地识别一国各种商品的比较优势和劣势。而当今世界的固定汇率则常常偏离均衡，当这种情况发生时，固定汇率就扭曲了贸易模式并阻碍了资源在国际间的有效分配。

例如，一国货币汇率过高会导致该国增加商品出口，而不是调整汇率。在极端的情况下，甚至会出口某种具有比较劣势的商品。也就是说，在低估的汇率之下，出口的商品可能比国外竞争的商品价格更便宜，尽管在均衡的汇率下，它要比同类国外商品更贵。这妨碍了世界资源的最佳利用并减少了从国际性的专业化生产和贸易中获得的利益。

固定汇率的支持者认为，在浮动汇率制下，一国每日对外汇供求的变化会带来汇率非常频繁的变化，由于外汇的供求曲线都被认为是缺乏弹性的，所以这种频繁变化的幅度也是非常大的，汇率这样大的波动会干扰和降低生产专业化程度和国际贸易资本的流动。

由于长期比短期的外汇供求弹性大一些，汇率波动也要小一些。但我们现在主要考虑的是汇率的短期波动，浮动汇率上过多的汇率短期波动如果造成经济中资源过度频繁的重新分配，那么其代价或许是更高的摩擦性失业。

固定汇率的支持者认为，投机在浮动汇率制度下比在固定汇率下更有可能是不稳定的，在不稳定投机中，某种货币汇率升高时，投机者预期它会进一步上升从而购买这种货币，相反当某种货币汇率降低时，投机者抱着相反的预期而卖出这种货币。在这种投机过程中，由商业循环产生的汇率波动被进一步放大，国际交往中的不确定性和风险也增强了。如理性投机泡沫论认为，投机泡沫对外汇市场上的投机者而言是一种更复杂的理性行为的结果。技术规则通常被认为可控制汇率的短期运动，投机泡沫被认为是技术规则现象在较长期间延伸的结果，并被认为和理性预期完全一致，只要理性预期是自我确认的。汇率波动是由外汇市场上交易者采用的技术规则决定的，如果一个投机者认为一种货币能在未来以更高的价格出售，那么这种货币就值得购买，尽管这种方法可能使汇率朝着背离基本面的方向运动，虽然投机泡沫最后肯定会破灭，但在任何一个时点从技术规则的角度来说，崩溃的可能性看来较小，而货币的升值加上利差足以使投机者持有货币，直到其他因素导致泡沫破灭。

从实证的角度看，浮动汇率制有3个显著特征：实际汇率易变形、持久的背离和普遍的预测失误。主要发达国家和美国之间实际汇率的易变形，在浮动汇率下比固定汇率下高得多。

图14-2展示了2000—2022年人民币实际有效汇率指数的变化趋势，自2005年实行

有管理的浮动汇率制度以来，人民币实际汇率的易变形大大增加。

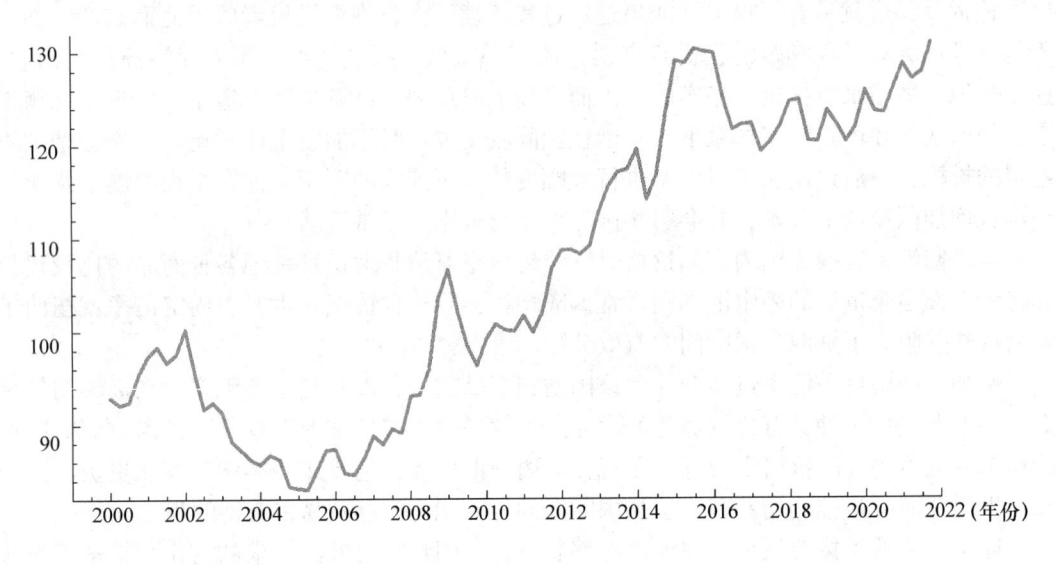

图 14－2　人民币实际汇率有效指数

资料来源：国际货币基金组织官网。

二　改革现行国际汇率制度的不同主张

（一）现行国际汇率制度的主要特征

虽然浮动汇率制的合法性在牙买加协议中得到了承认，从而为许多国家所采用，但国际社会仍然把该制度当作一种不得已而接受的过渡性安排。而且事实上，自布雷顿森林体系崩溃后，国际货币体系的制度约束明显弱化，成为"无体系的体系"。但它并非由"看不见的手"自发调节的完全竞争的市场体系，而是一种仍由美元充当关键货币（Key Currency）、美国充当实际主导力量的垄断型市场体系。主要特征为：第一，美元仍是最重要的国际支付工具、储备资产和外汇市场干预手段，这不仅使美国有资本承受巨额的经常收支赤字，也使美国控制了世界其他国家的货币金融政策。第二，主要大国间实行浮动汇率制度，这样的制度安排符合发达国家经济发展的内在要求，因为这一体制增强了其经济决策的自主性，并可将国际金融市场作为排泄其国内经济压力场所。但对于广大发展中国家来说具有明显的不对称性。第三，美国不再承担维持美元对外币值稳定的责任，其货币政策与汇率政策完全服务于本国政策目标。第四，IMF 不再提供全球性汇率稳定机制等国际公共产品与明确的国际金融规则，其最后贷款人职能也在无形中受到削弱。第五，世界范围内不再存在以往制度化的汇率协调机制，取而代之的是大国（西方 5 国或 7 国）之间非正规化的汇率政策协调。第六，汇率波动性增强与国际货币多元化，促使新的金融技术与金融工具不断涌现，进而使国际金融市场中以发达国家为资金来源的投机力量大规模扩张，这种国际汇率制度明显表现出各国收益与责任不对称、国际金融环境不稳定、国际协调机制不健全等弊端。为此，改革现行的国际汇率制度，是世界各国面临的一个共同任务。

（二）改革现行国际汇率制度的不同主张

1997年爆发的东南亚金融危机，使国际社会再一次认识到改革现行国际汇率制度的必要性和迫切性。为此，主要发达国家围绕着这项改革所涉及的两个不同层次，即对金融危机的防范和救援以及建立更加合理的国际汇率制度，分别提出了不同的改革方案。1998年9月14日，时任美国总统的克林顿率先提出通过美国、欧盟及日本经济的拉动和增加国际货币基金组织、世界银行及双边援助等措施解决危机的六点方案，但该方案不仅没有涉及国际汇率制度的改革，而且也没有提及此次金融危机中暴露的国际短期资本流动问题和对冲基金的恶性投机。同年9月21日，时任英国首相布莱尔在纽约提出了国际汇率制度改革的五点方案，从公开性、透明度、金融监管、紧急救援以及管理资本流动等方面，阐述了国际汇率制度改革的设想，该方案承认危机中暴露的监管和救援不力、国际汇率制度透明度不高以及资本流动得不到有效规范等问题，但寻求在国际货币基金组织和世界银行的框架之内，通过适当改组解决问题，特别是提出将这两个机构的监管职能合并以及加强国际货币基金组织的紧急救援能力。同年9月25日，法国驻国际货币基金组织执行董事代表欧盟提出了国际汇率制度改革的十二点建议，该建议除了在金融监管、信息披露以及循序渐进地开放资本账户等方面与英国的方案接近以外，特别提出将国际货币基金组织"国际汇率制度临时委员会"改组为真正的决策机构。同年10月，日本以大藏大臣宫泽喜一的名义提出的"新宫泽构想"，倡议建立总额为300亿美元的亚洲基金，向危机国家提供资金支持（此前日本政府曾提出过建立"亚洲货币基金"的构想，但被美国和国际货币基金组织拒绝）。同年11月初，日本又提出了要建立一个独立的国际金融监管机构和地区性的货币基金，以使国际货币基金组织更加完善，并进一步推行日元的国际化。这些改革方案充分体现了主要发达国家在国际汇率制度改革这一重大问题上的不同立场。由于美国在国际货币基金组织中拥有绝对的支配权（美国在该组织中所拥有的17%的投票权意味着，该组织的任何决策没有美国的同意都难以通过）。因此，美国为了维护其在国际货币金融事务中的既定领导权，坚决反对将国际货币基金组织"国际汇率制度临时委员会"改组为决策机构，主张在国际货币基金组织的框架之外讨论国际汇率制度的改革。早在1998年年初，美国就发起了由七国集团和部分新兴市场国家组成的"二十二方会议"。尽管主要发达国家在国际汇率制度改革这一问题上存在严重的分歧，但面对不断加深的东南亚金融危机，西方七国集团财长和中央银行行长于1998年10月30日发表了一个声明。该声明的要点是：第一，在近期内稳定国际金融市场，防止危机进一步蔓延；第二，寻求对国际汇率制度进行较大的改革。在第二个问题上，该声明较多地采纳了法国和英国所主张的加强监管、渐进开放资本账户以及规范对冲基金和离岸金融中心等建议；但在是否将"国际汇率制度临时委员会"升格为决策机构这一问题上，则表示要对有关建议进行评估；至于是否建立国际金融监管机构，该声明则未置可否，该声明对有关问题的认识有一定的进步,但其主要的目的在于恢复市场信心。理想的国际汇率制度,不仅应能提供充足的国际清偿能力和保持国际储备资产的信心,而且能使国际收支失衡得到有效和稳定的调节,从而促进国际贸易和国际资本流动的发展,建立这样一种国际汇率制度,是世界各国共同的任务。然而,由于发达国家和发展中国家在经济、金融实力上的巨大差异,无论是现行的国际汇率制度,还是东南亚金融危机以来有关这一制度改革的设想,在很大程度上都只体现了发达国家的意志,漠视发展中国家的要求和利益。因此,理想的国际汇率制度的建立,将是一个漫长的充满斗争的过程。

本章小结

1. 在金本位制下,所有国家都把自己的货币价格和黄金挂钩,避免了储备货币本位制下的内在不对称性,并对一国的货币供给增长率施加了限制,但是,金本位制也有很严重的缺点,使其不再适合作为组织国际货币体系的方式。在第二次世界大战之后设定的基于美元的金汇兑本位制最终也被证明无效。

2. 有管理的浮动汇率制度允许中央银行保留一些控制国内货币供给的能力,但是以更大的汇率不稳定为代价。然而,如果国内债券和外国债券是不完全替代品,中央银行通过冲销性外汇干预可以同时控制货币供给和汇率。经验证据几乎不支持冲销性干预对汇率有重大的直接影响这一观点。即使当国内债券和外国债券是完全的替代品,以致没有风险升水时,冲销性干预也可能通过改变市场关于未来政策的观点的信号作用间接产生作用。

3. 适度货币区是指若干国家把它们之间的货币汇率固定下来而形成的货币区。该区域所有国家的货币对世界其他国家的货币实行联合浮动,由于在区内国家之间消除了汇率浮动对相互贸易和投资产生的不确定性,最适度货币区的形成可以促进区内国家的生产专业化、区内贸易和区内投资,进而刺激区内国家的经济增长和规模经济。

4. 改革开放以来,人民币汇率制度改革经历复汇率制—钉住汇率制—有管理的浮动汇率制—汇率弹性不断加大的过程,人民币汇率制度变迁与发展使人民币汇率的弹性越来越大,汇率的生成机制越来越市场化,汇率制度对于宏观经济的调控作用越来越显著,人民币汇率的国际化程度越来越高。

5. 中国香港的联系汇率制度是传统的货币发行局制度的现代化演变。与其他汇率制度比较,联系汇率制度具有更强的可操作性;联系汇率制度使货币政策目标单一化,并成为货币政策的支柱;联系汇率制计划简单,贸易结算方便;联系汇率制度弱化了利率工具的作用;港币与美元挂钩,加深了对美国的依赖度。

6. 在一个各国把本国货币价格钉住储备货币的世界固定汇率体制中,包括了大量的不对称性:那些没有固定汇率的储备货币国,可以通过货币政策影响国内外的经济活动。相反,所有其他国家都无法通过货币政策影响国内外产出。这一政策不对称性反映了一个事实，即储备中心没有承担任何为其国际收支平衡融资的负担。

思考题

1. 导致布雷顿森林体系瓦解的根本原因是什么？
2. 试比较固定汇率制度与浮动汇率制度的优缺点。
3. 说明最佳货币区与固定汇率体系的区别。
4. 从 1994 年起，我国进行了外汇体制改革。论述我国外汇体制改革目标与条件，试提出合理的改革方案。
5. 香港联系汇率制的内容和运行机制如何？如何理解其两个内在的自我调节机制？该制度主要存在哪些问题？
6. 请简要评述人民币汇率制度改革的历程与发展规律。
7. 请简要评述金本位下汇率调节机制作用的条件和过程。

第十五章　资本的国际流动与中国的跨国公司

导　言

在经济日益全球化的今天，与商品在国际间流动一样，资本在国际间的流动也是国际分工的重要组成部分，并且其相对地位正随着国际分工的发展而日益凸显。从改善世界范围内资源配置效率的角度来看，资本在国际间流动与商品流动的功能是相似的。它们最终都有利于实现要素价格均等化这一资源配置最优化的标准。

本章将关注资本在国际间的流动，以及中国是如何有效实现"引进来"和"走出去"的。在资本的国际流动过程中，一部分资本连同对它的实际控制权一同转让，投资者（债权人）所关心的只是其投资的报酬，除此以外并无其他要求和权力，我们把这种投资定义为国际间接投资；另一部分则采取另一种方式进行，投资者在以资本流动的方式转移资源的同时，还获得了对投资对象的直接控制权，我们称之为国际直接投资。自第二次世界大战以来，特别是20世纪90年代以来，随着经济全球化的深入发展，国际直接投资迅速发展，对国际贸易、生产国际化和全球资源的优化配置都起到了重要的促进作用。在国际直接投资的过程中，跨国公司是重要的载体，跨国公司携带资本跨国流动，加速了生产和资本国际化进程。中国跨国公司的发展是与改革开放进程密切联系的，是中国实施"走出去"战略的一种好的尝试。本章主要介绍有关资本国际流动的基本理论，中国跨国公司的发展与实践以及利用外资和在经济新常态下实施"走出去"战略的中国模式。

学习目标

1. 把握国际直接投资的本质以及演变过程背后的原因。

2. 理解国际产业转移、生产国际化和国际直接投资之间的关系，并了解区域经济集团国际直接投资的内部化趋势。

3. 阐述中国如何通过"出口导向"和"进口替代"实现利用外资，以及阐述为什么要利用外资的两缺口理论、全球价值链理论、通货溢价理论和资产风险控制理论。

4. 阐述对外直接投资的垄断优势理论、内部化理论、国际生产折衷理论、产品周期理论和转移定价理论，以及这些理论在解释中国对外投资时有什么不足之处。

5. 了解跨国公司发展的新趋势，以及中国跨国公司的发展历程和特征。

第一节　生产的国际化与国际直接投资

一　国际直接投资的概念、动因和方式

（一）国际直接投资的概念

国际直接投资也称为外商直接投资（Foreign Direct Investment，FDI），是指一国的自然人、法人或其他经济组织单独或共同出资，在其他国家的境内创立新企业，或增加资本扩展原有企业，或收购现有企业，并且拥有有效管理控制权的投资行为。一般把国际直接投资的来源国称为母国，国际直接投资的接受国称为东道国。

（二）国际直接投资的动因

国际直接投资通常是为了获得长期的投资收益，通常取决于东道国的有利条件，从此角度出发可以将国际直接投资的主要动因分为以下四种。

市场寻求型。市场寻求型投资是指跨国公司为了扩大原有市场、拓展新市场和克服贸易壁垒等而进行的对外直接投资。

资源寻求型。资源寻求型投资是指跨国公司为了从国外获取稳定而廉价的自然资源、人力资源、技术与品牌资源等各种生产要素，以降低生产成本，进而增强产品竞争力，提高经济效益而进行的对外直接投资。

效率寻求型。效率寻求型投资是指跨国公司为利用各国在生产要素、经济体制、文化传统和政府政策等方面的差异，在全球范围内配置资源，从而降低生产成本，获得最佳经济效益而进行的对外直接投资。

优惠政策寻求型。优惠政策寻求型投资是指企业为了享有东道国的优惠政策而进行的对外直接投资。20世纪中后期，一些发展中国家在经济发展过程中对资金的需求与日俱增，便利用各种优惠政策吸引外资，这些政策主要包括税收优惠、融资优惠、土地使用优惠等。这些优惠政策吸引了大量的外资，促进了东道国经济的迅速发展。

（三）国际直接投资的方式

按企业设立方式可以划分为创办新企业和跨国并购。创办新企业是指投资者在国外设立分支机构、附属机构、子公司或与东道国联合创办合资企业等。跨国公司在东道国投资以创办新的企业，这种投资方式也称为"绿地投资"（Greenfield Investment）。跨国并购是跨国兼并和收购东道国企业的统称。跨国兼并是指一国企业购买另一国企业的全部资产，合并组成另一家企业。跨国收购是指一国企业通过资本投入收购另一国企业的资产或股份的方式，取得另一国企业生产和经营的控制权和管理权。

按企业所有权可划分为独资经营、合资经营和合作经营。独资经营是指根据有关法律规定在东道国境内设立由国外投资者全部出资并独立经营的企业。合资经营又称股权式经营，是指两个或两个以上国家的投资者共同投资创办企业，并共同经营、共担风险，按照股权比

例共负盈亏和分享收益的国际直接投资方式，它是国际直接投资中最常见的一种形式。合作经营又称契约式经营，是指两个或两个以上国家的投资者通过谈判签订契约（合同、协议）共同投资组成合作企业，并共同管理、共担风险的国际直接投资方式。在这种方式下，合作双方的责任、义务与权利不是以股权比例而是以契约为基础的，即根据契约规定的投资方式和分配比例享受收益或承担风险，这种投资方式也被称为非股权参与式投资。

按投资所形成企业的分工可以划分为横向FDI、纵向FDI和混合FDI。横向FDI又被称为市场寻求型FDI，当企业在包括母国在内的多个国家同时从事相同或相近产品的生产活动，并向当地销售以满足当地市场需求时，就形成了横向FDI。纵向FDI是指企业把产品生产的不同阶段分别配置在成本相对较低的不同国家的一种对外直接投资方式，其基本动机是为了充分利用国家间的要素禀赋差异，故又称效率寻求型FDI。混合FDI是指企业在国外投资既有横向FDI的特征，又有纵向FDI的特征。

二 国际直接投资的发展变化

（一）国际直接投资来源国结构的变化及其原因

国际直接投资的来源国经历了由发达国家为主到发展中国家也积极参与的变化，根本原因在于经济发展。第二次世界大战前，英国作为世界霸主，是国际直接投资的主要来源国。1914年，英国占全球对外直接投资总额的45.5%，1938年降至39.8%，但仍居世界首位。第二次世界大战后，美国的经济实力大大增强，美国利用其在战争中积累的资本、开发的新技术及布雷顿森林体系所确立的美元国际货币地位，大举扩张对外直接投资规模，成为世界最大的对外直接投资国。20世纪80年代，随着美国经济的相对衰落，美国在国际直接投资中的地位相对下降，而西欧和日本经济的迅速恢复，推动了国际直接投资迅速发展，美国、西欧和日本逐渐成为国际直接投资的"三极"。90年代中期以后，美国经济增长强劲，其第一投资大国的地位又得以巩固。在70年代以前，发展中经济体的对外直接投资流出量很少，80年代后，随着发展中国家和地区经济的迅速发展，一些发展中国家和地区逐渐加入对外直接投资的行业，至1995年，发展中经济体对外直接投资流出量为456亿美元，占全球总额3065亿美元的14.9%。21世纪以来，发展中经济体、转型经济体和独联体国家的国际直接投资流出量有较大的增加，2012年发展中经济体、转型经济体和独联体国家所占比重达到31.3%，2014年提升到47.9%的历史新高，2016年和2017年，这一比重分别为31%和32.2%，而到2020年和2021年，发展中经济体的外国直接投资已占到全球总量的2/3。

随着中国经济的快速发展，中国的对外直接投资也迅速发展。从2007年的265.1亿美元增长至2021年的1451.9亿美元，平均每年增长12.92%。2021年年末，我国对外直接投资存量稳定在2.6万亿美元，我国对外直接投资流量和存量稳居全球前三。中国在全球外国直接投资中的影响力不断扩大，流量占全球比重连续5年超过一成，2020年和2021年均达到两成，78家中国企业入围2021年度"全球最大250家国际承包商"，连续8年位居世界第一，中国资本对全球的影响力越来越强。

(二) 国际直接投资流向的变化及其原因

国际直接投资流向经历了主要由发达国家向发展中国家，到发达国家之间双向流动，再到发展中国家和发达国家多边流动的变化。第二次世界大战前，国际直接投资多为发达国家跨国公司的资源寻求型投资，这些投资70%以上是从发达国家流入发展中国家。第二次世界大战后，国际分工发生了深刻变化，由第二次世界大战前以垂直型分工为主的格局转向以水平型分工为主的格局，国际直接投资的流向也随之变为发达国家间的相互投资为主，资本运动呈现为发达国家间的双向流动。20世纪70年代以后，随着各国经济发展和世界经济格局的改变，发达国家和发展中国家的对外投资政策都进行了相应的调整。亚洲特别是东亚地区经济发展迅速，其中，中国自改革开放以来，经济建设取得巨大的成就，工业体系日趋完善，政治局面稳定，这些有利因素使外商对华直接投资的规模和质量不断提高，使中国成为世界重要的投资接受国。而曾经创造东亚奇迹的新加坡、韩国、中国香港、中国台湾等国家和地区，其出口导向型的经济增长模式和较好的投资环境，也是吸引外资的重要原因。80年代末90年代初以来，世界经济进入以经济全球化为基本特征的新阶段，经济全球化使世界各国对外投资的规模不断扩大，以欧盟、美国、日本为代表的发达国家和地区向东亚国家投资为主。21世纪以来，随着以"金砖国家"为代表的发展中国家和地区经济的快速发展，它们吸收国际直接投资的比重逐渐提高，国际直接投资流向发生了较大的变化。

(三) 国际直接投资产业结构的变化及其原因

与产业结构高级化的演进过程一致，国际直接投资也经历了从初级产业为主到制造业、服务业为主的发展轨迹，原因主要在于全球产业结构的升级促使国际直接投资产业结构高级化。20世纪50年代以前，国际直接投资的行业大部分集中于初级产业，投放在制造业的数量有限。以美国为例，1914年对外直接投资中初级产业的份额高达82%，1938年仍有75%。50年代至70年代中期，发达国家的对外直接投资中制造业开始逐步占主导地位。1970年，美国对外直接投资中投向制造业的比重已增至41.3%，制造业成为重要投资产业。70年代中期以来，在制造业内部，国际直接投资逐渐从投向劳动密集、低成本、低技能的制造业转向资本、技术密集的产业。70—90年代，在世界九大投资来源国的对外直接投资中，对初级产业和劳动密集型产业投资所占比重1980年为46.9%，1985年下降到43.2%，到1990年进一步下降到38.5%，而对资本、技术密集型产业的投资比重在1975年就达到49.6%，到1990年则上升到51.2%。80年代后，这些国家对服务业的对外直接投资增加较快，在对外直接投资总额中的比重由70年代初的25%提高到90年代初的50%。90年代后期，这些国家每年国际直接投资流量中有55%—60%投向服务业。在发达国家，与金融和贸易有关的服务业对外直接投资更占国际直接投资存量的2/3。当前，第三产业仍然是这些发达国家对外直接投资额最大的产业。

(四) 中国在国际直接投资中的地位和作用的变化

改革开放初期，中国企业开始进行对外直接投资尝试。20世纪90年代以前，中国对外直接投资以初级加工业为主，投资规模较小，年度投资额不超过 10 亿美元。根据联合国贸易和发展会议统计，截至 1990 年年底，中国对外直接投资存量仅为 44.55 亿美元。90 年代，中国对外直接投资开始较快发展，境外装配加工投资增长迅速，并有几项较大规模的境外能源资源投资。21 世纪以来，中国对外直接投资规模不断扩大，2005 年对外直接投资突破百亿美元，2013 年超越千亿美元，2015 年对外直接投资额首次超过利用外资额，2016 年达到巅峰 1961.5 亿美元，2020 年为 1537.1 亿美元，2021 年为 1451.9 亿美元，对外直接投资额排名由 2002 年的全球第 26 位到现在稳居全球前三。同时，中国对外直接投资结构进一步优化，投资区位分布更为广泛，投资行业领域更加丰富，投资主体日趋多元，展现出良好的发展态势。

党的十八大以来，以习近平同志为核心的党中央统筹国内国际两个大局，于 2013 年提出"一带一路"倡议，鼓励资本、技术、产品、服务和文化"走出去"，对外投资进入全新的发展阶段。党的十九大着眼发展更高层次的开放型经济，明确向世界表明中国改革开放的大门会越开越大，面向未来，中国对外投资将以"一带一路"建设为重点，促进国际产能合作，推动形成面向全球的贸易、投融资、生产、服务网络，更好地服务于开放创新、包容互惠的共同发展。党的二十大指出，"推进高水平对外开放……稳步扩大规则、规制、管理、标准等制度型开放"[①]。

目前，中国对外投资规模已位居世界前列，对外投资管理体制和政策体系也更加完善。对外投资的快速发展，不仅提高了中国企业的国际竞争力，也推动了中国经济的转型升级，而且与世界各国实现互利共赢、共同发展，为建设开放型世界经济做出了积极贡献。

三 国际产业转移与国际直接投资

（一）国际产业转移历程

国际产业转移与国际直接投资关系密切。由于资源供给或产品需求条件的变化，一些发达国家的跨国公司通过国际直接投资的方式，将一些生产技术水平较低或在本国已不具有比较优势的产业转移到发展中国家，从而对母国和东道国产生显著的产业结构调整效应。一方面为母国的产业结构调整创造条件，另一方面又带动了东道国的产业结构调整和产业技术水平升级。

第二次世界大战后至 20 世纪 90 年代前，在全球范围内发生了两次较大规模的国际产业转移。一次发生在 60 年代，美国在确立了全球技术领先和经济霸主地位后，开始进行本国的产业结构调整和产业技术水平升级，集中力量发展资本和技术密集型重化工业，把

---

① 习近平：《高举中国特色社会主义伟大旗帜　为全面建设社会主义现代化国家而团结奋斗——在中国共产党第二十次全国代表大会上的报告》，人民出版社 2022 年版，第 32 页。

一些传统产业通过对外直接投资的方式向正处于经济恢复期的一些欧洲国家和日本转移。第二次发生在70年代，由于石油及其他初级产品价格的大幅上涨，以及科技革命的迅速发展，加快了发达国家产业升级的步伐，美国、德国、日本等集中力量发展电子、航空航天、生物医疗和钢铁、化工、汽车等资本和技术密集型产业，而把那些高能耗、高污染和劳动密集型产业大量向发展中国家转移。90年代以来，由于经济全球化和网络技术的迅速发展，发达国家又开始进入了新一轮的产业结构调整，这次产业结构调整的重点是发展创新性技术密集型产业，而把技术水平和产品附加值较低的产业转移到发展中国家和地区。

（二）生产国际化加速了国际直接投资的发展

生产国际化是指在国际分工不断发展和不断细化的条件下，某个产品生产过程所包含的不同工序或区段被拆解，并分散到不同国家或经济体中进行。生产国际化对国际直接投资的促进作用，主要是通过跨国公司的生产经营国际化实现的。跨国公司通过国际直接投资成为生产国际化的载体和组织者。同时，信息网络技术的发展和运输成本的下降也在加速跨国公司实现生产国际化的进程。

（三）生产国际化对国际直接投资区位选择的影响

20世纪90年代中后期，跨国并购成为推动对外直接投资的重要形式，而跨国公司的国际化扩张进一步促进了生产国际化的发展。在这个过程中，生产国际化通过跨国公司全球经营战略的实施，直接影响着国际直接投资的区位选择。发达国家的跨国公司的纵向FDI使资本大多流向发展中国家，而其横向FDI使资本更多地在发达国家之间流动。进入21世纪以来，生产国际化的进一步发展使发展中国家对发达国家的逆向投资悄然发生，国际直接投资布局正在发生一场新的深刻变化。

同时，由于许多生产国际化的过程是在彼此相邻的区域内国家之间进行的，这种区域内国家之间的生产国际化的发展，也逐渐形成了一种以区域内分工为特征的区域生产网络。这种区域生产网络的形成，也对国际直接投资的布局产生了重要的影响。

（四）区域经济集团国际直接投资的内部化趋势

20世纪80年代中期以来，区域经济一体化趋势重新高涨并迅速发展，加快了区域内贸易自由化和投资便利化的进程，区域内成员国之间的国际直接投资已成为当前国际产业转移的一个重要特征。目前，欧盟、北美和亚洲的区域经济集团成员国之间，都互为最大的投资对象国和产业转移国。在欧盟，1/3以上的国际直接投资是在成员国之间进行的，加拿大的对外直接投资1/3在美国。2020年，随着中国、日本、韩国、澳大利亚、新西兰和东盟10国共15个亚太国家正式签署《区域全面经济伙伴关系协定》（Regional Comprehensive Economic Partnership，RCEP），亚太国家之间的投资进入了加速阶段。随着区域经济一体化发展，区域内的贸易和生产要素流动更加自由化和便利化，产业国际转移的区域内部化趋势也更加明显。

第二节　利用外资的中国模式

一　外商直接投资与中国经济发展模式

（一）外商直接投资与出口导向加工业

出口导向是指着重于利用国外资源与开拓国际市场，以生产出口产品带动本国经济的发展即主要以出口的增长来带动一国经济增长的战略模式，属于外向型经济。根据《中国对外经济贸易年鉴》，从1993年起，外商投资企业的进出口额已占中国对外贸易进出口总额的1/3以上。在出口方面，外商投资企业出口份额超过1/4；在进口方面，则大有接近半数的趋势。出口导向型的外商投资企业多集中在沿海地区，1994年沿海12个省份"三资"企业出口336.6亿美元，占全国"三资"企业自营出口总额的97%。进料加工出口仍然是外商投资企业的主要贸易方式，1994年进料加工出口305.8亿美元，占其出口总额的88%，比重比上年有所提高。

在外商投资最为密集的沿海地区，已经形成出口导向加工业的发展，它充分利用了沿海地区的区位优势和劳动力供给优势，迅速发展起"两头在外"的外向型加工业，从而利用了中国的要素禀赋优势。这种工业化发展模式与中国过去几十年以内向经济为主的模式，即完全依靠国内交换和内需增长拉动的方式有了很大的区别，它使国内外资源都得到利用，通过国际交换得到比较利益。

（二）外商直接投资与进口替代工业

进口替代是指一国采取各种措施，限制某些外国工业品进口，促进国内有关工业品的生产，逐渐在国内市场上以本国产品替代进口品，为本国工业发展创造有利条件，实现工业化。由于中国的贸易开放是在国内体制改革的基础上渐进式推动的，因此在相当长一个时期内，国内市场还处在一定程度的保护之下，特别是一些资本技术密集型的产品和新式消费品，在一个时期内采取了高关税或进口许可证的贸易措施对进口实行限制。在这种贸易政策下，采取"以市场换技术"的利用外资政策收到比较明显的效果。20世纪80年代以来，通过吸引国外大企业来投资，使这些企业的先进技术向中国转移。

进口替代与外商直接投资的结合，提高了中国工业的技术水平。在中国特殊的社会经济条件下，出口导向战略和进口替代战略这两种模式做到了兼容并包，取其所长，避其所短。中国的成功在于吸收外商投资既欢迎出口导向的劳动密集型投资，更欢迎资本技术密集度较高的进口替代型工业投资，二者都不偏废，都得到了充分的发展。

（三）外商直接投资与国有企业

到1997年年底，中国共有24万多家外商投资企业，在其资产总额中，57%是国有和集体经济成分，因此从总体上看，中外混合经济是一种特殊的公有制实现形式。从这种所有制形式的实际运行来看，与国有工业企业相比，外商投资企业人均产值高8倍以上，成本费用利润率高3倍以上,这表明外商投资企业的资产运行效率明显优于国有企业。

因此国有企业充分利用外商投资,推动了自身的转型升级,推动了中国计划经济向社会主义市场经济的转变。主要表现在:第一,国有企业充分利用外商投资,引进了先进技术和管理经验,实现了企业技术更新和产品更新换代,增强了企业的竞争力。第二,国有企业利用外商投资,使生产和供给较快地适应消费需求的新变化,促进了产业结构和经济结构的调整和优化。第三,国有企业吸收外商投资,通过重组企业资本结构,降低企业的资本负债比率,减轻了企业负担;通过资本结构重组,有的还实现了企业或行业的发展战略。第四,用中外混合经济大面积置换完全竞争性行业和国有经济,是落实"抓大换小"方针的有力措施。国有企业改革实行"抓大放小",通过国有企业吸收外商投资实现战略改组,在保住国有经济资产的基础上,推进了国有企业的发展。第五,国有企业吸收外商投资,是未来增长方式从粗放经营转向集约经营的重要推动力量。

二 利用外资的理论

(一)"两缺口"理论

20世纪60年代中期,美国经济学家钱纳里和斯特罗特提出"两缺口"理论,旨在解释发展中国家利用外资来弥补国内资金短缺的必要性的一种发展理论,为发展中国家利用外资提供了理论基础。

在西方经济学中,有社会总需求和社会总供给的基本平衡关系如下:

$$Y = C + I + X - M \qquad (15-1)$$

其中,Y代表国民净产值,C为总消费,I为总投资,X为总出口,M为总进口。由于又有$Y - C = S$(总储蓄),可整理得到:

$$I - S = M - X \qquad (15-2)$$

根据(15-2)式,两缺口理论认为,发展中国家储蓄率低,在试图扩大国内投资以加速经济发展之时,势必出现$I - S > 0$的"储蓄缺口"。储蓄缺口不单是个资金缺口,还包含了扩大投资所需先进设备、建材等的物资缺口。对此,发展中国家不得不用$M - X > 0$的"外贸缺口",即持续的外贸逆差来填补储蓄缺口,以实现投资的扩大,并争取社会总供求的大体平衡。所以说,储蓄缺口势必导致和长期伴随着外贸缺口。两缺口并存,是发展中国家发展初期必然经历的共同发展模式。然而,依靠外贸逆差支持的经济发展很快会遭遇外汇短缺的短板。

"两缺口"理论不仅为美国、英国等国大量输出资本提供了理论依据,而且也受到新独立的亟须发展经济的发展中国家的重视和采纳,甚至成为发展中国家引进外资的理论指南。

也有人提出了"两缺口"理论的中国"悖论",按照对钱纳里等两缺口理论的分析,如果一个国家的储蓄大于投资,那么储蓄作为内源融资将弥补储蓄缺口和外汇缺口,一般就不需要再引进外资。根据对中国宏观经济指标的分析,中国在很多年份并不存在所谓的两缺口,但是中国利用外资额却很大,这样就存在一个"两缺口"理论的"悖论"。那么,在储蓄、外汇双重过剩的情况下,为何会出现外资仍然大量涌入的"悖论"?

原因在于,两缺口模式是一种技术约束条件下的"两缺口"理论,而这种技术约束正是目前中国政府仍然大力支持引用外资的主要原因。根据技术约束条件下的"两缺口"理论,技术约束是一国经济长期发展的硬约束,引进外资的真正目的是在一定程度上缓解这种技术约束。在技术约束条件下,如果一国存在两缺口,引进外资毫无疑问是必需的;但是在中国这种储蓄、外资双重盈余的情况下,通过引进外国投资力图促进国内技术提高,也是非常有必要的,但是,必须注意要引进高质量的外资,以达到吸引外资的真正目的。

(二)全球价值链理论

波特于 1985 年提出企业的价值链理论,随后在 2001 年提出了全球价值链的概念,认为全球价值链是一种连接区域生产、加工、销售、回收等环节的跨国性生产网络,众多参与企业通过承担不同环节的功能,捕获各不相同的利润。波特的"全球价值链"理论客观地分析了在经济全球化背景下,分工与市场跨越国界产生的要素流动和资源重新配置的必然趋势。通过国际资本流动,美国等发达国家大量吸收外国直接投资并大量输出国际投资,通过整合全球生产要素和全球资源,保持或增强母公司在全球价值链中的地位。这就解释了为什么发达国家需要大量引进外资。

同时,对发展中国家来说,只有通过大量吸收外商直接投资,才能进入"全球价值链"生产体系。而只有进入该体系,才有机会集合全球优势生产要素,加强自身的比较优势并形成竞争力,并通过培育新的竞争力,实现"全球价值链"生产中国际分工位次的提升。对中国的研究表明,外资凭借与跨国公司全球价值链网络的天然联系,强化了中国融入全球价值链的深度和复杂度,也因高加工贸易倾向促使中国制造业在融入过程中向全球价值链下游移动。

(三)通货溢价论

跨国投资在实践中毕竟是微观主体的市场行为,因此企业投资战略也成为解释国际直接投资原因的重要学说。美国学者曾经从资本、货币市场的不完善,利率和汇率波动以及国际资本市场的结构和效率等方面分析了这些因素对国际直接投资的影响,特别是 Aliber 把对外直接投资视为资产在各个通货区域之间的一种流动[①]。与其说这是一种生产现象,不如说这是一种货币现象。他认为,由于不同货币利率和汇率的波动,因此存在通货溢价(Currency Premium)因素,这是跨国企业得到高收益率的原因,也是跨国直接投资产生的原因。通货溢价论假设,当投资国货币疲软而东道国货币坚挺时,投资者是为了得到以东道国货币计价的资产,当它返回投资国时,就得到实际的或账面的溢价。可见,他的理论是建立在资本市场和外汇市场失效这一基础上的,这种失效给了那些用某种货币定值其资产的企业以优势。

中国加入世界贸易组织后,金融业对外开放有了很大进展,特别是交通银行、中国工

[①] Aliber, R. Z., 1970, "A Theory of Direct Foreign Investment", Kindleberger, C. P., ed., *The International Corporation: A Symposium*, Cambridge, Mass: The MIT Press.

商银行、中国建设银行、中国银行等国有大型商业银行实行股份制改革和引入战略投资者，大大加快了银行业利用外资的步伐。除了金融业对外开放扩大的因素，人民币对美元汇率升值（特别 2000 年升值幅度最大，外资流入规模也最大）以及美元对西方主要货币贬值，改变了国际资本市场结构和效率，也使人民币具备了阿利伯所说的"通货溢价"条件，这为跨国企业投资中国金融和房地产业创造了垄断优势，成为国际资本流入的重要原因。

（四）资产风险控制理论

国内投资的风险控制理论也可以用来解释跨国投资。现代资产组合理论认为，就某一种资产而言，风险与收益是对称的，谋求既定风险下的预期收益或既定收益下的最小风险是困难的。但如果把不同的资产组合起来，就可以大大降低风险并取得较高收益。这是因为各种资产的风险可以大体分为两类，即系统风险与非系统风险，前者取决于该资产的外部因素，它本身无能为力；后者则与该资产相关，通过适当的资产组合可以基本消除[①]。马科维茨的现代资产组合理论后来又成为资产定价（Asset Pricing）理论的基础[②]。跨国公司对外进行投资，在各国进行资产组合，以追求低风险条件下的高收益。

实践表明，我国的外资主要流向了金融业和房地产业，由于金融和房地产都属于高风险和高收益行业，这种风险又属于非系统风险，与资产本身密切相关。尽管国际资本对这种资产趋之若鹜，但出于风险控制的理性考虑，需要对其他资产进行组合投资。无论是对金融和房地产的投资，还是对具有系统风险的资产进行组合投资，都要求资本具有高度的流动性，因此，它的属性更多地倾向于金融资本，而不是产业资本。而自由港往往是金融资本的天堂，受到的管制最少，能够保持高度的流动性和最大限度的时间效率，这使自由港成为来华投资的重要来源地。经过四十多年改革开放，中国对外部世界有了更深刻的了解，同时也让外国投资者对中国市场有了更多的认识。境外投资者采取风险控制的投资策略是必然的，也是他们进步的表现。随着国际直接投资中跨境并购的发展，特别是服务业并购的发展，国际投资中的直接投资和证券投资具有日益融合和交叉进行的趋势。因此，未来来自自由港的境外投资会更多，我们不应该不分青红皂白地把它们一概斥为"热钱"或"假外资"；相反，我们应当鼓励它们进行组合投资，既允许外资流入金融和房地产业，也鼓励它们流入中国更需要的其他服务业或制造业，达到互利共赢的目的。

三 新时期下如何吸引外资

党的十七大提出，创新利用外资方式，优化利用外资结构，发挥利用外资在推动自主创新、产业升级、区域协调发展等方面的积极作用。党的十八大提出，要提高利用外资综合优势和总体效益，推动引资、引技、引智有机结合。党的十九大提出，要实行高水平的贸易和投资自由化便利化政策，全面实行准入前国民待遇加负面清单管理制度，大幅度放

---

① Markowitz, H. M., 1959, *Portolio Selection: Efficient Diversification of Investments*, Yale University Press.
② Ross, S. A., 1976, "The Arbitrage Theory of Capital Asset Pricing", *Journal of Economic Theory*, 13: 341-360.

宽市场准入，扩大服务业对外开放，保护外商投资合法权益。凡是在我国境内注册的企业，都要一视同仁、平等对待。党的二十大提出，推进高水平对外开放。因此，新时代如何引进外资是一个重大问题。

增加服务贸易领域对外资的吸引力度。虽然金融业吸引外资成为目前的新亮点，但其他服务贸易领域仍然没有较大突破，而且近几年服务贸易领域吸收外资主要集中于利润较高的房地产业，生产性服务业吸收外资仍然没有破题。中国服务业不仅在吸引外资的总量上水平较低，而且在内部结构上也不尽合理。这表明服务贸易领域利用外资无论是数量增长还是质量提高都有很大潜力①。

在产业转型升级中吸收外商投资。要把吸引外资与当地经济发展战略密切结合起来，加快构建现代服务业为主体、战略性新兴产业为引领、先进制造业为支撑的新兴产业体系。吸引外资要为信息基础设施建设引入创新技术，中国现阶段信息基础设施与发达国家仍然有较大差距，核心芯片、各种操作系统的关键技术还比较落后，可以通过引进外资和技术缩小差距。过去的实践证明，引进创新技术是自主创新的捷径，也是效率最高的方式。

在推动区域协调发展中吸引外商投资。把发展战略性新兴产业与吸引跨国公司"西进"结合起来，增加向中国中西部的投资，推动我国区域协调发展。中央政府各部门要积极支持外商向中西部投资，完善相关法律法规，鼓励和支持国际资本投资中国的战略性新兴产业。中西部省份要积极响应跨国公司的"西进"，从土地、园区扶持、财税、融资、产业服务、人才、优化投资环境等多个方面出台优惠政策吸引外商投资。

通过逐渐开放资本项目引进外资。中国金融市场必然是遵循渐次开放的路径，在条件成熟的情况下逐步扩大开放的领域和范围，最终实现资本项目下证券投资的完全开放。在一个时期内，利用国际证券投资仍然以境外发行股票和债券为主，允许外资通过 QFII 等制度间接进入中国 A 股证券市场，同时逐步将 B 股市场国际化，并为与 A 股合并做准备。从中远期来看，允许外资以投资于基金、组建合资基金、组建证券公司和投资公司、购买资产管理公司所持有股权等形式间接投资于 A 股市场。

专栏 15—1　1978—2020 年中国利用外资的实践与经验

从 1978 年改革开放以来，大致可以将中国利用外资分为四个阶段。

起步阶段，1978—1987 年。这一阶段外商直接投资主要集中在第二产业中纺织、服装、食品饮料、塑料制品、电子元器件等以劳动密集型为主的中小工业项目以及第三产业旅游宾馆、娱乐设施等房地产项目。1979 年后，中国开始用外债形式引进外资。

发展和突破阶段，1988—1995 年。这个时期，中国共批准外商投资项目 248735 个，是第一阶段的 23.62 倍；合同外商投资额为 3729.92 亿美元，是第一阶段的 16.13 倍；实际利用外资额为 12425 亿美元，是第一阶段的 11.7 倍。这个时期，跨国公司开始大

---

① 裴长洪、彭磊：《"两税合一"是创造吸收外资优势的新起点》，《中国经贸导刊》2008 年第 3 期。

量投资中国，出现了 BOT、利用证券市场等吸收外资的新方式，以外债形式吸收的外资增长加快，投资行业分布开始转向以工业制造业为主。随着工业投资的热潮，房地产项目在沿海开放地区仍然是受到追捧的外商投资项目。

调整和提高阶段，1996—2001 年。这一阶段利用外商直接投资开始由重视利用外资数量转变为重视利用外资数量和质量并重的阶段，这主要表现为外商直接投资额进一步扩大，从事高新技术、基础设施行业的外资大幅度增加。1998 年中国外债余额已突破 1500 亿美元，鉴于东南亚金融危机教训，防范外部危机传染和汇率稳定的需要，中国及时对外债管理政策进行了修订和调整。

成熟稳定阶段，2001 年至今。2001 年对三部外商投资企业法规进行修改，更加符合 WTO 相关协议的规则，2020 年将涉及企业的三部法律合并成《中华人民共和国外商投资法》，有序扩大 FDI 的市场准入。这一阶段，外商投资企业尤其是跨国公司开始大量引进最先进的技术，加大了在中国的研发规模和水平，原创性的研发内容增加，许多跨国公司的中国研发中心技术已经达到全球同行业的一流水平。同时外商对服务业投资兴趣也在不断增加。中国还引入了利用外资的最新实践，即建立了 QFII 制度。

通过总结，我们可以得出中国利用外资的一些重要经验。第一，要坚持解放思想的坚定性与统一认识的实践性相结合；第二，在国际收支资本项目尚未开放的条件下，坚持以吸收外商直接投资为主；第三，在开放型经济建立初期，正确选择出口导向型利用外资战略；第四，"体制转型在先，贸易自由化在后"的改革开放模式是吸引国际直接投资的重要条件；第五，由点到面，经济特区和沿海开放城市创造了区域突破的经验；第六，经济技术开发区创造了产业积聚的环境空间；第七，在积极利用外资的认识前提下，加强中央政府的统一管理；第八，适时引进 QFII 制度，不仅创新了利用外资方式，而且成功探索了中国证券市场的对外开放。

专栏 15-2　从需求侧转向供给侧：中国吸收外商投资的新趋势

近年来，全球外商直接投资呈现下行趋势，跨境并购大幅下挫，许多发达国家的跨国公司大幅撤回海外资产，2017 年全球 FDI 流量为 1.65 万亿美元，2018 年和 2019 年有所下降，分别为 1.44 万亿美元和 1.53 万亿美元，2020 年受到疫情影响更是下降到 1 万亿美元，2021 年已经恢复到疫情前的水平，达到 1.58 万亿美元。各国的国际直接投资政策也出现变化，一种是总体上朝着自由化和投资促进方面发展，一些国家采取了投资鼓励和单边投资自由化措施，如对外资开放一些重要行业等；另一种是对外国直接投资加强监管和限制的政策措施所占比例不断上升，投资保护主义有所抬头。各国新出台的投资政策中，限制性政策措施所占比重已从 20 世纪 90 年代的 3%—5% 上升到近年的 30% 左右。

从未来两三年国际直接投资流量趋势和各国对国际投资的政策动向来看，中国有可能继续保持 1000 多亿美元以上的外商投资流入量，但增长速度不可能太快，甚至不排除有的年份还会出现负增长。因此，未来几年中国吸收外商投资的理念再立足数量多、增速快是不现实的，而要立足质量和效益。什么是质量和效益？这就需要从供给侧的新视角来分析和论证。

在结构性增速阶段，中国利用土地和廉价劳动力的比较优势，通过吸收外商投资，增强资本形成能力，就形成了当时较强的国际竞争力，这种竞争力主要表现为产品价格。吸收外资的目的是加速资本形成，满足投资需求增长的需要。在结构性减速阶段，随着土地和廉价劳动力要素禀赋优势的弱化，为了保持或提高中国经济的国际竞争力，就必须从过去主要依靠土地、劳动力廉价的要素禀赋优势向培育国际竞争的新优势转变。

培育国际竞争的新优势的主要方向有：培育人力资本新优势，在劳动力成本上升的趋势下，提升人力资本水平，提高资本效率，是提高劳动生产率的重要途径；提高企业技术创新能力和产品研发能力，提升产品质量和档次，积极参与国际标准制定；在产业转移中形成沿海与内地互联互补的专业分工关系；增强利用人力资本服务业的引资力度，推动"信息化"和"工业化"的深度融合。

第三节 对外直接投资：理论与中国实践

一 对外直接投资理论

（一）垄断优势理论

该理论由美国海默在其1960年的博士学位论文中提出，认为国际直接投资是结构性市场不完全尤其是技术和知识市场不完全的产物，企业在不完全竞争条件下获得的各种垄断优势，如技术优势、规模经济优势、资金和货币优势、组织管理能力的优势，是该企业从事对外直接投资的决定性因素或主要推动力量，跨国公司倾向于以对外直接投资的方式来利用其独特的垄断优势。

技术垄断优势是跨国公司对外直接投资的通常条件。当跨国公司具有技术垄断优势时，通常能获得东道国出于引进技术目的的优惠政策支持，不仅大大降低合规成本，还能获得丰厚的专利费，在市场上还可以制定高价格获取高额利润。

规模经济优势方面。企业的经营规模越大，在完成特定任务上就越有效率，因此，单个企业在世界范围内扩张比在每个国家建立独立公司更加具有生产效率。

声誉优势也很常见。随着多年的发展，许多公司已具有相当的知名度，在其他市场利用这些知名度的唯一方式往往就是在这些市场上真正地设立经营机构。不过国外经营机构很有可能因为管理人员理念不同，出现减少成本和降低质量等现象而使跨国公司的名誉受到损失。

（二）内部化理论

跨国公司内部化理论由英国巴克莱和卡森在 1976 年提出，认为跨国公司生产以外的活动如研究与开发、培训等与中间产品密切相关，由于中间产品市场尤其是知识产品市场的不完全，使企业不能有效利用外部市场来协调其经营活动，这构成内部化的关键前提。当内部化过程超越国界，跨国公司便应运而生，跨国公司国际直接投资是为了避免因交易不确定性而导致的高交易成本。

（三）国际生产折衷理论

1977 年，英国邓宁提出国际生产折衷理论，认为企业从事国际直接投资由该企业本身所拥有的所有权优势、内部化优势和区位优势三大基本因素共同决定。该理论是对垄断优势理论和内部化理论的补充和完善。

所有权优势指一国企业拥有或是能获得的国外企业所没有或无法获得的特定优势；内部化优势是为避免不完全市场给企业带来的影响将其拥有的资产加以内部化而保持企业所拥有的优势；区位优势是指投资的国家或地区对投资者来说在投资环境方面所具有的优势。

企业若仅拥有所有权优势，则选择技术授权；企业若具有区位优势和内部化优势，则选择出口；企业若同时具备三种优势，才会选择国际直接投资。

（四）产品周期理论

1966 年，美国雷蒙德·弗农提出产品周期理论，该理论将产品生命周期划分为创新、成熟和标准化阶段，而这个周期在不同技术水平的国家里，发生的时间和过程是不一样的，它反映了同一产品在不同国家市场上的竞争地位的差异，从而决定了国际贸易和国际投资的变化。

在产品的创新阶段，创新国企业凭借其雄厚的研究开发实力进行技术创新，由于研发和创新的高门槛，创新企业具有极强的垄断优势，对于其他国家的少量需求，创新企业通过出口即可满足，因此这一阶段无须到海外进行直接投资。

在产品的成熟阶段，随着新产品的生产技术日趋成熟，生产工艺和方法已成熟并扩散到国外，研发的重要性下降，产品的价值已经被大量消费者所认识，国外需求强劲，开始大批量生产，同时进口国为了保护新成长的幼稚产业开始实施进口壁垒限制创新国产品输入。因此，创新国企业开始到次发达国家投资建立海外子公司，直接在当地从事生产与销售，以降低生产成本、冲破市场壁垒，占领当地市场。

在产品的标准化阶段，生产技术的进一步发展使产品和生产达到了完全标准化，研发费用在生产成本中的比重降低，资本与非技术型熟练劳动成为产品成本的主要部分。企业的竞争主要表现为价格竞争，创新国已完全失去垄断优势。于是，创新国企业以对外直接投资方式将标准化的生产工艺转移到具有低成本比较优势的欠发达国家，离岸生产并返销母国市场和次发达国家市场。

（五）转移定价理论

相比国内企业而言，跨国公司具备一个竞争优势，那就是当货物和服务贸易在跨国公司不同国家的子公司之间进行时，它们就可以操纵货物和服务的转让价格，这被称为"转移定价"。例如，如果一个国家对进口征收高额关税，那么跨国公司可能尝试对出口到该国子公司的组件设置较低的转让价格。同样地，如果一个国家对企业征收高额的企业所得税，而跨国公司所在国征收较低的所得税，那么跨国公司就会尝试对出口到国外子公司的产品设置较低的转让价格以便在高税收国家的子公司获得较低利润而在低税收国家的子公司获得较高利润。这样，所有国家的跨国公司缴纳的总税收就会比较低。

二　中国企业对外投资的理论

（一）西方主流理论解释力的不充分和不完善

全球化条件下，国际投资迅速发展，出现了不少新现象，但现有国际投资理论并不能充分解释。现有国际投资理论从微观视角以跨国公司为研究主体，符合国际投资发展的基本事实，但忽视了国家，尤其是投资母国在国际投资发展中日益增长的重大作用。以垄断优势理论、产品周期理论、内部化理论和国际生产折衷理论等现有主流国际投资理论从企业的微观角度理解国际投资，反映了当时国际经济的特点，但现如今更多的是国家资本与私人资本相互融合，国家参与全球生产要素的组合与配置，国家加强对国际直接投资的规划和管理，因此现有国际投资理论不能充分解释国际投资发展现状。虽然有两缺口理论和投资发展周期论在一定程度上研究了国际投资与国家的关系，但侧重于以发展中国家为研究对象，仍然主要把发展中国家定位为投资吸收国，这类理论与发展中国家对外投资能力不断扩大的事实，和南南相互投资、南北反向投资等现象是不相适应的，因此应更多地把发展中国家作为投资母国来考察。

综上所述，现有理论对国际投资的若干重要变化未能给予充分关注和有力解释，企业参与国际投资的优势除了既源于企业实力的自我积聚和东道国区位优势，也源于投资母国。

（二）中国对外投资的理论补充

中国企业对外投资，除了企业自身优势、东道国的区位优势，更多地来自母国的特定优势，主要为行业优势、规模优势、区位优势、组织优势。

1. 母国行业优势

跨国公司发展史上，母国优势行业催生出强大的企业，这些企业进而发展成为强大的跨国公司，这是一个较为普遍的现象。一国在某一行业强大，该行业先进企业或多或少会有技术扩散和技术转移，本国同行业企业在该行业最新的行业信息的获取、模仿与跟进方面往往比国外同行更便利。20世纪中后期以来，世界经济的一个重要现象是全球化带来的大规模国际产业转移，许多成熟产业从发达国家转移到发展中国家。这其中既有制造业，又有服务业，通过资金、技术、设备等的转移，发展中国家在国际分工的不同领域取得各自的专门优势，形成优势产业，并成为这些国家对外投资的基础。

2. 母国规模优势

中国作为世界大国，具有市场、人力、资本、自然资源等众多规模优势。中国对外投资的许多行业，其产品往往是国内贸易需求庞大的产品。如20世纪80年代末期的纱、布、收音机、收录机、组合音响、自行车、电话机、黑白电视机等产品，90年代以来的彩电、冰箱、洗衣机等家电产品，还有计算器、服装、家具以及众多工业制品。这些产品都有庞大的国内贸易需求作为支撑，相关企业基本上都是通过国内贸易来锤炼竞争力，然后走出国门，如中国的海尔、海信、长虹、TCL等。此外，大国经济平稳性更强，能为本国企业抵御较强的国际冲击。比如，中国拥有庞大的国内消费市场，当世界经济波动时，中国的企业也能依靠国内市场保持较强的生存能力。

3. 母国区位优势

现有国际投资理论在述及区位优势时，特指东道国区位优势，这种认识具有相当的局限性和片面性。显而易见的是，如果一国经济发展水平比周边国家普遍高，或者与周边国家交通便利且投资机会众多，在市场、供应、运输成本方面有适宜条件，则该国向周边国家投资比向其他地区投资成本要低，更易取得收益。因此有理由认为，投资母国的区位优势不仅存在，而且具有普遍意义。以中国为例，中国科技部与新加坡经济发展局合作，在新加坡建立了"中国高新技术企业创业中心"，它为中国高新技术企业提供了发达的金融与信息环境，使这些企业有了一个进行国际化的起步平台。

4. 母国组织优势

中国政府在对外投资中的组织优势主要表现为：一方面，政府对国内特定产业发展进行组织、扶持、规划与引导，提升企业竞争力，促成本国企业对外投资优势的形成，中国高速铁路产业的崛起和逐渐扩大的对外投资就是其中一个成功典范；另一方面，构建专门的对外投资促进体系，主要包括对外投资的国家战略、国家机构、政府担保、财税支持和金融支持，提升本国企业对外投资实力。中国作为一个大国，在这方面体现得更明显。

三 中国对外投资的发展情况

（一）先升后降

2016年以前，中国对外投资呈现逐年增长状态，2010年为688.1亿美元，2016年已增长至1961.5亿美元，年平均增长19.08%。2016年后呈现逐年下降状态，2021年为1451.9亿美元。

（二）稳居全球前列

2021年中国对外直接投资流量1451.9亿美元，连续多年居全球前列，对全球对外投资流量的贡献度连续4年超过10%（见图15-1和表15-1）。

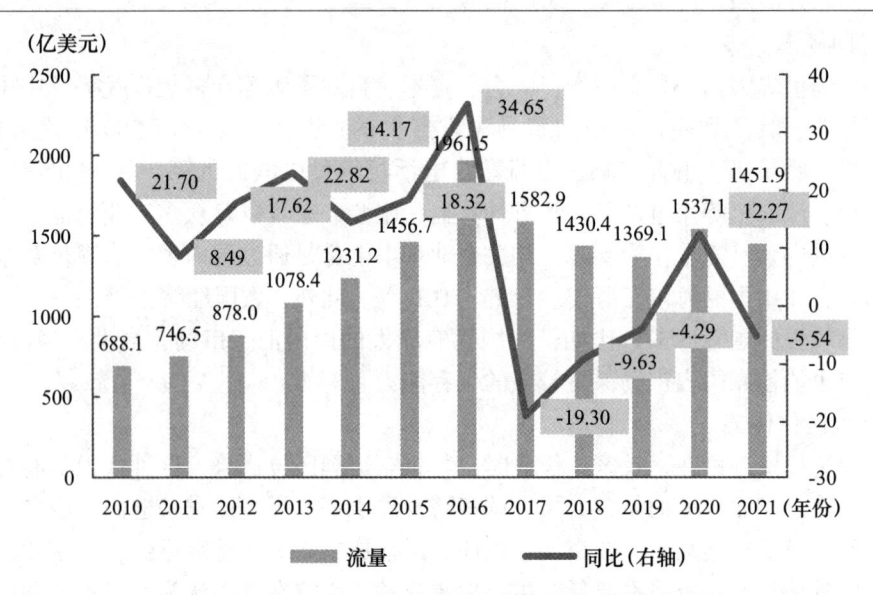

图 15-1　2010—2021 年中国对外直接投资流量变化比较

资料来源：中国商务部、国家统计局、国家外汇管理局：《中国对外直接投资统计公报》。

表 15-1　　　　　　　　2010—2021 年中国对外投资流量在全球的位次

年份	流量（亿美元）	全球占比（%）	全球位次	年份	流量（亿美元）	全球占比（%）	全球位次
2010	688.1	4.9	5	2016	1961.5	12.7	2
2011	746.5	4.8	6	2017	1582.9	9.9	3
2012	878.0	6.4	3	2018	1430.4	14.5	2
2013	1078.4	7.8	3	2019	1369.1	10.4	2
2014	1231.2	9.0	3	2020	1537.1	20.2	1
2015	1456.7	8.5	2	2021	1451.9	20.0	4

资料来源：中国商务部、国家统计局、国家外汇管理局：《中国对外直接投资统计公报》；联合国贸发会议：《世界投资报告》。

（三）全球占比保持稳定

截至 2020 年年底，全球对外直接投资存量 39.3 万亿美元，美国、荷兰、中国为全球对外投资存量规模前三强，美国和荷兰分别以 8.1 万亿美元和 3.8 万亿美元的存量规模分列全球第一、第二位。中国对外直接投资存量 2.6 万亿美元，存量规模保持全球第三，占全球比重 6.6%，保持稳定（见表 15-2）。

表 15-2　　　　2016—2020 年中国对外直接投资存量的全球占比

年份	全球对外直接投资存量（万亿美元）	中国对外直接投资存量（万亿美元）	中国占全球占比（%）
2016	26.2	1.4	5.2
2017	30.8	1.8	5.9
2018	31.0	1.9	6.4
2019	34.6	2.2	6.4
2020	39.3	2.6	6.6

资料来源：中国商务部、国家统计局、国家外汇管理局：《中国对外直接投资统计公报》；联合国贸发会议：《世界投资报告》。

（四）主要流向服务业

中国对外直接投资依然主要流向服务业，2020 年占比 78.61%，较 2019 年 83% 有所下滑，流向制造业的投资流量规模和占比有所回升，由 2019 年的 15% 增长到 2020 年的 20.92%（见图 15-2）。

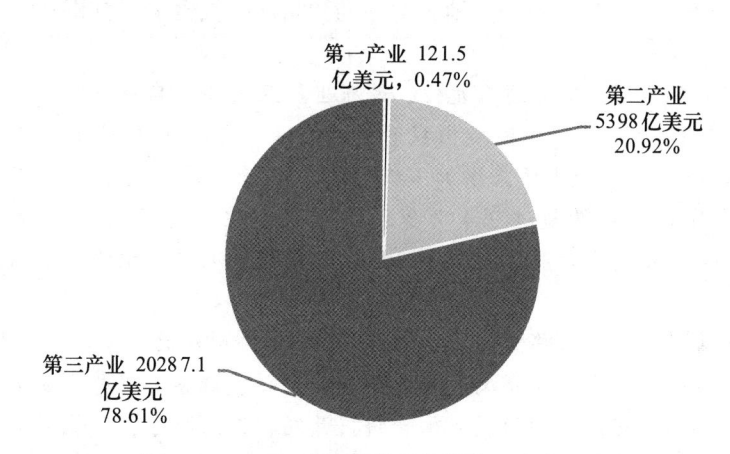

图 15-2　2020 中国对外直接投资三大产业分布

第一产业 121.5 亿美元，0.47%
第二产业 5398 亿美元 20.92%
第三产业 20287.1 亿美元 78.61%

资料来源：中国商务部、国家统计局、国家外汇管理局：《2020 年度中国对外直接投资统计公报》。

（五）对"一带一路"沿线国家和地区投资稳步上升

2020 年中国对"一带一路"沿线国家和地区直接投资流量为 225.4 亿美元，占当年对外直接投资流量比重为 14.66%，逐年上升，"一带一路"建设稳步推进（见图 15-3）。

图 15-3　2016—2020 年中国在"一带一路"国家和地区直接投资占比走势

资料来源：中国商务部、国家统计局、国家外汇管理局：《中国对外直接投资统计公报》。

| 专栏 15-3 | 中国内地企业在港澳特区的投资情况分析 |

中国境外投资的区域分布呈现多元化，遍布世界五大洲，其中中国香港和澳门特区占了较大比重。2018 年年底，中国境内投资者共在全球 188 个国家（地区）设立对外直接投资企业 4.29 万家，较上年末增加 3600 多家，遍布全球超过 80% 的国家（地区）。其中，亚洲的境外企业数量超过 2.4 万家，占 57%，主要分布在中国港澳地区，占 35.4%。因此，弄清楚内地企业在中国港澳地区的投资情况，对于研究中国海外投资问题是很有意义的。

内地企业在香港投资已有悠久历史，最早有 1872 年创建的招商局，1979 年改革开放以后，香港中资企业获得较快发展。其业务覆盖金融、证券、贸易、航运、建筑、地产、旅游、工业制造、船舶、纺织、娱乐、科技开发、信息服务、餐饮酒店、食品、医药、保险、出版、印刷、机械、电子等领域。在港中资企业的明显特征是以服务业为主，特别是贸易、金融、保险、运输和旅游占较大比重。非服务业的企业数量和投资额都较少。

1992 年以后，内地企业除了在香港投资设立全资企业，还投资股份公司并通过股份公司在香港融资。由内地企业和机构在香港上市公司中出资比例超过 35% 的企业，其股价指数列入"恒生中资企业指数"。通过投资香港的上市公司，并在香港股市融资，壮大了由中资参股的上市企业，因此也间接地扩大了中资在香港的投资规模。进一步看，中概股也呈现快速增长，2017年中概股的首发募集资金总额仅为36.85亿美元，而到了2020年融资总额达到122.6亿美元，翻了两倍。

专栏15-4　　　　　　中国企业对外工程承包和重点领域的投资

改革开放前，中国的对外工程承包业务主要是配合对外援助工作，发展缓慢。改革开放后，其发展历程经历了从起步到稳步增长，再到"入世"后跨越式发展的三个阶段。中国政府主管部门过去对对外承包工程事业在开放型经济中的作用和地位认识不够明确，重视不足，往往把这项业务仅作为带动劳务输出、获取承包服务收入的手段。虽然从经济理论和发达国家的实践经验看，对外投资是"走出去"的主导形式，但就中国发展阶段和竞争优势条件看，对外承包工程才是中国实施"走出去"战略的最主要形式，应以对外承包工程为先导，带动境外资源开发和对外投资的发展。

当前，对外承包工程被定位为带动中国货物出口、境外资源开发、对外投资、技术贸易的综合载体，落实"走出去"战略最成熟、最可行的发展路径，是中国服务贸易出口的优势产业。2001年"入世"以来，中国对外承包工程连续保持高速增长，营业规模迅速扩大。中国交通建设股份公司利用在刚果（布）承包建设工程的经验，在刚果（布）投资建设的水泥厂取得较大成功，2009年实现营业额2550万美元，完成利润额1069万美元。该项目在实现良好经济效益的同时，也为两国经济、政治合作做出贡献。

中国对外承包工程企业在保持成本优势的同时，加大了技术研发投入，逐渐向EPC（设计—采购—施工总承包）、BOT（建设—经营—转让）、PPP（公共部门与私人企业合作模式）等高端业务模式迈进，大型合作项目比重提高，已经成长为国际承包工程领域的生力军。

从投资领域来看，中国仍需加强企业境外石油投资开发。虽然全球各国都在大力倡导发展新能源，但到目前为止，新能源发展还面临着技术发展不成熟、产业发展成本高两大"瓶颈"制约，传统化石能源在能源结构中将长期居于主导地位。发展境外石油开发任务迫切，前景广阔，石油企业"走出去"获取境外资源，是解决国内石油供求矛盾的必然选择。因此要建立扶持工程建设企业"走出去"和海外石油开发投资的政策体系，不断完善对石油开发类海外投资的金融支持和税收政策，建立外汇储备与资源储备的转换机制，完善石油储备制度等。

第四节　跨国公司的发展及对世界经济的影响

一　跨国公司的产生和发展

（一）跨国公司的定义

跨国公司是指以母国为基地，通过对外直接投资，在两个或两个以上国家设立分支机构或子公司，从事国际化生产、销售和其他经营活动的国际性大型企业。

按照联合国跨国公司委员会的定义，跨国公司应具备以下三个要素：第一，跨国公司是指一个企业，其组成实体在两个或两个以上的国家经营业务；第二，跨国公司有一个集中的全球决策体系，各分支机构和子公司应服从共同的政策和统一的战略目标；第三，跨国公司的各组成实体分享资源和信息并分担责任。

（二）跨国公司的产生和发展历程

19世纪60年代开始，一批制造业大公司通过对外直接投资，在海外设立分支机构和子公司，成为现代跨国公司的先驱。1868年，美国的胜家缝纫机公司（Singer）在英国的格拉斯哥设立工厂，开始在当地进行生产。1880年，该公司在英国伦敦和德国汉堡设立销售机构，向欧洲推销格拉斯哥生产的缝纫机，因此被认为是世界上第一家跨国公司。

在胜家缝纫机公司海外投资之后，德国拜尔公司、美国美孚石油公司、瑞士雀巢公司等，也都纷纷进行海外直接投资。到1913年，英国跨国公司的海外子公司数已达140家，美国达116家。跨国公司之所以在欧美制造业首先出现，其主要原因在于为了绕开关税壁垒和贸易保护的限制，以及保护技术垄断优势的需要。

20世纪60年代开始，拉丁美洲和亚洲的一些发展中国家和地区的大企业，先后开始到国外投资建厂，成为跨国公司，其中一部分是出于学习外国先进的技术和管理理念的目的。到80年代，美国在世界经济中的地位相对下降，而其他发达国家的地位则迅速上升，日本、美国和西欧成为拥有跨国公司最多的国家或地区。21世纪后，发展中国家的跨国公司数量持续增长。由此跨国公司的发展形成了以美国、日本、英国、法国、德国等发达国家为主，发展中国家和地区逐步参与并得到较快发展的态势。

（三）跨国公司的基本特征

生产经营活动跨国化。跨国公司以母国为基地，将其实体分布于不同的国家或地区，在多个国家从事投资和经营活动，由一国的某一大型企业作为其管理、控制和指挥中心。

生产经营方式多样化。与一般的国内企业或一般的涉外公司相比较，跨国公司的全球性生产经营方式明显较多，包括进出口、技术转让、合作经营、管理合同和在海外建立子公司等。其中，尤以在海外建立子公司为其开展和扩大其全球性业务的主要形式。

经营战略全球化。跨国公司在进行战略决策时，要从整个公司的整体利益出发，并着眼于整个世界市场，在全球范围内有效地配置其资源，充分利用各国各地区的优势，并制定相应的生产、销售和拓展等方面的政策和策略，以获得最大限度和长远的高额利润。

内部管理一体化。为了实现全球战略目标，跨国公司需要实行内部一体化管理模式，即跨国公司在世界各地子公司的重大决策都在母公司的统一控制下，根据集中与分散相结合的原则，实行统筹安排。跨国公司的内部管理一体化主要包括生产一体化、新技术和新产品一体化、营销一体化、采购一体化和财务一体化。

二 跨国公司对世界经济的影响

（一）有利影响

增加东道国就业。跨国公司对东道国就业的影响，表现在就业数量增加、就业质量提高和工作环境改善等多个方面，不过在带来就业的同时也会给当地同行业的企业带来极大的竞争压力。

扩大了国际贸易。许多跨国公司的国际直接投资都是和国际贸易相伴进行的，并且互相关联、互为补充、互相促进。由于生产国际化的发展和产业内分工的细化，必然引起跨国公司内部各子公司之间的机器设备、原材料和零部件的大量进出口，从而使全球国际贸易总量大大增加。

加速了生产和资本国际化进程。跨国公司把原来集中于一国国内的生产过程，分成一系列相对独立的环节，并将各个环节的生产转移到各具资源优势的不同的国家或地区进行，使国际分工进一步扩大和加强，生产国际化进一步加深。同时，跨国公司的国际直接投资活动始终伴随着大量的资金运动和资本流动，推动了国际资本的快速流动。

优化了全球资源配置。跨国公司有完备的内部全球管理体系，使商品、劳务、资本、人才、信息等各种资源或生产成果能通畅地在全球范围内流动和合理地配置。跨国公司资本的跨国流动，不仅提高了公司内部的资金利用效率，同时对东道国资本市场的发展也具有一定的促进作用。

促进了全球科技合作和科学技术的发展。跨国公司的国内机构很难独立完成大规模的科技开发项目，一些大型科技开发项目需要跨国合作。跨国公司凭借自己雄厚的资金实力，在全球范围内招揽人才、购置设备，利用来自各国的优秀人才、丰富的物质资源进行国际协作开发，推动了技术转移和扩散，形成了"技术创新的全球化"。

推动了经济全球化的发展。跨国公司的兴起和发展不仅在一般意义上对世界经济格局以及传统的贸易投资等领域产生了重大影响，更推动了经济全球化进程。跨国公司在生产和经营上实行全球化战略，通过对外直接投资或其他控制形式，开创出以公司内分工为基本框架的国际生产体系，极大地推进了经济全球化的发展。

（二）不利影响

跨国公司的全球经营战略有时会与母国或东道国的国家利益发生冲突。跨国公司有其自身利益，在制定和实施跨国经营战略时，如果自身利益和母国或东道国的利益不一致，跨国公司总是优先考虑自身利益，较少或不考虑东道国甚至母国的国家利益。

跨国公司常常把环境污染严重的产业向发展中国家转移。发达国家转移至发展中国家的企业，相当部分是能耗大、污染严重的劳动密集型企业，这给东道国乃至全球的环境保护带来巨大压力。

一些跨国公司的内部化管理手段破坏了国际市场的公平竞争原则。例如，跨国公司越演越烈的逃避税问题。一些跨国公司通过转移价格将利润集中于低税或者无税国家的子公司或者关联企业，达到减少甚至逃避向东道国政府或母国政府纳税的目的；一些跨国公司在低税地区虚设机构，虚设中转销售公司，或者设置信托投资公司，转移利润从而减少纳税；近几年来，利用电子商务隐蔽进出口货物交易和劳务数量，成为一些跨国公司逃避关税的新手段；等等。这些行为既损害东道国或母国的国家利益，也在国际同行业中对那些无条件实行同样避税方式的企业形成不公平竞争。

三 跨国公司发展的新趋势

跨国公司国际化程度有所上升并趋于稳定。21世纪后，联合国贸易和发展会议制定了跨国化指数（Transnationality Index）①和国际化指数（Internationalization Index）②来测度大型跨国公司的国际化水平。跨国化指数综合评价的是企业全球化的深度，国际化指数综合评价的是企业全球化的广度。世界100家非金融类大型跨国公司③平均的跨国化指数1990年为51%，2000年为55.7%，2006年为61.6%，至2020年基本保持在60%左右。据联合国贸易和发展会议的统计数据，2006年所有行业和部门的平均国际化指数为70.1，即全部子公司的70%设在国外，平均分布在海外41个国家和地区。2020年中国跨国公司100大的平均跨国指数为16.10%，相对发达国家来说较低，但在逐年增长。

跨国公司国际化战略的重点从寻求资源和效率转向寻求市场和战略性资产。随着国际市场竞争的日益激烈，跨国公司为了能够以比竞争对手更低的成本向顾客提供同样的产品或服务，或者能够为顾客提供竞争对手无法提供的产品或服务，日益重视和加大对那些能够为企业带来长期竞争优势、难以被模仿或难以被替代的、非交易性的、积累过程缓慢且符合市场需求的战略性资产的投资，这种战略性资产投资使跨国公司的对外直接投资的国际化程度显著提高。

服务业在跨国公司对外投资中的地位显著提升。由于信息和通信技术、互联网服务和放松管制的推动，数字经济领域和新兴经济体的服务业在现代经济中的重要性及国际化水平不断提升，促进了服务业在跨国公司对外投资中的地位显著提升。

---

① 跨国化指数 =（国外资产/总资产 + 国外销售额/总销售额 + 国外雇员数/总雇员数）/3 × 100%。
② 国际化指数 = 海外子公司数/子公司总数 × 100%。
③ 这些大型跨国公司在2000年以前全部是发达国家的跨国公司，只是最近十几年才有新兴经济体的跨国公司名列其中。

发展中国家的跨国公司持续增加。由于经济的强劲增长和对外投资体制的改革,发展中国家和转型经济体不仅吸收了越来越多的外国直接投资,其对外直接投资也从无到有、从少到多,在国际直接投资流出份额所占的比重也逐步增加。

新兴的数字经济型跨国公司显示出强劲的发展动力。2010—2021年,在联合国贸易和发展会议排名的跨国公司100强榜单上,数字经济型跨国公司的数目增加了一倍以上,而且这类公司的发展速度远高于传统的跨国公司,体现出"轻资产型"的特点。这类新兴的数字经济型跨国公司还有一个特点:其41%的资产和73%的销售额在海外。

第五节　中国的跨国公司

一　中国跨国公司的发展历程

（一）起步阶段（1979—1992年）

1979年8月,国务院提出"出国办企业",第一次把发展对外投资作为国家政策,从而拉开了中国企业对外直接投资的序幕。1984年,中信公司投资4000万元人民币在美国合资组建的西林公司,被视为"中国第一家跨国公司"。1984年和1985年,境外企业发展较快。两年内中国政府共批准开办国外企业119家,比前五年开办的企业数增加近一倍,总投资额为19477万美元,其中中方投资13137万美元。

20世纪90年代,以前参与对外直接投资的主体主要是专业外贸公司和部分省、市的国际经济技术合作公司,90年代以后对外投资的参与主体扩大到国有大中型生产企业及集团、国际信托投资公司和科研机构。海外投资的领域也向资源开发、制造加工、交通运输等20多个行业延伸。但是总的来看,这一阶段中国的对外开放主要是"引进来",引进外国资金、技术、设备和管理经验,"走出去"的企业数量不多,规模不大。

（二）调整阶段（1993—1997年）

1992年后,随着深化改革和扩大开放,中国最早的跨国公司开始进行较大规模的海外投资。但由于种种原因,20世纪90年代初我国企业境外投资出现了一些问题,主要包括：国有企业改制不完善,产权不清晰,激励机制和约束机制不完备导致跨国投资失控；企业跨国投资较盲目,未充分了解优劣势和投资环境,造成投资失败；腐败分子利用跨国投资的名目转移国有资产,造成国有资产流失；违反国家规定私自在境外设立公司,并且海外项目财产管理不规范,威胁着国有资产的安全和保值增值。

国家从1993年起实行经济结构调整,对海外投资实行严格的审批政策,并对已建立的海外企业进行重新登记。1993年,外经贸部根据对外投资业务发展需要,起草境外企业管理条例,进一步强化对外直接投资企业的管理。此阶段海外投资处于调整和清理时期,步伐放缓。在国家对企业海外投资的整顿下,1993—1997年我国境外投资明显下降,仅占到1992年和1993年的一半。

(三) 全面推进阶段 (1998—2005 年)

1997 年 9 月, 党的十五大报告中第一次明确提出了"鼓励能够发挥我国比较优势的对外投资, 更好地利用国内国外两个市场、两种资源"。在国家政策支持下, 整个"九五"期间, 中国批准海外投资企业数目的年平均增长率为 20.66%, 批准海外投资额的年均增长率为 70.71%, 与"八五"时期比较, 进步巨大。

2001 年年底, 加入世界贸易组织使中国进一步向国际市场开放, 中国政府出台了一系列政策法规鼓励、规划中国企业的海外投资活动。同年, "走出去"战略作为重要建议被写入了"十五"计划纲要。这一阶段, 中国正式提出"走出去"战略, 鼓励有实力的国内企业通过开展境外加工装配、就地生产销售或向周边国家销售, 带动国产设备、国有技术、材料和半成品的出口, 扩大对外贸易。2001—2005 年, 中国企业境外设立企业 2988 家, 对外直接投资总额为 228.42 亿美元, 2005 年中国对外直接投资净额达到 122.6 亿美元, 同比增长 123%。

(四) 成熟阶段 (2006 年至今)

此阶段, 国家进一步将"走出去"战略作为发展经济的国家级战略。中国企业的大型海外并购项目层出不穷, 如 2006 年中国蓝星收购法国罗地亚公司和安迪苏集团, 2008 年中联重科收购意大利 CIFA 公司等。2008 年爆发的国际金融危机为中国投资者开启了海外并购高潮演进的序幕。2009 年, 中国商务部出台的《境外投资管理办法》为海外并购提供了更明确的指导, 加之人民币在国际金融危机的态势下持续坚挺, 刺激了大批中国企业趁势"抄底"。相关数据统计, 2009 年中国企业发起的海外并购达到了 460 亿美元, 是 2005 年的 4.6 倍。而全年高达 38 起的公开并购交易, 已经超过此前中国商业史上全部并购的总和。

如今, 发达国家乃至世界各国大都对中国企业海外投资表示了友好及明确的邀请和欢迎态度, 特别是发达国家对于中国企业参与其国家基础投资和建设等领域态度积极、明确。这是我国除国企外, 民企进入海外发展的黄金时代和契机。国家应高度关注, 特别是对我国民企海外发展面临的困难, 包括资金和技术等发展瓶颈, 给予诸如融资支持等方面的政策支持和鼓励, 适当时候建立专门的基金公司予以帮助。

二 中国跨国公司的分类

(一) 中国跨国公司分类

中国的跨国公司大致可以分成以下三类: 第一类是大批"中"字头国企, 如中国石油天然气集团公司、中国石化、中化集团等, 是中国企业海外经营的先锋和主力; 第二类是大型生产性企业集团和新兴高科技公司, 如海尔、联想、华为等企业, 虽然海外经营起步晚, 但由于在资金、技术、人才、市场、管理等方面有明显的竞争优势, 它们正以较快的速度向海外扩张; 第三类是中国的中小企业, 虽然走出国门的中小企业还不多, 但是随着时间的推移, 一定会有更多的中国中小企业走向国际市场, 开拓一片广阔的新天地。

（二）中国跨国公司投资分类

中国跨国公司海外投资的主要行业可以分为 4 类：一是国内饱和或过剩型产业。即国内的产业产能过剩，需要向外转移，属于"边际产业转移型"对外投资，如家电、纺织服装、轻工、机械等。二是相对优势型产业。即相对于东道国企业而言在技术、设备或管理上具有比较优势，在国内发展比较快，已经形成规模，通过对外投资进一步扩大生产规模和市场占有率，属于"优势发挥型"对外投资，如批发零售、金融、保险、运输等，也包括一些国内饱和或过剩型产业。三是相对短缺型产业。即受国内自然条件或开采技术的限制，国内供不应求，到国外投资布局，以国外补充国内，属于"战略资产寻求型"对外投资，如石油、天然气、铁矿等。四是新兴战略型产业。即国内刚刚兴起或还处于比较薄弱状况的产业，通过对外投资，学习和借鉴国外经验，利用海外资源加快发展，然后反哺国内，属于"技术寻求型"的对外投资，如技术研发、软件设计等。

三　中国跨国公司的发展特征

中国跨国公司在总体上呈现的特征可以用五个字来概括——高、低、降、多、少，即与国内产业结构关联度高、跨国化指数低、国企比重降低、发展模式多样化、国际知名品牌少。

（一）与国内产业结构关联度高

就跨国并购涉及的行业而言，中国企业海外并购的目标以自然资源为主，集中在石油、天然气、矿产等领域。商务部的研究显示，2002—2007 年，自然资源并购占海外并购总额的比例平均达到 1/2 以上。在以能源和采矿业为主导的同时，对制造业和其他行业的并购规模在近年来也呈现上升趋势。2005 年后，制造业和采矿业也一直稳居我国海外并购交易的榜首。例如，中石油、中石化、中海油、首钢等能源型企业集中于并购海外的石油、天然气、矿山等能源型企业。这些资源导向性并购也是国家资源储备战略的体现。

可以看出，中国跨国公司与国内产业结构的关联度比较密切，这说明国内外产业互动性比较强，海外投资对中国产业结构的调整、优化、补充、升级、培育和向海外延伸起到了明显作用。

（二）跨国化指数低

中国企业联合会、中国企业家协会向社会发布的"中国 100 大跨国公司及跨国指数"[①] 显示，2017—2019 年"中国 100 大跨国公司"的平均跨国指数约 19%，不仅远远低于"世界 100 大跨国公司"平均跨国指数，而且远远低于"发展中经济体和转型经济体 100 大跨国公司"平均跨国指数。这表明，当前我国大企业的跨国经营水平还很低，处于

---

① "中国 100 大跨国公司及跨国指数"是在"中国企业 500 强"的基础上，参照国际组织的通行做法，由拥有海外资产、海外营业收入、海外员工的非金融企业，依据企业 2013 年度海外资产总额的多少排序产生，跨国指数 TNI 按照（海外营业收入÷营业收入总额＋海外资产÷资产总额＋海外员工÷员工总数）÷3×100% 计算得出。

初级阶段（见表 15-3）。

表 15-3　　　　2017—2019 年中国与世界 100 大跨国公司跨国指数

	2017 年	2018 年	2019 年
中国 100 大跨国公司	19.39	19.27	19.74
世界 100 大跨国公司	56.33	57.00	56.33
发展中经济体和转型经济体前 100 大跨国公司	36.67	38.33	35.33

资料来源：中国 100 大跨国公司数据来自中国企业联合会和中国企业家协会发布的历年中国 100 大跨国公司及跨国指数；世界及发展中经济体和转型经济体前 100 大跨国公司数据来自联合国发布的历年世界投资报告。

导致中国跨国公司跨国化程度相对较低的一个直接原因是中国国内市场大。改革开放四十多年来，中国经济一直保持高速发展的势头，居民收入水平不断提高，再加上人口众多，国内消费市场迅速扩大；另外，中国地域广大，基础设施建设等方面的投资需求也很大。面对熟悉且规模巨大的国内市场，很多企业都非常重视国内的生产和销售，重视在国内市场的盈利。

（三）国企比重降低

在我国跨国公司的构成主体中，过去国有或国家控股企业的比重比较高，原因是国有企业一直是我国改革开放以来对外直接投资的主力军。这说明中国跨国公司与政府关系密切，政府支持与否能够左右它们的发展，从而印证了"国家特定优势"对中国跨国公司发展所起的重要作用。国有跨国公司多数居于资源性垄断或管制性垄断行业，因而多数是一些垄断型大企业。不过伴随国有企业的改制和市场化改革的推行，以及市场公平竞争环境的逐步形成，民营和私营跨国公司逐步增多，已替代国有企业成为对外投资的主体企业（见图 15-4）。

（四）发展模式多样化

中国跨国公司寻求海外发展的模式多样，主要模式有：第一，行政主导模式，此类企业以国企或央企居多。这类企业在政府的大力支持和指导下，具有众多先天优势，如赋税低、规定少、在国内市场受到保护或国内政府采购市场的优先接触权等。第二，产能带动模式，此类企业的代表为海尔、联想、华为、中兴、三一重工、首钢等。尽管制造业企业集团的海外脚步起步晚，但步伐却很快。它们能获得外贸经营权，生产技术相对成熟，研发能力比较强大，并且已经在国内建立起庞大的生产基地和营销渠道。第三，贸易带动模式，此类企业多为民营或私营中小跨国企业，前身多为外贸企业。第四，科技带动模式，高科技企业、科贸企业、转制设计研究院所等为代表的以前沿科学技术带动的高新技术企业。第五，服务带动模式，此类主体主要集中在从事服务业的跨国公司，尤以金融、运输及劳务为主要代表。例如，大型商业银行、中国国际信托投资公司等都是我国金融业出色的跨国公司。

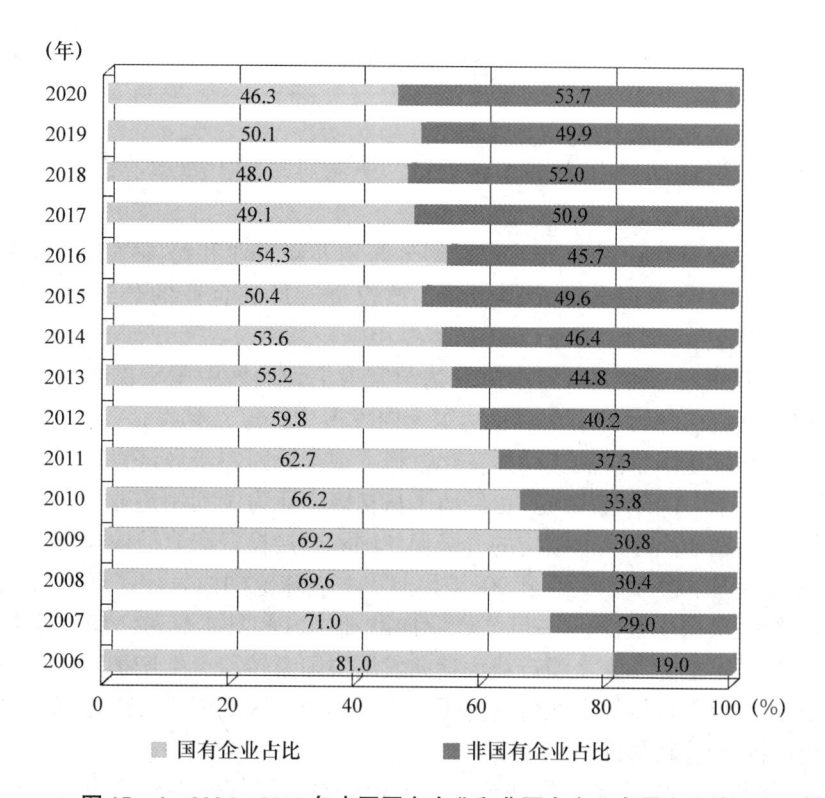

年份	国有企业占比	非国有企业占比
2020	46.3	53.7
2019	50.1	49.9
2018	48.0	52.0
2017	49.1	50.9
2016	54.3	45.7
2015	50.4	49.6
2014	53.6	46.4
2013	55.2	44.8
2012	59.8	40.2
2011	62.7	37.3
2010	66.2	33.8
2009	69.2	30.8
2008	69.6	30.4
2007	71.0	29.0
2006	81.0	19.0

图 15-4　2006—2020 年中国国有企业和非国有企业存量占比情况

资料来源：中华人民共和国商务部等编：《2020 年度中国对外直接投资公报：汉、英》，中国商务出版社 2021 年版，第 31 页。

（五）国际知名品牌逐渐增多

市场竞争的高级阶段是品牌竞争，而品牌尤其是世界级品牌的市场力量是惊人的。在品牌方面，我国与美国等经济大国还有很大的差距。相对于欧美国家企业比较成熟的品牌管理、拥有众多的全球品牌而言，中国拥有全球品牌的企业相对较少。在 2005 年《商业周刊》与咨询公司 Interbrand 联合发布的世界前 100 名全球品牌中，中国无一家企业入选；2007 年，这两家公司又联手进行了针对中国品牌认识的网上调查，也仅仅有联想、青岛啤酒、海尔、华为和奇瑞五家企业是"已获得相当认可"的全球企业。

不过随着中国企业的做大做强，成为世界品牌的中国企业越来越多。到 2020 年，由世界品牌实验室独家编制的 2020 年度（第十七届）《世界品牌 500 强》排行榜中国有 43 个品牌上榜，入选数首次超越英国，在所有国家中位列第四，并有继续上升的趋势。入选品牌中，国家电网、腾讯、海尔、中国人寿、中国平安、五粮液、青岛啤酒、中化、中国南方电网、周大福、中国光大集团、恒力、徐工和北大荒排名靠前。

本章小结

1. 国际直接投资的动因分为市场寻求型、资源寻求型，效率寻求型，优惠政策寻求型。

2. 国际直接投资按企业设立方式可以划分为创办新企业和跨国并购，按企业所有权可划分为独资经营、合资经营和合作经营，按投资所形成企业的分工可以划分为横向 FDI、纵向 FDI 和混合 FDI。

3. 国际直接投资的来源国经历了由发达国家为主到发展中国家也积极参与的变化过程，国际直接投资流向经历了主要由发达国家向发展中国家，到发达国家之间双向流动，再到发展中国家和发达国家多边流动的变化过程，根本原因在于经济发展。与产业结构高级化的演进过程一致，国际直接投资也经历了从初级产业为主到制造业、服务业为主的发展轨迹，原因主要在于全球产业结构的升级促使国际直接投资产业结构高级化。

4. 第二次世界大战后到 20 世纪 90 年代前，在全球范围内发生了两次较大规模的国际产业转移，第一次是美国把一些传统产业向欧洲国家和日本转移，第二次是美国、德国、日本等发达国家把劳动密集型产业大量向发展中国家转移。生产国际化加速了国际直接投资的发展，对国际直接投资区位选择也产生了影响。区域内成员国之间的国际直接投资已成为当前国际产业转移的一个重要特征。

5. 外商直接投资与中国经济发展模式的紧密联系主要表现在外商直接投资与出口导向加工业、外商直接投资与进口替代工业、外商直接投资与国有企业。

6. 利用外资的理论主要有"两缺口"理论、全球价值链理论、通货溢价论和资产风险控制理论。

7. 新时期下要创新利用外资方式，改变以往吸收外商直接投资以"绿地投资"为主的状况，增加并购投资方式的境外资金；增加服务贸易领域对外资的吸引力度；积极合理有效地利用外债资金，也将更警惕防范外债风险；在产业转型升级中吸收外商投资；在推动区域协调发展中吸引外商投资；通过逐渐开放资本项目引进外资。

8. 对外直接投资理论主要有垄断优势理论、内部化理论、国际生产折衷理论、产品周期理论和转移定价理论。但这些理论在解释中国对外直接投资时具有一定的局限性，忽视了国家，尤其是投资母国在国际投资发展中日益增长的重大作用，尚未清晰认识到企业优势的母国来源。中国企业对外投资，除了企业自身优势、东道国的区位优势，更多地来自母国的特定优势，主要为行业优势、规模优势、区位优势、组织优势。

9. 中国对外投资呈现流量先升后降、稳居全球第二、存量全球占比保持稳定、主要流向服务业、对"一带一路"沿线国家和地区投资稳步上升等发展情况。

10. 跨国公司是指以母国为基地，通过对外直接投资，在两个或两个以上国家设立分支机构或子公司，从事国际化生产、销售和其他经营活动的国际性大型企业。具有生产经营活动跨国化、生产经营方式多样化、经营战略全球化、内部管理一体化的特点。

11. 跨国公司增加了东道国就业，扩大了国际贸易，加速了生产和资本国际化进程，优化了全球资源配置，促进了全球科技合作和科学技术的发展，推动了经济全球化的发展。但跨国公司的全球经营战略有时会与母国或东道国的国家利益发生冲突，常常把环境污染严重的产业向发展中国家转移，垄断控制着发展中国家的部分工业，一些跨国公司的内部化管理手段破坏了国际市场的公平竞争原则。

12. 跨国公司发展的新趋势主要有跨国公司国际化程度有所上升并趋于稳定、跨国公司国际化战略的重点从寻求资源和效率转向寻求市场和战略性资产、服务业在跨国公司对外投资中的地位显著提升、发展中国家的跨国公司持续增加、新兴的数字经济型跨国公司显示出强劲的发展动力。

13. 中国跨国公司的发展历程经历了1979—1992年的起步阶段，1993—1997年的调整阶段，1998—2005年的全面推进阶段，2006年至今的成熟阶段。中国跨国公司分类主要为三种，"中"字头国企，大型生产性企业集团和新兴高科技公司和中小企业。中国跨国公司对外投资分类主要有"边际产业转移型""优势发挥型""战略资产寻求型"和"技术寻求型"四种。

14. 中国跨国公司的发展特征呈现与国内产业结构关联度高、跨国化指数低、国企比重降低、发展模式多样化、国际知名品牌逐渐增多的特征。

思考题

1. 试述国际直接投资的动因和主要方式。随着经济全球化的发展，出现了发展中国家投资发达国家即南北投资，发展中国家之间互相投资即南南投资的现象，试分析南北投资、南南投资的原因。

2. 试述生产国际化与国际直接投资之间的影响关系，并简述国际产业转移对欧美和亚太国家工业发展的影响。

3. "日本的经验表明，保护幼稚工业论比其他理论更正确。20世纪50年代初期，日本是一个靠出口纺织品和玩具生存的穷国。日本政府对钢铁工业和汽车工业进行了保护。开始时，这些工业生产没有效率，成本也很高，但后来却逐渐占领了世界市场。"试对上述观点进行评论。

4. 论述需要利用外资的"两缺口"理论、全球价值链理论、通货溢价论和资产风险控制理论。但同时，你认为引进外资需要防范什么风险？

5. 一直以来，印度都雄心勃勃地想要吸引更多外资进入其金融市场。在印度最新的改革计划中，该国将效仿中国过去十年的大政方式，将外资带到印度，促进该国金融开放以及印度卢比的国际化，进而促进经济的发展。然而尽管有中国成功的经验在前，印度经济仍存在诸多问题，让不少外资望而却步。与此相反，随着中国经济活力的稳步恢复，外资来华热情依旧。请结合印度国情试分析印度若需要吸引外资应该怎么做？

6. 阐述对外投资的垄断优势理论、内部化理论、国际生产折衷理论、产品周期理论和转移定价理论，并进一步简述这些理论在解释中国对外投资时有何不足之处。

7. 简述跨国公司对世界经济的影响。跨国公司以利润为目标会确保它的行为和行动使人类受益吗？请讨论。

8. 结合转移定价理论等，解释跨国公司如何绕开税收和政府法规。相比纯粹的国内企业而言，这使跨国公司具备优势吗？请讨论。

9. 试分析中国国内市场如此巨大，但中国跨国公司积极要走向海外的原因。

第十六章　国际货币体系与国际金融机构

导　言

自世界贸易开始以来，就有了国际间的贸易结算，国际金融往来由黄金的跨境流动演变为今天的信用货币兑换，国际货币体系也几经变革，从最古老的金本位制，到第二次世界大战后形成的布雷顿森林体系，再到今天的牙买加体系，国际货币体系的更迭也是为了适应全球经济发展的要求而不断变化的。其中欧洲为了在世界竞争中提高话语权和地位，在第二次世界大战后走向了团结的道路，对应地形成了欧洲货币体系。

在开放经济中，宏观经济政策有两个基本的目标：内部平衡与外部平衡。在不同的国际货币体系下，一个国家是如何实现其内部平衡与外部平衡的？其效果如何？我们国家过去发展过程中又是采取哪些政策来实现这两大目标的？

本章将对国际货币体系和国际金融机构分类进行介绍，学习最优货币区理论，为判断是否应该加入最优货币区提供理论工具，同时介绍欧洲是如何一步步构建起欧洲货币体系的。接着，了解并学习不同货币体系下宏观经济调控政策，我们将看到，不同的国际货币体系对宏观政策施加了不同的影响。最后，我们将对我国的内部平衡和外部平衡政策进行介绍，并进一步分析不同阶段采取不同政策的原因。

学习目标

1. 了解国际货币体系的发展历程、分类，以及目前的国际金融机构及其作用。
2. 能够解释布雷顿森林体系崩溃的原因。
3. 了解欧盟是怎样走上了单一货币之路的，这种单一货币欧元是怎样由欧洲中央银行发行并进行管理的。
4. 了解欧洲货币一体化的历程，掌握最优货币区理论。理解加入最优货币区的决策基础，掌握 $GG-LL$ 模型。
5. 解释在不同国际货币体系下的宏观政策选择。
6. 阐述不同时期我国内部平衡和外部平衡的政策选择，并思考原因。

第一节　国际货币体系与国际金融机构概述

一　国际货币体系

人类使用货币的历史开始于最早出现物质交换的时代。在原始社会，人们使用以物易物的方式，交换自己所需要的物资，如一头羊换一把石斧。但是有时候受到用于交换的物资种类的限制，不得不寻找一种能够为交换双方都接受的物品。这种物品就是最原始的货币。牲畜、盐、稀有的贝壳、珍稀鸟类羽毛等不容易大量获取的物品都曾作为货币使用过①。随着人们日益增多的交换需求，后来出现了更易于携带和度量的铜币、铁币、银币、金币等金属货币，以英镑、美元等用国家信用作为担保和背书的纸质货币，以及现在出现的数字货币。

专栏 16-1　　　　　　　　　　　数字货币②

　　回顾货币的发展历程，从实物货币到金属货币、信用货币，再到数字货币的出现，每一次货币形态的改变带来的都是货币体系的重构。越来越多央行数字货币的逐步推出将会带来一场新的货币革命，也将会向历史上的那些货币形态一样，再一次深刻影响金融体系，影响整个人类社会的发展。

　　作为一种新生事物，目前对数字货币并无统一的定义，从各国实践来看，数字货币经常与电子货币、虚拟货币交叉混合使用。欧洲央行（European Central Bank）将数字货币称为虚拟货币，并认为虚拟货币不是由合法的货币发行机构发行的货币，但是在特定的使用场景下可以作为货币的替代物，并进一步根据其使用范围和兑换范围划分为封闭货币、单向货币和双向货币。国际清算银行（Bank of international Setiements）将合法的货币划分为物理形态的货币和电子形态的货币，数字货币属于广义的电子货币，但并不合法。

　　数字货币的产生并不是偶然的，而是具有深刻的必然性。数字货币是经济发展到一定阶段的必然产物，随着商品经济的发展，货币流通速度加快，作用区域不断扩大。于是对虚拟货币的需求逐渐加大。国际货币体系也促进数字货币诞生，当前运行的国际货币体系仍然是以美元为主的牙买加体系，这种体系下，单一或个别霸权国家利用其国际货币发行权牟取私利，而具备"中心化"和非主权特性的数字货币可以有效避免单极世界货币的格局，维持世界金融稳定。

　　数字货币是未来货币形态的大势所趋，中国人民银行是世界上最早研究数字货币的央行之一，而中国人民银行推行数字货币具备成本、政策调控、监管、安全及效率、供给侧等多方面动机，早在 2014 年，央行就组建了法定数字货币研究小组，对数字货币的发行、流通、组织架构等问题展开了一系列研究。2016 年开始测试基于区块链技术的数字票据交换平台。2017 年正式成立数字货币研究所，并于 2018 年成功搭建贸易金融区块链平台。中共中央和国务院于 2019 年 8 月发布了支持深圳建设先行示范区并开展移动支付以及数字货币等创新应用，同时央行货币研究所开发的大湾区贸易金融区块链

---

① 刘诗白主编：《政治经济学》（第五版），西南财经大学出版社 2018 年版。
② 管弋铭、伍旭川：《数字货币发展：典型特征、演化路径与监管导向》，《金融经济学研究》2020 年第 5 期；巴曙松、张岱晁、朱元倩：《全球数字货币的发展现状和趋势》，《金融发展研究》2020 年第 11 期。

平台正式亮相。2020年实现数字货币的发行。

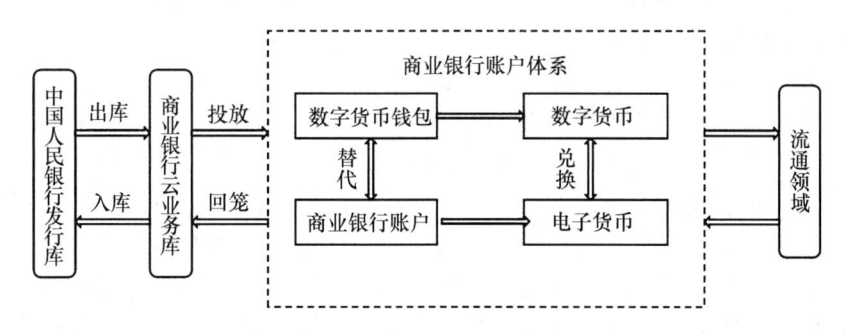

图16-1 数字货币体系

从中国的实践来看中国人民银行开发的数字货币也叫数字货币电子支付，简称DCEP，央行数字货币体系的核心要素为"一币、两库、三中心"。一币是指央行发行的DCEP，两库是指央行的DCEP发行库和DCEPD商业银行库，三中心是指央行内部对于DCEP设置认证中心、登记中心和大数据分析中心。在设计思路上主要有四点：第一，在运营体系上采用双层运营体系。事实上，数字货币的发行有三种模式，分别是面向大众直接发行、与商业银行合作发行以及采用原有的货币体系。具体的实践中，有两种模式：单层运营体系和双层运营体系。与单层运营体系相比双层运营体系可以避免把风险集中到单一机构，可不颠覆现有的货币发行体系，让数字货币逐步替代纸币，能够调动商业银行的积极性。第二，坚持中心化管理，不预设技术路径，账户采用"松耦合+双商"支付方式。第三，注重对M_0的替代，不涉及M_1和M_2的类域。DCEP保持了M_0的属性和优点，满足了公众便携性和隐私性的需求，是替代现金的最佳选择。第四，DCEP将暂时不具备任何智能合约功能，因为如果DCEP承载除了基本货币职能之外的其他职能，有可能会影响DCEP的推广和使用。

无论货币的形态如何演变，其作为一般等价物的计价、交易、储存、流通等基本属性仍然没有发生改变。国际货币就是在国际经济活动中被普遍接受的货币，国际货币体系覆盖了整个国际货币市场，维护了国际货币市场的秩序与稳定，促进了国际收支平衡，是联系各国政治经济的重要纽带。

国际货币体系（International Monetary System），又称国际货币制度，是指在国际范围内确立的、得到多国承认的货币运行规则，是各国需要共同遵守的货币制度。它包括根据某种国际协定对国际间经济往来的货币汇兑、债务清算、资本转移、国际收支调节、储备资产供应等问题所采取的措施，也包括相应的管理国际货币体系的组织机构。

国际货币体系的基本内容主要包括：第一，各国货币比价的确定，包括汇率确定的原则，波动的界限、调整的幅度等。第二，各国货币的兑换性与对国际收支所采取的措施，如本国货币能否对外兑换以及是否限制对外支付等。第三，国际储备资产的确定以及储备资产的供应方式。第四，国际收支的调节方法，包括逆差国和顺差国承担的责任。第五，国际金融事务的协调、磋商和有关的管理工作等。

国际货币体系的存在，对国际贸易与国际金融活动有着深刻的影响，对世界经济稳定发展有着积极的作用，其主要表现在以下几个方面：第一，为国际贸易提供货币标准。统一的国际货币体系为世界经济运行提供了统一的国际货币，同时对国际货币的发行依据、数量等问题制定了统一的标准，这为世界各国的经济交往提供了便利，促进了世界经济的健康发展。第二，稳定汇率。国际货币体系为各国汇率的确定提供了统一的计价标准，旨在维持国际货币汇率稳定。统一的国际货币体系能够促进各国国内的货币流通，为各国免受国际金融危机的冲击、经济的健康发展提供良好的外部环境，而良好的各国经济环境又反作用于国际货币体系，为之健康发展提供坚实的基础。第三，调节国际收支。确定国际收支调节机制，保证世界经济均衡健康发展是国际货币体系的基本目的和主要作用之一。确定国际收支调节机制一般涉及汇率机制、对逆差国的资金融通机制、对国际货币发行国的国际收支的纪律约束机制三方面内容。这三种机制作用的发挥必然会对各国的国际收支产生重要的影响与调节作用。第四，监督与协调有关国际货币金融事务。国际货币体系的建立与运作，需要相应的权威协调组织管理机构。国际货币体系管理机构的重要职责是协调与监督世界各国有关的国际货币或金融事务，保证国际货币体系稳定与调节国际收支等作用的实现，这也是国际货币体系本身发挥作用的重要方面。在当代世界经济及国际金融市场迅猛发展、各国之间经济联系日益增强的情况下，采取国际政策协调和国际合作来切实保证国际货币体系的有效运作，已成为当代国际货币体系的重要职能。

(一) 金本位制

1. 金本位制概述

第一次世界大战前，资本主义国家普遍实行金本位制。当时，黄金在国际间的支付原则、结算制度与运动规律都是统一的，从而形成了国际金本位制。金本位制度是指将黄金作为本位币的货币制度，货币价值与黄金挂钩，不同国家使用金本位时，以国与国之间的汇率受到各自货币含金量之比的影响，这就是铸币平价（Mint Parity），历史上有三种形式的金本位制，其中金币本位制度是最典型的一种形式。

(1) 金币本位制

各国政府以法律的形式规定各自货币的含金量，而不同国家之间的货币含金量形成了货币之间的汇率，黄金可以自由输入或者输出国境，由于人们可以自由地兑换金币和纸币，所以金币在输入输出的过程中对汇率起到调节作用。

(2) 金块本位制

这是一种以金条作为结算的变相金本位制，中央银行发行纸币或银行券作为流通货币代替金币的流通。在该制度下，由国家储存金块，流通中的货币兑换黄金受到限制。但在需要时，流通的纸币可以按照固定比例向央行兑换成金块。

(3) 金汇兑本位制

这是一种国家保持外汇，准许货币无限兑换成外汇的金本位制度，国内只流通银行券，银行券不能兑换黄金，只能兑换实行金块或金本位制国家的货币。各国在国际储备上除了黄金以外还必须持有一定数量的外汇，外汇在国外才可兑换黄金。实行金汇兑本位制的国家，要使其货币与另一实行金块或金币本位制的国家保持固定汇率，必须通过买卖外汇来保持国家货币币值的稳定。

在第一次世界大战之前，各国之间实行的是以金本位制度为主的国际货币体系，各国之间对国际资本流动的管制较少。第一次世界大战期间，由于战争带来的巨额损失以及劳动力与生产能力的巨大损失，各国政府不得不放弃金本位制，开始通过印制钞票来弥补经济上的缺口，但这也带来了快速的通货膨胀。即使世界各国对于恢复金本位制度做了很多尝试，但由于经济政治等大环境的变化，这些恢复金本位的努力，最终都以失败告终。而在两次世界大战期间，由于战后重建问题、失业率的压力、工会主义的兴起，各国政府的导向由维持汇率稳定变成了经济发展等更现实的目标，1929年发生了资本主义历史上最严重的经济危机，适合金本位生存与发展的土壤不复存在，金本位体系崩溃，第二次世界大战以后为了适应新形势下的世界经济格局，出现了与美元挂钩的新型国际货币体系——布雷顿森林体系，并逐步放松了资本管制。

2. 国际金本位制简评

国际金本位制的主要特点：第一，黄金充当国际货币。以有内在价值的黄金作为国际结算手段，既是商品交换与世界贸易长期发展的客观产物，又是人们在当时条件下接受商品交换的主观选择。作为特殊的商品，黄金具有币值稳定的特点，金本位的实行稳定了世界物价，稳定了国际经济，这对促进世界经济的发展具有重大意义。第二，汇率稳定。在国际金本位制下各国之间的汇率是稳定的，可以说这是该体系最为鲜明的特点。事实上，金本位制时期，英国、美国、法国、德国等国家间的汇率基本没有变动。从未发生过贬值或升值。因此，国际金本位制是典型的固定汇率制。第三，国际收支失衡自动调节。在国际金本位制下，由于黄金能自由输出输入国境，若一国出现国际收支失衡，可以通过体系中存在的自动调节机制自发地起作用。

国际金本位制的主要缺陷：第一，世界黄金储量不足，难以适应世界经济进一步发展的需要。世界经济增长对黄金作为货币商品和普通商品的需求量大大超过黄金的生产量，黄金不能充分满足需要。第二，自动调节功能要求各国将货币量控制在一定范围内。国际金本位制自动调节的前提条件是纸币数量不能超过黄金储量。这一限制则要求各国发行纸币数量应受到黄金储备数量的限制，并且按照官价无限买卖黄金或者外汇。但由于没有一个统一的国际监督机构，盈余国为更多获利而将盈余冻结，调节国际支出全部落在赤字国身上，赤字国就必须紧缩自己国家的信用。一国发生紧缩情形，往往会加速其他国家经济的衰退，从而破坏国际货币体系的稳定性。第三，形成资源的浪费。为满足货币需求，需要花费大量的人力和物力将黄金挖出来，再窖藏在国库中，会形成不必要的资源浪费。第四，国际金本位数量受到黄金数量的限制，使国家在经济周期的不同阶段对货币流通的调节受到很大约束。上述诸多缺陷，不利于世界经济发展和国际金本位制度自身的完善。任何国际货币体系若不能适应世界经济发展的需要，则必然要走上崩溃的道路。

（二）布雷顿森林体系

1. 布雷顿森林体系概述

1944年7月1日，美国新罕布什尔州的布雷顿森林小镇的华盛顿酒店里，包括中国在内的44个国家代表齐聚一堂，商讨第二次世界大战后国际货币体系问题，并最终形成了以美元为中心的国际货币新秩序——布雷顿森林体系，关贸总协定作为1944年布雷顿森林会议的补充，连同布雷顿森林会议通过的各项协定，统称为"布雷顿森林体系"，即以外汇自由化、资本自由化和贸易自由化为主要内容的多边经济制度，构成资本主义集团的核心内容。1945年12月27日，44国中的22个国家签署了《布雷顿森林协定》，同时正式成立国际货币基金组织（IMF）和世界银行（WB）；美元的霸权地位也就是从那时开始，并一直延续到现在。

布雷顿森林体系的内容：第一，美元与黄金挂钩。各国确认1944年1月美国规定的35美元一盎司的黄金官价，每一美元的含金量为0.888671克黄金。各国政府或中央银行可按官价用美元向美国兑换黄金。为使黄金官价不受自由市场金价冲击，各国政府需协同美国政府在国际金融市场上维持这一黄金官价。

第二，其他国家货币与美元挂钩，其他国家政府规定各自货币的含金量，通过含金量的比例确定同美元的汇率。

第三，实行可调整的固定汇率。《国际货币基金协定》规定，各国货币对美元的汇率，只能在法定汇率上下各1%的幅度内波动。若市场汇率超过法定汇率1%的波动幅度，各国政府有义务在外汇市场上进行干预，以维持汇率的稳定。若成员方法定汇率的变动超过10%，就必须得到国际货币基金组织的批准。1971年12月，这种即期汇率变动的幅度扩大为上下2.25%的范围，决定"平价"的标准由黄金改为特别提款权。布雷顿森林体系的这种汇率制度被称为"可调整的钉住汇率制度"。

第四，各国货币兑换性与国际支付结算原则。《国际货币基金协定》规定了各国货币自由兑换的原则：任何成员方对其他成员方在经常项目往来中积存的本国货币，若对方为支付经常项货币可换回本国货币。考虑到各国的实际情况，《国际货币基金协定》作了"过渡期"的规定。《国际货币基金协定》规定了国际支付结算的原则：成员方未经国际货币基金组织同意，不得对国际收支经常项目的支付或清算加以限制。

第五，确定国际储备资产。《国际货币基金协定》中关于货币平价的规定，使美元处于等同黄金的地位，成为各国外汇储备中最主要的国际储备货币。

第六，国际收支的调节。国际货币基金组织成员方份额的25%以黄金或可兑换成黄金的货币缴纳，其余则以本国货币缴纳。成员方发生国际收支逆差时，可用本国货币向国际货币基金组织按规定程序购买（借贷）一定数额的外汇，并在规定时间内以购回本国货币的方式偿还借款。成员方所认缴的份额越大，得到的贷款也越多。贷款只限于成员方用于弥补国际收支赤字，即用于经常项目的支付。

2. 布雷顿森林体系简评

（1）布雷顿森林体系的作用

第一，布雷顿森林体系的诞生，是世界在金本位制崩溃后建立起的新的国际货币体系。美国拥有了全球74%以上的黄金储备，以及美元可以和黄金自由兑换，形成了该体系的支柱。布雷顿森林体系的建立，对于结束国际金融混乱局面、扩大世界贸易、稳定汇率有着积极作用。

第二，布雷顿森林体系保证了国际金融关系的稳定。美元霸权地位的建立，稳定国际汇率，使第二次世界大战前混乱的金融局面得到改善，恢复了经济的正常运转。同时，国际货币基金组织和世界银行对成员方提供各种信贷，促进国际贸易与国内经济发展，克服了国际收支不平衡，为美元保值提供保障。

（2）布雷顿森林体系的缺陷

布雷顿森林体系的建立对于解决第二次世界大战后国际金融领域的混乱状态，起到了积极的作用。但是，资本主义发展的不平衡，使该体系本身固有的矛盾和缺陷也表现出来，主要包括：第一，金汇兑本位制本身的缺陷。美元与黄金挂钩，享有特殊地位，加强了美国对世界经济的影响。美国可以通过发行纸币进行对外支付和资本输出。当人们对美元充分信任，美元相对短缺时，这种金汇兑平价可以维持；一旦人们对美元产生信任危机，拥有太多美元，要求兑换黄金时，美元便再难以维持与黄金的固定平价。

第二，储备制度不稳定的缺陷。布雷顿森林货币体系以美元作为主要储备资产，本身就具有内在的不稳定性，以美元为核心的制度是为世界经济平稳发展所不能接受的。美国学者特里芬在其著作《黄金与美元危机》中指出，布雷顿森林制度以一国货币作为主要国际储备货币，在黄金生产停滞的情况下，国际储备的供应完全取决于美国的国际收支状况：美国的国际收支保持顺差，国际储备资产不能满足国际贸易发展的需要；美国的国际收支保持逆差，国际储备资产过剩，美元发生信用危机，危及国际货币制度。这种难以解决的内在矛盾，被称为"特里芬难题"，这也是布雷顿森林体系不稳定性的根源。

第三，国际收支调节机制的缺陷。布雷顿森林货币体系规定汇率是固定汇率，但是国际经济发展中伴随着难以预测的汇率波动，该体系强调保持汇率的稳定性，使各国不能利用汇率来达到调节国际收支的目的，如果通过大幅度调整汇率来达到国际收支平衡，必然会导致国际收支调节机制失灵。

（三）牙买加体系

1. 牙买加体系概述

布雷顿森林体系崩溃结束了以美元为中心的国际货币形式，国际金融秩序再次陷入动荡，国际社会及各方人士也纷纷探析能否建立一种新的国际金融体系，提出了许多改革主张，如恢复金本位、恢复美元本位制、实行综合货币本位制及设立最适货币区等，但均未能取得实质性进展。

国际货币基金组织（IMF）于1972年7月成立一个专门委员会，具体研究国际货币制度的改革问题，由11个主要工业国家和9个发展中国家共同组成。委员会于1974年6月提出一份"国际货币体系改革纲要"，对黄金、汇率、储备资产、国际收支调节等问题提出了一些原则性的建议，为以后的货币改革奠定了基础。直至1976年1月，国际货币基金组织理事会"国际货币制度临时委员会"在牙买加首都金斯敦举行会议，讨论国际货币基金协定的条款，经过激烈的争论，签订达成了"牙买加协议"，同年4月，国际货币基金组织理事会通过了《IMF协定第二修正案》，从而形成了新的国际货币体系——牙买加体系。

2. 牙买加体系简评

(1) 牙买加体系优点

第一，牙买加体系实行黄金非货币化，与布雷顿森林体系下国际储备结构单一、美元地位突出情况相比，货币国际储备呈现多元化局面，德国马克、欧元等货币在各国经济发展中脱颖而出，成为重要的储备货币。牙买加体系摆脱了布雷顿森林体系僵硬的国际货币关系，较大地缓解了国际货币的供需矛盾。

第二，牙买加体系确认了浮动汇率制度合法化，承认了固定汇率制度和浮动汇率制度并存的局面。一般而言，发达工业国家多数采取单独浮动或联合浮动，但有的也采取钉住自选的货币篮子。对发展中国家而言，多数是钉住某种国际货币或货币篮子，单独浮动的很少。不同汇率制度各有优劣，浮动汇率制度可以为国内经济政策提供更大的活动空间与独立性，而固定汇率制则减少了本国企业可能面临的汇率风险，方便生产与核算。各国可根据自身的经济实力、开放程度、经济结构等一系列相关因素去权衡得失利弊。多样化的汇率安排适应了多样化的、不同发展水平的各国经济，为各国维持经济发展与稳定提供了灵活性与独立性，同时有助于保持国内经济政策的连续性与稳定性。

第三，加强了国际协调与融资能力，牙买加体系提高了特别提款权的国际储备地位，扩大其在IMF一般业务中的使用范围，并适时修订特别提款权的有关条款。规定参加特别提款权账户的国家可以来偿还国际货币基金组织的贷款，使用特别提款权作为偿还债务的担保，各参加国也可用特别提款权进行借贷。同时以IMF为桥梁，各国政府通过磋商，就国际金融问题达成共识与谅解，共同维护国际金融形势的稳定与繁荣。

(2) 牙买加体系缺陷

第一，在多元化的国际货币储备格局下，储备国享有"铸币税"等多种好处，各国可以通过增发货币来转移国内通货膨胀。在多元化格局下，国际上缺乏超主权货币，缺乏统一的货币标准，这也会导致国际金融的不稳定。

第二，牙买加体系采取浮动汇率制度和固定汇率制度并存，导致了汇率体系极不稳定，汇率的波动带来了国际资本流动风险预期，增大了外汇风险，在一定程度上抑制了国际贸易和国际投资活动。

第三,国际收支调节机制并不健全,各种现有的渠道都有各自的局限性,牙买加体系并没有消除全球性的国际收支失衡问题。

二 国际金融机构

国际金融机构是多国共同建立的金融机构的总称,而国际金融机构又分为地区性国际金融机构,如亚洲开发银行、泛美开发银行等,以及全球性国际金融机构,如国际货币基金组织、世界银行等。

(一)国际金融机构的建立和发展

第一次世界大战后,为处理德国战争赔款和协约国之间债务的清算及清偿事务,1930年5月,英国、法国、德国、意大利、比利时、日本的中央银行和美国的三家银行的银行集团在瑞士巴塞尔成立国际清算银行(Bank of International Settlement),这是最早建立的国际金融机构,也是设立国际金融组织的主要开端。成员国主要是一些欧洲国家,不具备普遍性。

第二次世界大战结束前,1944年7月,44个同盟国家的300多位代表出席在美国新罕布什尔州布雷顿森林市召开的"国际货币和金融会议",商讨重建国际货币秩序,通过了《国际货币基金组织协定》和《国际复兴开发银行协定》。根据这2个协定,成立了国际货币基金组织和国际复兴开发银行(又称世界银行)。世界银行后来又设立2个附属机构——国际金融公司(1956年)和国际开发协会(1960年),世界银行及其附属金融机构统称为世界银行集团。

(二)国际货币基金组织

国际货币基金组织根据1944年7月在美国布雷顿森林召开的联合国货币金融会议上通过的"国际货币基金协定",于1945年12月正式成立,总部设在美国首都华盛顿,它是联合国的一个专门机构。

第二次世界大战结束后,重建国民经济的工作被提上日程。国际货币基金组织建立之初,旨在帮助成员方平衡国际收支,稳定汇率,促进国际贸易的发展。通过向成员方提供短期资金,解决外汇资金缺口以及缓解国际收支不平衡的现象,以促进汇率稳定和扩大国际贸易。

在大萧条时期,各国大幅提高贸易壁垒,试图改善经济衰退。这导致了本国货币的贬值和世界贸易的下降。国际货币基金组织在1944年布雷顿森林华盛顿酒店会面中诞生。对于国际货币基金组织作为全球经济机构的角色,有两种看法。美国代表哈里·德克斯特·怀特(Harry Dexter White)认为,它是一个更像银行的国际货币基金组织,确保借款国能够按时偿还债务,怀特的大部分计划都被纳入布雷顿森林体系通过的最终法案。英国经济学家约翰·梅纳德·凯恩斯(John Maynard Keynes)认为,国际货币基金组织将会是一个合作基金,成员国可以通过合作基金来维持经济活动和就业。这种观点表明,国际货币基金组织帮助各国政府和美国政府在新政期间应对第二次世界大战。

国际货币基金组织是国际经济体系的重要组织之一，它的设计使系统能够平衡国际资本主义的重建与国家经济主权和人类福利的最大化，也就是所谓的嵌入式自由主义。国际货币基金组织在全球经济中的影响力稳步上升，因为它积累了越来越多的成员，中国也是该组织创始国之一。1980年4月17日，国际货币基金组织正式恢复中国的代表权。

按照"国际货币基金协定"，凡是参加1944年布雷顿森林会议，并在协定上签字的国家，称为创始成员方。在此以后参加国际货币基金组织的国家称为其他成员方。两种成员方在法律上的权利和义务并无区别。国际货币基金组织成立之初，只有44个成员方，至1997年年底，已发展到184个成员方。

参加国际货币基金组织的每一个成员方都要认缴一定的基金份额。基金份额的确定，与成员方利益密切相关，因为成员方投票权的多寡和向国际货币基金组织取得贷款权利的多少取决于一国份额的大小。国际货币基金组织的最高权力机构是理事会，由各成员方委派理事和副理事各1人组成。执行董事会是负责处理国际货币基金组织日常业务的机构，共由23人组成。

国际货币基金组织的资金来源，除了成员方缴纳的份额，还有向成员方借入的款项和出售黄金所获得的收益。国际货币基金组织的主要业务是：发放各类贷款；商讨国际货币问题；提供技术援助；收集货币金融情报；与其他国际机构的往来。

国际货币基金组织于1980年4月17日正式恢复中国的合法席位。中国向国际货币基金组织委派理事、副理事和正、副执行董事。当时，中国在国际货币基金组织的份额为12亿美元特别提款权，后增至33.85亿美元特别提款权。

（三）世界银行集团

世界银行集团主要由5个附属机构组成，这些机构由其成员方所有，每个机构对推动世界经济发展起着不同的作用，每个成员方对其机构起最终决策权。而"世界银行"主要指其中的国际复兴开发银行和国际开发协会。

国际复兴开发银行通称"世界银行"（World Bank）。1944年7月在美国布雷顿森林举行的联合国货币金融会议上通过了《国际复兴开发银行协定》，1945年12月27日，28个国家政府的代表签署了这一协定，并宣布国际复兴开发银行正式成立。1946年6月25日开始营业，1947年11月5日起成为联合国专门机构之一，是世界上最大的政府间金融机构之一。总部设在美国华盛顿并在巴黎、纽约、伦敦、东京、日内瓦等地设有办事处，此外还在20多个发展中成员方设立了办事处。

世界银行创立旨在恢复欧洲第二次世界大战后经济体系，稳定欧洲战后经济秩序，1948年后逐步转向世界经济援助。通过对欠发达成员方提供经济改革计划建议与对生产性项目提供贷款，帮助其经济发展。根据协定，凡参加世界银行的国家必须是国际货币基金组织的成员方，但国际货币基金组织的成员方不一定都参加世界银行。世界银行从最初的39个会员国增加到如今的181个成员方，每个成员方都需认购一定数额的世界银行股份，认购数量经过理事会批准，根据各国自身财政情况而定。中国是世界银行最大的申购国之一，已持有约1/3的世界银行股份，并与1987年年底与世界银行达成协议，共同开展对我国国企改革、财税、住宅等方面的项目研究。

（四）区域性国际金融机构

区域性的国际金融机构包括亚洲开发银行、亚洲基础设施投资银行、欧洲复兴开发银行、国际清算银行、美洲开发银行、非洲开发银行及加勒比开发银行、泛美开发银行、欧洲中央银行、欧洲投资银行、阿拉伯货币基金、西非发展银行等。区域性的国际金融机构是完全由地区内的国家组成的。

1. 亚洲开发银行

亚洲开发银行是 1965 年 3 月根据联合国亚洲及远东经济委员会（联合国亚洲及太平洋地区经济社会委员会）第 21 届会议签署的"关于成立亚洲开发银行的协议"而创立的。1966 年 11 月，在日本东京正式成立，同年 12 月开始营业，行址设在菲律宾首都马尼拉。亚洲开发银行的宗旨是，为亚太地区的发展计划筹集资金，提供技术援助，帮助协调成员方在经济、贸易和发展方面的政策，与联合国及其专门机构进行合作，以促进区域内经济的发展。其资金来源主要是成员方缴纳的股金、亚洲开发基金和在国际金融市场上发行债券。

2. 泛美开发银行

泛美开发银行于 1959 年 12 月 30 日正式成立，1960 年 11 月 1 日开始营业，行址设在美国首都华盛顿。泛美开发银行的宗旨是，动员美洲内外资金，为拉丁美洲国家的经济和社会发展提供项目贷款和技术援助，以促进拉美经济的发展。其资金来源主要是会员国认缴的股金、向国际金融市场借款和较发达会员国的存款。

3. 国际清算银行

国际清算银行是根据 1930 年 1 月 20 日在荷兰海牙签订的海牙国际协定，于同年 5 月，由英国、法国、意大利、德国、比利时和日本六国的中央银行，以及代表美国银行界利益的摩根银行、纽约花旗银行和芝加哥花旗银行三大银行组成的银团共同联合创立，行址设在瑞士的巴塞尔。

国际清算银行成立之初的宗旨是，处理第一次世界大战后德国赔款的支付和解决对德国的国际清算问题。1944 年，根据布雷顿森林会议决议，该行应当关闭，但美国仍将它保留下来，作为国际货币基金组织和世界银行的附属机构。此后，该行的宗旨转变为，增进各国中央银行间的合作，为国际金融业务提供额外的方便，同时充当国际清算的代理人或受托人。

4. 欧洲投资银行

欧洲投资银行是在 1957 年 3 月 25 日，根据《欧洲共同体条约》（《罗马条约》）的有关条款组成的欧洲金融机构。它的成员都是欧洲共同体的成员国，行址设在卢森堡。欧洲投资银行的宗旨是，为了欧洲共同体的利益，利用国际资本市场和共同体本身的资金，促进共同市场平衡而稳定地发展。该行的主要业务活动是，在非营利的基础上，提供贷款和担保，以资助欠发达地区的发展项目，改造和使原有企业现代化以及开展新的活动。其资金来源主要是向欧洲货币市场借款。

第二节 最优货币区与欧洲货币体系

一 最优货币区理论

20 世纪 60 年代，蒙代尔和麦金农提出最优货币区理论，最优货币区是指这样一组国家，他们的货币通过永久固定的汇率及其他使该区域变得最优化的条件联系在一起，成员国货币相对非成员国货币联合浮动。一国的不同地区由于流通同一种货币本身就是最优货币区。

最优货币区的优点：在汇率永久固定的汇率制度下，最优货币区成员国之间的汇率更加稳定，刺激了国际分工以及在成员国之间或区域内的贸易与投资的流动。最优货币区的形成也使生产商将整个区域看作一个市场，可在生产中获得更多的规模效应。最优货币区还能节省成员国以下成本：外汇市场干预成本、套期保值成本、成员国间为支付商品和旅游服务而产生的货币交换成本（如果成员国都采用同一种货币的话）。

最优货币区的缺点：加入最优货币区后，需要采取一致的货币政策，各个成员国无法根据自身经济发展情况去追求稳定和增长的目标。例如，一个成员国当前经济不景气，为降低失业率可能需要采取扩张的财政政策和货币政策，而最优货币区内的另一成员国却在为了经济过热而烦恼，需要采取紧缩的财政货币政策来缓解通胀压力。此时二者的矛盾无法调和。

具备以下条件时，最优货币区能为均衡实现发挥较大作用：成员国之间的资源流动性强；成员国间经济结构相似；成员国愿意在财政、货币和其他政策方面进行密切合作。

那么，是否要加入最优货币区就要看从长久固定汇率中能否得到最大收益并付出最小成本，但是实际测度最优货币区每个成员国能从中得到多少收益是件极为困难的事。接下来介绍一下克鲁格曼提出的方法——$GG-LL$ 模型。

二 加入最优货币区的决策基础

（一）经济一体化和固定汇率区利益：GG 曲线

一个国家是否加入固定汇率区需要对加入的利益和成本进行比较。我们先画出一条 GG 曲线，它表示一国加入固定汇率区所获收益与该国同固定汇率区的贸易一体化程度之间的关系。

加入固定汇率区后可以很大程度地避免汇率浮动带来的不确定性和复杂性，还能降低结算贸易成本等，这些好处构成了加入固定汇率制的货币效益与收益。实际上，很难对该国实行固定汇率制的效率收益进行准确估计，但可以确定的是：如果该国和钉住的货币所有国贸易量很大，这种收益就会很高。例如，挪威和欧元区的贸易占其国民生产总值的

50%，而与美国的贸易只占5%，其他条件不变时，固定挪威克朗与欧元的汇率比固定挪威克朗与美元的效率收益更高，同样地，如果挪威与欧元区贸易规模增大，则固定挪威克朗与欧元的汇率所获得的效率收益比贸易较少时要高。

如果挪威与欧元区之间的生产要素可以自由流动，那么固定挪威克朗与欧元的汇率所获得的货币效率收益也会更大。因为挪威人对欧元区成员国进行投资的不确定性会减小，可预测性增大。

因此，我们得出一个结论：如果一国与固定汇率区的经济一体化程度很高，那么该国与该地区汇率固定后，它将获得很大的货币效率收益。

如图16-2所示，GG曲线斜率为正，表明一国与固定汇率区的经济一体化程度与该国加入该地区后的货币效率收益之间存在正相关关系。横轴代表经济一体化程度，纵轴代表货币效率收益。

（二）经济一体化和固定汇率区成本：LL曲线

一国加入固定汇率区虽然能够带来好处，但也意味着该国放弃了运用汇率政策使就业与产出保持稳定的权利，这种加入后所带来的经济稳定性损失也和一国与该地的经济一体化程度有关，我们绘制LL曲线来描述它们之间的关系。

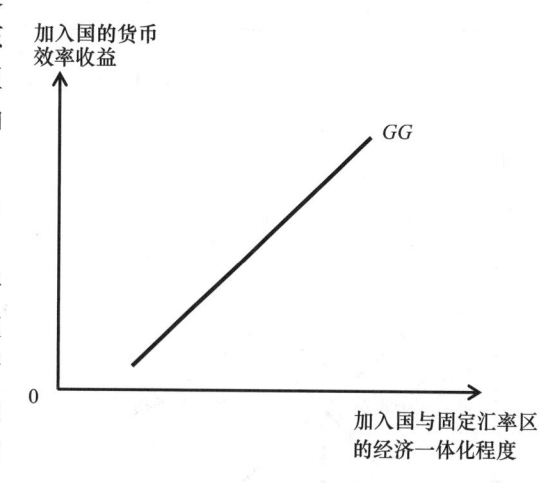

图16-2 GG曲线

要推导出LL曲线，首先要了解一国与固定汇率区的一体化程度是如何影响经济稳定性损失大小的。这里还是假设挪威克朗钉住欧元，并且，由于某些原因，对挪威产出的世界总需求减少了，而欧元区其他国家并未经历这种世界总需求减少，只有挪威单独面临世界总需求的减少，那么，挪威的货币对于其他货币包括欧元都有贬值的压力，而欧元对区域外货币没有贬值。但是挪威克朗钉住欧元，即不能对区域外的货币贬值，那么它的国际收支可能会恶化且无法通过汇率贬值改善，挪威将面临严重困难。只有一个严重的衰退期过后，就业才会全面恢复，在这个时期内，挪威的产品价格和工资价格都会下降。

而挪威与欧元区经济一体化程度越高，挪威的经济衰退就越小，所需的经济调整也越小。理由如下：第一，如果挪威和欧元区其他成员国经贸往来很多，那么挪威产品价格稍微下降就会使这些成员国对挪威的产品需求增加，从而缓解国际贸易收支，就业率和产品价格也会回升。第二，如果资本和劳动力在欧元区可以自由流动，那么挪威失业的工人在其他成员国地区可以快速找到工作，资本也会流向其他成员国，要素的自由流动可以降低挪威的失业率并减少投资者亏损（该分析同样适应于对挪威产出的世界总需求增加的情况）。

如图 16-3 所示，LL 曲线斜率为负，表明了当经济相互依赖程度提升时，加入固定汇率区使该国面临的经济稳定性损失减少。其中横轴表示加入国同固定汇率区的经济一体化程度，纵轴表示加入国的经济稳定性损失。

(三) 是否加入最优货币区的决策：GG-LL 模型

如图 16-4 所示，我们把 GG 曲线和 LL 曲线结合起来，如果挪威与欧元区经济一体化程度不低于点 a，就应该加入欧元区；点 a 是由 GG 曲线和 LL 曲线交点 1 所决定的。当经济一体化程度小于 a 时，GG 曲线在 LL 曲线下方，此时挪威加入欧元区，其产出和就业稳定性损失大于货币效率收益，因此最好不要加入；当经济一体化程度为 a 或者更高时，GG 曲线在 LL 曲线上方，货币效率收益大于经济稳定性损失，将挪威克朗与欧元汇率固定有利可图。因此，GG 曲线与 LL 曲线的交点为所需经济一体化程度的最低值。

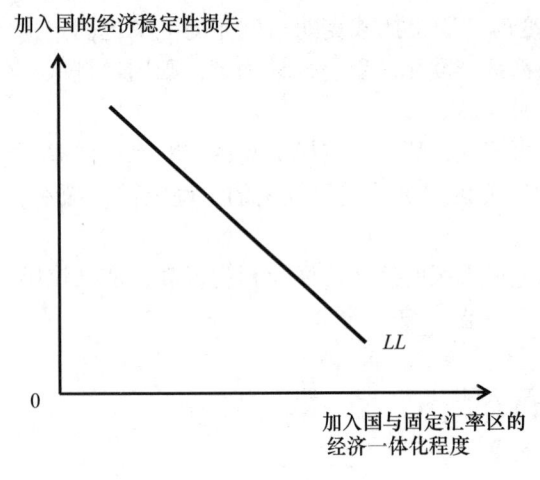

图 16-3 LL 曲线

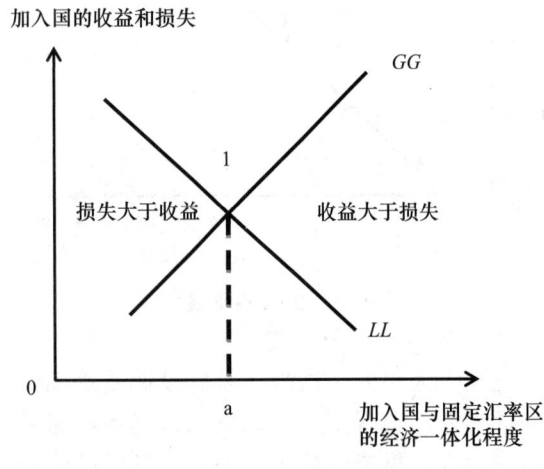

图 16-4 GG-LL 模型

三 欧洲货币一体化的历程

(一) 欧洲货币一体化

欧洲货币一体化，从 20 世纪 60 年代末 70 年代初开始。1970 年，欧洲经济共同体（欧盟前身）拟订了"魏尔纳计划"，为欧洲货币联盟的实现规划了一个跨期 10 年、分三个阶段的过渡期。第一阶段为 1971 年初至 1973 年年底，主要目标是缩小成员国之间汇率波动幅度并建立货币储备基金来干预外汇市场，着手协调货币政策与经济政策；第二阶段为 1974 年年初至 1976 年年底，此阶段目标为集中成员国的部分外汇储备以充实货币储备基金，从而加强外汇市场干预能力，使欧共体成员国的汇率进一步稳定下来，并促使成员国间资本自由流动；第三阶段为 1977 年年初至 1980 年年底，该阶段意图使汇率趋于完全稳定，欧共体内部商品、资本及劳动力的流动将完全不受汇率波动的干扰，开始规划统一货币，同时货币储备基金则向联合中央银行发展。

1979 年 3 月，欧共体宣布将欧洲货币体系（European Monetary System，EMS）作为实

现包括最终统一货币和中央银行在内的推进成员国货币一体化目标的一部分。欧洲货币体系的主要内容包括以下几点。

1. 创设欧洲货币单位

欧洲货币单位（European Currency Unit，ECU）于 1979 年 3 月 13 日开始使用，是欧共体国家共同用于内部计价结算的一种货币单位，实质上是一个"货币篮子"，由 12 个成员国货币组成，各成员国货币在 ECU 中所占的权重由该国国民生产总值及其在欧共体内贸易额所占的比重平均加权计算所得。ECU 没有现钞、没有中央银行而又具有多种货币功能，创立以后，使用范围逐步扩大，除了欧共体各官方机构，西欧各商业银行和金融市场也开始办理以 ECU 计价结算的存款、放款、债券发行、国际贸易结算、旅行支票、信用卡等业务，其作用受到越来越多国家的重视，是欧洲货币体系的核心。

2. 实行汇率双重管理机制

在成员国货币之间实行固定汇率制，对非成员国货币则实行浮动汇率制。欧洲货币体系建立了汇率双重稳定机制：一是平价网体系。成员国货币间规定中心汇率和围绕中心汇率波动的上限与下限，原则上波动幅度不得超过中心汇率上下各 2.25%（意大利里拉为各 6%）。如果实际汇率超过规定幅度，有关国家就会采取措施，干预外汇市场，维持汇率稳定。二是建立了货币篮体系，即各国货币与 ECU 的中心汇率所允许的最大偏离幅度。当成员国货币与 ECU 的偏离达到一定程度时，就要进行干预。

3. 创建欧洲货币基金

1973 年 4 月 3 日，欧共体建立了"欧洲货币合作基金"，用来稳定汇率向成员国提供短期贷款以干预外汇市场，基金数额只有 28 亿欧洲计账单位，远不足以适应干预外汇市场的需要。欧洲货币体系成立后，决定建立欧洲货币基金，集中成员国黄金、外汇储备的 20% 作为共同基金，加上等值的本国货币，约合 540 亿欧洲货币单位存入这一新的基金。

1989 年 6 月，在欧洲理事会马德里会议上，成员国首脑决定自 1990 年 7 月 1 日开始实施"德洛尔计划"从而实现欧洲经济货币联盟，该计划也分为三个阶段。第一阶段，在货币一体化方面的目标是：欧共体成员的货币均纳入汇率联合干预机制，此外，成员国汇率要在相同的可容许波动幅度内。第二阶段，首先要求建立欧洲中央银行体系（European System of Central Banks，ESCB）作为各国中央银行的中央银行，之后逐渐缩小汇率可容许波动幅度；其次要将各成员国的部分外汇储备适当聚集；最为重要的是，成员国的货币政策决定权要逐步让渡给共同体。第三阶段，首先要求对外汇市场干预时尽量使用欧共体成员国的货币，非必要不使用第三国货币；其次还要进一步集中成员国外汇储备；最后要求欧共体货币取代成员国货币。

1992 年欧共体成员国签订《马斯特里赫特条约》，该条约说明，经过三个阶段的过渡，各成员国要实现统一的货币政策和财政政策，发行统一货币"欧元"，建立欧洲中央银行。

1998年，欧盟当时的11个成员国制定了"欧元趋同标准"，规定要加入欧元区的欧盟成员国必须同时满足以下四个趋同标准：价格稳定标准，该国通货膨胀率不超过三个最佳成员国上年通货膨胀率的1.5%；公共财政标准，该国年度政府财政赤字控制在国内生产总值的3%以下；汇率标准，至少在两年内该国货币必须维持在欧洲货币体系的正常波动幅度以内；国债标准，该国国债必须保持在GDP的60%以下，或者正在快速接近这一水平。

1999年1月1日，欧元正式启动，2002年1月1日，欧元正式在市场上实现流通，各成员国的法定货币逐步退出市场，同年7月1日，欧元实施国的本币完全退出了流通，欧洲货币一体化计划初步完成。截至2021年12月31日，欧盟27个成员国（2020年1月30日，欧盟正式批准了英国脱欧）中有19个加入了欧元区。

（二）欧洲货币体系简评

1. 欧洲货币体系特点

第一，欧元区的国家不再需要进行货币兑换；第二，成员国之间汇率波动被消除，降低了汇率风险；第三，促进了各成员国的经济金融一体化；第四，欧洲中央银行成立后有能力推行力度更大的扩张性的货币政策；第五，对于希腊和意大利等国，由于增加了外部压力，有助于促使其建立更完善的经济秩序；第六，从欧元成为国际货币中获得铸造利差；第七，降低了成员国在国际金融市场上的融资成本；第八，提升了欧盟在国际事务中的经济和政治地位。

2. 欧洲货币体系弊端

欧洲货币体系给各成员国家带来了很大的利益，但也带来了巨大的成本。当成员国中的一国或几国出现经济危机或遭受不对称的冲击时，受到影响的一国或几国既不能利用汇率也不能使用货币政策来解决问题，同时使用财政政策也会受到很大限制，丧失部分的政策自由。在这种情况下，这些国家只有等待问题随时间逐步缓解。在经济更加高度一体化的国家，如美国，如果某一地区发生危机，一些劳动力将迅速流出，该地区也将从大量的财政收入再分配中获得补贴（如较高的失业保险款项）。然而在欧洲货币联盟，劳动力的流动性比美国差很多，财政收入再分配也是一样的。因此欧元区国家要处理非对称的经济冲击就更为困难。经济一体化的确可以刺激欧洲货币联盟内部的劳动力流动，但这是一个漫长的过程，还需要很多年才能完成。

四 欧洲中央银行

1998年，欧洲中央银行成立。1999年1月，欧洲中央银行承担起制定统一的欧洲货币联盟货币政策的工作，欧洲中央银行的货币政策是通过管理委员会的多数裁定原则确定的，该委员会由一个6个人的执行委员会和各成员国的央行行长组成。

《马斯特里赫特条约》赋予欧洲中央银行的唯一目标是稳定价格，并使其完全脱离政治因素的影响。欧洲中央银行需定期向欧洲议会说明其工作情况，但欧洲议会无权影响欧洲中央银行的决议。这也带来一些批评，认为欧洲中央银行不够民主，没有反映公众的经济需求。

1999年，欧洲货币联盟运行的第一年就受到了一些干扰，政治家要求降低利率以刺激经济，但欧洲中央银行出于引发通货膨胀的担忧对此予以抵制。同年，爱尔兰和西班牙等国面对过度增长及通货膨胀威胁，需要采取紧缩的货币政策，而当时意大利和德国却面临经济萎缩需要降低利率，货币政策的制定面临诸多矛盾。

欧洲中央银行只能采取了一种折中的货币政策，2000—2008年，为避免再发生通货膨胀和建立信用，欧洲中央银行推行较为紧缩的货币政策。然而2008年第三季度，为了应对欧元区面临的严重经济衰退和经济危机，欧洲中央银行大幅降低了利率。

使用单一货币的确可以提高经济体之间的依赖性，有利于欧元区国家间的跨国贸易。在理论上，此举对欧元区人民有利，毕竟贸易的增长是经济增长的主要动力之一。此外，也是符合建立欧盟间统一市场这一长期目的的。但是，由欧洲中央银行来决定欧元区的货币政策和利率水平，各国失去了根据自身情况调整其经济政策的自由，这使公共投资和财政政策成为各成员国政府干预经济的唯一手段。

专栏16-2　欧元区危机

1. 导火索

2008年国际金融危机蔓延全球。一些银行因为涉足美国房地产市场而陷入麻烦。这些麻烦也涉及欧洲房地产市场。欧洲房地产市场也像美国一样出现了危机，但是市场并没有担心欧元区政府的信用会出现问题，直到在2008年年底希腊出现了棘手的问题。这就是过分扩张的银行和没有竞争力的债务累累的经济发生危机的导火索。

危机开始于2009年10月，一个新的希腊政府诞生之际。很快这个新的政府宣布了一些坏的消息。希腊的财政赤字达到了GDP的12.7%，为前政府的两倍多。显然，几年来前政府一直在错误地报道它的经济数据，公债实际上大于GDP的100%。

希腊债券的持有者，包括许多欧元区内的银行，开始担心希腊政府结束这些巨大的赤字和偿还债务的能力。在2009年12月主要的信用评级机构对希腊政府进行了降级。当全球金融市场已经陷入混乱时，希腊政府相对于德国国债的借贷利差上升到2008年年底和2009年年初的水平。2010年前几个月，希腊政府宣布了严格的削减预算和增税政策，但是很快就遭到了街头抗议和示威。紧随其后的是进一步的经济下滑和希腊的借贷成本飙升，这使国家更难偿还债务。投资者开始担心其他赤字国家很可能也面临和希腊同样的问题。数据显示，葡萄牙和爱尔兰甚至两个大的国家西班牙和意大利也出现了借贷成本方面的压力。在更大范围的财政危机可能会在欧洲蔓延的预期下，世界股票市场开始暴跌。

欧盟是怎样处理希腊危机的？来自欧盟成员国中富裕国家的紧急救助也许会平息这场市场骚乱。这也是像德国之类的国家商议《马斯特里赫特条约》和《稳定与增长公约》的目标。在2010年3月中旬欧元区财长公开宣布了帮助希腊的意图，但是并没有提供怎样做的细节。随着欧元区不能够采取具体的行动，危机开始滚雪球似的蔓延。欧元在外汇市场上开始贬值。最后在2010年4月中旬欧元区国家和IMF一起达成了一个对希腊1100亿欧元的贷款计划。

但是，那时对政府债券的恐慌已经开始传播，葡萄牙、西班牙和意大利政府（紧随2008年后期爱尔兰实行之后）提出了它们自己的减赤计划，试图使它们的借贷利差不高于希腊的水平。出于对危机的恐慌，欧元区领导人给希腊注入了更大规模的欧洲金融稳定基金（EFF）。资金源于该基金从信贷市场、欧盟委员会和IMF借来的7500亿欧元（欧洲金融稳定基金是临时性的机构，但是在2012年10月被一个持久稳定机制欧洲稳定机制替代）。随后欧洲央行撤销了它之前宣布的一项政策，并开始购买陷入困境的欧元区债务国的债券。这引起了人们的指责，人们认为这违背了《马斯特里赫特条约》的精神。事实上，欧洲央行的动机是通过支持大部分被欧洲银行所持有的资产的价格而避免银行恐慌。

希腊的借贷成本仍然很高，并且很快爱尔兰的市场借款利率也出现了急剧的增长。因为很显然，政府支持摇摇欲坠的爱尔兰银行的成本将会达到GDP的很大一部分。2010年后期爱尔兰和"三驾马车"（欧盟委员会、欧洲央行和国际货币基金组织）签订了一项675亿欧元的欧洲金融稳定基金贷款计划。2011年5月葡萄牙和"三驾马车"签订了780亿欧元的贷款协议。这两个贷款像希腊的贷款一样都伴有这样的条件：要求贷款的接受者削减政府预算并且尝试结构性经济改革（放松对劳动力市场的管制）。"三驾马车"对其服从程度进行监管。

2. 自我实现的政府违约与"厄运循环"

为什么市场恐慌发展和蔓延得如此之快？从有关希腊计划的争论中我们清晰地看到，那些北欧国家，如德国、芬兰和荷兰并不情愿借款给有着并不乐观的市场预期的希腊，也不愿意直接或间接地支持欧洲央行的购债计划。一些来自北欧的政客公开宣称希腊存在违约甚至退出欧元区的可能性。因此，虽然欧洲官员最初否认，但是希腊很可能出现主权债务违约。其他的有着快速增长的政府债务的国家也很可能出现违约。

对违约的恐慌是欧元区面临的一个特定问题。美国政府总是能够印出美元来支付它的债务，所以不可能违约。但是使用欧元的国家则不同。因为是否印欧元取决于欧洲央行，而不是国家政府，这就是为什么希腊、葡萄牙和爱尔兰在从IMF借入欧元（它们自己的货币）时处于不利的位置。违约可能性导致了一个类似于银行挤兑的自我实现的动态或者一个自我实现的货币危机：如果市场预期出现违约，它们将对借款的政府收取非常高的利率，并且如果不能够提高税率或者削减消费，这将导致债务无法偿还，因此，出现了违约。

因为资产负债表已经变得如此之大，欧元区国家银行的不良状态增加了政府违约的可能性。这些国家不得不向公众借钱来支持它们的银行体系。这导致了公共债务的大量增加，也导致了更多的对市场的恐慌。

经济学家将这种银行困境和政府的借款困境的相互影响称为厄运循环（doom loop）。由于厄运循环的存在，私人资金会从银行外逃，这些银行所在国家的政府存在借款问题。这些国家经历了一个突然的民间借贷的急刹车。为了使它们的银行免予崩溃，欧洲央行不得不以最后贷款人的身份贷出大笔资金。事实上，欧元区的金融市场不得不依国家而划分。弱国银行信誉的好坏取决于政府信誉的好坏。即使可以进行借贷，那些国家的企业和家庭也面临更高的利率。

由于削减财政开支和紧缩银根，产量突然下降，失业率飙升。许多观察家质疑包括在政府的财政支持一揽子计划中并在欧盟得到了广泛实施的财政紧缩方案是否确实有助于减少公共债务，特别是当周边的国家同时实施这项政策的时候。

第三节　不同国际货币体系下的宏观经济政策

在开放经济中，内部平衡和外部平衡问题是政策制定者们关心的问题。内部平衡是指一国资源的充分利用和国内价格水平的稳定。外部平衡是指一国经常账户既没有陷入赤字危机而使未来无法还清外债，又没有由于过度的盈余使他国陷入这种境地。接下来我们将研究国际货币体系在3个时期（金本位制度、布雷顿森林体系、牙买加体系）是如何影响宏观经济政策实施的。

一　金本位制下的宏观经济政策

（一）金本位制的外部平衡

在1870—1914年这段实行金本位的时期内，国际宏观经济政策与20世纪下半期的国际货币政策大相径庭。在金本位制度下，中央银行的主要任务是在黄金与通货之间维持官方的平价关系。以避免国际收支余额的剧烈波动。在这段时期，国际储备是以黄金的形式持有的，因而国际收支的顺差或逆差将不得不以转移黄金的形式在中央银行之间进行结算。为了避免大量的黄金流动，中央银行会采取措施使金融账户中的非储备部分的盈余（或赤字）与经常账户和资本账户的总赤字（或盈余）保持一致。而为了达到国际收支平衡，中央银行目标则是使经常账户、资本账户以及金融账户中非储备部分之和为零。因此，经常账户和资本账户的平衡是在没有储备流动的情况下通过国际借贷来实现的。

(二) 金本位制的内部平衡

金本位制度下,为了限制世界经济发展中货币的增长,采用黄金来固定货币价格,以保证国际价格水平的稳定,然而这只是理想情况。在实行金本位制度时期,各国依然出现了不可预测的通货膨胀和通货紧缩,此外,金本位制对维持充分就业作用并不明显,以美国为例,1890—1913 年美国平均失业率为 6%—8%,而即使受到新冠疫情的影响,2011—2021 年美国平均失业也才 5%—8%,比金本位制下的失业率低了 1%。

因为内部平衡在经济政策制定中较之于外部平衡常处于次要地位,金本位制度缺陷逐一显露。1914 年第一次世界大战爆发后,各国为了筹集庞大的军费,纷纷发行不兑现的纸币,禁止黄金自由输出,极大地削弱了金本位制,第一次世界大战以后,1924—1928 年,资本主义世界曾出现了一个相对稳定的时期,主要资本主义国家的生产都先后恢复到战前的水平,并有所发展。各国企图恢复金本位制。但是,由于金铸币流通的基础已经遭到削弱,也不可能恢复典型的金本位制了。金本位制允许较高程度的汇率稳定性和国际金融资本的流动性,但是不允许货币政策追求内部政策目标,这也说明了金本位制度在当时具有的局限性。

金本位制下也存在有自动调节国际收支平衡机制,其中最重要的就是 18 世纪提出的物价—硬币—流动机制。假设英国的资本账户盈余加上经常账户盈余大于金融账户中的非储备性资本的赤字,这意味着黄金将流入英国。黄金的流入会减少外国货币的供给同时使英国货币供给增加,造成外国价格水平的下降和英国价格水平的上升。而外国价格水平的下降和英国价格水平的上升的同时发生意味着固定汇率制下英镑实际升值了,从而外国会减少对英国商品与服务的需求且英国会增加对外国商品与服务的需求。最终,黄金流动停止,两个国家都达到了国际收支平衡。

专栏 16-3　　　　　　　　　国际金本位制和大萧条

1929 年开始的长达 10 年的大萧条最突出的特点之一就是它的全球性。它并非局限于美国及其主要的贸易伙伴国,而是迅速地蔓延到欧洲、拉美和其他地区。国际金本位制在这次 20 世纪最大的经济危机的开始、加深和蔓延中起了关键的作用。

1929 年,大多数市场经济国家恢复了金本位制。然而在当时,美国正试图通过货币紧缩来给其过热的经济降温,法国则刚刚结束了一个通货膨胀的时期并恢复了金本位制。两国都遇到了大规模的资本流入。由此带来的国际收支盈余使两国都以惊人的速度吸收世界货币——黄金。1932 年,仅这两国就持有世界货币黄金总量的 70% 以上!其他实行金本位制的国家只有出售国内资产并提高利率以保存它们正在不断减少的黄金储备。这样就形成了世界性的货币紧缩,再加上 1929 年 10 月美国纽约股市崩溃的冲击,世界经济陷入大衰退。

> 1930年,世界范围的银行倒闭风潮加速了全球经济的滑坡,而金本位制在这时又一次扮演了罪魁祸首的角色。许多国家为了保证本国的金本位制而努力保护自己的黄金储备。这使它们不愿为银行提供有可能使这些银行继续经营下去的流动资金。毕竟政府向其本国银行提供的任何贷款都会增加私人对该国政府宝贵的黄金储备的潜在要求权。
>
> 关于金本位制作用的最明显证据也许就是早先脱离金本位制的国家(如英国)和坚决保持金本位制的国家之间产出与价格水平的强烈对比。脱离金本位制的国家可以自由地采用扩张性货币政策,从而减少(或者阻止)国内通货紧缩和产出的下降。1929—1935年通货紧缩和产出下降最严重的国家包括法国、瑞士、比利时、荷兰和波兰,这些国家直到1936年都坚持金本位制。

二 布雷顿森林体系下的宏观经济政策

(一)布雷顿森林体系的内部平衡

在布雷顿森林体系下,黄金与美元挂钩,各国货币又与美元挂钩,各国实行可调整的固定汇率。《国际货币基金协定》规定,各国货币对美元的汇率,只能在法定汇率上下各1%的幅度内波动。我们假定该体系下实行完全固定汇率制度,于是我们可以用图解来理解布雷顿森林体系如何达到内部均衡。

回忆一下,达到内部均衡的条件是总需求等于充分就业水平下的产出 Y^f,国内总支出可以表示为 $A = C + I + G$,考虑到经常账户,则内部平衡表达式可以用下式表示:

$$Y^f = C + I + G + CA 。 \qquad (16-1)$$

(16-1)式显示了影响总需求与总产出的政策工具。政府可以通过财政政策来刺激总需求,如图16-5所示,II曲线表示汇率和财政政策如何使产出维持在 Y^f,从而实现内部平衡的。由于货币贬值,即 E(本章所有汇率采用间接标价法)的下降和更高的国内吸收都将引起产出增加,因此该曲线是向下倾斜的。为了保证产出不变,货币升值即减少了总需求时要配以更高的国内支出。II曲线表明,为保证充分就业,国内支出必须适应汇率的变动。在II曲线的右方,国内支出增加超过了充分就业时的需求,因此,经济中的生产资源被过度利用。在II曲线的左方,支出太低,因此存在失业。

(二)外部平衡

为了考察国内支出和汇率变动如何影响外部平衡,我们假设一个经常账户盈余的目标值 X。外部平衡要求一国经常账户既没有陷入赤字危机而使未来无法还清外债,于是可以表示为 $CA = X$。

假设价格不变,则汇率 E 的降低将使国内商品变得更加便宜,从而改善经常账户。但是,A 的增加会导致进口增加,使国内支出 A 的增加会对经常账户产生相反的影响。为了

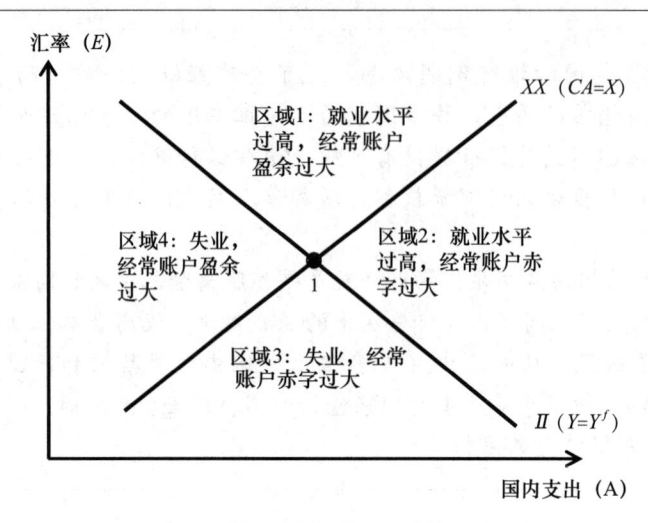

图 16-5 布雷顿森林体系下的内外部平衡

在货币贬值（图 16-5 中 E 下降）时使经常账户的余额保持在 X，政府必须执行增加国内支出的政策。所以 XX 曲线向上倾斜，表明当货币出现一定数量的贬值时，为了使经常账户的盈余保持在 X，需要多少额外的支出。E 的下降将增加净出口，从而使经常账户的盈余高于目标值 X，在 XX 曲线之上。同样，在 XX 曲线之下，相对于目标水平，经常账户处于赤字状态。

II 曲线和 XX 曲线将图形划分成 4 个部分，每个部分代表不同的政策安排结果，有时将其称为"经济不协调的四个区域"。在区域 1，就业水平过高，经常账户盈余过大；在区域 2，就业水平过高，经常账户赤字过大；在区域 3，存在失业与经常账户过度赤字；在区域 4，存在失业与大于目标水平的经常账户盈余。综合运用支出改变与汇率政策可以使经济处于 II 曲线与 XX 曲线的交点（点 1）。在该点上，内部平衡和外部平衡都得以实现。点 1 显示了使经济处于政策制定者的理想水平上的政策组合。

由于在布雷顿森林体系制度下，采取固定汇率制度，政策制定者发现他们有时会处于一种进退两难的困境。如果制定的汇率偏离均衡汇率点时，单独运用财政政策时只能使经济处于内部平衡或者外部平衡，难以实现同时达到内外部均衡。这也为布雷顿森林体系崩溃埋下了伏笔。

专栏 16-4　布雷顿森林体系的瓦解、世界范围的通货膨胀和转向浮动汇率

到 20 世纪 60 年代末期，固定汇率的布雷顿森林体系开始表现出即将走向瓦解的压力。这些压力与美国特殊的地位紧密相关。在美国，由于高货币增长率以及对诸如 Medicare（老年和残障健康保险）和不得人心的越南战争等新项目的巨额政府开支，通货膨胀迅速聚集力量。

20世纪60年代，美国通货膨胀的加速增长是一个世界性现象。理论预测，当储备货币国家加速其货币增长时，正如美国在60年代后半期所做的，结果之一是，随着外国中央银行购买储备货币以维持汇率并增加流通中的货币供给量，货币增长率和国外通货膨胀自动增加。对布雷顿森林体系瓦解的一种解释是，美国的通货膨胀通过布雷顿森林体系中美元地位转移向其他国家。为了稳定价格水平和重新实现内部平衡，这些国家不得不放弃固定汇率，允许它们的货币自由浮动。货币的三重困境意味着，这些国家无法同时钉住汇率和控制国内通货膨胀。

使这些压力雪上加霜的是，美国经济在1970年陷入了衰退。随着失业率上升，市场更加确信，美元将不得不相对于所有主要欧洲货币贬值。为了重新恢复充分就业和经常账户平衡，美国在某种程度上可能不得不让美元实际贬值。这种实际贬值可以通过两种途径来实现：第一种是作为对国内失业的反应，美国降低价格水平，随着作为对外国中央银行持续购买美元的反应，外国价格水平上升。第二种是以外国货币衡量的美元的名义价值下降。第一种途径——美国失业和外国通货膨胀——对政策制定者来说似乎很痛苦。市场正确地猜测到，美元价值的改变是不可避免的。

在经过几次稳定体系失败的尝试之后（包括美国在1971年8月单方面决定彻底终止美元与黄金的联系），1973年3月，主要工业化国家允许其美元汇率浮动。当时，浮动汇率被视为对失去控制的投机性资本流动的一个暂时应对措施。但是，1973年3月采取的暂时安排最终成了永久性的，标志着固定汇率制的终结和国际货币关系更加波动的一个新的时代的到来。

三　牙买加体系下的宏观经济政策

布雷顿森林体系崩溃之后，国际货币危机爆发越来越频繁，国际货币基金组织于1972年7月成立一个专门委员会，具体研究国际货币制度的改革问题。委员会于1974的6月提出一份"国际货币体系改革纲要"，对黄金、汇率、储备资产、国际收支调节等问题提出了一些原则性的建议，为以后的货币改革奠定了基础。

牙买加体系下各国采用浮动汇率制度，实行浮动汇率制度的国家大都是世界主要工业国，如美国、英国、德国、日本等，其他大多数国家和地区仍然实行钉住的汇率制度，其货币大都钉住美元、日元、法国法郎等。在实行浮动汇率制后，各国原来规定的货币法定含金量或与其他国家订立纸币的黄金平价，就不起任何作用了，因此，国家汇率体系趋向复杂化、市场化。

在浮动汇率制下，各国不再规定汇率上下波动的幅度，中央银行也不再承担维持波动上下限的义务，各国汇率是根据外汇市场中的外汇供求状况，自行浮动和调整。在出现经济波动时，汇率能够促进经济本身进行迅速且相对无痛苦的自行调整，这也是汇率的自动稳定器功能。

自由浮动汇率可以自动调节国际收支，使一国经济达到外部平衡，这样只剩下内部平衡一个目标需要考虑，该目标则可以通过财政政策和货币政策来实现。

（一）汇率变化对 IS 曲线的影响

对图 16-6 进行分析，当汇率下降时本币贬值，这会导致国内利率下降，为了简化分析，我们假设资本是完全流动的，资本具有完全流动性意味着国内利率等于国际利率时，国际收支才会平衡，所以 BP 曲线为一条水平线，国内利率下降时，投资增加，这会导致 IS 曲线向右移动，国内产出则会随之增加；相反，本币升值会使 IS 曲线向左移动。

（二）财政政策作用

由图 16-7 可知，当政府实行扩张的财政政策时，即税收减少，政府支出增加，IS 曲线会向右移动，国内均衡点由点 E 移动到点 E′。在点 E′，国际收支盈余，本币升值，汇率增加，导致 IS 曲线向左移动，直到国内均衡点回到点 E。此时的均衡点的政府支出比以前有所增加（或者是税收有所减少），汇率较之以前有所增加。

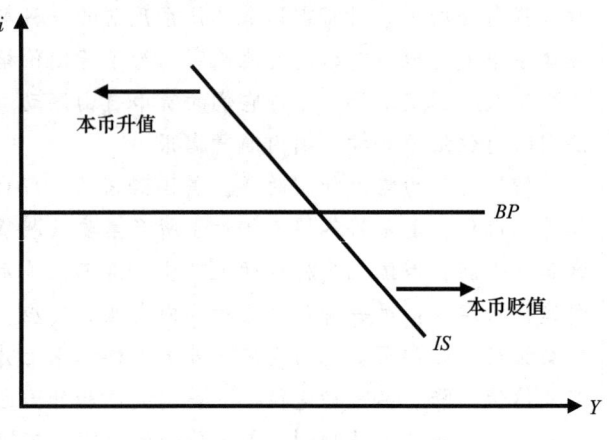

图 16-6 IS-BP

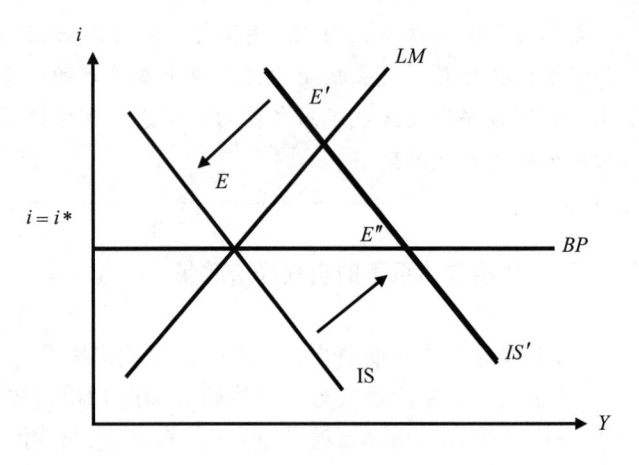

图 16-7 IS-LM-BP（扩张性财政政策）

（三）货币政策作用

由图 16-8 可知，当政府实行扩张的货币政策时，利率会下降，这时投资增加，根据产出恒等式，$Y = C + I + G + NM$，投资增加会使国民收入增加。LM 曲线会向左下方移动，国内均衡点由点 E 移动到点 E′。在点 E′，国际收支赤字，本币贬值，汇率减少，导致 IS 曲线向右移动，最终达到均衡点 E″。

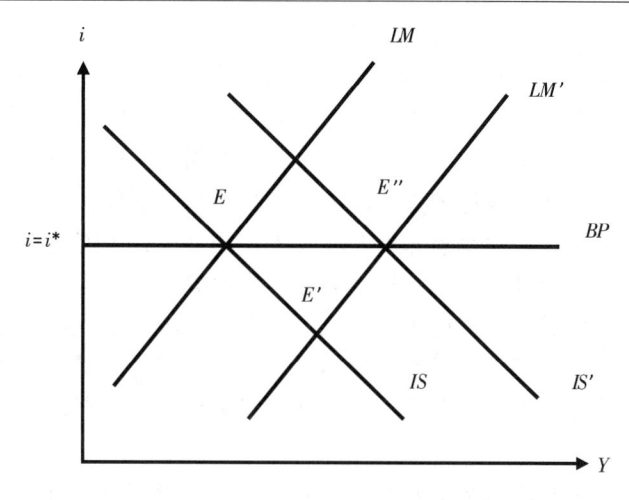

图 16-8 *IS-LM-EP*（扩张性货币政策）

第四节　中国达到内部平衡和外部平衡的政策选择

一　中国经济的调控目标

通过前面章节的学习我们已经了解到，开放经济中政府要解决内部平衡和外部平衡的问题，中国也不例外。内部平衡就是要实现充分就业与物价稳定。一个经济体，资源利用不足或资源利用过度都会导致总体价格水平的波动，货币单位实际价值的不稳定会使人们失去稳定的预期，从而无法做出科学理性的决策，降低经济运行效率。当经济出现过热，产出和就业水平超出充分就业水平，物价和工资都会上升；反之则会下降。因此，为避免价格水平不稳，政府须防止产出出现大幅波动，还要保证稳定的货币供给增长率以避免持续的通缩或通胀。

相较于内部平衡，外部平衡的含义并不是唯一的，因为采用不同汇率制度的国家所追求的外部平衡目标不同。一般意义下的外部平衡是指经常账户的平衡，但是在现实生活中，很少有管理者会在任何情况下都采纳经常账户绝对平衡的政策。举例来说，一国的经常账户若存在赤字，意味着它从别的国家借入了资源，因此将来一定会偿还债务。这种经常账户赤字是好是坏要视情况而定，如果该国投资机会比其他国家更好，那么此时经常账户赤字就没有问题，因为好的投资机会能够产生足够的收益来偿本付息，同样的，如果国内储蓄在国外的投资能产生比国内投资更大的效益，经常账户盈余也不会有问题。

尽管经常账户不是必须保持时时刻刻的平衡，但如果经常账户存在巨额赤字，一旦一国出现偿债困难，外国贷款者会更不愿意再发放新的贷款，而且会敦促其赶紧偿还旧的债务，这种借款的突然停止会使债务国的危机更加严重，巨额经常账户逆差会削弱外国投资者信心,导致信贷危机,而政府为了救助危机中的企业不得不增加支出,产生更大的赤字,造成恶性循环;相反,经常账户盈余代表本国对外国资产所有权的增加,但这并不总是一件好事,一定储蓄水平下,如果外国资产积累过多会导致本国的投资相对不足,政府更愿意将国内储蓄用于提高国内投资水平。最重要的原因之一就是国内投资能提供更多就业岗位,降低失业率,从而带来比国外资产增加本身更高的国民收入。如果一个国家采取固定汇率制,过多的经常账户盈余意味着要增发等量的货币,可能会造成国内的物价水平的上涨,造成通货膨胀,此外,总是维持巨额经常账户盈余的国家容易成为拥有巨额经常账户赤字国家实施歧视性贸易保护措施的对象,引发其他国家的反击。综上所述,外部平衡的目标在于:经常账户维持的余额既要使本国通过跨期贸易获得最大收益,又要避免引发贸易争端。但由于政府不能总是在任何时候都维持绝对的经常账户平衡,因此,政府更倾向于避免过大的赤字或盈余。

政府在实现内部平衡和外部平衡时需要相应的宏观调控政策工具,如我们熟悉的财政政策和货币政策,在实际调控中,政府往往根据各自最迫切的需求去灵活地使用这些政策,接下来,我们了解一下中国实现内部平衡和外部平衡的政策选择。

二 中国内部平衡的政策选择

在不同时期,我国根据经济发展实际情况,选择灵活运用货币政策和财政政策对经济进行宏观调控。

20世纪末,中国经济出现较为严重的通货膨胀。为了尽快稳定物价,抑制通货膨胀,1993—1997年,我国实施了适度从紧的财政政策和适度从紧的货币政策,有效控制了过高的通胀率,经济成功实现"软着陆"。

1997年,发生东南亚金融危机,整个世界经济陷入不景气,我国经济也一定程度地受到冲击,出现了通货紧缩的局面,为应对东南亚金融危机的冲击,治理通货紧缩,需要刺激总需求以拉动经济增长,1998—2004年,我国实施了积极的财政政策和稳健的货币政策。该政策组合对于抵御东南亚金融危机的冲击,化解国民经济运行周期性低迷的种种压力,维持经济的平稳运行发挥了重要作用。

2004年,在此之前的财政政策和货币政策充分发挥效果,我国宏观经济形势又发生了重大转变,经济中出现过热的苗头,甚至可能会面临通胀的风险,这表明在上一个阶段我国利用积极的财政政策抑制通缩,拉动经济增长的任务已经完成。因此,根据经济发展实际情况,2004年5月,我国又及时将积极的财政政策调整为稳健的财政政策,同时,配合以稳健的货币政策,成功缓解了经济过热导致的通胀压力。

2007年12月,中央经济工作会议上决定将实行了10年之久的稳健的货币政策调整为从紧的货币政策,以防止经济由偏快增长转为过热,防止出现明显的通货膨胀。

2008年,美国爆发了次贷危机,之后引发了国际金融危机,中国经济也受到严重影响,为防止我国经济增速大幅下滑,政府选择通过扩大内需来拉动经济增长,2008年11月,经济政策从稳健的财政政策调整为积极的财政政策,从紧的货币政策调整为适度宽松的货币政策。两项政策配合实施成效显著,帮助中国经济快速走出了危机带来的衰退。

2011年,面对国内经济进一步企稳回升,同时全球流动性泛滥,国内通货膨胀预期居高不下的局面,我国又将适度宽松的货币政策调整为稳健的货币政策,以便促进经济的可持续发展。值得注意的是,我国国内生产总值从2011年及以后就退出了两位数高增长的时代。从表面上看,我国又一次发生了比较严重的需求不足的情况,钢铁、水泥、制铝、煤炭、玻璃等行业均出现生产过剩。当然,我国经济不景气的重要原因是世界经济衰退导致我国出口需求减少,从而导致我国产值相对下降;产值相对下降又导致固定资产投资相对下降,结果进一步加剧了产值的相对下降。毫无疑问,这些原因都是需求侧的原因。但是,透过现象看本质,可以发现我国产值增长率趋向下降的根本原因在于原有的经济发展方式已经不可持续了,问题的实质在于供给侧。改革开放以来,我国的经济发展方式是粗放型的发展方式,主要依靠大规模投入劳动、资本和自然资源来实现产值的大规模增长。但是,2010年以后,劳动、资本和自然资源的高投入已经不可持续,粗放型的经济发展方式已难以为继。因此在2015年,我国提出不能只关注需求侧管理,在适度扩大总需求的同时,也要加强供给侧结构性改革,提高供给体系质量和效率,推动经济由高速增长转向高质量发展①。与此同时,货币政策的实施也更加灵活与精准,不再搞大水漫灌,而是在整体稳健的基础上扶持和引导新兴高科技产业发展。

三 中国外部平衡的政策选择

首先,先简单了解我国改革开放以来的汇率制度的演进。1981—1984年,我国实行两种汇价,一种是适用于非贸易外汇收支的对外公布汇价;另一种是适用于贸易外汇收支的贸易外汇内部结算价,在此期间,我国实际存在第三种汇率:调剂市场的外汇调剂价。1985年,我国的贸易内部结算价和官方牌价并轨,但此时调剂外汇市场仍然存在。1994年,我国对人民币汇率制度进行重大改革,实施以市场供求为基础的、单一的、有管理的浮动汇率制,国家外汇储备大幅上升。2005年7月21日,官方宣布人民币不再钉住单一美元。而是钉住一篮子货币,实行以市场供求为基础,参考一篮子货币进行调节,有管理的浮动汇率制。同年8月11日,中国人民银行宣布调整人民币对美元汇率中间价报价机制,做市商参考上日银行间外汇市场收盘汇率,向中国外汇交易中心提供中间报价。"8·11"汇改后,人民币双向浮动弹性明显增强,不再单边升值,不再钉紧美元,逐步转向参考一篮子货币,汇率形成的市场化水平显著提升。

在2005年汇率形成机制改革前的很长一段时间,我国事实上实行的是钉住美元的汇率制度。为了保证货币政策的有效性和实现固定汇率制度,必须对资本的流入流出进行管制,相当于选择货币政策独立性和维持固定汇率这两项而放弃了资本的自由流动。改革开

---

① 李翀:《论供给侧改革的理论依据和政策选择》,《经济社会体制比较》2016年第1期。

放以后，我国提倡"引进来，走出去"，对外贸易发展迅速，但改革开放初期，我们的外贸企业大都生产价值链末端的产品，利润空间小，一旦汇率稍有波动，外贸企业就可能遭受严重打击，因此，为了保护我们的对外贸易能平稳发展，我国同绝大多数实施出口导向型政策的发展中国家一样，采取固定汇率制，当时主要是钉住美元。消费、投资、净出口被称为拉动经济的"三驾马车"。同时，我们大力引进外资，借助国外资本来帮助中国走上工业化道路。2005年汇率制度逐渐向有管理的浮动汇率制方向改革，2015年之后，人民币加入SDR，同时人民币国际化的道路也在加快，从2015年开始，我国的金融账户的开放也在逐步加速，自2020年4月1日起，我国全面开放金融市场，但是资本账户依旧没有开放。在多年的发展后，我国建立了完备的工业体系，中国制造也越来越向价值链的前端移动，2015年，李克强总理在全国"两会"上做政府工作报告时首次提出"中国制造2025"的宏大计划，推动实现制造业升级。

2000年之前，国际收支大多数时间是顺差，但基本在平衡点附近徘徊，之后随着我国工业制造能力发展，经常项目和资本与金融项目下连年都是大幅顺差。即使2008年国际金融危机，在世界经济疲软，需求不足的情况下，我国的国际收支依然是双顺差的情形。但是，持续且大额的贸易顺差其实极易引发贸易伙伴国的不满和报复，中国在对外贸易规模逐渐扩大的这些年，针对中国的反倾销调查也越来越多。2018年3月22日，美国宣布对中国发起"301贸易调查"，对从中国进口的约600亿美元商品加征关税，以扭转对华贸易赤字局面，从而引发了较长时间的中美贸易摩擦。

可以看出，在之前较长的一段时间内，国际收支平衡不是我国追求的第一目标，任何阶段的宏观经济政策都是适应当时的发展需求的。2020年年初，新冠疫情全球大流行，在中国共产党的领导和国家的紧急防控措施下，疫情在我国率先得到控制，得益于改革开放四十多年发展所建立的完备的工业体系，我国经济也率先得到恢复，2020年的外贸出口规模甚至出现明显上升。

但是，新冠疫情后，主要经济体重新审视供应链安全问题，在经济利益和国家安全之间寻求新的平衡，并提出所谓供应链"去中国化"问题，采取措施把涉及国家安全的产业重新转回国内，推动全球产业链供应链进一步收缩，区域化、近岸化、在岸化的特征更趋明显，我国产业外移的压力进一步增大。与此同时，美国为维护其在全球经济中的主导地位，遏制我国快速崛起，边缘化我国在全球经济体系中的地位，联合欧盟、日本提出世界贸易组织改革声明，要求我国放弃发展中国家差别待遇，承担超越发展阶段的国际义务，在产业补贴、知识产权保护、强制性技术转让、国有企业、网络安全、市场开放等领域提出一系列要求，试图以"规则"挤压我国的发展空间，增大我国参与全球分工和分享全球化红利的难度[1]。面对国际国内经济发展新形势，2020年4月10日，在中央财经委员会第七次会议上，习近平总书记强调，"要构建以国内大循环为主体、国内国际双循环相互促进的新发展格局"[2]，

---

[1] 王一鸣：《百年大变局、高质量发展与构建新发展格局》，《管理世界》2020年第12期。
[2] 《习近平谈治国理政》（第4卷），外文出版社2022年版，第170页。

这将成为中长期经济政策的总体指导思路,尤其将对"十四五"时期的经济工作部署产生重要影响。回顾 20 世纪 80 年代末,"从国内循环转向国际大循环"构想推动了沿海经济发展战略的落地,那么"以国内大循环为主的双循环格局"也将在经济的空间布局上具有重要的含义。我国对于内部外部平衡目标的落脚点也会相应进行调整。

本章小结

1. 布雷顿森林体系以一国货币作为主要国际储备货币,在黄金生产停滞的情况下,国际储备供应只能取决于美国的国际收支状况;美国的国际收支若保持顺差,国际储备资产不足以满足国际贸易发展的需要;反之若保持逆差,国际储备资产过剩,美元就会发生信用危机,危及国际货币制度,这是布雷顿森林体系不稳定性的根源。

2. 欧盟国家之所以支持固定汇率制,是因为:在货币方面的合作有助于提高它们在国际经济事务中的地位;要建立统一的欧洲大市场,必须固定汇率。

3. 最优货币区理论认为,如果通过贸易和要素流动,一个国家与固定汇率区经济紧密联系在了一起,那么该国就会愿意加入这个汇率区。一个国家是否愿意加入汇率区是由加入后的货币效率收益和经济稳定性损失二者共同决定的。$GG-LL$ 模型反映了以上两个因素与加入国和固定汇率区经济一体化程度之间的关系。只有经济一体化程度超过了特定值,加入固定汇率区才会对加入国有利。

4. 金本位制拥有一个可以确保外部平衡实现的自动调节机制,即价格黄金流动机制,黄金的跨国流动引起了价格变化,减少了经常账户不平衡,因此倾向于使所有国家重新达到外部平衡。

5. 我国在不同时期根据经济发展的实际情况,灵活运用财政政策和货币政策对经济进行宏观调控。

6. 2020 年 4 月 10 日,在中央财经委员会第七次会议上,习近平总书记强调,"要构建以国内大循环为主体、国内国际双循环相互促进的新发展格局",这将成为中长期经济政策的总体指导思路。

思考题

1. 布雷顿森林体系得以成立的主要原因在于:
(1) 增加国际货币合作;
(2) 德国、意大利、日本等战败国经济成了一片废墟;
(3) 英国、法国等国"博得了战争,输尽了财产";
(4) 美国的经济实力在战争中大大地膨胀了。

2. 以下对于布雷顿森林体系成立的表述，不正确的选项是：
（1）确定了美国世界经济霸主的地位；
（2）标记着以美元为中心的国际货币金融系统成立；
（3）确定了国际自由贸易系统；
（4）一定程度上稳固了世界经济秩序。

3. 简述国际货币体系的演进过程。

4. 简述布雷顿森林体系为何会崩溃。

5. 金本位制条件下，描述收入从 A 国流入 B 国后，这两个国家之间的经常账户平衡如何实现？

6. 假设一个有着固定汇率制的小国的中央银行面临世界利率的上升。这对其持有的外国储备有什么影响？对其货币供给有什么影响？该国能否通过国内公开市场操作抵消这两种影响？

7. 使用 $GG-LL$ 模型说明一国货币需求不可预期的变动幅度和频率增大时，会对该国意愿加入货币区时所处的经济联系程度临界值的高低产生什么样的影响？

8. 我国自改革开放以来的内部平衡和外部平衡政策选择是什么？试着用你学习的知识解释它的优缺点。

第十七章　国际金融危机与人民币国际化

导　言

在前一章的论述中，我们了解到国际货币体系几经变革，最终确立了牙买加体系。然而，从 1994 年的墨西哥金融危机到 1997 年的东南亚金融危机，再到 2007 年开始爆发的美国次贷危机，近年来频发的全球性金融危机不仅暴露了一些国家缺乏完善的金融体系和监管机制，也反映了现有的一个不可回避的焦点——当前国际货币体系的弊病，国际货币体系必须进行变革。尽管当前国际学者对国际货币体系改革提出了多种方案和建议，但人民币国际化无疑是其中一个关键的推动力。因此，本章在国际金融危机背景下对国际货币体系的构建进行了重新思考。在国际货币体系改革的进行中，人民币国际化的前景又将如何？

学习目标

1. 详述近年来发展中国家的货币危机与金融危机。
2. 了解金融危机发生的根源。
3. 理解 2008 年国际金融危机。
4. 认识资产证券化、信用违约互换、债务抵押债券等金融创新工具。
5. 理解明斯基的"金融不稳定假说"。
6. 掌握当前国际货币体系改革的主要方向和观点。
7. 思考人民币国际化的具体进程。
8. 认识人民币国际化道路上所面临的机遇与挑战。

第一节　国际金融危机的形成机制

金融危机是指一个国家或几个国家与地区的全部或大部分金融指标（如短期利率、货币资产、证券、房地产、土地价格、商业企业破产数和金融机构倒闭数）的急剧、短暂和超周期的恶化。其特征是基于人们对经济未来持悲观的预期，整个区域内货币币值出现幅度较大的贬值，经济总量下降与经济规模缩小，经济增长放慢甚至出现零增长或负增长。它往往伴随着经济实体企业大量倒闭，失业率提高，社会普遍的经济萧条，甚至有些时候伴随着社会动荡与国家政治层面的治理危机。金融危机可以分为货币危机、债务危机、银行危机等类型。

近一个世纪以来，国际上已出现多次大型金融危机，其中最著名的是1994年墨西哥金融危机、1997年东南亚金融危机和2008年国际金融危机。由于各国经济体制和金融结构存在差异，这些危机呈现不同的形成机制与演化特点。资本主义经济危机首先是由需求不足引起的生产过剩危机，但随着社会经济的发展，金融层面的创新拓宽了企业的融资渠道，唤醒了大量沉睡资金，让人们可以通过借款来扩大投资和消费，从而扩大需求。需求的扩大带动生产的扩大，生产的扩大又引起信用规模的扩张，从而提供了更多的资金，扩大了需求，在这种相互作用下，促进了经济的发展和繁荣。这种"透支消费"与"透支经济"虽然暂时填补了收入与消费之间的缺口，掩盖了本国的经济扩张与有效需求不足的矛盾，可是并不能从根本上解决"生产过剩"问题。

尽管导致金融危机的原因各有异同，但我们不难发现，不合时宜的金融创新和金融监管的缺失可能会是金融危机的重要导火索。金融自由和金融创新如同一柄"双刃剑"，在带来经济繁荣的同时，可能也会埋下危机的种子。下面我们通过三个案例来进一步分析金融危机产生的原因。

专栏 17-1　　　　　　　　　　墨西哥金融危机

20世纪80年代，墨西哥经济发展起伏很大，墨西哥是个石油资源丰富的国家，在20世纪石油危机的背景下，墨西哥趁机引进外资大力发展石油工业，股市也呈现一片繁荣。受到股市繁荣的景象刺激，墨西哥的消费水平也迅速提升，同时大兴土木，政府行政费用和社会福利政策等公共开支大幅增加，国营企业严重亏损，财政赤字越来越高。1982年墨西哥股市一路下泄18个月，泡沫经济崩溃，无数企业宣布破产，银行坏账、呆账大量涌现，货币比索贬值超40%，通货膨胀一路攀升，近300亿美元资金外逃，国民经济衰退，失业率上升，人均收入下降。到次年8月，墨西哥外债已经高达876亿美元，占当年国内生产总值的53%，墨西哥政府不得不宣布无力偿还外债，债务危机由此爆发。

墨西哥金融危机的导火索来自债务危机。首先，在经历20世纪70年代滞涨危机之后，国际市场上新贸易保护主义逐渐抬头，发达国家通过采取非关税壁垒措施，要求发展中国家开放市场、实行贸易自由化的同时，却通过各种新兴贸易保护措施来限制进口发展中国家的商品，使许多发展中国家的出口一直处于萎缩状态，从而导致国际收支经常项目的赤字。其次，发展中的借款成本过高。在经历70年代滞涨危机之后，为了降低通货膨胀率，发达国家普遍采取紧缩的货币政策，使国际金融市场上的利率大幅提高。国际金融借贷市场的高利率加重了发展中国家的债务负担，使到期债务的偿还成为困难，并且私人资本的外逃更是加剧了这种情况。另外，墨西哥政府经济政策的错误选择也同样是此次金融危机产生的原因。错误估计全球经济形势，盲目制定发展目标，为了追求经济的短暂增长而不顾本国的还款能力和抗风险能力,向国外大量举债,滥用财政政策和货币政策,导致财政收支赤字累累,国际收支失衡。为了平衡国际收支,又不得不提高利率,吸引外资的短期大量流入,但政府监管部门又对外资缺乏监管,使这些热钱大量流入股市和房地产,产生了大量的经济泡沫。随着泡沫的破裂,大量的财富化为乌有,最终墨西哥金融危机产生连锁反应,酿成拉美债务危机。

在1982年的债务危机爆发后,墨西哥政府又进一步开启金融自由化的大门,对银行开始实施私有化,并取消了银行的储备金要求,资本的风险敞口进一步扩大。20世纪90年代,随着北美自由贸易协定的达成,墨西哥政府对所有的银行实行了私有化,并放宽了对外资的限制,大量投机资本进入墨西哥金融市场。但在墨西哥金融自由化进程中,政府监管的角色却一直缺失,银行信贷监管不力,坏账比重不断上升,并且国外资本的短时间大量流入导致经常项目赤字难以得到控制,从而加速了金融危机的形成和爆发。

墨西哥政府面对高额的对外债务和手里捉襟见肘的外汇储备,一时陷入了两难。如果为了把外国资本留在国内,就不得不提高利率,但这会进一步冲击国内的投资和就业,引发经济危机;如果为了偿还外债而大量发行钞票,那么由此引发的恶性通货膨胀也会导致国内经济更加困难。为了缓和金融危机,墨西哥政府决定通过适度比索贬值来抑制出口、增加进口。但比索贬值的消息还是在墨西哥金融界引发了轩然大波,危机期间,约有250亿美元流出墨西哥,导致比索崩溃式贬值,加上大量的做空投机客的参与,汇率市场和股票市场一路悬崖式下跌,墨西哥因此遭受了有史以来最严重的金融危机。

专栏17-2　　　　　　　　　　泰国金融危机

20世纪90年代末,泰国金融危机的爆发也造成了十分严重的影响,甚至影响波及了整个东南亚。

1997年金融危机之前,泰国的经济可谓是气势高涨,各项指标数一路飞涨,让人咄咄称奇。泰国人均GDP从1980年的700多美元升至1996年的3000美元,16年间翻了4倍。在此期间,泰国的制造业出口年均增长30%,占GDP的比重不断抬升至29%。而同期农业出口比重由47.7%降至13.9%,农业产值占GDP比重也由21%降至11%。不仅如此,泰国国内固定投资总额占GDP的比重和外商投资也逐年上升。如此繁荣的经济景象要归因于泰国政府充分学习借鉴了当时亚洲"四小龙"的经验,于20世纪80年代进行了国内产业结构的调整,鼓励制成品的出口,重点发展出口导向型工业。同时,政府也在资本金融市场上不断探索发展,优化融资渠道,完善金融市场结构,积极引入外资,放宽国外投资者的外汇管制。泰国通过政府这只"看得见的手"进行的金融市场改革,让整个国民经济呈现欣欣向荣的景象。

但单一的国内产业结构和政府对于金融监管的不作为，使泰国的金融市场充满着泡沫，随时都有被刺破的危险。

1997年，随着美元的升值，泰国货币泰铢的贬值倾向已经十分明显，外汇市场上逐渐出现大量抛售泰铢的情况，到同年5月，泰铢对美元的比价一度跌到了近十年来的最低水平。泰国原本的汇率机制是以钉住美元为基础的固定汇率制度，为维护泰铢对美元的汇率，泰国当局不得不抛出40亿美元的外汇储备，但面对国际汇率市场上大量抛售外币的行为，40亿美元的外汇储备显得如此无力。1997年7月2日，泰国央行决定放弃钉住美元的固定汇率制度，宣布泰铢对美元自由浮动。改行浮动汇率制度使泰铢随即大幅贬值，让泰铢严重偏离了实际购买力，金融危机正式爆发，大量的企业因为泰铢的突然大量贬值而外债骤然加重，使整个社会经济遭到沉重打击，经济几乎陷入停滞。同时泰国作为东盟的重要成员，各成员国的经济结构又极为相似，如都实行将本国货币与美元挂钩的汇率制度、普遍利用高利率吸引外资，大量举债、在金融体系不健全的情况下开放其金融市场、产业结构同质充满竞争等。在泰国金融危机爆发后，风暴迅速席卷了东南亚其他国家，使东盟各成员国的经济遭受到了沉重打击。

泰国金融危机产生的原因较为复杂，但大体上我们可以将其分为外部和内部两方面因素。就外部因素来讲，国际资本市场上存在以乔治·索罗斯为代表的国际金融投机分子做空泰铢。索罗斯在资本市场上名声赫赫，加上手里的巨额投资资金，在整个国际金融市场上具有很强的影响力。而随着1997年泰国的外债增加到了900亿美元，经常项目赤字剧增到国内生产总值的8%，大大高于国际公认的5%的安全水平，使投资者对泰国金融前景缺乏信心，泰铢的地位开始动摇。以索罗斯为首的国际投机家开始在泰国股票市场和外汇市场上大量抛售泰国资产和泰铢，泰国国内银行出现挤兑，股指大幅回落，在巨大的压力下，泰国央行手里的40亿美元显得如此杯水车薪，但泰国央行又无力拿出更多的外汇来稳定泰铢的汇率，因此在最后不得不放开泰铢汇价，其结果就是加剧泰铢的疯狂贬值，大量国际资金夺路而逃，使整个泰国的金融市场变得无比混乱。

就内部因素而言，盲目的金融创新和经济内外失衡也是引发泰国金融危机的重要原因。在金融危机前，泰国为了招商引资，在汇率上采取本币与美元固定汇率的制度，但这种制度严重影响了国内货币政策的独立性。在大量引进外资之后，由于泰国监管部门对金融市场缺乏监管，泰国银行和金融公司的大量信贷资金流入房地产部门，使房地产市场严重供大于求。据统计，泰国楼宇的积压量达85万套之多，在房地产领域的投资难以收回，导致金融机构无法偿还从国际市场上借来的资金，更加动摇国内外投资者的信心。此外，泰国的产业结构较为单一，其出口的商品大多都是劳动密集型产品，面临着同其他发展中国家的竞争压力，加上固定汇率下泰铢随美元升值，出口竞争力下降，经常项目连年赤字，且数额巨大，约占1995年和1996年国民生产总值的50%。

另外，为了发展经济而大量向外举债，外债负担沉重，约占国内生产总值的50%，引进的外资大多都是短期资本，具有极高的流动性和投机性，这些热钱没有受到泰国金融机构的监管，大多都流入高风险高回报的房地产行业和股票市场，并没有巩固泰国的实体经济，反而造成了泰国经济的虚假繁荣。加之泰国为了稳定货币环境和吸引外资而采用钉住美元的汇率制度，其缺乏灵活性，限制了央行调节能力，并给外汇储备造成了极大的压力。最后，泰国自20世纪90年代初实行经济特别是金融行业开放政策以来，大量的外国资金流入，特别是短期资金流入数量更大。大量外资的流入给泰国乃至其他东南亚国家提供了充裕的国际储备，这些国家因此纷纷开始金融自由化的进程，同时又在一定程度上忽视了建立有效的配套监控体系，放松了对资本项目的管制，使外资流入达到了几乎失控的地步。

专栏 17-3　　　　　　　　　　　　**2008年国际金融危机**

2007年美国次贷危机迅速从美国扩展到全球，美国、日本、欧盟等主要发达经济体都陷入了衰退，发展中国家经济增速减缓，世界经济正面临着20世纪30年代以来最严峻的挑战。在正式了解这场危机之前我们必须得先了解什么是次级抵押贷款。

2000年，荷兰国际集团（ING Group），决定进入美国的小额银行业务市场。而进入美国市场要求荷兰国际集团以银行办事处和分支银行形式建立实体。一般来讲，其他外资金融机构进入美国市场时，都通过并购美国本土银行来进行扩张。例如，苏格兰皇家银行接管了美国公民金融集团和渣打第一银行后，它成为美国第八大银行。但是，并购其他银行需要花费大量的时间和成本，于是荷兰国际集团别出心裁地建立了一个叫作ING Direct的网上银行，荷兰国际集团通过大力宣传与提供有吸引力的存款和贷款利率来促进网上银行的发展。网上银行只提供标准的储蓄账户、限量存款单、标准的房地产贷款、汽车贷款和限量的其他标准产品。但是为了更好地运营网络银行，就需要美国银行业的监管，而监管的前提是荷兰国际集团要建立实体，于是荷兰国际集团选择了在企业法规非常宽松的特拉华州成立公司。在成立公司的过程中，荷兰国际集团发现成立一家储蓄银行更为便利，同商业银行相比，其受到的监管更少。但是特拉华州银行法要求储蓄银行要以房地产贷款的形式持有大部分资产。由于荷兰国际集团没有房地产实体，没有创造抵押贷款的行内专家，吸引存款的市场部也刚刚成立，所以ING Direct网上银行便通过投资其他银行创造的抵押贷款支持债务，抵押债券和捆绑销售有价证券以达到特拉华州的要求。

债务抵押债券是过去十年很受吹捧的金融创新产品之一。债务抵押债券允许银行议定贷款，而不是一直持有到期，它们可以将贷款重组为债务抵押债券，然后在国际证券市场上销售。尤其是，储蓄银行和商业银行提供的抵押贷款、汽车贷款、信用卡债务和消费贷款，银行可以把它们捆绑成证券，通过大型金融集团或投资银行将它们在全球市场上进行销售。

但债务抵押债券不是简单的捆绑。为了使这些证券对销售方更加有利可图，将捆绑在一起的抵押贷款、汽车贷款、信用卡债务等分成单独的部分，按照预先设定的顺序，每一份都能从整个贷款捆绑束中得到收益。优先级的债务抵押债券（AAA级债券）的收益较低，但是可以优先获得收益。只有优先级获得收益后，其他等级才可以获得。最低级的债务抵押债券的收益高，但是却最后获得收益。低等级债务抵押债券是指"不良资产"（Toxic Asset），经过重组后，混合资产能够满足主要评级机构评出的特定等级的最低要求。

尽管客观上要求优先级的债务抵押债券要尽可能地多，因为AAA级的债务抵押债券销售的价格最高，但在当时优先级债务抵押债券已经达到了它的最大规模，也就是说将资产包中的任何资产进行升级都会降低AAA级的饱和程度。次级抵押贷款（Subprime Mortgage）债务抵押债券市场就是一个很好的范例。顾名思义，次级抵押贷款就是发放给那些收入低或有违约记录的高风险人群的住房贷款。在2005—2007年发行的次级抵押贷款债务抵押债券中的AAA级占80%。因此，如果超过20%的次级借款者停止偿还债务，那么AAA级债券就不能获得全部的收益。在正常情况下，这种事情发生的可能性确实很小，但并不意味着就不会发生。首先，低水平的贷款利率对次级抵押贷款的借款方产生了巨大诱惑，如果后面利率上升，可能会使借款方无法承受。并且截至2004年，美国房地产价格已经开始逐渐产生泡沫，很有可能在不久的将来，泡沫会破灭，导致房地产的价格低于抵押贷款的价值，从而产生大量资不抵债的情况，引起连锁反应。为了顺利卖出次级债券，金融机构推出了"信用违约掉期"（CDS）这一新产品，将违约风险部分转给了保险公司。当投资者购买了次级债券之后，他可以向保险公司购买一份信用违约掉期，如果手里的次级债券违约了之后，保险公司将全额理赔。最终次级抵押贷款背后所隐藏的风险就这样被全世界投资者共同承担。

20世纪90年代初，美国开始了历史上最长的经济扩张周期，但"9·11"事件打击了投资者的热情，美联储为了维持经济高速发展和预防可能出现的通货紧缩，迅速出手，接连降息。而这刺激了人们的购房热情，从90年代开始升温的美国楼市不断创新高。美国经济的危险被一种史无前例的房市繁荣掩盖了。人们对房子的需求也在增加。银行决定开放次级贷款。并且把贷款的债券卖给投资银行，投行也把债券转手卖给投资客，把收回来的贷款拆成小份，最大化地规避风险。并且投行和风险评级机构合作，将自己的产品打造成几乎无风险来吸引更多的投资客。

在美国五大投行的牵头下，包括房地美（Freddie Mac）和房利美（Fannie Mae）在内的无数金融机构悉数加入了这场资本狂欢。艾伦·布林德教授在其著作中表示，银行在次级贷款和其他抵押贷款方面的不规范操作，金融机构将这些不良抵押贷款打包而成的、缺乏监管的证券和衍生品，加上数据评级机构给予了上述产品名不副实的过高评级，使这些问题资产摇身一变成为市场新宠。

然而，加息的浪潮席卷而来，戳破了市场的泡沫，市场上出现越来越多的人由于无法承受高额的利息而选择了拖欠贷款。随着楼市的遇冷回落，美国次级房贷违约率直线上升，在负反馈机制下，银行为了收回贷款拍卖抵押房产，而房产市场上的大量抛售加剧了楼市的下跌，导致更多的贷款者无力偿还银行贷款，形成了挤兑。而持有这些次级贷款的华尔街成为此次金融风暴的风眼。2007年4月4日，新世纪金融公司申请破产保护，同年8月6日，美国住宅抵押投资公司申请破产保护。房利美和房地美的股票更是直线暴跌，持有房利美和房地美债务的金融机构普遍亏损，寒气蔓延到了金融市场的每一个角落。2008年9月7日，美国财政部不得不宣布收购房地美和房利美，6天后，美国第四大投行雷曼兄弟申请破产保护，同日美国银行宣布准备收购美国第三大投资银行美林公司，次日，美国政府全面接管美国国际集团（AIG）。美国的金融机构就像多米诺骨牌一样接二连三倒下，曾经风光无限的华尔街上的投资银行一时间全都狼狈不堪，仅剩的两家投行高盛集团和摩根士丹利也都改为商业银行，以求吸纳存款渡过难关。2008年10月3日，时任美国总统布什签署金融救市方案，总额高达7000亿美元，金融风暴就此冲击全球。

环顾其他国家，如爱尔兰、西班牙、英国等欧洲国家，即使其央行像美联储一样没有推动房地产泡沫，但也经历了房地产市场的繁荣和房地产价格泡沫，这一现象持续到全球债务抵押债券市场枯竭了才停止，证券化和保障它的信用违约互换，这两大金融创新是导致这次金融危机的罪魁祸首。

美国次贷金融危机产生的深层原因是美国虚拟经济与实体经济长期失衡。第二次世界大战后至今，美国GDP的内部结构发生了重要变化，制造业等实体经济逐渐走向衰弱，制造业空心化严重，而面对金融保险以及地产租赁等虚拟经济不断创新，传统的监管手段日益吃力。

因此，我们可以得到如下结论：第一，美国解除了对金融机构的管制，市场上越来越多金融机构被吸引，出现了各种各样的金融产品，缺乏监管的金融市场为金融泡沫的产生埋下了祸根。第二，20世纪80年代以来，美国货币政策长期坚持低利息率的取向，为美国股市注入大量货币，推动美国股票市场周期性地出现繁荣和泡沫。第三，金融创新的过度滥用。美国的金融政策为金融产品创新提供了外部条件，在利益最大化的驱动下，金融衍生品的种类和规模急剧膨胀。第四，养老保障体制的市场化刺激了金融产品的需求。80年代以来，发达国家普遍推行削减福利开支的养老金市场化改革。家庭对避险和流动性金融衍生工具的需求，不仅推动了金融市场的过度繁荣，也进一步削弱了面向实体经济的投资。

20世纪80年代以来，以美国为代表的资本主义国家普遍推行的新自由主义经济政策以及以美元为主导的国际货币体系,构成了这场危机发生的制度环境。一旦美国遭受冲击,很快便席卷全球,成为世界性的金融危机。从根源上来看,第二次世界大战后美国成为世界霸主,为了巩固美元在世界上的地位,其一直采用较激进的经济政策,加剧了资本主义基本矛盾,金融资本的高度垄断与高度投机的结合,把资本主义社会的基本矛盾推进到一个新的高度。而且经济过于虚拟化,为市场带来了巨大的金融风险。

第二节　明斯基的金融不稳定假说

2008 年的"大衰退"令美国已故经济学家海曼·明斯基(Hyman Minsky)声名鹊起,这场危机也被命名为"明斯基时刻"(Minsky Moment)或"明斯基危机"(Minsky Meltdown)。明斯基的"复活"源于他所提出的"金融不稳定假说"(Financial Instability Hypothesis),该假说为危机的爆发提供了"先见之明"的解释。

这一理论的构建来自明斯基对现实的观察——"不稳定性是在经济中所能观察得到的鲜明的本质性特征"。进而他认为,若想为抑制不稳定性提供有用的政策指导,就必须解释不稳定性从何而来。但当时作为经济学主流学派的新古典综合派的抽象模型无法产生这种不稳定性,因此有必要构建一种替代性理论,即所谓的内生不稳定性理论。为构建这种理论,明斯基认为应当考察随着时间不断演变的经济过程。这意味着,投资、资本资产的所有权和伴随的融资活动,以银行为中心的融资安排和货币创造,以及债务所施加的约束必须成为理论所关注的重心。一旦这些考察完成,那么不稳定性就可以显示出是经济过程的正常结果。"金融不稳定假说"也正是在对马克思、凯恩斯、费雪、熊彼特、卡莱茨基等涉及经济周期、不确定性、投融资、债务、资本资产价格、利润等经济思想借鉴的基础上拓展而成的。

一　融资的三种类别

明斯基根据债务—收入的关系,将融资结构划分为三类:对冲性融资(Hedge Finance)、投机性融资(Speculative Finance)和庞氏融资(Ponzi Finance)。

对冲性融资是最谨慎、最安全的类型,它表现为投资项目的现金流可以偿还所有的债务。也就是说,项目的现金流不仅可以偿付利息,还能在到期日之前偿还本金。投机性融资是指那些企业和项目的现金流可以偿还所有的利息,但是不能完全偿还本金。投机性项目可以偿还利息、股息或预期利润,但是在到期日前,现金流只能偿还一部分的债务,而剩余的一部分债务有必要延期付款。从本质上来说,许多新项目、新成立的企业和创新活动都具有投机性。虽然这类项目不关注金融系统的状况，但是如果大部分投资项目都是以这种方式融资，在信贷不足或金融市场冻结的情况下，金融体系就会变得非常不稳定。在过去的 30 年中，发展中国家的许多债务危机都是由于汇率的突然变化或国际信贷市场的突然逆转，许多可行的投机性项目突然变成风险项目，它们的现金流无法偿还利息或股息，更无法偿还债务，如 1997 年爆发的东南亚金融危机。当项目必须通过借钱来满足每天正常的偿付和花销时，这些项目就变为了庞氏风险项目（Ponzi Ventures）。

明斯基认为对冲性融资、投机性融资和庞氏融资的组合情况决定了一个国家的金融体系是否稳定。如果一个国家的对冲性融资占绝大部分，只有少部分是庞氏融资，那么这个国家的金融体系就相对稳定，不会产生恐慌和广泛的经济不景气。毕竟，现代金融体系可以处理可预见的违约风险。投资的基本态势是从对冲性融资向投机性融资或庞氏融资转变。而如果投机性融资和庞氏融资占主导，那么一国经济将会变得格外敏感，即使是经济条件的一个微小的实际或感知变化都会导致违约的突然增加，而这些违约是金融业不能用储备和积累的资本规避的。这样一来，金融业会变得非常保守，信贷市场急剧萎缩，经济衰退随之而来。

从根本上来讲，阻止投机性和庞氏融资的增长是金融业、审计机构、监管机构和宏观政策制定者的职责。例如，银行监管机构可以设立储备金要求和贷款条件。审计机构往往要求对金融机构的资产负债表进行负荷测试（Stress Test），以确定某一经济环境的变化是否会引起投资从对冲性投资向投机性和庞氏投资转变。宏观政策则应该阻止这种转变，因为这种转变会实质性地改变企业和银行的资产负债表。

二　两大基本定理

第一定理：经济在一些融资机制下是稳定的，在一些融资机制内是不稳定的。

第二定理：在漫长的繁荣期中，融资的主要形式会从对冲性融资向投机性融资甚至向庞氏融资状态转变，因此，金融体系逐渐变得不稳定。

金融不稳定性假说并非意味着资本主义经济总是处在危机边缘，而是指现实经济中既存在着稳健的金融结构，也存在着金融结构的脆弱性，稳健金融结构的经济会产生内生力量去稳定化，最终每个长期的经济增长都会以金融危机的到来结束。用明斯基的话来说："稳定—或平静—资本主义金融机构不稳定。"

要想实现经济的持续增长，就需要使投资在提高产出和效率上保持持续的成功。遗憾的是，创新和对新知识的追求并不是一个可以预测的持续过程。因此，经济增长会波动，经济条件会变化。在明斯基的理论体系下，由于经济的复杂性和经济增长过程的不稳定性，经济环境会不可避免地发生变化，从而使金融体系趋于不稳定，最终导致金融波动和经济崩溃。

需要注意的是，明斯基的第二定理只是建立在经济冲击的不可避免上，也就是"事情将会发生"。对新资本和创新的投资本身就是不确定的,因为它是以预期为基础的。在这里,明斯基吸收了凯恩斯《就业、利息和货币通论》第12章中关于预期的思想,他认为:"如果经济暂时达到了稳定或平稳状态,那么它就会产生反馈效应并对经济的长期预期产生影响。这会影响对不确定性的看法,反过来,这种看法也会影响资产价值和债务结构。"也就是说,最初经济增长被看成是一种惊喜,投资者一开始对它的反应非常谨慎,并不会直接增加投资。但如果投资所带来的利润持续增加,经济在持续增长,那么更多的投资者和贷款方就开始将增长看作是一种正常的经济现象。很快,他们会忘记发生在遥远过去的经济衰退,或者他们说服自己,现在的情况跟过去的情况在某种程度上是不同的,于是预期被拔高。并且良好的经济时期持续的时间越长,预期就会变得越积极。因此,投资增加。这样一来,不仅总需求增加,经济也会增长,一段时间内,期望也被持续拔高。但与此同时,期望无法实现的可能性也会随之增加。假如出于某种原因,利润没有实现,预期没有实现,投机性金融就会变成庞氏金融,贷款方很有可能停止贷款,投资也就停止,那么总需求就会减少,进而导致投资减少,最后经济就会陷入衰退的旋涡。

三 追溯2008年国际金融危机

2001年互联网泡沫破灭后,美联储为刺激本国经济,采取了极具扩张性的货币政策。利率水平创历史新低,直接导致了美国房价的飙升和房地产市场的繁荣。同时,在金融自由化背景下,住房抵押贷款市场和住房抵押证券化市场蓬勃发展起来。因为当前利率水平处于低位,所以银行并不担心作为贷款抵押品的住宅价格下跌,也不会担心借款人因违约而带来的损失;同时,金融机构通过证券化将风险转嫁给了投资者。

随着美国经济逐步复苏,国内通货膨胀压力再次出现。美联储为防止通货膨胀反弹,从2004年6月起的两年内连续17次上调联邦基金利率,这一举措引发了美国房地产市场泡沫的破灭。此前有大量居民利用已经升值的住房作为抵押,以相对原有贷款更为优惠的条件来借入新的贷款。但是,美联储的不断升息导致房价大跌,融资者无力偿还新贷款。更为糟糕的是,很多次级抵押贷款采用的是浮动利率,在经过前两年低利率时期后,利率会根据市场利率进行调整和重新设定。从另一个角度来讲,自浮动利率协议签订时起就已经意味着,一旦利率发生意外变动,这些次贷借贷者就会自动地从对冲性融资向投机性融资转变,甚至可能向庞氏融资转变。当此前的次级抵押贷款合同利率进入重新设定期,借款者将面临巨大的还款压力。因为房地产价格的下滑,借款者要为自己的住宅支付远远超过市场价格的债务,这样一来就只好选择违约。

如前所述,经济环境的突然变化会破坏市场上原有高涨的预期,引发经济波动。首先,货币政策的大幅调整所引起的违约率上升引发了市场恐慌,投资者大量抛售债券以换回现金,全球固定收益产品市场和股票市场价格大幅下跌,市场流动性出现短缺。接着,在资产价格下降和市场风险提高的情况下,此前过度使用金融杠杆的金融机构为了维持或降低杠杆率，必须主动大幅度地减少信贷额度，形成信用紧缩的局面。并且危机通过金融、贸易、投资等各种渠道迅速传导至世界各地，金融市场将风险迅速扩散至实体经济，导致实体经济的进一步萎缩，最终演变成为第二次世界大战后空前严重的经济大危机。

21世纪早期，美国房地产价格持续上涨并远远超过了正常价格水平，未来房地产价格下跌，抵押贷款违约率将会增加本应该是很明显的。人们也应该能够意识到住房抵押贷款支持债券（RMBS）、担保债务权证（CDO）等金融产品的不合理定价。然而，为什么当时人们并没有预见到这些问题？

理性预期观点的支持者认为，一般来说，人们会利用所有可得的知识和信息去准确地预期将来发生的事情。这是一种对将来事情毫无偏见、充分了解的预期。它强调了有效市场假设，认为当时人们的共识应该是房地产泡沫将会破灭。因此，理性银行经理人会缩减次级贷款业务，缺乏偿贷能力的人会停止借款，金融机构不会购买建立在这些次级贷款上的证券，建筑公司也将停止施工。

然而，明斯基并不认同大多数人能够预期到长期繁荣的终结。与理性预期假设相冲突，凯恩斯否定了人们的预期是由各种可能结果的数学期望计算而成的，他认为刚发生的过去在很大程度上决定了预期。2008年国际金融危机也很好地证实了这一观点。事实上，金融风险模型自20世纪80年代以来便开始不断发展。这些模型通过使用大量过去的历史数据进行参数估计，并加以预测。如果模型的参数估计从90年前的大萧条开始考虑，那么预测将会更加准确。但这并不是人们，即便是那些非常聪明、拿着高薪的人，他们预期未来明显也不是通过估计复杂的金融模型的方式进行的。

第三节　国际货币体系的问题与改革

布雷顿森林体系瓦解后，牙买加体系建立起来，国际货币体系秩序得以恢复。然而随着近年来新兴市场国家和发达国家金融危机频发，当前的国际货币体系似乎对缓解危机无能为力，因此引发了国际社会对当前国际货币体系的广泛讨论。当前国际货币体系所面临的问题和需要改革的内容还是相当多的。

一　汇率制度的安排

自1973年以来，汇率呈现剧烈波动和超调的特点，更为严重的是发生了严重的汇率失衡并持续多年。从过往的经验来看，大幅货币贬值还会给发展中国家的经济造成更为严重的损害。这是因为发展中国家不同于发达国家，贷款者担心发展中国家的借款者会用处于贬值中的本国货币来偿还贷款，因此往往会强迫发展中国家的借款者借入一种主要的外币（美元、欧元或日元）。发展中国家无法用本国货币借款这一事实被艾肯格林（Eichengreen）和豪斯曼（Hausmann）称为"原罪"（Original Sin）。在这一情况下，如果借款者本国货币发生贬值，其所承担的债务的本币价值将提高相当于本币贬值率的一个比例（对于外国贷款者的财富转移），还款压力上升。

在现存国际货币体系下，浮动汇率的无章可循导致了国际金融市场和整个国际金融体系缺乏稳定性。因此重定主要货币汇率允许波动幅度和加强主要国家之间合作的呼声日益高涨，早先关于固定汇率制度和浮动汇率制度孰优孰劣的辩论已经被汇率浮动和政策合作的最佳程度的讨论所取代。

"汇率目标区"最早由荷兰财政大臣杜森贝里（Duilsenbery）提出，随后威廉姆森（Williamson）于1985年提出了"汇率目标区"的具体方案。其基本思想是用主要工业国家的货币估算出一个中心汇率，并围绕该中心汇率确定一个波动范围。威廉姆森建议将可允许的汇率波动范围定为中心汇率上下各10%。在该范围内，汇率由供求决定，官方也可根据汇率变动情况调整货币政策，阻止汇率波动超过目标区域。然而，目标区域本身也是软性的，当汇率接近或移出目标区域的边界时，官方可对目标区域做出调整。尽管还不很明确，但在1987年2月的卢浮宫协议中，主要工业国好像已同意为美元兑日元和美元兑马克的汇率建立上述"目标区域"或"参考区域"（区别仅在于汇率允许波动的范围比威廉姆森建议的10%要小得多）。然而20世纪90年代初期，这一协议在预期美元兑日元汇率将大幅下降的强大市场压力下被放弃了。

"汇率目标区"方案的批评者认为这一方案兼有固定汇率制和浮动汇率制各自最为糟糕的问题。像在浮动汇率下一样，目标区域允许汇率频繁变动和大幅波动，并可能导致通货膨胀。而与固定汇率制度一样，目标区域只能通过政府干预外汇市场得到保证，因此会损害各国货币体系的自动调节功能。面对这些批评，米勒（Miller）和威廉姆森（Williamson）进一步要求工业国之间加强货币政策方面的实质性合作，从而有利于在减少对外汇市场干预的同时汇率依然维持在目标区域内[①]。

其他改造国际货币体系的方案都是建立在主要工业国之间更深层次的政策合作的基础上。其中最为出色的是麦金农（McKinnon）于20世纪80年代提出的方案。在此方案下，美国、日本和德国（现在是欧洲货币联盟）根据购买力平价将彼此间的汇率水平固定，并且应该进行密切的货币政策合作以维持汇率的固定。例如，美元兑日元贬值的趋势表明美国应该减缓其货币供应的增长速度，而日本则应该增加其货币供应量。这三个国家（或地区）货币供应总值的净增长，将在汇率稳定的条件下带来世界物价水平的稳定。

另一个方案是由国际货币基金组织临时委员会于1986年提出的。该方案建议在国际货币基金组织的监督指导下，建立一套经济运行的客观指标体系，并以此为依据确定各国

---

① ［美］多米尼克·萨尔瓦多：《国际经济学》，杨冰译，清华大学出版社2015年版。

所应该采取的合作性的宏观经济政策方式。这些经济指标包括国民生产总值增长率、通货膨胀率、货币供给增长、财政收支、失业率、贸易差额、汇率、利率和国际储备。根据上述指标不同方向的变化，该国就需要采取相应的相对紧缩或是相对扩张的经济政策，从而确保无通胀世界经济的发展。

然而，鉴于各国有着不同的通胀——失业权衡标准，实质而有效的宏观经济政策合作似乎并不太容易实现。例如，20 世纪 80 年代和 90 年代初期，美国似乎不能或不愿迅速地大幅减少其巨额财政赤字；德国尽管面临较高的失业率仍不愿刺激经济；日本则很不情愿废除贸易保护政策以便增加从美国的进口来帮助减轻两国之间严重的贸易失衡。实证研究表明，各国能从国际政策合作中得到 3/4 的好处，但福利所得的增加并不显著。

基于当今高度一体化的国际资本市场中巨额国际资本的流动是导致汇率不稳定和全球经济失调的首要原因，因此还有方案提出了严格控制国际投机资本流动的要求。托宾（Tobin）于 1978 年建议对期限越短的交易征收越高的累进交易税。多恩布什（Dornbusch）和弗伦克尔则于 1987 年提出实行双重汇率以减少金融资本的国际流动，即在贸易交易中采用较为稳定的汇率，而在与国际贸易和投资无关的纯金融交易中采用更加灵活的汇率。托宾、多恩布什和弗伦克尔认为，在通过资本市场分割而严格控制国际"热钱"的流动之后，国际金融系统可以实现平稳运行，因此根本不需要被他们视为既无用又不可行的国际政策合作。然而，"非生产性"资本（投机性资本）和"生产性"资本（与国际贸易和投资有关的资本）在实践中是很难区分开的。

二 国际货币的基础

通过对 2008 年国际金融危机的研究，国内外诸多学者得出当前以美元本位为基础的国际货币体系存在的重大缺陷是金融危机产生的深层次原因的结论，并建议对国际货币本位体系进行改革。目前，国际货币本位体系的改革方案可以归纳为三类：一是在维持现有美元本位基础上进行改良；二是引入新兴市场国家货币，建立多元国际货币本位；三是建立以超主权国际储备货币为中心的国际货币本位。

（一）在维持现有美元本位基础上进行改良

杜利等认为，当前的国际货币体系实际上是布雷顿森林体系的自我调整和完善，亚洲国家的固定汇率制度使美国确立了在布雷顿森林体系中的中心地位，而亚洲国家普遍采用的汇率低估、资本控制、积累储备资产等政策使他们形成以出口为导向的经济；在这种格局下，美国可以继续保持经常账户赤字，全球的国际收支失衡也不需要调整，美元也不需要下跌，而新兴市场国家将阻止本国货币相对于美元升值[1]。在这个国际货币体系下，美

---

[1] Dooley, M. P., David Folkerts-Landau, Peter Garber, 2004, "The Revived Bretton Woods System", *International Journal of Finance and Economics*, 9 (4): 307–313.

元依然作为本位货币,因此被称为"布雷顿森林体系Ⅱ"或"新布雷顿森林体系"。在新布雷顿森林体系下,以中国为代表的亚洲新兴市场国家通过国际贸易积累债权,美国积累债务,双方互利互惠,各得其所,可以一直持续至少十年。杜利等进一步分析了美国的资本流动情况,发现新布雷顿森林体系运行良好,认为这种国际货币体系在当前的世界经济中占据着主导地位[1]。巴曙松认为,在国际金融危机背景下,维持美元的国际货币地位有助于全球金融稳定;在进行大的变革不容易的情况下,重新修复以美元为中心的国际货币体系,是一个非常理性的、务实的方法[2]。

从目前的状况来看,虽然经历了 2008 年国际金融危机,美元依然是最值得信赖的国际货币,美元所主导的国际货币体系尚难发生改变。因为在当前,没有一个国家能够取代美国的主权信誉和实力。此外,也没有一种中心货币会自愿退出,美国当然会尽全力维护本国货币的优势地位。但这一地位能否长期维持,还取决于美国能否减少国际收支赤字,以及能否控制未来的通货膨胀。

(二) 引入新兴市场国家货币,建立多元国际货币本位

随着其他经济区域的崛起,一些主要货币也逐渐成为美元的竞争者。由于美元本位制度助长了美国的过度负债和过度消费,进而引发了 2008 年国际金融危机,因此有不少学者认为应该用多元化货币体系取代单一的美元本位制度。

从中长期来看,国际储备货币将呈现多元化、分散化趋势,除了美元,欧元、英镑、日元、人民币等货币都将有较大的影响力。佐利克(Zoellick)在对各货币进行对比分析之后指出,美元、欧元、日元、英镑以及人民币应该成为未来国际货币体系的主要货币,并让这些货币具备协作性;其中人民币是一个正在走向国际化的新兴经济体的国际货币,在国际货币体系中具有代表性[3]。李稻葵和尹兴中基于世界各国或地区的经济相对发展状况,提出了建立美元、欧元和人民币三足鼎立的多基准货币体系[4]。在该体系下,美元、欧元和人民币作为新国际货币体系的主要支柱,是最重要的基准货币,英镑、日元则居于次要地位。国际货币的发行由多个主权国家共同决定,主要货币之间的相对汇率通过谈判和博弈产生。

(三) 建立以超主权国际储备货币为中心的国际货币本位

不同于前两种方案,第三种方案建议设计了一种全新的超主权国际储备货币,并以此为基础建立超主权货币本位制度。所谓超主权储备货币(Super-sovereign Reserve Currency),是指由一个超越主权国家的货币管理机构发行的用于国际范围内计价尺度、交换媒介与储藏手段的货币。

---

[1] Dooley, M. P., David Folkerts-Landau, Peter Garber, 2009, "Bretton Woods Ⅱ Still Defines the International Monetary System", *Pacific Economic Review*, 14 (3): 297 – 311.
[2] 巴曙松:《从金融危机看国际货币体系改革与中国金融市场发展》,《国际融资》2010 年第 2 期。
[3] Zoellick, R., 2011, "A Monetary Regime for a Multipolar World", *Financial Times*, 2 (17).
[4] 李稻葵、尹兴中:《国际货币体系新架构:后金融危机时代的研究》,《金融研究》2010 年第 2 期。

这一设想最初由英国经济学家凯恩斯于1944年布雷顿森林会议召开前提出。他创造了一种名为"班科"（Bancor）的国际货币。该货币采用了30种有代表性的商品（如黄金、粮食、石油、铜材等）来建立货币篮子，从而确定"班科"币值。

后来，有学者呼吁重新启动凯恩斯计划，建议主要经济体合作创造世界货币单位，进而各国货币挂钩世界货币单位，同时将国际货币基金组织（IMF）改造为世界中央银行。蒙代尔（Mundell）是这项提议的先行者，他早在1968年就建议用世界货币代替美元。在2005年，他提议在美元、欧元、日元的基础上创造新的世界货币单位"DEY"。麦金农（McKinnon）和凯南（Kenen）等学者也认为货币同盟或者货币一体化在一定条件下是最佳的货币安排。

也有学者建议推动发展特别提款权（SDR），使其成为完全意义上的全球货币单位。自1969年IMF创设SDR以来，SDR就成为一种新型的超主权国际储备货币，并有学者认为国际货币体系应该走向SDR本位制。当时，世界范围的通胀和1974年、1975年的浮动汇率的连续实行，是加速形成SDR本位的额外因素。从1972年开始，IMF就开始使用SDR作为交易的记账单位；1974年开始舍弃美元，改为采用一篮子货币为SDR定值。2008年国际金融危机后，是否创立超主权储备货币成为国际货币体系改革的重要议题之一。著名经济学家斯蒂格利茨（Stiglitz）、原日本财长神原英资和联合国国际金融体系改革专家小组等，支持创立SDR作为超主权储备货币，主张通过强化SDR功能来限制美元的作用。中国人民银行原行长周小川在《关于改革国际货币体系的思考》（2009年）一文中也提出应该强化SDR的作用，建立超主权国际储备货币的建议。

尽管新兴经济体在当前国际货币体系中仍然缺少话语权，但国际货币体系改革已被提上日程。人民币自2016年10月1日起正式加入SDR货币篮子，成为首个被纳入SDR货币篮子的新兴市场国家货币。目前，SDR篮子中各货币的权重分别为美元占41.73%、欧元占30.93%、人民币占10.92%、日元占8.33%、英镑占8.09%。人民币加入SDR是中国金融史上的重要里程碑，是对我国经济发展成就和金融业改革开放成果的充分肯定，这有利于增强SDR的国际吸引力，推动国际货币体系改革，同时也有利于人民币国际化的向前推进。

在整个国际经济秩序正经历深刻调整的过程中，迄今为止还没有找到大家都满意的一种国际本位体系，每种改革方案都各有利弊。例如，以现有的美元本位为基础的改良方案虽然是最易于实现的选择，也是当前国际货币体系的实际状态，但由于美元作为一个主权国家货币，其所面临的内在机制矛盾仍没有解决。随着美国国际收支失衡的进一步累积，国际货币体系依然面临着不稳定的隐患。而SDR将使创造和调控全球流动性成为可能，对货币的约束将极大地降低未来危机发生的可能性并提高解决危机的能力，但目前发行规则模糊、分配和使用所涉及的诸多技术问题亟待解决等阻碍仍然存在，美国的极力阻挠也使改革变得更加困难。

专栏 17-4　　数字货币与国际货币体系改革[①]

数字货币和分布式账本技术的发展，为国际货币体系多元化改革提供了有效工具。在 2008 年国际金融危机之后，国际社会基本达成了一个共识，即以美元为主导的现行国际货币体系具有内在脆弱性，不利于全球金融稳定，国际货币体系需要从单极化走向多元化。但是，由于美国极力维护自身的金融霸权，国际货币体系改革的步伐缓慢。分布式跨境支付网络的构建将打破美国对现行跨境支付体系的控制，弱化美国的国际货币权力，促进国际货币体系向更加公正、包容和多元化的方向发展。

目前，国际上对分布式跨境支付网络的主流设计思路有两种。第一种是基于可互操作的国家央行数字货币或锚定单一主权货币的数字稳定币。在中短期内，这一思路可能主导新型跨境支付网络的建设。这为除美元外的其他主权货币在国际上发挥交易媒介的功能创造了机遇，当然一国主权货币能否成为国际货币还取决于该国的经济实力、其货币的国际信用、金融市场的开放程度和深度、金融基础设施条件等。根据 ITU 的报告，在这一思路下有三种设计方案可供选择：一是中介方式，即货币兑换和资金转移需要通过中介机构；二是直接方式，即交易双方直接在网络上转移资金，无须中介参与；三是多种货币方式，即允许在同一网络中使用多种货币，仍然需要中介（可能是中央银行）。比较而言，第三种方案更加体现出"网"的包容性，未来可能产生更广泛的影响，如天秤币网络和 IBM 的 BWW 网络均属于这一类别。

第二种是基于一篮子货币的通用法定数字货币，这可能成为分布式跨境支付网络发展的长期方向。特别地，如果能够基于数字 SDR（eSDR）打造新型全球跨境支付网络，将推动国际货币体系发生重大变革。中国人民银行前行长周小川曾经提出，将 SDR 打造成超主权货币，以避免主权货币充当国际储备货币所面临的国内职能和国际职能之间的冲突。但是，由于 SDR 难以被市场机构所认可，缺乏吸引私人使用的机制，因此多年来始终未找到上升为超主权货币的途径。一旦以 eSDR 为代币的分布式跨境支付网络得以建立，eSDR 将自然承担起真正的货币职能，成为名副其实的数字化超主权货币。如果该网络在 IMF 的直接领导下建立，将确立 eSDR 在国际货币体系中的权威性和合法性。不过，这一方案有可能受到个别国家阻挠。因此，利用 eSDR 打造分布式全球跨境支付网络将会是一个长期过程，更有可能发生在美元信用大幅衰退的时期。

三　国际收支的调节

20 世纪 90 年代起，国际资本流动格局发生了巨大变化，新兴经济体通过商品与服务

[①] 刘东民、宋爽：《数字货币、跨境支付与国际货币体系变革》，《金融论坛》2020 年第 11 期。

贸易顺差来满足对全球储备货币日益增长的需求，导致这些经济体持续处于经常账户盈余状态，美国则是持续性的经常账户赤字（尤其是中国对美国的"双顺差"和美国对中国的巨额逆差）。由于现行国际收支调节机制完全是由逆差国单独调节，不存在任何制度性的约束或设计来促使或帮助逆差国恢复平衡。因此以美国为首，越来越多的逆差国在经常项目出现长期逆差时采取短期资本流入的方法来平衡。此外，现实的情况往往是，顺差国不断地为逆差国提供融资，并且融资规模不断扩大。随着21世纪初期美国次贷危机和欧债危机的爆发，国际社会普遍意识到全球失衡问题的严重性和紧急性。所以这一问题应该由谁调整？又如何调整？

其实，学者对全球失衡调整责任问题的探讨并不新鲜。早在1940年，凯恩斯就提出了建议：顺差国和逆差国都应该承担起调节国际收支的责任。斯蒂格利茨等也指出，逆差国应该加强自律，顺差国应该扩大汇率浮动幅度，从而改善全球失衡问题[1]。

但事实上，最初美国是不太愿意承担这一责任的。美国政府在近年来频繁以"全球经济失衡"为借口，试图掩盖事实，同时利用其他国家政府希望全球经济正常运转的心态，向别国政府施压并要求妥协让步。尽管布雷顿森林体系瓦解后，美元三次大的贬值和升值在一定程度上缓解了其所面临的特里芬难题；但在当今趋于稳定的世界贸易格局下，美国想再次利用过去的政策来转嫁压力，效果将会非常有限，甚至还会给美国和世界经济带来不良影响[2]。

四 国际货币基金组织改革

在1997—1998年的东南亚金融危机中，国际货币基金组织（IMF）可谓名誉扫地。它不仅为正在经历危机的国家提出了不合时宜的传统救援方案，促使衰退进一步加剧，而且救援"姗姗来迟"，其多项政策也被指可能受第一大股东——美国的干预。随后IMF的合法性和有效性遭到了质疑，国际社会要求其开展改革的呼声也越来越高。

针对所存在的问题，国际组织、各国学者和政策制定者进行了反思并提出了广泛的意见和建议，相关国际机构也采取了一系列改革措施，主要涉及治理结构、救援机制和监管机制三个方面。

（一）治理结构

长期以来，少数发达国家掌握着IMF的发言权和决策权，新兴经济体和发展中经济体的代表性严重不足，重点反映在以份额为基础的决策机制上，IMF份额的分配方式和计算公式均有利于发达国家。在此基础上，比较富裕的国家也将获得更多的特别提款权（SDR）新增配额。此外，在权力机构和管理层中也存在着发达国家占据优势的问题。

---

[1] Stiglitz, J. E., 2010, "The Stiglitz Report-reforming the International Monetary and Financial Systems in the Wake of the Golbal Crisis", *Perseus Distribution Services*, 4.

[2] 昌忠泽：《全球经济失衡及其调整：新世纪的挑战》，《南大商学评论》2007年第2期。

> **专栏 17-5　　　　　　　　国际货币基金组织份额**[①]

当一国或地区加入国际货币基金组织时，它被分配一个初始份额，该份额与经济规模和特征大致可比的现有成员方的份额相当。国际货币基金组织利用份额公式评估一个成员方的相对地位。

现行份额公式是以下变量的加权平均值，即 GDP（权重为 50%）、开放度（30%）、经济波动性（15%），以及国际储备（5%）。这里的 GDP 是通过基于市场汇率计算的 GDP（权重为 60%）和基于购买力平价计算的 GDP（权重为 40%）的混合变量计算的。公式还包括一个"压缩因子"，用来缩小成员方计算份额的离散程度。

份额以国际货币基金组织的记账单位特别提款权（SDR）计值。国际货币基金组织最大的成员方是美国，截至 2016 年 9 月 12 日，其份额为 829.9 亿特别提款权（约合 1160 亿美元），最小的成员方是图瓦卢，份额为 250 万特别提款权（约合 350 万美元）。

2016 年 1 月 26 日，满足了落实第 14 次份额总检查商定增资的各项条件。这样，国际货币基金组织 189 个成员方的联合份额从约 2385 亿特别提款权（约合 3340 亿美元）增加到 4770 亿特别提款权（约合 6680 亿美元）。

1. 份额在国际货币基金组织中发挥几个关键作用

成员方的份额决定了该国与国际货币基金组织的金融和组织关系：

（1）份额认缴。成员方认缴的份额决定了其向国际货币基金组织提供资金的最高限额。成员方在加入国际货币基金组织时必须全额缴纳份额：25% 必须以特别提款权或广泛接受的货币（如美元、欧元、日元或英镑）缴付，其余以成员方本币缴付。

（2）投票权。份额基本上决定成员方在国际货币基金组织决策中的投票权。国际货币基金组织每个成员方的投票权由基本票加上每 10 万特别提款权的份额增加的一票构成。2008 年的改革将基本票固定为占总投票的 5.502%。目前的基本票数几乎是 2008 年改革实施之前基本票数的 3 倍。

（3）获得贷款。成员方可从国际货币基金组织获得的融资数额（贷款限额）以其份额为基础。例如，在备用和中期安排下，成员方每年可以借入份额 145% 以内的资金，累计最多为份额的 435%。然而，特殊情况下的贷款限额可能更高。

2. 份额检查是如何进行的

国际货币基金组织理事会定期（通常每隔 5 年）进行份额总检查。份额的任何变化必须经 85% 的总投票权批准，并且，一个成员方的份额未经本国同意不得改变。份额总检查解决两个主要问题：总增资规模以及增资在成员方之间的分配。首先，份额总检查使国际货币基金组织能够从成员方的国际收支需要和它满足这些需要的能力两个方面来评估份额的充足性。其次，总检查可以增加成员方的份额，以反映其在世界经济中相对

[①] 国际货币基金组织官网，https://www.imf.org/zh/About/Factsheets/Sheets/2016/07/14/12/21/IMF-Quotas。

第十七章 国际金融危机与人民币国际化

地位的变化。总检查之外的特别增资不经常进行，最近的一个例子是 2008 年改革批准为 54 个成员方增资。

3. 将份额增加一倍并对份额比重进行重大调整

2010 年 12 月 15 日，国际货币基金组织最高决策机构理事会完成了第 14 次份额总检查，其中涉及关于国际货币基金组织份额和治理改革的意义深远的一揽子改革方案。于 2016 年 1 月 26 日生效的这项改革方案带来总份额增加一倍及份额比重大幅调整。这将更好地反映国际货币基金组织成员方在全球经济中的相对权重的变化。

这项改革方案的基础是 2008 年以来实行的、2011 年 3 月 3 日生效的各项改革。这些改革通过特别增加 54 个国家的份额，提高了富有活力的经济体（其中很多是新兴市场国家）的代表权。改革还通过将基本票增加至原来的近三倍，提高了低收入国家的发言权和代表权。

在 2008 年改革的基础上，第 14 次份额总检查产生了以下结果：

（1）份额从约 2385 亿特别提款权增加一倍到约 4770 亿特别提款权（按目前汇率约为 6680 亿美元）。

（2）超过 6% 的份额从代表性过高的成员方转移到代表性不足的成员方。

（3）超过 6% 的份额转移到有活力的新兴市场和发展中国家。

（4）份额比重显著调整。中国成为国际货币基金组织第三大成员方，目前国际货币基金组织份额最大的十个成员方中有四个新兴市场和发展中国家（巴西、中国、印度和俄罗斯）。

（5）最贫穷国家的份额和投票权比重予以维持。这些国家是符合低收入减贫与增长信托资格的成员方，且它们的人均收入在 2008 年低于 1135 美元（国际开发协会设定的上限），或对于小国而言，低于该数额的两倍。

IMF 的官员、学者等已为 IMF 的治理改革提出了多个方案。IMF 前执行董事 Portugal 建议，用部长委员会（Council）代替原有的国际货币与金融委员会（IMFC），由部长委员会负责监督执董会[1]。在发言权上，他建议减少西欧国家的席位，新增非洲国家和欧洲转型经济体的席位。IMF 前总裁 Camdessus 建议，用一个正式的决策机构代替国际货币与金融委员会，并由该决策机构代替原执行董事会对重大战略问题作出决策[2]。他还建议减少欧洲执董的数量，修改选择总裁的规则和做法，美国和欧洲应放弃提名总裁候选人的特权，所有成员方均可参与总裁的推选。IMF 政策发展和审查部前部长 Boormen 认为，IMF

---

[1] Portugal, M., 2005, "Improving IMF Governance and Indensing the Influence of Developing Countries in IMF Decision-Making", Manila: G24 Technical Group Meeting.

[2] Camdessus, M., 2005, *International Financial Institutions: Dealing with New Global Challenges*, Washington, DC: Per Jacobsen Foundation.

治理结构改革需要做到普遍性、合法性、集中性、有效性和负责性，他建议用部长委员会代替国际货币与金融委员会，减少执董会中欧洲国家的席位①。美国普林斯顿大学教授Kenen认为，IMF应当加强各方面特别是监督方面的合法性和有效性②。他建议彻底审查该组织总裁的遴选程序，总裁需通过所有成员方的两轮多数选举才能当选，此外需要延长执董的任期，以使执董会的工作更具有延续性。

IMF执董会分别于2008年、2010年通过了关于份额分配和发言权改革的决议和关于份额和治理改革的决议，目的是增加新兴经济体和发展中经济体的参与度，提升发言权，使份额和投票权比例能够更好地反映各成员方在全球经济中的作用。时任IMF总裁Kahn把这次改革誉为"国际货币基金组织65年历史上的一次最根本性的治理改革，也是一次最大规模的有利于新兴市场和发展中国家的权力调整"。2008年的份额和发言权改革的主要内容包括增加以新兴市场国家为主的54个成员国份额、增加所有成员方的基本投票数等，2011年3月该项改革已正式生效。2010年份额和治理改革的主要内容则包括国际货币基金组织的份额将增加一倍，代表性过高的成员方转移超过6%的份额，减少欧洲发达国家两个执董会席位，执行董事将完全由选举产生，放宽任命第二副执行董事的条件以增强多国选区的代表性等。然而，此次改革由于美国国会迟迟不放行而遭遇挫折，经历五年的博弈和等待，直至2016年才正式生效。

2008年改革决议生效后，发达国家份额为总数的60.5%，其中G7成员方为45.3%，美国为17.7%，发达国家投票权为总数的57.9%，其中G7成员方为43%，美国为16.7%；新兴市场及发展中国家份额为总数的39.5%，其中中国为3.996%，新兴市场及发展中国家投票权为总数的42.1%，其中中国为3.806%。2010年改革决议生效后，发达国家份额从2008年的60.5%下调至57.7%，其中G7成员方从45.3%下调至43.4%，美国从17.7%下调至17.4%，发达国家投票权从2008年的57.9%下调至55.2%，其中G7成员方从43.0%下调至41.2%，美国从16.7%下调至16.5%；新兴市场及发展中国家份额从2008年的39.5%上调至42.3%，其中中国份额得到大幅度提升，从3.996%上调为6.390%，新兴市场及发展中国家投票权从42.1%上调至44.8%，其中中国从3.806%上调至6.068%。国际货币基金组织十大成员方由改革前的美国、日本、德国、法国、英国、中国、意大利、沙特阿拉伯、加拿大和俄罗斯调整为2010年改革后的美国、日本、中国、德国、法国、英国、意大利、印度、俄罗斯和巴西。改革后的成员方排名更好地体现了各国在全球经济中所处的地位和国际经济金融格局中力量对比的变化。

在此后的IMF第15次份额总检查中，份额增加方面缺乏进展，而第16次份额总检查尚未完成，官方解释将时间延后不晚于2023年12月15日结束。

---

① Boorman, J., 2007, "IMF Reform: Covernance with Global Governance Reform", Colin I. Bradford, Johannes Linn, eds., *Global Governance Reform: Breaking the Stalemate*, Washington, DC: Brookings Institution Press.

② Kenen, P. B., 2007, "Reform of the International Monetary Fund", Council on Foreign Relations, CSR Special Report No. 29.

第十七章 国际金融危机与人民币国际化

从目前来看，改革并没有对 IMF 的治理结构产生根本性的影响，主导权仍掌握在以美国为首的发达国家手中。美国的份额和投票权依然高于 15%，这也就意味着美国在 IMF 的重大事务上仍拥有一票否决权。要改变个别大国对国际金融机构的实际控制仍然任重而道远。

（二）救援机制

针对 IMF 在全球性的金融危机中救援不力、资金不足的问题，学者和政策制定者提出了各自的设想。Buira 于 2003 年研究发现，IMF 贷款的条件很可能会对受援国产生负面影响，因此 IMF 应简化贷款条件，增加救援方案设计的透明度，在救援方案的设计过程中应咨询受援国相关专家的意见[1]。也有学者认为，IMF 应该减少贷款的附加条件，同时还应扩大融资渠道，运用新的更灵活的贷款工具[2]，可通过向私人部门借款、出售黄金等方式获得资金以解决资金不足的问题[3]。

IMF 一直强调其作为最后贷款人的重要性，并提出相应的配套改革方案。Truman 认为，要让 IMF 成为全球最后贷款人就需要修改《IMF 协议》中的相关内容，主要涉及成员资格预审方法、在遭遇系统性危机时临时分配 SDR 的权力、IMF 在某些条件下能够主动支援其成员方的办法、全球央行货币互换网络的建立、IMF 向国际资本市场借款以扩充其资金来源、IMF 和区域性组织之间建立合作框架等[4]。Tamaki 也支持 IMF 充当全球最后贷款人，但认为某些成员方可能会因此放松自己的政策并陷入道德风险的困境[5]。Dadush 和 Eidelman 提出，通过定期发行 SDR 让 IMF 承担起全球最后贷款人的责任[6]。

为了应对 2008 年国际金融危机，IMF 执董会于 2009 年 3 月批准了对 IMF 贷款框架改革的决议。改革主要内容包括：改革 IMF 贷款的条件，使其更加符合不同成员方各自政策与经济基本面的基本状况；推出弹性贷款机制（FCL），为经济基本面、政策及政策实施记录良好的成员方提供较大规模的快捷贷款；增强了备用协定（SBA），为不符合 FCL 资格的成员方提供较为灵活的贷款；将对成员方的非优惠性贷款限额提高一倍；为吸引更多成员方从基金借款，调整和简化了贷款的成本和期限结构；取消近年来不常用的贷款机制，如补充性储备协议（the Supplemental Reserve Facility）、补充性融资协议（the Compensatory Financing Facility）以及短期流动性协议；改革针对低收入国家的贷款协议，等等。此次改革增加了 IMF 贷款的规模和反应速度，提高了贷款条件的灵活性，为成员方应对国际金融危机提供了比较有效的帮助。

---

[1] Buira, Ariel, 2003, "An Analysis of IMF Conditionality", G-24 Discussion Papers.

[2] Sarkozy, N., 2011, "The SDR Basket should also Include the RMB", Speech in G20 Summit, Nanjing, China.

[3] Lachman, D., 2005, "How should IMF Resources Be Expanded?", Paper Presented at the Conference on Reform of the International Monetary Fund Organized by the Institute for International Economics, Washington D. C.

[4] Truman, E. M., 2011, "The Future of the IMF", May 16, http://www.piie.com/blogs/? p=2161.

[5] Tamaki, R., 2011, "International Safety Net and the Role of the IMF", Delivered at IMF Bank Indonesia Symposium on Capital Flow, March 11.

[6] Dadush, E., 2011, "The International Monetary System: If It Ain't Broke, Don't Fix It", http://www.voxeu.org/index.php? q=node/6156.

IMF 也积极采取了相应的措施以扩大原有资金来源的规模,开辟新的资金来源。在 2008 年的份额与发言权改革决议中,IMF 执董会批准增加以新兴市场国家为主的 54 个成员方的份额,增资总额为 208 亿 SDR,并于 2011 年 3 月生效。2010 年 12 月,第十四次份额总检查决定将成员方份额增加一倍,由 2008 年份额与发言权改革期间商定的 2384 亿 SDR 增加至 4768 亿 SDR。2009 年 9 月,IMF 执董会批准有限黄金出售计划以增强 IMF 提供贷款的能力并于 2010 年 12 月完成,共出售 403.3 吨黄金。如果 IMF 无法满足成员方的需要,IMF 还可以动用多边借款安排,包括新借款安排和借款总安排。2010 年 4 月,执董会通过了扩大和更灵活的新借款安排建议,将新借款安排扩大至 3675 亿 SDR。此外,IMF 还有 17 项双边贷款协议和双边债券购买协议,这些安排有助于确保 IMF 向其成员方提供及时有效的国际援助。

时隔近十二年,IMF 于 2021 年 8 月 23 日又进行了新一轮的特别提款权分配,这是 IMF 历史上规模最大的一次特别提款权分配。本轮新增约 6500 亿美元的特别提款权将按照现有份额比重提供给各成员,其中,新兴市场和发展中经济体将获得约 2750 亿美元支持,包括向低收入经济体提供的 210 亿美元[1]。

IMF 总裁 Kristalina Georgieva 表示,这是一个"历史性的决定"[2]。此次分配将满足各国对储备的长期需求,特别是对最脆弱的成员方提供支持,以帮助其应对新冠疫情带来的危机[3]。IMF 接下来将继续与成员方开展密切接触,以确定较富裕国家向较贫穷和较脆弱成员方自愿转借特别提款权的可行选项,此外还将考虑新建立一个"韧性和可持续性信托基金",帮助低收入国家恢复经济。

(三) 监管机制

可以看出,近几次金融危机无一不与信息传递的不充分和扭曲有着千丝万缕的联系。为此,IMF 加强了对全球和区域发展趋势的多边监测,并定期出版《世界经济展望》《地区经济展望》《全球金融稳定报告》《财政监测报告》等反映监测结果。《对外部门报告》则系统性地评估了世界最大 29 个经济体和欧元区的外部状况,包括经常账户、汇率、外部资产负债表头寸、资本流动和国际储备。每年发布的两份《全球政策议程》汇总了多边报告的重要结论和政策建议,为 IMF 及其成员方的未来政策议程提出建议。IMF 还与 G20 密切合作,自 2009 年以来对 G20 的相互评估进程提供支持。

此外,IMF 定期审查监督活动,以更好地适应全球经济的变化。2014 年定期监督检查后提出的建议侧重于帮助各国应对国际金融危机带来的挑战。一项重要的优先任务是,根据跨国经验,运用更加以客户为重心的方法,就财政、货币、外部和结构性政策组合提供更有针对性的建议,从而进一步改善监督工作。2014—2019 年的五项工作重点分别为风险和溢出效应、宏观金融监督、结构性政策建议、连贯和专业的政策建议以及以客户为重心

---

[1] https://m.gmw.cn/baijia/2021-08/25/1302509844.html.
[2] https://baijiahao.baidu.com/s?id=170704065op1128233p&wfr=spider&for.pc.
[3] https://baijiahao.baidu.com/s?id=1707026796929259849&wfr=spider&for=pc.

的方法。

金融危机是一个全球性的挑战，金融监管需要全球各相关主体的共同参与、相互协调、密切合作。因此，IMF 作为当前国际金融治理中最主要的主体，还需要充分发挥带头作用，积极与其他国际金融组织联系，联合起来以形成良好的治理结构。

第四节　人民币国际化

一　人民币国际化的进程

根据国际货币基金组织的定义，货币国际化的本质是以本币实现全面可兑换、资本项目完全开放为基础，以本国发达的金融市场为依托，通过本币流出与回流机制，向全世界提供流动性的过程。因此，一国货币要成为国际货币，需要兼具贸易结算货币、投融资货币、储备货币三种功能。

2009 年 7 月，中国人民银行等六部门联合发布《跨境贸易人民币结算试点管理办法》，标志着人民币走上国际化的道路。自人民币国际化进程正式开始启动十多年来，人民币国际使用稳步发展，国际货币地位不断提升。

（一）贸易结算功能

一国的货币国际化始于贸易项下的结算便利。货币的贸易结算功能主要包括贸易收付和计价货币两个方面，二者具有一定的双向互动关系。货币的贸易收付规模是实现计价货币的基础，而计价货币功能的实现可以促进人民币在各国贸易收付领域的广泛应用。

截至 2020 年，经常项目人民币跨境收付金额合计为 6.77 万亿元，同比增长 12.1%，其中收入 2.91 万亿元，同比增长 9.8%，支出 3.86 万亿元，同比增长 14.2%，净支出 0.95 万亿元，同比增长 31.5%。2020 年，经常项目人民币跨境收付占同期本外币跨境收付的 17.8%，较 2019 年提高 1.7 个百分点。

——《2021 年人民币国际化报告》

在国际市场上，其他国家在国际贸易中使用人民币进行交易的份额较低，主要是人民币作为计价货币的功能缺失所致。美元的霸权地位主要来自对全球大宗商品的定价权，尤其是作为原油贸易的计价货币，占据着全球 90% 左右的石油贸易结算份额。2018 年 3 月在上海证券交易所推出的以人民币计价的原油期货，开启了人民币作为计价货币的国际化。上海期货交易所数据显示，截至 2019 年年底，人民币原油期货的单边日均成交金额达到了 634.3 亿元，成交量达 3463.4 万手，占到了全球原油期货市场 6% 的份额。当前，俄罗斯、委内瑞拉、伊朗等国已逐步开始使用人民币替代美元的石油贸易结算。此外，在铁矿石期货方面，自 2020 年 1 月以来，全球铁矿石三巨头在铁矿石贸易中开始采用人民币结算。人民币发挥计价货币功能开始初步显现，但由于人民币计价期货品种较为单一，规模仍有较大的提升空间。

（二）投融资货币

投资和融资是国际货币流动的重要路径，是当前推进人民币实现国际化的关键。2020年5月，中国人民银行等四部门出台的《金融支持粤港澳大湾区建设意见》，是金融市场开放推进人民币国际化的开端，但路径与方法有待进一步探讨。整体上看，人民币的投融资属性十年间有一定的加强，但各项功能的提升具有结构性的差异。投资货币主要包括直接投资、证券投资、其他投资三个方面的内容。在直接投资方面，中国人民银行2011年发布《境外直接投资人民币结算试点管理办法》和《外商直接投资人民币结算业务管理办法》，促进直接投资项下的人民币双向流动。

在证券投资方面，人民币作为投资货币在我国证券市场上投资功能的实现与金融市场的开放程度密切相关。近年来资本市场对外开放的程度开始逐渐打开，由"通道式开放"向双向开放过渡。沪港通、深港通、合格境外机构投资者（QFII）、人民币合格境外机构投资者（RQFII）、债券通、银行间债券市场、基金互认等通道逐渐放开限制。同时，A股被纳入MSCI（摩根士丹利资本国际公司）指数、富时罗素指数、标普道琼斯指数，中国债券被纳入巴克莱全球指数、摩根大通全球新兴市场政府债券指数等事件为各国持有人民币资产提供契机。截至2021年6月末，境外主体持有境内人民币股票、债券、贷款及存款等金融资产金额合计为10.26万亿元。

（三）储备货币

储备货币在各国的国际储备当中占主导地位，是货币国际化水平达到高水平的重要标志，是贸易功能和投融资功能的综合实力的体现，反映各国在真实的经济往来中对该种货币的刚性需求。人民币2016年加入SDR篮子，权重为10.9%，仅次于美元（41.7%）和欧元（30.9%），为人民币未来成为国际储备货币打下坚实的基础。截至2021年第一季度，在国际货币基金组织（IMF）官方外汇储备货币构成（COFER）中人民币排在第五位，人民币在全球外汇储备中的占比为2.5%，较2016年人民币刚加入SDR篮子时上升1.4个百分点。据不完全统计，目前全球有70多个央行或货币当局将人民币纳入外汇储备。

（四）双边合作

截至2020年年底，中国人民银行已在25个国家和地区授权了27家境外人民币清算行。加之近年来我国与东盟经贸合作不断深化，联系日益密切，我国是多数东盟国家的第一大贸易伙伴和重要的投资来源国。2020年，我国对东盟进出口总额同比增长7.0%，东盟已成为我国第一大贸易伙伴。与东盟货币金融合作持续深化。近年来，我国与东盟初步建立起多层次、宽领域的货币金融合作框架，人民币使用环境优化，人民币使用的基础设施逐步完善。中国人民银行与印度尼西亚、马来西亚、泰国、新加坡、老挝5国央行签署了双边本币互换协议，与老挝央行签署了本币合作协议。与印度尼西亚央行签署《关于建立促进经常账户和直接投资本币结算合作框架的谅解备忘录》，在本币结算框架（LCS）下开展合作，顺应市场和经济发展需求，便利使用本币进行双边贸易和直接投资结算。在马来西亚、泰国、新加坡、菲律宾4国建立了人民币清算安排,人民币跨境支付系统(CIPS)及中资银行在东盟10国实现了全覆盖。人民币对新元、泰铢、马来西亚林吉特、柬埔寨瑞尔实现了直接交易,老挝央行在当地推出了人民币/基普直接交易①。

2020年全年我国与东盟间人民币跨境收付金额合计为4.15万亿元,同比增长72.2%,占同期人民币跨境收付总额的14.6%,较2019年提高2.4个百分点。其中货物贸易项下人民币跨境收付金额合计为7458.98亿元,同比增长20.2%;直接投资项下人民币跨境收付金额合计为4250.99亿元,同比增长70.8%。

——《2021年人民币国际化报告》

二 人民币国际化的意义

人民币国际化是中国金融开放的核心利益追求。历史表明,发展中国家在参与经济、金融全球化的过程中,过度依赖中心货币国提供的货币、金融网络及服务,将给本国发展增添新的不确定性风险。针对中国目前所具有的发展中、转轨、大国经济体特征而言,特别在当前以浮动汇率为主且又缺乏必要国际约束力的国际货币体系中,更是如此。

人民币国际化对中国的积极意义主要体现在四个方面。第一,有利于提升中国地位。货币国际化程度是发行主体国际地位的重要表现。回顾历史,英国、美国、德国、日本等国的国际影响力上升都伴随着本国货币的国际化。第二,防范和降低汇率风险。当人民币被广泛作为计价和结算货币时,中国企业、居民和投资者在交易中所面临的汇率波动风险和货币交易成本会有所降低。第三,缓解高额外汇储备的压力。目前,我国是世界上外汇储备最多的国家,鉴于外汇储备大多以美元形式持有,美元贬值将直接导致我国外汇储备实际缩水,同时还会引发人民币升值的压力。第四,获得铸币税收入。由于在法定货币制度下,发行纸币的边际成本几近为零,因此国际货币发行国在发行货币时能够创造出近似于等量的铸币税收入。

人民币国际化也体现了中国的全球责任。无约束的美元本位制已成为国际金融危机频频发生的根源。美国利用美元的国际货币地位,几乎不受限制地向全世界举债,由此直接造成了全球范围内的流动性过剩。全球货币供应量无限放大,虚拟经济过度脱离实体经济,最终导致了资产泡沫的破裂和危机的发生。更为严重的是,正当世界各国全力抵御金融危机的时候,美联储根本不顾其在国际货币体系中的地位和责任,肆意大规模购入美国国债。这无疑会增加市场美元供应,将导致美元币值不断走弱,迫使包括中国在内的众多债权国再次为美国政府的救市买单。显然,推进国际货币体系改革和构建国际金融新秩序至关重要。从现行国际货币体系来看,美元仍然处于垄断地位,尚无一种合适的国际储备

---

① 赵长茂、陈文科:《人民币国际化的现状、挑战与展望》,《理论视野》2020年第10期;李永宁、温建东、黄明皓:《人民币国际化历程:理论修正与政策调整》,《社会科学文摘》2021年第1期。

资产能够替代美元。然而，2008年国际金融危机已在客观上导致美元霸权的基础出现松动，从单极到多元化的国际货币体系已成为改革的必然趋势，而人民币国际化恰好符合了这一多元化的发展趋势。人民币的国际化将为世界各国提供新的储备币种选择，有利于优化国际储备资产①。

三 审慎对待人民币国际化

在人民币国际化进程中，可能会出现宏观调控难度增加、国内经济金融稳定难度增加、金融监管难度增加以及存在货币替代风险、面临"特里芬难题"五个方面的问题，需要我们高度关注并加以防范。

（一）宏观调控难度增加

一方面，人民币成为国际货币后，跨境流动将更加频繁，我国货币政策的独立性会受到更大的约束；另一方面，我国货币政策将不再只对国内有影响。因此在制定货币政策时，不仅需要考虑国内的情况，还需要同时兼顾其他经济体的情况。

（二）国内经济金融稳定难度增加

人民币国际化使中国与世界各国经济紧密地联系在一起。在该背景下，国际金融市场的任何风吹草动都会很快地传导至国内。特别是当人民币实际汇率偏离名义汇率，或即期汇率、利率偏离预期汇率、预期利率时，大量国际游资会进行投机套利，刺激投机资本的大规模流动，从而影响国内经济金融市场的稳定。

（三）金融监管难度增加

由于境外人民币的监测难度加大，中央银行对人民币的管理压力骤然上升。此外，人民币资金跨境流动规模增大可能会提高非法资金流动的可能性，从而增加了监管机构反假币、反洗钱的难度。

（四）存在货币替代风险

根据姜波克和杨槐的定义，"货币替代"（Currency Substitution）是指一国居民因对本币的币值稳定失去信心，或本币资产收益率相对较低时发生的大规模货币兑换，从而外币在价值贮藏、交易媒介和计价标准等货币职能方面全部或部分地替代本币。在拥有美元、欧元、日元等强劲对手的情况下，中国在实现人民币国际化的过程中必然会面临货币替代的风险。一旦国内经济形势出现逆转，将会动摇各国对人民币的信心，出现人民币的大规模挤兑和抛售现象。这不仅会冲击国内经济，而且所带来的救助货币危机和干预汇率的成本巨大。

（五）面临"特里芬难题"

人民币国际化后，中国应当承担维护国际金融稳定的责任，并在必要时充当最后贷款人角色，由此中国将可能面临"特里芬难题"。也就是说，在人民币国际化后，中国需要

---

① 王元龙：《人民币国际化与国家金融安全》，《国有资产管理》2009年第7期。

通过国际收支赤字以满足其他国家对人民币资产的需求，这样必然会削弱中国国际收支的地位。如果赤字持续存在，就将导致持有人民币流动性资产的国家不愿意持有更多的人民币资产。

四 展望

2008年国际金融危机后，现行国际货币体系所面临的"新特里芬难题"促使人们意识到必须对这一体系加以改革。而随着中国在全球经济中地位的提升，必然要求人民币跻身于主要国际货币之列。推动人民币成为主要国际货币不仅能使国际货币体系保持稳定，在一定程度上化解"新特里芬难题"，还能很好地维护中国的利益，有效规避中国企业的汇率风险，促进中国的对外贸易和国际投资，促进中国经济的可持续发展。

下一阶段，中国人民银行将稳定慎重地推进人民币国际化，统筹好发展和安全，以顺应需求和"水到渠成"为原则，坚持市场驱动和企业自主选择，进一步完善人民币跨境使用的政策支持体系和基础设施安排，推动金融市场双向开放，发展离岸人民币市场，为市场主体使用人民币营造更加便利的环境，同时进一步健全跨境资金流动的审慎管理框架，加强对跨境资金流动的监测分析和预警，守住不发生系统性风险的底线，更好地服务"双循环"新发展格局。

第一，经常项目人民币跨境使用将进一步扩大。经常项目人民币跨境使用是人民币国际化的重要基础。区域全面经济伙伴协定（RCEP）的签署将进一步推动亚太地区贸易发展，拓展人民币在贸易投资活动中的使用空间。大宗商品贸易使用人民币结算已有一定基础，有望继续成为人民币跨境使用的增长点。跨境电商等贸易新业态将丰富人民币使用场景，增加人民币在对外贸易中的使用。

第二，人民币跨境投融资渠道将进一步拓宽。中国人民银行将继续推动金融市场高水平双向开放，丰富风险对冲工具，提高境外主体配置人民币金融资产的便利化水平，支持境外央行、货币当局和储备管理部门配置人民币储备资产，拓展人民币的储备和投资货币功能。围绕自由贸易试验区（自由贸易港）、粤港澳大湾区及上海国际金融中心建设，推动人民币跨境投融资业务创新。

第三，双边货币合作将继续稳步开展。稳步推进双边本币互换，优化本币互换框架，发挥互换对支持离岸人民币市场发展和促进贸易投资便利化的作用。以周边及"一带一路"沿线国家和地区为重点，加强央行间本币结算合作，优化境外人民币使用环境。继续按照"成熟一个、推出一个"的原则，推进人民币对相关国家货币直接交易，支持境外国家发展当地人民币外汇市场。

第四，人民币国际化基础设施将进一步完善。优化境外人民币清算行制度，充分发挥人民币清算行在便利海外人民币投融资、培育离岸人民币市场、提供人民币流动性支持等方面的作用。继续加强CIPS建设，提高人民币清算结算的安全性和效率。继续完善人民币跨境收付信息管理系统（RCPMIS）建设，进一步完善RCPMIS系统信息采集和统计分析功能。

第五节 人民币国际化对国际货币体系改革产生的影响

通过前面章节的介绍，我们认识到了推进国际货币体系改革和构建国际金融新秩序的重要性。就当前货币体系改革而言，人民币国际化是国际货币体系改革的重要组成部分。

第一，人民币加入 SDR 是中国参与国际货币体系改革的关键选择。SDR 自身本就是国际货币体系改革的产物，旨在缓解主权货币作为储备货币的内在风险，也是自身变革的一种新的思路。人民币加入 SDR 不仅积极推动了全球各经济体在国际贸易、大宗商品定价、投资和企业记账等方面中更多地使用 SDR 计价，使 SDR 能成为国际贸易和金融交易公认的支付手段，也加强了 SDR 篮子储备货币的多样性。最重要的是，其稳定性和信用度会高于单一国家的主权货币，对促进国际货币体系稳定发挥了积极作用。

第二，有利于打破现有货币体系的不对称，促进国际货币体系多元化。国际货币体系的结构应当与世界经济发展的结构相适应。发展中国家经济占全球经济的比重在不断上升，而现行的国际货币体系并没有充分体现发展中国家市场发展对世界经济格局产生的影响，被广泛接受的货币无一例外都是发达国家的主权货币。若二者长期不匹配，必然会成为金融危机的根源。中国作为发展中国家的代表，人民币国际化能够提高包括中国等发展中国家在国际货币体系改革中的话语权，有利于维护发展中国家的利益，促进国际经济稳定，维护国际货币体系的平衡。

第三，有利于发展中国家调节国际收支，促进世界经济平衡发展。在调节国际收支不平衡方面，牙买加体系与布雷顿森林体系的不同之处在于前者除了可以依靠 IMF 等国际组织的援助外，还可以使用汇率政策、利率政策以及双边的货币合作进行调节。从表面上看，新体系丰富了世界各国调节国际收支的手段，增强了调节的独立自主性。然而从实质上来说，在浮动汇率制度下，广大发展中国家在面临国际收支不平衡时可以采取的手段往往是十分有限的，主要体现在以下两个方面：第一，IMF 等国际组织长期被以美国为首的七国集团（G7）掌控，向 IMF 申请援助贷款时往往附带着十分苛刻的政治条件，这些条件甚至是对他国主权独立和内政的赤裸裸的干预；第二，广大发展中国家处于国际分工全球产业链的下游，技术落后，出口创汇能力差，缺乏充足的外汇储备进行必要的外汇市场干预。

随着人民币的国际化，广大发展中国家的利益将得到有效保障。例如，1997 年发生泰国金融危机时，如果人民币作为国际货币，那么泰国政府和中国政府将可以通过货币互换的方式进行合作，使泰铢兑人民币保持相对稳定，在金融市场上通过三角套汇机制将使做空泰铢的同时必须做空人民币才能实现。在该方式下，风险暴露将得到极大的降低。

本章小结

1. 通过墨西哥金融危机、泰国金融危机以及 2008 年国际金融危机的鸟瞰，我们不难发现现代金融体系是不稳定的：

（1）近乎完全自由的金融公司不得不在金融业全球化背景下运营，这最终导致过度风险行为、缺乏透明度、市场操作、欺诈和金融创新，这些行为除了带来利润之外对经济效率没有任何作用。

（2）从墨西哥金融危机到泰国金融危机再到 2008 年国际金融危机，各国的政策制定者似乎并没有从中吸取到太多教训，加之金融企业的游说，金融业仍不希望出台过多的监管法规以限制其利益的获取。

（3）各国面对金融危机，普遍采取的方法是：以扩张性的财政政策阻止产出的螺旋式下跌；通过政府补贴、国有化和资产购买的方式帮助金融企业恢复；改革国内及国际金融体系。

2. 明斯基将融资结构划分为对冲性融资、投机性融资和庞氏融资三类。对冲性融资、投机性融资和庞氏融资的组合情况决定了一个国家的金融体系是否稳定。如果投机性融资和庞氏融资占主导，那么一国经济将会变得格外敏感，金融体系风险增大。

3. 明斯基的"金融不稳定假说"认为，每个长期的经济增长都会以金融危机的到来结束。一段长时期的经济繁荣会拔高投资者预期，导致投机性融资增加，但当经济回归正常时，意味着将会有更多的庞氏融资。

4. 当前对于国际货币体系改革的讨论主要涉及汇率制度的安排、国际货币的基础、国际收支的调节，以及国际货币基金组织改革等方面。

5. 人民币国际化不仅体现了中国金融开放的核心利益追求，同时也体现了中国的全球责任。在美国滥用美元国际货币地位，扰乱全球经济秩序之时，人民币必然为世界各国优化国际储备、降低风险提供了较为优质的选择。

6. 人民币国际化仍然任重而道远，在国际化进程中可能会面临宏观调控难度增加、国内经济金融稳定难度增加、金融监管难度增加以及货币替代风险、"特里芬难题"等方面的问题，需要高度关注并加以防范。

7. 人民币国际化是国际货币体系改革的重要组成部分，有利于打破现有货币体系的不对称，促进国际货币体系多元化，也有利于发展中国家调节国际收支，促进世界经济的平衡发展。

思考题

1. 讨论金融危机产生的原因。如何阻止它的发生？

2. 金融业需要更多的监管吗？为什么？
3. 墨西哥金融危机和泰国金融危机产生的原因是什么？
4. 与理性预期学派的观点相比，凯恩斯和明斯基对于预期的观点有何不同？他们又是如何解释金融危机爆发的？
5. 请解释特别提款权（SDR）的含义。并说明人民币加入SDR有何意义？
6. 当前国际货币体系改革应该注意哪些问题？针对这些问题有什么好的改革方案？
7. 人民币国际化在国际货币体系改革过程中所扮演的角色是什么？
8. 人民币国际化的意义是什么？
9. 我国在推进国际货币体系改革中扮演着什么样的角色？在这一过程中我国面临的机遇和挑战有哪些？

第十八章　中国特色开放经济学理论的探索与发展

导　言

中国特色开放经济学理论是对中国三十多年开放经济建设的经验提炼和系统概括。根据党的十八大、十八届三中和五中全会精神，中国特色开放经济理论框架可以简要概括为：完善互利共赢、多元平衡、安全高效的开放经济体系；构建开放经济新体制；培育参与和引领国际经济合作竞争新优势；完善对外开放战略布局；积极参与全球经济治理和公共产品供给。

本章首先对开放型经济战略中的两个关键性转变进行了探讨，梳理了中国特色开放经济学理论的形成及发展，并对中国特色开放经济理论框架进行了详细阐述，并进一步分析了中国特色开放经济学理论对主流西方经济的借鉴与扬弃，阐述了中国特色开放经济学的独有品格。

学习目标

1. 掌握党的十八大提出的有关对外开放的两个新要求和两个新目标。
2. 了解开放型经济战略，以及实现这一目标的两个关键性转变，掌握两个关键性转变的主要内容。
3. 理解中国特色开放经济的形成过程以及基本品格。
4. 理解互利共赢、多元平衡、安全高效的开放经济体系理论的内涵。
5. 系统掌握中国特色开放经济的理论框架。

第一节　中国特色开放经济学理论的初步探索

继续扩大对外开放是坚持中国特色社会主义道路的必然要求，对外开放已成为当代中国的鲜明标识。从党的十八大报告"全面提高开放型经济水平"，到党的十九大报告"推动形成全面开放新格局"，再到党的二十大报告"推进高水平对外开放"，充分表明中国的对外开放一以贯之，并不断向更大范围、更深层次、更多领域挺进。

一　开放型经济体系的概念和分析框架

（一）开放型经济体系的概念

"开放型经济"是中国在扩大对外开放实践中提出和发展的新概念，1993 年党的十四届三中全会决议中首次提出"发展开放型经济"。2001年3月,第九届全国人民代表大会第四次会议把它正式写入"十五"计划,并进一步做了阐释,其含义为"进一步推动全方位、多层次、宽领域的对外开放,促进中国现代化建设",具体包括"积极发展对外贸易""积极合理有效地利用外资""实施'走出去'战略"等。中国特色开放型经济理论具有中国特色的实践性,这是它区别于西方国际经济学的最大特征,同时这一实践性具有市场经济的导向,因此它的运行方向与国际经济学的理论抽象和解释具有一致性。

(二)开放型经济体系的分析框架

随着中国开放经济活动多维度、多领域、多方式地展开,党的十七大报告首次用"开放型经济体系"来刻画这些活动的立体形象。这个体系可以勾勒为下面的一个分析框架①。

(1)开放的部门和领域

商品流动:物质的生产和贸易;要素流动:资本和技术交易;服务流动:服务和信息的可贸易性(服务贸易的四种形式)。

(2)开放的空间布局

沿海与开放城市;内陆与沿江城市;边境地区。

(3)开放的体制与政策含义

边境开放:关税与非关税措施的削减;特殊区域:海关特殊监管区或自由贸易区;接受世界贸易组织的原则并兑现有关承诺;境内开放:兑现加入世界贸易组织的有关承诺;人民币汇率体制与外汇管理、知识产权保护、环境与劳工政策、产业政策、竞争政策、市场监管等经济金融政策与国际规则接轨或协调。

(4)开放的方式

双边经贸关系;多边经贸关系;区域合作关系(上海合作组织、APEC等);区域经济一体化(自由贸易区)。

(5)参与全球经济治理

治理平台(联合国、世界银行、国际货币基金组织、亚洲开发银行、八国集团协商机制、世界贸易组织、二十国集团协调机制、国际金融监管机制、全球气候变化谈判等);治理议题设置(平台中的各自表述或共识的议题);公共产品提供能力(联合国经费、各国际金融机构中的资金份额、谈判中的发展援助、冲突地区的维和、对最不发达成员的发展援助等)。

二 "两个转变":开放经济理论的初步探索

党的十八大报告提出,"全面提高开放型经济水平……必须实行更加积极主动的开放

---

① 裴长洪:《全面提高开放型经济水平的理论探讨》,《中国工业经济》2013年第4期。

战略"①。要实现这一新目标,我们必须加快实现两个关键性的转变:第一,加快转变对外经济发展方式;第二,积极参与全球经济治理,转变在全球经济舞台上的角色定位。

(一)加快转变对外经济发展方式

党的十八大报告指出,"在当代中国,坚持发展是硬道理的本质要求就是坚持科学发展。以科学发展为主题,以加快转变经济发展方式为主线,是关系我国发展全局的战略抉择"②。加快转变对外经济发展方式可以总结为以下六个方面。

1. 从重视商品出口到进出口并重转变

20世纪80年代以来,中国的经济得到飞速发展,形成了宽领域、多层次的对外开放格局。在这个过程中,对外贸易的发展起到了至关重要的作用。长期以来,中国形成了比较重视出口贸易而低估甚至忽视进口贸易对经济增长的推动作用的倾向。但是,随着中国经济进入"新常态",发展由高速增长降为次高速增长,以及外部资源环境约束的不断加大,进口贸易对中国经济增长的推动作用会更大,因此,中国对外开放也将由重视出口转向进出口并重的新阶段。表18-1展示了近二十多年来中国货物进口商品结构的变化。

表18-1　　　　1995—2021年中国货物进口商品结构变化　　　　单位:亿美元

	进口总值	初级品	中间品	资本品	消费品
1995年	1320.78	244.17	460.71	526.42	82.61
1996年	1388.38	254.41	494.97	547.63	84.86
1997年	1423.61	286.20	515.17	527.74	85.50
1998年	1401.66	229.49	512.33	568.45	84.56
1999年	1657.18	268.46	583.47	694.53	97.01
2000年	2250.97	467.39	720.20	919.31	127.51
2001年	2436.13	457.74	740.45	1070.42	150.76
2002年	2952.03	492.71	875.25	1370.10	198.01
2003年	4128.36	727.63	1128.77	1928.26	330.11
2004年	5614.23	1172.67	1394.59	2528.30	501.43
2005年	6601.18	1477.14	1588.91	2904.78	608.62
2006年	7916.13	1871.29	1739.71	3570.21	713.11

---

① 胡锦涛:《坚定不移沿着中国特色社会主义道路前进 为全面建成小康社会而奋斗——在中国共产党第十八次全国代表大会上的报告》,人民出版社2012年版,第24页。

② 胡锦涛:《坚定不移沿着中国特色社会主义道路前进 为全面建成小康社会而奋斗——在中国共产党第十八次全国代表大会上的报告》,人民出版社2012年版,第20页。

续表

	进口总值	初级品	中间品	资本品	消费品
2007 年	9558.18	2430.85	2104.31	4124.59	875.10
2008 年	11330.86	3623.95	2263.53	4417.65	976.41
2009 年	10055.55	2898.04	2198.29	4077.97	851.86
2010 年	13948.29	4338.50	2809.78	5494.21	1135.60
2011 年	17434.58	6042.69	3314.10	6305.70	1277.22
2012 年	18181.90	6349.34	3252.40	6529.41	1365.19
2013 年	19499.92	6580.81	3381.76	7101.41	1388.55
2014 年	19592.35	6469.40	3656.25	7241.97	1397.08
2015 年	16795.64	4720.57	3042.77	6824.18	1346.92
2016 年	15879.26	4410.55	2860.37	6578.25	1261.41
2017 年	18437.93	5796.38	3288.79	7348.65	1343.32
2018 年	21357.34	7017.44	3749.87	8396.56	1437.40
2019 年	20784.09	7299.52	3587.75	7866.38	1442.12
2020 年	20659.62	6869.08	3822.21	8285.37	1459.73
2021 年	26875.29	9770.62	4740.69	10058.95	1700.91

注：进口结构分类根据海关统计的进出口商品构成，以0—4类作为初级产品；以5类和6类作为中间产品；以7类（机器设备）作为资本品；以8类作为消费品。

资料来源：《中国统计年鉴2002—2022》。

2. 从以吸引外资流入为主向"引进来"与"走出去"并重转变

从以"引进来"为主到"引进来"与"走出去"并重的转变是"互利共赢"的现实要求。为了巩固和发展社会主义，增强社会主义国家的综合实力，要坚持"引进来"与"走出去"相结合。"引进来"指的是要争取从国际上获得资金、技术、人才、设备、管理等国际资源，要引凤筑巢，借助国外的优势资源，大力发展国内经济，与国际经济建立良好的联系，开展经济贸易往来。"走出去"是指利用国内与国际市场的资源，通过对外投资、境外经营，拓展国内市场，进军国际市场，培育跨国企业，扩大利用资源的范围，提高国内企业的国际竞争力。"引进来"与"走出去"犹如鸟的两翼，二者紧密联系在一起，相互促进，缺一不可。必须利用好国内与国外两个市场，坚持推动国内与国外资源的良好互动。

3. 从主要发展商品贸易向商品与服务贸易并重转变

中国服务贸易的"十四五"发展目标主要表现在四个方面：一是贸易规模进一步扩

大。如表18-2所示，过去二十多年，中国的服务贸易进出口额实现了长期、持续增长。

表18-2　　　　　　　　　　1997—2021年中国服务进出口额

	中国进出口额		中国出口额		中国进口额	
	金额（亿美元）	同比（%）	金额（亿美元）	同比（%）	金额（亿美元）	同比（%）
1997年	622	23.0	342	22.4	280	23.8
1998年	519	-16.6	251	-26.8	268	-4.0
1999年	610	17.6	294	17.2	317	17.9
2000年	712	16.7	350	19.3	362	14.3
2001年	784	10.2	392	11.8	393	8.6
2002年	928	18.2	462	18.0	465	18.5
2003年	1066	15.0	513	11.0	553	18.9
2004年	1452	36.2	725	41.3	727	31.5
2005年	1683	15.9	843	16.3	840	15.5
2006年	2038	21.1	1030	22.1	1008	20.1
2007年	2654	30.2	1353	31.4	1301	29.0
2008年	3223	21.4	1633	20.7	1589	22.1
2009年	3025	-6.1	1436	-12.1	1589	0
2010年	3717	22.9	1783	24.2	1934	21.7
2011年	4489	20.8	2010	12.7	2478	28.2
2012年	4829	7.6	2016	0.3	2813	13.5
2013年	5376	11.3	2070	2.7	3306	17.5
2014年	6520	21.3	2191	5.9	4329	30.9
2015年	6542	0.3	2186	-0.2	4355	0.6
2016年	6616	1.1	2095	-4.2	4521	3.8
2017年	6957	5.1	2281	8.9	4676	3.4
2018年	7965	14.5	2715	19.0	5250	12.3
2019年	7850	-1.4	2836	4.5	5014	-4.5
2020年	6617	-15.7	2806	-1.0	3811	-24.0
2021年	8212	24.1	3942	40.5	4270	12.0

资料来源：商务部网部。

二是贸易结构进一步优化。助力新发展模式，提升知识密集型服务贸易占中国服务贸易出口总额的比重。服务进出口更加均衡，国内布局更加优化，国际市场空间布局进一步拓展。表18-3列举了2021年中国服务进出口结构和差额情况。

表18-3　　　　　　　　2021年中国服务进出口结构与差额

服务类别	进出口 金额（亿美元）	进出口 同比（%）	出口 金额（亿美元）	出口 同比（%）	进口 金额（亿美元）	进口 同比（%）
总额	8212.5	24.1	3942.5	40.5	4270.0	12.0
加工服务	208.3	18.8	201.2	18.1	7.1	42.3
维护和维修服务	116.8	6.0	78.7	2.6	38.2	13.7
运输	2607.4	72.4	1271.9	124.7	1335.5	41.1
旅行	1224.1	-17.2	113.7	-31.3	1110.4	-15.4
建筑	402.7	21.0	304.8	21.3	97.9	20.2
保险和养老金服务	212.3	19.8	52.0	-3.4	160.4	29.9
金融服务	103.2	40.2	49.7	18.8	53.5	68.4
知识产权使用费	586.7	26.7	117.8	35.6	468.9	24.6
电信、计算机和信息服务	1195.8	27.6	794.7	30.8	401.1	21.7
其他商业服务	1455.5	16.2	923.6	23.4	531.9	5.3
个人、文化和娱乐服务	51.7	19.6	19.0	44.4	32.7	8.8
别处未提及的政府服务	47.9	-21.1	15.5	-38.2	32.4	-9.1

资料来源：http://data.mofcom.gov.cn/fwmy/overtheyears.shtml。

三是竞争实力进一步增强。增强服务贸易的竞争力，向全球价值链高端持续攀升。壮大拥有自主知识产权、自主品牌的市场主体。不断提升参与服务贸易国际规则制定的能力。

四是制度环境进一步改善。进一步完善服务贸易相关的法律法规、政策体系、促进机制与监管模式，优化服务贸易的营商环境，自由化、便利化水平进一步提升，推动制度型开放。

4. 从政策优惠型加工贸易向国际通常的产业内贸易转变

在中国发展的初期阶段，由于国内缺乏部分用于加工的原材料和零部件，必须通过保税措施进口这些材料，生产才能进行，需要用国外的资源解决国内的需求，所以是"两头在外"。但当下这一情况已经发生变化，"两头在外"的重要性已经大大降低。因此，加工贸易从原来主要依靠海关监管优惠的特殊加工贸易向通常的产业内贸易转变。

5. 从主要发展双边经贸关系向统筹双边、多边和区域、次区域经贸合作方向转变

在发展双边经贸关系中，为了避免偏向大国经贸关系，必须重视与小经济体的经贸关系，扩大各国利益，建立国际经贸的统一战线，构建公平、正义的国际经贸体系。因此，中国必须合理统筹各类经贸合作并加强与各类小经济体的合作，进一步推动国际合作的多元化。

6. 从主要依靠土地、廉价劳动力等要素禀赋优势向培育国际竞争新优势转变

过去中国的国际竞争优势主要是土地和廉价劳动力等，但为了适应新的经济环境，必须转变经济发展方式，考虑如何培育国际竞争的新优势。可以预见的是，未来我们会重点提升人力资本新优势；提高企业创新水平和研发能力；采取精致化生产，通过管理创新提升产品质量和档次；培育有竞争力的新商业模式；发展电子商务，打造新型的国际商务平台。

专栏 18-1　　信息通信产业引领全球经济创新发展

中国信息通信研究院携手数字中国产业发展联盟发布《2020数字中国产业发展报告》。报告指出，我国信息通信产业增长动力强劲，信息通信技术（ICT）加速释放融合创新活力，信息通信产业引领全球经济创新发展。

当前这一时期，全球科技创新更加活跃，数字化与实体经济融合程度加深，加速重塑全球创新版图和产业结构。新原理、新材料、新工艺等革新实用化尚需漫长探索，各领域应用需求与现有基础技术能力之间的供需差距越发突出。未来，以自动驾驶、人工智能应用等为代表的新兴产业多样化需求将成为驱动数字技术创新发展的关键动力。全球信息通信产业正步入稳中向好的提质阶段。从全球经济领域各类排名数据来看，产业内生动力强劲、企业经营质量不断提升，并持续引领全球创新发展，成为驱动全球经济发展的重要力量。

报告指出，建立并维护高效、活跃的创新孵化生态是信息通信产业蓬勃发展的动力源泉。面对技术创新从研发到落地的漫长过程，不仅需要投入大量时间和资源，更需要打通创新项目与现有行业之间的连接通道。作为提供创新资源的主要载体，全球顶尖创新孵化生态不仅具有全方位、全周期整合创新要素的能力，更注重根据孵化方向的不同，差异化创新资源的供给，以实现人力、资金以及信息的高效互动。

（二）转变在全球经济舞台上的角色定位

2010年党的十七届五中全会向"十二五"规划建议中，首次提出要积极参与全球经济治理。"十二五"规划采纳了这个建议，党在十八大报告再次提及这一努力方向，因此积极参与全球经济治理已成为全面提高中国开放型经济水平的重要内容。过去我国是被动地接受和适应国际经济规则的参与者角色，当下必须转变中国在全球经济舞台上的角色定位，积极参与全球经济治理、参与国际经济规则的制定、发挥负责任大国作用。

目前中国参与全球经济治理面临两大制约因素。一是提供全球公共产品的能力还不够。中国经济总量虽然跃居全球第二，但经济质量、综合国力仍然比较落后，尤其中国经济发展日益依赖全球的资源、技术和要素供给以及世界市场，这种需求的增长速度和规模与中国能够向全球提供的市场、资本供给相比要快得多，也大得多。这种"取"与"予"之间的不平衡是中国的自然资源禀赋与长期以来的人口与经济状况所造成的，也是短期内难以改变的。中国没有太大余力提供全球公共产品是不争的事实。

二是中国国内的体制和政策还不能完全适应扩大开放的要求。虽然中国经济的市场化程度越来越深，但政府对产业的干预不当，存在某些行政垄断以及国有企业改革不到位、劳动力市场和收入分配政策、环境保护和知识产权保护等方面均存在与国际规则不完全相符的问题，在扩大开放中还不能完全摆脱被动适应的局面。

当前，世界正处于百年未有之大变局，全球治理体系也面临重构的局面。在这一变局之下，中国应抓住机遇，多方位、多层级地在全球经济治理中发挥重要的作用和影响，完成从参与者向建设者的转变。

第二节　中国特色开放经济理论研究概述

中国开放经济体系包含四个层面：注重国内经济和国际经济的关联性，坚持"引进来"和"走出去"相结合；注重本国经济的协调发展，实现从贸易大国向贸易强国的转变；重视国内经济与国际经济的接轨与合作，加强多领域、多国别的经贸合作，积极参与全球经济治理；注重本国经济运行安全性，重视金融安全，防范国际金融风险。构建"全方位、立体化、网络状"的全面开放系统，实现"互利共赢、多元平衡、安全高效"。

一　中国特色开放经济理论的形成

改革开放总设计师邓小平曾指出："要摆脱贫困，在经济政策和对外政策上都要立足于自己的实际，不要给自己设置障碍，不要孤立于世界之外。"[①] 改革开放之初，优先发展对外贸易、积累贸易顺差是中国融入全球贸易体系和取得经济发展的最初逻辑。由于当时中国缺乏可以借鉴的成功经验和总体发展蓝图，为了更快参与全球贸易与国际分工、获得国际分工利益，彼时的中国以解决时局紧迫问题和追求直接效果为出发点制定开放政策。

1978年改革开放之初，中国的进出口贸易总额仅占世界总贸易额的0.78%，出口总

[①]《邓小平文选》（第3卷），人民出版社1993年版，第202页。

额在世界排名第34位;国家外汇储备资源匮乏,1979年我国外汇储备年余额仅为8.4亿美元。在当时,中国在全球贸易体系中明显处于边缘位置,亟须深度融入全球价值链,全面建设开放型经济体系。

(一)阶段性政策与开放型经济发展

早在1978年9月,邓小平就提出不仅要吸收外国资金、技术和管理经验,也要大力发展对外贸易,并且他在之后不断重申这些主张。在党的十二大,他正式提出了中国实行对外开放的基本政策:"独立自主、自力更生","我们坚定不移地实行对外开放政策,在平等互利的基础上积极扩大对外交流"。到党的十四届三中全会召开的时候,首次出现"开放型经济"这一新概念,《中共中央关于建立社会主义市场经济体制若干问题的决定》,提出"充分利用国际国内两个市场、两种资源,优化资源配置,发展开放型经济"。1978—1991年,中国对外贸易和对外投资处于起步阶段,开始缓慢增长,国际代工模式和外资引进仍处于试探期,因此吸引的外资也主要是港澳台资,其他外资多持观望和迟疑态度。为吸引更多、更高质量的外资,我们首先完善相关法律法规,构建安全的投资环境。至1988年我国共颁布了3部利用外资法律,配套政策如税收优惠、外汇管理、审批权限、信贷等也逐步完善,投资法律法规的完善和营商环境的改善对吸引外资起到了关键作用。在此期间,加工贸易发展成为对外出口的主要力量之一,1988年加工贸易总额已占中国总贸易额的25%。

20世纪90年代初期,这一关键历史时期中国的对外开放又面临多种选择,邓小平同志高瞻远瞩,在南方谈话中明确提出要加快推进改革开放。随后中央成立上海浦东新区以及中央正式提出建立社会主义市场经济体制的目标,标志着中国已经由最初的政策性开放转变为制度性开放,我国改革开放的决心更加坚定、制度更加完善。我们扩大开放的实际行动极大鼓舞了外商的投资信心。1992年之后的一个时期,国际投资和对外贸易迅速发展,外商投资额迅速增长,进出口贸易额的增长幅度也明显提升。

2001年是中国全面对外开放的一个关键节点,加入世界贸易组织加速了中国融入全球贸易体系、参与全球分工的步伐。为兑现入世承诺,中国进一步深化改革,对当下法律法规中不符合世界贸易组织规则的,坚决予以废止或修订。同时,逐步健全了贸易促进和贸易救济、保护知识产权等法律法规体系,推动对外经济贸易法制化建设。这些制度性红利极大地促进了中国对外贸易的发展,推动了中国经济与世界经济在更高层次上的融合。

2008年国际金融危机的爆发是对我国对外开放水平的一个考验。面对危机,我国果断采取措施,尽量减轻外部冲击对中国经济的负面影响,在全球危机中率先实现经济发展和贸易增长,推动全球经贸格局发生进一步变化。在此期间,中国的对外贸易和外商投资仅出现短期的小幅下滑,2009年全球吸引外商投资额下降39%,中国吸引外商投资额下降幅度远低于这一数据,仅下降2.56%;并且在2010年中国对外贸易和外商投资就从危机中复苏,迅速恢复了增长。另外,中国在2013年成为世界第一大货物贸易国,标志着我们嵌入发达国家主导的全球价值链这一步走得非常成功,实现了由"贸易小国"向"贸易大国"的转变。

党的十九大报告指出,"中国特色社会主义进入了新时代,这是我国发展新的历史方位"①。在这个战略性的新坐标下,我们要发展更高层次的开放型经济,推动形成全面开放新格局。党的二十大报告进一步指出,要"坚持高水平对外开放,加快构建以国内大循环为主体、国内国际双循环相互促进的新发展格局"②。一幅对外开放未来路线图清晰地展现在眼前。

(二) 中国开放经济的发展思路

中国在对外开放的进程中,如何在控制风险的前提下,让更多群体、更大地区受益于经济全球化是亟待解决的一道难题。中国改革开放具有阶段性的特征,因此中国的策略是配合各阶段的特点,通过对外开放的试点工作、经验总结和推广以及与经济体制改革相互配合,释放出更多的市场经济活力,从而将更多优质要素经过有效整合后投入经济发展和对外开放之中。在开放经济的发展进程中,采取了渐进式的对外开放策略,并以开放促改革、促发展,进行了市场化改革。

1. 渐进式开放

由于缺乏可借鉴的经验,也考虑到管控风险的必要,中国在对外开放中实行试点复制推广的模式。首先在深圳、珠海、厦门、汕头设立经济特区,将其作为开放"窗口",对外经济贸易体制改革从特区起步,在贸易和投资相关制度安排上给予特殊政策和特权。深圳经济特区在开放初期提出了"建设资金以吸收和利用外资为主,企业产品以出口外销为主"的发展方针,契合中国当时的发展实际,为全国其他地区参与国际分工提供了宝贵经验。而经济特区和沿海开放城市的优惠政策在吸引外资的同时也吸引了大批内地企业前来投资办厂,在全国形成了"内联外引"的发展模式。经济特区的发展得到了中央的充分肯定,中国的开放格局基于经济特区的成功经验相继开放上海浦东、沿海沿江沿边城市,对外开放成功地找到了突破口,逐渐形成由点到线及面的开放格局,自此中国开始全面融入世界经济体系。

2. 市场化改革

劳动者和企业是经济全球化的参与主体,只有提高改革开放带来的收益,才能调动他们的积极性,激活开放型经济发展的按钮。这就需要明晰产权和进行市场化改革,其实质在于政府和市场的边界调整。在中国开放型经济的发展过程中,政府逐步让位于市场,由"介入"变为"有限介入",市场在资源配置中逐步发挥主导作用。对外经济贸易体制改革最初的目标和方向是削弱与经济全球化参与存在不可协调矛盾的旧体制障碍,增加市场调节,促进公平竞争。市场化改革从企业与政府的关系入手,20世纪八

---

① 习近平:《决胜全面建成小康社会 夺取新时代中国特色社会主义伟大胜利——在中国共产党第十九次全国代表大会上的报告》,人民出版社2017年版,第10页。
② 习近平:《高举中国特色社会主义伟大旗帜 为全面建设社会主义现代化国家而团结奋斗——在中国共产党第二十次全国代表大会上的报告》,人民出版社2022年版,第28页。

九十年代，政府开始实行政企分开、逐步放权政策，建立自负盈亏的外贸经营新体制，解决了市场参与主体的激励问题；1993年后，外资企业开始建立并推广现代企业制度，实行股份制试点；鼓励非国有制经济发展，经济体制由单一的公有制经济转变为公有制经济为主，私有制经济并存，通过引入竞争机制促进国有企业提升效率，提高生产经营的积极性和创造性。

2013年，中国在上海等自由贸易试验区先行先试准入前国民待遇加负面清单的外资管理模式，并坚持逐年更新缩短负面清单。负面清单外资管理模式在全国的普遍推广，表明政府治理理念的转变，逐渐将外资进入的权利交予市场。实践表明，市场在资源配置中发挥决定性作用、政府更好发挥作用是中国特色社会主义的重要内容[1]。

随着中国全面对外开放战略的进一步实施，现阶段全球分工呈现"共轭环流"式格局。中国一方面在持续参与全球贸易、继续嵌入由发达国家主导的全球价值链；另一方面，中国开始以国际产能合作、国际工程承包等方式引领发展中国家价值链。中国在全球分工网络中的地位愈发重要，从总量上来看，中国在发达国家价值链和发展中国家价值链环流中均处于枢纽地位，而且中国对发展中国家价值链的引领作用逐步显现。但是，由于我国目前多从事价值链中低端附加值环节，缺乏对全球价值链的控制力和话语权，加之体量巨大，难以在发达国家价值链中直接实现高端攀升，而引领发展中国家价值链。因此，现阶段我们既要继续积极参与发达国家主导的全球价值链，也要做好加强引领发展中国家价值链的工作。力争在2035年中国基本实现社会主义现代化强国目标时，深度嵌入全球价值链，发展成为引领全球价值链的国家之一；在2050年中国实现两个百年中国梦之时，成为全球价值链的主要引领国家，实现由贸易大国向贸易强国转变的目标。

专栏18—2　什么是准入前国民待遇加负面清单管理

党的十九大报告指出，"实行高水平的贸易和投资自由化便利化政策，全面实行准入前国民待遇加负面清单管理制度，大幅度放宽市场准入，扩大服务业对外开放，保护外商投资合法权益"[2]。2019年3月15日，第十三届全国人民代表大会第二次会议上正式表决通过的《中华人民共和国外商投资法》，将于2020年1月1日正式施行。其中"国家对外商投资实行准入前国民待遇加负面清单管理制度"是《中华人民共和国外商投资法》的一项重要内容。

准入前国民待遇，是指在投资准入阶段给予外国投资者及其投资不低于本国投资者

---

[1] 洪俊杰、商辉：《中国开放型经济发展四十年回顾与展望》，《管理世界》2018年第10期。
[2] 习近平：《决胜全面建成小康社会　夺取新时代中国特色社会主义伟大胜利——在中国共产党第十九次全国代表大会上的报告》，人民出版社2017年版，第35页。

及其投资的待遇。我国实行准入前国民待遇，无论内外资企业，只要在中国注册，都将一视同仁、同等对待。核心是给予外资准入权，并在国家监管和税收待遇等方面给予法律上和实质上的同等待遇。

负面清单，是指关于外资进入或者限定外资比例的行业清单，是国家规定在特定领域对外商投资实施的准入特别管理措施。在该清单上，国家明确列出不予外商投资准入或有限制要求的领域，清单之外领域则充分开放。国家对负面清单之外的外商投资，给予国民待遇。

全面推动准入前国民待遇加负面清单管理制度实施，严格落实"非禁即入"，是我国进一步同国际贸易规则接轨，深化外商投资管理制度改革，营造法治化、国际化、便利化投资环境的重要举措。

(三) 中国开放经济的发展现状及完善

全面提高中国的开放经济水平，必须完善中国的开放型经济体系，这一体系是动态发展的。现阶段它的主要特征是边境开放，解决要素在边境之间的自由流动。全面扩大对外开放，目的是实现互利共赢，平衡内外部矛盾关系，兼顾国家安全与经济安全。接下来本节会对边境开放和境内开放的内涵进行阐述。

1. 边境开放的主要内容

(1) 外贸法规和体制的调整

中国积极响应 WTO 规定，在非歧视原则、自由贸易原则和公平竞争原则下调整和修改国内现有政策法规，对现有法律规章制度开展了大规模的清理与修订工作，并在世界贸易组织所倡导的统一性、透明度和公平贸易等基本原则下修订了《中华人民共和国对外贸易法》，创造良好的制度环境。

(2) 降低关税与撤除非关税措施

大幅削减关税。自从 2001 年加入 WTO，我国一直在降低关税壁垒，我国关税总水平由 2001 年的 15.3% 降至 2021 年的 7.4%。此外，中国还不断削减非关税措施，取消进口配额、进口许可证和特定招标。

(3) 履行《服务贸易总协定》的承诺

WTO 规则下总共细分出 160 多个服务贸易部门的分部门，目前中国已经不同程度地开放了 100 个，已与 200 多个国家和地区建立了服务贸易往来。2013 年以来，中国服务进口连续 7 年稳居全球第二。

(4) 基本完成总体开放布局，总体贯彻由沿海、沿江到沿边的思路，中国对外开放布局已日渐成熟

在 20 世纪 80 年代陆续开放经济特区和 14 个沿海城市，在 1992 年开放了 18 个省份的省会和首府城市；此后，以开放上海浦东新区为起点，开放沿江 5 大城市；在同一年，开放了沿边的 13 个边境城市。在 90 年代上半叶，开放布局已深入中国广大地区。

(5) 经贸关系全面发展

中国与美国、欧洲、日本、英国、俄罗斯等均建立了经济战略对话；并先后与多国或地区签署了自由贸易协议；两岸签署了《海峡两岸经济合作框架协议》；与中国香港、澳门签署了《关于建立更紧密经贸关系的安排》，促进了区域经济融合和经贸合作深入发展。

(6) 参与了全球经济治理

中国加入世界贸易组织后，积极参与全球经济治理，并开始发挥作用。组织参与贸易、气候、能源、金融安全等各类国际活动，积极推进区域合作、促进区域协调发展，如推动"一带一路"经济建设，在全球经济治理中彰显了中国的影响力。

2. 境内开放

境内开放的含义是，当其他经济体的商品和服务通过边境开放比较便利地进入东道国后，遇到的体制和政策障碍，这些障碍有的在世界贸易组织的国民待遇原则条款中可以得到解决，有的并没有纳入世界贸易组织的协议条款，因此仍然存在。例如，一些经济体对国有企业的支持和补贴、劳工和环保政策以及不少原本只管辖本国经济活动的政策和只对本国经济运行发生影响的体制和制度，在开放深入后都会成为提出公平竞争要求的改革对象。货物贸易会涉及这些问题，但服务贸易的问题更突出，中国服务贸易的开放虽然已经达到和超过履行承诺的标准，但从服务贸易四种形式（跨境交付、境外消费、商业存在、自然人流动）的具体分项和开放的程度来看，开放水平还不是很高。

要扩大中国服务部门的对外开放，必然涉足境内开放的深水区，境内开放的步伐将决定服务部门开放的广度和深度。从中国加入世界贸易组织以来，中国境内开放问题的争论焦点是人民币汇率。这仍然是由于货物进出口贸易的不平衡产生的，或以此为借口的。在货币汇率和国际收支管理的国际规则中，只有国际货币基金组织规定了经常项目的开放规则，而中国早已实现了经常项目的可兑换。由于货币汇率和国际收支管理没有列入世界贸易组织的协议内容，因此这种争论缺乏国际规则的约束和仲裁，不可能有明显的结论，但对中国人民币汇率形成机制改革却有一定影响，这说明，境内开放问题已经成为中国开放型经济完善和发展的新议题[①]。

二 中国特色开放经济理论框架

根据党的十八大、十八届三中、五中全会精神，中国特色开放型经济理论框架可以简要概括为：完善互利共赢、多元平衡、安全高效的开放型经济体系；构建开放型经济新体制；培育参与和引领国际经济合作竞争新优势；完善对外开放战略布局；积极参与全球经济治理和公共产品供给[②]。

[①] 裴长洪：《全面提高开放型经济水平的理论探讨》，《中国工业经济》2013年第4期。
[②] 裴长洪：《中国特色开放型经济理论研究纲要》，《经济研究》2016年第4期。

(一) 构建互利共赢、多元平衡、安全高效的开放型经济体系

互利共赢，是指对外开放中要尊重对方利益，坚持共同发展，坚持通过合作促进全球经济平稳、可持续增长。在着眼自身利益的同时，不得损害对方的利益，要最大限度地寻找彼此利益交会点，实现双赢。我国一直坚持和平发展战略，在全面对外开放过程中，要把互利共赢的理念落到实处，从国家全局和长远利益出发，坚持以开放换开放，不断拓展经济发展外部空间和良好国际环境。

多元平衡，是指对外开放过程中要坚持统筹协调，注重良性互动，实现多元发展、平衡发展。党的十八大指出，必须创新开放模式，协同推进沿海内陆沿边开放，打造分工协作、优势互补、均衡协调的区域开放新格局；要坚持由重视出口向进出口并重转变，推动对外贸易平衡发展；坚持"引进来"与"走出去"平衡发展，不仅要推动引资、引技、引智有机结合，更要加快"走出去"的步伐，增强企业创新与国际化经营能力，培育一批世界水平的跨国公司；坚持区域合作，要统筹双边、多边区域、次区域开放合作，加快实施自由贸易区战略，推动同周边国家互联互通。

安全高效，就是在对外开放中不仅要提升整体的经济效益，也要增强经济体抵御外部风险的能力。因此，必须改变对外经济发展方式，培育经济发展新优势。必须加快改革涉外经济管理体制；建立统一高效的对外机制，完善对外贸易体系的风险防范机制，增强风险防范水平；增强国际安全合作，增进各国外交与互动，促进全球经济安全。

(二) 构建开放经济新体制

第一，建立与服务业扩大开放相适应的新体制和新机制。服务业跨国转移为加快中国服务贸易发展提供了新的机遇，从世界范围来看，服务业在过去半个世纪得到了长足发展，在经济全球化趋势的推动下，服务业在全球范围之内面临着结构的调整。随着全球贸易产业链条拉长，各个生产环节独立出来，任何一个国家都无法完成整个产业链的工作。根据资源的配置，服务于各个生产环节的服务业，将为各国提供市场空间，这也就形成了外包等各种形式的服务贸易。在此背景下，发达国家服务业的对外转移和全球服务业外包业务的发展，有利于中国吸引外国投资，改善中国服务业的内部结构；也有利于中国服务提供者进入国际市场，实施"走出去"战略，扩大服务出口。

第二，建立适应贸易投资自由化的新体制和机制。持续推动对外贸易投资自由化、便利化，进一步创新跨境货物和服务贸易方式，配套落实跨境贸易相关法律，不断完善外商直接投资和境外直接投资外汇管理；支持"一带一路"建设，加快构建自贸区网络，鼓励国际产能合作，鼓励有条件有能力的境内企业"走出去"，开展真实合规的对外贸易与投资；稳妥有序推进资本账户开放和外汇市场建设，坚定不移深化汇率市场化改革，维护外汇市场基本稳定，防止大规模不稳定跨境资本流动引发的系统性风险，持续推进多层次外汇市场体系建设。

第三，以"一带一路"为载体，推动形成宽领域、多层次的区域合作新体制。中国发展的不平衡，主要是指不同区域发展的不平衡；开放程度的不协调，则更多体现为内陆沿边和沿海开放的不协调。

第四,逐步培育具有与海洋强国相适应的新体制、新机制。海洋强国的一个重要标志是海洋科技发达,海洋竞争本质上是海洋高科技竞争,海洋开发的深度便取决于海洋科技水平的高度。贯彻落实习近平总书记关于建设海洋强国的重要论述,要紧紧抓住推进海洋经济转型过程中亟待解决的核心、关键技术,加大研究开发力度,重点在深水、绿色、安全等海洋高技术领域取得突破,建设海洋强国,必须掌握海洋科技发展主动权,着力推动海洋科学技术创新。

第五,推动建立法治化、国际化的一流营商环境。党的二十大提出了"必须坚持问题导向"的要求,这就要求我们从当前营商环境面临的突出矛盾和挑战出发,对标国际水平,以更大的开放、更高的要求营造一流的营商环境。完善产权保护、市场准入、公平竞争、社会信用等市场经济基础制度,优化营商环境;合理缩减外资准入负面清单,依法保护外商投资权益,营造市场化、法治化、国际化一流营商环境。要积极参与全球经贸规则重构,推动规则标准有效提高,增强规则引领力和议题创设权。

第六,政府管理方式向"服务化"转变。过去政府"命令"模式的管理方式使一些部门之间职责不清、管理方式落后、办事效率不高。建设服务型政府是社会主义市场经济深入发展和适应WTO规则的需要,为建设服务型政府,必须深化行政体制改革,切实转变政府职能,提高政府公信力和行政效率,实现由"管理主义"向"服务主义"、"人治政府"向"法治政府"转变。

(三)培育参与和引领国际经济合作竞争新优势

改革开放以来,中国在对外贸易中主要依靠土地、廉价劳动力等要素禀赋,生产中低端产品以获取贸易增加值。当前这一时期,全球经济结构面临深度调整,围绕市场、资源、人才、技术、规则等方面的竞争日趋激烈,如何应对新挑战和把握新机遇,争取在更高水平上形成引领国际竞争新优势,是新一轮对外开放战略必须着力解决的重大问题。适应经济全球化新形势,必须加快培育参与和引领国际经济合作竞争新优势,以开放促改革。这对提升我国综合国力和竞争力,增强我国国际影响力,实现全面建成小康社会的奋斗目标具有重要指导意义。

第一,培育新的比较优势。我国出现人口老龄化趋势,劳动年龄人口绝对数量下降,原有的人口禀赋已经无法持续。要实现持续发展,必须沿着土地、劳动力、资本、技术、知识的轨迹实现生产要素升级,改造传统行业、促进行业转型升级、突出重点打造新的资本技术新优势。

第二,形成价值链、供应链新优势。随着中国参与全球贸易、国际分工的程度加深,中国逐渐融入全球生产与供应链条。以推动我国产业迈向全球价值链中高端,提升产业基础能力和产业链现代化水平,培育若干世界级先进制造业集群为目标,在中高端消费、创新引领、绿色低碳、共享经济等领域培育新增长点、形成新动能,提升价值链、供应链、产业链现代化水平。

第三,强化国内市场优势。中国国内消费市场前景广阔,发展潜力巨大。2021年中国货物贸易进口额达到 2.68 万亿美元，服务进口额达到 4270 亿美元。当前，应当充分发挥我国超大规模市场优势和内需潜力，构建国内国际双循环相互促进的新发展格局，为我国经济发展增添动力。

第四，扩大体制优势。改革开放以来，我国之所以能够取得举世瞩目的经济成就，经济飞速发展、综合国力极大增强、人民生活水平大幅提高，关键就在于我们大力发展社会主义市场经济，不断完善社会主义市场经济体制，为市场经济的发展开辟了新的广阔空间，显示了巨大的体制优势。中国特色社会主义进入新时代，我们要坚持全面深化改革，不断完善社会主义市场经济体制，推动经济社会稳定前行、健康发展。

第五，扩大提供国际公共产品能力的优势。作为一个负责任的大国，中国积极履行国际义务和责任，积极参与全球合作，在国际经济领域开始发起新倡议、新议题和新行动。随着中国硬实力和软实力的增长，中国融入全球经济的程度必然加深，提供国际公共产品能力必然逐步增强，这种优势也必然不断发展。

（四）完善对外开放战略布局

第一，完善对外开放的区域布局。改革开放四十多年的经验表明，区域开放是促进区域经济发展的重要动力之一。由于区域特点与优势不同，各个区域对外开放的时间有所不同，对各区域经济发展水平和产业形成有很大影响，因此不同区域的优势产业集群建设也必然有其各自的特点。在我国全面对外开放的背景下，区域开放面临新形势、新挑战。在新的对外开放形势下优化区域开放布局，有效提升不同区域发展水平和质量，发挥不同区域在对外开放中的作用，是我国对外开放的现实需求，也是区域协调发展的必然要求。应坚持开放型经济发展与促进区域协调发展相结合，加快内陆沿边开放步伐，提升沿海地区开放水平，打造陆海内外联动、东西双向开放的全面开放新格局。

第二，完善对外贸易布局。总体目标是要实现从"贸易大国"向"贸易强国"的转变。目前我国仍处于全球生产链条的中低端，对外贸易大而不强。目前世界经济已经进入高科技与信息知识时期，对外贸易发展战略应从追求数量规模向综合效益转变。贸易强国在强调扩大对外贸易规模的基础上，更加注重对外贸易发展质量，其内涵包括本国经济发展水平、科技水平世界领先；在资金、技术、服务等方面具有比较优势；对外贸易规模与投资规模大，服务贸易极其发达，在全球贸易中有影响力与话语权。

第三，完善对外投资布局。坚持"引进来"与"走出去"相结合。国际投资发展迅速，企业对外投资机会增加，我国在绿色发展、工业化转型、数字经济等领域与多国开展合作，为中国发展注入新动力；鼓励企业合理高效利用外商投资，学习国外企业先进工艺、技术、管理经验，促进本国企业转型升级。利用外资要牢牢把握"三个有利于"原则：有利于构建开放型经济新体制；有利于促进中国经济结构调整和产业升级；有利于培育中国经济新的国际竞争力。

（五）积极参与全球经济治理和公共产品供给

随着全球化程度的加深，影响全球经济发展的问题往往涉及多个国家，单个国家难以解决，由此出现了"国际公共产品"的供给问题。国际公共产品是指能使不同地区的许多国家的人口乃至世界所有人口受益的公共产品，它是公共产品这一概念在国际范围内的引申和拓展，因此也必然具有公共产品的两个基本特性，即受益的非排他性和消费上的非竞争性。国际公共产品可以是有形的，如环境、公共遗产；也可以是无形的，如安全、金融规则等。中国要更有效地参与全球经济治理，必须研究中国如何增强国际性公共产品的供给能力，国际公共产品的供给能力取决于一个国家的综合实力。一方面，要使中国的社会主义市场经济体制与国际准则接轨；另一方面，使我们在国际交往中的话语体系更具有影响力，把我们的故事讲得更动听，更有亲和力。

专栏18-3　　行业层面的全球公共产品

金德尔伯格在其著名的《1929—1939年：世界经济萧条》一书中指出：世界经济体系的稳定运行无法完全依靠市场自发的力量，或者说不能指望各国自觉、自愿地提供确保经济体系稳定所必需的成本，因此必须有一个国家在其中发挥领导作用，提供维持体系稳定所必需的成本。所以，约瑟夫·奈就用"金德尔伯格陷阱"来指，没有国家有能力或者虽然有能力却没有意愿和手段来领导世界，承担国际公共产品成本的一种状态。

"金德尔伯格陷阱"主要涉及国际公共产品的供给。国际公共产品是公告产品在国际范围内的引申，具有非排他性和非竞争性的特点，是成本和获益超越单一国家边界、跨越不同世代、超越不同人群的共享产品。由于公共产品的非排他性，且一国的使用不会造成别国的损失，因此国际公共产品的供给容易产生"搭便车"问题——每个使用者都希望别人付出成本，自己不付出任何成本。典型的国际公共产品包括稳定的国际金融和货币体系、开放的国际自由贸易、良好的国际宏观经济政策、国际安全保障体系与公海航行自由等。今天，世界和平、区域合作、自由贸易、经济增长、金融稳定、环境保护、传染病防治、知识产权保护、度量衡与标准的统一等大量容易产生外部效应的国际公共产品已经成为经济全球化与国际关系中的重要议题，对世界的发展、稳定与安全产生深远影响。

国际公共产品的稳定供给是需要巨大成本的，需要某个或某几个有强大实力的国家带头承担这个成本。近年来，中国作为负责任大国，一直在力所能及地提供国际公共产品，绝不回避自己的大国责任。比如，《巴黎协定》是十分典型的环境型国际公共产品，对人类社会和世界各国的持续发展具有重大意义。但是，美国以《巴黎协定》损害了美国的经济利益和就业机会为由，无视美国的大国责任，于2017年6月1日宣布退出《巴黎协定》。中国坚决支持《巴黎协定》并承诺将完全履行中国的义务，为应对气候变化做出中国贡献。再如，中国倡议的"一带一路"建设是区域经济合作、国际自由贸易、基础设施互联互通、国际安全互信等重要国际公共产品的集中体现，由中国倡导建立的亚洲基础设施投资银行也是促进基础设施融资建设新的国际公共产品。中国秉持

> "众人拾柴火焰高"的态度,不断扩大"一带一路"朋友圈,不断汇聚国际发展共识,为世界与区域经济发展及全球治理体系变革做出积极贡献。这是中国为世界提供的优质国际公共产品,也是中国国际领导力的体现。

第三节 对西方主流经济学的借鉴和扬弃

西方经济学与马克思主义经济学都是人类探索与改造客观世界过程中积淀下来的成果,它们是辩证统一的。它们的根本区别在于,西方主流经济学为资产阶级利益服务,维护资本主义生产方式及其经济制度;马克思主义经济学则代表了工人阶级的利益,它试图说明工人阶级是社会财富的创造者,并且揭示了资本主义生产方式的内在矛盾以及其必然灭亡、必然被社会主义经济制度取代的发展规律。中国特色社会主义经济学是对中国社会主义建设及其发展规律总结并揭示了中国社会主义建设和发展规律的一门学科,其认识论是辩证唯物主义的实践论。中国特色社会主义经济学凝结了几代共产党人的智慧与心血,坚持马克思主义的立场、观点与方法,并以历史唯物主义和辩证唯物主义为方法论研究现实经济问题。中国特色社会主义开放经济学具有中国色彩的分析框架和研究范式,具有鲜明的实践性和创新性。中国开放经济理论的形成过程是以问题导向、实践导向的,中国特色社会主义建设过程中贯穿着对马克思理论的创新发展。

西方经济学这一学科经历过去几百年的发展,也提出了不少反映社会化大生产规律以及经济发展规律的观点和认识。中国特色社会主义经济学是对西方经济学与马克思主义经济学的继承与发展,想要在它们的影响下走出一条中国特色的发展道路的确充满未知与挑战。经历几代中国共产党人的不懈奋斗,不断坚持和发展马克思列宁主义、毛泽东思想,形成中国特色社会主义经济学,它根植于中国大地,产生于建设中国的实践,具有实践与创新性,这是它区别于西方经济学的特点。

一 西方主流经济学理论评介

西方经济学主要是介绍西方市场经济国家的现代经济理论与经济政策,包含微观经济学与宏观经济学两大部分。"国际经济学"就是西方学者对各流派中有关世界经济和对外经济的内容进行拼凑而成的。国际经济学已经发展为对外经济关系领域的重要学科。其中,有反映古典经济学的比较优势理论、要素禀赋理论以及该流派的后来继承者产品生命周期理论、规模经济和不完全竞争理论,以及国际直接投资理论等;有反映新古典经济学的世界市场均衡理论、汇率理论、国际收支理论等;有反映把各种经济学流派（包括凯恩斯经济学和新自由主义）加以综合的理论内容。如贸易政策、关税同盟、区域经济一体化、经济全球化和国际经济政策协调等[①]。西方主流经济学的某些概念对我们发展中国特色社会主义市场经济学有启发和借鉴意义，如"比较优势"和"经济全球化"等。但可以用来直接解释中国对外开放的理论是有限的，需要继承并加以"中国化"转化。

正如前文所说，西方经济学是服务于资产阶级利益的一门学科，因此它维护资本主义生产方式及其经济制度。它的理论绝大多数是以西方发达国家，特别是西欧国家和美国的实践为依据的，如相互需求理论、规模经济和垄断竞争理论、产品生命周期理论、企业优势、内部化和交易成本理论等，但都只能用于解释发达国家间贸易和相互投资的发展，而不能解释发展中国家发展内部贸易与投资的经验。西方经济学中直接涉及发展中国家对外经济问题的成熟理论非常少，而且大多非常陈旧，如"中心—外围"理论，资金外汇"两缺口"理论等。中国特色社会主义经济学以马克思主义经济学为指导，结合我国特殊国情借鉴西方经济学，去其糟粕，取其精华。

二 中国特色开放经济理论的实践与创新

（一）在实践中产生，并运用于指导实践的发展

中国改革、建设的经验提炼和系统概括是中国特色社会主义开放经济理论体系建构的实践逻辑。理论源于实践，又用来指导实践。中国开放经济理论的形成过程是以问题导向、实践导向的，它要解决的问题是当前这一时期要干什么和怎么干的问题，所以它是一个动态发展、补充和完善的过程。改革开放以来，我们及时总结现实经验，不断推进理论创新，提出了许多重要论断。比如，围绕社会主义建设的经验，提出社会主义本质的理论、社会主义初级阶段基本经济制度的理论；总结现实经验，坚持对外开放，有序开办经济特区试点，逐步开放沿海城市，发展沿海开放区以解决中国经济建设中资金不足、外汇短缺、管理经验缺乏等问题。加入世界贸易组织以后，中国积极响应 WTO 号召，更加积极主动融入全球贸易体制机制，不断扩大引进和利用外资的规模，积极推动多边贸易、加强国际合作，同时进一步扩大对外开放层次，将开放领域从货物贸易扩大到金融、服务、技术等领域，中国与世界在互相融合中不断实现了经济互利式发展。进入新时代之后，中国从对外开放走向全面扩大开放，不断完善涉外经济体制，推动"一带一路"建设，在实现自身发展的同时将机遇与世界各国共享，以更加全面、更加有力的开放举措推动世界开放型经济深入发展。面对经济新常态，提出创新、协调、绿色、开放、共享新发展理念的理论，提出深化供给侧结构性改革、推动经济高质量发展的理论等。这些成果，源于我国社会主义建设的实践，不仅有力指导了我国经济发展，而且对马克思主义进行中国化，开

[①] 裴长洪：《中国特色开放型经济理论研究纲要》，《经济研究》2016 年第 4 期。

拓了马克思主义政治经济学新境界。

(二) 与时俱进，大胆创新

第一个理论创新是对马克思世界市场理论的创新。在中国开放型经济理论中，突破了两个平行和对立的世界市场的理论，我们说的两个市场，是指国内国外两个市场，主要是按照不同主权国家利益和经济制度划分的市场，而不是按照政治制度和意识形态特征来划分的市场；而且，这两个市场不是对立的，而是相互影响、相互渗透的，从而融合形成"开放型的世界经济"。因此，我们需要充分利用两个市场和两种资源①。

第二个理论创新是对马克思国际分工理论的创新。中国的开放型经济理论总结了中国和世界经济新的发展特征与趋势，在中国改革、建设的现实中提出了持续发展对外贸易、积极参与国际分工的主张；指出要"发挥我国比较优势"，提出了培育我国国际竞争与合作新优势的要求；在全球化程度加深、产业链拉长的背景下，提出全球价值链攀升的战略目标。这些理论都是对马克思主义国际分工理论创造性运用的典范。

第三个理论创新是对毛泽东三个世界划分理论的创新。进入新的时期，"谁是我们、谁是合作伙伴、谁是敌人？"这一国际政治经济学的最大问题摆在了新一代领导人的面前。邓小平坚持"独立自主、自力更生"的立场，反对一切侵略和霸权主义，坚持用和平共处五项原则处理国际关系。他所提出的对外开放是向西方发达国家、苏联、东欧国家、第三世界发展中国家全方位开放的主张。1992年，江泽民指出，世界多极化的发展趋势导致大国关系不断调整，形成多个力量中心，中国处于全新的历史方位，与新兴国家的关系更加错综复杂②。发展中国家发展迅速，总体实力大幅提升，国际地位明显上升，成为国际舞台上不容轻视的一支重要力量。世界多极化格局的形成过程会十分漫长，但是这种趋势已成为不可阻挡的历史潮流。胡锦涛指出，在经济全球化和世界多极化的趋势中，必须重视全球经济的和谐发展。他认为各国应重视并采取有效措施推动经济全球化朝着均衡、普惠、共赢的方向发展，努力缓解发展不平衡问题，使所有国家都受益于经济全球化③。这也反映了中国参与经济全球化的价值观和目标追求。继而，习近平总书记根据世界经济深度调整和中国开放型经济深入发展的新形势，提出了"一带一路"倡议的新理念，这既是中国扩大开放的行动纲领，又是扩大开放的理论指引，成为我党继三个世界划分理论脉络的又一个新的理论创新成果。"一带一路"建设不是零和博弈，而是双赢、多赢、共赢。"一带一路"建设不排斥和针对任何经济体，对所有国家开放，发展成果惠及所有沿线国家和地区。2022年，党的二十大报告进一步提出"推进高水平对外开放……稳步扩大规则、规制、管理、标准等制度型开放"④。这是"制度型开放"首次写入党代会报告。这

---

① 裴长洪：《中国特色开放型经济理论研究纲要》，《经济研究》2016年第4期。
② 《江泽民思想年编（1989—2008）》，中央文献出版社2010年版，第564页。
③ 《胡锦涛文选》（第2卷），人民出版社2016年版，第53页。
④ 习近平：《高举中国特色社会主义伟大旗帜　为全面建设社会主义现代化国家而团结奋斗——在中国共产党第二十次全国代表大会上的报告》，人民出版社2022年版，第32页。

个理论观点的创新，使开放型经济理论更加丰满。

中国共产党创立的中国特色开放型经济理论继承、发展了马克思主义，是对马克思主义的创造性转化。它深深扎根于中国亿万人民的对外开放的伟大实践，经过几代共产党人的发展，日益枝繁叶茂，如今它已经成长为参天大树。

本章小结

1. 继续扩大对外开放是坚持中国特色社会主义道路的必然要求，对外开放已成为当代中国的鲜明标识。中国开放型经济体系的形成是以中国改革开放的现实为基础、以国际惯例和国际规则为导向的对外经济活动整体运行的制度性框架，它是动态变化、不断完善的。可以将它勾勒为以下一个分析框架：开放的部门和领域、开放的空间布局、开放的体制与政策含义、开放的方式、参与全球经济治理。

2. 全面提高中国的开放经济水平，必须实行更加积极主动的开放战略，这其中的关键是实现两个转变。转变对外经济发展方式的具体内容归纳为：从重视商品出口到进出口并重转变、从以吸引外资流入为主向"引进来"与"走出去"并重转变、从主要发展商品贸易向商品与服务贸易并重转变、从政策优惠型加工贸易向国际通常的产业内贸易转变、从主要发展双边经贸关系向多层次、宽领域经贸合作方向转变、从主要依靠土地、廉价劳动力等要素禀赋优势向培育国际竞争新优势转变。转变中国在全球经济舞台上的角色定位，首先要求提高中国为全球提供公共产品的能力，还要继续逐步完成从边境开放向境内开放过渡的改革任务，实现与国际规则、惯例和新潮流的深度接轨。

3. 中国特色开放经济理论框架可以简要概括为：完善互利共赢、多元平衡、安全高效的开放型经济体系；构建开放型经济新体制；培育参与和引领国际经济合作竞争新优势；完善对外开放战略布局；积极参与全球经济治理和公共产品供给。

4. 中国特色开放经济是对"国际经济学"的借鉴和扬弃，是有中国色彩的分析框架和研究范式。它具有鲜明的实践性与创新性，中国开放经济理论的形成过程是以问题导向、实践导向的，同时对马克思主义理论的创新发展贯穿中国特色社会主义现代化建设的各个时期。

思考题

1. 请简述如何加快转变对外经济发展方式。
2. 请简述如何转变在全球经济舞台上的角色定位。
3. 请简述中国特色开放经济理论的形成过程与主要特点。

4. 请简述边境开放的主要内容。
5. 请阐述"开放型经济体系"的分析框架。
6. 谈谈你对互利共赢、多元平衡、安全高效的开放型经济体系的理解。
7. 请简述如何理解构建开放型经济新体制。
8. 请结合实际举例说明如何理解培育参与和引领国际经济合作竞争新优势。
9. 请简述如何完善对外开放战略布局。
10. 请结合实际谈谈你对中国特色开放经济理论两个基本品格的理解。

第十九章 新时代中国全面开放新格局及对世界经济的影响

导　言

经济全球化的发展历程并非是一帆风顺的。在2008年国际金融危机冲击下，经济全球化遭遇了一定程度的挫折，面临着全球化减速和"逆全球化"的趋势，呈现新的特点。这一外部环境变化给我国多年贯彻的开放型经济发展路径带来了新挑战。面对新时代下中国发展的新常态和新要求，以及后危机时代经济全球化发展的新趋势和新特点，中国的开放经济亟待转型升级，中国的全球治理能力亟待提升。

如何在经济全球化减速、贸易保护主义抬头的大背景下继续推进中国全面开放新格局的构建？如何在新时代、新征程下提高中国的全球经济治理能力？本章将对2008年国际金融危机之后经济全球化的新趋势与新特点进行探讨分析，并介绍各国参与全球经济治理的经济学理论。从而从部门领域、空间布局、规则制度和对外关系建设等方面阐释中国全面开放新格局的构建路径，并提出中国参与全球经济治理的战略和基本方略。最后，本章总结了新时代中国全面对外开放的国际影响与贡献。

学习目标

1. 了解后危机时代经济全球化的趋势与新特点。
2. 解释经济全球化减速和"逆全球化"浪潮产生的原因。
3. 理解新时代中国全面开放新格局的构建。
4. 掌握了解全球经济治理的经济学理论。
5. 掌握了解全球经济治理的新模式和中国参与全球经济治理的战略和基本方略。
6. 评价新时代中国全面对外开放的国际影响与贡献。

第一节　后危机时代经济全球化的趋势与新特点

在2008年国际金融危机冲击下，尽管全球贸易额和投资额出现大幅下降，但经济全球化的基本趋势仍然势不可挡；跨国垄断资本仍在继续推进生产要素的跨国界流动，而且经济全球化趋势演进的内生机制、运行条件和路径等仍将在危机爆发后的调整和变化中继续发挥作用。但这并不意味着国际金融危机对经济全球化的发展进程毫无影响，在后危机时代，经济全球化出现了若干新态势和新特点。

一 经济全球化减速，但全球化的基本趋势没有改变

经济全球化的动力机制有以下两种。首先，以跨国公司为代表的市场力量的兴起，加速了商品、服务和生产要素的跨国界流动，它们推动了国际化生产经营在全球的扩展。其次，为了获得更多贸易收益，为跨国垄断资本服务的西方发达国家政府以及为全球资源配置所进行的各种经济合作、协调机制与国际组织极力推行贸易投资自由化。

全球化减速的事实。2008年国际金融危机之后，世界经济与贸易减速已经成为事实并表现为长期趋势。根据国际货币基金组织（IMF）的数据，2009—2016年世界贸易量的年增长率平均只有3%，仅为1980—2008年增长率的一半。

本轮经济全球化减速的主要经济原因有三点：一是技术进步减少了国际贸易和投资需求。比如，新能源汽车的普遍应用，可以使缺油国减少对进口石油的需求；自动化智能化设备的应用，可以减弱劳动力成本低的优势。目前中美的人工成本还有4—8倍差距，但机器人同一个价格，这样，中国制造的低成本优势就会下降。二是技术进步减弱了水平分工的优势。比如，有了智能制造，能灵活调整产品，一条生产线可以小规模、多品种生产。更根本的改变是增材制造（3D打印）的应用，小批量生产甚至单品生产的成本明显降低，分工带来的大规模生产的优势下降。因此，国内市场较小的国家的企业，可以既小批量生产又能保持低成本，而不必从国外进口。据研究，3D打印减少了15%左右的助听器的国际贸易量。三是运输成本使国际分工深化、细化接近尾声。全球分工细化到一定程度后，再分工就可能带来成本增加。比如，汽车车灯的灯管和灯罩已经由两个国家的企业生产，并在其中的一个企业组装。如果运到第三国组装，组装费可能更便宜，但加上运费可能成本更高。此外，生产个别零部件的国家努力延伸本土产业链，成为区域制造中心，也减少了参与分工的国家数量。

国际金融危机之后产生的"逆全球化"浪潮不容忽视。"逆全球化"即与全球化进程背道而驰，表现为全球贸易、对外投资和移民流动的减弱，或国家之间经济相互依存和融合程度的不断降低，或基于保护主义对产品和要素的跨境流动设置各种障碍。"逆全球化"在经济上表现为贸易保护主义和本土主义。

本轮"逆全球化"浪潮出现的经济原因有如下两点。一是收入红利的全球化分配问题。只有当国家和地区没有公平地享受全球化红利，利益在国家内部和国家之间的分配出现了争议，才会推动"逆全球化"浪潮。但全球化红利的分配问题是随着全球化的深入而产生并越发严重的。2008年爆发的国际金融危机和随后的欧洲主权债务危机仅仅是起了导火索的作用，"逆全球化"现象于2008年前后被人所关注。二是"萨缪尔森和鲍莫尔之忧"。萨缪尔森指出，如果发展中国家各种产品的相对生产率趋同于发达国家，后者的福

第十九章 新时代中国全面开放新格局及对世界经济的影响

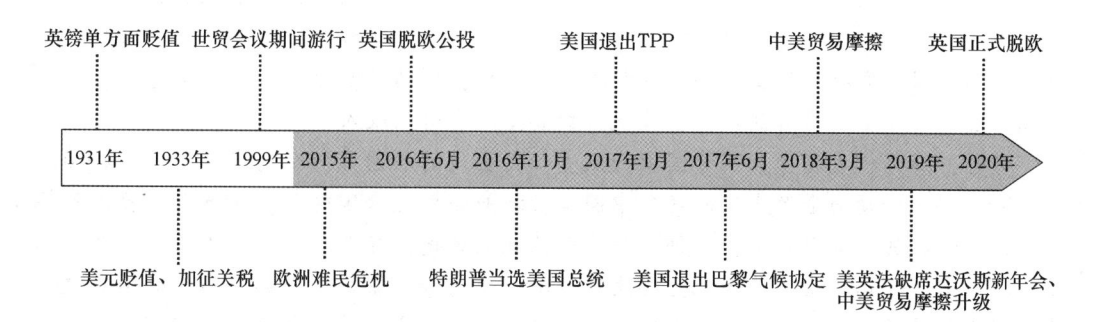

```
英镑单方面贬值  世贸会议期间游行  英国脱欧公投      美国退出TPP       中美贸易摩擦      英国正式脱欧
   |              |                |                |                |                |
  1931年  1933年  1999年  2015年  2016年6月 2016年11月 2017年1月 2017年6月 2018年3月 2019年 2020年
           |              |                |                |                       |
     美元贬值、    欧洲难民危机      特朗普当选美国总统  美国退出巴黎气候协定      美英法缺席达沃斯新年会、
     加征关税                                                                     中美贸易摩擦升级
```

图 19-1 "逆全球化"重大事件时间轴

利会变差①。因为相对生产率趋同就意味着两国比较优势趋同，从而就不必要进行专业化分工并开展贸易，而会回到各自生产所有产品的自给自足状态。更具体地说，发展中国家在发达国家具有比较优势的产品上的生产率追赶，会损害发达国家福利②。鲍莫尔等指出，当国家间的贸易和分工水平处于相似位置，在全球总收入中占有的份额相近时，国家间利益存在此消彼长的关系③。萨缪尔森和鲍莫尔之忧是对发达国家能否保持自身比较优势之忧，是对发展中国家以多快速度、在多宽的技术和产业谱系上追赶发达国家之忧。为了应对发达国家会抵制全球化浪潮，限制核心技术和关键零部件向发展中国家出口，并在自己国内或动员多国拒绝采购如中国这样的发展中国家的高技术产品和服务，发展中国家的博弈策略是制定国家战略，力图动员全社会力量自主研发发达国家限制出口的技术和产品，进而形成自主可控的技术和产业安全格局。但在国际竞争中，技术和产业升级步伐会大大慢于发达国家的联合体，割裂后，其他国家和全球福利也会受损，由此形成共输的"囚徒困境"。

专栏 19-1　　　　　　　　　全球化与收入分配

全球化和收入分配之间具有何种关系？根据赫克歇尔—俄林模型，全球化对收入分配的影响取决于一个国家的资源禀赋。在资本充足的国家如美国，劳动力所有者受损，资本所有者受益；而在劳动力资源充足的国家如中国，情况正好相反。如果没有全球化，资本家无法到境外经营或投资，只能在境内逐利，经济全球化为其提供了全球市场，让其可以在全球范围内获得更多利益，同时还可能逃税或避税。显然，全球化会增

---

① Samaelson, P. A., 2004, "Where Ricardo and Mill Rebut and Confirm Arguments of Mainstream Economic Supporting Globalization", *Journal of Economic Perspectives*, 18 (3): 135-146.

② Yang, J. C., Shin, J. W., Park, D. S., 2004, "Comparing Study for Detecting Micorcalcifications in Digital Mammogram Using Wavelets", Yang, Z. R., et al., eds., *Intelligent Data Engineering and Automated*, Springer.

③ Gomory, R. E., Baumol, W. J., 2001, *Global Trade and Conflicting National Interests*, MIT Press.

加资本的回报。同样，根据斯帕托—萨缪尔森定理，贸易是基于相对比较优势的，它会提高一国丰富要素所有者的收入，降低稀缺要素所有者的收入。

另外，雁阵模型指出，西方国家产业空心化出现的原因是，劳动密集型产业将由发达国家转移至劳动力资源丰富的发展中国家，就业会发生跨国转移，导致下层收入阶梯的群体受到损失，甚至是失去工作。与此理论相关的是，在全球产业分工中，发展中国家拥有丰富的劳动力禀赋，因此主要生产低附加值的劳动密集型商品，而发达国家主要生产高附加值的资本密集型和技术密集型产品。这些都意味着，发达国家拥有资本和科技的精英阶层会从全球化中获利。最后，Piketty通过深入的研究发现，当资本回报率高于经济增长率时，不均等会上升①。基于 Penn World Table 的数据，我们可以计算出资本的平均回报率，可以发现不少国家的估算值大于30%，这一数值远远高于任何一个国家在任何时期的平均增长率。所以，自20世纪80年代全球化加速以来，不均等成为一个越发严重的经济、社会甚至政治问题，甚至最终可能导致本轮全球化的浪潮的终结。

尽管如此，经济全球化的基本趋势没有改变。首先，世界经济结构不会改变。发达国家的经济趋向服务化、虚拟化；日益成为服务产品，特别是金融产品的生产者、消费者和供给者，且日益依赖进口物质产品来满足消费；而更多的发展中国家从事制造生产和资源供给，从而吸引和驱动商品、资本和技术等要素的加速流动来实现世界经济的平衡。其次，美元霸权地位仍没有动摇。经济全球化的金融实质是美元充当世界货币并成为世界财富的符号，可以向各种形式的价值创造及其财富需求提供实现物。美国次贷危机的爆发，使美元霸权地位受到打击，其他货币试图取代美元的霸主地位，但到现在为止还未出现足以取代美元霸权地位的货币。最后，全球经济增长模式曲折持续。国际金融危机发生后，美国主流经济学家提出世界经济再平衡论，意图改变现行的全球经济增长模式，他们提倡美国居民降低消费水平，提高储蓄率，提高工业制成品出口能力，减少贸易逆差，减轻经济增长对消费的依赖；同时要求中国等贸易顺差国减少出口，转向内需。然而美国消费导向型经济、美国金融垄断资本、工业生产复苏需求、产业资本生存方式和居民偏好都有保持现状的惯性。即使发达国家的负债消费和过度消费会有所收敛，但很难改变它们的经济结构；发达国家依靠消费拉动经济增长的趋势不会改变，金融资本、产业资本的生存方式在短期内仍不会改变；居民的利益偏好与时尚文化也难强行改变。

---

① Piketty, T., 2013, *Capital in the Twenty-first Century*, Harvard University Press, p. 685.

> **专栏 19-2　　英国脱欧对经济全球化的影响**
>
> 英国脱欧是对欧洲一体化进程的重大打击。2012年欧债危机爆发，显示出欧盟制度本身的缺陷，即统一的货币和分散的财政制度之间具有不可调和的矛盾。英国脱欧更是暴露出欧洲各国之间文化的差异、责任和利益分配的不均以及各国政治理念的分歧。英国脱欧是对欧洲一体化进程的重大打击，也引发了"去全球化"的担忧。
>
> 英国脱欧对全球经济将产生不同程度的负面影响。首先，对英国经济自身，GDP增长率、物价水平、投资水平等都受到了巨大冲击。英国财政部测算，到2030年，最坏情况是英国脱欧会使英国GDP比"留欧"降低7.5%，贸易规模缩减17%—24%。英国金融业也将受到严重打击。伦敦占据全球40%以上的外汇交易量，许多欧洲大型金融机构都将总部设在伦敦，欧盟国家大部分的衍生品交易和风险对冲活动都在英国开展。但英国脱欧后，欧盟国家与英国的跨境金融活动会面临全新的制度环境，因此很多机构很可能将业务转移到欧盟其他国家，对英国金融就业、资产以及与之相关的房地产业、配套服务业带来持久影响。
>
> 英国脱欧对欧盟经济也将产生重大影响。英国是欧盟的第二大经济体，欧盟是英国的第一大出口目的地和进口来源地。脱欧后，英国不再享有原有的成员国政策，英国要与欧盟开展长期的贸易谈判，重新改写许多贸易条例；同时，英国经济很可能会衰退，英镑对欧元等其他欧盟国家货币将较大幅度地贬值。这些都将对欧盟的投资贸易产生不利影响。IMF测算显示，英国脱欧将使2018年欧盟其他经济体产出减小0.2—0.5个百分点。而且随着经济全球化的深化，这一负面影响会外溢到其他经济体。英国脱欧将通过投资与贸易渠道、金融渠道对其他地区的经济带来定冲击。特别是，英国脱欧已经导致全球避险情绪上升，风险偏好恶化，全球金融市场震荡加剧。

二　经济全球化趋势的新特点

（一）全球竞争加剧，不确定性显著增强

2008年国际金融危机之后，发达国家"再制造业化"和新兴经济体加速工业化进程，对市场、资金、人才及创新资源的争夺不断加剧；全球价值链在世界经济中的作用日益凸显，规则制定成为决定全球利益分配的重要手段，各方围绕规则制定主导权的争夺也更加激烈。但与此同时，全球债务和资产估值高企，发达经济体货币政策正常化的外溢效应不确定，未来全球市场分化走势进一步凸显，经济全球化发展的不确定性显著增强。

（二）国家资本和私人垄断资本相融合

在危机救援中，国家资本直接与私人垄断资本相融合成为重要手段。美国和西方发达国家普遍采用直接干预、重组乃至接管濒临倒闭的金融机构的方式来稳定金融体系，证明私人金融垄断资本与国家资本已经日渐融为一体。例如，美国政府在接管"两房"和保险巨头 AIC 之后，美国国会又于 2008 年 10 月批准美国财政部以 2900 亿美元为美洲等九大银行注资参股，另以 4100 亿美元用于直接收购银行股份。经济全球化一方面把私人垄断资本的利益联系在一起，另一方面又把西方发达国家资本的利益联系在了一起。国家资本从救援到其他干预将成为经济全球化深入发展的新现象。

（三）国家资本跨国化成为刺激经济的新需求

危机中各国积极采取经济刺激方案来缓解本国危机，同时各国还采取联合措施刺激经济。例如，各国领导人在伦敦 G20 峰会就全球经济刺激达成共识，签署 1.1 万亿美元刺激计划的协议。出台了一系列旨在增强国际货币基金组织贷款能力、稳定国际金融秩序的多边协议。资本要素的流动已经从私人垄断资本的跨国流动发展到国家资本的跨国流动。国家资本跨国化已成为刺激经济的新需求。

（四）全球经济治理改革成为经济全球化新的利益诉求

首先，推动金融货币体系改革。美国和欧洲等发达国家均在加强金融监管方面，提出金融监管改革计划。其次，改革磋商与政策协调平台。由于经济全球化、世界经济相互依赖程度不断加深，发达国家与发展中国家经济的对话、磋商与政策协调的必要性继续增强，G20 成为各国对话、磋商与政策协调的机制性重要平台。

（五）新的科技革命及其产业化正在酝酿

经济危机往往孕育着新的科技革命。国际金融危机爆发之后，各国开始了抢占科技制高点的竞赛，全球将进入空前的创新密集和产业振兴时代。数字时代的到来会给人类生活、生产方式带来深刻而广泛的影响。一方面，生产链条拉长，产业分工越来越细；另一方面，制造业与服务业融合程度加深，单一产业活动无法决定一国产业竞争力，产业链的综合竞争力变得更加重要，发达国家服务业的高效率在一定程度上可以弥补其劳动成本过高的不足，保持其制造业的国际竞争力。与此同时，以新一代信息技术、新能源、新材料、生物技术等为代表的新技术革命正在孕育之中。新一轮产业革命与新技术突破，将重塑全球经济格局，对各国而言，均是机遇与挑战并存。

专栏 19-3　　　　　　　一种新的全球化——数字全球化

目前，我们正处在一种新型的数字全球化趋势之中。这种全球化更全面、更深入，更难划分经济、文化、社会与政治的界限。数字全球化有三层含义：第一，制造业全球化+数字技术。制造业全球化原本存在，现在+数字技术后进一步深化。如交易的商品可以数字化展示、网上谈判、通过网络平台购买和使用数字技术支付。第二，传统服务业+数字技术+全球化。许多传统服务业是本地型的，以往难以全球化，"+数字技术"后可以实现全球化，而且成本较低。如医疗、教育。现在可以依托数字技术实现全球供给和全球消费。第三，数字技术+创新产品和服务+全球化。指那些依托数字技术新创造的生产、服务和生活场景。如全球同步的实时音乐会、移动端游戏、电子竞技产业等。没有数字技术这些生产和消费都不存在，有了数字技术，天生就是全球化的。

但数字经济在全球化发展过程中也产生了一定经济问题，成为阻碍数字全球化进一步发展的潜在威胁。一是数字全球化放大了经济学中的明星效应，可能造成地方市场萎缩。全世界的人们都可以只看最优，如足球比赛，都只看欧冠，区域性赛事被忽视。少数明星赢者通吃，会带来市场高度集中问题，以及收入差距问题。二是数字化容易造成算法歧视和侵犯个人隐私的问题，如何进行跨国监管、制定全球监管的规则问题尚未解决。三是平台地位问题，数字全球化下，数字企业是否存在垄断有许多争论，不同国家对数字企业的经营管理是否合理还有待考察。

专栏 19-4　　　　　　　疫情冲击下的经济全球化

首先，新冠疫情蔓延重创了全球经济增长，并将导致全球经济陷入衰退。第一，疫情导致 2020 年全球经济陷入衰退。第二，疫情蔓延增大全球经济危机的可能性。为有效缓解疫情对本国经济的冲击，各国政府和央行纷纷采取更大力度的救助、刺激政策，全球债务风险进一步上升，世界金融脆弱性进一步上升。如果疫情持续较长时间，且全球性的协调行动迟缓，债务风险就有可能演变成全球性的经济危机。

其次，新冠疫情蔓延威胁了全球自由贸易进程。在疫情蔓延的特定背景下，孤立主义、单边主义、民族主义和贸易保护主义更为盛行，2020 年 1—4 月，全球新增不利于自由贸易的措施 310 项，超过 2018 年全年数量，达到 2019 年全年的 80% 以上[①]。疫情蔓延严重影响双边、区域贸易投资自由化，有可能改变经济全球化既有格局，并将形成新范式。近年来，在世界经济增长动能不足、经济实力相对变化等背景下，尤其是美国政府奉行"本国优先"政策的影响下，各国纷纷调整对美政策，美中、美欧、美日、美俄等主要大国关系正在经历重大疫情蔓延背景下的变化，大国经贸关系将面临更为复杂的变化。

最后，新冠疫情蔓延严重冲击了全球供应链、产业链。在短期，航空航天、光学医疗、信息设备等全球供应链上游与高新技术行业受到严重冲击。长期来看，疫情影响将逐步扩散至供应链中游和下游，将改变以往基于低成本、零库存导向的全球产业链布局，影响到供应链安全与可控，以至于未来宏观政策将会更加强调内向发展和自主发展，关键技术与核心环节技术管控力度将会进一步加大。这一趋势有可能造成全球供应链本地化、区域化、分散化的趋势日益增强和全球全要素生产率的长期下降。

---

① 全球贸易预警信息网，www.globaltradealert.org。

第二节　新时代中国全面开放新格局的构建

开放型经济发展在中国改革开放 40 多年的历史进程中发挥了十分重要的作用。党的十九大报告指出，必须"贯彻新发展理念，建设现代化经济体系"，并把"推动形成全面开放新格局"作为建设现代化经济体系的重要内容。由于现代化经济体系本质上是开放的经济体系，而且这一目标的实现离不开高层次开放型经济发展的引领，因此，构建中国全面开放新格局既是建设现代化经济体系的必由之路，也是我国发展更高层次开放型经济的重要方向。

一　开放的部门领域

（一）商品流动：从产品贸易到价值链贸易

新科技革命伴随着计算机和互联网技术的广泛应用，每种产品的生产都必须依靠其他国家生产者提供的部件和成分，任何国家都不再拥有独立生产某种产品的比较优势，价值链贸易取代了传统的产品贸易。优化进口结构，扩大先进技术设备、关键零部件和优质消费品等进口，促进进出口贸易双向协调平衡发展。

（二）要素流动：从贸易大国到投资大国

坚持引资和引技、引智并举。积极引进技术、经营理念、管理经验和市场机会等，有效带动我国企业嵌入全球产业链、价值链、创新链。坚持"引进来"和"走出去"并重的原则，在提高"引进来"质量和水平的同时，进一步鼓励企业积极稳妥"走出去"，争取从贸易大国转向投资大国。整合和利用全球优质资源，通过区域协调发展增强对创新要素的吸引力，融入全球创新链，及时把握国际上科技创新前沿，推动中国产业升级创新，提高中国产业在全球价值链分工体系中的位置，实现从"中国制造"向"中国创造""中国营销""中国质量""中国品牌"的转型。

（三）服务流动：从货物贸易到服务贸易

与货物贸易的发展相比，我国服务贸易发展相对滞后，2018 年我国服务贸易总额与货物贸易总额的比例仅为 17.2%。随着科技的发展，越来越多昔日的非贸易品变成可贸易品，服务贸易也逐步成为全球贸易发展中最快且最具发展潜力的领域。培育贸易新业态、新模式，扩大服务业对外开放，充分发挥服务贸易高附加值、低能耗、低污染的优势，带动国民经济可持续发展。加快服务业市场开放进程，并加快服务业发展的相关政策调整，打破服务型消费供给短缺的状况。中国要以服务业市场全面开放促进服务贸易发展，优化服务贸易结构，提升服务贸易比重，使服务贸易成为全球贸易增长的重要引擎。

二 开放的空间布局

（一）沿海沿边开放相结合，形成沿海、内陆、沿边各具特色联动发展的空间布局

沿海地区开放要以现代服务业外资引进为重点，同时关注现代制造业中外资对中国经济的贡献度。内陆和沿边地区不能简单重复东部以政策激励促进外资流入以及出口导向的开放道路，需要实现内需主导型战略，以巨大的内需潜力拉动发展，以进口实现产业结构升级和自主创新的新的机遇。内陆其他地区更多需要致力于资源产业和农业的现代化。沿边地区应当以与相邻国家的双边或多边合作为特点，其具体模式应因地而异，有的要开辟资源与能源通道，有的要以双边多边经济合作推进稳定周边环境的建设，从而启动各具特色的发展。沿海、内陆和沿边地区以及各战略经济区域都需要实现升级，才能形成各地区协同升级，各战略经济区差异化发展，实现中国在新兴产业上国际分工地位的提升。

（二）构建东西双向互济的开放格局

我国对外开放从沿海起步，由西向东渐次推进，开放型经济发展空间广阔。进一步加大西部地区开放力度，加快中西部和东北地区开放步伐，支持承接国内外产业转移，培育全球重要加工制造基地和新增长极。

（三）做好做强自由贸易试验区、自由贸易港等国际合作平台，发挥对区域经济合作的"以点带面"作用

赋予自由贸易试验区更大改革自主权。近年来，我国在自由贸易试验区建设方面取得了重大进展，形成了一批改革创新重要成果。目前，要对标国际先进规则，着眼于提高自由贸易试验区建设质量，形成更多创新成果。继续探索建设自由贸易港，打造开放层次更高、营商环境更优、辐射作用更强的开放新高地，促进开放型经济创新发展。

（四）利用国内版的雁阵模型

雁阵模型是指当一个经济体丧失丰富劳动力这一资源比较优势之后，劳动密集型产业相应转移到具有更丰富劳动力的其他经济体，这表现为东亚地区的劳动密集型制造业依次从日本转移到"亚洲四小龙"，再到东南亚等国家，及至中国沿海省份。中国是雁阵模型产业转移的受益者，中国成为全球制造者也说明我们充分利用了这种机制。由于中国大陆是一个资源禀赋和发展水平区域差异较大的经济体，中国的传统产业在向其他国家转移之前，有很大空间在国内不同地区重新配置，因此可以利用"国内版雁阵模型"来对开放新格局下中国的产业模式进行空间布局。

三 开放的规则构建

全面开放新格局以制度型开放为重点，建设高水平开放型经济新体制。一方面，推动从商品和要素流动型开放向制度型开放转变。按照公开市场、公平竞争的原则，推进国有企业改革、知识产权保护、产业政策、政府补贴、环保标准等与世界经贸规则的对接，使

市场经济体系进一步与国际接轨。另一方面,加强法律法规与能力建设,打造一流营商环境,在规则规范、运营机制上起到对区域经济合作的引领作用。不断完善国际宏观经济政策协调机制;加强对外谈判的组织协调机制,通过提升授权与沟通协调的层级,提高工作效率;提升应对贸易摩擦处理能力,应对经贸摩擦长期化、常态化趋势。

四 开放与对外关系建设

第一,加强与发达国家的战略对话,开展各类交流合作,增进相互信任,提高合作水平;推动同周边国家一同稳健发展,深化睦邻友好和务实合作,维护地区和平稳定,促进共同发展繁荣;加强同发展中国家联系,扩大交流合作,维护共同利益。第二,继续加强与国际货币基金组织、世界银行、世界贸易组织以及亚洲基础设施投资银行成员的经济合作和交流,推进现存体系和规则的改革,使之符合经济全球化深入发展需要。第三,充分利用二十国集团领导人峰会、亚太经合组织、"金砖国家"领导人会晤、中非合作论坛、东亚峰会、"10+1"、"10+3"和上海合作组织等合作框架和机制,在协商对话中加强同相关国家的交流合作和经济政策协调。第四,进一步拓展区域和次区域经济合作,大力推进"一带一路"建设,积极实施自由贸易区战略,不断加强双边和多边经贸合作。

五 开放与全球经济治理

第四节将详细讨论中国参与全球经济治理的战略和基本方略。总体而言,中国要从国际经贸规则的遵守者向参与者、制定者转变,积极参与全球经济治理机制改革,通过主动提出新议题、新方案,从而促进高质量发展和逐步提升参与全球经济治理的制度性话语权。反映发展中国家新诉求,体现中国作为世界第二大经济体的应有地位和作用,以"开放包容"和"互利共赢"为原则,努力承担"负责任大国"义务。扎实提高全球公共产品的供给能力,推动国际社会共同塑造更加公正合理的国际新秩序,维护开放型世界经济,促进全球可持续发展。

第三节 全球经济治理的理论分析与新模式

一 全球经济治理的概念和基本框架

全球经济治理是全球治理的重要组成部分。全球经济治理的核心包括以下三个方面:第一,全球经济治理的实施重要主体是全球多边机构;第二,全球经济治理的主要内容是相关进程,而各个主权国家作为多边机构的成员,通过彼此的互动来影响进程的走向;第三,全球经济治理的绩效是多边机制或规则经国际政策协调而达成和运作的效果。全球经济治理的范畴突破了传统国际经济秩序范围,涵盖了包括迄今为止人类经济社会遇到的国际贸易、国际货币与金融、国际投资、能源、劳工、环境、贫困等各种领域的问题。

全球经济治理机制变革主要分为两部分内容,一是变革目标,二是变革路径。从变革目标来看:全球经济治理机制变革就是要推动全球经济治理机制反映全球经济格局的变化,特别是要增加新兴市场国家和发展中国家的代表性和投票权,推动各国在国际经济合作中实现权利平等、机会平等与规则平等,推进全球治理规则民主化、法治化,努力完善全球治理体制,使它更加平衡地反映大多数国家的意愿和利益。换言之,新兴经济体在全球经济中的"物质性权力"已经上升了,但在全球经济治理中的"制度性权力"仍然严重滞后,这二者之间存在巨大的鸿沟。因此,全球经济治理机制变革的目标是要缩小新兴市场国家物质性权力与制度性权力之间的鸿沟,提高新兴市场国家的话语权。比全球经济治理机制变革目标更重要的问题是全球经济治理机制变革路径,即要找到推动全球经济治理机制变革的具体的、可行的路径。

全球经济治理体系的发展。全球经济治理体系起源于第二次世界大战结束后建立起来的以国际货币基金组织、世界银行、关税与贸易总协定为三大支柱的布雷顿森林体系。全球经济治理的核心是通过构建国际组织、机制和规则,形成与不断变化的国际经济格局相匹配的国际经济秩序,确保全球经济稳定与持续发展。美国、欧洲等资本主义国家在2008年国际金融危机爆发以来经济持续低迷,新兴市场和发展中经济体群体性崛起,世界经济格局正在发生深刻变化,全球经济治理体系变革成为当今世界经济发展的迫切需求,也必将对世界经济的进一步发展产生深远的影响。

全球经济治理体系的基本框架。全球经济治理通过一系列的国际制度和规则将若干个国家联合起来共同解决全球经济问题。这些国际制度和规则构成了全球经济治理的框架,一般将其分为三类。一是全球性的、正式的多边国际规则和制度安排,主要包括国际货币基金组织、世界银行和世界贸易组织。这三大机构被称为全球经济治理的"三大支柱"。二是少数国家参与的非正式的国家集团,主要包括七国集团、二十国集团和"金砖国家"峰会等。三是区域性经济治理,一般是指地理位置邻近的国家或地区凭借其地理空间上的优势达成某些区域性的协定和安排;协调区域内各国财政、金融、贸易等经济政策,以区域经济的整合和共治促进区域经济繁荣发展。区域性经济治理是全球经济治理的重要组成部分,为全球经济治理的有效实施奠定了基础。近年来,随着经济全球化趋势的增强,区域经济一体化程度不断提高,越来越多的区域性经济一体化方案陆续出台,新兴区域经济治理模式不断涌现,主要包括《跨太平洋伙伴关系协定》《跨大西洋贸易与投资伙伴关系协定》《区域全面经济伙伴关系协定》等。

二 全球经济治理的经济学理论

全球经济的外部性。全球经济领域的各个方面均存在外部性,例如一套运行良好的国际金融交易体系能够有效防范世界性金融危机的爆发,对所有的国家都存在正的外部性。此外,全球和平与安全体系、臭氧层保护、公平和正义的国际制度、有效率的国际市场体系等都具有很强的全球正外部性。全球经济运行需要通过全球经济治理建立这些具有外部性的规则和体系。

全球公共产品。从经济学一般意义上来说,参与全球经济治理就是提供一种全球公共产品。当今世界,一些必需的国际公共产品缺乏供给,而一些国际外部性并没有得到充分的管控。公共物品之所以"公共",是因为它存在非排他性,其供给和消费都可以是许多人或者一个集体。按照标准定义,公共产品一般是由政府提供的①,然而,由于当前并不存在一个超越各国政府的超国家世界政府,因此,全球的公共物品只能由霸权国家提供,或依靠国际协定以及国际组织来提供②。裴长洪③将这个全球公共物品的主要内容分为三类:第一类是国际规则以及这些国际规则赖以执行的运行载体,即一些国际机构或协调机制如 IMF、WTO 等;第二类是为全球经济治理支付的各种成本和提供的援助,如一些国际机构的会费等;第三类是跨国公司和私人机构为优化国际经济治理所承担的企业国际社会责任。国际社会对全球公共产品的诉求主要是一个稳定合理的全球市场秩序和一个全球可持续的发展秩序,所以全球公共产品的内容包括建立多边的和区域的国际规则,是主权经济体为国际规则提供运行载体和平台所提供的成本和援助,以及企业和私人机构对优化国际经济治理所承担的社会责任。如果国际社会缺乏一套行之有效的全球经济治理体系,国际经济就会出现问题,类似于市场活动中的"市场失灵"或者"集体行动困境"(Collective Action Dilemma)。全球经济治理的目的就是为了弥补"市场失灵",达成集体行动,最终促进整体福利的改善。

"搭便车"和全球公共产品不足。在一个国家的范围内的公共产品可以选择市场机制和非市场机制来进行干预,但在全球范围内,由于存在多个子市场,市场机制无法发挥作用,需要具有一定权威的全球性组织进行协调。每个国家都是基于自身利益参与全球治理,但是同时建立全球经济治理的体系需要耗费大量成本,而全球治理作为一种国际公共产品具有非排他性和非竞争性,因此全球公共产品提供中也会出现"搭便车"现象。每个国家都试图搭别国的"便车",而不希望其他国家搭自己的"便车",这便构成了全球治理中公共产品提供的不足。同时,每个民族国家面对国际经济问题,是无法依靠自身的实力去解决的,于是各个国家希望通过"国际经济治理"这件公共物品来改善自身福利。因此,为了实现国际经济治理,民族国家往往是要让渡一定利益的,比如要么在外交上做出让步,要么牺牲一定的国内经济利益,或放弃一定的政治权利和利益。而民族国家之所以愿意让渡这些权利和利益,其根源在于,民族国家也希望在创造"国际经济治理"这个公

---

① UN, 2009, Report of the Commission of Experts of the President of the United Nations General Assembly on Reforms of the International Monetary and Financial System, chaired by Joseph E. Stiglitz.
② Kindleberger, J., 1973, *The World in Depression 1929 – 1932*, Berkley University of California Press.
③ 裴长洪:《全球经济治理、公共品与中国扩大开放》,《经济研究》2014 年第 3 期。

共物品后,能分享到此物品的收益,改善自身的福利水平。

> **专栏 19－5　区域治理与区域公共产品**
>
> 　　正如当今世界经济全球化与区域经济一体化并存,全球治理与区域治理,既相互联系,又相互影响,而且区域治理在解决当今世界经济发展的问题中同样扮演着不可或缺的角色。区域治理是一种区域内的公共产品,相较于全球公共产品而言,有能力提供区域公共产品的国家数量会更多,同时,由于参与区域治理的主权国家数量相对较少,产生"搭便车"的念头和机会也要少一些,加上成员国间利害关系更直接,其参与偏好也要更强一些。这就是为什么区域合作和区域治理比全球经贸问题的合作及其治理发展更快的原因。
>
> 　　当前,欧洲有欧盟;北美有北美自贸区;非洲有东南非自贸区,囊括20个国家,俄罗斯与白俄和中亚几国成立了欧亚经济联盟;南美洲由阿根廷、巴西、巴拉圭、乌拉圭发起建立了南方共同市场。从2022年1月1日起,RCEP(区域全面经济伙伴关系)已经在中国、澳洲、日本和6个东盟国家先行正式生效。这是东亚区域经济一体化新的重大进展,将大幅优化域内整体营商环境,明显降低企业利用自贸协定的制度性成本,进一步提升自贸协定带来的贸易创造效应。

　　以邻为壑型政策。以邻为壑型政策是指只有在伤害其他国家的情况下,才能给本国带来好处。如采取汇率贬值以引起贸易余额变动,从而输出失业或以损害其他国家来创造本国就业的一种方式,这是一种零和博弈,此类政策会导致从其他国家向本国的收入转移,同时造成全球的效率损失。在贸易政策中,这方面的著名案例是所谓最优关税,即一个大国可以通过限制进口或出口操纵贸易条件。除了全球公共产品的正外部性特征呼吁全球经济治理体系的构建,以邻为壑型政策的存在也要求更多的国际协调合作和更好的全球治理。

三　全球经济治理新模式

　　在后危机时代,全球经济治理经历了四个方面的变化,并演化出新的治理模式。一是权力结构的变化。第二次世界大战后建立起来的以布雷顿森林体系为标志的全球经济治理体系充分反映了当时世界经济力量的对比。美国独大的世界经济格局决定了第二次世界大战后初期全球经济治理体系的权力结构是以"中心—外围"为基本特征的单极格局。2008年国际金融危机后,美国和西欧国家经济遭受重创,经济增长缓慢以致深陷危机,处理全球化引起的国际性问题的能力有所下降;而以"金砖国家"为代表的新兴经济体却群体性崛起，世界迫切需要更能适应新型挑战、体现力量变化、反映多方诉求的全球治理新格局。全球经济治理的权力结构逐渐转变为多国共议格局。

二是组织结构的变化。第二次世界大战后相当长的一段时间内，以国际货币基金组织、世界银行、关税与贸易总协定为三大支柱的布雷顿森林体系在制定全球经济规则、协调全球经济问题等方面发挥了不可替代的作用。然而，随着经济全球化程度的不断加深，传统全球治理构架暴露出其缺乏内在的一致性的固有缺陷，影响到其常规运转与应对挑战的效率。2008年国际金融危机爆发，全球金融治理机制失灵，七国集团掌控下的国际金融治理模式面临严峻的挑战，危机之下催生了二十国集团（G20）。G20集合了发达国家和经济规模较大的发展中国家，其兴起反映了全球金融治理从旧范式向新范式的结构性变革，如今已经成为共商世界经济发展大事的协商机制。21世纪初成立的"金砖国家"集团也已成为全球经济治理的重要组织机构。相比于传统的全球经济治理机构，二十国集团和"金砖国家"集团更高效，更具整体性、包容性和代表性。

过去国家之间是传统的"国内生产、全球销售"的国际生产与贸易方式，因而聚焦的问题是如何形成在互惠基础上的市场准入，由此，国家间贸易协定的重点也就在于相互削减关税、配额、贸易许可等。但进入21世纪以来，国际生产与贸易方式发生了根本性的变化，"全球生产、全球销售"模式已经成熟，因而影响全球生产的主要制度性壁垒涉及各类国内规制政策措施，包括标准、监管、商业惯例、营商环境、法律法规制度和司法体系等。因此，全球贸易新规则的产生与演进，全球经济治理正从市场化、自由化、私有化、单一化的价值导向模式向竞争性的议题，特别是发展问题导向模式转变。

四是决策机制的变化。传统的全球经济治理机构是以份额和投票权作为基础，在操作层面非常科学、公正、透明，而决策层面则受到其最大股东美国的控制，在向发展中国家提供长期贷款和技术协助时，往往带有苛刻的附加条件，政策的实际实施结果严重背离其所倡导的宗旨。经过多年的实践，IMF和世界银行的决策层面和操作层面都有悖于全球经济治理的初衷，全球经济治理的持续良性运转有赖于公平、有效的决策机制。决策机制从封闭、集权和排他性的方式转变为开放、多元和包容性的呼声日益变强，21世纪以来，顺应世界经济的发展趋势，G20和"金砖国家"采取"协商一致"的决策机制，使新兴市场和发展中国家可以平等地同发达国家在全球经济事务上交换看法。2008年国际金融危机后，G20有效地推进了全球金融治理体制改革，增加了发展中国家在IMF和世界银行中的投票权，使全球经济治理更具代表性和包容性。

全球经济治理的新模式。在后危机时代，世界经济迫切需要更能适应新型挑战、体现力量变化、反映多方诉求的全球治理新格局，全球经济治理的新模式表现在权力结构逐渐转变为多国共议格局；全球经济治理机构更高效、包容；全球贸易新规则不断产生与演进；全球治理的决策机制更加开放和多元。

第四节　中国参与全球经济治理的战略和基本方略

一　中国参与全球经济治理历史经验和背景

总结改革开放以来中国参与全球经济治理的实践，可得出以下几点基本经验。一是要遵循平等协商的治理理念。弘扬民主、和睦、协作、共赢的精神，用民主的方式达到治理的目的。二是要建立对话联系的治理机制。利用好 G20 等能联系传统大国与新兴大国间对话的全球治理平台。三是要丰富治理的形式。对于各国争议不大、能够达成基本共识的问题，应争取促成多边形式的国际协议。此外，解决各国意见分歧较大的问题，要采取对话和协商的形式，充分沟通，了解彼此的利益关系，再探讨可能相互妥协的途径。四是要以维护共同利益为目标。而不应无所不包，更不能成为干涉主权国家内政的借口。五是要有独立自主的角色定位。在全球经济治理中不结盟，不谋求霸权，承担与自己地位相对称的国际责任，与世界各国共同维护世界和平稳定。

全球经济治理体系加速变革，为中国提升全球制度性话语权提供机遇。随着世界经济从危机最严重阶段走向缓慢复苏的后危机时代，2009 年 9 月在世界二十国集团领导人匹兹堡金融峰会上，奥巴马提出的"可持续与平衡发展框架"，已经明确表达了美国将在全球经济治理的平台上，逐步把国际社会的注意力从国际金融监管议题引向世界经济再平衡。然而，事实证明，美国并没有真正履行纠正世界经济失衡中自身的责任。与此同时，欧洲的主要兴趣在应对气候变化上。即便还没有完全摆脱国际金融危机影响的阴影，欧洲主要大国和政治领袖就已试图将应对气候变化作为全球经济治理的主要议题。由于美国和其他一些工业发达国家的消极态度，欧洲国家企图以应对气候变化作为全球经济治理中压倒一切的首要议题的愿望是不可能实现的；反过来，美国的世界经济再平衡议题，也得不到欧洲国家的全部和无条件地支持。因此，在全球经济治理的主题设计思想上，西方主要大国的意见并不统一，这为中国参与全球经济治理，明确提出中国希望的主题设计意图提供了有利条件，也为中国参与主题设计的讨论提供了谈判的空间。

二　中国参与全球经济治理的总战略

中国参与全球经济治理的总战略包括治理理念、治理目标和治理领域。治理理念是"开放包容"和"互利共赢"。努力承担"负责任大国"义务，在全球创新议程方面不断探索，助力全球治理更加合理、公平；通过加强国际协调合作和更为有效的国际经济治理，共同解决全球性议题、应对全球性风险；推动国际社会共同塑造更加公正合理的国际新秩序，维护开放型世界经济，促进全球可持续发展。

治理目标是逐步提升参与全球经济治理的制度性话语权，从被动接受者到积极参与全球治理的总体思路，全面提升能力机制建设。在全球议题上，主动参与和引导国际经贸规则制定和修订；主动提出新主张、新倡议和新行动方案，积极引导全球参与和推动强化关于国际贸易、国际金融、国际投资等的协调机制。在全球多边层面和区域、双边层面，推动形成透明、公正、合理的国际经贸规则体系；积极参与网络、深海、极地、空天等新领域国际规则制定，发出更多中国声音、注入更多中国元素。

全球经济治理的领域主要集中在贸易、货币和投资三大领域。贸易和投资要坚持自由化，这不仅反映了中国当今的国家利益，同时也能最准确地反映在不同问题上中国与其他国家的利害关系。同时，要以贸易投资合作为基础，积极推动国际金融体系改革，加快境内国际金融中心建设，进一步扩大金融业双向开放，促进国际货币体系合理化发展，并推进人民币国际化。从而在国际贸易、国际金融和国际投资三大领域都能更多参与全球资源配置，提升中国参与全球经济治理的能力和水平。

三　中国参与全球经济治理的基本方略

坚持韬光养晦，保持战略定力。经过改革开放四十多年的发展，中国经济实力空前增强，国际经济政治地位上升，不仅世界经济对中国产生影响，而且中国经济活动也对世界产生越来越大的影响。但新时代的中国仍应该坚持韬光养晦策略，因为现阶段中国参与全球经济治理仍然面临不少难以逾越的历史性矛盾。如中国经济总量第二与经济质量、综合国力仍然落后的矛盾；中国的自然资源禀赋和人口状况，以及长期落后所造成的中国与世界取予不平衡的矛盾；国际社会对中国的责任预期与中国的权利以及自我定位的矛盾。在参与全球经济治理时，应不以发展速度或方式刺激守成国家、不凌驾于发展中国家，避免过早激化矛盾，导致在激烈竞争中孤立发展。

参与全球性多边贸易治理机构。国际经贸秩序良性发展需要多边体制的维护，必须坚定维护基于规则的、开放公平、透明可预测、包容非歧视的多边贸易体制主导地位，维护构建开放性世界经济和自由贸易，提高其有效性和灵活性。中国当前及未来一个时期，应该十分重视全方位、多层次参加现有全球性多边贸易治理国际机构和组织，如 WTO、G20 等，力争在其中担任有话语权和影响力的要职，以寻求国家利益与国际责任的战略平衡。

参与 WTO 改革与经贸规则重构。要强化 WTO 这一基础平台的作用，积极参与 WTO 改革与经贸规则重构。经贸规则是参与全球化利益分配的关键，是世界经济格局变化后发达国家维护其主导地位的核心领域。WTO 在国际金融危机之后暴露出其运行机制需要完善的问题，不仅要加强贸易争端仲裁机制的建设，还要建立对贸易救济措施的审查和评估机制，防止滥用贸易救济手段。中国在全球经济治理过程中应利用 WTO 这一平台，并积极参与国际规则的制定，推进多哈回合谈判，建立均衡、普惠、共赢的多边贸易体制和全球公平均衡和可持续发展的新型贸易关系，利用这个平台遏制贸易保护主义。

参与国际合作新机制的建设。国际金融危机爆发之前，全球经济治理强调经济自由化和全球化；危机后，二十国集团（G20）峰会成为全球经济治理首要平台，成为合力应对危机的应急机制并逐步向长效机制发展,成为原有全球经济治理体系的重要补充,也是回应国际社会完善新时期全球经济治理体系需求的持续探索。我国应密切关注多边体系发展的新趋势,不断推动G20和金砖合作机制,积极推进发展中国家关注的发展议题和2030后发展议程的落实,积极参与全球规则的制定。

发展自由贸易区和区域经济合作。加快实施自由贸易区战略,致力于构建面向全球的高标准自由贸易区网络,是中国积极参与全球经济治理,改革完善国际经济治理体系的重要举措。中国重视推动区域合作,并加快实施自由贸易区战略,以自由贸易区和区域经济合作为基本动力和基本实践场地促进各国贸易投资自由化。从体制性开放的意义上,沿海自由贸易试验区建设的目的在于体制探索。自由贸易区应明确体制机制的可复制性,可复制性的关键在于自由贸易区的各项制度安排具有逐步推广的意义和可能。因此,自由贸易区的重点要放在国家未完成的各项改革的探索上,以发现新的改革的可行方案。赋予自由贸易试验区更大改革自主权,探索建设自由贸易港,推动形成全面开放新格局。区域经济合作是区域内的两个或更多经济主体间为实现共赢而建立的制度安排。实践中,区域内的每个经济主体在制定区域经济合作战略时,既要客观分析自身和其他各方的优劣势,还要正视面临的机遇和挑战;不但要追求自身的利益,还要正视其他各方的意愿,制订各方都能接受的使自身利益最大化的可行方案。在区域合作成为全球化深入发展新趋势背景下,通过创新合作机制、探索合作新模式,提供促进区域合作发展的公共产品,是中国发挥负责任大国作用的有利切入点,需增强对区域成员发展需求的针对性,提升相关项目的透明度和合作机制的多边化。

提高全球公共产品的供给能力。随着综合国力提升,中国在国际经济治理体系中的影响力不断增加,中国关于国际重大问题的立场与论断更被关注,中国正被加速推向国际事务前台。一些发达国家在全球经济再平衡、应对气候变化、人民币汇率、知识产权保护、市场开放等方面对中国的要求越来越高,一些发展中国家对中国参与国际经济治理的期待也越来越多。中国要在全球经济治理中拥有较大的话语权,就需要扎实地提高公共产品的供给能力,深入参与全球经济治理和全球公共产品的生产。此外,我们也需要认清中国目前仍处于最大的发展中国家和社会主义初级阶段的实际地位,应承担和提供与自己地位相对称的全球公共产品,要注意避免盲目乐观和全面出击,导致战略透支。

专栏 19-6　　　　　　　　　　G20 建设

2008年国际金融危机的爆发使国际社会认识到,国际金融问题的解决不仅需要西方发达国家参与,还需要有影响力的新兴发展中国家参与。2009年为应对此次危机,召开了二十国集团(G20)领导人峰会,G20峰会就此诞生于危机危难之时。作为"一种系统内的重要的国家之间在布雷顿森林体系框架内的非正式对话机制",G20从自身议题多元化与领导人峰会两方面彰显了其国际经济合作与协调的首要全球性论坛地位,展示了其多边全球治理模式功能。G20 的成立体现出,在当今国际社会,发达国家同新兴经济体之间的力量对比变化,所形成的国际政治经济话语权的变化过程,正是体现了一种世界政治经济权力转移过程。但政治权力转移滞后于经济权力转移。新兴经济体与发展中国家经济实力与国际地位有所上升,使新兴国家获取了一定话语权,但话语权不一定完全有效,这个有效性就是政治权力,实现话语权有效性将是一个缓慢过程。

G20 作为一种新生的多边全球治理模式,在机制上尚存在两个困境:一是 G20 不是一个可以完全代表世界各国的全球治理机构,但它需要完成代表世界各国制定的全球治理议程,这使它无法跳出灵活性与代表性缺失的困境。在新兴经济体实力日渐凸显的形势下,新的国际格局展示了新的全球治理模式。2016 年 G20 领导人第十一次峰会由中国主办。国际社会认为中国已具备很强的号召力,已成为全球事务主要决策者,能够提出一系列被国际社会广泛认可的倡议,赢得尤其是广大发展中国家的支持和尊重。

专栏 19-7　　　　　　　　　"一带一路"建设

国际金融危机以来,全球总需求不足,经济复苏缓慢,中国 2013 年正式提出"一带一路"倡议,希望打造互联互通的物理条件,创造全球有效需求,带动世界经济复苏进程。

从国际经济上看,"一带一路"倡议是基于现实需求的务实选择。当今世界格局正发生复杂深刻的变化,国际金融危机深层次影响继续显现,多极化趋势明显,多边投资贸易规则和国际投资贸易格局酝酿深刻调整,各国面临的挑战依然严峻。共建"一带一路"顺应世界多极化、经济全球化、文化多样化、社会信息化的潮流,秉持开放包容的区域合作精神,致力于维护全球自由贸易体系和开放型世界经济。"一带一路"是新型区域经济合作,其秉承"发展优先"理念,以"共商、共建、共享"为原则,促进经济要素有序自由流动、资源高效配置和市场深度融合,推动沿线各国实现经济政策协调,开展更大范围、更高水平、更深层次的区域合作,共同打造开放、包容、均衡、普惠的区域经济合作架构。共建"一带一路"符合国际社会的根本利益,彰显人类社会共同理想和美好追求,是国际合作以及全球治理新模式的积极探索,将为世界和平发展增添新的正能量。

从国内经济上看,"一带一路"建设是新时代中国开放经济发展升级转型的重要路径,是改革开放 40 年后中国对外开放再出发的必然选择。第一,"一带一路"建设有助于推动中国开放经济实现"引进来"与"走出去"。加快要素双向流动与开放战略升级转型,有利于推动对外投资发展,提高中国国际投资影响力,实现技、资强国战略,提高中国国际经济地位;有利于促进中国对外贸易发展,优化国际贸易结构,提高对外贸易竞争力,助力向贸易强国转变。第二,中国有巨大的区域发展潜力,通过国际合作,"一带一路"建设把中国和周边地区和国家发展有效衔接,有利于为中国发展创造更加有利的地缘政治和经济新格局;通过加速中国与国际经济的"联通",将有效提升中国国际营商环境,有效提升中国企业参与国际分工的核心竞争力,进而推动中国开放型经济迈向更加高质量发展的新阶段。第三,"一带一路"建设将引领中国对外开放走向更加公平开放、双向开放、全面开放的新发展格局,将推动中国开放型经济引领新一轮经济全球化发展。

第五节 新时代中国全面对外开放的国际影响与贡献

迄今为止,中国经济创造的发展奇迹对世界经济具有重要的意义,产生了积极的外溢效应,中国在世界经济中的地位也由此发生了根本性转变。中国成功地走出了一条与本国国情和时代特征相适应的发展道路,成为世界上独一无二的人口数量足够多、经济规模足够大、增长速度足够快、不仅改变了自身的面貌也改变了世界经济格局的国家。新时代背景下,中国全面对外开放对世界经济的国际影响将会更大。可以说,中国发挥了世界经济发动机和稳定器的作用,促成了世界百年未有之大变局。同时,中国所提出的构建人类命运共同体倡议和中国倡议的"一带一路"建设,为应对人类面临的共同挑战和全球性问题提供了中国智慧和中国方案,为世界各国搭乘中国经济增长顺风车提供载体。

一 中国经济成为世界经济的重要组成部分

GDP是衡量一个国家或地区经济状况和发展水平的重要指标。2021年,中国经济规模达到1114.4万亿元人民币,按年平均汇率转换,GDP总量达到17.7万亿美元,占世界经济的比重为18.45%,对世界经济增长的贡献率达到25%左右,稳居世界第二大经济体。中国人均国民总收入(GNI)约为1.24万美元,已接近高收入国家门槛。并且,在2022年7月29日开幕的全球数字经济大会上,中国信息通信研究院发布的《全球数字经济白皮书(2022年)》显示,截至2021年,全球47个主要国家数字经济增加值规模达到38.1万亿美元。其中,中国数字经济发展迅速,规模已位居世界第二,仅次于美国,达到7.1万亿美元,占47个国家总量的18%以上。

中国制造和中国市场在世界经济中的地位也日益凸显。中国于2010年超过美国成为全球制造业第一大国,近年来中国制造业规模继续壮大,制造业增加值占世界制造业增加值的比重进一步提高。在未来,中国市场也会对世界经济具有重要意义。虽然目前中国最终消费的世界占比仅为12.1%,低于大多数主要经济体,但消费总额的增长率是世界最快的，以 14 亿的人口总规模、超过 4 亿人口的中等收入群体以及中等收入群体的倍增，中国居民将成为重要的全球消费者和购买者。

> **专栏 19-8　　　　　　　　中国的对外贸易和对外投资**
>
> 　　2013 年，中国货物贸易进出口总额超越美国跃居世界第 1 位。2021 年，中国货物贸易进出口总额 6.05 万亿美元，同比增长 21%，约占全球 21%，居世界第 1 位。与 2019 年相比，我国货物贸易进出口、出口、进口分别增长 23.9%、26.1%、21.2%。2021 年，中国服务贸易进出口总额达 5.30 亿美元。服务贸易逆差缩窄到 2112.7 亿美元，同比下降 69.5%，为 2011 年以来的最低值，充分体现了中国在服务贸易领域结构调整、出口竞争力提升等方面取得的积极成效。
> 　　随着经济的快速发展，庞大的国内市场使中国成为世界最具吸引力的外商直接投资目的国之一。2010—2020 年十年间，中国吸引外商直接投资稳步增长，年均增长 3.16%。2021 年，全国实际使用外资规模达到 1.15 万亿元人民币，增速达到 14.9%，这是近十年来首次实现两位数增长，高技术产业引资占比首次超过 30%。随着中国对外开放步伐的加快，特别是加入世界贸易组织以来，中国企业对外投资也进入快速发展时期。2010—2020 年十年间，中国对外投资年均增长 27.2%，跻身对外投资大国；2020 年，尽管受到全球疫情的影响，国际贸易投资均陷入低谷，中国对外投资仍逆势增长，全年对外直接投资达 1329.4 亿美元，同比增长 3.3%。2021 年中国全行业对外直接投资 1451.9 亿美元，同比增长 9.2%，超过 2019 年疫情前水平。
> 　　中国对外贸易和吸引外资的快速发展使中国外汇储备规模不断扩大，2014 年达 3.84 万亿美元。近年来中国外贸出现下滑以及中国企业对外投资的加速发展，中国外汇储备规模有所下降，但截至 2021 年年底仍然达 3.25 万亿美元。可以说，充足的外汇储备既是中国对外经济贸易快速发展的体现和结果，同时也为中国发展对外经济贸易提供了重要条件和保障。

　　总之，改革开放以来中国制造与对外贸易、吸引外资和对外投资的快速发展彰显出中国市场已成为影响世界经济发展的重要因素，同时也反映出中国在世界经济中地位的不断提升。

二　中国经济为世界经济增长做出贡献

　　随着体量的不断增大和保持全世界持续时间最长的高速增长，中国经济增量的显著性逐年增强，中国经济为世界经济增长做出了巨大的增量贡献。可以说，20 世纪 90 年代以前，中国对世界经济增长的贡献微不足道，甚至在改革开放之前还常常"拖累"世界经济的增长，但 2010—2019 年，中国对全球经济增长的贡献率已达到 28.9%，2021 年 GDP 在世界占比达到 18.45%，即便未来经济增长速度有所放缓，中国仍然是世界上增长最快的国家之一，加上总规模的因素，也必然继续担当世界经济的引擎或动力源。

中国经济的增量和增率还高度稳定，中国经济作为世界经济稳定器的作用越来越突出。在国际金融危机中，中国经济的表现证明了这一点。2020 年在全球应对新冠疫情大流行中，中国经济再次证明了自身。作为全球唯一实现正增长（2.3%）的主要经济体率先复工复产，加快贸易复苏，对全球应对疫情和经济复苏作出贡献。世界经济整体和其他开放经济体可以更充分地从中国经济增长的溢出效应中获益，国际工商界也将获得更多的机会，搭乘中国发展的顺风车。

三 中国对全球经济治理的贡献不断提升

新时代，中国经济稳步发展，综合国力和国际竞争力也不断提升。世界经济论坛发布的《2017—2018 年度全球竞争力报告》，从基础条件、效能提升和创新成熟度 3 个层面的 12 项指标对 137 个经济体的全球竞争力进行了排名，中国位列第 27 位，在发展中国家中名列前茅。一定程度上反映了中国近年来在促进经济发展质量和竞争力提高方面所取得的进步和成绩[1]。根据联合国工业发展组织发布的最新工业竞争力指数，中国、德国、日本、韩国、美国为全球最具工业竞争力的国家。2016 年，中国、美国和德国被列为世界最具制造业竞争力国家的前三位[2]。另外，2019 年《财富》世界 500 强企业排名中，中国企业数量达到 129 家，排名首次超过美国（121 家），跃居世界第一位。这些都在一定程度上显示了中国经济国际竞争力的稳步提升。

随着中国综合国力和国际竞争力的提升，近年来，中国在国际舞台上的身影越来越多，中国对全球经济治理的贡献也不断增强。这突出表现在以下三个方面：第一，中国在国际经济组织中的地位不断提升。截至 2017 年年底，中国在国际货币基金组织和世界银行的投票权已分别提升为 6.09% 和 4.54%。同样，随着中国经贸实力的增强，在世界贸易组织推动的多边贸易谈判中，中国的声音也不断增强。2017—2019 年，面对"逆全球化"思潮盛行，保护主义、民粹主义抬头的复杂形势，中国积极推动世界贸易组织《修改〈与贸易有关的知识产权协定〉议定书》和《贸易便利化协定》正式生效，并且在二十国集团领导人峰会、亚太经合组织领导人非正式会议、"金砖国家"领导人会晤、世界经济论坛等各种高层会晤机制和治理平台持续发出坚定支持多边贸易体制、反对贸易保护主义、争取推动多哈回合谈判尽快取得平衡和全面成果的中国声音，受到国际社会高度

---

[1] World Economic Forum, The Global Competition Index 2017 - 2018, pp. 326 - 327.
[2] 国家统计局：《工业经济保持稳定增长，新动能引领结构调整——党的十八大以来经济社会发展成果系列之五》。

评价。

第二，中国在国际货币金融领域的话语权逐渐提升。2015 年 12 月 30 日（北京时间 12 月 1 日清晨），国际货币基金组织正式宣布将人民币纳入特别提款权（SDR）货币篮子，SDR 篮子相应扩大至美元、欧元、人民币、日元、英镑五种货币，2016 年 10 月 1 日正式生效。人民币加入 SDR 篮子，是 IMF 首次将一个发展中国家的货币作为国际储备货币，这一方面大大提升了人民币在国际货币舞台上的地位，促进了人民币国际化；另一方面也有助于提升包括中国在内的新兴市场和发展中国家在国际货币金融领域的话语权，改变美国、欧盟、日本等发达国家和地区垄断国际货币金融体系的格局，促进国际货币金融体系改革朝着更加公平、公正、包容、有序的方向发展。

第三，积极探索全球经济治理新模式。中国提出的共建"一带一路"倡议，是对国际合作以及全球治理新模式的积极探索，受到国际社会广泛关注。"一带一路"已经成为中国开展更大范围、更高水平、更深层次的区域合作，推动建立一个包括欧亚非大陆在内的世界各国政治互信、经济融合、文化包容的利益共同体、命运共同体和责任共同体的重要抓手和平台。2015 年，亚投行正式成立，它是全球首个由中国倡议设立的多边金融机构，是一个政府间性质的亚洲区域多边开发机构，其创始成员为 57 个，其中域内成员 37 个，域外成员 20 个[①]，亚投行重点支持能源、交通、农村发展、城市发展和物流等基础设施建设，旨在促进亚洲区域基础设施的互联互通和经济合作。实际上，亚投行的建立不仅有利于亚洲地区的基础设施建设和经济发展，也在一定程度上有利于继续推动国际货币基金组织和世界银行等国际组织的进一步改革，有助于提高包括中国在内的新兴市场和发展中国家在国际金融体系中的话语权。

四　中国成为世界经济开放合作的坚定维护者

中国始终以责任和笃行全力支持全球化，向全世界不断清晰传递出坚定支持经济全球化进程、维护世界经济开放性的声音，增强了人们对世界经济繁荣向好的信心。中国已成为维护世界和平、促进共同发展的重要力量。

在众多重要国际场合和平台，中国不断清晰传递出坚定支持经济全球化进程、维护世界经济开放性的声音，彰显了中国作为世界大国引领各国合作发展的责任和担当，提振了人们对世界经济未来发展的信心和希望。

五　中国发展道路为世界经济发展提供了新选择

中国发展道路从本国国情出发，把人民利益放在首位，坚持改革创新，在开放中谋求共同发展。中国发展的过程同以往其他大国崛起的过程相比，最大的不同就是中国的发展

---

① 截至 2019 年 4 月 22 日，亚投行成员已扩大至 97 个。

是和平发展，对外没有发动战争，对内保持安定团结，和平成为中国发展的基本前提。中国的发展壮大有力地推动了世界向多极化方向发展，从而大大增强了国际社会中的和平因素。

开放是中国发展的强大动力，从建立经济特区到开放沿海、沿江、沿边、内陆地区，再到加入世界贸易组织，从大规模"引进来"到大踏步"走出去"，利用国内国际两个市场、两种资源的水平显著提高，国际竞争力不断增强。中国经济通过改革创新实现全面协调可持续发展，也为世界经济发展开辟了更加广阔的空间。

2004年，国外就有学者指出，中国已经探索出了一条适合中国国情和社会需要、寻求公正与高质量增长的发展道路。在2008年国际金融危机爆发后，中国发展道路更是引起了世界的空前关注，很多国家力图从中国发展道路中寻求促进自身发展的可资借鉴的经验。奈斯比特在《中国大趋势》一书中指出：中国在创造一个崭新的社会、经济和政治体制，更重要的是中国所倡导的对外政策、政治价值观和社会发展模式，在将来会进一步在世界公众中产生更强的共鸣和影响力。曾经断言"历史终结"的弗朗西斯·福山也认为："近30年来，中国经济令人惊异的快速发展体现了中国模式的有效性，认为有望再保持30年的增长。""客观事实证明，西方自由民主可能并非人类历史进化的终点。随着中国崛起，所谓'历史终结论'有待进一步推敲和完善。人类思想宝库需为中国传统留有一席之地。"①

可以预见，随着中国经济持续稳定发展和国际经济地位的进一步提升，中国发展道路将会继续受到国际社会更加广泛的关注，同时也必将产生更加广泛而深远的影响。

六 推动构建人类命运共同体

2017年1月，习近平主席在联合国日内瓦总部发表了题为《共同构建人类命运共同体》的主旨演讲，全面系统阐述了人类命运共同体倡议。习近平主席指出："世界命运应该由各国共同掌握，国际规则应该由各国共同书写，全球事务应该由各国共同治理，发展成果应该由各国共同分享。"②

为应对人类的共同挑战和全球性问题，中国提出建立公平、开放、包容、共赢的"人类命运共同体"倡议，为世界提供了中国智慧和中国方案，引起了世界范围的广泛关注，日益得到国际社会普遍认同。时任联合国秘书长古特雷斯表示："中国已成为多边主义的重要支柱，而我们践行多边主义的目的，就是要建立人类命运共同体。"③ 联合国决议相继载入构建人类命运共同体的倡议，说明国际社会对这一倡议的重要意义和价值达成了共

---

① Framcis Fukayama, 1989, The End of History, world people.com.cn/n1/20181012.
② 习近平：《习近平谈"一带一路"》，中央文献出版社2018年版，第166页。
③ 这是古特雷斯对习近平主席2017年1月在联合国总部发表的《共同构建人类命运共同体》这一演讲的现场评论。

识，同时也彰显了中国对人类社会合作发展和全球治理的理念引领已经产生了重要影响。

中国坚定维护"人类命运共同体"理念，它以全人类共同价值为追求，是对中华优秀传统文化的传承，体现了中国的全球视野与大国担当，契合世界各国求和平、谋发展、促合作、要进步的真诚愿望和崇高追求。在饱受疫情冲击、经济低迷、冲突战乱之苦的当今世界，构建人类命运共同体理念顺应了历史潮流，回应了时代要求，为人类发展进步指明了前进方向。

本章小结

1. 后危机时代经济全球化减速，但基本趋势没有改变：经济全球化的内生机制——世界经济结构不会改变；运行条件——美元霸权地位勉力支撑；运行路径——全球经济增长模式曲折持续。

2. 经济全球化趋势的新特点是全球竞争加剧，不确定性显著增强；国家资本和私人垄断资本相融合；国家资本跨国化成为刺激经济的新需求；全球经济治理改革成为经济全球化新的利益诉求；新的科技革命及其产业化正在酝酿。

3. 推动形成全面开放新格局是建设现代化经济体系的重要内容，需要从开放的部门领域、空间布局、规则制度、开放与对外关系建设和开放与全球经济治理这五个方面构建。

4. 全球经济治理是全球治理在经济领域的表现。全球经济治理就是提供一种全球公共产品。全球公共产品的正外部性特点和以邻为壑型政策造成的国际问题均要求构建全球经济治理体系，通过一系列的国际制度和规则将若干个国家联合起来共同解决全球经济问题。

5. 全球公共产品提供中也会出现"搭便车"现象造成了全球治理中公共产品提供的不足。所以，在全球经济治理中，民族国家往往是要让渡一定利益，或者通过区域合作和区域治理的方式避免"搭便车"问题。在后危机时代，全球经济治理在权力结构、组织结构、规则协定和决策机制四个方面经历了变化，演化出更加平等、开放、包容和多元的新模式。

6. 中国参与全球经济治理的总战略的治理理念是要坚持"开放包容"和"互利共赢"；治理目标是逐步提升参与全球经济治理的制度性话语权，全面提升全球经济治理能力。全球经济治理的领域主要集中在贸易、货币和投资三大领域。

7. 中国参与全球经济治理的基本方略包括坚持韬光养晦，保持战略定力；参与全球性多边贸易治理机构；发展自由贸易区和区域经济合作以及提高全球公共产品的供给能力。

8. 随着中国综合国力和国际竞争力不断提高，中国经济成为世界经济的重要组成部分，中国的经济发展有力地促进了世界经济增长，中国对全球经济治理的贡献不断提升，并成为世界经济开放合作的坚定维护者。中国成功地走出了一条与本国国情和时代特征相适应的发展道路，中国的发展道路日益受到国际社会的广泛关注，为世界经济发展提供了新选择。

9. 中国提出构建"人类命运共同体"的倡议日益得到国际社会的普遍认同。"构建人类命运共同体"正在成为建设持久和平、普遍安全、共同繁荣、开放包容、清洁美丽新世界的共同愿景。

思考题

1. 为什么说国际金融危机之后即使经济全球化减速，"逆全球化"浪潮兴起，但经济全球化的基本趋势没有改变？
2. 请分别为后危机时代经济全球化的四个新特点举出具体例子，并讨论在2020年新冠疫情之后，这些特点是否仍存在，或者是如何变化的？
3. 为什么适应数字全球化趋势，需要不断推进我国的高水平开放？
4. 2008年国际金融危机之后，发达国家和工业经济体纷纷提出"重返制造业"，新一轮工业革命和区域贸易协定也在重构全球价值链。在这一背景下，近年来，中国一直积极推动产业升级，嵌入式分工的出口结构也在发生重大转变。请收集中国历年的宏观统计数据来分析在此背景下中国贸易结构的变化。
5. 在新冠疫情暴发两年后，全球政商领导人于2022年1月17—21日齐聚世界经济论坛视频会议，探索世界形势并为重大挑战制定解决方案。请说明中国参与全球经济治理的总战略和基本方略对后疫情时代的经济复苏的影响。
6. 2020年1月3日，中央财经委员会第六次会议首次提出"推动成渝地区双城经济圈建设"，打开内陆开放的新方向。成渝双城经济圈位于"一带一路"与长江经济带的连接位置，承东启西、连接南北，区位优势突出。向西，中欧班列打开通往欧洲的大门；向南，经由西部路海新通道触达东南亚市场；向西南，通过孟中印缅经济走廊进入南亚市场。请分析成渝地区双城经济圈建设如何体现"中国是世界经济开放合作的坚定维护者，中国促进了世界经济增长"。
7. 2022年1月1日，《区域全面经济伙伴关系协定》（RCEP）正式生效。请思考RCEP对经济全球化、对中国的开放型经济以及对于中国参与全球治理能力的影响。

主要参考文献

《马克思恩格斯全集》（第1卷），人民出版社1956年版。
《邓小平文选》（第3卷），人民出版社1993年版。
《江泽民思想年编（1989—2008）》，中央文献出版社2010年版。
胡锦涛：《坚定不移沿着中国特色社会主义道路前进　为全面建成小康社会而奋斗——在中国共产党第十八次全国代表大会上的报告》，人民出版社2012年版。
《胡锦涛文选》（第2卷），人民出版社2016年版。
习近平：《高举中国特色社会主义伟大旗帜　为全面建设社会主义现代化国家而团结奋斗——在中国共产党第二十次全国代表大会上的报告》，人民出版社2022年版。
习近平：《决胜全面建成小康社会　夺取新时代中国特色社会主义伟大胜利——在中国共产党第十九次全国代表大会上的报告》，人民出版社2017年版。
习近平：《习近平谈"一带一路"》，中央文献出版社2018年版。
习近平：《在第三届中国国际进出口博览会开幕式上的主旨演讲》，人民出版社2020年版。
《习近平关于社会主义经济建设论述摘编》，中央文献出版社2017年版。
《习近平谈治国理政》（第2卷），外文出版社2017年版。
《习近平谈治国理政》（第4卷），外文出版社2022年版。
《中国共产党第十二次全国代表大会文件汇编》，人民出版社1982年版。
《中国共产党第十六次全国代表大会文件汇编》，人民出版社2022年版。
中央财经领导小组办公室：《邓小平经济理论学习纲要》，人民出版社1997年版。
[美] 保罗·克鲁格曼：《国际经济学理论与政策》，丁凯、黄剑等译，中国人民大学出版社2021年版。
[美] 多米尼克·萨尔瓦多：《国际经济学》，杨冰译，清华大学出版社2015年版。
[美] 海闻、P. 林德特、王新奎：《国际贸易》，格致出版社、上海人民出版社2012年版。
[英] 亚当·斯密：《国民财富的性质和原因的研究》（上卷），王亚南译，商务印书馆1972年版。
巴曙松：《从金融危机看国际货币体系改革与中国金融市场发展》，《国际融资》2010年第2期。
巴曙松、张岱晁、朱元倩：《全球数字货币的发展现状和趋势》，《金融发展研究》2020年第11期。

昌忠泽：《全球经济失衡及其调整：新世纪的挑战》，《南大商学评论》2007年第2期。

陈琳、林珏：《外商直接投资对中国制造业企业的溢出效应：基于企业所有制结构的视角》，《管理世界》2009年第9期。

戈登·汉森、王宇、李木子：《劳动密集型产品出口的历史变迁与未来走向：中国与世界》，《金融发展研究》2021年第4期。

管弋铭、伍旭川：《数字货币发展：典型特征、演化路径与监管导向》，《金融经济学研究》2020年第5期。

洪俊杰、商辉：《中国开放型经济发展四十年回顾与展望》，《管理世界》2018年第10期。

李翀：《论供给侧改革的理论依据和政策选择》，《经济社会体制比较》2016年第1期。

李春顶：《中国企业"出口—生产率悖论"研究综述》，《世界经济》2015年第5期。

李稻葵、尹兴中：《国际货币体系新架构：后金融危机时代的研究》，《金融研究》2010年第2期。

李建萍、张乃丽：《比较优势、异质性企业与出口"生产率悖论"——基于对中国制造业上市企业的分析》，《国际贸易问题》2014年第6期

李永宁、温建东、黄明皓：《人民币国际化历程：理论修正与政策调整》，《社会科学文摘》2021年第1期。

梁会君、史长宽：《中国制造业出口"生产率悖论"的行业分异性研究》，《山西财经大学学报》2014年第7期。

刘东民、宋爽：《数字货币、跨境支付与国际货币体系变革》，《金融论坛》2020年第11期。

刘诗白主编：《政治经济学》（第五版），西南财经大学出版社2018年版。

刘艳、王诏怡、黄苹：《中国出口商品的技术结构与贸易竞争力研究——对1995—2012年10类商品 MS、RCA、TC 和 IIT 的综合评价》，《西部论坛》2015年第1期。

裴长洪：《全面提高开放型经济水平的理论探讨》，《中国工业经济》2013年第4期。

裴长洪：《全球经济治理、公共品与中国扩大开放》，《经济研究》2014年第3期。

裴长洪：《中国开放型经济学的马克思主义政治经济学逻辑》，《经济研究》2022年第1期。

裴长洪：《中国特色开放型经济理论研究纲要》，《经济研究》2016年第4期。

裴长洪、刘斌：《中国开放型经济学：构建阐释中国开放成就的经济理论》，《中国社会科学》2020年第2期。

裴长洪、彭磊：《"两税合一"是创造吸收外资优势的新起点》，《中国经贸导刊》2008年第3期。

邱联鸿：《新时代中国特色社会主义开放经济理论体系的建构与价值》，《岭南学刊》2020年第5期。

任治君、吴晓东：《国际经济学》，西南财经大学出版社2017年版。

孙丽：《中日贸易结构的变化对中国产业结构转型升级的影响》，《东北亚论坛》2019年第

6 期。

孙琳琳、任若恩：《转轨时期我国行业层面资本积累的研究——资本存量和资本流量的测算》，《经济学（季刊）》2014 年第 3 期。

王一鸣：《百年大变局、高质量发展与构建新发展格局》，《管理世界》2020 年第 12 期。

王元龙：《人民币国际化与国家金融安全》，《国有资产管理》2009 年第 7 期。

姚武华、高德步：《中国新时代经济增长的动力定位——基于改革开放以来经济发展经验的分析》，《经济问题探索》2019 年第 1 期。

余振、王净宇：《中国对外贸易发展 70 年的回顾与展望》，《南开学报》（哲学社会科学版）2019 年第 4 期。

张明：《中国国际收支双顺差：演进前景及政策涵义》，《上海金融》2012 年第 6 期。

张同斌、周宗莉：《国际生产网络视角下的增加值贸易结构分析与主导因素识别——以中美双边贸易为例》，《统计研究》2021 年第 11 期。

赵长茂、陈文科：《人民币国际化的现状、挑战与展望》，《理论视野》2020 年第 10 期。

周文：《构建中国开放型经济学》，《中国社会科学报》2021 年 8 月 4 日。

Aliber, R. Z., 1970, "A Theory of Direct Foreign Investment", Kindleberger, C. P., ed., *The International Corporation: A Symposium*, Cambridge, Mass: The MIT Press.

Amiti, M., Freund C., 2008, *The Anatomy of China's Export Growth*, The World Bank.

Antoniades, A., 2015, "Heterogeneous Firms, Quality, and Trade", *Journal of International Economics*, 95 (2): 263 – 273.

Arkolakis, C., Costinot, A., Rodríguez – Clare, A., 2012, "New Trade Models, Same Old Gains?", *American Economic Review*, 102 (1): 94 – 130.

Baldwin, R. E., Okubo, T., 2006, "Heterogeneous Firms, Agglomeration and Economic Geography: Spatial Selection and Sorting", *Journal of Economic Geography*, 6 (3): 323 – 346.

Boeke, J. H., 1953, *Economics and Economic Policy of Dual Societies*, New York: Institute of Pacific Relations.

Boorman, J., 2007, "IMF Reform: Covernance with Global Governance Reform", *Global Governance Reform: Breaking the Stalemate*, Washington, DC: Brookings Institution Press.

Buira, A., 2003, "An Analysis of IMF Conditionality", G – 24 Discussion Papers.

Camdessus, M., 2005, *International Financial Institutions: Dealing with New Global Challenges*, Washington, DC: Per Jacobsen Foundation.

Dixit, A. K., Stiglitz, J. E., 1977, "Monopolistic Competition and Optimum Product Diversity", *The American Economic Review*, 67 (3): 297 – 308.

Dooley, M. P., David Folkerts-Landau, Peter Garber, 2004, "The Revived Bretton Woods System", *International Journal of Finance and Economics*, 9 (4): 307 – 313.

Dooley, M. P., David Folkerts-Landau, Peter Garber, 2009, "Bretton Woods Ⅱ Still Defines the International Monetary System", *Pacific Economic Review*, 14 (3): 297-311.

Dornbusch, R., 1976, "The Theory of Flexible Exchange Rate Regimes and Macroeconomic Policy", *The Scandinavian Journal of Economics*, 78 (2): 255-275.

Feenstra, R. C., 2010, "Measuring the Gains from Trade under Monopolistic Competition", *Canadian Journal of Economics/Revue Canadienne D'économique*, 43 (1): 1-28.

Feenstra, R. C., Romalis, J., 2014, "International Prices and Endogenous Quality", *The Quarterly Journal of Economics*, 129 (2): 477-527.

Friedmann, M., 1953, "The Case for Flexible Exchange Rates", *Essays in Positive Economics*, Chicago: University of Chicago Press.

Gomory, R. E., Baumol, W. J., 2001, *Global Trade and Conflicting National Interests*, MIT Press.

Gorodnichenko, Y., Svejnar, J., Terrell, K., 2010, "Globalization and Innovation in Emerging Markets", *American Economic Journal: Macroeconomics*, 2 (2): 194-226.

Head, K., Mayer, T., Thoenig, M., 2014, "Welfare and Trade without Pareto", *American Economic Review*, 104 (5): 310-316.

Helpman, E., Krugman, P. R., 1985, *Market Structure and Foreign Trade: Increasing Return, Imperfect Competition, and the International Economy*, Cambridge, USA.

Hinkle, L. E., Peter J. Montiel, 1999, *Exchange Rate Misalignment: Concepts and Measurement for Developing Countries*, Oxford: Oxford University Press.

Johnson, H. G., 1969, "The Case for Flexible Exchange Rates", Review, Federal Reserve Bank of St. Louis, 51: 12-24.

Jones, R. W., Jose A. Scheinkman, 1977, "The Relevance of the Two-sector Production Model in Trade Theory", *Journal of Political Economy*, 85 (5): 909-935.

Kenen, P. B., 2007, "Reform of the International Monetary Fund", Council on Foreign Relations, CSR Special Report No. 29.

Kindleberger, J., 1973, *The World in Depression 1929-1932*, Berkley University of California Press.

Klasing, M. J., Milionis, P., 2014, "Quantifying the Evolution of World Trade, 1870-1949", *Journal of International Economics*, 92 (1): 185-197.

Krugman, P., 1979, "Increasing Returns, Monopolistic Competition, and International Trade", *Journal of International Economics*, 9 (4): 469-479.

Krugman, P., 1991, "Increasing Returns and Economic Geography", *Journal of Political Economy*, 99 (3): 483-499.

Krugman, P., 1998, "What's New about the New Economic Geography?", *Oxford Review of Economic Policy*, 14 (2): 7-17.

Lachman, D., 2005, "How should IMF Resources Be Expanded?", Paper Presented at the

Conference on Reform of the International Monetary Fund Organized by the Institute for International Economics, Washington D. C.

Leamer, E. E., Storper, M., 2001, "The Economic Geography of the Internet Age", *Journal of International Business Studies*, 32: 641 – 655.

Lemoine, F., Unal-Kesenci D., 2002, "China in the International Segmentation of Production Processes", CEPII Working Paper, No. 2002 – 02.

Leontief, W., 1953, "Domestic Production and Foreign Trade: The American Capital Position Re-examined", *Proceedings of the American Philosophical Society*, 97 (4): 332 – 349.

Lerner, E. E., 1984, *Source of International Comparative Advantage: Theory and Evidence*, Cambridge: MIT Press.

Lewis, W. A., 1954, "Economic Development with Unlimited Supplies of Labor", *The Manchester School*, 22: 139 – 191.

Lu, Y., Tao, Z., Zhu, L., 2017, "Identifying FDI Spillovers", *Journal of International Economics*, 107: 75 – 90.

Manova, K., 2013, "Credit Constraints, Heterogeneous Firms, and International Trade", *Review of Economic Studies*, 80 (2): 711 – 744.

Markowitz, H. M., 1959, *Portolio Selection: Efficient Diversification of Investments*, Yale University Press.

Mayer, T., Melitz, M. J., Ottaviano, G. I., 2014, "Market Size, Competition, and the Product Mix of Exporters", *American Economic Review*, 104 (2): 495 – 536.

Melitz, M. J., 2003, "The Impact of Trade on Intra-industry Reallocations and Aggregate Industry Productivity", *Econometrica*, 71 (6): 1695 – 1725.

Melitz, M. J., Ottaviano, G. I., 2008, "Market Size, Trade, and Productivity", *The Review of Economic Studies*, 75 (1): 295 – 316.

Melitz, M. J., Redding, S. J., 2015, "New Trade Models, New Welfare Implications", *American Economic Review*, 105 (3): 1105 – 1146.

Myrdal, G., 1957, *Economic Theory and Under-developed Regions*, London: Duckworth.

Myrdal, G., 1963, *Economic Theory and Underdeveloped Regions*, London: Methuen & Co., Ltd.

Piketty, T., 2013, *Capital in the Twenty-first Century*, Harvard University Press.

Portugal, M., 2005, "Improving IMF Governance and Indensing the Influence of Developing Countries in IMF Decision-Making", Manila: G24 Technical Group Meeting.

Ross, S. A., 1976, "The Arbitrage Theory of Capital Asset Pricing", *Journal of Economic Theory*, 13: 341 – 360.

Samaelson, P. A., 2004, "Where Ricardo and Mill Rebut and Confirm Arguments of Mainstream Economic Supporting Globalization", *Journal of Economic Perspoctives*, 18 (3): 135 – 146.

Samuelson, P. A., 1971, "Ohlin was Right", *The Swedish Journal of Economics*, 73 (4): 365–384.

Sarkozy, N., 2011, "The SDR Basket should also Include the RMB", Speech in G20 Summit, Nanjing, China.

Stiglitz, J. E., 2010, "The Stiglitz Report: Reforming the International Monetary and Financial Systems in the Wake of the Golbal Crisis", *Economic Paper*, 3: 84–95.

Tamaki, R., 2011, "International Safety Net and the Role of the IMF", Delivered at IMF Bank Indonesia Symposium on Capital Flow, March 11.

Taylor, A. M., Mark P. Taylor, 2004, "The Purchasing Power Parity Debate", *Journal of Economic Perspectives*, 18 (4): 135–158.

UN, 2009, Report of the Commission of Experts of the President of the United Nations General Assembly on Reforms of the International Monetary and Financial System, Chaired by Joseph E. Stiglitz.

Yang, J. C., Shin, J. W., Park, D. S., 2004, "Comparing Study for Detecting Micorcalcifications in Digital Mammogram Using Wavelets", Yang, Z. R., et al., *Intelligent Data Engineering and Automated*, Springer.

Zoellick, R., 2011, "A Monetary Regime for a Multipolar World", *Financial Times*, 2 (17).